## 반야심경
불교의 정수를 직시하다

반야심경
불교의 정수를 직시하다

**초판 1쇄 인쇄** 2018년 11월 15일
**초판 1쇄 발행** 2018년 11월 20일

**지은이** 승 명
**펴낸이** 金泰奉
**펴낸곳** 한솜미디어
**등록** 제5-213호

**편집** 박창서 김수정
**마케팅** 김명준
**홍보** 김태일

**주소** 05044 서울시 광진구 아차산로413
       (구의동 243-22)
**전화** 02)454-0492(代)
**팩스** 02)454-0493
**이메일** hansom@hansom.co.kr
**홈페이지** www.hansom.co.kr

값 23,000원
ISBN 978-89-5959-498-6 (03220)

\* 잘못 만들어진 책은 구입하신 서점에서 바꿔드립니다.
\* 이 책은 아모레퍼시픽의 아리따 글꼴을 사용하여 편집되었습니다.

HEART SUTRA

# 般若心經
### 반 야 심 경
## 불교의 정수를 직시하다

승명 지음

한솜미디어

| 차 례 |

1. 서문 ································································· 10

2. 반야심경이란 무엇인가 - 그 역사와 위치 ············· 18
   가. 니까야의 기원 ················································ 22
   나. 아함경의 기원 ················································ 23

3. 반야심경의 핵심 내용 ········································ 25
   가. 반야심경의 구조 ·············································· 26
   나. 반야심경의 불교 사상사적 위치 ······················ 27
   다. 판본과 번역본들 ············································· 30
   라. 반야심경이라는 명칭 ······································ 34
   마. 역번역의 문제 ················································ 35

4. 반야심경 개괄번역 ············································ 38

5. 마하반야바라밀다심경 해설 ······························· 46
   가. 관자재보살이 오온의 공함을 보다 ··················· 49
      1) 관자재보살(觀自在菩薩) ····························· 51
      2) 행심반야바라밀다시(行深般若波羅蜜多時) ······ 59
      3) 조견오온개공
         가) 조견(照見) ············································· 67
         나) 오온(五蘊)의 분류 의미 ························· 68
         다) 오온(五蘊) ············································ 72
         라) 색온(色蘊) ············································ 73
         마) 수온(受蘊) ············································ 75
         바) 상온(想蘊) ············································ 78

　　　　사) 행온(行蘊) ……………………………… 79
　　　　아) 식온(識蘊) ……………………………… 82
　　4) 공(空)이란 무엇인가 …………………………… 87
　　　　가) 개설 ……………………………………… 87
　　　　나) 어원적 의미 ……………………………… 89
　　　　다) 자성(自性) ……………………………… 92
　　　　라) 다르마(法) ……………………………… 93
　　　　마) 오온개공의 평가 ………………………… 94
　　5) 무아론 …………………………………………… 95
　　　　가) 나의 개념과 범위 ………………………… 96
　　　　　　㉠ 아트만 ……………………………… 96
　　　　　　㉡ 생물학적 구성 원리로서의 나 ……… 98
　　　　나) 나의 범위 ………………………………… 99
　　　　다) 역사적인 고찰 …………………………… 100
　　　　　　㉠ 문제의 소재와 이론적 다툼 ………… 100
　　　　　　㉡ 기본불교 …………………………… 102
　　　　　　㉢ 부파불교 …………………………… 102
　　　　　　㉣ 대승불교의 입장 …………………… 103
　　　　라) 무아론과 비아론 ………………………… 103
　　　　마) 푸드갈라론 ……………………………… 108
　　　　바) 인식과 결단의 주체로서의 '나' ………… 114
　　　　사) 자유의지의 문제 ………………………… 119
　　　　아) 무아론의 효과 …………………………… 125
　　　　자) 관련문제 ………………………………… 125
　　　　　　㉠ 도움이 되는 실험 …………………… 126
　　　　　　㉡ 물리학자의 '나'에 대한 통찰 ……… 127
　　　　차) 경전에 나타나는 무아론들 ……………… 129
　　　　카) 정리 및 자아의 상태 …………………… 130
　　6) 도일체고액 ……………………………………… 135

**나. 오온(五蘊)과 공(空)의 관계** ········· 136
  1) 여기서(iha) ········· 136
  2) 대승불교의 시작 ········· 138
    가) 제1회 결집 ········· 138
    나) 제2회 결집 ········· 139
    다) 설일체유부 ········· 141
    라) 대승불교의 본격 등장 ········· 145
      ㉠ 기원 ········· 145
      ㉡ 용어 ········· 146
      ㉢ 시기 ········· 146
      ㉣ 등장 원인 ········· 148
    마) 대승불교의 주장 요지 ········· 148
    바) 대승불교의 발전 ········· 151
  3) 사리자(舍利子) ········· 152
  4) 색불이공 공불이색 ········· 157
  5) 색즉시공 공즉시색 ········· 168
  6) 수상행식 역부여시 ········· 174
  7) 경전의 구절 ········· 176

**다. 모든 법은 항상 그대로다** ········· 191
  1) 사리자 시제법공상 ········· 191
  2) 불생불멸 불구부정 부증불감 ········· 197
  3) 제법공상의 성질론 ········· 207
  4) 시간에 대하여 ········· 215

**라. 오온도 없다** ········· 227
  1) 시고 공중 무색 무수상행식 ········· 227

**마. 12처도 없다** ········· 232
  1) 무안이비설신의 ········· 234
  2) 경전의 구절 ········· 243
  3) 무색성향미촉법 ········· 247

반야심경 : 불교의 정수를 직시하다

　　　4) 경전의 구절 ·········································· 248
**바. 18계도 없다** ············································· 250
　　1) 무안계 내지 무의식계 ···························· 251
**사. 12연기도 없다** ········································· 254
　　1) 연기법 ················································ 254
　　　　가) 어원 ··········································· 255
　　　　나) 학파별 주장 내용 ························· 255
　　　　　　㉠ 상좌부불교 ······························ 255
　　　　　　㉡ 대승불교 ·································· 256
　　　　　　㉢ 티베트불교 ······························ 256
　　　　　　㉣ 화엄학파 ·································· 257
　　　　다) 현대적 해석 ································· 257
　　　　라) 시간적 기준 ································· 258
　　　　마) 연기법의 내용 ······························ 258
　　2) 무명에서 노사까지 없다 ························ 262
　　3) 무명에서 노사까지 다함이 없다 ············· 303
**아. 사성제도 없다** ········································· 306
　　1) 무고집멸도 ········································· 306
　　　　가) 고성제(苦聖諦) ···························· 314
　　　　나) 집성제(集聖諦) ···························· 320
　　　　다) 멸성제(滅聖諦) ···························· 321
　　　　라) 도성제(道聖諦) ···························· 322
　　　　　　㉠ 정견(正見) ······························ 325
　　　　　　㉡ 정사유(正思惟) ······················· 333
　　　　　　㉢ 정어(正語) ······························ 333
　　　　　　㉣ 정업(正業) ······························ 334
　　　　　　㉤ 정명(正命) ······························ 335
　　　　　　㉥ 정정진(正精進) ······················· 336
　　　　　　㉦ 정념(正念) ······························ 337

　　　　◎ 정정(正定) ·································· 356
　　　마) 무고집멸도의 선언 ························ 361
　　2) 무지역무득 ······································ 362
**자. 열반으로 가는 길** ································ 366
　　1) 이무소득고 보리살타의반야바라밀다고 심무가애 ··· 366
　　2) 심무가애 ·········································· 373
　　3) 무가애고 무유공포 ···························· 375
　　4) 원리전도몽상 구경열반 ······················ 376
　　5) 구경열반 ·········································· 381
**차. 깨달음으로 가는 길** ······························ 386
　　1) 삼세제불 의반야바라밀다 ·················· 386
　　2) 반야바라밀다로 가는 새로운 방법 ······ 396
　　3) 고득 아뇩다라삼먁삼보리 ·················· 401
**카. 주문의 위력** ········································ 406
　　1) 고지 반야바라밀다 ···························· 406
　　　가) 주문이란 무엇인가? ······················ 407
　　　　㉠ 주문과 만트라, 다라니 ················ 407
　　　　㉡ 어원과 유래 ································ 408
　　　　㉢ 주문에 대한 여러 정의 ················ 409
　　　　㉣ 만트라의 언어적 의미에 대하여 ··· 410
　　　　㉤ 주문의 실제 사례 ························ 412
　　　나) 반야심경은 본문과 주문인가, 전체가 주문인가 ··· 415
　　2) 시대신주 시대명주 시무상주 시무등등주 ········· 416
　　　가) 시대신주 ······································ 419
　　　나) 시대명주 ······································ 419
　　　다) 시무상주 ······································ 421
　　　라) 시무등등주 ···································· 421
　　3) 능제일체고 진실불허 ························ 422
　　4) 주문에 대한 전체적 조망 ·················· 423

반야심경 : 불교의 정수를 직시하다

    타. 주문을 외우다 ································································ 425
        1) 설반야바라밀다주 즉설주왈 ······································ 426
        2) 주문의 발음에 대한 고찰 ·········································· 427
        3) 주문(呪文) ····································································· 430

## 6. 정리 및 결론 ································································ 436

## 7. 후기 ················································································ 446

## 8. 부록 ················································································ 448
    가. 콘체의 산스크리트어본 ················································ 448
    나. 당범번대자음반야바라밀다심경 + 운거사석경본 ······ 449

## 9. 경전색인 ········································································ 455

---

### 일러두기

- 이 책에 실린 사진은 개인적으로 촬영한 것과 위키피디아에 나온 사진이다. 위키피디아에서 퍼블릭 도메인으로 공개한 것만 사용했으므로 저작권에 저촉되지 않지만, 혹시 그런 것이 있으면 연락을 바란다.
- 상윳따 니까야의 인용은 상 22.33 등으로, 잡아함경의 인용은 잡 551경, 숫타니파아타의 인용은 숫 844권 등으로 표시한다.

# 01 서문

　졸저 금강경('붓다의 진의를 추적하다') 출간 이후, 미진하거나 좀 더 말하고 싶은 내용들을 정리하고 있었다. 붓다가 금강경에서 말하는 깨달음의 내용 중 가장 핵심적인 것은 '말로 할 수 없는 것을 자각' 하는 것이었다. 그것과 더불어 명시적으로 언급한 연기의 원리를 정리하다 주변적인 내용까지 포함한 것을 하나로 엮기 위한 작업으로, 반야심경이 가장 적절해 보였다. 그리고 일반 대중이 체계적으로 불교의 내용을 아는 데는 많은 한계가 있고, 그런 서적도 없는 것으로 보여서 이 책을 구상하였다. 물론 이런 식의 구상이 저자 나름의 것이기 때문에, 더 좋은 방법이 있을 수 있지만, 이제까지의 중구난방식 불교 접근법을 반야심경을 위주의 체계로 한다면, 불교의 핵심 사상을 알면서도 또 하나의 범상치 않은 생활의 지혜를 가지게 된다는 점에서 의미가 있다.

　공자는 학문을 하는 네 가지 병폐로 의필고아(意必固我)를 들었다. 의(意)는 자기 마음대로 상상하는 것, 필(必)은 절대적으로 긍정하는 것, 고(固)는 아집에 얽매이는 것, 아(我)는 스스로 옳다고 여기는 것이다. 사상의 독창성은 이러한 의필고아에서 나오는 것일 가능성이 많지만, 또 이런 것에서 나온다는 생각조차 독단이 될 가능성이 있으므로, 항상 관련된 것을 참조하는 것이 이런 폐단을 줄일 수 있는 방법이다. 또한 이러한 학문을 대성하기 위해서는 관통이 필요하다고 하였다. 지식이 많거나 기억력이 좋다고 해서 큰 성과를 낳는 것은 아니다. 이러한 지식이나 생각을 하나의 체계로 엮는 일이관지(一以貫之)를 할 수 있느냐가 중요하다. 즉 이런 기본적인 관점이나 방법이 없으면서 학문을 하는 것은 땅에 떨어진 닭털과 같은 것이라고 하였다.

그런 면에서 반야심경이라는 저작이 불교를 하나의 체계로 엮는 역할을 하므로 우리는 따로 고민할 필요 없이 반야심경의 내용을 충실히 이해하면 불교를 일의관지(一以貫之)할 수 있게 된다. 이러한 체계를 따르는 한, 앞의 병폐인 의필고아(意必固我)로 나아가는 것을 현격히 줄일 수 있다. 또 단순히 자기의 지식을 피력하는 데도 항상 제자리로 돌아올 수만 있으면, 독자로 하여금 그 체계를 유지하는 역할을 한다.

반야심경은 동양인들에게 친숙한 것이 사실인데, 그 이유는 한자로 짧게 되어 있으므로(한자로 260자) 도전의식을 북돋아준다. 그리고 모든 것을 부정하는 내용이 우리의 상식과 어긋나기 때문에 심오한 의미가 있을 것이라는 유혹을 준다. 그러나 내용을 정확하게 알고 있는 사람이 드물고, 실제로 진정한 의미를 파악한 사람도 보기 힘들다. 앞서의 금강경은 기존의 번역들이 문제였기 때문에 번역만 제대로 하면 그 뜻이 상당히 자명해지지만, 반야심경 번역은 큰 차이가 없다. 그 내용을 어느 정도까지 확장하여 이해하느냐의 문제가 남는 것이다.

필자는 젊어서부터 불교에 많은 관심을 가지고 여러 가지 책을 보면서도, 반야심경 구절을 외우고, 그에 관련된 책들을 아무리 보아도 무엇을 의미하는지 알 수 없고 신비감만 가지게 된 경험을 가지고 있다. 고려와 조선시대 선사(禪師)들의 설명을 읽어도 한자어의 애매모호함으로 인하여 정작 그 뜻은 더 미궁에 빠지게 하였고 그것은 현재도 마찬가지이다. 지금 와서 보면, 반야심경이 나오게 된 역사적 맥락뿐 아니라, 산스크리트어를 한자로 번역하여 한글로 토를 달면서 배운다는 것이 그 얼마나 뜻을 왜곡하게 되는지 알게 되었고, 그런 과정을 모른 채 하나의 사상체계를 접한다는 것은 연목구어(緣木求魚)에 불과하였던 것이다. 이 책을 읽다 보면 반야심경의 구절들이 불교의 핵심 사상들로 구성되어 있고, 붓다의 불교가 부파불교를 지나 대승불교로 진행하면서 자신들의 정당성을 피력하기 위해서 만들어진 필연적인 결과물임도 밝혀질 것이다. 우리는 그런 과정을 지켜보면서 핵심을 취하는 즐거움을 만끽할 수 있을 것이다.

불교 관련 책을 많이 읽더라도 그 체계를 이해하기 어려운 것이 사실이다. 한국에서 전개되는 불교는 어떤 체계를 파악하기가 힘들다. 대한불교조계종의 승가대학 교과과정을 보면, 1학년에서 초기불교의 이해와 초기 불전, 2학년에서 반야-중관사상, 3학년에서 유식-여래장사상과 정토사상, 4학년에서 화엄사상을 가르친다. 불교를 가장 잘 나타낼 수 있는 것은 어떤 것일까? 학년별 구성으로 보면 4학년이 되어서야 배우는 화엄사상이 가장 고급이고 최고의 법을 간직한 것으로 보인다. 그런데 붓다가 말로 표현하기 힘들다는 깨달음이 들어 있는 아함경이나 니까야를 1학년 2학기에 강의 두 개로 처리한다. 니까야(Nikaya)는 그 방대한 양으로 보아 독파하는 데 몇 년이 걸릴 것으로 보이고, 내용의 깊음을 고려할 때 불교의 대강을 파악한 후에야 배울 내용으로 보인다. 이런 현실적인 점을 무시하고 오로지 불교의 기본이나마 맛보려면 주제별로 정리한 잡아함경이나 상윳따 니까야를 읽어야 한다. 그러나 그 양(量)도 만만치 않아서 작심삼일에 그칠 가능성이 많다. 그런 면에서 반야심경은 불교의 기본을 정리하여 핵심 사상을 농축시킨 것이므로, 그것을 하나씩 녹여서 섭취한다면 그 섭취된 지식은 불교의 전반적인 사고방식이라서 어디에 가서도 통할 것이라 보인다.

   그리고 중요한 점이 있다. 반야심경은 붓다의 교설을 하나씩 부정하는 내용이므로, 기본적인 학습을 마치고 아라한의 경지가 되어야 그 내용을 이해할 수 있다는 견해가 대다수이다. 그런데 반대로, 반야심경은 대반야바라밀다경을 압축하여 알기 쉽게 정리한 것이므로 초심자를 위한 것이라는 견해도 있다. 대표적인 학자가 콘체인데, 그는 반야심경의 내용 중 10분의 9 정도가 대반야바라밀다경에서 뽑아온 것이며, 이 반야심경은 원래 초심자를 위하여 재편집된 것이라고 주장한다.[1] 사실 반야심경의 전체 내용은 불교를 완전히 체득한 사람만이 이해할 수 있는 것이라고 보이지만, 그러한 내용을 언급하기 위한 주장들을 살펴보는 과정에서, 불교의 핵심 내용이 체계적으로 열거되어 있고, 그래서 불교 전체를 이해하는 데 도움을 준다. 중구난방인 불교의 교설들을 하나의 완결된 체계로 공부할 수 있는 좋은 기회를 제공해주는 것이 반야심경이라고 본다면, 이 한 권의 경전으로 불교의 핵심을 꿰뚫을 수 있을 것이다.

   학승으로 유명한 월풀라 라훌라(Walpola Rāhula, 1907~1997)의 표현에 의하면,

---

[1] Edward Conze, The Prajñāpāramitā-hṛdaya Sūtra, Thirty Years of Buddhist studies-Selected Essays, 166p.

불교의 특별한 성격을 알 수 있다.

"붓다가 허용한 사고의 자유는 종교사적으로 다른 종교에서 들어보지 못한 것이다. 붓다는 단순한 인간에 지나지 않는 것이 아니었다. 그는 어떤 신(神)이나 외부의 권능으로부터 영감을 받을 수 있다고 주장하지 않았다. 그는 그의 깨달음, 성취, 업적을 인간의 노력과 인간의 지성으로 도달할 수 있었다."

몇 천 년을 이어오던 동아시아에서의 불교의 시각은 1941년 이후로 완전히 바뀌게 되었다. 유럽에서는 1855년경부터 니까야의 발견과 번역이 시작되었지만, 동양의 불교를 주도하는 일본에서 이때부터 니까야의 번역이 시작되면서, 붓다의 원음을 느끼게 되었고, 또 아함경의 내용이 니까야와 거의 같다는 것이 알려져 아함경이 새롭게 그 가치가 발견되었기 때문이다. 지금까지 붓다가 육성으로 설법을 한 이래로 2,600년에 걸쳐 수많은 시대의 천재들이 그들 나름대로 불법을 이해하여 나름대로의 독자적인 이론을 첨부하여 오면서 배가 산으로 가듯이 붓다 가르침의 핵심에서 점차 벗어나게 되었고, 자아와 세계를 이해하고 정확한 원인을 분석하여 그 처방을 받으려는 목적은 사라지고, 모두가 가상의 우주, 가상의 세계를 만들어놓았다.

간단히 무상(無常)의 예를 들어보자. 항상(恒常)하는 것은 아무것도 없다는 가르침은 용수(龍樹)를 비롯한 계열의 사람들이 공(空)이라는 것으로 바꾸어놓았다. 무상(無常)은 항상 계속되는 것은 없고, 종국에는 그 계속이 사라진다는 동적(動的)인 원리의 말이다. 종국에는 사라진다는 그 현상에만 집중하여 공(空)이라는 정적(靜的)인 용어로 바꾸어놓으니, 모든 것이 공(空)이라는 허망한 결론만을 우리에게 제공한다. 공(空)이라는 결론에 집중하는 것도 좋은 태도이기는 하지만, 그것은 그 앞의 '계속되는 것'이라는 부분을 뺀 용어이기 때문에 일반인들에게는 치명적인 오해의 위험을 야기한다.

그래서 붓다의 원음(原音)에 가장 밀접해 보이는 니까야와 아함경의 말씀을 기본으로 하여 모든 것을 재해석해야 할 때가 왔고, 현재 새로운 믿음을 가진 사람들을 중심으로 상당히 진척되어 오고 있는 것으로 보인다.

해석에 있어서, 금강경과 반야심경을 예로 들어보면, 그 내용에 부파불교와 설일체유부라는 불교의 흐름, 즉 불교의 역사적 맥락을 뺀 채로 해석하면 제대로 된 뜻을 알기 힘들다. 반야심경의 공(空)은 단순한 결과를 말하는 것이기 때문에 사실상 허무주의에 빠지게 된다. 이런 점 때문에 경전을 해석하면서 기본적인 불교의 흐름은 알고 읽어야 한다.

마지막으로 이 책은 균형적이지 못하다. 각 항목의 비중을 적당히 조절하여 반야심경에 대한 전체적인 맥락을 파악하게 하고 불교에 대한 균형 잡힌 시각을 제시하기 위해 만들어진 것이지만, 실제로 집필 과정에서 가장 중요한 항목들을 강조하려고 하니, 그 내용의 심오함과 학설의 다양함을 같이 제시하지 않으면 그 내용의 깊이를 음미하기 힘들 정도였기 때문에 불균형적인 부분들이 많이 나온다. 즉 무아설과 푸드갈라론, 시간의 과거와 미래, 주문(呪文)에 대한 부분 등이 그것이다. 이것들은 별도의 논문으로 나올 만한 내용들이지만 새로 그런 주제를 찾는 수고를 없애고 한 권으로 중요한 부분의 대강이라도 파악할 수 있도록 이 책 속에 모두 줄여서 넣었다.

한편 이런 과정에서 독자들은 내용의 중복, 중복을 느낄 가능성도 많다. 그것은 반야바라밀이라는 것을 포획하기 위해서 그물망의 빠진 곳을 기우고 또 기우는 과정에서 생긴 것이므로 새 그물망처럼 깔끔하게 만들지 못한 필자의 과실이다. 이런 점까지 이해해 주면서 읽는다면, 필자가 말하고자 하는 대의를 느끼게 될 것이며, 향후 독자들이 수행하는 데 많은 참고가 될 것이다.

## 摩訶般若波羅蜜多心經

觀自在菩薩 行深般若波羅蜜多時
照見五蘊皆空 度一切苦厄
舍利子 色不異空 空不異色 色卽是空 空卽是色
受想行識 亦復如是 舍利子 是諸法空相
不生不滅 不垢不淨 不增不減 是故空中無色 無受想行識
無眼耳鼻舌身意 無色聲香味觸法
無眼界 乃至 無意識界 無無明 亦無無明盡 乃至
無老死 亦無老死盡 無苦集滅道
無智亦無得 以無所得故 菩提薩埵
依般若波羅蜜多故 心無罣碍 無罣碍故
無有恐怖 遠離顛倒夢想 究竟涅槃
三世諸佛 依般若波羅蜜多 故得阿耨多羅三藐三菩提
故知 般若波羅蜜多
是大神呪 是大明呪 是無上呪 是無等等呪
能除一切苦 眞實不虛
故說 般若波羅蜜多呪 卽說呪曰
揭諦 揭諦 婆羅揭諦 婆羅僧揭諦 菩提 娑婆訶
揭諦 揭諦 婆羅揭諦 婆羅僧揭諦 菩提 娑婆訶
揭諦 揭諦 婆羅揭諦 婆羅僧揭諦 菩提 娑婆訶

# 마하반야바라밀다심경

– 한글 반야심경, 2013.7.11.공포. 조계종

관자재보살이 깊은 반야바라밀다를 행할 때, 오온이 공한 것을 비추어 보고
온갖 고통에서 건너느니라.

사리자여! 색이 공과 다르지 않고 공이 색과 다르지 않으며,
색이 곧 공이요 공이 곧 색이니, 수 상 행 식도 그러하니라.

사리자여! 모든 법은 공하여 나지도 멸하지도 않으며,
더럽지도 깨끗하지도 않으며, 늘지도 줄지도 않느니라.

그러므로 공 가운데는 색이 없고 수 상 행 식도 없으며, 안 이 비 설 신 의도 없고,
색 성 향 미 촉 법도 없으며, 눈의 경계도 의식의 경계까지도 없고,
무명도 무명이 다함까지도 없으며,

늙고 죽음도 늙고 죽음이 다함까지도 없고, 고집멸도도 없으며, 지혜도 얻음도
없느니라. 얻을 것이 없는 까닭에 보살은 반야바라밀다를 의지하므로

마음에 걸림이 없고 걸림이 없으므로 두려움이 없어서, 뒤바뀐 헛된 생각을
멀리 떠나 완전한 열반에 들어가며, 삼세의 모든 부처님도 반야바라밀다를
의지하므로 최상의 깨달음을 얻느니라.

반야바라밀다는 가장 신비하고 밝은 주문이며 위 없는 주문이며 무엇과도 견줄 수
없는 주문이니, 온갖 괴로움을 없애고 진실하여 허망하지 않음을 알지니라.

이제 반야바라밀다주를 말하리라.
아제아제 바라아제 바라승아제 모지 사바하(3번)

* * *

 몇 명의 아이가 강가에서 놀고 있었다. 그들은 모래로 성을 만들기 시작했고, 각자가 자기의 영역을 지키면서 "이것은 나의 성이다"고 말했다. 그들은 그 성이 누구의 것인지를 확실히 알았으며, 어느덧 성을 모두 만들었다. 그런데 한 아이가 다른 아이의 성을 발로 차서 무너뜨렸다. 그 성을 가지고 있던 아이는 분노로 가득 차서 성을 무너뜨린 아이의 머리를 잡아당기고 주먹으로 때렸다. "저 녀석이 나의 성을 무너뜨렸다. 모두 와서 나를 도와 저 녀석을 징벌하자"고 하자, 다른 아이들도 그를 도와서 성을 무너뜨린 아이를 바닥에 넘어질 때까지 때렸다. 그러고는 각자 "이것은 내 성이다. 모두 비켜라. 내 성을 만지지 마라"고 하면서 놀았다.
 그런데 저녁이 되어 어두워지자 그들은 집에 가야 되었고, 그때는 그들의 모래성이 어떻게 되어도 아무도 신경 쓰지 않았다. 한 아이가 자기의 모래성을 짓밟았고, 다른 아이는 손으로 자기 모래성을 무너뜨렸다. 그리고 각자 집으로 돌아갔다.
  – 에드워드 콘체, Buddhist Texts through the Ages, 1954, 272면, 유가사지론 부분

# 반야심경이란 무엇인가
## - 그 역사와 위치

반야심경이라고 지칭하는 것이 무엇인지 어원적 분석이 먼저 나와야겠지만, 반야심경이 의미하는 것을 대부분의 사람이 알기 때문에 뒤에서 다루기로 하고, 반야심경의 역사와 불교에서의 위치를 알아보기로 한다.

석가모니 붓다가 깨달음 이후 녹야원(鹿野苑)[2]에서의 최초 설법을 '법의 바퀴를 처음으로 돌린다'라고 하여 초전법륜경(初轉法輪經)이라 한다. 주요 내용은 아래와 같다.

- 저열한 법 두 가지에 의존하지 말라. 여기서 두 가지란 오욕(五慾)의 즐거움에 탐닉하고, 고행을 즐기는 것을 말한다.
- 네 가지 진리(사성제-고집멸도/苦集滅道)를 바로 볼 것
- 여덟 가지 중도를 위한 수행(팔정도/八正道)에 힘쓸 것

구체적인 설명은 뒤에서 하지만, 위의 내용만으로도 불교의 거의 전부가 포함된다는 것을 알아두자. 따라서 반야심경은 초전법륜경의 내용을 기본으로 하였고, 더 심오한 내용을 보여주기 위해서 그것을 부정한 것이라고 보면 된다.

그런데 불교에서 일반적으로 붓다의 설법을 오시(五時) 팔교(八敎)로 분할하는 시각이 있다. 석가모니가 깨달음을 성취한 것을 시간으로 분할하여, 깨달음 당시의 내

---

[2] 북인도의 바라나시(Varanasi. 최근에는 Benares라고 쓴다) 교외의 8킬로미터 지점인 사르나트(Sarnath)

용을 설한 것이 화엄시(華嚴時)이고, 이때의 내용이 화엄경에 있으며, 이를 이해하는 사람이 없어서 다시 수준을 낮추어 설한 것이 녹원(鹿苑)시로, 이것은 아함경(阿含經)에 들어 있으며, 다시 소승(小乘)을 버리고 대승(大乘)으로 이끄는 설법을 한 것이 방등(方等)시로, 유마경·능가경·승만경 등이 그것이며, 대승과 소승을 별개로 보지 말 것을 가르치는 반야시(般若時)에 설한 것이 반야경·금강경이며, 올바른 진실의 가르침을 마지막으로 설한 때가 법화열반시로, 그 가르침이 법화경·열반경에 들어 있다고 이해하는 것이다.

이 오시팔교는 중국의 천태대사 지의(智顗. 538~597)가 주장한 중국 천태종의 교판(敎判)이다. 이 설명을 많이 인용하는 경향이 있지만, 실제로 붓다의 가르침은 아함경이나 니까야가 원형이고,[3] 그 뒤 불교의 제 분파들은 그러한 가르침을 기준으로 하여 논리를 추가한 것으로 보인다.

원래 가르침이 양 극단을 멀리하라는 것이라면, 그 뜻은 중도를 취하라는 뜻이 되므로, 나중에 용수(龍樹)의 중론(中論)이 나오게 된다(물론 이 중론과 붓다의 중도와는 내용이 다르고, 지향점도 다르다).

또 자아는 없는 것이고, 오온(五蘊)이 영원하지 않다는 가르침이 있으니, 그것에 논리를 더하여 오온뿐 아니라 일체가 공(空)이라는 논리를 가진 부파가 생긴다.

그리고 또 논리에 논리를 더하는 2차 논리가 부가되는 경우가 많이 생기게 된다. 즉 안이비설신의의 육식(六識)으로 해결되지 않는 업(業)의 개념과 그 업(業)의 계속성을 설명하기 위해서, 최초에는 '나'는 없지만 그 업을 계승하는 푸드갈라(개인)가 있다는 푸드갈라파가 나왔고, 그 뒤에는 유식학파에서 제8아뢰야식(阿賴耶識)의 개념을 도입하면서, 전6식과 제8아뢰야식을 잇는 제7말나식(末那識)의 개념 또한 도입하지 않을 수 없었으니, 불교의 역사적 흐름에 따라 천재들의 노력이 부가된 점을 감안하지 않을 수 없다.

이런 행태들에 대해서 우리는 호응할 수도 있고 비판할 수도 있지만, 반야심경에 집중할 지금은 그것이 틀렸는지 맞는지 판단하지 말고, 반야심경의 내용 파악에 집

---

[3] 물론 우리에게 익히 알려진 법구경, 숫타니파타 등도 빨리 경장의 굿다까 니까야, 즉 소부(小部) 15개 중 하나로 포함된다.

중하기로 한다.

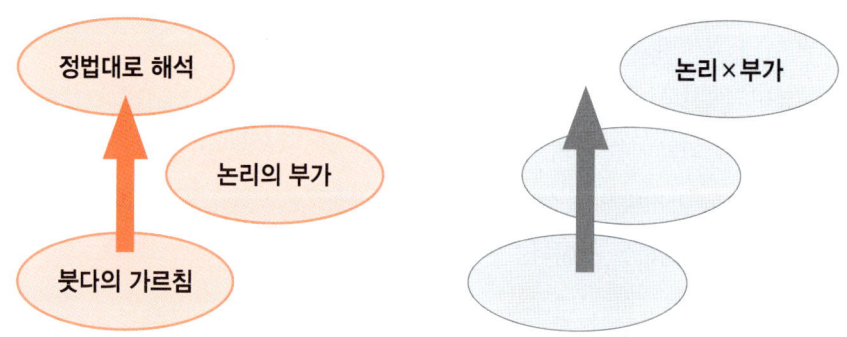

도표에서 시간의 흐름에 따라 후의 논사들이 논리를 더하여 가더라도 정법대로 해석하면 원래의 가르침으로 돌아올 수 있는 것이 왼쪽 도표라면, 논리에 논리를 더하여 붓다의 가르침과는 완전히 괴리될 가능성을 보여주는 것이 오른쪽 도표다.

금강경에 '이 가르침은 말로 할 수 없고 표현할 수도 없다'는 구절이 있는데, 언어로서 표현되지 않는 깨달음을 묘사한 것이다. 우리는 '아! 그렇구나' 하고 그냥 생각하고 말지만, 수행하는 사람들은 그것을 적극적으로 해석하고 자기 논리를 더하여, '논리적으로 부합되지 않는 말이나 행동으로 그것을 표현하자'는 생각을 가지게 되고, 그것이 선(禪)적 기행(奇行)의 형태로 나타난 것이다.

처음 붓다의 가르침이 있고, 그것을 일차적인 논리의 부가가 있으면, 상당한 범위 내에서는 붓다의 가르침을 심화시킨 것이라 할 수 있다. 그러나 논리에 논리를 더하고, 언어에 언어를 더하면 마치 수학의 제곱의 논리와 같이 가르침의 원형이 차지하는 부분은 심각하게 줄어들고, 논리를 위한 논리, 언어를 위한 언어와 같은 결과가 되어 정작 진정한 가르침을 놓치게 되는 것이다.

수도하는 사람들은 가르침에 논리를 더하고, 상상을 더하여 점점 새로운 경향의 불법(佛法)을 만들어내고, 시간의 흐름에 따라 여러 불교의 분파를 형성해 왔다고 보인다.

그러므로 우리가 일상생활을 접고 수도에만 전념할 것이라면 그런 경향을 따라가는 것도 가능하고, 일상에서는 경험하지 못하는 또 다른 차원의 경험이 가능할 수 있다. 그러나 필자의 생각으로는 현실생활을 접지 못하는 한, 생활 속에서 붓다의 가르침을 실천하는 것만으로도 한평생이 흘러가고 그러한 체험도 아주 소중하다고 보인다. 그래서 논리에 논리를 거듭하는 불교의 제 종파는 잊어버리고, 가르침의 원형만이라도 정확하게 알고 실천해 보자.

가르침의 원형은 무엇인가? 불교를 시대적으로 크게 나누면 초기불교, 부파불교, 대승불교(티베트 불교는 따로 분류하기도 하지만 대승불교에 포함시키기도 한다)로 대별할 수 있다. 초기불교는 원시불교 또는 근본불교라고도 하는데(필자는 이를 기본불교라고 부르겠다), 석가모니의 직접 가르침, 당대의 가르침, 혹은 제1회 결집까지의 기간의 가르침을 말한다. 그 뒤 부파불교는 제1회 결집에서 견해 차이로 갈라진 여러 부파(12부파라고도 함)의 불교를 말하고, 그 뒤 기존의 상좌부 불교와 견해를 달리하여 새롭게 성립한 대승불교, 이렇게 나눌 수 있다.

따라서 부파 간의 견해가 갈라지기 전의 초기불교의 내용은 석가모니의 가르침에서 다른 견해가 부가되지 않은 원형적인 가르침이라 하겠다. 우리는 현대에 들어와서 초기불교의 내용을 쉽게 추적할 수 있게 되었는데, 그것은 실론섬에서 발견된 니까야를 통해서이다. 또 니까야는 아함경과 많은 부분이 일치하여, 아함경의 가치를 새롭게 발견하게 되었다.

붓다의 가르침이 구술로 전승되다가, 서기 원년경에 팔리어와 산스크리트어로 작성되었다. 팔리어로 작성된 것은 인도 남부 끝에서 떨어진 실론섬에 보존되었고, 이것을 니까야(Nikaya)라 부르고(이것을 남전/南傳이라 한다), 산스크리트어로 작성된 것은 티베트을 거쳐 중국으로 전해졌는데, 그것이 한자(漢字)로 번역되어 아함경이라 부르는데(이것을 북전/北傳이라 한다), 산스크리트어 원본은 소실되었다.

팔리어로 된 것을 니까야라 하고, 산스크리트어로 된 것을 아가마(āgama)라 하는데, 그 뜻은 거의 같지만 특별히 니까야를 바구니(basket)의 뜻으로, 아가마를 전승(傳承)의 뜻으로 말하기도 한다. 아가마의 내용은 아가마를 음차하여 한자로 아함이라 표기하면서 아함경이 되었고, 니까야는 그 음 그대로 아직 사용된다. 그런데 팔리어는 표음문자라서 분석적이고 구체적인 언어 구조를 가진 인도 유럽어이고, 아함경은 한자로 번역되어 한문의 표의 문자성으로 인하여 직관적이고 추상적인 언어 구조를 가지게 되었다. 물론 니까야와 아함경이 정확하게 같지는 않지만, 하나에서 분화된 것이라는 것은 모두 동의하는 내용이고, 같은 내용을 두 가지 언어로 보는 점에서 서로 참조하는 것도 좋은 방법이다.

경전의 가치 평가를 위해서 남전(南傳)과 북전(北傳)의 유래를 간략히 아는 것은 차후 경전 해독에 많은 도움이 될 것이라 보여 잠깐 알고 가기로 한다.

## 가. 니까야의 기원

기원전 3세기 아소카 왕의 아들이면서 상좌부 장로였던 마힌다(Mahinda)는 왕의 명령으로 실론섬에 파견되었다. 그는 그곳의 아누라다성(Anurādhapura)에 마하비하라(Maha-vihar. 거대한 거주처)를 건립하였고, 그의 누이동생 상가밋따(Sanghamitta)도 비구니가 되어 실론에서 불교를 포교하였다. 이것이 실론에 상좌부 불교가 전해진 기원이다. 팔리어는 원래 서부 인도의 평민 계층에서 사용하던 속어(俗語)이고, 석가모니가 이 언어로 설법하였다고 말하기도 하지만 이견도 많다. 여하간 이때 전해진 경전들을 삼장(三藏)이라고 하는데, 특히 팔리 삼장(Pali Tipitaka)이라는 용어를 사용한다. 띠삐따까(Tipitaka)는 삐따까(pitaka)가 광주리(busket)라는 뜻으로, 3을 나타내는 Ti를 붙여 써서 세 바구니라는 뜻이다. 즉 이 세 가지는 율장(律藏. Vinaya Pitaka), 경장(經藏. Sutta Pitaka), 논장(論藏. Abhidamma Pitaka)이다. 팔리어 경전에는 주석서(atthakathā)와 또 이 주석서를 주석한 것(tīkā)이 있다.

    율장(律藏, Vinaya Piṭaka) : 불교 교단의 계율을 집대성한 것으로
        숫따위방가(경분별/經分別, Suttavibhanga),
        칸다까(건도/犍度, Khandhaka),
        빠리와라(부수/附隨, Parivara)가 있다.
    경장(經藏, Sutta Piṭaka) : 경장은 5부로
        디가 니까야(장부/長部, Dīgha Nikāya),
        맛지마 니까야(중부/中部, Majjhima Nikāya),
        상윳따 니까야(상응부/相應部, Samyutta Nikāya),

앙굿따라 니까야(증지부/增支部, Anguttara Nikāya),
굿다까 니까야(소부/小部, Khuddaka Nikāya)로 되어 있다.
논장(論藏, Abhidhamma Piṭaka) : 법집론 등 7론(七論)이 있다.

팔리어 삼장은 대체로 구성이 통일되어 있으나 세부적으로는 차이가 있다. 팔리어는 문자가 없으므로 각 나라의 문자로 기록되었다. 현재 남아 있는 판본은 대부분 기원전 3세기부터 싱할라어로 옮겨져 스리랑카에 보관되어 전승되고 있다. 이 니까야는 미얀마, 태국, 캄보디아 등으로 전해져 남방불교의 전통을 이어오고 있다.

## 나. 아함경의 기원

아함경은 산스크리트어를 기원으로 한다. 이것이 인도 북부에서 몽고 쪽 북방지역으로 넘어가서 시계 방향과 같이 돌면서 전파되어, 중국 동북쪽으로 들어오면서 한역(漢譯)된 것이 아함경이다. 아함은 아가마(āgama)의 음역으로 전승(傳承)된 것이라는 뜻으로, 법장(法藏, 법이 보존되어 있는 곳) 또는 전교(傳敎, 전해 오는 가르침)라고도 한다. 그런데 후일 대승불교 운동이 일어나자 아함(阿含)은 소승(小乘)이라고 폄하되어 중국 등 북방불교 쪽에서는 중시되지 않았다. 그러나 최근 니까야가 붓다의 육성 가르침이라는 유행에 힘입어 다시 아함경과 비교 연구가 활발하게 이루어지고 있다. 한역대장경에서는 4아함이라는 명칭을 사용한다.

장아함 : 장경(長經) 30경을 포함하고 있다(디가 니까야와 상응).
중아함 : 길지도 짧지도 않은 222경을 포함하고 있다(맛지마 니까야와 상응).
잡아함 : 1,362개의 작은 경을 포함하고 있다(상윳따 니까야와 상응).
증일(增一)아함 : 서품(序品)을 제외한 473경이 1에서 11까지 법의 수에 의하여 분류되어 있다(앙굿따라 니까야와 상응).
※ 괄호 속의 니까야는 아함경과 상응하나 일치하지는 않는다.

아함경과 니까야의 내용 중에서 잡아함경과 상윳따 니까야는 붓다의 교설을 주제별로 엮었기 때문에 이를 기초로 불교의 틀을 잡는 것이 좋다. 그런데 잡아함경은 주제들이 곳곳에 산재하고 있는데 비해, 상윳따 니까야는 주제를 일목요연하게 정리하여 관련되는 구절들을 잘 분류해 놓았다. 상윳따 니까야에서 우리가 관심 있는 것의 주제를 크게 보면 연기(緣起)법에 관한 장, 오온(五蘊)에 관한 장, 육입(六入)처에 관한 장, 깨달음과 팔정도에 관한 장으로 엮어져 있다.

그래서 이 책에서는 반야심경에 관련된 부분을 붓다의 육성에 가장 가깝다고 인정받는 아함경과 니까야를 기본으로 설명할 것이다.

구체적으로 팔리어로 된 니까야(경장)와 산스크리트어를 한역한 아함경의 차이를 알기 위해 예를 들어보기로 한다.

吾當爲汝宣說緣起初差別義, 汝應諦聽, 極善思惟, 吾今爲汝分別解說.

비구들이여, 그대들에게 연기를 설하리라. 이제 그것을 들어라. 듣고 마음에 잘 새겨라. 나는 설할 것이다.

– 니까야

나는 그대들에게, 연기의 처음(緣起初)과 그 차별된 이치(差別義)를 말하겠다. 그대들은 반드시 자세히 듣고 잘 생각하여라. 내가 이제 그대들을 위하여 분별하여 해설하리라.

– 아함경

위의 내용을 보면 니까야와 아함경이 사용한 언어가 다르기 때문에 같은 내용을 문자로 작성하였는데도 느껴지는 바가 다르다. 그러나 한편으로 서로 비슷한 의미를 가지고 있기도 하다. 결국 양자를 같이 분석하여 판단할 수밖에 없다.

# 반야심경의 핵심 내용

반야심경의 기본적 내용은 다음과 같다.

- 오온개공이므로 색수상행식은 모두 공(空)이다.
- 공(空)의 생성과 성질, 효과
- 12연기의 원리
- 고집멸도의 원리
- 지혜의 완성의 효과
- 반야바라밀다와 깨달음의 관계
- 주문의 효과와 방법

초전법륜경의 주 내용은 다음과 같다.

탐닉과 자기 학대의 두 가지 극단을 취하지 말고 중도를 따르라.
그러한 중도는 팔정도(정견, 정사유, 정어, 정업, 정명, 정정진, 정념, 정정)이다.
고(苦)성제 : 오취온이 괴로움이다.
집(集)성제 : 갈애(渴愛)
멸(滅)성제 : 괴로움의 소멸
도(道)성제 : 8정도
고집멸도를 사실대로 바르게 보고, 행하고, 깨닫는 12가지 형태.
지금이 마지막 태어남으로 더 이상의 태어남은 없다.

즉 반야심경과 초전법륜경의 내용을 비교하면 고집멸도의 원리, 오온(五蘊)의 성질 등을 공통적으로 가지고 있다. 그러므로 반야심경에 관련되는 항목은 초전법륜경, 니까야, 아함경, 법구경, 숫타니파타 등의 설명을 종합하여 설명할 것이다

## 가. 반야심경의 구조

반야심경의 전체를 구조적으로 알아둔다면, 항상 불교의 전체 구조를 같이 떠올릴 수 있다. 현장본 반야심경으로 구조를 총괄해 본다.

① 서두 : 관자재보살 행심 반야바라밀다시
② 오온을 공(空)으로 본 결과 : 조견오온개공(도일체고액)

| 색불이공(色不異空) | 공불이색(空不異色) |
| --- | --- |
| 색즉시공(色卽是空) | 공즉시색(空卽是色) |
| 수, 상, 행, 식도 공(空)과 다르지 않다. | 공(空)은 수, 상, 행, 식과 다르지 않다. |
| 수, 상, 행, 식은 공(空)이다. | 공(空)은 수, 상, 행, 식이다. |

③ 공(空)의 성질 : 시제법공상(이러한 제법은 공한 모습이며), 불생불멸(不生不滅), 불구부정, 부증불감이다.
④ 공(空)으로 보는 세상의 진면목 : 시고 공중(空中) – 공(空) 속에는

| 색수상행식(色受想行識) | 없고 |
| --- | --- |
| 안이비설신의(眼耳鼻舌身意) | 없고 |
| 색성향미촉법(色聲香味觸法) | 없고 |
| 안계(眼界) 내지 의식계(意識界) – 18계 | 없고 |
| 무명(無明) 내지 노사(老死) – 12연기 | 없고 |
| 고집멸도(苦集滅道) – 4성제 | 없고 |
| 지(智)와 득(得) | 없다 |

⑤ 공(空)의 세상을 헤쳐 나가기 – (이무소득고) 보리살타의반야바라밀다고(보살이 반야바라밀다에 의지하여) 심무가애무가애고(마음에 걸림이 없으니) → 무유공포(공포도 없어) → 전도몽상을 떠나 → 구경열반에 도달하다.

삼세제불도 반야바라밀다에 의지 → 깨달음을 얻다.

⑥ 깨달음(반야바라밀다)의 위치와 효과 – 고지반야바라밀다

대신주(大神呪), 대명주(大明呪), 무상주(無上呪), 무등등주(無等等呪)이며, 일체의 고를 제거하고 진실하며 헛되지 않다.

⑦ 주문 – 즉설주왈

아제아제 바라아제 바라승아제 보리사바하

## 나. 반야심경의 불교 사상사적 위치

반야심경은 산스크리트어로는 14쉴로카(sholokas)로 이루어졌고, 1쉴로카는 32음절로 이루어진 경전이다. 즉 448음절이다. 우리가 즐겨 읽는 현장의 한역본은 260글자로 이루어져 있다. 영문으로는 16개 문장이다. 한역은 산스크리트어 448음절을 260자로 더 줄인 것이다. 금강경이 5,149자이다. 또 대반야바라밀경이 600권으로 10만 쉴로카임에 비하면 너무나 짧은 경전인 것이다. 에드워드 콘체(Edward Conze)에 의하면, 반야심경은 반야부 경전의 발전 시기의 4분의 3 정도 시기에 나온 것으로, 주문(呪文)을 포함하고 있다. 또 콘체는 이 경전이 서기 350년경에 성립된 것이라 한다. 하지만 다른 학자들은 그보다 2세기는 더 일찍 보아야 한다고 한다. 그러나 최근의 연구에 의하면, 7세기 이전에 존재했다는 것을 검증하기가 불가능하다고 한다.

한역본은 한국, 중국, 일본, 베트남 등지에서 의식에 자주 음송되고 있다. 최근 유력한 논문을 내고 있는 반야심경의 권위자 자야라바(Jayarava)의 옥스퍼드대학 내 모임에서도 모임 시작 전 반야심경을 음송하고 있다.

반야심경은 붓다가 깨달음 후에 열반에 들기까지 가르친 초기불교 내용과는 그 주안점이 다르다. 즉 붓다는 깨달음 후에 네 가지 진리인 사성제(四聖諦)의 고집멸도

(苦集滅道), 연기(緣起) 원리, 안이비설신의(眼耳鼻舌身意)로 색성향미촉법(色聲香味觸法)을 인식하는 과정에서 색수상행식(色受想行識)의 오온(五蘊)이 자아라는 인식을 구성하게 된다는 무아(無我) 이론 등을 가르쳤다. 그러나 그 뒤 부파불교에 이르러 그러한 가르침을 인간의 이성적 논리학으로 변형시켰고, 용수가 결국 이러한 가르침이 공(空)이라고 주장하면서 반야경의 단초를 제공하였다.

앞으로 반야심경의 내용을 살피면서 보겠지만, 반야심경에 이르러서 그 주 내용은 붓다가 처음 육성으로 가르친 것에 대하여 **색성향미촉법도 없고, 안이비설신의도 없다, 안계(眼界)에서 의식계(意識界)도 없으며, 무명(無明)에서 노사(老死)도 없다**고 하여 12연기의 이론을 부정하며, **고집멸도도 없다**는 점에 이르러서는 붓다의 모든 핵심 주장을 부정하는 결과를 보여준다. 기본 경전을 보면서 붓다의 육성 가르침을 느껴보면, 북방의 아함경과 남방의 니까야 등에 있는 바와 같이 우리는 조촐하고 소박한 가르침 속에 붓다의 진정성을 엿볼 수 있다. 그런데 이런 가르침에 만족하지 못하였던지, 부파불교가 분기함에 따라 붓다의 가르침의 원리를 통일해 보려는 노력으로 인하여 붓다의 원래의 가르침과는 다른 논리들이 발전해 갔다. 또한 도덕적인 추구 이외의 다른 길(즉 구원이나 기복신앙 등)을 모색하기 위해 불교에 입문한 사람들도 대부분 불교의 이론을 자신들의 수준에 맞게 끌어내려 이해하였다. 불교의 스승들은, 이상을 지키려는 소수의 신심이 깊은 사람들과 그러한 이상을 버리고, 양적인 면을 택한 사람들을 위해 거대한 수레라고 불리는 대승불교를 탄생시킨다.

초기불교, 즉 붓다의 육성으로 가르친 불교 외에 그 뒤 학자들이 붓다의 말씀 속에서 붓다 말씀의 원리를 추출하려 한 것이 부파불교이며, 일반인의 수준에 맞게 만든 흐름이 대승불교요, 또 우리가 익히 아는 각종 불교의 제 분파들이다. 여기서 모든 불교의 학파들에 대해서 언급할 필요는 없으며, 가장 중요하다고 보이는 것들을 열거하겠다. 이 학파들은 붓다가 불교를 현실에 적응하여 현실의 괴로움을 벗어나는 방법을 가르치면서 형이상학적 논의를 허용하지 않은 점을 벗어나서 형이상학적 논의를 한 학파들이다.

이를 불교사적으로 가장 중요한 세 학파만 추출하면 다음과 같다.

• 정신적이든 물질적이든 실재는 존재하지 않으며, 모든 것이 공(空)하다고 주장

하는 중관학파(中觀學派, Mādhyamika),
- 정신적인 것만이 실재성을 가지며, 물질적인 것은 실재성이 없다고 주장하는 유가행파(瑜伽行派, Yogācāra). 이를 오로지 생각만 있다고 하여 유식학파(唯識學派)라고도 한다.
- 정신적인 것과 물질적인 것 모두가 실재한다고 주장하는 설일체유부(說一切有部, Sarvāstivādā)

이 세 학파는 현재에도 영향을 미치고 있으며, 대승불교의 발전과 함께 중관학파만 살아남은 것으로 보이지만, 유식과 설일체유부는 아직도 불교 경전의 해석에 무시할 수 없는 영향력을 보여주고 있다.

그 뒤 이런 학파들의 이론을 기반으로 붓다의 말씀을 해석하여 천태사상, 화엄사상, 여래장사상, 선불교가 각 시대마다 중요한 흐름으로 자리 잡았다.

이런 맥락에서 우리가 흔히 접하는 반야심경은 위에서 중관학파의 사상이 만들어낸 경전이라 할 수 있다. 즉 모든 것이 공(空)이라는 입장을 간결하게 서술한 것이다. 그러한 입장이 맞는지 틀리는지를 분별할 필요는 없으며, 중관학파의 입장에서 유식학파와 설일체유부를 비판하는 내용이 들어가 있다는 정도만 알아도 반야심경의 오의(奧義)를 상당히 깨치는 것이다. 간단히 예를 들어 설일체유부의 입장에서는 과거와 현재, 미래가 실재하며, 혹은 최소한 찰나의 순간이라도 실재한다는 주장을 하는데, 이 부분에 대하여 금강경에서는 과거심불가득, 미래심불가득, 현재심불가득이라는 구절을 넣어서 설일체유부를 비판하며, 반야심경의 구마라집 버전에서도 '시공법, 비과거, 비미래, 비현재'라는 구절을 넣어 설일체유부를 강력히 비판하고 있다.

그래서 단순히 반야심경의 구절만 줄줄 외우고, 그 구절의 뜻을 안다고 하여도, 그것이 붓다가 살아계실 때 하신 말씀의 어디에 해당하며 어느 정도 중요한 것인지 여부와, 후학들이 붓다의 진의를 추정하여 논리적으로 덧붙인 것인지를 판별하지는 못하기 때문에 우리는 반야심경의 글만 가지고, 붓다 정신의 핵심에 다다르기는 힘들다. 지금 와서 생각하면, 과연 모든 것이 공(空)인지조차 불분명하다. 그러므로 반야심경의 특정한 구절을 그 맥락 속에서 해석하고 이해하는 것이 중요하다.

# 다. 판본과 번역본들

우리가 사용하는 '반야심경'은 당나라 삼장법사 현장(玄裝)이 649년 번역한 것이다. 그런데 현장이 '대반야바라밀다경(大般若波羅蜜多經)'의 관조품(觀照品, 660~663년 번역)에서 번역한 것과 같은 것인데도, 현재 사용 중인 것은 구마라집(鳩摩羅什)이 번역한 '마하반야바라밀경(摩訶般若波羅蜜經)'의 〈습응품(習應品, 기원후 403년 번역)〉 일부와 일치하기 때문에, 현재 사용 중인 현장본이 과연 현장이 번역한 것인지 의심을 받기도 한다.

반야심경의 판본과 번역본들이 '반야심경'에 대응하는 산스크리트어본은 대본(大本)과 소본(小本)의 두 가지가 전해지고 있으며, 모두 쁘라즈냐-빠라미타-흐리다야-수트라(prajna paramita hrdaya sutra)라고 불린다.

대본과 소본의 내용상 차이는 없지만 대본에는 소본인 정종분(正宗分)의 앞뒤에 각각 서분(序分-시작하는 의례적인 말)과 유통분(流通分)이 첨가되어 있다. 서분과 유통분이라는 것은 경전의 형식을 갖추기 위해서, '나는 이렇게 들었다' 등과 '붓다가 어느 곳에 계실 때, 누가 질문을 해서 답변을 하게 되었다' 등의 내용을 넣어서 읽는 사람으로 하여금 경전의 권위를 인정하도록 하기 위한 것이다.

현장본의 '반야심경'에 대응하는 산스크리트어본은 인도나 중국에서는 찾아볼 수 없고, 유일하게 일본에서만 전해지고 있다. 일본의 법륭사(法隆寺)에 전해진 종려나무 잎에 씌진 산스크리트어본은 서기 609년에 오노 이모코(所野妹子)에 의해 전해졌다고 하지만 근거자료는 없다. 즉 그 범본에 대해서 인도 고문헌학의 대가인 뷜러(Georg Bhűler)가 그 범본의 필체가 8세기 초의 인도 문체라고 주장한 이후, 또 저명한 종교학자 막스 뮐러도 같은 주장을 하기 때문이다. 일본 내에서도 히카다 류쇼(干潟龍祥)가 8세기 말의 필사본이라고 주장하면서, 모두 8세기 이후에 작성된 것이라고 주장하고 있다.

현재 일본에서는 그 범본을 토대로 여러 사본이 만들어져 약 9종의 사본이 존재한다. 그 밖에 〈대정신수대장경〉에는 돈황에서 발견되어 대영박물관에 보관되어 있는 범본을 한자로 음사한 〈범본반야바라밀다경(梵本般若波羅蜜多經)〉도 있다. 가장 최근에는 북경 근처 방산 운거사에서 반야심경의 석경본(돌에 새긴 판본)이 발견되었다. 이 석경본은 이 책 말미에 한글 음과 함께 대조할 수 있도록 게시하였다.

대본은 일본 밀교의 창시자 홍법(弘法)대사의 제자인 혜운(慧運)이 서기 847년에 중국에서 가져온 것이 고야(高野)산의 정지원(正智院)에 보관되어 있었고, 그 사본은 장곡사(長谷寺)에 전해지고 있다.

### 판본에 대한 연구 약사(略史)

막스 뮐러는 법륭사로부터 받은 반야심경 등을 엮어 1884년 소본(법륭사본)과 대본(장곡사본)의 텍스트 및 한역 대본과 소본, 그리고 불정존승다라니(佛頂尊勝陀羅尼), 텍스트와 함께 반야심경 소본과 대본의 교정본 및 영역본을 출간하였다.[4] 이는 페르의 것과 거의 같다. 그리고 1886년 페르(H.L.Feer)도 최초로 대본 산스크리트어 반야심경을 파리에서 간행하였다.

또한 일본의 저명한 인도철학자인 나카무라 하지메(中村元)와 기노 카즈요시(紀野一義)는 법륭사 사본과 현장 역이라고 추정되는 범본반야바라밀다심경, 산스크리트의 여러 사본 등을 참조한 후 텍스트를 재구성하여 일본어 번역본을 출간하였으며, 에드워드 콘체는 중국, 네팔, 일본의 사본들을 비교 연구하여 교정본을 출간하였다.[5]

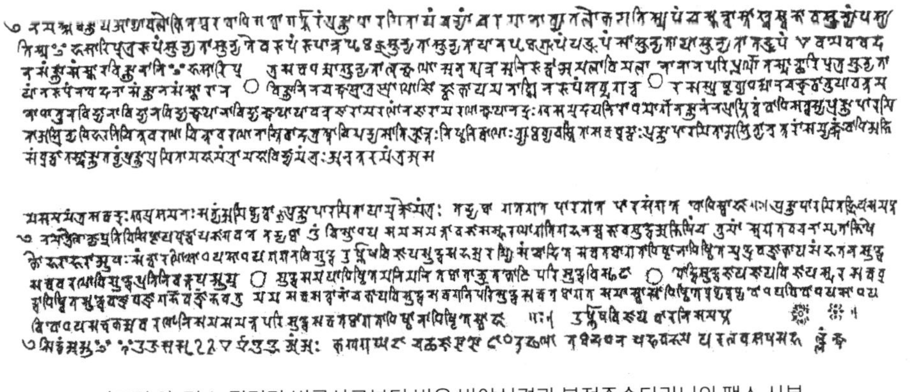

〈그림 3〉 막스 뮐러가 법륭사로부터 받은 반야심경과 불정존승다라니의 팩스 사본

---

4) The ancient palm-leaves containing the Prajña-pāramitā hridaya sūtra and the Ushnisha-vigaya dhārani, Edited by F. Max Müller and Bunyiu Nanjio, Oxford, Clarendon, Press 1884, Aryan Series vol 1. part 3.
5) Conze, 30years of Buddhist Studies, Selected Essays, 1962.

현재 반야심경의 대표적인 교정본은 1881년본을 교정한 뮐러본(1994), 나카무라본(1962), 콘체본(1967)의 3본이다. 이 중 콘체본은 1948년에 발표되었고, 1967년에 재판, 그리고 1973년에 개정되었는데, 네팔로부터 12개 원고, 중국으로부터 7개 원고와 비문, 일본으로부터 2개의 원고, 중국의 여러 역본과 티베트의 역본을 참고하여 만들었다. 자야라바 애트우드(Attwood)는 2014년 전에 알려지지 않았던 반야심경의 대본을 기술하였고, 2015년에는 콘체본의 실수를 조망하는 논문을 발표하였다.[6)]

한역본도 두 계통이 있다. 한역의 소본은 후진(後秦)의 구마라집 역과 당나라의 현장 역이 있다. 그리고 티베트어 역과 몽고어 역도 있는데 이들은 대본이다. 한편 한역으로 된 대본은 당나라 중기 이후의 법월(法月), 반야(般若), 지혜륜, 법성과 송나라의 시호 등이 번역한 것이 있는데, 이들은 본문에서 같이 보게 될 것이다.

한역본은 다음과 같은 일곱 가지가 있다.

① 요진(姚秦) 구마라집 번역(402~413) 마하반야바라밀대명주경(摩訶般若波羅密大明呪經) 1권(대정장 8. 47면)
② 당(唐) 현장(玄奘) 번역 (649년) 반야바라밀다심경 1권
③ 반야(般若, 748-810)와 이언(言) 등의 번역 반야바라밀다심경 1권 - 대본임
④ 법월(法月)의 중역(重譯) 738년, 보편지장반야바라밀다심경 1권. 이것은 광본(廣本)의 심경 산스크리트문에 대응한다. 법월은 중인도의 마가다국에서 온 승려임
⑤ 당 지혜륜의 번역, 반야바라밀다심경
⑥ 법성의 번역 반야바라밀다심경
⑦ 송 시호의 번역, 성불모반야바라밀다경

번역본 중 중인도 마가다국 출신의 법월이 한역한 보편지장반야바라밀다심경은

---

6) Attwood, Jayarava. (2015) Heart Murmurs : Some Problems with Conze's Prajñāpāramitāhṛdaya, Journal of the Oxford Centre for Buddhist Studies. Vol 8, 2015 : 28-48 애트우드의 주요지는 '관자재보살이 (위에서) 내려다볼 때에'의 산스크리트 구절인 vyavalokayati sma에서 이는 '내려다보다'는 뜻이 아니라, 그냥 살피다(examine)의 뜻임을 주장한다.

산스크리트 대본과 내용이 대체로 일치한다.

　마지막으로 당범번대자음반야바라밀다심경은 소본인 산스크리트어본을 한자로 음사하고 각 단어에 뜻을 달아놓은 것이기 때문에 한역이라고 할 수 없지만, 당시의 소리대로 파악하는 데는 요긴한 자료다. 이것은 돈황에서 발견되어, 영국의 대영박물관에 보관되어 있다. 이 소본에는 관자재보살여삼장법사현장친교수범본불윤색(觀自在菩薩與三藏法師玄奘親敎授梵本不潤色－관자재보살이 삼장법사 현장에게 친히 교수한 범본으로 윤색하지 않았다)이라는 부제가 붙어 있다.

　어떻게 표기했는지 잠깐 보면, 반야심경에서 처음 시작하는 '관자재보살'을 "阿哩也(二合)(聖)嚩嚕(觀)枳帝(自)濕嚩路(在)冒地(菩)娑怛侮(薩)(二)"[7]이라고 표기하였다. 즉 제일 앞의 '아리야'는 산스크리트어 아르야(arya)의 발음을 그대로 표현하였으니, 성(聖)이란 뜻이다. 그러므로 이에 의하면 '존경하는 관자재보살께서'라고 번역이 된다.

### 현장 역과 구마라집 번역의 차이점

　한역의 두 가지 조류인 구마라집 역과 현장 역을 개괄적으로 비교해 본다. 구마라집 역에는 반야바라밀(般若波羅蜜)이, 현장 역에는 반야바라밀다(般若波羅蜜多)로 한역되어 있다. 그리고 관세음보살(觀世音菩薩)이 관자재보살(觀自在菩薩)로, 오음(五陰)이 오온(五蘊)으로, 사리불(舍利弗)이 사리자(舍利子)로 번역되어 있다. 또한 비색이공(非色異空) 비공이색(非空異色)이 색불이공(色不異空) 공불이색(空不異色)으로, 보살(菩薩)이 보리살타(菩提薩埵), 명주(明呪)가 주(呪)로 한역되어 있다.

　구마라집 역에는 현장 역과 산스크리트 소본에도 없는 두 구절이 삽입되어 있다. 구마라집 역에는 색공고무뇌괴상(色空故無惱壞相), 수공고무수상(受空故無受相), 상공고무지상(想空故無知相), 행공고무작상(行空故無作相), 식공고무각상(識空故無覺相) 하이고(何以故)와 시공법 비과거비미래비현재(是空法, 非過去,非未來,非現在)가 추가되어 있다.

---

7) 이를 소리나는 대로 읽으면 '아리야바로지제습박로 모지사다무'이다. 원래 산스크리트어를 한글로 읽으면 '아르야 아발로기테스바로 보디사트보'이다. 사실 여기 한자 冒地는 한글로 '모지'라고 읽었지만, 중국 발음으로 '모디'라고 해야 하므로 상당히 비슷하게 표현한 것이다.

그리고 구마라집이 리일체전도몽상고뇌(離一切顚倒夢想苦惱)라는 부분을 현장은 일체전도몽상이라고만 번역하였다.

### 🖐 그 외의 역본

그 밖에 한역에서는 대승불교의 각 종파가 저마다 주석서를 만들어서 중국에서만 117부의 방대한 주석이 존재했고, 일본에서도 45부가 존재하며, 상당부분이 대장경, 속장경 등에 전해지고 있다.

그리고 현존하는 티베트 대장경 가운데 가장 신뢰할 만한 산스크리트어 역본에 7부의 주석서가 전해지는데, 이들 주석서들에 대한 체계적인 연구는 근래에 와서야 비로소 로페즈(D.S. Lopez)에 의해서 이루어지기 시작했다. 로페즈의 아들은 이를 더 연구하여 책을 출간하였다(Donald S. Lopez, Jr. The Heart Sutra Explained. -Indian and Tibetan Commentaries).

그리고 현장이 번역한 '반야심경'에 대한 신라 출신의 원측(圓測)이 주석한 반야바라밀다심경찬(般若波羅蜜多心經讚, 대정신수대장경 33책, 1711번)이 있다.

## 라. 반야심경이라는 명칭

산스크리트어 원고에는 경전의 제목이 없었고 말미에 단순히 쁘라쥬나빠라미따 흐리다야(prajñāpāramitāhṛdaya)라고만 되어 있었다. 그런데 초기에 지겸(支謙, Zhi Qian)은 반야바라밀신주 1권을 발행하였고, 구마라집은 마하반야바라밀신주 1권을 발행하였는데, 이때 심(心)이라는 글자를 사용하지 않았다. 즉 현장에 이르러서야 심(心)을 사용하였다. 또 지겸(支謙)과 구마라집의 버전에는 마하라는 말이 있다. 티베트판에는 바가바티(bhagavatī)가 있는데, 이는 승리자(victorious One), 정복자(Conqueror)라는 뜻이고, 반야바라밀다의 별칭을 여신으로 본다. 즉 티베트 버전의 산스크리트어 번역으로는 세존반야바라밀다심경(Bhagavatīprajñāpāramitāhṛdaya)이다.

**반야심경의 이름** : 후쿠이(Fukui Fumimasa)는 심경이라는 이름은 그것이 이 경전이 심장이라거나 반야바라밀다의 에센스라서 그런 것이 아니라, 다라니로 찬송되어야 하기 때문에 사용되었다고 주장하는데, 기존의 이론들과는 다른 새로운 주장이다.

## 마. 역번역의 문제

우리가 가장 정통으로 인정하는 반야심경의 현장본에 대해서 산스크리트어본이 있기는 하지만, 현장의 반야심경을 산스크리트어로 번역한 것이라는 설이 있다. 이것이 역번역(back translation)되었다는 것은 프랑스 문헌학자인 잔 네티어(Jan Nettier)에 의해 주장되었는데, 그 요지를 살펴보면,[8] 먼저 반야심경은 일반적으로 경전이 요구하는 시작('한때 나는 이렇게 들었다')과 끝부분('청중들은 환호하였다')을 생략하였다는 점과 붓다 자신이 경전에 등장하지 않는다는 점에 주의를 기울여야 한다고 한다. 그리고 반야부 경전에서는 수보리 존자가 중요한 역할을 하는데 비해서, 반야심경에서는 공(空)의 해석의 일인자인 장로 수보리가 등장하지 않고, 사리불이 등장하는데 오직 듣는 자로만 나타난다. 그리고 경전에 주문(呪文, 만트라 Mantra)이 포함되어 있다. 주문(呪文)이 경전에 포함되었을 때, 처음에는 만트라가 아니라 다라니(dhāraṇīs)라고 하였다. 보통 긴 주문은 다라니라 하고, 짧은 주문은 만트라 혹은 진언(眞言)이라 하는데, 다른 분류로는 구제와 보호를 위한 주문은 만트라, 기억을 연상하기 쉽도록 읊는 것은 다라니라고 한다. 지금은 뒤의 분류가 맞다고 동의한다. 그런 면에서 반야심경의 주문은 만트라라고 하는 것이 옳다. 잔 네티어의 논문의 골자를 보기로 한다.

그녀는 먼저 구마라집 번역의 마하반야바라밀대명주경의 산스크리트어 버전과 현장의 반야심경의 산스크리트어 버전에서 중요한 차이를 한 구절 예로 든다.

---

[8] Jan Nattier, The Heart Sūtra : A Chinese Apocryphal Text?, The Journal of the International Association of Buddhist Studies, Volume 15, Number 2, 1992, 153~223p.

| | |
|---|---|
| (na) anyad rūpam anyā śunyatā | rūpān nānya śunyatānyad rūpaṃ |
| nānya śunyatānyad rūpaṃ | śūnyatāya na pṛthag rūpam |
| | |
| na jarāmaraṇam | yāvan na jarāmaran.zam |
| na jarāmaraṇanirodhaḥ | na jarāmaraṇakṣayo |

    왼쪽 편은 구마라집 번역의 산스크리트어이고, 오른 편은 반야심경의 산스크리트어이다. 그래서 구마라집 번역의 글을 번역하면, '색(色)은 공(空)과 다르지 않고, 공(空)은 색(色)과 다르지 않다'이다. 반야심경의 글을 번역하면, '색(色)은 공으로부터 다른 것이 아니다, 공은 색(色)으로부터 다른 것이 아니다'이다. 이를 보면 두 글의 뜻은 크게 다르지 않지만, 문법적인 형식은 다르다. anyad rūpam과 rūpān nānya를 비교해 보라.

    두 번째로 구마라집 버전에서는 '노사(老死)가 사멸(死滅)하지 않는다(extinction)'이지만, 반야심경에서는 '노사(老死)는 없다(no)'로 번역된다. 물론 이 부분의 한자는 무(無)노사(老死)로 모두 같다.

    즉 구마라집 버전과 반야심경의 산스크리트어 부분의 대조를 통해서, 반야심경 산스크리트어본은 반야심경 한자본을 다시 산스크리트어로 역번역한 것이라는 결론을 내리는 것이다.

    이에 대해 레드파인(Red Pine)은 네티어가 참조한 길깃본의 오류 및 오독에 의해, 공(空)의 견지에서 법(法)이라는 용어를 공(空)이라고 오해한 것을 지적하면서, 아직은 그런 결론을 내려서는 안 된다고 하고 있다.[9]

    반야심경의 역사를 보면, 모두가 읽고 있는 현장본 이전의 한자본이나 산스크리트어본이 없기 때문에, 네티어의 주장이 맞을 가능성도 있다. 또 반야심경도 이전의 것을 찾을 수 없고, 그 이전의 주석서도 없다(주석서가 없다는 것은 원본도 없을 것이라는 추정에 강력히 부합한다). 현장본의 한자들을 주의 깊게 보면 실제로 그 핵심 부분은 구마라집의 마하반야바라밀대명주경과 거의 같으며 일부는 축약하였다.

---

9) Red Pine, The Heart Sutra, 23~25p.

또 반야심경의 내용들은 대반야경에서 논하는 내용을 요약한 것이다. 그래서 인도에서 유래한 것이 아니라 하더라도 우리는 이 반야심경을 기초로 불교의 내용을 한눈에 정리할 수 있다.

그런데 나중에 나오지만, 산스크리트어본의 iha(여기서)라는 부분이 한자로 번역되지 않았는데, 그래서 한자본에는 없는데 산스크리트어본에 있다는 것이 이상하다는 점, 산스크리트어본에는 '도일체고액' 부분이 없다는 점, 한자 반야심경의 대신주(大神呪)라는 부분에 대해, 산스크리트어로는 대주문(Mahā Mantra)으로 되어 있다는 점, 현장이 번역한 아발로키테스바라(Avalokiteśvara)는 관자재보살로 번역하는 것이 맞고, 이는 힌두교의 영향으로 원래의 관음보살인 아발로키타스바라(Avalokitaśvara)에서 바뀐 점을 간과했다는 것을 뒤에서 볼 수 있다. 이는 현장도 그 원본이 '아발로키테스바라'라고 되어 있는 한, 자유자재한 능력을 가진 신(神)에 필적하는 것으로 관자재보살이라고 번역할 수밖에 없었다는 점 등을 본다면 역번역했다는 점을 인정하기 힘들다.

※ 이것은 공(空)에 대해서 쓴 것이다. 공(空)은 다른 이론을 해체하기 위한 것이지, 생활원리로 삼아서는 안 된다. 용수(龍樹/Nagarjuna)의 견해에 따라, 일정한 단계에 오른 사람이 저편으로 가기 위한 뗏목의 역할을 하는 것이 공(空)이다. 따라서 일반인은 지금 단계에서 그냥 참고만 할 일이다. 저편으로 가고 나서는 버려야 될 것이 이 공(空)이고 뗏목이기 때문이다.

# 04 반야심경 개괄번역

摩訶般若波羅蜜多心經
마하반야바라밀다심경


觀自在菩薩 行深 般若波羅蜜多時
관자재보살 행심 반야바라밀다시
관자재보살이 반야바라밀다를 깊이 실행할 때에


照見 五蘊皆空 度一切苦厄
조견 오온개공 도일체고액
오온이 모두 공(空)한 것을 비추어보아, 일체의 고액을 건넜다


舍利子
사리자
사리자여


色不異空 空不異色 色卽是空 空卽是色 受想行識 亦復如是
색불이공 공불이색 색즉시공 공즉시색 수상행식 역부여시
색은 공(空)과 다르지 않고, 공은 색과 다르지 않다. 색은 곧 공(空)이며, 공은 곧 색이다. 수상행식도 이와 같다

舍利子
사리자
사리자여

是 諸法空相 不生不滅 不垢不淨 不增不減
시 제법공상 불생불멸 불구부정 부증불감
이러한 모든 법은 그 모습이 공(空)하며, 나지도 소멸하지도 않고,
더럽지도 깨끗하지도 않고, 증가하지도 감소하지도 않는다

是故 空中無色 無受想行識
시고 공중무색 무수상행식
그래서 공(空) 속에는 색도 수상행식도 없다

無眼耳鼻舌身意 無色聲香味觸法
무안이비설신의 무색성향미촉법
눈 귀 코 혀 몸 뜻도 없고, 형체 소리 향기 맛 촉감 법도 없다

無眼界 乃至 無意識界
무안계 내지 무의식계
보이는 세계로부터 의식의 세계까지 모두 없다

無無明 亦無無明盡 乃至 無老死
무무명 역무무명진 내지 무노사
무명도 없고 또 무명의 다함에서 늙음과 죽음까지 없다

亦無老死盡 無苦集滅道
역무노사진 무고집멸도
늙음과 죽음이 다함도 없고, 고집멸도도 없다

無智亦無得 以無所得故

무지역무득 이무소득고

지혜도 없고 얻는 것도 없다. 얻는 것이 없으므로


菩提薩埵 依般若波羅蜜多故

보리살타 의반야바라밀다고

보리살타는 반야바라밀다에 의지하여서


心無罣碍 無罣碍故 無有恐怖

심무가애 무가애고 무유공포

마음에 걸림이 없고, 그렇기 때문에 공포도 없다


遠離顚倒夢想 究竟涅槃

원리전도몽상 구경열반

거꾸로 된 헛된 생각을 멀리 떠나서 필경 열반에 도달한다


三世諸佛 依般若波羅蜜多

삼세제불 의반야바라밀다

삼세의 모든 붓다도 반야바라밀다에 의지하여


故得 阿耨多羅三藐三菩提

고득 아뇩다라삼먁삼보리

위가 없는 바른 깨달음을 얻었다


故知 般若波羅蜜多

고지 반야바라밀다

따라서 반야바라밀다는 ~~~임을 알라.

是大神呪 是大明呪 是無上呪 是無等等呪
시대신주 시대명주 시무상주 시무등등주
이것이 최고로 신비한 주문이며, 밝은 주문이며, 위가 없는 주문이며,
비할 바가 없는 주문이므로

能除一切苦 眞實不虛
능제일체고 진실불허
일체의 괴로움을 능히 없애고, 진실하고 헛되지 않다

故說 般若波羅蜜多呪
고설 반야바라밀다주
그래서 반야바라밀다를 주문하니

卽說呪曰
즉설주왈
그것은

揭諦 揭諦 婆羅揭諦 婆羅僧揭諦 菩提 娑婆訶
揭諦 揭諦 婆羅揭諦 婆羅僧揭諦 菩提 娑婆訶
揭諦 揭諦 婆羅揭諦 婆羅僧揭諦 菩提 娑婆訶
아제아제 바라아제 바라승아제 모지 사바하
아제아제 바라아제 바라승아제 모지 사바하
아제아제 바라아제 바라승아제 모지 사바하

## 틱낫한 스님의 새 번역

틱낫한(Thich Nhat Hanh) 스님은 2014년 반야심경의 번역에 조악한 면이 많아서 새로 베트남어로 번역하고, 다시 이를 영어로 번역한 것을 발표했다.

그렇게 한 이유가 두 가지가 있는데, 그중 하나의 예를 보면, 초보 수행자들의 오해로 인한 것이었다. 초보 수행자에게 반야심경의 뜻을 물으니, '오온이 비어 있고, 눈귀코혀몸뜻도 없다'는 것을 알고 그대로 믿는다고 하였다. 그래서 스승은 가까이 불러 갑자기 코를 비틀었더니, 초보 수행자는 아파서 비명을 질렀는데, 스승은 '코가 없다는 것을 믿는다고 하였는데, 왜 아프다고 소리 지르느냐'고 말하였다. 이는 색즉시공만 알았지, 공즉시색도 색즉시공만큼 중요한 비중을 차지하는 것을 몰랐기 때문이라는 것이다.

이런 의미에서 새로운 번역을 했는데, 그 번역을 읽어보면 반야심경의 뜻을 상당히 깔끔하게 정리하고 있는 것을 알 수 있다.

The Insight that Brings Us to the Other Shore

Avalokiteshvara
관자재보살이

while practicing deeply with the Insight that Brings Us to the Other Shore,
우리를 저편으로 데려다줄 통찰로 깊이 수행하면서

suddenly discovered that all of the five Skandhas are equally empty, and with this realisation he overcame all Ill-being.
모든 오온이 똑같이 비었다는 것을 홀연히 알았고, 이런 깨달음으로 모든 고통을 극복하였다.

"Listen Sariputra, this Body itself is Emptiness and Emptiness itself is this

Body. This Body is not other than Emptiness and Emptiness is not other than this Body."

들어라, 사리불이여, 이 몸 자체는 공이며, 공 자체는 이 몸이다. 이 몸은 공과 다르지 않고, 공은 이 몸과 다르지 않다.

The same is true of Feelings, Perceptions, Mental Formations, and Consciousness.

이것은 느낌, 인식, 의지, 생각에도 적용된다.

"Listen Sariputra, all phenomena bear the mark of Emptiness; their true nature is the nature of no Birth no Death, no Being no Non−being, no Defilement no Purity, no Increasing no Decreasing."

들어라, 사리불이여, 모든 현상은 공의 표지를 가지고 있다 : 그 진정한 본성은 태어남도 죽음도 없다. 존재도 비존재도 아니고, 더러움도 깨끗함도 없으며, 증가하지도 감소하지도 않는다.

"That is why in Emptiness, Body, Feelings, Perceptions, Mental Formations and Consciousness are not separate self entities."

이것이 공 속에서는 몸, 느낌, 인식, 의지, 생각이 독립적 자성이 없는 이유다.

The Eighteen Realms of Phenomena which are the six Sense Organs, the six Sense Objects, and the six Consciousnesses are also not separate self entities.

여섯 감각 기관, 여섯 감각 대상, 여섯 의식으로 된 현상계의 18계는 역시 독립된 자성이 없다.

The Twelve Links of Interdependent Arising and their Extinction are also not separate self entities. Ill−being, the Causes of Ill−being, the End of

Ill-being, the Path, insight and attainment, are also not separate self entities.
12연기의 발생과 소멸도 독립된 자성이 없고, 고집멸도와 깨달음 및 그것을 얻음 또한 독립적 자성이 없다.

Whoever can see this no longer needs anything to attain.
이러한 점을 아는 누구라도 더 이상 성취할 어떤 것이 필요치 않다.

Bodhisattvas who practice the Insight that Brings Us to the Other Shore see no more obstacles in their mind, and because there are no more obstacles in their mind, they can overcome all fear, destroy all wrong perceptions and realize Perfect Nirvana.
우리를 저편으로 건네줄 통찰을 수행하는 보살은 그 마음에 더 이상 장애가 없으며, 그렇기 때문에 그들은 모든 걱정을 극복하고, 모든 잘못된 개념을 파괴하여 완전한 열반을 실현한다.

"All Buddhas in the past, present and future by practicing the Insight that Brings Us to the Other Shore are all capable of attaining Authentic and Perfect Enlightenment."
과거와 현재, 미래에서 우리를 저편으로 보내줄 통찰을 수행하는 모든 붓다는 진정하고 완전한 깨달음을 얻을 수 있다.

"Therefore Sariputra, it should be known that the Insight that Brings Us to the Other Shore is a Great Mantra, the most illuminating mantra, the highest mantra, a mantra beyond compare, the True Wisdom that has the power to put an end to all kinds of suffering."
그래서 사리불이여, 우리를 저편으로 보내줄 통찰은 거대한 주문이며, 가장 밝혀주는 주문이며, 최고의 주문이며, 비할 바 없는 주문이며, 모든 종류의 고통을 종식시키는 힘을 가진 진정한 지혜다.

Therefore let us proclaim a mantra to praise the Insight that Brings Us to the Other Shore.

그래서 우리를 저편으로 보내줄 통찰을 칭송하는 주문을 외우자.

"Gate, Gate, Paragate, Parasamgate, Bodhi Svaha!
Gate, Gate, Paragate, Parasamgate, Bodhi Svaha!
Gate, Gate, Paragate, Parasamgate, Bodhi Svaha!"

## 05 마하반야바라밀다심경 해설
### 摩訶般若波羅蜜多心經

현장[10] 본의 제목은 반야바라밀다심경(般若波羅蜜多心經)이다. 한국에서 사용되는 독송(讀誦)용은 이 제목의 위에 마하(摩訶, mahā), 혹은 '불설(佛說) 마하'를 붙여서 위와 같이 '마하반야바라밀다심경'이라고 읽고 독송을 시작한다. 현장본을 기준으로 하지만, 독송의 현실을 반영하여 독송용으로 표기하였다. 이 경전의 전문은 14행 260자에 불과하지만, 대반야바라밀다경의 핵심을 드러낸 것으로 보아 이 경전을 언급할 때는 '반야심경(般若心經)' 혹은 '심경(心經)'이라고만 한다.

즉 여기서 심경이라고 할 때의 심(心)이라는 용어는 마음을 뜻하는 것이 아니라, 정수・핵심이라는 뜻을 나타낸다. 그래서 산스크리트어로는 마음을 나타내는 찌타(citta)가 아니라, 흐리다야(hṛdaya, 심장)를 사용한다. 실제로 반야심경은 260자에 불과한 것임에도, 그 내용을 보면 불교의 핵심 사상들을 모두 거론하면서도 그것을 간단명료하게 표현하고 있다. 물론 그 핵심 사상들을 무(無)나 공(空)으로 표현하므로 기존의 정통 불교와는 반대되는 느낌을 주지만, 우리가 그 맥락을 잘 이해하기만 하면 이 반야심경에서 많은 것을 건질 수 있다.

---

10) 중국 스님(602~664). 낙(洛)주에서 태어나 12세에 출가하였다. 629년 입축(竺) 구법(求法)의 길에 올라 645년에 귀국하였다. 귀국할 때 불사리 불상 대승과 소승의 경 율 논 657부를 가져와서 번역에 몰두하였다. 대반야경 75부 1355권을 번역하였고, 유식론 등을 번역하여 중국 법상종의 개조가 되기도 하였다. 664년 대자은사에서 입적하였다. 그의 대당서역기 12권은 당시의 문화 풍속 사상 등을 알게 해주는 귀중한 자료이다. 이 반야심경은 현장이 번역한 것이라고 믿어지지만, 649년에 역출한 역문은 같은 현장의 대반야바라밀경의 관조품(660~663 역출)의 일절보다 구마라집의 마하반야바라밀경의 습응품(403년 역출)의 일절에 매우 가깝다.

**반야바라밀다** : 산스크리트어 쁘라쥬냐빠라미따(prajñāpāramitā)에서, 앞의 쁘라쥬나(prajñā)를 음역하여 반야(般若)라 하고, 뒤의 빠라미따(pāramitā)를 음역하여 바라밀(波羅蜜), 혹은 바라밀다(波羅蜜多)라고 한다. 따라서 그 뜻은 반야바라밀다의 한자어를 볼 것이 아니라, 산스크리트어의 의미를 보아야 한다. 앞의 쁘라쥬나(prajñā)가 지혜(intuitive wisdom)라는 뜻이다. 그런데 뒤의 빠라미따(pāramitā)의 뜻에 대해서는 의견이 갈린다. 이에 대해 네 가지 정도의 의견이 있지만, 크게 두 가지로 나누어보면, 빠라마(pārama)(highest, supreme) +이따(itā-추상명사화)로 볼 것인지, 빠람(pāram)(beyond, 넘어간) + 이따(ita)(~로 된 것)로 볼 것인지의 논쟁이 있다. 그런데 사전을 보면 빠라미따(pāramitā)는 '저편으로 간(gone to the opposite shore)'의 뜻과 '~의 완성(perfection in)'이라는 두 가지 뜻을 가지고 있다. 그래서 앞의 뜻으로 해석하면 '지혜의 완성', 혹은 '궁극적인 지혜'를 의미하고, 뒤의 뜻으로 해석하면 '저편으로 이끄는 지혜'라고 번역된다.

### 🔎 역본 비교

| 번역자 | 경전 제목 | 비고 |
|---|---|---|
| 구마라집(鳩摩羅什) | 마하반야바라밀대명주경<br>(摩訶般若波羅蜜大明呪經) | |
| 현장(玄奘) | 반야바라밀다심경(般若波羅蜜多心經) | |
| 반야(般若)와 이언(利言) | 반야바라밀다심경(般若波羅蜜多心經) | 대본(大本) |
| 법월(法月) | 보편지장반야바라밀다심경<br>(普遍智藏般若波羅蜜多心經) | 중역(重譯) |
| 지혜륜(智慧輪) | 반야바라밀다심경(般若波羅蜜多心經) | 대본(大本) |
| 법성(法成) | 반야바라밀다심경(般若波羅蜜多心經) | 대본(大本) |
| 시호(施護) | 불설성불모반야바라밀다심경<br>(佛說聖佛母般若波羅蜜多經) | 대본(大本) |

아상가(Asanga-무착/無着)와 대부분의 인도 주석가들은 앞의 해석을 선호하고, 나가르주나(Nāgārjuna, 용수/龍樹)와 대부분의 중국 주석가들은 뒤의 해석을 선호

한다. 처음의 뜻이 지혜를 완성하는 것이라면, 두 번째 뜻은 '지혜' 중에서 특히 '저편으로 가는 지혜'를 의미한다. 완성된 최고의 지혜가 이 세계를 살아가는 지혜라고 보면, '저편으로 가는 지혜'는 이 세계를 살아가는 지혜와는 다른 차원의 지혜를 말하는 것이라고 할 수도 있다. 그렇지만 '저편으로 가는 지혜'도 아직은 이 세계에 있는 지혜 중의 하나이므로, (그렇지 않다면 죽어서 이 세계를 떠나야 가질 수 있는 지혜라면, 살아서 수행하는 것으로는 도저히 도달할 수 없는 지혜가 되므로) 이 세계에서의 완성된 지혜 속에는 '저편으로 가는 지혜'도 포함된다고 볼 수 있다.

### 산스크리트본에는 경의 제목이 없다

필자의 저서 '금강경'에서는 반야바라밀다를 '지혜의 완성'이라고 보는 것이 좋다고 말했지만, 반야심경에서는 모든 것이 공(空)이라는 전체적 맥락과 반야심경에 포함된 주문(呪文) 부분과 의미를 맞추기 위해서는 '저편으로 가는 지혜'라고 보는 것도 좋을 것이다. 여기서 '지혜'라고 하는 것은 우리가 말하는 지식이나 정보와는 다른 종류의 것이다. 즉 쁘라쥬나(prajñā)는 지식을 말하는 쥬나(jñā) 앞에 쁘라(pra)가 붙어서, 표면적인 지식 이전의 근원적인 앎을 의미한다. 그래서 단순한 생각이나 판단을 의미하는 분별지식인 비지냐나(vijñāna)와 구별하기 위해서 쁘라쥬나의 발음을 가진 반야(般若)라는 음역을 사용하고, 이를 또 무분별지라고 하는데, 한국에서는 지혜라고 표현하는 것이 좋을 것이다(한자로 쓰지 않는 한 무분별지는 분별을 못하는 지식이라는 느낌이 든다). 한편 한역에서는 지도(智度)라고 번역하는 경우도 있는데, 나가르쥬나가 지은 대지도론(大智度論)이 그것이다. 이것은 대품반야경의 주석서인데, '마하반야론-즉, 대반야론'이라는 뜻이다.

산스크리트어본 중에 나막-사르바-쥬냐야(Namaḥ Sarvajñāya)로 시작하는 경우가 있는데, 이는 '전지자이신 분께'라는 뜻이다. '전지자'는 붓다를 지칭하는 여러 명칭 중에서 14번째의 명칭이지만, 콘체가 정리한 것에는 나오지 않으므로, 그 산스크리트어본은 초기의 버전에서 '전지자'를 부가한 것으로 보인다.

## 가. 관자재보살이 오온의 공함을 보다

觀自在菩薩 行深 般若波羅蜜多時
관자재보살행심 – 반야바라밀다시
**관자재보살이 반야바라밀다를 깊이 실행할 때에**

照見五蘊皆空 度一切苦厄
조견 오온개공 도일체고액
**오온이 모두 공(空)한 것을 비추어보아, 일체의 고액을 건넌다.**

관자재보살은 보살의 명칭이고, 이 구절의 주어다. 관자재보살은 깊은 반야바라밀다를 수행할 때, 오온(五蘊)이 모두 비어 있다는 점을 알게 되었다. 혹자는 관자재보살 정도 되는 분은 당연히 오온이 비어 있음을 알 것이므로, 이 번역은 문제가 있고, 깨친 내용은 뒷부분인 색불이공 이하의 구절에 연결되는 것이라고 하기도 한다. 그렇지만 반야심경을 처음 보는 분들까지 교화하기 위해서는 오온이 비어 있음을 제시하는 것으로도 족하다고 본다.

뒷부분의 일체의 고액을 건너다는 부분은 산스크리트어 원문에는 없는 부분인데, 현장이 구마라집 역본을 참고하여 그대로 둔 것으로 보인다. 그런데 '일체고액을 건너다'는 부분의 뒷부분을 보면, 이 문구가 없는 것이 타당하다. 즉 그 뒷부분에 '사리자여, 색불이공 공불이색'이라고 하는 부분이 지금 '오온이 모두 비어 있다고 보았다'라는 부분과 바로 어울리기 때문이다. 말하자면, 오온이 모두 공한 것을 비추어보니, 사리자여, 색은 공과 다르지 않고, 공은 색과 다르지 않다고 말하는 것이다. 그런데 구마라집의 역본에도 조견오음공, 도일체고액이라는 구절이 나온다. 앞서 장네띠어의 역번역에서는 이 점을 언급하지 않았었는데, 필자가 볼 때, 구마라집이 본인의 해석에 맞도록 넣어둔 것을 현장이 그대로 같이 번역에 넣은 것이라고 본다. 그러므로 산스크리트어본은 한자를 역번역한 것이 아니라, 산스크리트어본을 번역하는 한역자들이 '도일체고액'을 넣은[11] 것으로 보인다.

그런데 이 부분의 산스크리트어본은 해석에 난점이 있다. 콘체가 수집한 반야심경본에는 한역의 조견(照見)이라고 번역된 '브야발로카야티(vyavalokayati)'에 대해서 콘체는 '위에서 내려다보다(looked down from on high)'라고 번역하였는데, 이는 잘못된 번역이라는 지적이 있다. 즉 자야라바(Jayarava)는 위의 문구는 단순히 검토하다(examine)의 뜻이라고 하고 있다. 그는 이를 산스크리트 문법에 비추어 주장하였고 대체로 받아들여지고 있다. 그런데 한자 반야심경에서 '조견(照見-비추어보다)'이라고 번역하였으니, 그러한 논의와는 관계없이 한자로 제대로 번역한 것이다. 한자에 익숙치 못한 외국인으로서는 산스크리트어와 영어 사이에서 서로 다툼이 있는 것으로 보이는데, 한역을 그대로 읽을 수 있는 우리로서는 현장을 믿고 한역대로 해석하면 된다.

반야심경이 이러한 구절로 시작하지만, 경전의 어느 곳에서도 이러한 말들을 듣거나 기록한 것을 찾을 수 없다. 붓다의 말을 기록한 불경에는 보통 경전의 시작 부분에, 붓다를 오랜 기간 시종 들었던 아난에 의해 '나는 이렇게 들었다-여시아문(如是我聞)'(한자가 아닌 산스크리트어로는, 나에게 이렇게 들렸다)라는 구절을 두어, 경전의 권위를 높이는데, 반야심경에는 그런 구절이 없다. 즉 반야심경은 아난이나 붓다의 다른 제자는 없고, 사리불(舍利弗)만 나온다.

또 경전의 정통성과 관련하여 누가 이 경전을 만든 것인지에 대한 의문은 있지만, 여러 세기를 거치면서 이 문제는 점점 덜 중요해졌다. 시간의 경과에 따라 불교계는 이러한 문제를 해결하는 원칙이 생겼다. 즉 경전에 담겨 있는 가르침을 고려하여 정통성을 인정한다. 그러한 정통성을 인정하는 방법에는 네 가지가 있다. 즉 저자(著者)가 아니라 가르침에 의지한다. 글자가 아니라 의미를 살핀다. 전통이나 관례가 아니라 그 진실을 본다. 정보가 아니라 지식이 중요하다는 것이다. 그래서 가르침이 법과 일치하면, 저자(著者)는 붓다이거나 붓다를 대신해 말해 줄 권한을 부여받은 누군가이다. 반야심경의 내용을 보면, 이는 2천 년 전에 불교 전통의 주요한 내용을 이해하는 누군가가 경전을 썼으며, 또한 중요한 핵심을 간략하게 요약할 수 있는 능력을 가졌으며, 붓다의 말의 깊은 의미를 이해한 자라는 것을 알 수 있다.

---

11) Jayarava, Heart Murmurs : Some Problems with conze's Sanskrit Heart Sutra, June, 2015.

그런데 위의 방법과 관련하여 사실상은 법의 도장이 찍혀 있는지를 살피게 된다. 즉 세 가지 법인(法印－법의 도장)이 찍혀 있는지를 보는 것이다. 이 법의 도장은 무상(無常) 고(苦) 무아(無我)의 사상을 말하고 있는지를 구분의 기준으로 본다. 즉 제행무상(諸行無常－모든 유위법이 변화하고 영원하지 않음을 말한다), 일체개고(一切皆苦－윤회하는 존재의 보편적 특성은 괴로움이다), 제법무아(諸法無我－모든 법에는 본성이 없다)의 세 가지를 말하는 여부로 결정된다. 그런데 대승불교에서는 일체개고(一切皆苦) 대신에 열반적정(涅槃寂靜)을 삼법인 중의 하나로 꼽기도 한다. 혹은 이 네 가지를 사법인이라 부르기도 한다. 삼법인 중에 일체개고(一切皆苦)냐 열반적정(涅槃寂靜)이냐의 문제는 검토가 필요하지만, 붓다의 모든 현실인식이 일체개고로부터 시작한 점을 부정할 수는 없다고 본다. 또한 3법인이라는 표현은 대승불교에서만 사용되는 것이며, 초기불교 및 부파불교에서도 유사한 개념이 존재하지만, 이 3법인이라는 용어는 사용하지 않는 것으로 보아서, 대승불교가 자신들의 경전에 정당성을 부여하기 위한 개념으로 보인다. 한편 상좌부 불교에서는 이 용어 대신에 삼상(三相)이라는 용어를 사용한다.

### 1) 관자재보살(觀自在菩薩)

보통 관세음보살(觀世音菩薩)이라는 말은 많이 사용하지만, 관자재보살이라는 말은 잘 사용하지 않는다. 유독 반야심경에서 관자재보살이라는 말을 사용하는데, 이는 산스크리트어 아발로키테스바라(avalokiteśvara)를 번역한 말이다.

원래 산스크리트어본에는 아발로키테스바라 즉 관자재보살 앞에 '아르야'가 붙어서 ārya-avalokiteśvaro라고 되어 있다. 아르야(ārya)라는 말은 관자재보살을 높여서 부르기 위한 것이다. 역사 이전에 코카서스 지방에서 발원한 유목민들은 그들 자신을 아르야(Aryas) 혹은 아르얀(Aryans)이라 불렀는데, 이들이 유럽으로 가서 게르만족(독일－히틀러가 아리안족의 우월성을 입증하기 위해 올림픽을 이용한 것은 상식이 되었다)이 되었고, 중동지방에 자리 잡아 이란(Aryans → Iran)이 되고, 힌두쿠시 산맥을 넘어 인도 동북부로 들어왔을 때가 기원전 1500년경으로 인더스계곡을 차지하였다. 그 후 1천 년 정도 지나서(기원전 500년경) 붓다 시대에 이르자 '아르야'라는 용어는 인도에서 상위계층의 영광스러운 종족을 뜻하게 되었고, 일반용어로 사용되어 불교에서는 보살이나 성문(聲聞, Shravaka)을 경배하는 뜻으로 사용된다. 한글로 표현한다면, '고귀하신', '경애하는' 등의 뜻이 될 것이다.

〈그림 4〉 코카서스 지방에서 확산된 아리안족

천수경의 신묘장구대다라니에서 관자재보살은 알약바로기제새바라야(āryāvalokiteśvarāya)라고 표기한다. 이는 당범번대자음반야바라밀경에 아리야바로기제스바로(阿哩也嚩嚕枳帝濕嚩路)라고 되어 있는 것과 유사한 표기법이다.

**보살(菩薩)** : 이 용어는 산스크리트어 보디사트바(bodhisattva)를 한자로 음역한 것이다. 처음에는 보리살타(菩提薩陀)로 음역하였는데, 이를 더 줄여서 부르는 말이다. 보디(bodhi-구어체로 '보리'라고 함)는 '깨닫다'는 뜻이고, 삿트바(sattva)는 '중생, 유정(有情)'이라는 뜻이므로, 깨달음을 향하는 중생, 즉 구도자를 뜻한다. 그러나 삿트바에는 전사(戰士, warrior)라는 뜻도 있어서, 원래의 뜻은 '깨달음의 전사'이므로 '깨달음을 향해 투쟁하는 사람'이라고 보아야 한다. 그러면서 해심밀경에서는 '미세하고 아주 깊고 통달하기 어려워 범부나 2승(성문, 독각)은 이해할 수 없는 승의제(勝義諦-초월적 깨달음)를 이해할 수 있는 사람'을 보살이라고 함으로써 깨달음을 추구하는 사람과 깨달은 사람을 모두 보살이라고 혼용하게 되었다. 붓다 당시에는 깨달은 사람을 일컫는 말로 아라한(阿羅漢)이라는 용어를 사용한다.

초기불교에서는 깨달음의 단계를 4단계로 분류한다.
- 제일 처음의 단계는 스로타판나(srotāpanna, 예류향/豫流向) 혹은 입류(入流), 혹은 '흐름에 든 자'
- 그다음 사크르다가민(sakṛdāgāmin, 일래향/一來向), '한 번만 온 자'
- 그다음 안아가미(anāgāmi, 불환향/不還向), '다시 오지 않는 자'
- 마지막으로 아라한(arhat)

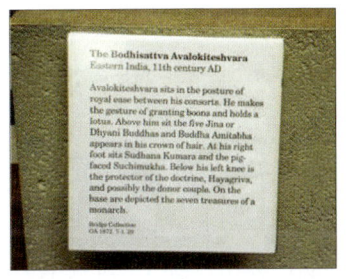

〈그림 5〉 대영박물관에 전시된 보살상의 영문 표기

그런데 아라한이 된 자는 붓다의 설법을 직접 들은 성문(聲聞), 혼자서 깨달은 독각(獨覺) 혹은 연각(緣覺)이었는데, 대승불교에서는 이러한 아라한의 단계를 보살보다 낮추어서 깨달은 자를 보살로 정의하게 된다.

즉 대승불교 이전에는 석가모니 붓다만을 보살이라 칭하였는데, 대승불교 이후에는 모든 사람이 붓다가 될 수 있다는 의미에서 불교의 수행자 모두를 붓다의 후보자로서 보살이라 칭하게 된다. 이는 종래의 깨달음을 추구하여 깨달음에 이르는 과정에 있는 사람을 단계별로 나누어 최종적으로 아라한이 되는 것에 비해서 그 범위를 확장한 것이다. 그럼에도 불구하고 반야심경에서 관자재보살이라 칭하는 '보살'은 대승의 일반적인 개념이 아닌 깨달았다는 의미에서 사용한 것이라 하겠다.

산스크리트어 보디사트바(bodhisattva)는 영미권에서도 그대로 사용하는 용어다. 참고로 대영박물관(British Museum)의 중국관에 가면 수많은 조각들의 명칭에 보살(bodhisattva)이라는 단어를 그대로 사용하고 있다.

**관자재보살(觀自在菩薩)** : 보살의 명칭으로 관자재(觀自在)를 사용하였는데, 한자의 뜻은 막힘이나 걸림이 없이 자유롭게 본다는 뜻이다. 현장은 관자재보살이라 번역했지만, 구마라집을 비롯한 다른 사람은 관세음보살이라고 번역했다. 관세음(觀

世音)이란 '세상의 소리를 본다'는 뜻이다. 세상의 소리를 듣는 것이 아니라 본다는 뜻의 관(觀)을 사용한 것에 유의해야 한다. 왜 이런 차이가 생겼을까? 먼저 산스크리트어로 표기된 용어 아발로키테시바라(avalokiteśvara)를 보면, 아바(ava)는 '아래'를 의미한다. 로크(lok)는 '보다(look)'이고, 이타(ita)는 동사 아발록(avalok)을 명사화시키는 후치사이다. 마지막의 이시바라(iśvara)는 '신(神)' 혹은 '주인(ruler, sovereign)'을 나타내어서, 소리의 규칙(문법적으로 '산디'라고 한다)에 맞추어 이시바라(iśvara)는 에스바라(eśvara)가 되었다고 최근까지 설명하고 있었다. 그래서 이 네 부분을 합치면, '아래를 내려다보는 신'인 것이다. 특기할 것은 산스크리트어에서는 이시바라(iśvara)로 표시되어 제일 끝 글자가 'a'로 되었는데 이는 그 이름이 남성임을 표시한다. 여성이라면 이시바리(iśvari)로 되었을 것이다. 그러나 중국에서는 역사적으로 이 보살을 여성의 성격으로 받아들이기 때문에 관자재보살이 여성인지, 남성인지는 끝없이 논란이 된다.

그런데 최근 연구에 의하면, 이시바라(iśvara)는 나중에 힌두교의 영향으로 삽입된 것으로 보고 있다. 즉 원형은 끝에 스바라(svara-소리)가 단순히 붙는 형태로써, **아발로키타스바라**(Avalokkitasvara)이며, 이럴 경우, 아발로키타스바라 보살은 〈소리를 내려다보는 보살〉, 즉 관음보살이면서 〈로카〉라는 중의적 뜻을 사용하면 〈세상의 소리를 내려다보는 보살〉 즉, 관세음보살(觀世音菩薩)이라는 구마라집의 번역에 완전히 부합된다. '**아발로키타스바라**'라는 용어는 5세기경에 일부 나타나며, '**아발로키테스바라**'라는 단어는 7세기부터 나타난다.

이러한 맥락에서 본다면, 원래 구마라집이 번역한 관세음보살이 산스크리트어를 제대로 번역하였고, 현장조차도 산스크리트어가 변화된 것을 모른 채 정확하게 번역한다고 관자재보살이라 한 것이다.

아래와 같이 지혜륜의 번역에서는(서기 847~859) 관세음과 관자재를 섞어서 관세음자재보살이라고 하였는데, 이런 약간의 고민이 있었던 것으로 보인다.

여기서 관(觀)을 사용하여 '소리를 본다'고 표현한

〈그림 6〉 11세기에 만들어진 인도의 관세음보살상. 대영박물관 소장

것은, 그 소리의 의미를 살펴서 내용까지 알게 된다는 뜻이며, 산스크리트어본에 lok(보다)를 사용하였기에 본다는 뜻의 '관(觀)' 자를 사용한 것이다.

'나무아미타불 관세음보살'이라는 말은 원효대사가 퍼뜨린 말인데, '아미타불과 관세음보살에게 귀의합니다'라는 뜻이다. 법화경에서 붓다는, 단순히 보살의 이름을 듣는 것이 헌신적인 추종자를 고통으로부터 구하고, 보살의 이름을 부르는 소리는 우주를 관통하여 메아리치는 힘이 있다는 말을 한다.

## 역본 비교

⟨ ārya–avalokiteśvaro bodhisattvo ⟩

| 번역자 | 내용 | 비고 |
|---|---|---|
| 구마라집 | 관세음보살(觀世音菩薩) | |
| 현장 | 관자재보살(觀自在菩薩) | |
| 반야와 이언 | 有菩薩摩訶薩, 名觀自在<br>(보살마하살이 있어, 그 이름이 관자재이다) | 대본 |
| 법월-법성-시호 | 관자재보살마하살 | 중역 |
| 지혜륜 | 有一菩薩摩訶薩, 名觀世音自在<br>(보살마하살이 있어, 이름은 관세음자재이다) | |

⟨ ārya–성스러운, avalokiteśvaro–관자재(觀自在), 관세음, avalokita–바라보다, īśvara–신(神), bodhisattvo–보살, 보리살타 ⟩

🎤 이 보살의 지명도가 높음에도 불구하고, 관자재보살의 기원에 대해서는 제대로 알려진 것이 없다. 초기의 조각상들을 보면 거의 남성의 형태로 만들어져 있다. 그러나 후기에 와서 여성상으로 변하는데, 이에 대해 몇 가지 이론이 있다.

인도의 조각상이나 티베트의 조각에서는 남성으로 다루어지고 있다. 원래 마투라 지역의 초기 불상 모습을 본떠 중국에서 그 특색만을 들고 보살상을 만들어 보니 여성으로 변했다고 하는 설, 열반을 미루고 중생 구제를 위해 노력하는 것이 여성적인 이미지를 가진다는 설, 붓다가 모친인 마야부인이 죽어서 다시 태어난 33천(도리천-忉利天))에 올라가 석 달 동안 그녀를 위해 설법함으로써 깨달음을 얻게 되어, 관세음보살이 되었다는 설도 있다.

이에 따르면 관세음보살은 '세상의 고통과 비탄을 위에서 내려다보면서 듣는 보살'이라는 뜻이니 바로 도리천에서 세상을 내려다보는 것이며, 관세음보살이 남성으로 나타나는 것은 새로 태어난 후에 불성(佛性)을 얻게 되어 남성이 된다는 초기불교의 이론과 일치한다는 것이다.

〈그림 7〉 3세기경 간다라에서 만들어진 청동 관세음보살

그리고 역사적으로 고찰하는 설도 있는데, 이란의 아나히타(Anahita)라는 풍요의 여신이 인도에 들어오면서 불교화한 것이라는 설도 있는데 천수관음(千手觀音)이라고 하는 경우, 1천 개의 손에 달린 각각의 눈이 있다는 뜻으로 그림에서 보듯이 아나히타 여신과 유사한 이미지를 가진다.

한편 중국 전통 사상에 비추어, 중국에서는 원래부터 자비의 신이 여성이었기 때문에 불교가 중국에 들어가면서 여성적 관음보살이 쉽게 받아들여질 수 있다는 설도 있다.

〈그림 8〉 서기 400~600년경에 만들어진 사산조 왕국의 아니히타 접시, 뒤의 꽃처럼 보이는 것이 공작의 털에 달린 눈을 의미한다.

그 기원에 대해서 2세기 정도에 최초의 관세음보살의 외양이 조각된 것에서 알 수 있는 것으로 보아, 관세음보살은 1세기 정도 그 전쯤에 대승불교의 정신적 지도자로 출현한 것이 아닐까라고 보기도 한다.

대승불교에서 관세음보살에 대해 언급된 곳은 다음과 같다. 법화경(法華經), 불설대승장엄보왕경(佛說大乘莊嚴寶王經), 반야심경(般若心經), 대비주(大悲呪), 십일면관세음신주경(十一面觀世音神咒经), 준제보살관음경(準提菩薩)이다. 그중 법화경이 관세음보살의 원리를 가르치는 가장 최초의 경전으로 받아들여지고 있다. 법화경의 25장 관세음보살보문품(觀世音菩薩普門品)에는 관세음보살이 중생들의 울부짖음을 들으며, 자신의 이름을 부르는 자를 위해 쉴 새 없이 노력하고 있다고 설

〈그림 9〉 인도 남부의 포탈라카산이 위치한 타밀 나두 지역의 암바사무드람 위치. 그림 아래의 빨간 점으로 표시되었다. 스리랑카섬이 바로 근처에 있다.

명한다.

한편 일본의 슈 히코사카(彦坂, 周)는 고대 타밀의 문헌을 연구하고 현장조사를 하여 인도의 남부 티루넬벨리 지역의 포탈라카산(Potalaka, 보타락산/補陀落山, 보타낙가산이라고도 함)이 화엄경의 입법계품과 현장법사의 기록들과 맞으며, 포탈라카산은 태곳적부터 남부 인도인들의 성지였다고 한다. 아소카 왕 치세의 기원전 3세기경 불교가 확산되면서, 원래 힌두교를 믿던 지역에는 힌두교와 불교의 혼합으로 관세음보살의 이미지가 정점에 이르렀고, 이것이 전파된 것이라 주장한다. 티베트의 라사에 있는 포탈라궁은 이 포탈라카의 이름을 딴 것이다.

비록 관세음보살 개념이 남부 인도에서 왔더라도, 인도의 북서쪽에서 엄청난 추종자를 가지게 되는데, 그에 따라 이 지역에서 관세음보살의 대부분의 특징이 만들어진다. 즉 서북지방에서는 그리스 문화와 함께 이란의 아나히타(anahita, 아나히타는 비난받지 않고 흠이 없는 자의 뜻) 여신의 모습을 본뜨게 되는데, 아나히타는 생명의 물을 주는 꽃병을 들고, 1천 개의 눈을 꼬리에 가진 공작(孔雀)과 같이 나타나므로 천수천안(千手千眼)의 관세음보살과 비슷한 모습이다.

※ **천개의 팔을 가진 관세음보살** : 관세음보살이 모든 중생을 윤회로부터 구해 낼 때까지 쉬지 않을 것을 서약하였지만, 끝없는 노력에도 불구하고, 여전히 구함을 받지 못하는 수많은 중생이 있다는 것을 알게 된다. 그렇게 많은 요청을 해결하려고 하게 되니, 그의 머리가 11조각으로 나누어진다. 그것을 본 아미타여래가 그에게 고통의 소리를 들을 수 있는 11개의 머리를 준다. 또 이러한 고통의 소리를 듣고 관세음

보살은 그것을 해결하려고 하지만 그의 두 팔이 조각조각 부서져 버린다. 그래서 아미타여래는 다시 그를 도와서 중생을 돕도록 1천 개의 팔을 만들어준다. 조각상에는 각각의 팔마다 눈을 하나씩 그려 넣었는데, 그래서 천

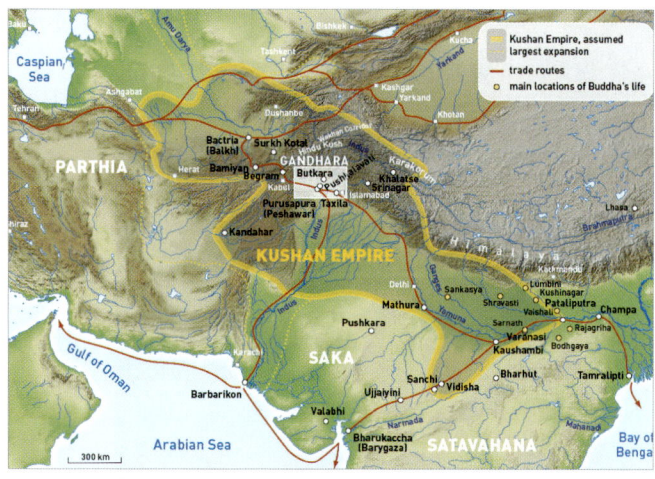

〈그림 10〉 간다라 미술이 발원한 쿠샨 왕국 당시의 지도. 왼쪽에 지금의 이란인 파르티아(parthia) 왕국이 보인다.

수천안(千手千眼) 관세음보살이라 부르기도 한다.

※ **또 하나의 문제** : 관세음보살의 연원이 모호한 것과 더불어, 이 보살은 정토(淨土)와 관련되거나, 법화경의 불국정토와 연관되어 있는가 하는 점이다. 이 보살의 주된 특징은 연민(憐愍)이지 지혜가 아니다. 그러므로 이 보살이 여기에서 반야바라밀의 정수(精髓)나 완전한 지혜를 전달하는 것은 무슨 의미가 있느냐 하는 점을 생각해 보아야 한다. 혹자는 지혜는 연민을 바탕으로 하므로 중개자로서 관세음보살이 어울린다고 하지만, 억지로 끌어들인 이론일 뿐이다. 이런 점에 대해서 아무도 언급을 하지 않지만, 레드파인은 상당히 재미있는 이론을 전개한다.

즉 관세음보살은 마야부인, 즉 붓다의 어머니가 나타난 것으로 본다. 붓다는 어머니가 자신을 낳고 7일 만에 돌아가시자, 어느 날 수메루산의 도리천(33천-도리는 three 의 음차 글자이다)에 올라가 모친을 향해 백일(百日)의 설법을 마치고 내려온다. 그래서 마야부인은 그 설법을 듣고 깨쳐서 아라한이 된다. 관세음보살의 이름이 '위에서 아래를 내려보는 신(神)'이므로, 수메루산 정상의 신(神)들이 사는 곳에서 아래의 사바세계를 내려다보는 것이다. 그녀가 지금 남성적 보살로 나타나는 것은 초기불교의 가르침인 윤회를 끊어서 붓다가 되기 위한 성취와 수행에 필요하기 때문이다. 그러나 관세음보살이 단독으로 나타날 때는 여성으로 나타나는 능력이 있다

고 알려져 있는데, 이는 마야부인으로서의 전생의 화신을 말하는 것이다. 한편 관세음보살보문품(觀世音菩薩普門品)에는 관음보살이 서른세 가지 모습으로 나타난다는 설명이 있는데, 이는 도리(three, 3을 말한다)천에 거주하는 서른셋의 신(神)과 일치하는 모습이다.

   이 추정에 의하면, 사바세계에서 비탄에 빠진 중생을 위해 단순히 문제를 해결해 주는 선을 넘어서, 그 괴로움과 비탄의 근원적인 해결을 위하여 관세음보살이 붓다에게서 직접 배운 반야의 지혜를 가르쳐 모든 고통을 일시에 소멸하기 위한 방편으로 등장한 것이라 볼 수 있다.

### 2) 행심반야바라밀다시(行深般若波羅蜜多時)
〈깊은 반야바라밀다를 행할 때〉

**행심(行深)**반야바라밀다시 : 여기서 행(行)은 행할 행이므로 '수행하다, 행하다'라고 번역되어 말 그대로 이해가 된다. 다만 우리가 생각하는 '갈 행(行)'이라는 뜻이 아니라, 산스크리트어 짜르야(caryā)가 '수행되어지다(to be practised or performed)'의 뜻이므로, '깊은 반야바라밀다가 수행되어지다'로 해석하면 된다. 그런데 반야바라밀다의 앞에 붙은 심(深)은 무슨 뜻일까? 단순히 반야바라밀다를 수행하는 것이 아니라 깊은 반야바라밀다, 즉 반야바라밀다의 종류를 의미하는 것인가? 영문으로 번역한 콘체는 '깊은 (생각의) 방향으로 행하다(was moving in the deep course)'라고 하였는데, 깊다는 뜻을 완전한 지혜의 수행이라고 그 뜻을 생각하였다. 또 다른 설명으로, 반야는 사물의 실상을 밝히는 지혜이며, 바라밀다는 도피안(逃避岸 – 저 언덕에 이르는 것)의 의미를 지니므로 반야바라밀다를 행한다는 것은 무상(無常)한 생사(生死)의 이 언덕을 건너서 영원하고(상/常), 행복하며(낙/樂), 자유롭고(아/我), 청정한(정/淨) 열반(涅槃)의 저 언덕으로 가는 것을 말하며, 깊은 반야바라밀다라는 것은 육바라밀(六波羅密) 중의 최후의 반야바라밀이 아니라, 그 육바라밀을 모두 포함하는 바라밀임을 표시하기 위한 것이라고 말한다(이기영 – 반야심경). 또 신라시대의 원측(圓測)은 깊다라는 심(深)이 앞의 행(行)을 수식한다고 보면, 수행이 깊다는 뜻이 되어 모든 분별을 떠날 정도의 수행이라고 할 수도 있고, 경계가 깊어서 유무(有無)의 상을 떠나 모든 희론(戱論)을 끊어버린다는 두 가지 뜻이 있다고 주장한다. 그러나 원측의 이 주장은 반야심경을 한자의 뜻으로만 해석한 것으로 받아들이기 힘들다.

그런데 이를 더 깊은 의미가 있는 것으로 보아서 육바라밀 중의 반야바라밀을 행하는 경우의 특수한 방법으로 해석하기도 한다.

대반야바라밀다경에 보면

> 보살은 반야를 행할 때에 내가 반야를 행한다는 생각이나, 또는 행하지 않는다는 생각이나, 또는 행하지 않는 것이 아니라는 생각 등을 하지 않는다. 보살이 이와 같이 행할 때에 능히 무량한 중생을 위해 도움이 되어줄 수 있는 것이다. 그러나 또 이익을 주지만 그 이익이 있다는 생각도 하지 않는다. 왜냐하면 보살은 법이 있다거나 또는 법에서 나왔다거나 하는 등의 일을 분별하지 않는 것이기 때문이다.[12]

라는 구절이 있는데, 당나라의 대자은사의 승려 청매(靖邁)는 이 구절을 인용하여 이와 같이 반야를 행하는 것이 가장 훌륭한 일, 가장 존귀한 일이라고 하면서 그렇게 반야를 행하기 때문에 깊은 반야를 행한다고 한 것이라 한다.

물론 청매의 이 견해도 일리가 있다. 하지만 그것은 금강경에서 붓다가 그런 인식이나 관념 없이 행해지는 것이야말로 진실한 관념이라고 언급한 바 있으므로 그렇게 특별할 것은 없다. 오히려 여기서는 반야바라밀다의 원리가 심오한 것임을 다시 강조하는 것으로 보는 것이 좋다.

산스크리트어 감비람(gambhīrāṃ)은 '깊은(deep), 심오한(serious)'의 뜻이므로 반야바라밀다의 내용이 불교의 정수라는 뜻을 나타내는 것이다.

대반야바라밀경에는 심심반야바라밀다(甚深般若波羅密多)라는 표현을 자주 사용하는데, 이때의 심심(甚深)은 '마음의 표현 정도가 매우 깊고 간절하다'는 뜻이

---

[12] 보살행반야시 불념아행반야(菩薩行般若時不念我行般若) 불행 반야(不行般若) 비불행반야(非不行般若). 보살여시행(菩薩如是行) 능위무량중생이작익(能爲無量衆生而作益), 연역불념유시익(然亦不念有是益), 하이고(何以故) 시보살불견유법(是菩薩不見有法) 출법성자고(出法性者故).

므로, 대반야바라밀경에서는 반야바라밀다의 내용이 매우 깊다는 의미로 사용된 것이다. 이를 간략화하여 심(深)이라는 한 글자만 덧붙인 것이라 보인다. 산스크리트어본 원문에서는 이것이 감비람(gambhīrāṃ – 깊은, 심오한) 반야바라밀다(prajñāpāramitā)이므로, 반야바라밀다의 성질을 의미하는 것이 분명하다.

그런데 레드파인은 이를 위치를 의미하는 것으로 생각하여 독특한 주장을 한다. 즉 감비람(gambhīrāṃ)이라는 단어는 산스크리트어에서 '하나의 생명을 다른 생명과 연결하는 배꼽과 질(膣)과 같이 몸에 갈라진 틈을 의미하므로, 이것은 모든 생명이 태어나는 곳이므로, 여기서 여래, 아라한, 완전히 깨달은 분의 무상(無常)의 바른 깨달음이 태어나는 곳이고, 붓다와 세존이 태어난 곳을 말한다'는 의미라는 것이다. 즉 반야바라밀다의 깊은 심연에 자리 잡은 근원적인 지혜를 강조하기 위한 말로 해석한다. 이는 단어 하나로 상상을 깊게(?) 한 것으로 보인다.

산스크리트어본에는 gambhīrāṃ prajñāpāramitā caryāṃ caramāṇo vyavalo-kayati sma : 라고 되어 있다. 그래서 직역하면, '심오한 반야바라밀다의 행을 수행하면서 확실하게 낱낱이 관찰하였다'이다. 그런데 이를 대반야경에서 사용되는 구절로 미루어 짐작할 수도 있다. 즉 제석천이 붓다에게 질문하기를 "이 깊은 반야바라밀다가 이루어지는 곳에서 육바라밀이 이루어지는 방법은 놀랍습니다"라고 질문하자, 붓다는 "그렇다"고 대답한다(Conze, The Large Sutra on Perfect Wisdom, 270p). 즉 지혜의 완성이 모든 육바라밀을 포괄하기 때문에 깊다는 용어를 사용하는 것으로 보는 것이다.

**행심반야바라밀다(般若波羅密多)시** : 반야바라밀다는 '완전한 지혜'라고 보기도 하고, '저 너머로 가는 지혜'라는 두 가지 설이 있다. 즉 산스크리트어 프라즈냐파라미타(prajñāpāramitā)에서 프라즈냐(prajñā)를 지혜('초월적 지혜'가 더 정확한 표현이다)로 보는 것에는 이론(異論)이 없는데, 파라미타(pāramitā)를 pāram(넘어서, beyond)와 itā(~간, gone), 즉 '저 언덕으로 간(gone to the opposite shore)'으로 볼 것이냐, pārama(완성, perfection)와 itā(~한 것), 즉 '완전한 성취(complete attainment)'으로 볼 것이냐로 크게 나눌 수 있다.

앞의 것으로 보면, 저편으로 가는 지혜(the wisdom which has gone beyond),

즉 초월하는 지혜의 뜻이 되고, 뒤의 것으로 보면 지혜의 완성이 된다.

## 🔍 역본 비교

〈 gambhīrāṃ prajñāpāramitā caryāṃ caramāṇo 〉

| 번역자 | 내용 | 비고 |
|---|---|---|
| 구마라집 | 행심반야바라밀시 | |
| 현장, 반야, 법월, 법성 | 행심반야바라밀다시 | |
| 지혜륜 | 행심반야바라밀다행시 | 끝의 행 |
| 시호 | 수행심심반야바라밀다시 | |

〈 gambhīrāṃ – 깊은, 심오한, prajñāpāramitā – 반야바라밀다, caryāṃ – 행위, caramāṇo – 행하다 〉

대품반야경(습응품) 제3에서는 다음과 같이 설하고 있다.

보살마하살은 반야바라밀을 행할 때, '나는 반야바라밀을 행하고 있다, 반야바라밀을 행하고 있지 않다, 반야바라밀을 행하고 있는 것도 아니고 행하고 있지 않는 것도 아니다'라는 생각을 갖지 않는다. 사리불아, 보살마하살이 이와 같이 닦으면, 이것을 반야바라밀과 상응하는 것이라 한다. 〈중략〉 왜냐하면 보살마하살이 반야바라밀을 행할 때, 나라고 하는 관념(아상/我相)·중생이라는 관념(중생상/衆生相) 내지 아는 것이라는 관념(지자상/知者相)·보는 것이라는 관념(견자상/見者相)을 내지 않기 때문이다. 왜냐하면 중생은 본래 나지도 않고 없어지지도 않기 때문이다. 이처럼 중생은 나는 것도 없고 없어지는 것도 없으며, 아울러 어떤 것이든 난다는 모습도 없고 없어진다는 모습도 없는 것이다. 어찌 법에 반야바라밀을 행함이 있겠느냐! 이처럼 사리불아, 보살마하살이 중생을 보지 않는 것이 바로 반야바라밀을 행함이 된다. 본래 중생은 감각이 없고 실체가 없으며, 중생은 붙잡을 수 없고 고유의 특질을 여의어 있기 때문에 반야바라밀을 행함이 된다.

이렇게 반야바라밀을 수행한다는 것은 스스로 반야바라밀을 행한다고도 행하지 않는다고도 보지 않는 것이다. 왜냐하면 일체의 관념이 사라진 자리가 반야바라밀행이기 때문이다.

**바라밀(波羅密)** : 바라밀은 산스크리트어 pāramitā(발음부호대로 발음하면, '빠아라미따아'가 되지만, 영어식으로 '파라미타'라고 읽는 것이 기억하기 좋다)를 한자로 번역하면서 그 음을 따서 만든 한자이다. 원래 바라밀다(波羅密多)가 정확한 음역이지만, 줄여서 바라밀이라 한다. 따라서 한자의 뜻을 번역할 필요는 없으며, 산스크리트어의 뜻이 무엇인지를 아는 것이 중요하고, 번역방법은 전술하였다.

요는 한문으로 번역되면서 그 정확한 뜻을 찾지 않고, 동양권에서는 반야바라밀이라는 한자어만 암송하게 된 것이다. 특히 반야심경의 마지막 구절에서 '가네 가네 저편으로 가네, 저편으로 같이 가네(gate gate pāragate pārasaṃgate)'라는 구절의 뜻을 살리기 위해서 반야바라밀을 '저편으로 가는 지혜'로 해석할 가능성이 많다. 저편 혹은 저 언덕(the other shore)이라는 것은, 이 현실 세상을 넘어가는 어떤 초월적 피안(彼岸)을 의미하는 것이니, 한자로 도피안(到彼岸/저편을 건너다) 또는 도(度/건너다)라는 용어를 과거부터 사용해 왔다.

이런 점 때문에 에드워드 콘체나 레드파인 등 영미권 학자들도 반야심경을 번역할 때는 두 가지 모두로 해석하기도 한다. 또한 산스크리트어 사전에서도 '저편으로 가는 지혜(wisdom which has gone beyond), 지혜의 완성(perfection of wisdom)'이라고 두 가지 뜻을 모두 보여주고 있다.

지혜를 완성하는 것이라고 볼 때, 그렇게 완성된 지혜는 이곳과 저곳에 모두 통용되는 지혜라고 본다면, '지혜의 완성'이라고 번역하여도 문제가 없다. '저편으로 가는 지혜'라는 것은 이곳에서는 통용되지 않는 지혜라는 뜻이 있으니, 반야바라밀의 지혜로써 이곳의 복잡 다양한 사건들을 해석하는 준칙으로 삼기는 힘들 것이다.

반야심경에서 주문(呪文) 부분으로 인하여 '저편으로 가는 지혜'라는 번역을 사용할 가능성이 많지만, '지혜의 완성'이라고 해석하는 것도 반야바라밀에 의지하여 깨달음을 얻고, 저편으로 간다는 논리에 부합한다고 보인다.

그런데 바라밀에 대한 상좌부 불교의 가르침은 '본생담'과 같은 경전과 나중에 팔리어 경전을 보충하기 위한 후기 주석서에서만 발견되는 것으로 보아서, 상좌부 불교의 정통파 가르침은 아닐 것으로 본다. 경장(經藏) 중에서 가장 오래된 것(예를 들어 맛지마 니까야, 디가 니까야, 상윳따 니까야와 앙굿따라 니까야)은 개별적으로 언급은 하지만, 바라밀을 따로 분류하지는 않고 있다.

심지어 몇몇 학자들은 바라밀이 평신도에 대한 공동체의 관심을 촉구하고, 그들의 신심(信心)을 대중화하기 위해서 나중에 경전에 부가된 대승불교류의 가르침이라고도 말한다. 그러나 이러한 관점은 평신도에 대한 호소와 종교적 헌신을 지향하는 대승의 초기 학자적 추정에 의존하는 것이다. 아주 최근에는 학자들이 초기 대승의 문헌을 검토하여, 그것이 매우 금욕적이며 숲속에서의 수도승의 이상을 말하는 것이라고 주장한다. 아직도 태국에서는 숲속명상이 대종을 이루고 있다(Thai Forest Tradition). 그래서 바라밀의 수행은 사문(沙門, śramṇa)의 금욕적 전통의 이상과 가깝다고 보는 것이다.

**바라밀의 기원** : 불교에는 세 가지의 바라밀 목록이 있다. 즉 상좌부 불교의 십바라밀은 본생담을 포함한 여러 출처로부터 모아진 것이고, 대승불교는 여러 대승경전(법화경과 대반야경)에서 육바라밀을 채택하였다.[13]

현재까지 깨달음에 이르는 가장 완성된 형태의 수행은 육바라밀이다. 이러한 육바라밀은 보시(布施), 지계(持戒), 인욕(忍辱), 정진(精進), 선정(禪定), 반야(般若)의 여섯 가지 바라밀이다.

**보시(布施 – Dāna, generosity)의 바라밀**은 자신의 몸과 생명, 재산을 보시로 주고, 주는 자, 주는 물건, 받는 자에 대한 의식함이 없이 보시를 하여야 한다. 그럼으로써 집착을 벗어나 진정한 실재에 도달하게 된다. **지계(持戒 – Śīla, morality)의 바라밀**은 욕망을 참고 경건한 생활을 지탱하게 함으로써 인내와 정진의 바라밀의 기초가 되고, 인내 또는 **인욕(忍辱 – Kṣānti, patience)의 바라밀**은 욕망을 버려서 이익을 추구하는 것을 참으며, 묵묵히 수행하는 **정진(精進 – Virya, diligence)의 바라밀**을 실천하는 기초가 된다. 이렇게 정진하여 **선정(禪定 – Dhyāna, meditation)**에

---
13) http://buddhism.about.com/od/Paramitas/a/The-Six-Perfections.htm.

들어서 최종적으로 지혜의 바라밀인 **반야**(般若 – Prajñā, wisdom) 바라밀을 수행하는 것이다. 그러므로 앞의 다섯 바라밀은 지혜의 바라밀을 향한 과정이므로 지혜의 바라밀은 모든 육바라밀의 성과와 같은 말로 볼 수 있다.

보시와 지계의 바라밀은 초보자를 위한 수행에 초점을 두어 공덕을 기르기 위한 것이며, 인욕과 정진의 바라밀은 모든 수행자가 실행하면서 동정심과 결단을 기르는 것이고, 선정과 지혜의 바라밀은 출가자의 수행에 초점을 맞추어 지식을 기르기 위한 것이다. 이러한 바라밀은 초기의 종교적 행위로써, 나중에는 단계의 관점을 떠나서 초보 수행자에게도 같은 비중을 두는 형태로 발전되었다. 육바라밀이 초기의 버전과 다른 점은 그것이 수행으로부터 생겨나는 지혜와 집착하지 않음을 중심 역할로 보는 것이다.

※ 레드파인은 이 육바라밀을 고(苦)의 바다(苦海)를 건네게 해주는 배로 비유하기도 한다. **보시의 바라밀**은 배의 재료인 나무에 해당하는데, 배를 물에 띄울 정도로 가볍지만, 부서져서는 안 된다. 그래서 보살은 주는 것과 포기하는 법을 수행하지만, 아무것도 하지 못할 정도로 다 주어서도 안 된다. **지계(持戒)의 바라밀**은 배의 용골(龍骨, keel)에 해당한다. 배를 똑바로 가게 하지만, 그것이 얕은 곳의 바닥에 닿을 정도로 너무 깊어서도 안 된다. 그래서 보살은 계(戒)를 준수하지만, 선택의 자유가 없을 정도로 계율이 너무 많아 수행을 방해하여서는 안 된다. **인욕(忍辱)의 바라밀**은 선체(船體)의 옆면이다. 배의 데크를 지탱하지만 파도를 갈라서 나아가야 하므로 너무 넓어서도 안 된다. **정진(精進)의 바라밀**은 배의 마스트이다. 항해를 유지할 정도로 높아야 하지만, 배가 전복될 정도로 너무 높아서도 안 된다. 따라서 용맹정진의 강도가 몸을 해칠 정도가 되면 안 된다. **명상(瞑想)의 바라밀**은 돛이다. 바람을 받을 정도로 넓지만, 강풍에 찢어질 정도로 넓어서는 안 된다. 지혜의 바라밀인 반야바라밀은 조타장치다. 배의 방향을 잘 잡아야 하고, 배가 빙글 돌기만 해서는 안 되며 똑바로 나가게 해야 한다. 상당히 좋은 비유로 보인다.

**육바라밀과 십바라밀** : 동남아시아 지역의 상좌부 전통의 불교에서는 보시, 지계,

인욕, 정진, 지혜, 자유(출리 – 出離, 감각적 욕망으로부터 벗어남), 진실, 서원(결의), 자애(慈愛), 평온(平穩)이라는 열 가지의 바라밀을 수행해 왔는데, 이에는 육바라밀 중에서 선정의 바라밀이 빠져 있다. 즉 상좌부 전통을 가진 동남아시아 불교에서는 바라밀의 수행에서 선(禪)이 빠져 있다는 점을 주목할 필요가 있다. 상좌부 전통의 불교에서 선정(禪定)을 통해서 장애를 억누를 수는 있어도 완전히 소멸시킬 수는 없기 때문에 바라밀의 지혜는 얻을 수 없다. 즉 깨달음을 위한 토대는 되지만 이를 통해 번뇌를 해결하지는 못한다고 보는 것이다. 번뇌의 완전 소멸은 무상·고·무아를 꿰뚫어보는 수행, 즉 비파사나·위빠사나 수행이 필요하다고 본다.

한편 대승불교의 확산과 더불어 앞에서 언급한 육바라밀에 더하여 방편(方便 – 중생을 제도하기 위한 수단), 서원(願 – 깨달음을 얻어 중생을 제도하겠다는 바람), 힘(力 – 바르게 판단하고 수행하는 힘), 지혜(智)의 넷을 추가하여 대승의 십바라밀이라는 것도 생겨났다.

**바라밀과 팔정도** : 팔정도는 기본불교의 개인적 수행법으로써 깨달음으로 가는 길이었으나, 대승불교가 발흥하면서 오히려 사회적 책임을 강조하는 의미의 육바라밀이 발전하여 왔다. 따라서 팔정도가 아라한의 방법이라면, 육바라밀은 보살의 방법이라고 할 수 있다.

전통적인 육바라밀이 팔정도와 겹치는 것은 정진(精進)의 바라밀과 정정진(正精進), 선정(禪定)의 바라밀과 정정(正定)이며, 상좌부 전통의 바라밀과 겹치는 것은 정진(精進)의 바라밀만 같을 뿐이다. 그러므로 가장 기본이 되는 것은 붓다가 초기부터 제시하는 팔정도를 수행하는 것이고, 그러한 수행으로도 미진한 것이 남았을 때 바라밀의 수행으로 나아가야 할 것이다.

**정리** : '관자재보살이 깊은 반야바라밀을 행하면서'라고만 생각하는 것은 평이하다. 즉 관자재보살은 위에서 아래를 내려다보며 고통에 빠진 중생의 아픔을 느끼는 보살이므로, 그런 보살이 '심오한 반야바라밀의 수행을 하는 것'이라고 본다면, 우리가 예상하는 답이 아닌 것을 알게 된다. 그렇게 아프고 고통에 떠는 중생의 괴로움을 그냥 보고 느끼면서 깊은 반야바라밀의 수행을 하는 것이라고 생각하면, 처음부

터 이상하다는 생각을 가지게 될 것이다. 그가 중생의 아픔에 대해서 느끼는 동정과 연민을 그대로 간직한 채 지혜를 쌓는 수행이 무슨 의미인가? 관자재보살의 지혜는 연민과 연결되어 있다. 그래서 붓다의 깨달음과 열반에 대한 수행으로 중생을 구제하려는 것임을 넌지시 알게 해준다. 즉 중생에 대한 연민을 가지면서도, 그는 공(空)에 대한 이해를 잃지 않고, 고통받는 피조물의 세계를 '높은 곳에서 내려다보고' 있는 것이다. 이렇게 반야바라밀이 중요한 위치를 차지하게 된 것은 대승불교를 낳는 가르침이 되기 때문이다. 즉 반야바라밀은 세상에 대한 일상적인 이해뿐만 아니라, 일반적인 철학적 고찰을 넘어서 요가짜라 학파(유식유가행파)의 통찰로부터 태어났으며, 그런 통찰로 태어난 것에 대해서는 단순한 분석적 방법으로 대항할 수 없게 만든 것이다. 이러한 초월적 지식은 노자(老子)가 말하는 '도(道)라고 할 수 있는 것은 도(道)가 아니다. 이름이라 할 수 있는 것은 이름이 아니다(道可道非常道, 名可名非常名)'라는 가르침과 유사한 면도 있다.

### 3) 조견오온개공(照見五蘊皆空)
〈오온이 비어 있음을 비추어보고〉

오온의 개념과 공의 개념을 확실히 알고, 그것을 비추어 본다는 의미를 생각하면서, 이것이 우리가 사용하는 용어와 다른 용법인지도 생각해 보자.

### 가) 조견(照見)

조견은 한자의 뜻으로 '비추어보다'이다. 단순히 보는 것보다는 밝게 자세히 본다는 뜻이다. 그래서 한자로 보는 경우에 아무 문제가 없다. 그런데 앞에서 언급했듯이 산스크리트어본 번역에 다툼이 있다. 즉 콘체는 브야발로카야티(vyavalokayati)에 대해서 "위에서 내려다보다(looked down from on high)"라고 번역하였는데, 자야라바(Jayarava)는 위의 문구는 검토하다(examine)의 뜻일 뿐이라고 주장하였고 이는 대체로 받아들여지고 있다. 그런데 한자 반야심경에서 "조견(照見-비추어보다)"이라고 번역하였으니, 그러한 논의와는 관계없이 한자로 제대로 번역한 것이다. 참고로 틱낫한 스님은 "홀연히 발견하다(suddenly discovered)"라고 번역한다.

### 나) 오온(五蘊)의 분류 의미

오온(五蘊)이란 5개의 스칸다(덩어리, 혹은 무더기)를 말하는 빤짜스칸다(panca-skandhās)를 한자로 표시한 것이다. 스칸다는 무더기, 덩어리라고 번역하는 경우가 많다. 그리고 집적(集積)물이라는 표현도 사용한다. 살아 움직이는 중생을 보면서, 중생이라는 단일 개념으로 볼 것이냐, 공통부분을 가진 적절한 부분을 따로 떼어서 볼 것이냐의 문제가 있고, 공통부분을 분류한다면 그 공통부분을 어느 정도까지 인정할 것인가의 문제가 있다.

중생을 인간에 한정해서 본다면, 그 인간이 다른 중생과 구분되는 점을 언어, 두뇌, 물체의 분별능력 등이 다른 중생(동물)과 구분된다는 점을 들 수 있다. 이러한 언어 사용, 두뇌의 복잡한 사고능력, 시각적 구분능력 등을 인간이라는 중생으로 분해해 보면, 막연히 인간이라고 언급하는 것보다 인간의 특질이 더 잘 드러난다.

그렇기 때문에 인간 자체의 의미를 찾기 위해서 인간을 구성하는 부분을 분해하여 특질을 살피는 방법으로 불교에서는 오온(蘊)이라는 분석 방법을 사용하는 것이다.

🎙 그런데 왜 하필 다섯으로 분해해서 보는 것인가. 이렇게 다섯으로 분해하는 것은 필연적인 것인지, 편의에 의한 것인지를 알아보자. 이것은 우리가 세상 만물을 몇 가지로 볼 것인지의 문제와 관련이 있다. 그래서 우리가 세계를 인식할 때 어떤 방법으로 할 것인지 잠시 생각해 보자.

※ 먼저 하나가 있었다고 하는 이론을 보자. 즉 세상은 원래 있었다고 생각하는 것이다. 그 본질을 찾기 위해서는 현재의 세상을 하나씩 분석하여 공통되는 성질을 모으면 그것이 세상의 본질이 된다. 탈레스는 만물의 근원이 물이라고 제시하면서, 지진이 일어나는 원인은 물 위에 떠 있는 땅덩어리의 흔들림으로 설명하였다. 또 아낙시만드로스는 구체적인 물질이 아닌 추상적 개념으로 '무한자'를 제시하였고, 아낙시메네스는 만물의 근원이 공기이며, 이 공기가 희박해지거나 밀집되면서 만물이 생겨난다고 하였다. 또 헤라클레이토스는 '모든 것은 흐른다'는 말로써, 정(靜)적인 유(有)가 아니라 동(動)적인 흐름에 만물의 기초를 보려고 하였다. 이에 대해 파르메니데스는 만물의 변화를 부정하면서 존재는 유일한 것이고, 변화하거나 운동할 수

없는 것이라는 이론을 주장한다.

　원래 유(有)가 아니라 무(無)이기 때문에 아무것도 없었고, 그것에서 세계가 만들어졌다고 보는 견해도 있다. 이는 무와 유 사이의 중간에 혼돈이라는 상태를 넣기도 한다. 원래 없었는데 새로 생긴 성질이 무엇인지까지 밝혀야 하므로 조금 복잡하지만, 논리적으로 타당하다는 느낌을 줄 수 있다. 즉 무언가 있다는 것은 그 뒤에 없다는 것을 배경으로 하고 있다는 것이 드러나는 것이므로, 원래는 배경만이 존재했다는(즉 없었다는) 것이 논리적으로 맞을 것이다.

　※ 세상이 둘로 이루어졌다고 보는 견해를 보자. 서양철학에서는 그것을 본질과 현상이라고 보기도 하고, 동양에서는 태극(太極)을 세상의 표현이라고 하여 세상을 음(陰)과 양(陽)으로 보는 견해이다. 빛이 있으면 어둠이 있고, 깨끗함과 더러움, 남과 여, 고통과 즐거움 등 항상 상대적인 측면이 있으므로, 이러한 견해 또한 직관적으로 이해하기 쉽고, 그러한 세계관에 동조하는 사람도 많다.

　※ 세상을 셋으로 보는 견해도 있다. 음과 양으로만 보기 힘든 중간적 존재를 별도의 분류에 넣어서 음, 중간, 양으로 본다. 예를 들어 보통 태양은 양이고, 달은 음이라고 보지만, 만월(滿月) 상태의 보름달은 단순히 음이라고 하기에는 양의 기운이 강하므로, 음과 양의 중간으로 볼 수도 있다. 태양 빛이 강할 때 발생하는 나무의 그림자는 그만큼 진한 그늘이 형성되지만, 그 강한 태양 빛으로 주위 건물의 유리에 반사된 빛이 다시 나무의 그늘을 지우는 경우가 있는데, 이는 음(陰)이면서도, 강한 양(陽)의 빛이 반사되어 그 음을 지우는 것이므로, 음과 양의 중간이라 보는 것이다. 그래서 세상을 두 가지로 분별하기에는 부족한 경우 세상을 세 가지로 보는 것이다.

　※ **네 가지로 보는 견해** : 그리스 철학자 엠페도클레스는 만물을 이루는 근원으로 흙, 물, 불, 공기의 네 가지를 제시했다. 이러한 것들이 흩어지고 결합됨에 따라 만물을 이루게 되고, 이들이 분해되면 다시 이것들로 들어간다고 하였다. 플라톤은 우주를 구성하는 근본물질을 역시 위의 4요소로 보면서, 이것들을 입체도형으로 설명하는 기하학적 원소론을 제시한다. 즉 흙은 정육면체, 불은 정사면체, 공기는 정팔

면체, 물은 정십이면체라고 보아, 흙을 제외한 나머지 3개 원소들의 이합집산을 통하여 그 구성성분이 바뀌며, 가장 완벽한 도형은 원이라 간주하여 천체의 운동은 원운동이어야 한다고 주장한다.

불교에서도 네 가지의 구성성분으로 본다. 즉 물질은 사대(四大)로 이루어져 있는데, 세계는 지수화풍(地水火風)으로 구성되어 있다는 것이다. 여기서 말하는 지수화풍은 구체적인 물질을 말하는 것이 아니라, 그 지수화풍의 성질을 말하는 것이다. 즉 지(地)는 견고한 성질, 수(水)는 응집되는 성질, 화(火)는 열적인 성질, 풍(風)은 이동하는 성질을 말한다. 이를 또 인체에 비유하여 지(地)는 고체로서 뼈나 살, 힘줄을 말하고, 수(水)는 액체로서 혈액, 침, 점막, 소화액 등을 말하며, 화(火)는 온기나 기운, 풍(風)은 호흡이나 산소 등을 말하는 것으로 해석하기도 한다.

※ 세상을 다섯 가지로 분류해 보는 방법으로 가장 유명한 것은 오행사상이다. 즉 오행(五行)은 세상을 목화토금수(木火土金水)의 다섯 가지로 나누어 분석하는 것을 말한다. 이 다섯 요소는 세계의 물적인 요소의 성질을 끄집어낸 것이라고 보지만, 중국의 춘추전국 시대에 상생설과 상극설이 생겨서 우주나 인간계의 현상을 오행의 상생과 상극으로 이해하고 예측하는 사고법이 발생하였다.

상생은 목(木)이 화(火)를 생하고, 화(火)는 토(土)를 생하고, 토(土)는 금(金)을 생하고, 금(金)은 수(水)를 생하며, 다시 수(水)는 목(木)을 생한다.

목(木) → 화(火) → 토(土) → 금(金) → 수(水) → 목(木)

상극(相剋)은 목(木)은 토(土)를 극하고, 토(土)는 수(水)를 극하고, 수(水)는 화(火)를 극하고, 화(火)는 금(金)을 극하며, 다시 금(金)은 목(木)을 극한다는 것이다. 즉 목(木)이 화(火)를 생하고, 화(火)가 토(土)를 생했는데, 목(木)은 토(土)를 극하는 것이다.

세상을 다섯으로 보아서, 그 다섯이 서로를 생하고 극한다는 것에 오묘한 면을 느낄 수밖에 없다. 그리고 아무래도 구성요소의 숫자가 늘어날수록 세상을 더 잘 표현할 수 있는 것은 맞지만, 일관된 체계를 유지하기 힘들어진다.

아리스토텔레스는 앞의 4원소는 지구상의 원소이고, 하늘의 행성이나 항성은 지구를 중심으로 하여 원을 기리는 운동을 보이므로 지상의 네 가지 원소와는 다른 제

5원소라 이름을 붙여서 다섯 가지 요소설을 제안한다.

　피타고라스에 의하면 5라는 수는 인간을 상징하는 수다. 인간의 5체, 인간의 5감을 나타내고, 항상 움직이는 활동적인 인간의 모습을 말한다(손가락도 5개, 발가락도 5개다). 묘하게도 5라는 영어의 펜타(penta)가 산스크리트어 판짜(panca)에서 나왔고, 인간을 다섯 요소로 구분하는 것이 피타고라스의 결론과 같다.

〈그림 11〉 플레이아데스 성단은 특징적인 7개의 별로 인해 7자매라는 별칭이 붙어 있다. (M45)

※ 7-7이라는 수는 고대인이 눈으로 식별할 수 있고 귀하게 보는 수로써 당시에 크게 눈으로 보이는 7개의 별(달, 태양, 수성, 금성, 화성, 목성, 토성)의 수이고, 무지개의 일곱 가지 색이며, 인간의 얼굴에 있는 구멍(눈, 귀, 코, 입)의 수이다. 그러나 이런 것보다 사실은 하늘에 있는 오리온자리, 그리고 북두칠성이 모두 확연히 7개의 별로 이루어져 있는 것을 볼 수 있으므로 7이 의미가 있는 것으로 여겨졌다. 그리고 잘 알려지지는 않았지만 아주 유명한 7자매(seven sisters)라는 성단(M 45)도 고대인들에게 영향을 미친 것으로 보인다. 그래서 금강경에는 칠보(七寶)라는 말이 자주 나오고, 이를 바치는 것보다 보시가 중요하다는 비유를 함으로써 가장 소중한 보물보다 보시가 더 중요함을 강조한다.

※ 이상과 같이 세계를 구성한다고 보는 견해들에 대해서, 세계는 우리가 보고자 하는 관점대로 보인다. 이 중 어느 것이 맞고 틀리다는 것은 없다. 그러한 세계관을 가지고 세계를 보면 세계가 그렇게 보이는 것이다. 그런데 왜 그렇게 보이는지도 한번 생각해 보아야 한다. 세계가 세 가지나 네 가지, 다섯 가지 등으로 구분하는 견해

들이 어떻게 다 맞을 수 있을까? 그중 하나만 진실이 아닐까? 세계는 분류하는 기준에 따라 여러 가지 모습을 보일 수 있다고 하는 것이 가장 바른 대답일 것이다. 물론 그중에 잘못되거나 엉터리의 기준으로 세계를 분류한 것도 있을 것이지만, 그런 이론들도 세계를 분류할 수 있는 특질을 발견하였다는 점을 고려하면 일응 최소한의 입론(立論)은 가지고 있다고 보아야 한다.

이제 붓다가 거론하는 것을 보자. 중생인 바로 '나 자신'을 구성하는 다섯 가지 요소이다. 이는 '나'는 '없다'는 무아론과 관련하여 복잡한 문제를 야기하는데, 일단 다섯 가지 요소를 검토하고 나서 생각하기로 한다.

### 다) 오온(五蘊)

붓다는 '나는 누구일까'라는 물음에 오온(五蘊)이라고 대답한다. '나'라는 존재는 색수상행식(色受想行識)의 다섯 가지 덩어리가 쌓인 것이라고 말한다. 그래서 '나'를 알기 위해서 그 다섯 가지를 분석하면 된다. 하나의 대상을 정확히 알기 위해서는 그 대상을 구성하는 부분들을 해체해서 그 부분들을 분석하는 것이 정확히 대상을 파악하는 것이라는 의미이다. 이는 인도에서 실론섬(스리랑카)으로 전해진 팔리 삼장(三藏)의 주된 내용이다. 불교학자들은 이 팔리 삼장은 부파불교의 분별설부(分別說部, Vibhajjavāda)에서 모은 경전들이므로, 그런 입장을 취하는 것이 당연하다고 한다. 그러나 그것이 붓다가 의도한 정확한 입장인지는 다툼이 있다. 하지만 비슷한 내용이 북방으로 전해진 현재의 아함경(阿含經)의 내용도 거의 같은 내용이기 때문에 이것은 붓다의 기본 입장이라고 보아도 무방하다. 이렇게 볼 경우에 좋은 점도 있다.

'나'를 오온으로 해체해서 보면 '나'는 단지 개념에 지나지 않는다. 이러한 개념적 존재가 해체되지 않고 뭉쳐져 있으면 무상·고·무아가 보이지 않는다. 그래서 개념적 존재인 '나'를 해체할 때 불교의 3법인(法印)인 무상·고·무아(無常苦無我)가 극명하게 드러나고, 이러한 무상·고·무아를 통찰하여, 그 부분들에 대한 혐오와 욕망을 멀리하게 되어 해탈과 열반을 실현하게 되는 장점이 있다.

이러한 오온은 산스크리트어로 루빠(rūpa, 색/色), 베다나(vedanā, 수/受), 삼자냐(samjñā, 상/想), 상카라(samskāra, 행/行), 비지냐나(vijñāna, 식/識)의 다섯

가지 덩어리를 말한다. 즉 인간을 몸과 느낌, 인식, 의지, 생각의 덩어리로 구성된 것으로 보는 것이다.

산스크리트어를 한자로 번역한 것은 다시 한글로 정확한 뜻이 음미되어야 하기 때문에, 한자로는 우리가 오온(五蘊)을 색수상행식(色受想行識)이라고 표현하더라도, 그것이 어떤 뜻인지는 다시 확인하여야 할 것이다.

### 라) 색온(色蘊)

오온(五蘊) 중의 처음은 색온(色蘊)이다. 산스크리트어로는 루빠(rūpa)라는 용어로써, 보통 물질 일반을 뜻하는 의미로 쓰이는데, 중국에서 색(色)으로 번역하였다. 따라서 한자의 색(色)이라는 것이 물질을 의미하기도 하지만, 형상이나 색깔로서 사용될 때도 있다. 즉 색성향미촉법(色聲香味觸法)이라는 곳에서는 눈에 보이는 대상으로 생각해야 한다.

그런데 과연 오온(五蘊)을 말할 때의 색온(色蘊)은 물질의 무더기인가? 이렇게 번역하는 것은 문제가 있다. 루빠(rūpa)의 뜻이 '형체, 물질'이라는 의미에서 예외 없이 물질, 형체로 번역하고 있는데, 과연 이 문맥에서 그것이 맞는 것인지 검토해 볼 필요가 있다.

현재 오온(五蘊)이라는 것이 '나'를 구성하는 요소이고, 이러한 집합적 요소들 외에는 '나'라고 부를 수 있는 것이 없다. 이렇게 본다면 '나'를 구성하는 몸을 물질이라 부르는 것은 '나'를 이해하는 데 장애가 된다. 즉 몸이라 부르지 않고 물질이라 부르는 것에는 마치 중생이 아니라 외계의 모든 사물을 지칭하는 느낌을 준다. 그런 의미에서 오온을 언급할 때의 색온은 '몸 덩어리'라고 번역하는 것이 좋을 것이다.

마침 틱낫한 스님의 2014년 반야심경 새로운 번역에서도 색(色)의 부분을 모두 몸(body)이라고 번역하고 있다. 즉 반야심경에서 거론하는 모든 것은 반야심경을 읽거나 실천하는 본인의 시각에서 세계를 바라보는 것이므로, 본인과 세계의 관계를 고찰할 때는 항상 본인의 몸과 정신을 먼저 생각하는 것이 맞기 때문이다.

추가적으로 반야심경에서 색(色)이라 한역된 루빠(rūpa)가 경전에서는 어떻게 사용되는지 살펴본다. 각종 니까야에서 원래 '루빠'라고 표현된 것을 영어로는 '형태(form)'라고 번역한 것이 많다. 그런데 이 '루빠'를 바로 한글로 옮긴 번역본은 '물질'

이라고 번역하였다.

상윳따 니까야(상 22.79 §7 being devoured, 마구 먹어치움경)에서, "비구여, 왜 형태라 하는가? 그것은 변형되는 것이고, 그래서 형태라 부른다. 무엇에 의해 변형되는가? 추위에 의해서, 열기에 의해서, 배고픔에 의해서, 갈증에 의해서, 파리, 모기, 바람, 태양, 파충류에 의해서 변형된다. 비구여, 변형되기 때문에 형태라 부른다"고 한다.

《이 '형태'를 '몸'이라고 번역하는 것이 딱맞게 부합되지 않는가》

변형은 모양이나 형체가 달라지는 것을 말한다. 따라서 산스크리트어 루빠는 보통 영어로 형태(form)라고 번역하지만, 반야심경에서는 몸이라고 번역하는 것이 맞다. 특히 파리, 모기, 바람, 태양, 파충류에 의해서 변형된다고 하는 설명으로 볼 때, '몸'으로 번역하는 것이 가장 맞는 것으로 보인다. 즉 루빠는 정신과 대조되는 육체인 몸을 가리키는 것이다. 이러한 변형은 몸에만 가능하기 때문에 정신적인 영역을 표현하는 '무더기'에는 적합하지 않다.

그런데 잡아함경에는 이 부분을 약간 다르게 표현한다. "색온은 걸리고 나뉠 수 있는 것을 말하며(가애가분/可閡可分), 이것은 무상하고 괴로우며, 변하고 바뀌는 것이다(復以此色受陰無常, 苦, 變易)."(잡 제2권 46경)

잡아함경의 표현은 상윳따 니까야의 표현을 추상적이고 개념적으로 표현한 것인데, 이는 그런 정도의 사고훈련이 되어 있는 사람에게는 적절한 내용이다.

색(色. 루빠)을 형태 혹은 외관이라기보다 외부세계로 설명하는 견해도 있다. 그 중에서 상당히 숙고한 것으로 보이는 레드파인의 견해를 소개한다.

> 색(色. 루빠)은 물질적 세계가 아니고, 단순한 외부 세계이며, 우리가 내부 세계라 생각하는 것과의 반대를 말한다. 색(色)은 실제로 견고한 객체를 언급하는 것이 아니라 객체의 외양을 말한다. 색(色)은 그 자체의 환상적 동일성을 드러내지 않고는 제거될 수 없는 가면과 같은 것이다. 그러한 가면은 테이블, 황혼, 숫자, 돈, 우주라는 색(色)을 가진다. 그러한 것이 실재인지는 상관이 없다. 중요한 것은 그것이 내부라고 추정되는 것에 대하여 외부라고 추정되는 것을 구성하는 것이다.

붓다의 분석에 의하면, 색온(色蘊)은 외양을 포함할 뿐만 아니라 그러한 외양을 파악하는 수단까지 포함한다. 그래서 색(色)은 객관적 범주가 아니라 주관적 범주인데, 이것은 그 사람 자신의 경험으로 추론되고, 그 추론을 넘어서는 의미가 없게 된다. 외부 세계를 알기 위해서는 그 외부를 알 수 있는 수단이 필요하다. 색(色)의 불교적 정의는 눈, 귀, 코, 혀, 피부, 그 기능들이 가능한 영역에서인 것이다. 그래서 색(色)은 우리가 일반적으로 생각하는 우리 몸에 한정하지 않고, 태양과 바람, 대나무, 창(窓) 등 우리가 오감(五感)으로 발견하는 모든 것을 말한다.

색(色)의 우주에 접근 가능하도록 붓다는 이것을 더 분석하여 네 가지 다른 요소를 조합하여 보여준다. 단단함을 위한 땅, 습기를 위한 물, 열을 위한 불, 움직임을 위한 바람이다. 즉 지수화풍(地水火風)이 그것이다. 그런데 고대 인도의 물질론자들은 이것을 다섯 요소로 보면서 공간(akasha)을 포함하였는데, 붓다는 이것이 기본적인 현상적 접근에서는 관계가 없다고 생략하였다. 본질적으로 색(色)은 마음에 의미를 주기 위해서 설립된 개념적 범주이다. 색(色)은 마음의 외부에서 분리된 실재를 대표하지 않고, 단지 그 분석을 계속해 나가는 단계의 것일 뿐이다.

레드파인의 설명은 색(色)이 '나'뿐만 아니라, 외계의 사물을 포함하는 개념이라고 주장하지만, 현재 반야심경의 이 부분에서 관자재보살이 오온이 모두 공하다고 검토한 것의 의미는 '내 몸과 내 몸이 받아들인 느낌, 인식, 의지, 생각-분별 등이 모두 공하다'는 의미이므로, 외계의 사물의 외관을 뜻하는 것은 여기에 포함되지 않는다고 본다.

### 마) 수온(受蘊)

수온이라고 할 때의 수(受)는 받아들인다는 한자어이므로, 외부의 대상이 주는 정보대로 받아들여 느끼는 것이다. 영어로는 feeling(느낌, 감각)으로 번역하므로 한글로는 모두가 '느낌'이라고 번역한다. 그러나 단순한 느낌이라기보다는 기분이라고 번역하는 것이 더 나을 뻔했다.

산스크리트어 베다나(vedanā)는 vid(안다)로부터 나온 말이므로 수(受)라고 번역하지만, 그 뜻은 느껴서 아는 것을 말한다고 보아야 한다. 그런데 느껴서 아는 것은 사고 판단이 들어가지 않는 앎이므로, 감정적 정서적인 심리현상을 의미하게 된다. 그래서 기분이라는 말이 적절하다. 느낌에는 즐거운 느낌, 괴로운 느낌, 즐겁지도 괴롭지도 않은 느낌의 세 가지가 있다.

앞서의 상윳따 니까야 상 22.79 §7에서 설명하는 바를 본다.

"비구여, 왜 느낌이라 부르는가? 느끼기 때문에 느낌이라 한다. 무엇을 느끼는가? 기쁨을 느끼고, 고통을 느끼며, 기쁨도 아니고 고통도 아님을 느낀다."

이것은 단순히 느끼는 것이므로, 즐거운 느낌을 주는 것에 끌리는 탐욕이나, 괴로운 느낌을 주는 대상을 멀리하고 싶어 하는 성냄은 여기서 말하는 느낌에 속하지 않는다. 즉 느낌에 따른 판단을 하게 되는 심리적 현상들은 제외한다.

한편 느낌을 위와 같이 세 가지로 분류하는 외에, 즐거움을 육체적인 것과 정신적인 것으로, 괴로움도 육체적인 것과 정신적인 것으로 분류하여 다섯 가지로 느낌을 분류하기도 한다.(상윳따 니까야 상 36.22 The Theme of the Hundred and Eight, 108주제경)

"비구가 즐거운 느낌과 관련하여 탐욕의 내재된 경향을 포기하고, 고통스런 느낌과 관련하여 혐오의 내재된 경향을 포기하고, 즐겁지도 괴롭지도 않은 느낌과 관련하여 무명의 내재된 성향을 포기하면, 그는 바르게 보는 것이다. 그는 취착을 끊고 굴레를 잘랐으며, 자만을 완전히 벗어나서 종국에는 고통을 종식시킨다."(상 36.3 중에서)

이러한 마음가짐을 또 다른 비유로 설명하기도 한다.

"비구여, 어떻게 주의를 집중하는가? 비구가 그 몸에서 몸을 관찰하며, 열심히(ardent), 명료하게 이해하고, 주의를 기울이고, 세상과 관련하여 탐욕스럽고 불유쾌한 것을 벗어던진다. 그는 느낌들 속에서 느낌들을 숙고하고, 마음속에서 마음을, 현상 속에서 현상을 관찰한다."

《이는 신수심법(身受心法), 즉 사념처(四念處)에 대한 수행을 의미하는 것으로, 디가 니까야 22권 대념처경에 잘 정리되어 있다. 맛지마 니까야 77에서도 사정근과 함께 상세하게 볼 수 있다.》

비구가 주의를 집중하고, 분명히 알아차리며, 게으르지 않고, 명료하게 이해하고, 근면하며, 열심히, 굳은 결심을 가진(resolute) 경우에, 괴로운 느낌이 일어나면 그는 이렇게 이해한다.
'지금 나에게 괴로운 느낌이 일어났다. 이것은 형성(形成, conditioned)된 것이며, 독립적으로 생겨난 것이 아니다. 어떻게 형성된 것인가? 바로 이 몸에 의해 형성된 것이다. 그러나 이 몸은 무상하고 형성된 것이고, 연기(緣起)에 의한 것이다. 이렇듯 무상하고 형성되고 연기에 의한 것이 어찌 영원할 수 있을 것인가?'
그는 몸과 괴로운 느낌에 대해 무상함을 관찰하며, 사라짐(vanishing)과 시들어감(fading away), 중단(cessation)과 포기함(relinquishment)을 관찰한다. 그가 이렇게 관찰하면 몸과 괴로운 느낌에 대한 적의의 잠재성향이 사라진다. (상 36.7 병동, 病棟, The Sick Ward)

물질과 정신은 루빠(rūpa)와 나마(nama)로 크게 분리되는데, 루빠에 해당하는 색(色)을 물질 혹은 몸이라고 하면, 그것의 정신적인 면을 나마(nama, 명,名)라 하고, 이를 합쳐 명색(名色)이라 한다. 12연기법에서 무명(無明) - 행(行) - 식(識) - 명색(名色)이라는 순서로 나열될 때, 명색(名色)이 나마와 루빠이다. 이때의 나마인 명(名)은 정신의 요소를 가리킨다. 그래서 정신과 육체를 연결해주는 최초의 연결고리가 느낌이다. 이러한 수(受)라고 표현되는 느낌은 독립적인 별개의 것은 아니다. 오온(五蘊)이라는 것은 독립적인 별개의 분리된 것이 아니라, 같은 경험을 바라보는 다른 방법이다. 감각적으로 투입되는 것이 아니라, 투입된 것을 평가하는 방법이다.

우리가 숲을 걸어갈 때 우리의 눈은 수많은 외관을 좇아가서 신속하게 뱀이나 야생화 등 우리의 계속되는 존재에 영향을 미칠 것 같은 대상들에 초점을 맞춘다. 그래서 불교는 외부세계로부터의 수동적인 정보의 집합으로 감각을 이해하는 것이 아니라, 외관의 능동적인 분류와 계층화로 보는 것이다. 이러한 대상들을 범주화하는 것은 다음의 상온(想蘊)의 상(想), 즉 인식에 의해서이다.

### 바) 상온(想蘊)

상(想, samjñā) – 지나(jña, 안다)에 삼(sam, 모두)이라는 접두어를 붙여 만든 것이다. 표상(表象)이라는 번역어를 많이 사용하지만, 적당한 단어가 없어 산냐라고 부르기도 한다. 이것은 무엇을 알아챈다는 뜻이고, 그 구체적인 판단은 다른 분류(식-識)에서 나오므로, 단순한 인지(認知, cognition)가 가장 정확한 뜻으로 보인다. 인지한다는 것은 조금 어려운 용어로써, 우리는 인식이라고 번역하면서, 그 뜻은 인지의 의미로 한정한다. 인식은 무엇을 알아채고, 그 뜻까지 헤아린다는 의미가 있지만, 그 뜻을 헤아리는 것은 나중에 나오는 식(識)에 포함되기 때문이다. 그런데 금강경에서는 이 삼자냐(samjñā)를 단순한 인식으로 생각해서는 안 되고, 관념이라는 의미로 사용하였지만, 여기서는 오온(五蘊)의 일부로서만 한정되므로 인식으로 번역한다.

앞에서 느낌이 예술적이고 정서적인 심리현상이라면, 인식은 인식, 알아챔이라고 하여 지식이나 철학, 이념과 같은 이지적인 심리현상의 바탕이 되는 것이다. 즉 길거리에서 자동차를 얼핏 보면서 그것이 트럭인지 승용차인지를 구분하는 것이 인식이며, 그것이 오래된 차인지, 곳곳에 흠이 있는 차인지, 속도가 빠르게 날 수 있는 차인지 등은 나중의 식온(識蘊)에서 평가될 문제이다.

청정도론에 의하면 인식의 특징은 목수들이 나무에 먹줄로 표시하는 것과 같이 인식할 수 있는 원인이 되는 표상을 만드는 역할을 한다고 하였다.

기본 경전에서 말하는 인식은 어떤 것을 말하는가?

"비구여, 왜 인식이라 하는가? 인식한다고 하여 인식이라 한다. 푸른 것도 인식하고 노란 것도 인식하고 빨간 것도 인식하고, 흰 것도 인식한다."(상 22.79

마구 먹어치움경, being devoured)

그런데 잡아함경은 이를 또 다르게 설명한다.

"무엇을 생각하는가? 적은 생각, 많은 생각, 한량이 없는 생각, 전혀 가진 것이 없을 때 가진 것이 없다고 생각하는 생각이다(少想,多想,無量想,都無所有作無所有想)."(잡 2권 46경 삼세음세식경, 三世陰世識經)

상윳따 니까야와 잡아함경은 상온(想蘊), 즉 인식에 대한 설명에서 차이를 보여준다. 상윳따 니까야에서 상온은 색깔을 기준으로 설명하였는데, 잡아함경은 유무(有無) 대소(大小)를 판별하는 것을 기준으로 설명하고 있다.

상온(想蘊)이 없이 우리는 대상을 긍정, 부정, 중립적인 것으로 분류할 수 없다. 인식은 그러한 판단을 할 수 있는 틀을 제공한다. 또 우리의 감각을 조종하도록 하는 수단도 제공하므로, 우리는 원하는 것을 보고, 원하지 않는 것을 보지 않을 수 있다. 그래서 감각은 색온(色蘊)에 의존할 뿐 아니라, 상온(想蘊), 즉 인식의 무더기에도 의존한다. 그런데 이 인식은 행온(行蘊), 즉 의지에 의존하는데, 이 행온(行蘊)은 개념적 구조로 만들어진 세계에서 꺼지지 않는 공급의 원천 역할을 한다.

꽃의 종류, 꽃의 색깔, 꽃의 향기(그 외 꽃의 촉감 등도 있지만 생략) 등을 예로 들어, 우리가 꽃을 어떻게 파악하는지 보도록 하자. 처음 희미하게 보이는 꽃을 꽃의 형상으로 볼 것인지, 벌레나 흉측한 물건으로 볼 것인지의 문제는 느낌의 문제로 그것이 좋을 것일지 불쾌할 것인지를 먼저 파악하고(수온/受蘊), 점점 가까이 가면서 꽃이라는 것을 인식하면서 빨강인지 노랑인지 분별하게 된다(상온/想蘊). 그것에 따라 가까이할지 멀리할지 회피할지 등의 의지가 작용하고(행온/行蘊), 가까이 가서 그것이 꽃의 형상을 한 조화(造花)인지 실제 꽃인지, 또 과연 이것은 들국화냐 민들레냐 등의 생각-분별을 하게 된다(식온/識蘊).

### 사) 행온(行蘊)

행(行, saṃskāra) - 이것은 san(함께) + kri(만들다)의 합성어로 '함께 넣다'는 뜻으로 우리가 생각하거나 감지하는 방법을 의미한다. 과거에 이 용어는 충동, 자유의지, 성향, 정신적 형태 등으로 번역되었다. 그러나 이러한 용어들은 어떤 한계점과 왜곡이 있었다. 즉 자유의지는 자아와 마찬가지의 분리된 의지를 말하고, 충동은 의지나 자아의 부족을 암시하고, 성향은 필연적으로 과거의 행위와 관계를 가진다는 단점이 있다. 정신적 형태라는 용어는 학문 외적으로 사용된다. 상카라는 우리의 까르마적인 언어나 행위, 생각의 형태로 표현된 것들 중에서 의도한 것들이 저장된 것을 말한다. 그래서 상카라는 우리가 과거에 경험했던 것들을 취급하는 모든 방법을 포함하는 것이다(항상 까르마 - 업의 원인에는 의도적 행위가 자리 잡고 있다). 이런 점을 고려하여 설일체유부(說一切有部)에서는 52개의 습관적인 행위 유형을 목록으로 만들었고, 그것들은 믿음, 부끄러움, 자신감, 게으름, 자부심, 성냄, 질투, 나태, 후회, 의심 등과 같이, 우리의 과거로부터 미리 만들어진 것들로써 세계를 인식하고 취급하는 데 사용되는데, 이것은 우리가 현재 경험하는 것도 마찬가지다.

그런데 이 행온(行蘊)은 일반적으로 중생의 마음에서 느낌과 인식을 제외한 나머지 전부의 심리현상을 말한다. 그런 것들은 감각접촉(phassa), 의도(cetanā), 주의 기울임(manasikāra), 집중(心一境 ekaggatā), 의욕, 선심(善心), 불선심(不善心)을 모두 포함한다. 그리고 오온에서 느낌(受)·인식(想)·생각-분별(識)은 항상 단수로 나타나지만 행(行)은 항상 복수로 나타난다. 이런 점을 본다면 행(行)은 우리의 정신영역 가운데서 수(느낌)·상(인식, 알아챔)·식(생각, 사고 작용)을 제외한 모든 정신적 행위, 즉 심리현상을 포괄하고 있다고 볼 수 있다. 이러한 제반 심리현상을 이끌고 있는 것은 우리의 의지의 표출이라고 보아서, 여기서는 의지로 번역한다. 그냥 심리현상으로 번역한다면, 느낌과 인식의 덩어리를 앞에서 언급했기 때문에 개념의 중복이 일어나서 오온을 파악하는 데 더 방해가 될 것이기 때문이다.

### 행(行)의 네 가지 의미

한자어 행(行)이 네 가지 의미로 사용되는 점은 모두 동의하고 있다.

㉠ 제행무상(諸行無常)이라고 할 때의 행은 유위법(有爲法)을 가리킨다. 그래서 유위법의 모든 것은 무상하다고 보는 것은 쉽게 이해가 된다.

ⓛ 오온(五蘊)의 일부로 사용되는 행온(行蘊)으로서의 행(行)은 색수상행식(色受想行識)에서 색(色)이라는 몸과 대비되는 정신 작용의 일부로써 수(受)와 상(想)과 식(識)을 제외한 나머지 심리 작용을 말한다. 그런데 이런 심리현상들이 업(業)을 일으키므로, 이를 상카라라고 한다.

ⓒ 세 번째로 12연기에서 나타나는 '무명이 있어서 행(行)이 있고, 행이 있어 식(識)이 있다'는 순환연기의 경우를 보면, 이때의 행은 '의도적 행위'라는 설명이 적당하다.

ⓔ 마지막으로 신구의(身口意)로 짓는 신(身)행, 구(口)행, 의(意)행에서의 행은 '의도적 행위'로 보거나, 또 '작용'으로 이해할 수도 있다.

그러므로 반야심경에서 행온은 수·상·식의 정신 작용을 제외한 심리현상으로 이해해야 할 것이다.

그런데 잡아함경에서 이 행온(行蘊)에 대한 것을 보자.

> "행온(行蘊)이란 무엇인가? 위작상시행수음(爲作相是行受陰)이라고 하여 '표상을 만들려고 하는 것', 즉 이것은 어떤 의도나 의지, 의욕을 표현하는 것이라고 하고 있다."(잡 46. 삼세음세식경/三世陰世識經)

상윳따 니까야와 잡아함경의 구절들이 같은 것을 가리키므로, 그 차이를 살펴보자. 느낌과 인식, 사고 작용을 제외한 심리현상은 자연스런 현상도 포함하고 있는 것일까? 분노(忿怒)를 예로 들어보자. 분노는 배신적인 행위에 대해서 상대방에게 어떤 해악(害惡)을 가하고 싶다는 마음일 것이다. 그 배신(背信)이라는 것은 본인의 믿음을 배반한 것이고, 그러한 믿음을 가치 없게 만든 사람에 대한 나쁜 감정이다. 이는 또한 아비달마 구사론에서의 소번뇌지법에 해당한다. 그러한 심리가 수(受)-느낌, 상(想)-인식, 식(識)-사고 작용 이외의 것이라고 보면서, 그런 심리현상이라고 해버릴 수는 있지만, 이러한 심리현상의 근저에는 '나'를 지키려는 의지가 작용하는 것이다. 그 지키려는 의지가 작용하는 것은 단순히 '나'뿐만 아니라, '내가 가진 믿음'도 포함한다. 그러한 의미에서, 단순한 심리현상으로 번역하기보다는, 이때는 '의지'

라고 번역하는 것이 우리에게 쉽게 이해될 것이다.

영어로는 '의지적 형성-volitional formations', '마음의 형성-mental formations', '충동-impulses', '자유의지-volition', '형성된 것-fabrications', '구성요소-compositional factors'라고 번역하는데, 이들을 종합해 보면, 마음을 구성하는 것을 지시하고 있는 것이라 보인다. 그런 구성 중에서 '의도적 행위'라는 한글 표현도 사용하지만, 의도라 하는 것은 대상을 분별하여 앞으로 어떻게 할 것이라는 목적을 가지는 것이므로, 대상을 파악하는 색수상행식(色受想行識)의 의미를 파악하는 도중에는 적용하기 힘들어 보인다. 의욕(意欲)이 의도(意圖)보다는 심리적 현상에 치중한 용어이지만, 이러한 의욕까지 포함하는 '의지'라는 번역이 좋을 것으로 보인다. 즉 느낌과 인식, 생각-분별과 구분되는 각별한 심리현상으로써 의지라는 용어가 우리에게 주는 힘을 느낄 수 있게 해준다.

콘체는 이를 충동(impulses)이라고 번역하는데, 상카라의 뜻이 함께 만드는 것(together-makers)이라는 의미로, 이 용어가 의식적이든 아니든 모든 능동적인 성질(dispositions), 경향(tendencies), 충동(impulses), 의지(volitions) 등을 포함하므로 그중 의도적인 것과 의도적이지 않은 것을 포함하는 충동이라는 단어를 선택한 것으로 보인다.

### 아) 식온(識蘊)

식온(識蘊 viññāṇa-kkhandha)-사고-분별의 무더기

식(識)이란 감각의 여섯 가지 문(안이비설신의/眼耳鼻舌身意)을 통해 외부의 감각대상들을 '아는 것'을 말한다. 다시 말해서 식(識)은 느낌·인식·행과 같은 마음작용의 도움으로 대상을 아는 것이다. 그리고 이 식은 매순간 일어나고 멸한다. 경전 내용을 보자.

"왜 식(識)이라 하는가? 알기 때문에 그렇게 부른다. 무엇을 아는가? 쓴맛, 쏘는 맛, 단맛, 날카로운 것, 부드러운 것, 짠맛, 덤덤한 맛을 알기 때문에 식(識)이라 한다."(상윳따 니까야 상 22.79 마구 먹어치움경, being devoured)

《여기서 사용된 '안다'는 것은 인식(cognize)이라는 단어를 앞의 상온(想蘊)과 혼동하지 않도록 생각-분별의 뜻을 표시하기 위해 '안다'고 표현하였다.》

그러나 잡아함경에는

"무엇을 분별(識)하는가? 몸(色)도 분별하고, 소리(聲)도 분별하고, 향기와 맛과 촉감과 의식의 대상(香味觸法)도 분별(識)한다. 그래서 식온이라 한다."

고 하였다. 잡아함경의 내용이 식온(識蘊)의 설명에 더 잘 부합한다고 보인다.

또 산스크리트어 비지나나(vijñāna)를 분해하여, vi(분리하다) + jñā(알다)라는 뜻을 합쳐보면, 이는 분별하여 안다는 뜻이다. 단순한 인식을 넘어서, 그러한 인식된 정보들을 종합하여 그것이 무엇인지 정확하게 판별하려는 노력을 의미한다.

그러므로 여기서 말하는 식(識)은 보통 단순히 '안다'는 것으로 옮기지만, 그렇게 한글로 표현하면 원래 의미하는 것을 가리키지 못한다. 이는 마음의 분별 작용으로 아는 것을 말하기 때문에, 한글로는 분별 작용 또는 사고(思考) 작용이라고 표현하는 것이 정확할 것이다. 이 식은 생각-분별이라고 번역하는 것이 좋다고 본다. 영문으로는 의식(consciousness) 혹은 분별(discernment)이라고 번역한다.

식(識)이 사용되는 곳은, 오온인 색수상행식의 마지막, 12연기의 무명-행-식-명색-등으로 연결되는 곳에서 명색의 앞에 위치하여 명색을 낳는 기능을 가진 것을 의미한다. 이는 6식으로 표현되어서, 안이비설신의(眼耳鼻舌身意)의 식(識-안식, 이식, 비식, 설식, 신식, 의식)으로 나타난다. 이들은 생각-분별 작용이지만, 일부 대승경전에서는 모든 경험을 받치는 기본이라고 설명하기도 한다.

기본적으로 온(蘊)이라고 표현한 무더기나 덩어리는 수많은 경험들 속에서 영원하거나 순수하며 분리된 어떤 것, 또는 자아를 찾기 위해 추구하는 것들 속에서 유사한 것들의 묶음이라고 보면 된다. 그것들은 '나'를 파악하는 다섯 가지 방법이다. 이것이 관자재보살이 오온(五蘊)을 내려다보는 이유다. 오온(五蘊)은 실재를 파악하기 위해 찾으려고 분석해 가는 과정의 한계점에서 만나게 되며, 그때 파악될 수 있는 덩어리의 묶음이다. 그러므로 우리가 실재인 어떤 것을 찾으려 하면 일단 이 오온(五蘊)에서 그것을 발견하려 해보아야 한다.

그런데 결론적이지만 그러한 무더기를 통해 그것을 찾으려 하더라도 우리는 빈손이 될 뿐이다. 왜 그런가? 색온(色蘊), 즉 몸은 가끔 거품으로 비교되는데, 그것을 잡을 수 없다. 느낌의 수온(受蘊)은 순간에 지나지 않아서 파악하기 힘들다. 인식의 상온(想蘊)은 신기루라서 오직 존재하기만 할 뿐이다. 의지의 행온(行蘊)은 바나나 나무와 같아 핵심이 없다. 생각-분별의 식온(識蘊)은 환상이라서 잘 숨겨져 있다. 따라서 이러한 무더기들이 실재인 듯 보이지만 찾을 수 없다는 점에서 실재의 존재 여부와 결부되어 있다.

  붓다는 인간의 정신을 수상행식(受想行識)으로 구분하였는데, 현대과학에서는 그러한 구분들이 언어를 매개로 서로 연결되어 있음을 보여준다. 현대에서는 의식을 어떻게 보는지 알아보자. 뇌의 구조상 파충류의 뇌(본능), 포유류의 뇌(감정), 영장류의 뇌(이성) 등으로 구분한 3분설이 유명하지만, 그 구조적인 점과는 달리 뇌의 기능을 파악하기로는 에델만 교수의 '1차 의식과 고차 의식'이라는 통찰에 모두 동의하고 있다.

  노벨의학상 수상자인 에델만(Gerald M. Edelman)은 의식을 1차 의식과 고차 의식으로 나누는데[14] 1차 의식이란 "언어가 생성되기 전에 형성되는 것으로, 인간이나 개 또는 고양이 정도의 포유동물이 가지는 의식이다. 1차 의식은 기억된 현재이다"라고 한다. 1차 의식은 간단히 말해서 장면의 생성이라 할 수 있다. 그는 1차 의식과 고차 의식의 구분을 근본적인 진리인 것처럼 본다. 그래서 1차 의식은 세계의 사물들을 정신적으로 자각하는 상태, 현재의 심상을 갖는 상태를 말하며, 일반 동물들의 경우와 마찬가지로 비언어적이며 비의미론적인 두뇌를 가진 경우의 그것을 말한다. 고차원적 의식은 자기 자신의 행동이나 감정에 대해 사고하는 주체에 의한 검토가 포함된다. 쉽게 말하면 과거의 경험들이 뇌의 해마 부위에 기억되어 있다가, 현재의 장면과 비교하면서 뇌가 고차원적인 사고를 하게 되는 것이다. 그렇기 때문에 과거와의 비교뿐만 아니라 그러한 경험들을 가지고 미래에 어떨 것인지의 추리까지 하게 된다.

  보다 구체적으로 살펴보자. 동물의 기억과 학습은 시냅스 상태의 통계적 변화로

---

14) 『신경과학과 마음의 세계』, 제럴드 에델만, 범양사출판부 1998, 245~255면.

나타난다. 신경세포들의 다중 연결로 바깥세상을 인식하고 내부의 욕구에 맞춰 감각 입력들을 받아들여 지각을 분류한다. 그러므로 1차 의식은 현재적 의식이고 장면들이 시간과 더불어 연속해서 흐르는 것이 아니라 스냅사진처럼 하나의 장면을 묘사한 그림이다. 인간의 고차 의식은 동물들의 1차 의식이 작동하는 상태에서 언어가 더 추가되어 생성된 것이다. 이 언어가 현재의 장면들을 시간적으로 배열하기 때문에 미래와 과거의 관념이 생겨난다고 볼 수 있다.

언어를 매개로 하는 대뇌 부위에는 브로카 영역(Broca's area)과 베르니케 영역(Wernicke's area)이 있다. 브로카 영역은 전두엽에 있는 부위로 우리가 발음할 수 있도록 해주는 운동언어 영역이고, 베르니케 영역은 뇌의 좌반구에 위치하여 청각피질과 시각피질로부터 전달된 언어정보의 해석을 담당하는 영역이다. 브로카, 베르니케 등 언어를 생성하는 영역이 전두엽(뇌의 앞쪽 이마 부분 – 기억과 생각을 담당), 두정엽(뇌의 위쪽 부분 – 운동중추가 있고, 신체로부터의 감각신호를 담당), 측두엽(뇌의 좌우 부분으로 청각정보 담당)과 연결되어서 생성되는 것이 바로 고차 의식이다. 고차 의식은 언어에 의해서 만들어진다. 언어를 매개로 고차 의식이 생성되면서 현재가 연속적으로 흘러가는 것을 인식하여 미래와 과거를 느끼게 된다. 인간은 매 순간 외부 자극을 처리하여 생존에 중요한 정보를 기억에 저장한다. 저장된 기억을 불러내어 새로운 입력에 대응할 때 과거라는 의식이 생기는 것이다. 그리고 과거의 정보가 쌓여 이루어진 상태가 현재 두뇌에 저장되어 있다. 현재의 자극 입력을 뇌가 처리한다는 것은 과거의 기억을 현재와 대조한다는 것이고, 이는 바로 다음 순간이 어떻게 전개될 것인지 무의식적으로 인식하는 것이다. 고차 의식을 가지게 되면, 언어를 매개로 기억이 생성되면서 하나의 장면이 담긴 스냅사진들을 연결하여 드라마를 만든 결과, 과거, 현재, 미래가 형성되고 그 과정에서 자아의식이 생기고 생각할 수 있게 된다.

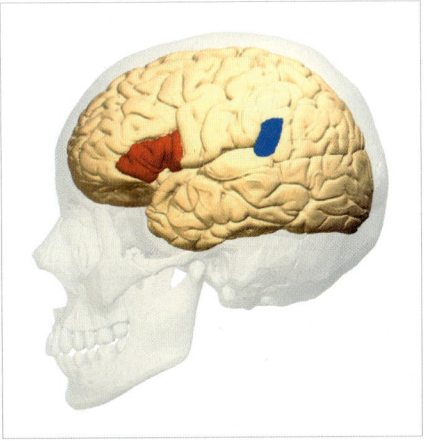

〈그림 12〉 붉은색이 브로카영역으로 말하는 기능을 담당하고, 파란색은 베르니케 영역으로 언어정보 해석을 담당한다.

이런 신경학적 통찰에 따른다면, 오온(五蘊)에서의 식(識)도 단순히 아는 것이 아니라, 현재를 인식하는 1차 의식과 복잡한 사고 작용이 필요한 고차 의식으로 분해하는 것이 맞을 것이다.

※ **심의식(心意識)을 분별하는 문제** : 심의식 세 가지는 같은 의미로 사용한다고 하지만, 특별히 다른 뜻으로 사용하기도 한다. 다른 뜻으로 사용하는 경우를 보기로 하자.

심(心, 찌타, citta)은 신구의(身口意), 즉 몸과 말과 마음을 사용하여 그것이 원인이 되어 행위를 일으키는 능력 혹은 측면을 말한다.

의(意, manas)는 사량(思量)이며, 생각하고 헤아린다는 뜻이다.

식(識, vijñāna)은 요별(了別)이며, '분명하게 분별한다'는 뜻이다.

이렇게 개념으로만 보면 분별하기 힘들다. 그래서 간단한 예를 들어보면, 인터넷 검색을 하다 모니터 상에서 절경(絕景)을 보게 되었을 때, 이 사진이 절경이라고 생각하는 것은 요별(了別) 작용으로써 식(識)이며, 이러한 절경을 촬영한 곳이 어디이며, 누구인지 알아보고 저장해 두었다가 보려는 것이 사량(思量)하는 작용인 의(意)이고, 그것을 검색하여 저장하게 되는 것이 심(心) 작용이다.

그런데 이렇게 구분하는 것은 산스크리트어 원래의 의미를 살릴 경우에 그러하지만, 한자로 사용하거나 그 한자의 의미를 한글로 번역하면 모두 마음이라는 뜻이 가능하므로 혼용하여 사용한다.

한자의 뜻에 따른 사용은 보통 다음과 같다.

심(心)은 일반적 문맥에 주로 사용되고, 몸에 반대되는 의미로 사용된다. 그래서 몸과 마음이라고 할 때는 심신(心身)이라는 용어를 사용한다. 의(意)는 뜻이라는 의미처럼 주로 의도(意圖), 의지(意志), 의욕(意欲)과 같이 단순한 사고 작용이 아니라 주체의 하고자 하는 의사가 반영된 것을 의미한다. 식(識)은 단독으로 잘 사용되지 않고, 판단하고 헤아리는 작용을 말한다.

이를 오온(五蘊)과 비교하면 색(色)을 제외한 수상행식에서 그 수상행식을 이루는 심(心)은 느낌과 인식을 바탕으로 생겨나는 어떤 상태이며, 의(意)는 수상행식 중의 행(行)에 유사한 의지, 의도이며, 수상행식 중의 식(識)은 마지막의 분별하는 상태라고 볼 수 있다.

## 🔍 역본 비교

⟨ vyavalokayati sma : panca-skandhās tāṃś ca svābhava śūnyān paśyati sma. ⟩

| 번역자 | 내용 | 비고 |
|---|---|---|
| 구마라집 | 조견오음공(照見五陰空) | 5음, 온 |
| 현장 – 반야 | 조견오온개공(照見五蘊皆空) | |
| 법월 – 지혜륜 | 조견오온자성개공(照見五蘊自性皆空) | 자성 |
| 법성 | 관찰조견오온체성실개시공<br>(觀察照見五蘊體性悉皆是空) | 체성 |
| 시호 | 관견오온자성개공(觀見五蘊自性皆空) | 자성 |

⟨ vyavalokayati-관찰하다, sma-확실히 : panca-오(五), skandhās-덩어리, 온(蘊), tāṃś-그것, ca-그리고, svābhava-자성(自性), śūnyān-텅 빈, paśyati-보다, sma-확실히 ⟩

## 4) 공(空)이란 무엇인가

### 가) 개설

공(空)에 대해서 생각해 보자. 그 전에 반야심경에 나타난 공(空)에 대한 콘체의 언급을 보자. 이 공(空)의 개념에 대해서 수많은 의견들이 있고, 현대과학의 발전에 따라 과학적 개념과 유사하게 원용하려는 견해도 많다. 우선 이때의 공(空)을 순수한 지적인 개념으로 간주하는 것은 실수다. 혹은 공(空)을 사물, 물체로 파악하여 존재론적인 의미를 두려는 것도 마찬가지다. 상대적 무(無, 즉 어떤 것이 지금 이 장소에는 없다고 하는 정도의 없음)는 절대적 무(無, 어디에도 없다는 원래의 없음)로 실체화될 수 없다. 공(空)은 어떤 것이 아니면서도 모든 것이 될 수 있는, 완전히 쉽게 가늠되거나 순수하게 잠재적인 것을 의미하지도 않는다. 신도교(新道敎,

Neo-Taoism)적인, 혹은 현학(玄學)의 사상이 섞여 들어간 중국의 불교에서는, 공(空)은 모든 것이 발생할 수 있는 내재된 잠재력이 될 수 있어서, 일반적으로 우주론적인 의미에서 모든 것은 공(空)으로부터 나오고, 그것으로 되돌아간다고 말해진다. 그러나 그런 격의불교[15]적인 개념을 벗어나면 원래의 공(空)은 전혀 그런 의미가 아니다. 공(空)이란 말은 원자가 비어 있다, 텅 빈 우주나 진공과 같은 어떤 물리적 중요성을 가진 것도 아니다. 그것은 순전히 구원론(救援論)적인 용어다. 실제적인 용어로써 공(空)은 이 세계를 완전히 부정하고 지혜를 사용하여 완전한 해방으로 이끄는 것을 의미한다. 공(空)에 대한 명상은 우리를 묶고 있는 무명(無明)을 없앰으로써 이 세상을 제거하는 데 도움을 주려는 데 목적이 있다.(Conze, Buddhist Thought in India, 61p)

콘체의 말에서도 분명하듯이, 우리는 공(空)이라는 용어를 너무 쉽게 사용하고 있고, 쉬운 만큼 틀리기 쉽다. 공(空)을 오래 생각하면, 공(空)이 우리 현실생활에서 의미를 가지는 것으로 파악하려는 경향이 많다. 그릇의 비유를 들면서 그릇 안의 빈 공간이 없으면 그릇은 그릇으로서의 역할을 하지 못한다는 견해, 건물의 방을 생각하면서 실내가 빈 공간으로 차 있지 않다면 건물을 이용할 수 없으니 공(空)이 얼마나 중요하냐는 말도 한다. 공(空) 자체만을 본다면 그럴듯한 설명이기는 하다. 그러나 그 공(空)을 만들기 위해 진흙으로 구워진 그릇의 형태가 필요하고, 실내공간을 만들기 위해 건물의 콘크리트 기초와 각종 실내 장식들이 유위의 노력에 의해서 만들어졌다는 점을 잠시 잊게 된다. 그러므로 빈 공간의 가치를 같은 공(空)이라는 글자를 사용한다고 하여 그 의의를 살리려는 견해는 그 공(空)이 공(空)을 만드는 유위의 노력에 의한 구조물에 의존한다는 점에서 노력이 실패한 것이다. 즉 그릇이나 실내의 공간을 비유하여 공(空)을 설명하려는 노력은 아마도 도교의 노자 사상을 빌린 것에서 유래한 것으로 보이는데, 불교와 도교의 초점이 다름은 따로 설명할 필요가 없으므로 이러한 설명은 채택할 수 없다.

---

15) 격의불교는 중국에 없는 사상을 받아들일 때 중국에 있는 유사한 기존의 사상으로 대치하면서 발생한다. 모든 국가에서 발생하겠지만, 특히 중국의 불교사상을 격의불교라고 한다. 무와 공의 개념을 중국에서는 도교의 도와 비슷한 개념으로 받아들여서 공의 가치를 도의 수준으로 올리는 결과가 되었다.

한편 공(空)이 비어 있다는 뜻이라는 점에 착안하여, 현대 물리학을 원용하여, 우주 공간이 거의 비어 있다거나, 원자의 핵과 궤도를 도는 전자 사이의 빈 공간을 예로 들면서 세상 만물이 공(空)으로 가득 차 있다는 설명도 있다. 이것은 붓다가 지금으로부터 2500년 전에 원자의 구조나 우주의 실상을 과학적으로 잘 알고 있었다고 가정할 수밖에 없는 설명이므로 특별히 틀린 설명이라고 따로 지적할 필요가 없다. 이러한 공의 한계를 벗어나고자, 급기야 공은 비어 있는 것이 아니고 오히려 꽉 차 있는 것이라는 주장도 있다. 즉 공 속에 모든 것이 들어 있기 때문에 우리가 필요한 성분을 공 속에서 무한정 꺼낼 수 있다는 것이다. 그래서 어떤 사물을 예로 들어 그 물건이 무엇이나 될 수 있으며, 어린이를 예로 들면서 어린이가 무한정 꿈을 키워 되고자 하는 사람이 될 수 있다고 설명하는 견해도 있다. 이러한 예언론적이며 한계가 없는 주장은 결국 사이비 공으로 빠지고 말 것이다. 물론 이 경우 구원론적 의미는 약간 있을 수 있다.

공(空)이 구원론적이라는 의미는 무엇인가. 그것은 고통에 허덕이는 이 세상 사람들에게 이 세계의 새로운 의미를 주기 위한 용어이다. 즉 공(空)은 이 세계를 완전히 부정하고 지혜를 사용하여 완전한 해방으로 이끌게 만들고, 공(空)에 대한 명상은 우리를 묶고 있는 무명(無明)을 없애는 의미가 있다는 것이다. 과연 불교에서 말하는 공(空)이 어떤 의미인지는 이 책의 내용을 모두 파악하고서 다시 의미를 부여해야 할 중요한 주제이다.

### 나) 어원적 의미

먼저 언어적 의미를 생각해 본다. 원래 한자로만 보는 공(空)은 '비어 있다'는 것이므로, 비어 있다는 의미 외에 특별한 뜻을 찾을 필요가 있을까? 비어 있다는 것은 속이 차 있지 않다는 것이므로, '비어 있다'는 뜻으로만 볼 것인지, '비어 있다'는 말에서 별 것이 없다는 뜻으로 생각하면, 별다른 가치가 없다는 뜻으로 받아들일 수도 있으니 이 중 어느 쪽의 문제인지를 정해야 한다. 최근까지의 해석은 가치가 없다는 뜻으로 받아들이는 경향이다. 그래서 오온(五蘊)뿐만 아니라, 일체가 공(空)이므로 모든 것이 가치가 없고, 일시적이라는 뜻으로 해석하며, 일반인들도 그런 뜻으로 생각한다.

공(空)이라는 단어는 산스크리트어로 수냐타(śűnyatā)다. 이는 어원적으로 '부풀어 오르다, 불룩해지다(swell)'의 뜻을 가지고 있다. 그러므로 부풀어 오른 것은 속이 비게 되니, 비어 있다는 뜻이 된다. 그 외에도 파생된 의미들이 있는데, '존재하지 않음(non-existence), 비어 있음(vacancy, emptiness), 덧없음(illusory nature), 무(無, nothingness)' 등이다. 이런 의미로 공(空)을 사용하는 경우에 크게 세 가지로 분류할 수 있다.

① 어원적으로 수냐타(śűnyatā)는 어떤 것이라고 보이는 것이 실제로는 아무것도 아니라는 생각을 나타낸다. 외부에 많은 것이 있는 것으로 보이지만, 실제로는 아무것도 없는 것을 말한다. 머리가 부풀어 오르면, 그 속은 비어 있는 법이다.
② 영적(靈的)인 용어로써 완전한 부정을 말한다. 우리 주위의 세계를 모든 각도, 모든 넓이까지 복합적으로 해방시키기 위한 것이다.
③ 불교 용어로써 어떤 종류의 자아, 자성이 없다는 것을 말한다.

모든 법은 비어 있고, 비어 있기 때문에 그 속에는 자성이 발견되지 않는다. 그러므로 그것을 가지거나 그것에 속할 것이 아무것도 없다. 자성이 없다는 이유로 법은 홀로 존재하지 못하고 각자 다른 것에 의지해 있고, 스스로 성립할 수 없으므로 비어 있다고 말하는 것이다. 이런 뜻이 있으므로 우리에게는 자아가 없다고 하는 것을 무아론(아공법유)이라 하고, 상좌부 불교와 설일체유부에서 주장하는 것이다. 그런데 대승불교는 이것을 나중에 나올 연기론까지 원용하여 세계의 모든 것들도 자성이 없다고 하면서 '나도 없고 세계도 없다'는 아공법공(我空法空)을 주장한다.

그런데 여기 주의할 점이 있다. 한역에 의하면 오온개공(五蘊皆空)으로 '오온이 모두 비어 있다', '오온이 모두 공이다'로 번역되지만, 산스크리트어본으로 보면, '오온의 자성이 비어 있다'로 번역된다. 즉 중간에 스바바바(svabhāva)[16]가

---

16) 보통 산스크리트어나 팔리어에서 v는 'ㅂ'으로 표시하는 것이 맞는데도, 유성음처럼 읽어서 '스와바바'라고 표시하고, 다른 단어들도 그렇게 표시하지만, 우리는 알파벳의 발음대로 표기하여 기억에 오래가도록 표기하기로 한다.

들어가 있는 것이다. 이 '스바바바'에서 스바-sva(of self)는 자아의 뜻이며, 바바-bhāva(nature)는 성질의 의미라서, 이것을 모두 자성(自性)이라고 번역한다. 그래서 '오온(五蘊)의 자성이 비어 있다'는 의미는 오온에는 자성이 없다는 뜻이다. 우리가 일반적으로 오온(五蘊)이 공(空)하다고 할 때, '오온(五蘊)의 부존재'라는 의미로 보통 생각하지만, 산스크리트어본을 번역하는 과정에서 오온(五蘊)의 '자성'이 없다는 것을 오온(五蘊)이 없다는 것으로 번역한 것이다. 그런데 해석하는 입장에서는 오온이 없다는 말을 쉽게 받아들이기 힘들었다. 즉 오온은 인간을 구성하는 것을 분류한 것이고, 그래서 있음을 전제로 하는 것인데, 그 유무(有無)를 거론하는 것은 이상하다. 그래서 그 '없다'는 말인 공(空)을 단순히 '없다'라는 뜻으로 해석하는 것이 아니라, '없다'의 의미가 무엇인가 고민하여 원래대로 '자성이 없다'로 보기도 하고, 오온에 의해 구성되는 대상인 사물에 대해 '만물이 없다'로 보면서, 여기서 사용한 공(空)이라는 단어는 무(無)라는 뜻이라고 주장한다. 물론 '비어 있다'는 것과 '없다'는 것이 같게 볼 수 있지만, 엄연히 다른 용어이며 다른 뜻이다. 중국에 불교가 유입되는 초창기에 불교에서 사용하는 개념의 설명이 어려울 때 중국인의 개념에 맞는 용어를 사용하여 불교의 원뜻이 왜곡된 것을 격의불교(格義佛敎)라 하는데, 격의불교에서는 공(空)을 무(無)로 본다. 그러한 오해에서 무(無)라는 개념을 많이 쓰는데, 무(無)란 없다는 뜻이고, 공(空)이란 있다와 없다의 개념이 아니라 비어 있다는 뜻이므로, 있는 것도 아니고 없는 것도 아니라는 비유비무(非有非無)를 말하는 것이다. 비유비무이기 때문에 있다고 보면 있고, 없다고 보면 없는 것이다.

그래서 오온이 없다는 뜻을 오온개공(五蘊皆空)이라 하고, 오온개무(五蘊皆無)라 하지 않은 것은 이 때문이다. 오온의 자성(自性)이 비어 있다는 것은 물론 오온에는 자성이 없다는 뜻임은 분명하므로, 공(空)과 무(無)를 같은 의미로 사용할 수는 있다. 그러나 엄격히 보면, 오온에 자성이 없다는 뜻(즉 자성은 없지만, 오온이 있는지 없는지는 언급하지 않았다)과 오온이 없다는 뜻은 분명히 다르고, 정확한 뜻을 가지고 사유하여야 하는 우리는 공(空)은 비어 있다는 뜻이라고 확실히 알도록 하자.

결론적으로 반야심경 전체에서 색즉시공(色卽是空)의 원리로 전파하고자 하는 공(空)의 정확한 의미가 무엇인지는 여전히 수많은 논의가 있으며, 그 뜻에 대해서 갑론을박(甲論乙駁)이 아직도 진행 중이다.

그런데 이런 역사를 살펴본 후에 우리가 내려야 할 결론은 이렇다. 반야심경을 불교 역사에 비추어보아 대승불교가 상좌부 불교를 비판하는 관점으로 만들어진 것이라는 사실에 기초한다면, 바로 설일체유부의 '모든 것이 과거 현재 미래에 존재한다'는 것을 반박하기 위한 것이므로, 이때의 공(空)은 없다는 의미로 사용된 것으로 볼 수 있다. 그래서 색즉시공(色卽是空)은 물질 혹은 몸은 없다고 볼 수 있다.

그런데 초기불교 내지 기본불교 입장에서 오온이 공하다고 사용하는 용법과 산스크리트본의 '자아의 본질'이 없다는 뜻을 합치면, 여기서 색즉시공(色卽是空)은 물질 혹은 몸은 자성(自性)이 없고, 다른 것에 의지한다는 뜻이 된다.

저자는 콘체의 결론에 전적으로 동의하는 것은 아니지만 우리에게 시사하는 바는 크다고 본다. 즉 이때의 공을 구원론적인 의미로 보는 방법이다. 그래서 물질 혹은 몸이 공이라는 것은 그것을 생각하는 사람이 구원을 받을 수 있는 개념으로 받아들인다면(그래서 자성이 비어 있는 것으로, 혹은 원래 없고 헛되다는 것으로 본다면), 기본불교를 지향하던 혹은 대승불교를 지향하던, 반야심경은 누구에게나 초월의 깨달음을 줄 것이다.

### 다) 자성(自性)

그러면 자성은 무엇인가? 관자재보살이 특별히 오온(五蘊)에 자성이 없다는 것을 깨달았다는 점을 감안하면, 우리 보통 사람은 오온에 자성이 있는 것으로 생각하며 행동해 왔다는 것이다. 오온(五蘊)에 자성(自性)이 있다면, 어떤 문제가 발생할까? **오온(五蘊)에 자성이 있다는 것은 오온(五蘊)이 그 본질을 보유하고 있다는 것이니, 색수상행식(色受想行識)이 모두 가치 있는 성분들로써, 우리의 몸과 정신 작용이 하나의 실체를 형성한다는 뜻이다. 따라서 여기 경전에서 중생이 느끼는 고통과 삶의 무게가 실체가 있는 것이니, 그 기본조건을 변경하지 않는 이상, 세상의 고통으로부터 벗어날 방법이 없다.** 그러므로 오온(五蘊)에 자성(自性)이 비어 있지 않고, 존재하고 있다는 것은 도저히 해결할 수 없는 문제를 던져주는 것이므로, 붓다의 가르침으로도 해결이 되지 않는 문제가 되며, 더 이상의 논의가 불가능해지는 것이다.

우리가 외계의 사물, 대상을 인식하는 것을 예로 들어보자. 우리 자신은 탐진치(貪瞋癡)의 영향을 받고 있고, 그 대상은 또 실체를 흐리는 외관의 구름으로 덮여 있음으로 인하여 진정한 본성을 파악할 수 없다. 그러므로 대상을 사실 그대로 보는 개념은, 보이는 사물과 보는 사람의 관계에 관한 것이다. 불교의 어려움은 여기서 보이는 대상 혹은 사물이라는 말 대신에, 그 대상이나 사물을 구성하는 요소인 다르마(법)라는 용어를 사용하여, 다르마(법)가 사물로 대표되는 세상, 세계를 의미하기 때문에, 불교에 정통하지 못한 사람들이 자주 오해하게 된다. 또 사물과 주체의 관계가 아니라 사물을 구성하는 다르마와 주체의 관계를 보는 것은 직접적인 인식에 장애가 될 수 있다. 그래서 다르마를 법이라고 번역하기는 하지만 정확한 용어는 아니다. 영어로는 다르마의 번역을 여러 가지로 시도해 보다가 단일한 뜻을 도출하는데 실패하고 결국 다르마(dharma)라는 용어를 그대로 사용한다. 혹은 쉬운 말로 '드러난 현상'이라고 할 수도 있다.

### 라) 다르마(법, 法)

원래 다르마는 붓다의 가르침을 말하는데 대문자로 기재한다(즉 Dharma). 그런데 소문자로 쓰인 것(dharma)은 인간 경험의 현상이나 구성요소를 말한다. 이것이 점차 전체 물질세계와 정신세계의 구성부분을 분류하는 것으로 확장되었다. 아비달마 철학자들은 학파에 따라 다르지만, 다르마가 몇 개나 될지에 대한 숫자를 제시하였다. 그리고 이러한 구성요소들만이 진정으로 존재하는 실체의 유형이라고 말하였다. 이러한 인식은 특히 인간의 경험을 분석하는 데 중요하였다(이러한 유형은 학파에 따라 몇 개로 나뉘지만, 그중 설일체유부의 5위 75법이 가장 통용되는 분류법이다). 이해를 위해서 5위(位) 75법을 간략히 소개하면, 다르마가 무엇인지 곧 알게 될 것이다.

먼저 5위는 큰 분류체계라는 뜻으로 **색법, 심법, 심소법, 심불상응행법, 무위법**의 다섯 가지 분류이고, 세부적으로는 제일 처음의 물질세계를 구성하는 색법을 열 가지 나열한다. 즉 눈-귀-코-혀-몸과 물질-소리-냄새-맛-촉감을 가지는 물질로 이루어지는 것이다. 이는 결국 물질과 그것을 인식하는 것을 말한다. 물리적인 세계와 그것의 인식하는 감각기관을 **색법(色法)의 열 가지**로 나타낸 것이다.

그리고 마음을 나타내는 **심법(心法)이 한 가지**며, 갖가지의 근원적인 마음인 **심소법(心所法)이 마흔여섯 가지**다. 이 심소법(心所法)은 느낌, 인식, 믿음, 어리석음 등을 망라한 것이다. 그리고 마음과 관련되지 않는 **불상응행(不相應荇)법 열네 가지**가 있다.

이상의 유위법에 비교하여 **무위법(無爲法) 세 가지**는 허공－공간과 택멸(擇滅), 비택멸(擇滅)이다. 택멸은 간택(簡擇)에 의해 획득되는 멸(滅, nirodha)을 뜻하는 택력소득멸(擇力所得滅)의 준말이다. 일종의 수행자의 의지가 포함된 것이므로 해탈, 열반과 같은 뜻이다. 이에 비해 비택멸(非擇滅)은 허공과 같이 특별히 거론할 필요가 없다.[17]

이를 기초로 다르마를 총괄하면, 물질과 마음에 관련하여 생기는 핵심적인 것들을 목록화한 것이라고 보면 된다. 즉 이 세계를 구성하며, 이 세계를 인식하며, 또 마음에서 발생하는 모든 심리현상이 다르마다. 문제는 이런 다르마들은 최소단위이기 때문에 전통적으로 실체라고 간주해 왔는데, 이런 관점에 대하여 나중에 중관파를 거치면서 대승불교에 들어와서 연기법을 원용하여 모두 그 실체성을 부정하고 있는 것이다. 그래서 '나'는 없다는 무아론에 맞추어 아공법유였지만, 그 뒤에 아공법공의 사상이 현재까지 부정할 수 없는 조류인 것처럼 나타나고 있다.

### 마) 오온개공의 평가

관자재보살은 중생의 고통을 알고 있고, 그들과 같이 고뇌하며 그들의 고통을 연민하면서도 그는 어떤 인간이나 중생을 보고 있지 않다. 오히려 이러한 인간이나 중생을 구성하는 오온(五蘊)을 보고 있다. 그리고 이것들의 자성이 비어 있음을 보고 있다. 그런데 관자재보살이 중생의 고통을 보는 자이므로, 그런 보살로서 중생을 구성하는 오온(五蘊)을 보고, 또 오온의 자성이 비어 있는 것을 본다는 점에서, 우리는 고통에 울부짖는 중생의 고통이 근거가 없는 것이며, 그 고통은 고통이 아닐 것임을 예상한다.

관자재보살이 오온(五蘊)을 볼 때, 그는 단순히 다르마가 계속적으로 나타나거나 사라지는 것, 그에 따른 영원하지 않은 무상(無常)한 점을 보는 것이다. 따라서 지혜

---

17) 비택멸은 '택하지 않음에 의해 멸하다'는 뜻인데, 설일체유부의 고유한 삼세의 실재론에 따라서, 미래의 법 중에서 현재 선택되지 않은 법들은 생기지도 소멸하지도 않는 상태로 있다는 의미에서 멸(滅)이라 한다. 따라서 우리의 의지가 작용할 수 없는 분야다.

를 향한 두 번째 단계는 다르마를 직시하는 것이다.

명상에 대한 초기 경전을 보면 수행자들로 하여금 네 가지 주제에 초점을 맞추도록 제시되었다. 그것은 신수심법(身受心法), 즉 몸과 감각, 마음과 법이다. 법은 설일체유부에서 실재를 이루는 실체로 본다. 이 네 가지 요소가 시간이 흘러 더 정치하게 변형된 것이 오온(五蘊)이다. 즉 비교해 보면, 신(身)은 오온의 색온(色蘊), 수(受)는 오온의 수온(受蘊), 심(心)은 오온의 상(想)과 행(行)과 식(識)을 합친 것이고, 법(法)은 여러 온(蘊)들 속에 포괄되므로 따로 분류하지 않는다.

불교에서 오온(五蘊)이나 신수심법(身受心法)에 초점을 맞추는 이유는 그것들이 영적인 탐구에 필요한 것들을 제공하기 때문이다. 즉 그것들은 우리가 자신이라고 알고 있는 것과 같지 않을뿐더러, 우리가 경험하는 세계와도 같지 않다. 이러한 것은 외계의 사물을 인식하여 외계의 대상에 함몰되는 경향을 없애기 위한 것으로, 외계와 자신의 경계점에 집중함으로써, 외계의 대상을 느끼는 자신의 감각기관들의 바름과 틀림을 직시하게 하는 효과를 가진다.

이러한 오온이 모두 공(空)이라는 것을 비추어보았다고 한다. 그러면 오온으로 구성되는 중생인 유정(有情)물은 공(空)이냐, 아니면 새로운 어떤 것으로서 따로 '나'라는 것이 존재하는지의 문제가 무아론이다.

### 5) 무아론

무아(無我)는 '나' 자신이라는 것은 없다는 뜻이다. '나'가 없다는 주장은 역대의 어떤 종교나 철학, 과학에서 누구도 주장하지 못한 것이며, 그래서 일반인에게 사뭇 기이한 느낌을 갖게 해주며, 그리고 상식에 비추어 그 사실을 부정하고 싶은 주장이다. 그런데 한편으로 곰곰이 생각해 보면, 과연 '나'라는 것이 정말 있는지 곱씹어볼 만한 내용이다. '나'가 있다면 어디까지 '나'인지, '나'는 어디서 왔다가 어디로 가는지 생각해 볼 거리가 많다. 여기서 현대인이 생각하는 '나'와 불교에서 말하는 '나'를 약간 다른 기준으로 보아야 한다.

즉 불교에서 말하는 '나'는 힌두교에서 말하는 아트만 개념을 포함하고 있다. 그래서 나중에 언급되지만, 몸이 아픈 것은 '나'가 아니기 때문이라는 표현은 '나'는 아트만이기 때문에 아플 수 없고, 그래서 몸은 아트만인 '나'가 아니라는 논증을 이해할 수 있다. 그럼에도 아트만은 우리가 자아라고 부르는 것과 같은 것이므로 '나'의 존재 유무와 직접적 관련을 가지며, 무아론의 논의에서 다루어야 할 주제다.

### 가) 나의 개념과 범위

'나'라는 것으로 말할 때는 크게 두 가지 의미로 사용한다. 하나는 힌두교의 아트만의 의미에서의 자아를 말한다. 보통 불교에서 언급할 때의 자아는 이러한 아트만을 의미한다. 또 하나는 현대인들이 사용하는 의미의 자아로서, 몸과 정신으로 받아들인 정보를 분석하여 그 의미를 인식하고 대응하는 행동을 결정하는 어떤 주체를 상정하는 것이다. 이런 의미에서 우리는 이것을 인식과 결단의 주체로서의 자아라고 부를 수 있다. 원래 자아의 유무를 말할 때는 앞의 아트만의 존재 여부를 따지면 되지만, 인식과 결단의 주체로서의 자아는 현실을 살아가는 우리에게 아트만과는 다른 새로운 의미를 부여할 수 있기에 이런 주체의 유무도 따져보아야 할 것이다.

#### ㉠ 아트만

자아라고 할 때의 불교에서 말하는 자아는 아트만을 지목한다. 왜 아트만을 지목하는지 살펴보자. 인도는 과거부터 철학적 사상이 발전하였는데, 그 사상의 원천은 베다(Veda)다. 그리고 베다를 둘러싸고 나온 사상이 브라흐만의 사상이다. 이 베다가 인도의 정신에 얼마나 박혀 있는지를 보려면 현재의 인도 철학을 분류하는 방법을 보면 된다. 인도 철학의 분류 방법은, 베다의 신성함을 믿으며, 베다가 지식의 원천이고, 브라흐만과 아트만의 존재를 믿는 학파와 그렇지 않은 학파로 분류한다. 힌두교의 입장에서 전자를 정통파로 보고, 후자를 비정통파로 본다. 정통파의 주요 학파는 니야야(논리 중시의 실재론), 바이쉐시카(원자론을 가진 자연주의), 상키야(이원론적 합리주의), 요가, 미맘사(베다의 제의를 중시), 베단타(우파니샤드 전통 추구) 학파이다. 비정통파로는 불교, 자이나교, 차르바카(유물론) 학파가 대표적이다.

이런 베다를 둘러싼 브라흐만 사상의 흐름을 간략히 보면, 초기 베다 시대(Early Vedic Period)는 BCE[18] 1500~1100년경으로 베다가 형성되는 시기였다. 기본적인 베다는 상히타(Samhita)인데, 이는 4부로 구성되어 있지만, 그중 이 당시는 자연신들과 고대 신들에 대한 찬양을 담은 1부인 리그베다가 형성되는 시기였다.

후기 베다 시대(Later Vedic Period)는 BCE 1100년에서 500년 사이로, 당시에 제사를 지내는 것이 중요했으므로 제사를 지내는 사람을 뜻하는 브라흐마나(Brahmana) 시대라고 한다. 상히타의 4부 중 2, 3, 4부인 삼마베다(Sama-Veda), 야주르베다(Yajur-Veda), 아타르바베다(Atharva-Veda)가 형성된다. 모두가 신(神)이라는 범신론이 유행하였고, 인도의 유명한 카스트제도가 형성된다. 이 후기 베다 시대를 더 세분화하여 BCE 800년부터 BCE 200년까지를 우파니샤드 시대라고 따로 구분하기도 한다. 이 이후부터 현재까지는 신우파니샤드 시대가 된다.

우파니샤드(Upanishads) 시대는 BCE 800년경 시작되었는데, 그동안의 바라문의 타락에 대한 회의와 비판에서 시작되어 종교적 반성과 철학적 사유가 시작된다. 우주의 근원이며 보편적인 원리인 브라흐만과 인간의 내면에 있는 것으로 여겨지는 아트만은 근본적으로 같다고 주장하며, 범아일여(梵我一如) 사상이 그 원리로 나타난다. 앞서 본 인도의 정통철학들이 학파마다 영혼이 현저한지(distinct), 아트만의 본질이 단일한지 여부, 어떻게 해탈에 도달할지, 그 해탈이 현재 생에서 이루어질지에 대한 다툼은 있었지만, 모두 이 아트만은 영원하며(eternal), 가장 본질적이며(innermost essential), 절대적(absolute)인 것으로써 인간은 이 아트만을 찾고, 알고, 실현하는 것이 축복이라는 사상을 공통적으로 가지고 있었다. 그러나 200년이 지나 BCE 600년경에 설법을 시작한 붓다의 출현으로 우파니샤드 철학도 급격한 변화를 보게 된다. 붓다는 영원하고 무상하지 않은 자아의 개념을 거부하였는데, 바로 이런 우파니샤드 전통에 비판을 가하려는 목적을 가진 것이라면 붓다가 부인하는 자아는 브라만교의 아트만임이 분명한 것이다.

"**색은 '나'가 아니다.** 만약 색이 나라면 마땅히 색에서 병이나 괴로움이 생기지 않아야 하며, 또 색에 대하여 '이렇게 되었으면…' 한다든가, '이렇게 되지 않았으면…' 하고 바라지 않아야 할 것이다. **색에는 '나'가 없기 때문에** 병이 있고

---

18) 보통 기원전이라는 표현을 많이 사용하지만, 최근에는 종교적 색채를 줄이고자 BCE(Before Common Era)와 CE(Common Era)라는 용어를 사용한다. 한글로 표현하면 '공통력 전'과 '공통력'이라고 할 수 있다. 중국에서는 공력(公曆), 공원(公元)이라는 용어를 사용한다.

괴로움이 생기는 것이며, (중략) 수·상·행·식도 이와 같다."

잡아함경 권2, 33경의 비아(非我)경의 구절을 보면, '나'는 병이나 괴로움이 생기지 않아야 하는 존재이므로, 몸은 '나'가 아니라는 설명을 하고 있는데, 이는 여기서 말하는 '나'가 아트만으로서 육신에 영향을 받지 않는 존재임을 분명히 하고 있다.

ⓒ **생물학적 구성 원리로서의 나**

붓다가 처음에 지목한 아트만으로서의 자아를 없다고 보는 견해로 그치지 않고, 생물학적 구성원리인 인식 주체로서의 자아를 거론하는 이유는 무엇인가. 아트만이 현재를 살고 있는 우리의 눈에 보이지 않는 일종의 영혼이라고 본다면(인도의 제 종교에서 주장하는 아트만 내용은 우리가 생각하는 영혼과 크게 다르지 않다), 그러한 영혼의 존재를 부정하는 것은 큰 문제로 보이지 않는다. 실제로 지구상 70억 인류 중에 영혼의 존재를 믿는 사람이 93%에 달한다는 보도가 있는데, 이는 약 5억 명 정도는 영혼이 없다고 믿는다는 뜻이다. 아마 영혼의 존재를 믿는 사람도 막연하게 '나'를 움직이고 지켜보는 누군가가 있다고 믿는 정도일 것이다. 그러나 신경과학자들의 실험으로 시각을 돌려보면 영혼이 있다는 증거를 아무도 발견하지 못했다. 그래서 붓다가 무아론을 말할 때, 영혼에 해당하는 아트만이 없다면 그것을 강하게 반박할 필요가 없다. 반박하는 자신도 영혼이 있다는 증거 또한 없기 때문이다.

그런데 그런 아트만이 없다고 하더라도, 지금 이 육체를 움직이고 텔레비전을 시청하면서, 또 상대방과 대화를 하는 이 현실의 '나'는 없는 것인가라고 질문을 던지면, 아마 99%는 그런 '나'는 있다고 대답할 것이다. 현재의 무아론은 위의 아트만과 인식과 결단의 주체로서의 '나' 개념이 혼용되어 논란이 됨으로써 혼란스러운 결과를 초래하고 있다.

인간을 구성하는 다섯 요소인 색수상행식(色受想行識)을 살펴보아도 '나'라고 할 만한 것이 없고, 그 증거로 몸(色)에 대해서 '이것은 나의 것이고, 이것은 나이고, 이것은 나 자신이다'고 여기지 않으며, 느낌과 인식, 의지와 생각－분별에 대해서도 마찬가지라고 한다. 잡아함경은 '몸이 나가 아니며, 몸이 나와 다르지도 않으며, 나와 나아닌 것이 함께 있는 것도 아니다'는 표현을 사용한다. 어떤 경전을 통하든 우리가 나 자신이라고 생각할 때, 몸이나 생각 자체를 '나'로 보지는 않는다.

나중에 나오지만 붓다가 '나'의 유무를 거론할 때, 오온(五蘊)으로 구성된 우리 자신을 예로 든 이유는 우리 자신을 아무리 분해해도 '나'를 발견할 수 없음을 보여주는 것이다. 그렇다면 이렇게 오온으로 구성되면서도 그 오온에서는 발견되지 않는, 인식과 결단의 주체인 '나'가 있을 수 있는가? 아니면 그런 '나'는 없는 것인가를 생각해 볼 때이다. 그런 '나'의 유무를 알기 위해서 기본적인 고찰들을 일단 해보기로 한다.

### 나) 나의 범위

'나'의 유무에 대해서 직접적으로 거론하면 서로 겉도는 논리의 싸움만 된다. 기본적으로 스스로 자신의 '나'를 생각하면서 논리를 전개하기 때문에, 서로 다른 개념의 '나'를 주장하게 되는 것이다. 주장하는 자의 '나'는 그 사람 자신의 종합적인 신체적 건강 여부, 정신적 훈련 여부, 세상을 받아들이는 세계관 등에 의해서 다양하기 때문에 논리적 충돌은 영원히 해소되지 않을 것이다. 그래서 시각을 달리하여 '나'와 관련되는 몇 가지 주변적인 것들을 확정하여 논의를 전개하자.

'나'라는 것과 '나 아닌 것'의 차이나 경계는 어떻게 될까? 우리는 세상을 '나'와 '나가 아닌 것'으로 구분하는데, 그 경계는 어디쯤일까? 일단 '나'라는 것은 무엇을 말하는 것인가? '나의 정신', '나의 육체', '나의 정신과 육체가 합쳐진 것' 등 얼핏 떠오르는 것이 그 정도다. 먼저 물리적으로 보기로 한다. 그냥 '나'를 파악하기 힘들기 때문에 '나가 아닌 것'이 무엇인지 보는 것이다. 통상적인 의미로 파악하면, 개인의 심리에 따라, '나'의 경계를 몸의 1미터에 두기도 하고, 몸의 촉감이 미치는 곳에 두기도 하고, 혹은 몸이 무언가에 구속되어도 생각을 할 수 있기 때문에, 자기의 머리 부분을 경계로 하기도 하고, 머리 중에서도 생각할 수 있는 자기의 두뇌를 경계로, 혹은 전문적 지식이 있는 사람은 두뇌의 특정 영역을 경계로 하기도 한다. 즉 처음 일견하여 육체를 기준으로 '나'와 '나 아닌 것'을 구분하다 조금 더 생각해 보면 육체의 가까운 밖을 경계로 하기도 하고, 육체 속의 정신이 인식하는 영역을 기준으로 하기도 한다. 그래서 우리의 정신이 '나'라고 결론을 내릴 수도 있다.

그런데 정신이 '나'라는 것은 무슨 의미인가? 우리가 찾고 있는 것은 '나'라는 것과 나란히 할 수 있는 어떤 실체다. 정신 작용을 '나'라고 할 수는 없고, 그 작용을 일으키는 존재이거나, 혹은 어떤 존재 자체의 작용이 정신인 것을 찾고 있다. 여기서 쉽게 우리의 뇌가 그런 작용을 일으킨다는 점은 동의할 것인데, 뇌라는 것은 물질적인 존재에 불과한 것이므로, 우리의 검색 대상에서 탈락할 수밖에 없다. 어떤 존재 자체의 작용이 정신이라면, 그 존재는 정신 작용을 나타내는 본체가 있고, 그 본체는 무엇인가? 새의 비행은 날개의 작용인데, 그 날개를 분석해도 새가 하늘을 나는 작용을 볼 수는 없다. 날개의 움직임으로 비행이 가능하다는 것을 유추할 수 있는 것이다. 즉 날개 자체만으로는 움직임이 없고, 에너지를 사용하여 날개를 움직이는 것이 합쳐져야 비행(飛行)이 가능한 것이다.

때문에 우리는 그 작용이 어떤 기전(mechanism)으로 나타나는지는 알 수 있지만, 그 작용의 본체가 무엇인지는 찾기 힘들다. 다만 가장 핵심적인 부분이 무엇인지는 말할 수 있다고 해도, 그것이 그 작용의 본체라고 하기에는 미흡할 것이다. 그런 면에서 인식의 주체를 찾는 작업은 힘들 것이라고 일응 생각해 둔다. 다만 '나'라고 인식할 수 있는 작용을 하는 것은 뇌의 작용이 아닐까 하는 생각과 그렇게 인식하는 작용을 부여하는 뇌는 인식만 부여하는 것인가, 실제로 '나'라는 특정 존재가 뇌에 있기 때문에 그런 것인가?

### 다) 역사적인 고찰

#### ㉠ 문제의 소재와 이론적 다툼

무명(無明)이라는 모든 고(苦)의 근원은, 진정한 지식으로 극복되어야 하고, 그것은 단 하나의 의지할 수 있는 구원의 원천이다. 그래서 무명에 가려진 허구적 대상을 구분해 내어야 한다. 그런데 이 대상의 진면목을 어떻게 볼 것인지에 대한 많은 다툼이 생긴다.

어떤 불교 사상가라도 대상의 외관이 '환영(幻影)과 잘못된 개념'으로 가득 차 있는 것을 의심하지 않는다. 이렇게 인정하는 것에 동의하여도 이제는 진정으로 존재하는 것이 무엇인지 혹은 불교 용어로 진정으로 존재하는 대상인 다르마로 인정될 수 있는 것이 무엇인지를 결정하는 것이 중요한 문제가 된다.

역사적으로 보면, 단지 현재만이 존재한다고 생각한 부류와, 과거와 미래가 현재와 같이 실재한다고 주장하는 부류들 간에 처음으로 의견이 갈라졌다. 더욱이 무위(無爲)로 인정된 공간과 열반도 이러한 다툼을 떠날 수 없었다. 몇몇 부파는 공간이 진정으로 실재하는지, 무위(無爲)인지를 의심하였다. 한편으로, 아무도 열반의 무위성을 다투지 않는 것으로 보이지만, 그것이 어떤 종류의 실재라고 볼 것인지에 대한 합의는 없었다. 몇몇은 그것이 전혀 아무것도 없는 것이라고 믿었고, 반대편 극단에 있는 사람들은 그것만이 진정한 실재라 간주된다고 주장하였다. 이런 가운데 제3차 결집에서 불교 이론이 완전히 개조된다.

그 결집에서 모든 다르마(법)의 실재로서의 특질이 인정되었는데, 그것이 유위든 무위이든 상식의 세계에 있는 사물 같이, 단지 잠정적인 실재를 대표한다는 것이었다. 이러한 경향은 이미 중관파에서 시작되었는데, 그들은 모든 것이 절대적인 것뿐만 아니라 조건적인 것도 허구이며, 또 그것은 단순한 개념이고 언어적 가공물로서 그 자체의 본질이 없는 것이라는 주장을 했다. 이러한 허구적인 다르마 개념은 다르마를 구성하는 요소나 다르마적 성질(Dharmahood)과는 구분되었고, 다르마를 구성하는 요소나 다르마적 성질은 나중에 공(空)과 동일시되며, 다시 그 공(空) 속에 모든 다르마가 흡수되었다. 그리고 제4차 결집에서 푸드갈라와 같은 문제가 생긴다.

이 문제들에 대해서 잡 권13, 335경 제일의공경(第一義空經)의 '업과 그 과보는 있지만 그것을 짓는 자는 없다(有業報而無作者)'는 구절, 잡 권4 58경 음근경(陰根經)의 '만일 나가 없다면 나가 없는 업을 지을 것이다. 그렇다면 '미래에 누가 그 과보를 받을까?(若無我者, 作無我業, 於未來世, 誰當受報)'라는 구절을 보면, 이미 부파불교 이전에도 이런 기본적인 의문을 가진 사람들이 있었다. 그러면서 이런 의문을 가진 사람을 '미련하고 무식한 다른 한 비구, 무명의 껍질에 싸여 삿된 소견을 일으키고 있다(異比丘, 鈍根無知, 在無明起惡邪見)'고 묘사한다.

그런데 위 음근경과 같은 내용의 상윳따 니까야 상 22.82의 만월야(The Full Moon Night)경에서는 단순히 '어떤 비구'라고 표현하는 것으로 그친다. 물론 붓다의 가르침을 그대로 수용하는 것도 좋지만, 그에 대한 의문을 말했다고 해서 둔하고 무명에 빠진 것으로 표현하는 것은 심하다고 할 수 있다. 이것만 보아도 북전(北傳)인 잡아함경은 남전(南傳)인 상윳따 니까야에 비해서 부파의 영향에 따라 가필된 흔적을 보이고 있다.

ⓒ 기본불교

붓다 당시에 이런 문제에 대한 의문은 붓다 생전이기 때문에 발생 즉시 모두 해소되었다. 경전들을 살펴보면 이런 문제는 일종의 무기(無記)에 해당하여 답을 하지 않는다고 알려져 있다. 그러나 붓다는 아무 말도 하지 않은 것이 아니다. 무기(無記)라고 제안된 질문들(예를 들어 '세계는 영원한가, 아닌가')와 같은 질문에 대하여, 그에 대한 직접적 대답을 하지 않지만, 항상 몸―색(色)은 항상한지 아닌지 묻고, … 무상(無常)한 것에 대해서 '나'라고 할 수 없다는 말을 한다. 이것이 동문서답처럼 보이지만 그러한 무상함을 깊이 인식한다면 그런 질문이 나오지 않을 것임을 가르쳐 주는 것이다.

ⓒ 부파불교

부파불교에서는 앞에서 제시한 무작자유업보(有業報而無作者)에 대한 기본적인 의문을 해결하기 위해서 푸드갈라론을 내세운다. 이러한 푸드갈라론에 대하여 다른 부파들도 현생과 과거생을 연결하는 존재에 대하여 많은 고민을 하고, 각자 주장하는 바가 다르다. 즉, 독자부(犢子部)의 푸드갈라론자가 푸드갈라를 주장하지만, 그들이 다른 부파들과 동떨어진 세계관을 가진 것은 아니었던 것이다.

▷ **부파불교에서 보는 윤회의 주체**

| 경량부(經量部) | 부실법, 잠주멸설, 종자설 |
|---|---|
| 대중부(大衆部) | 근본식(根本識) |
| 상좌부(上座部) | 유분식(有分識) |
| 독자부(犢子部) | 푸드갈라 – 비즉비리온 |
| 설전부(說轉部) | 일미온(一味蘊) |
| 화지부(化地部) | 궁생사온(窮生死蘊) |
| 정량부(正量部) | 과보식(果報識) |
| 궁생사온(窮生死蘊) – 색(色)도 심(心)도 아니고, 무색계정, 무상천 등에 들어가도 단절되지 않는 온, 비즉비리온 – 온(蘊)도 아니고, 온과 떨어진 것도 아님 ||

ⓐ 대승불교의 입장
- 유식론과 함께 여래장사상까지

유가행파는 용수가 키운 중관학파의 '일체가 공'이라는 약점(윤회도 없으니 악취공으로 빠진다)을 극복하기 위해서 윤회를 이어주는 연속체로 식(識)의 일부인 아뢰야식(阿賴耶識)을 주장한다. 또 여래장 사상 등에 이르러 우리 자신 속에 여래의 태아가 숨겨져 있다는 여래장(如來藏)을 주장하고, 그 외 진여(眞如), 자성청정심(自性淸淨心), 불성(佛性), 법신(法身), 실상(實相), 법계(法界), 법성(法性)이라는 용어를 사용한다. 산스크리트어 타타타(Tathātā)가 있는 그대로의 모습이므로, 이를 영문으로 thusness, suchness(그러함)라고 번역하는데, 이것들이 대승불교에서 주장하는 내용들이다.

### 라) 무아론과 비아론

'나'가 존재하지 않는다는 전통적인 무아론에 대하여, 비아(非我)론도 유력하게 주장된다. 자아가 없다는 것이 무아론이라면, 비아론은 말 그대로는 '그것은 나가 아니다'라는 뜻이므로, '그것이 아닌 것은 자아다'라는 말이 성립한다고 하면서 '나'가 있다는 주장을 하게 된다. 붓다의 설법을 정리한 경전들을 보면 자아가 없다는 무아론이 전체 취지상 인정되는데, 무아론이 그 근거로 들고 있는 잡아함경의 구절을 번역하면서 비아론이 발생한 것이다. 기본적인 유형은 잡아함경의 색비시아(色非是我) 혹은 색비유아(色非有我)는 〈몸은 '나'가 아니다〉라고 번역이 되므로, 무아(無我)가 아니라 비아(非我)라는 것이다. 그래서 이 뜻은 〈몸 아닌 것은 '나'일 수 있다〉는 뜻이 되므로, 무아설에 반대되는 결과를 가져온다. 이렇게 비아설을 주장하면 진아(眞我)가 어딘가에 있게 될 것이므로, 불법(佛法)의 무아설을 위반한다는 비난을 회피할 수 있기 때문에 적극 주장된 것이다.

우선 잡 권2, 33경인 비아(非我)경을 보면

> **색은 '나'가 아니다.** 만약 색이 나라면 마땅히 색에서 병이나 괴로움이 생기지 않아야 하며, 또 색에 대하여 '이렇게 되었으면…' 한다든가, '이렇게 되지 않았으면…' 하고 바라지 않아야 할 것이다. **색에는 '나'가 없기 때문에** 병이 있고 괴

로움이 생기는 것이며, (중략) 수·상·행·식도 이와 같다.

비구들아 너희들 생각에는 어떠하냐? 색은 항상한가, 무상한가? (중략) 무상하다면 그것은 괴로운 것인가? (중략) 만일 무상하고 괴로운 것이라면 그것은 변하고 바뀌는 법이다. 그런데 많이 아는 거룩한 제자는 그런 것에 대해서 과연 '이것은 나다. 나와 다르다. 나와 나 아닌 것이 함께 있는 것이라고 보지 않는다. 수상행식도 그와 같다.'[19]

잡 34경 오비구경에서는 비아경과 내용은 비슷하지만, '색에는 자아가 없다'는 구절에 색비유아(色非有我)라는 표현을 쓴다.

色非有我。若色有我者, 於色不應病、苦生 (중략)
색에는 '나'가 있음이 없다. 만일 색에 '나'가 있다면 색에는 응당 병이나 괴로움이 생기지 않아야 하며, (중략)

그래서 비아경의 색비시아(色非是我)와 대조된다. 한글로 번역해 보면, 색비시아(色非是我)는 '몸은 나가 아니다', 색비유아(色非有我)는 '몸은 내가 있는 것이 아니다'로 뜻이 다르다. 즉 '나의 존재성'을 부정한 것이므로 이것은 무아(無我)의 뜻인 것이다.

잡아함경 33경과 34경은 바로 연달아 나오는데, 이렇게 큰 차이를 보이고 있다. 과연 이 두 경은 소실된 원본인 산스크리트어 경전에서 번역한 것이므로 그 산스크리트어의 차이가 있었던 것일까?

이에 대응하는 팔리어 경전을 보자. 34경과 같은 것은 상윳따 니까야 상 22.59경 (무아의 특징경 – The Characteristic of Nonself)이고, 33경에 대응하는 상윳따 니

---

19) 色非是我。若色是我者, 不應於色病、苦生, 亦不應於色欲令如是、不令如是。以色無我故, 於色有病、有苦生, 亦得於色欲令如是、不令如是。受、想、行、識亦復如是。比丘！於意云何？色爲是常, 爲無常耶？」比丘白佛：「無常。世尊！」「比丘！若無常者, 是苦不？」比丘白佛：「是苦。世尊！」「若無常、苦, 是變易法, 多聞聖弟子於中寧見有我、異我、相在不？」比丘白佛：「不也, 世尊！」受、想、行、識亦復如是。是故, 比丘！諸所有色, 若過去、若未來、若現在, 若內、若外, 若麤、若細, 若好、若醜, 若遠、若近, 彼一切非我、不異我、不相在, 如是觀察；受、想、行、識亦復如是。

까야는 없다. 영어 번역의 경우,

나나몰리 테라(N~anamoli Thera)는
비구들이여, 형체는 무아(Form is **not-self**)다. 형체가 자아라면, 이 형체는 고통(affliction)으로 이끌지 않을 것이고, 형체에 대해서 이렇게 되어라, 이렇게 되지 말라고 할 수 있을 것이다. 형체는 무아기 때문에 고통으로 이끈다.
(중략)

다니사로 비구(Thanissaro Bhikkhu)는
비구들이여, 형체는 자아가 아니다(Form, monks, is **not self**). 만약 형체가 자아라면, 형체는 고통(dis-ease)으로 이끌지 않을 것이고, 형체와 관련하여 이렇게 되어라, 이렇게 되지 말라고 하는 것이 가능할 것이다. 그러나 형체는 자아가 아니기 때문에 ~~ (중략)

비구 보디(Bhikkhu Bodhi)는
"형체는 무아(form is **nonself**)다. 그것은 만약 형체가 자아라면, 형체는 고통(affliction)으로 이끌지 않고, 형체에 대해 이렇게 되어라, 이렇게 되지 말라고 하는 것이 가능할 것이다"로 번역하였다.

같은 팔리어를 번역하였지만, 나나몰리 테라는 무아(無我)의 뜻이지만 비아(非我)의 뜻도 가진 것처럼 〈자아가 아님, not-self〉라고 하였고, 다니사로 비구는 비아(非我)(not self)라고, 비구 보디는 무아(nonself)라고 하였다. 즉 팔리어 경전의 〈rūpaṃ bhikkhave anattā〉를 '비구여, 형체는 무아다' 혹은 '비구여 형체는 자아가 아니다'라고 하는 번역이 모두 가능하다. 그것은 아나타(anattā)가 자아인 아타(attā)를 부정하는 an이 접두어에 있어서 〈~아니다〉와 〈~없다〉의 뜻이 모두 있기 때문이다. 대체로 상윳따 니까야에서는 무아(無我)로 번역하고, 잡아함경에서는 비아(非我)로 번역한다. 물론 잡아함경에서도 무아(無我)라는 표현이 나오지만, 이는 문맥의 편의상 그렇다. 예를 들어, 〈형체는 자아가 아니다. 자아가 아니기 때문에

~~〉라고 할 수도 있고, 〈형체는 자아가 아니다. 자아가 (아니므로, 자아가) 없기 때문에 ~~〉의 뜻으로 사용할 수 있기 때문에, 이때 무아(無我)라는 표현이 무아설을 뒷받침하는 것은 아닌 것이다.

한편 잡아함경 권1, 9경의 염리경(厭離經) 앞부분을 보면 "색은 무상하다. 무상한 것은 고(苦)이고, 고(苦)인 것은 '나'가 아니다.(色無常, 無常卽苦, 苦卽非我, ~~)"라고 하는데, 이는 앞의 33경과 34경의 논리 순서와는 다르다. 즉 33, 34경은 '몸은 무아다' 혹은 '몸은 나가 아니다'는 직접적인 서술과 함께 고(苦)에 영향을 받으므로 '나'가 아니라는 서술이고, 9경은 몸이 무상하므로, 무상한 것은 고(苦)고, 고(苦)는 '나'가 아니라는 서술이다. 물론 몸은 '나'가 아니라는 논리적 인과를 보여주는 점은 같다.

비아(非我)설이 주장하는 것처럼 '몸이 자아가 아니다'라고 하면, 실제로 어떤 다른 자아가 있음을 암시하는 것인가? 단순한 자아가 아닌 것을 진술하는 것인가? 이 부분만 가지고는 알 수 없다. 그 뒤의 문장을 보면, 자아가 아니므로 고통을 받고, 마음대로 할 수 없다는 서술이 있다. 그래서 자아가 아님은 확실하다.

만약에 무아(無我)라는 번역을 사용한다면, 형태는 '나'가 없으므로 아(我)의 성분이 들어 있지 않다는 뜻이다. 이렇게 본다면 **형태가 아닌 곳에는 아(我)의 성분이 들어가 있을 수 있다**는 말이므로 무아설에 위배된다.

위 구절들을 문맥상으로 생각해 보면, 오온(五蘊)은 '나'가 아니거나 '나'가 없다는 설명을 위한 글임이 분명하다. 그래서 구체적으로 오온을 하나씩 열거하면서 '나'의 존재 여부나 '나'가 아님을 보여주는 것이다. 따라서 이 '나'에 관한 문제이므로 형체라고 번역한 것을 몸이라고 번역하는 것이 합당하다. 그래서 '몸은 나가 아니다'라는 표현이 적절하다. '몸은 나가 없다'는 표현도 가능하기는 하지만, 어색한 것은 사실이다. 지금 색수상행식의 어느 것에서도 '나'를 찾을 수 없다는 것을 표현하기 위함이고, 비구들에게 설명을 해주기 위함이므로 '나가 없다'는 결론을 보여주는 번역은 제대로 된 번역이 아니다.

즉 이 구절들을 무아(無我)나 비아(非我)로 번역하는 것은 무아설과 직접적 관련이 없다. 그런데도 수많은 학자들이 무아설이나 비아설을 이 구절을 가지고 비교하고 온갖 분석을 하고 있는 것은 안타까운 일이다. 오히려 그 주안점은 '나'를 구성하는 오온(五蘊)에는 '나'가 없거나 아님을 분명히 하는 설명인 것이다. 그럼에도 불구하고 진행되는 논의는 본말전도(本末顚倒)의 우(愚)를 범하는 것이다. 지금 우리가 찾으려는 것은 그러한 오온을 합친 것으로 구성되는 우리 자신에게 '나'라고 할 만한 것이 생기게 되는 것인지, '아님'이나 '없음'으로 구성된 오온을 합친 우리 자신은 여전히 '나'가 없는 것인지의 문제인 것이다.

그것은 초기의 경전들을 보아도 붓다가 직접 '나'가 없다고 설법한 명시적인 구절을 찾기 힘들기 때문이다. 오히려 대반열반경의 자등명법등명(자신과 법을 의지처로 삼아)의 구절과 법구경의 160경, 380경의 '자기만이 자신의 주인'이라는 구절들을 예로 들며, '나'가 있다는 증거로 제시하는 실정이다.

여기서 설법의 편의(불교에서는 방편이라는 표현을 사용한다)를 위해 사용한 '자기, 자신, 나'라는 용어가 그것을 인정하는 증거로 제시되는 것은 우스운 일이다. 이렇게 사용된 '자기, 자신, 나'라는 용어는 '개념적 자기'(즉 언어나 이론상으로만 존재하는 나 자신)라는 것임에 대다수의 학자들이 일치된 의견을 보이고 있다. 대반열반경에서 '자기를 의지처로 삼는' 방법을 열거하였는데, 그것은 신수심법(身受心法)을 관찰하며 머무는 방법을 사용하는 것으로써 '나'라고 하는 실체를 상정하고 있지는 않다.

그런데 '나'에 대해서 있는지 없는지 직접적으로 언급한 구절이 잡아함경에 있기는 있다. 즉 잡아함경 961경 유아경(有我經)에서, 붓다는 '나'가 있는지에 대해 직접적으로 언급하지 않는 이유를 다음과 같이 밝히고 있다.

"내가 만약 '나'가 있다고 답하면 그가 이전부터 가지고 있던 사견을 더 늘어나게 할 것이고, '나'가 없다고 답하면 그는 이전부터의 의혹이 어찌 더 늘어나지 않겠느냐? 그에게 처음에 있던 '나'가 이제 단멸한 것이라 말할 것인가? 만일 처음에 '나'가 있다고 하는 것은 상견이고, 지금 없어졌다는 것은 단견(斷見)이니, 여래는 양 극단을 떠나 중도를 설한다."[20]

---

20) 我若答言有我, 則增彼先來邪見 ; 若答言無我, 彼先癡惑豈不更增癡惑？言先有我從今斷滅 若先來有我則是常見, 於今斷滅則是斷見 如來離於二邊, 處中說法

결국 '나'가 있는지 없는지를 명시적으로 밝히는 것은 언어의 추상성으로 인하여 또 다른 상상과 관념을 만들어내기 때문에 직접 '나'의 유무(有無)를 단언하지 않는 것이다. 오히려 이 '나'의 유무(有無)에 대한 대답으로 '이것이 있으므로 저것이 있다'라는 연기법의 원리를 설하는 것이다. 이는 동문서답과 같지만, 이러한 연기법의 원리라는 순환적 구조에서 '나'의 유무를 판별하기를 바라는 진의가 들어 있다.

### 마) 푸드갈라론

무아론과 관련하여 가장 흥미를 끄는 주장은 푸드갈라론자들이다. '나'가 없는데 윤회를 가능하게 하는 중간체가 무엇인지의 고민 끝에 나온 것이라서, 이 푸드갈라론이 나온 설명을 쫓다 보면 다른 부파의 주장까지 모두 이해가 될 것이다. 우선 무아론을 인정할 경우에 생기는 의문을 보자. 윤회가 거듭된다는 것은 붓다의 설법에도 자주 나오는 말이고(스레니카-인욕존자의 환생, 연등불의 고사), '나'가 없다면 윤회의 주체는 누구일까 하는 것이다.

디가 니까야를 영문으로 번역한 모리스 월시(Maurice Walshe)는 푸드갈라론에 대해서 윤회의 주체, 업의 귀속자를 개념적으로 생각하지 않을 수 없고, 그래서 우선 생각되는 것이 보이지 않는 영혼 유사의 존재를 상정하는 것이라고 하였다. 그리고 푸드갈라론은 푸드갈라라는 영혼 유사의 물질이 모든 개인들에게 존재한다는 이론을 구사하였지만, 나중에 다른 부파들로부터 강력히 비판받게 되자, 유식불교의 식(識), 즉 제8아뢰야식(阿賴耶識)이 그것이라는 주장이 나오게 된다고 한다.

불교 역사적으로 가장 먼저 이런 점을 고민한 무리가 푸드갈라론자다. 푸드갈라가 개인(個人)이라는 뜻이므로, 개인주의자라고 번역하는 것은 우리를 오도시킬 가능성이 있다(졸저 금강경에서는 개인주의자라고 번역했다). 오히려 '개인 혹은 푸드갈라가 존재한다고 주장하는 자들'이라는 한글번역이 좋을 것 같기도 하지만, 그 원뜻이 무엇인지 상기시키는 의미에서 푸드갈라론자라고 번역하는 것이 간명하고 원뜻을 왜곡시키지 않을 것 같다. 한자로는 보특가라론자(補特伽羅論者)라고 표기한다.

왜 푸드갈라론자들이 생겼는가? 이들은 서기전 280년경 상좌부에서 분파되었는데, 당시부터 상당히 유력한 분파였다. 현장(玄奘)의 '대당서역기'에 의하면, 같은 푸드갈라론자인 독자부에서 분파되어 나온 정량부는 당시 인도 전역의 25만 4천 명의 수도승 중에서 6만 6천 명에 달하는 규모라고 할 정도로 인도 불교계에서 큰 영향력이 있었다고 기재하였다.

불교 시초부터 무아(無我)론은 기본적으로 '나'가 없다는 것을 말하므로, 현재의 선업을 받는 자는 누구이며, 과거의 악업은 어떻게 되었으며, 윤회를 거듭하는 존재는 누구인가라는 근원적인 의문이 싹트고 있었다. 이런 의문이 부파불교 시대의 불법(佛法)에 대한 분석적 고찰인 아비달마 연구에 의해서 점차 고양되었고, 그 해결책으로 나온 것이 푸드갈라의 개념이다. 이들의 주장은 '나'는 없지만(무아론을 충실히 따르고 있다), 푸드갈라가 있어서 윤회를 하고, 악업에 대한 과보를 푸드갈라라는 연결점을 통해서 내가 받는 것이다. 이 모든 것은 '나'가 있다면 해결될 수 있지만, 경전의 내용상 '나'가 없다는 것이 명확하므로, 그 해결을 위하여 만들어진 개념이다.

이런 푸드갈라의 개념에도 종파에 따라 여러 가지가 있다. 즉 푸드갈라가 실제로 존재하는 실체라고 보는 실유(實有)파, 가정된 존재라는 가유(假有)파, 실체도 가상도 아닌 것으로 보는 파, 또 오온에 선행하여 존재하는 푸드갈라를 상정하는 파, 푸드갈라가 오온의 일종이라고 보는 파가 있다.[21] 유력한 설은 비즉비리온(非卽非離蘊 – 온도 아니며, 온을 떠난 것도 아님을 주장)을 주장하는 파다.

무아론의 공백을 메꾸려고 나온 주장이기 때문에, 이 푸드갈라론을 대체할 이론이 나올 때까지 많은 시간이 흐르게 된다. 서기전 280년경에 출범한 이론이 현장이 인도를 방문할 당시인 서기 630년경에는 불교도의 반수를 차지할 정도였으니, 그동안에는 이 무아론의 공백을 메꿀 대체이론이 없었다는 반증이다. 오죽하면 금강경에서 '아상, 인상, 중생상, 수자상이 있다면 보살이라 부를 수 없다'고 하였는데, 이때의 인상(人相)이 '푸드갈라가 존재한다는 관념'이다. 즉 대승불교가 발흥하여 교리를 확산하면서 유력한 부파인 푸드갈라론자들을 비판하기 위해 금강경에 직접 그 내용을 기재한 것이다.

푸드갈라론이 소멸하게 된 것은 유식학파가 등장하면서 심상속(心相續)의 이론과 더불어 제8아뢰야식(阿賴耶識)의 존재 등이 주장되면서 그를 대체할 이론이 생겼다

---

21) 푸드갈라 존재양태의 다양성에 관하여, 정상교, 불교학리뷰 2016. 47~76면 참조.

는 확신이 들자 급속하게 사라지게 된다. 물론 이 유식불교에 의한 해결도 최종적인 것은 아니고, 많은 비판을 받고 있다.

**푸드갈라라는 용어** : 푸드갈라가 아무런 근거도 없이 주장된 것은 아니다. 경전에 나오는 용어다. 그러나 푸드갈라론자들이 주장하듯이 윤회의 연속체 개념과는 다르게 보아야 하며 단순한 비유로 보아야 한다. 상윳따 니까야 상 22.22 짐경(Bhāra-Sutta)과 잡 권3의 73경 중담경(重擔經)에 무거운 짐을 벗어던지는 자를 푸드갈라, 한역으로 사부(士夫)라고 하였다. 그 외 중국에서는 인(人), 장부(丈夫), 유정(有情), 중생(衆生) 등의 뜻으로 번역하거나, 보가라(福伽羅), 부가라(富伽羅, 弗伽羅), 보득가라(補特伽羅), 부득가야(富特伽耶) 등으로 음사(音寫)하기도 한다.

잡 73경의 중담경을 보자.

"짐을 진다는 것은 미래의 존재를 받게 하는 기쁨과 탐욕이 함께하여 즐거워하며, 짐을 버린다는 것은 그러한 즐거움과 집착을 영원히 끊어 소멸시키는 것이다. 누가 짐을 짊어지는가? 사부(士夫)가 그들이다."

같은 내용의 상윳따 니까야 상 22.22 Bhāra sutta는 약간 다르다.

"나는 너에게 무거운 짐, 그것의 일어남, 내려놓음, 짐의 운반자(bhāra-hŭram)를 가르치겠다. 무언가를 받아들이는 오온(五蘊)은 짐이다. 취착은 짐을 생기게 한다. 취착의 포기는 내려놓는 것이다. 짐을 운반하는 자는 푸드갈라다. 이 위대한 인물, 그렇고 그런 이름을 가지고, 태어나고 등등, 그렇고 그런 문중에서, 이런저런 음식에 의해 유지되는 사람, 이 즐거움과 고통을 경험하고, 그렇게 오래 살며, 여기서 그렇게 오래 기다리며, 이런 방법으로 자신의 생애를 위협하는 사람이 누구인가?"

현재의 불교는 푸드갈라론에 대해 아무런 관심도 없어 보이지만, 그들이 제기한 문제는 해결되지 않았다. 즉 '나'가 없다면, 누가 과거의 업보를 상속하고, 혹은 공덕을 쌓았을 때 그것은 누구의 공덕이냐는 것이다. 푸드갈라론자의 간략한 주장을 보면, '나'가 없는 대신에 업보나 과보, 공덕을 상속하고, 윤회의 동일성을 유지하는 어떤 존재가 있어야 하므로, 그것을 푸드갈라라고 한다는 것이다. 눈에 보이지 않는 영혼 유사의 업(業) 물질이라고 할 수 있다.

푸드갈라론에 의하면 여래는 푸드갈라의 원형인 탁월한 푸드갈라(pudgala par excellence)이다. 스체르바츠키(Stcherbatsky, F. TH, 1866~1942, 러시아의 불교학자이며 인도 철학자)가 적시하듯이, 푸드갈라론을 주장한 독자부(犢子部)는 철학적 측면에서 붓다를 넘어 생존하는 초자연적인 원리를 지지하려는 의도를 가지고 있다. 그는 그들에게서 구원을 찾았고 그것을 쟁취한 사람의 동일성을 강조하는 것이 중요했다. 붓다 자신은 전생을 회상할 때, 그 자신을 푸드갈라론자들이 사용하는 용어로 표현한다. "이 현인 스네트라는 과거에 존재했고, 그가 나다"라고 하였다. 독자부에 의하면 인간이 전환되는 것은 푸드갈라 없이는 가능하지 않다. 죽음의 경우에 생명은 멈추고, 그의 다른 구성체도 멈춘다. 그것은 다음 생으로 옮겨갈 수 없다. 그러나 푸드갈라는 가능한데, 그것이 멈추지 않기 때문이다. 그것은 예전의 오온(五蘊)을 포기하는 의미에서 존재(有)에서 존재(有)로 방황하고, 새로운 것을 찾고(upādāna), 취득한다. 붓다가 말하듯이, 그는 하나의 몸을 거부하고 또 다른 것을 취득한다. 만약 푸드갈라가 없다면, 무엇이 이전하는 것이겠는가? 푸드갈라 외에 누가 이전할 것인가? 떠도는 것을 '떠도는 자'라고 말하는 것은 불합리하며, 떠도는 어떤 존재의 이름을 푸드갈라라 이름 붙인 것이다. 죽음에 임해, 푸드갈라는 중간자적인 존재로 변하고(이것이 중음신이다), 자연스럽게 갑자기 발생하며, 두 연속되는 것을 연결시켜 준다.

위와 같이 이런 모든 논의는 쉽게 이해되는 이점을 가지고 있다. 푸드갈라론자들은 일반인들에게 익숙하고 흔한 개념을 사용하여 설명하고 있다. 다르마에 대한 깊은 명상은 철학적으로 심오하게 통찰하고 영적인 성숙이 한 단계 높아지면 그 대상을 아무 근거가 없는 것으로 보게 된다. 그 점에서 푸드갈라론자들의 추론은 구원에 크게 기여하지 못하며, 세상에 대한 탈속(脫俗)도 하지 못하지만, 그들의 방법론은 왜 그것이 잘 받아들여졌는지 이해가 된다.

이 푸드갈라가 중생을 구성하는 오온(五蘊)과는 다른 것인지, 오온(五蘊) 발생 전의 것인지, 그 일부를 공유하고 있는지에 따라 아홉 가지 부류가 있다는 것은 앞서의 논문을 인용해 지적한 바이다.

과거의 논의를 역사적으로 고찰하는 것도 의미가 있지만, 현재의 우리 입장에서 이 문제를 성찰해 보기 위해 직접 찾아보기로 하자.

이것을 수학으로 치면 그 명칭이 무엇이던 엑스(x)라고 보기로 하자. 이 책에서도 약간의 조건을 준 후, 푸드갈라라고 명칭이 주어진 이 엑스(x)가 무엇인지 알아보는 것이다.

엑스(X)의 조건으로, 과거와 현재의 동일성을 유지하는 연결을 가져야 하고, 육신이 사멸해도 소멸하지 않는 존재여야 하고, 업이나 공덕이 쌓이기 위해서 약간의 정보가 축적될 수 있는 존재여야 한다. 한편 그 내용이 불법(佛法)에 어긋나면 탈락된다. 그리고 최종적으로 결정하는 데 있어 오캄의 면도날(Ockham's Razor)[22]의 원칙에 따라서 가장 단순한 설명(혹은 경전에 근거가 있는 설)을 택하기로 한다.

이런 조건을 기본으로 하여, 인간의 제 조건을 살펴보자.

인간은 외계를 인식하는 안이비설신의(眼耳鼻舌身意)가 있고, 외계의 대상이 발산하는 정보는 색성향미촉법(色聲香味觸法)이다. 그러나 이것은 우리의 의식 속에서 이루어지는 대상을 인식하기 위한 방법에 불과하므로 관련이 없다고 할 수도 있지만, 대상이 발산하는 정보가 업에 관련되기 위해서는 그 정보가 약간 축적이 되어야 하므로 이 부분에서 관련이 있다.

또 인간 자체는 오온이라는 색수상행식(色受想行識)으로 구성되어 있다. 색(色)은 몸을 말하는데, 불교에서 무상(無常)을 말할 때 가장 처음에 나오는 것이고, 생주괴멸하는 대표주자(따라서 멸하기 때문에)이므로 여기의 엑스(x)에 해당되지 않는다. 수(受)는 느낌, 상(想)은 인식이므로 짧은 시간에만 존재하는 것으로 보면 후보가 될 수 없다. 행(行)은 의지 혹은 형성력을 말할 때는 상카라(Saṃskāra)로서 후보가 될 수 있다. 그런데 오온의 구성 부분으로써 심리현상만을 말한다고 본다면 육체의 사멸과 함께 심리현상도 소멸할 것이므로 제외될 수 있다. 식(識)은 생각이나 사고분별이지만, 유식불교의 주장에 따라 제8아뢰야식이 있다면 이도 후보가 될 수 있다.

---

22) 여러 가지 설명이 가능하다고 하더라도 가장 단순한 설명이 진리에 가까울 것이라는 이론.

그러므로 인간 자체에는 행(行)과 식(識)이 후보가 되며, 행(行)이 연기법에서 말하는 상카라를 지칭할 때는 윤회나 업의 상속을 가능하게 할 가능성이 있고, 나중에 보겠지만 인식의 주체일 가능성도 높기 때문에 유력한 후보로 본다.

한편 아까 판정을 보류했던 외계의 대상에 대한 정보를 취합하는 것이 식(識)이므로(즉 안식, 이식, 비식 등…), 약간의 정보를 축적할 수 있어야 한다는 조건에 따르면 식(識)이 가장 유력한 후보다.

마지막으로 우리의 눈에 보이는 물질적 인간이나 우리 속의 다른 기관 외의 영혼이나 제3의 존재를 가정할 수 있다. 푸드갈라도 이런 것이라고 볼 수 있다.

이렇게 보면 현재 우리가 찾고자 하는 존재는 식(識)이 제1 후보이고, 업(까르마)이나 행(상카라), 또 경전에 잠깐 나오는 푸드갈라들이 뒤를 따르는 후보들이다.

이런 후보들에 의해 조건에 따라 선별해 보면,

① 과거와 현재의 동일성을 유지하는 연결을 가질 수 있는 존재인가의 문제 : 행(行)과 식(識)은 12연기법의 〈무명–행–식–명색〉으로 연결되는 새로운 탄생의 도식에 포함된다. 따라서 불교에서는 이 두 가지를 중점적으로 후보로 밀고 있다. 육체와 더불어 정신도 사라진다고 보았기 때문에, 오온 중의 식도 없어진다고 상식적으로 보았지만, 불교에서는 그렇지 않음을 알 수 있다. 푸드갈라도 그 정의에 의해서 동일성을 유지한다고 주장하므로, 같은 후보가 될 수 있다. 다만 12연기법에서 말하는 행(行)은 어떤 것인지를 다시 규명해야 하는 문제가 있다.
② 육신이 사멸해도 소멸하지 않는 존재인가 : 식(識)은 과연 그럴 수 있는지 약간의 의문이 있다. 행은 연기법에서 언급하는 것이며, 푸드갈라는 역시 그 정의에 의해서 소멸하지 않는다고 본다.
③ 약간의 정보가 축적될 수 있는 존재인가 : 행과 식은 연기법의 취지로 보아 정보가 축적되는 것으로 보이고, 푸드갈라도 정의상 정보가 축적된다고 보인다.
④ 불법(佛法)과 배치되지 않는가 : 푸드갈라는 경전에서 잠깐만 언급되므로 이점에서 최대 약점을 보이고 있다. 즉 푸드갈라의 본질이 무아설에서 말하는 '나'의 변형체에 불과한 것인지, '나'와는 다른 것인지에 의한다고 할 것이다.

⑤ 간명한 것인지의 문제 : 푸드갈라는 이 개념을 인정만 하면 거의 모든 문제가 해결되지만, 새로운 개념을 도입한다는 점에서 이 필터를 통과하기 어렵다. 행과 식도 정보 축적의 문제와 육신의 사멸 문제를 통과하기만 하면 간명하게 많은 것이 해결될 수 있다.

결국 푸드갈라의 유무는 경전에서 정말로 인정하는 것인지, 아니면 새로운 가설적 존재인지 다툼이 있으며, 행(行)이라는 상카라는 과연 그 본질이 무엇인지 아직도 알기 어려운 면이 있다. 한편 이 시범적인 분석에서 행과 식이 합쳐진 개념이나, 일정 부분 기여하여 만들어진 새로운 개념이 있을 수 있지만, 이는 이 책의 범위를 벗어나므로 분석을 멈추기로 한다.

그렇지만 불교에서는 아직까지 이 문제에 대한 통일적인 해결은 하지 못하고 부파마다 다른 주장을 한다. 한때 '나'라는 존재가 숨어 있기 때문에 없는 것처럼 보인다는 여래장(如來藏) 사상이 유행처럼 번졌지만 다시 무아(無我)론의 벽에 부딪쳐 근거 없는 주장이 되고 있다. 그 외 우리 속에 진여, 법성, 자성 등이 있다는 것이 한국불교의 현실이지만, 이것들은 무아론의 벽을 넘기 힘들다고 보인다.

### 바) 인식과 결단의 주체로서의 '나'

이제 무아론에서 가장 다루기 힘든 내용을 보자. 불교에서 말하는 무아론의 '나'는 앞서도 보았지만, 영혼 유사의 아트만이 없다는 것이라고 하였다. 그 부분은 크게 논쟁할 거리가 없다는 것이 결론이었다. 그런데 지금 우리가 생각해 보아야 할 인식과 결단의 주체로서의 '나'의 문제와 아트만으로서의 '나'가 분별되지 않았기 때문에 계속적인 논쟁이 있었다. 즉 무아론에 대한 논쟁은 아트만의 유무에 대한 논쟁뿐만 아니라, 살아 있는 인간의 인식과 결단의 주체로서의 '나'라는 존재의 유무까지 섞여 있는 논쟁이어서 혼돈 상태였고, 또 경전에서 그러한 자기를 구성하는 오온은 없거나 '나'가 아니라는 명시적인 규정까지 뒤섞여서 무아론은 몇 천 년이 지난 지금까지도 논쟁 중인 것이다.

이렇게 문제가 섞인 이후로는 '나'에 대한 문제를 생각할 때, 현실의 생명체로서 이 생명체인 나를 생각하게 하고, 여러 선택 가능한 행위들 중의 하나를 선택하는 결정을 내리는 주체로서의 '나'는 있다고 누구나 생각하므로 그러한 '나'의 문제로 생각하니 무아론이 믿기 힘들게 되어버렸다. 또 이러한 결정의 주체로서의 '나'는 서양 철학상 가장 논쟁이 되고 있던 자유의지의 문제와 결부되므로, 이 높은 논쟁의 벽을 넘기는 너무 힘들다. 경전에 기재된 것만으로, 혹은 붓다의 말씀에 의지하는 것만으로 이러한 논쟁을 해결하기는 힘들다. 붓다의 말씀대로 깨달음의 길을 가는 것은 아무 문제가 없지만, 그 과정에서 생겨나는 의문들을 단순히 말씀만으로 해결할 수는 없을 정도로 현대의 지식체계와 사실에 대한 정밀도가 높아졌기 때문에, 이런 공부를 하지 않고 그것들에 대하여 대답하기 힘들기 때문이다. 그렇기 때문에 의문을 표하는 사람들을, 앞서 보았듯이, '미련하고 무식하며, 무명의 껍질에 싸여 삿된 소견을 일으키고 있다(鈍根無知, 在無明起惡邪見)'는 식으로 폄하해 버리는 것이다.

　이런 문제를 정치하게 해결하지 못하고, 막연한 생각으로 인식과 결단의 주체를 참선(參禪)과 명상(冥想)의 대상으로 삼으면 해결될 수 있을 것으로 보고, 소위 최상승선이라는 이름하에 '이 몸을 이끌고 가는 것이 무엇인지를 참구하는 이뭣고 – 시십마(是什麼)' 화두가 유행하기도 한다. 이것은 결국 인식과 결단의 주체가 무엇인지 누구나 궁금해하는 바이기는 하지만, 단순히 참선과 명상으로 해결될 문제가 아니다. 즉 인식과 결단의 주체로서의 '나'라는 것은 인간으로서 생존하기 위한 생물학적 구성 원리에 의해 필연적으로 존재하지 않을 수 없는 것이므로 이를 '나'라고 부르기는 하지만, 불교의 무아론과는 과녁이 다른 개념이라는 것을 알아야 한다.

　영국 철학자 루카스(J.R. Lucas)의 말을 들어보자.

>　의식을 가진 존재가 그 의식을 안다는 것은, 그가 그것을 안다는 것뿐만 아니라, 그것을 안다는 사실을 알고 있다는 것을 말하며, 또한 자신이 그것을 알고 있다는 것을 안다는 사실을 아는 것, …과 같이 의식을 가진 존재는 외부의 물건을 자각할 뿐만 아니라 자기 자신을 자각할 수 있으며, 그러면서도 그 존재를 여러 부분으로 나눌 수 없다는 데서 의식의 역설(paradox)이 생긴다.
>
>　자기 인식이야말로 의식의 신비를 해명하는 열쇠다. 일리야 프리고진(Ilya Prigogine)이 말하는 자기 조직의 능력을 가진 산일구조(dissipative structure)에서 피드백과 자기연결(self-coupling)을 보여주었다. 이에 의하면 무

생물이 생물을 통하여 의식체라는 복잡성과 자기 조직을 갖춘 위쪽의 차원으로 올라가는 자연적인 과정이 있는 듯하다.

루카스의 말과 같이 자기가 자기에 대하여 생각하는 것은 '그 생각하는 자기'를 생각하는 것이므로, 끝없는 순환을 야기하고, 이런 순환을 그치는 것은 자기의 두뇌가 감당할 수준까지 생각한 이후에 더 이상 인식할 '생각하는 자기'가 없다고 결론 내리기 때문이다. 이것을 자기 인식의 문제라고 한다.

**자기 인식** : 이런 논리나 이론상의 고찰을 넘어서, 실제적인 문제를 보도록 하자. 붓다가 오온(五蘊)으로 분할한 모습을 보여준 우리 인간의 모습은 과연 제대로 된 분할인가? 마치 물 분자를 수소와 산소의 원자들로 분해해서 보여준 것에 불과한 것인가? 그렇지는 않다고 보인다. 오온의 구성인 몸(색)과 마음(수상행식)은 이미 그것들 자체가 합쳐질 대상(즉 사람)의 성질이 들어가 있다. 일반적인 창발현상과는 다른 것이다. 무슨 말이냐 하면, 인간을 유전자나 분자들이 합쳐진 것으로 보는 것이 아니라, 이미 일정한 작용을 하고 있는 기능 단위로 분해하였기 때문에(몸은 신체적인 완성, 느낌은 외부의 침입을 인지하는 기능 등), 완전히 없던 기능이 새로 생긴 것이 아니라, 그러한 기능들이 합쳐진 인간이라는 것은 생명체를 유지하는 기능을 본질적으로 가지게 되었고(수많은 동물들을 보면 이런 기능은 생명 현상의 하나인 것으로 보인다), 그런 생명 유지 기능의 하나로써 '인식과 결단의 주체로서의 나'가 있느냐의 문제만 발생하는 것이다. 일반 동물들에게는 자기 인식이 없다고 하지만, 어떤 경우에 개(dog)도 왜 사는지의 문제를 생각한다는 주장도 있는 것으로 보아서 인간만의 고유한 기능은 아니다. 다만 자기 인식은 인간에게 특징적으로 나타나기 때문에 인간을 표준으로 이 문제를 보기로 한다. 그리고 추가하고 싶은 것은 여기서 언급하는 '인식과 결단 주체로서 나'라는 개념은 생명체가 조직되는 원리로써의 개념이다. 어떤 생명체도 생명이 완성되면서 이런 개념을 가지게 되는 것이므로 이를 무아론이나 유아론의 개념과 혼동해서는 안 될 것이다. 갓 태어난 아이는 '자기 개념'을 가지고 있지 않으며(물론 자기 개념을 가지고 있겠지만 외부로 표출되지 않는다), 거울을 보거나 부모와의 계속적인 접촉에 의해서 '자기 개념'이 발생한다는 것

은 심리학이나 정신분석학에서 기초적으로 거론하는 바이다.

  보통 '세계를 인식하는 정신(우리 자신)'을 인식하기 위해서 내면을 들여다본다는 표현을 많이 사용하지만, 실제로 눈을 감고 그 생각하는 부위로 추정되는 머릿속의 한 점을 생각하는 연습을 해보자. 과연 인식이 되는가? 이제 그것이 어려우니 손과 발을 움직이면서 '손과 발이 움직이는구나'라고 생각하는 그것을 지켜보는 연습을 해보자. 이런 실험을 통해서 자기 인식은 순환구조에 빠지며, 생명체를 구성하며 움직이는 것이 주 기능임을 알 수 있다.

  ※ 자기 인식(self-awareness)은 의식(意識, consciousness)과 구별해야 한다. 의식은 자기의 환경과 몸과 생활양식을 아는 것이고, 자기 인식은 그렇게 아는 것을 인식하는 것이다. 우리가 여기서 논의하고자 하는 것은 인식의 주체로서의 의식이다. 왜냐하면 스스로가 스스로를 아는 문제는 결단의 주체로서의 나를 언급할 때 나올 내용이며, 의식은 육체와 정신의 결합으로 자발적인 의식이 나타나는 측면을 살펴볼 것이기 때문이다.

  ※ 좌뇌와 우뇌에서의 자기 : 한쪽 뇌가 의식하고 몸을 관리하는 동안, 또 하나의 뇌는 그러한 기능을 지켜보는 감시 역할을 한다. 평소에는 이 두 기능이 합쳐져 있지만, 인식의 기능이 떨어졌을 때, 극도로 피곤하거나 비몽사몽의 순간에는 그러한 인식을 지켜보는 또 다른 자아를 느낄 수 있다. 한편 꿈속에서도 꿈을 꾸는 뇌를 지켜보는 자아를 느낄 수가 있는데, 이런 경우에 어느 것이 진정한 자기 자신일까? 극도의 힘든 상황에서 느껴지는 '나'와 '또 다른 나'는 참으로 이상하다. 아주 아플 때, 아프다고 느끼면서 누워 있는 자신을 내려다보는 '또 다른 나'가 있는 경험을 생각해 보자(이런 장면은 죽음에 거의 이른 사람들이 경험하여 보고한 것과도 비슷하다). 이런 논리적 훈련이 되지 않은 사람은 외계인이 지켜보거나, 혹은 귀신, 혼령이 지켜보는 느낌을 가질 것이다. 그렇지만 이는 '나'를 감시하는 '감시자로서의 나'다. 이럴 때 진정한 '나'는 어느 쪽일까? 결론을 말하면, 이 둘은 동일한 '나'이고, 일시 분리된 것처럼 보이지만, 그것은 기능이 다르기 때문이다. 평소의의식과 결단을 내리는 '나'와 그 과정을 지켜보며 검증하는 '나'가 있다는 것을 몰랐기 때문에 발생하는 것이다.

이를 두고 2개의 '나'가 있다고 착각해서는 안 된다.

물론 생물학적으로 뇌가 좌와 우로 구분되어 있기 때문에 이런 것이 가능하다.

**💡 결단의 주체 검토** : 정보를 받아들여서 그 정보를 종합평가하여 어떤 행위를 할지 결단하는 그 주체는 단순한 인식의 문제와는 또 다른 문제다. 이 과정을 여러 단계로 구분할 수도 있지만, 간단히 정보 입수, 정보의 종합 판단, 행위의 결정으로 보기로 한다.

정보 입수의 면은 이미 불교에서 잘 정리되어 있다. 즉 안이비설신의(육근/六根)로 색성향미촉법(육경/六境)을 받아들이는 것이다. 이 받아들인 정보를 정보로 인식하는 것은 육식(六識)이다. 육식(六識)은 안식, 이식, 비식, 설식, 신식, 의식이다. 즉 눈으로 본 대상의 형체나 색깔 등이 어떻다고 인식하는 것이 안식(眼識)인 것이다. 나머지도 마찬가지다.

정보의 종합 판단은 어떻게 정리되어 있는가? 그것은 의식(意識)이지만, 이 의식은 다른 오식(五識)과는 조금 다르다. 즉 어떤 관념적인 것을 인식하는 의식(意識)으로서의 기능도 있으면서, 다른 오식(五識)이 받아들인 안식(眼識), 이식(耳識), 비식(鼻識), 설식(舌識), 신식(身識)을 종합하는 기능도 있다. 그래서 의식이 이렇게 종합하는 기능을 발휘할 때는 사고(思考) 혹은 분별(分別)이라는 표현을 사용한다. 생각이라는 뜻이 맞기는 하지만, 생각은 마음과 함께 범용적으로 사용되므로 이 경우에 딱 부합하지는 않는다.

결정 혹은 결단은 어떻게 볼 것인가? 불교에서 이 부분을 명시적으로 언급하고 있지 않다. 아비달마의 설일체유부에서는 5위 75법으로 다르마를 구분하여 세상의 모든 것을 포함하는 것으로 하였고, 여기에 결단과 유사한 것이 작의(作意)다.[23] 아비달마의 내용은 주로 심리적인 것들에 그치며, 현재 논의 중인 결단의 주체로서의 자

---

23) 작의(作意)에는 두 가지 뜻이 있다. 첫 번째는 문자 그대로는 '뜻한 바(意)를 지음(作)' 또는 '마음 먹은 것(意)을 행함(作)'을 뜻하는데, 무언가를 결심하고 실행하는 것을 의미한다. 두 번째는 경각(警覺)을 의미한다. 그런데 아비달마에서는 두 번째 의미인 경각을 사용한다. 경각(警覺)은 정신을 가다듬어 경계하는 뜻이다. 그래서 인식대상[所緣境]에 주의(注意 : 관심을 집중하여 기울이게 하는 마음 작용)하는 것이다. 우리의 현재 논의에는 맞지 않는다.

기를 제대로 설명하고 있지 못하다. 현재 논의 중인 것은 단순히 마음의 상태 중의 하나로 보기에는 행위의 결정이 나타내는 효과가 가시적이고 우리에게 직접적 영향을 주기 때문에 별개의 분류로 보아야 할 것이며, 결단을 하고 실행을 해내는 것은 주체의 의지라고 보아야 한다. 이러한 의지에 유사한 것이 아비달마 중에서 욕(欲), 작의(作意), 신(信) 등을 들 수 있다. 그러나 이런 요소들이 의지의 일부인 것은 사실이지만, '인간의 의지'라는 단일 개념이 인간 활동의 핵심 요소이므로, 단순한 심리적 분석에 의해 일부를 표시하는 것으로는 많이 부족하다.

5위 75법이라는 다르마적인 분류보다, 오온에서의 행(行)은 우리의 목적에 부합한다. 색수상행식(色受想行識)의 오온(五蘊)에서, 몸과 육체인 색(色)은 물질적인 것으로서 별도로 보더라도(앞에서도 말했지만, 몸도 마음의 일부를 담당한다), 수상행식의 정신 기능에서 느낌과 인식, 생각을 수(受)와 상(想)과 식(識)에 배분하고 나면, 의지나 결단이 들어갈 곳은 행(行)밖에 없다. 상좌부에서는 이 행(行)을 느낌과 인식을 제외한 심리현상으로 해석하지만, 산스크리트어로는 상카라(saṃskāra)로서, 업을 만드는 행위(karmic activities), 의지(volition) 등으로 해석된다. 물론 모든 여타의 심리현상들이 업을 만드는 행위라는 뜻에서 상좌부의 해석이 틀린 것은 아니라고 볼 수도 있다. 중요한 것은 의지라는 것이 인간을 구성하는 오온의 하나라는 것이다. 이것이 의도적 행위라고 하는 것이 정확하지만 그 모든 것이 의지의 발로(發露)라면, 이제 이 의지는 어디서 생긴 것이고, 그러한 의지는 우리 인간이 결정론적으로 살아갈 것인지, 그런 결정론에 대항할 것인지를 판별하는 유일한 기준이 될 것이다. 그래서 자유의지의 문제가 생기는 것이다.

### 사) 자유의지의 문제

행온(行蘊)을 의지의 무더기라고 볼 때, 과연 자유의지는 있는가? 의지와 자유의지는 같은가? 다른가? 기본적으로 의지는 결정의 순간에 의도적으로 선택하는 마음의 기능이며, 여러 현존하는 욕구들 사이에서 가장 강력한 욕구다. 철학적으로 의지는 이성과 이해력과 더불어 마음의 가장 현저한 부분으로서 중요한 요소다. 이러한 의지는 자유의지라고도 부를 수 있다. 원래 의지는 다른 조건들에 구속된다고 볼 수도 있기 때문에, 특별히 의지의 자유성을 강조하여 자유의지라는 명칭을 붙였다. 그런데 의지와 자유의지의 차이로 인해 생기는 철학적 문제의 혼란에 대해서, 스피노자나 홉스, 로크를 포함한 대부분의 초기 현대 철학자들은 그 둘을 구분하는 것은 틀리고 비논리적이라고 믿었다. 즉 모든 의지라는 것은 자유이기 때문이다.

양자론은 우리가 상식적으로 가지고 있는 '객관적 실체'라는 생각에 반대되는 확실한 실험 증거들이 있다고 주장한다.

반대로 상대성이론은 보편적인 시간이라는 개념을 파괴하고, 동시에 절대적인 과거, 현재, 미래의 구분 관념을 부정하면서 이미 '거기에' 존재하고 있는 미래라는 개념을 새로 탄생시켰다. 즉 미래란 어디서 오는 것이 아니라, 이미 존재하고 있다는 것이다.

어떤 주어진 두뇌도 원리상으로 자신의 미래 상태를 계산할 수 없다. 영국의 물리학자 메케이(MacKay)는 누구에게나 자기 예측(self predictability)은 불가능하며, 뉴튼류의 기계적인 우주에서도 그러한 것이 불가능하다고 주장한다. 누군가 당신의 미래를 정확하게 계산한다 하더라도 이것은 논리적으로 당신의 자유의지를 박탈하는 것은 아니다. 그런데 그가 그 예측을 말로 하기만 하면 그의 계산은 틀려진다. 당신의 두뇌는 그가 하는 말을 듣는 순간 반드시 이전과는 다른 상태가 되기 때문이다. 당신의 미래의 행동이 아무리 예측 가능하고 필연적이라고 해도, 당신에게는 여전히 그것이 논리상 예측 불가능하며 우리가 자유의지라고 하는 요소를 여전히 갖고 있는 셈이다.

양자론의 근본원리에 의하면 자연은 본래부터 예측이 불가능하며, 원자 이하의 단계에서는 비결정론이 있다는 것이다.

상대성이론은 4차원의 세계와 모든 사건들이 단순히 '거기에' 있을 뿐이다. 미래는 '일어나거나 전개되는' 것이 아니다라고 한다.

따라서 상대성이론은 사건들 사이의 원인과 결과의 엄격한 사슬을 파괴한다고 말하지는 않는다. 과거, 현재, 미래의 구분이 아무런 객관적인 의미를 갖고 있지 않다고 말하지만, 인과의 사슬을 부정하는 것이 아니다.

자유로운 행위자란 물질세계에서 자신의 의지대로 어떤 행동을 일으킬 수 있는 사람을 말한다. 자유에 대한 우리의 욕망 속에는, 우리가 결정하고 우리 자신이 원인이 되어 일어나기를 바라는 욕구가 포함되어 있기 대문에 자유의지에 대한 논의는 방대하고 철학적으로 깊은 고찰이 필요하다. 그러나 우리는 이러한 자유의지에 대한 최근의 경향을 한 권의 책을 간략히 훑어보는 것으로 이 논의를 끝내고자 한다. 이하는 프란츠 부케티츠(Franz M. Wuketits)의 '자유의지, 그 환상의 진화'에서 발췌한 것이다.

내가 커피를 하루에 몇 잔을 마시는 것은 자유의지인가? 아무도 몇 잔씩 마시라고 한 사람이 없으니 일응 자유의지라고 보인다. 저녁 식사 후에 산책을 나갈 것인지, 묵혀두었던 브루흐의 바이올린협주곡 1번을 감상할 것인지, TV의 저녁 드라마를 볼 것인지도 자기가 결정할 수 있고, 아무도 어떤 것을 선택하라고 강요하지 않으니 그것을 선택하는 것은 자유의지에 따른 것으로 보인다. 그런데 이런 사례를 자유의지의 문제라고 부르는 것은 문제의 격을 떨어뜨리는 것으로 보인다.
절체절명의 순간에 모두를 희생하면서 대의를 지킬 것인지, 한 생명을 보전하면서 불의가 충만한 것을 그대로 둘 것인지를 결정하는 그런 경우를 예상하는 것이 거대한 자유의지의 주제가 아닌가?

뇌는 우리가 주관적 자유를 경험하는 것을 허용한다. 우리가 현재까지 존재할 수 있는 것은 본질적으로 우리 뇌의 진화 덕분이다. 우리가 주변 세계를 지각하는 방식, 느낌과 욕망, 태도, 그리고 그 세계를 분석하는 판단, 그에 따른 행동은 인간이 진화하면서 가지게 된 성향에 기인한다. 우리가 얼마나 자유로운지는 인류라는 종의 계통발생사, 우리 개개인의 인생사에 의해 결정되어 있다. 비록 좋은 집을 가지고 성공하고 싶고, 혹은 우주여행을 하고 싶다는 욕망을 가질 수 있지만, 개개인의 재능과 사회적 환경은 그런 의지에 장애가 된다.
본성에서 자유로운 인간은 없다. 도덕적 요구에 부응하기 위해서, 인간이 본성의 사슬을 끊고 그에 반하는 결정을 내려야 하는 경우에 발생하는 역설적인 현실을 자주 본다. 그리고 사실상의 문제로써, 인간이 본성에서 자유롭게 될 가능성은 없다. 먹는 것과 마시는 것을 포기할 수 없고, 허기와 갈증이 우리의 태도와 행동을 전적으로 결정한다. 즉 오줌을 참을 수는 있지만, 그것을 영원히 참을 수 없다. 참는 것은 잠시일 뿐이다.

우리를 본성에서 해방해야 한다는 것은 모순이다. 우리가 바로 본성이다. 도덕 시스템과 이데올로기, 종교는 우리 본성의 특수한 발현이다.

미국의 심리학자이자 철학자인 파울 바츨라빅(Paul Watzlawick, 1921~2007)의 말에 의하면, 예언을 믿고 행하게 되는 상황이 인간의 태도를 바꾸고, 그에 따라 상황 또한 다른 식으로 전개될 수 있도록 바꿈으로써 마지막에 그 예언이 옳은 것으로 드러난다는 자기 실현적 예언(self-fulfilling prophecy)은 실제에서 일어날 수밖에 없다고 볼 수 있다.

우리의 인식 장비는 합목적적이라는 가설을 갖고 있다. 모든 것은 원인을 가져야 한다는 데서 출발하여, 어떤 사건의 원인이나 의미가 우리에게서 벗어나면 우리의 놀라움과 걱정은 그만큼 더 커진다. 즉 세계에 대한 우리의 이념은 '이해할 수 있는 세계'에 대한 이념이다.

우리가 살고 있는 세계가 공정해야 할 이유는 없다. 자연으로부터 공정함을 기대하는 것도 불합리하다. 공정함이란 인간이 만들어낸 개념이지, 자연에 의해 주어진 것이 아니다. 달베르트에 의하면, 세계가 공정하다는 믿음은 환상이다. 즉 자기 충족적 예언이나 운명론적인 해석은 많은 경우에 세계가 특정한 방식으로 얽혀 있다는 믿음으로 충분하다. 이것들만으로도 모든 사건들이 아주 자연스럽고 자명하게 해석된다.

우리의 지각 장비는 볼 수 없는 것에 주목하여 만들어진 것이 아니라, 볼 수 있는 것을 기본적으로 보기 위해 만들어졌다. 그러므로 감각적인 것을 최우선적으로 지각한다. 이런 기본 개념을 바탕으로 뇌의 진화를 살펴보자.

🎤 **자유의지가 발현하는 시점** : 이러한 의지는 우리의 의식 수준에서 발생하는 것일까, 더 밑의 수준에서 발생하는 것일까. 1979년 미국의 벤저민 리벳(Benjamin Libet)의 실험(Libet Experiment)을 보자. 그의 실험을 간략히 보면, 먼저 뇌파도(EEG) 기계를 착용한 피험자의 두뇌활동신호를 측정하는데, 버튼을 누르려고 결심한 순간 시계를 보면서 시간을 측정한다. 그런데 이 실험에서 버튼을 누른 시간을 0

초라고 한다면, 뇌의 전기신호는 0.5초 전(-500ms), 피험자가 결심한 순간의 시간은 0.2초 전(-200ms)이었다. 이에 의하면 버튼을 누르기 위해 근육이 준비를 하도록 하는 시점(뇌파에 나타난 시점)은 실지로 의식이 버튼을 누를 결심을 하기 직전이라는 결과가 된다. 한편 독일 막스플랑크연구소의 존 딜런 헤인스(John Dylan Haynes) 연구팀은 뇌 자기공명영상장치(fMRI)로 비슷한 실험을 한 결과, 10초 전에 신호가 발생한 결과를 네이처 뉴로사이언스지(Nature Neuroscience, April 13th, 2008)에 발표하기도 하였다.

이 실험 결과는 의식이 자유의지를 사용하여 버튼을 누르기 전에 이미 무의식은 근육의 준비를 하고 있었다고 본다. 그런데 이를 해석하면서 서로에게 유리한 입장을 부각한다. 즉 자유의지를 인정하는 입장에서는 버튼을 누르기로 결심한 순간은 이미 근육의 준비를 하는 것과 일체화된 것으로 보는 것이다. 자유의지를 인정하지 않는 입장에서는 우리가 자유의지라고 알고 있는 것은 결국 무의식이 내리는 지시를 수행하는 것에 불과하다고 본다. 또 하나의 주장은 이 실험은 자유의지의 유무와 관계없다고 보는 것인데, 즉 무의식이든 의식이든 모두 우리의 두뇌가 하는 작용이므로, 이를 자유의지의 문제로 볼 수는 없다는 것이다. 보통 자유의지라고 하면 우리가 의식적으로 의지를 사용하여 자유로운 결정을 하는 것이므로, 일반적으로는 의식을 기준으로 판단하게 되지만, 무의식이 관련된다고 하여 그 무의식은 마치 하늘로부터 소명을 받은 것으로 볼 수는 없다. 우리의 무의식도 우리가 만든 것이므로, 이를 고려하지 않고 단순히 자유의지가 없다고는 할 수 없을 것이다.

🎙 **뇌의 진화** : 뇌는 파충류 부분, 포유동물의 뇌, 신피질 등으로 이루어진다. 지난 200만 년 동안 뇌의 발달이 가속화되었고, 부피도 3배로 증가하였다. 그러나 뇌는 단기간에 과도 생산되어 나머지 신체와 불균형을 이룬다. 그래서 그 특수한 인식의 성과들은 기본적으로 필요한 것들보다 훨씬 많은데, 자유의지라는 개념도 이에 속한다. 실제로 자유의지라는 개념은 유기체의 생존을 위해서는 아무런 역할도 하지 않는다.

그런 면에서 보면 인간의 정신은 뇌의 진화의 산물이다. 정신은 뇌뿐만 아니라 다른 기관들과도 분리될 수 없게 결합되어 있다. 뇌세포에 영향을 주는 마약이나 알코

올로 인해 의식 상태가 현저히 바뀌는 것을 보라.

그러나 뇌에서 정신을 찾는 데 실패하는 것은 정신이 뇌에 존재하지 않는 것이 아니라 뇌의 특수한 특성이 정신이기 때문이다. 즉 새의 날개나 물고기의 지느러미를 생각해 보자. 이것들의 특성은 운동이지만, 날개나 지느러미에서 운동을 찾을 수 없는 것과 마찬가지다.

우리 정신의 모든 활동이 뇌가 작동하여 표현된 것이라는 것은 분명하다. 의식은 자극과 반응의 순환 속에 피드백 회로들의 압축화 과정에서 발생한다. 스테이크를 먹는다는 욕망과 그것을 참으려는 2차적 의지의 문제를 볼 때, 1차적 욕망이 없다면 2차적 의지도 발생하지 않는다. 그러므로 의지는 복잡한 신경 프로세스에서 나오는 것이다.

※ 1902년 형법 및 국제법 교수이며 작곡가 리스트의 친척인 프란츠 폰 리스트(1851~1919)는 강의실에서 언쟁과 권총 발사 장면을 연출하였다. 그리고 그것을 목격한 학생들에게 진술서를 작성하게 하였는데, 그 진술서들은 모두 실제 일어난 사실과는 달랐으며 가치가 없는 진술들뿐이었다. 이는 실제상황에서도 마찬가지이다. 인간들은 듣기 원하는 것, 보기 원하는 것만 골라서 듣고 보는 경향이 있다. 인간의 뇌는 세계의 진리를 인식하기 위해 생겨난 것이 아니라 그 속에서 생존하기 위해 생겨난 것이기 때문이다. 즉, 인간은 유전자와 뉴런과 호르몬의 영향에서 벗어날 수 없다.

이런 내용들을 바탕으로 본다면, 우리의 자유의지는 우리의 생존 조건이 허용하는 범위 내에서 작동 가능하지, 그 범위를 넘어서서는 실행에 옮길 수 없는 공상(空想)에 불과한 것이다. 그리고 이러한 자유의지는 의지의 한 특성이면서, 여타의 심리 현상과는 구분되는 인간의 독특한 특질이라고 볼 수 있다.

🎤 현대 신과학 이론에서의 심리학은 인간의 마음이 두뇌만의 것이 아니라, 내부 장기들이나 다른 기관들에도 마음이 있어서 이것들이 합쳐진 것으로 보고 있다. 우리의 마음은 우리의 신체 상태에 따라 다른 것인데, 그러한 신체 상태를 뇌가 인지하

여 마음이 정해진다고 보는 것과 이미 내부 장기의 상태가 일정한 부분적인 마음을 가지면서 두뇌에서 합쳐져 총합적인 마음을 낸다고 보느냐의 문제인 것인데, 어느 쪽을 택하느냐에 따라서 인간을 보는 시각이 완전히 달라질 것이다.

자유의지는 인간이 생존하기 위한 필수적인 기능을 넘어서서 나타나는 결단의 주체로서의 나를 표상하는 것이다. 그런데 일응 '나'라고 표시되었지만, 이것은 세포들이 결합하여 통일적인 기능을 하는 주체로서의 '나'이지, 무아론에서 말하는 '나'가 아님은 분명하다. 이러한 통일적 기능을 하는 '인식과 결단의 주체로서의 나'는 생물학적 구성 원리로써 생명체가 현현하기 위한 필수 조건일 뿐이고, 불교와는 관계없이 육체의 소멸과 함께 없어질 존재이다.

### 아) 무아론의 효과

무아론은 '나'는 없다는 것을 말하며, 그것을 사실 그대로 보는 것, 즉 우리 자신을 여실지견(如實知見)하여, '나'가 없다는 것을 아는 것만으로도 이미 해탈의 문턱(the terrace of enlightenment)에 들어선 것이다. 대승불교에서는 모든 것이 인연화합에 의해 생겼으며, 모든 것이 자성이 없다는 것을 관조한다면 공해탈(空解脫)이라고 하는데, 나 자신의 '자성이 없음'이라도 제대로 인식하여야 할 것이다. 대승불교의 주장을 따르지 않아도, 기본불교의 입장에서 무아(無我)를 여실지견한다는 한 가지만으로도 충분히 해탈의 문턱에 들어선 것이다.

### 자) 관련문제

무아론에 대해서 역대 논쟁을 소개하는 것은 지면만 낭비하며, 또 이미 붓다가 그 결론을 설법해 두었기 때문에 그에 대해 왈가왈부하는 것은 우스운 일이다. 기껏 붓다의 말씀이 맞는지 틀리는지 검증해 보는 것에 불과한 것이다. 특히 깊은 명상의 단계로 알아낸 것을 논리로만 그 긍정과 부정을 논의하는 것은 헛된 일이다. 오히려 최근의 과학적 성과를 소개하면서 다른 학계의 시각을 엿보는 것으로 우리의 지식은 충분할 것이다.

㉠ **도움이 되는 실험**

그래서 실험적인 증거를 잠깐 보고 논의를 계속하기로 한다. 아래의 실험 결과를 우선 보기로 하자.

신경과학자인 앤드류 뉴버그(Andrew Newberg)는 명상수련을 깊게 한 티베트의 명상전문가를 대상으로 혈류(血流)의 흐름을 측정하는 단일광자방출 전산화단층촬영(SPECT, single photon emission computed tomography)[24] 실험[25]을 하면서, 이들이 깊은 명상의 단계에 도달할 때 그들의 뇌파를 촬영하였다.

티베트의 명상전문가가 명상에 집중하자, 정수리 부분의 활동이 줄어들었는데, 이는 시간과 공간을 인지하는 감각을 막은 것으로 보이며, 뇌의 앞부분은 활발한 활동을 보여주는데, 이 부분은 주의 집중 영역이다. 즉 명상은 높은 집중이 필요하므로 당연한 결과이다. 다만 뇌의 앞부분에 주의가 집중될수록 뇌의 정수리 부분의 시공간 인지 능력이 떨어지는 것을 발견했다. 한편 비교를 위해서 프란시스코파 수녀가 기도에 집중한 촬영사진에서는 역시 뇌의 앞부분의 혈류 움직임이 활발해졌으며, 뇌의 언어 영역도 활발해지는 것을 발견했다. 즉 수녀는 기도를 읊조리면서 명상에 집중하였기 때문이다.

명상에 집중한 티베트의 수도승은 이때의 느낌으로, 자기와 세상의 경계가 없어지는 현상이 생기며, 또 세상과 하나가 되는 느낌이 들었다고 한다. 그러면서 세계가 나이고, 내가 세계라고 인식하게 되었다고 한다. 즉 우주 속에 '나'와 우주만 존재하는 것으로 느꼈다는 것이다. 이는 자아의 확장으로 보거나, 자아와 우주의 합일로 볼 수 있다('나'라는 것이 우주의 일부분이라면 생길 수 있는 결과다).

이런 현상은 생물학적인 성과로도 설명이 가능하다. 즉 우리가 인지하는 시공간의 감각은 외부의 색성향미촉을 안이비설신으로 느끼는 것인데, 깊은 명상에 들어가면 외부의 감관이 차단되어 감각이 주는 정보로 판단하고 다시 그 감각이 맞는지 확인하는 계속적인 피드백이 없어지기 때문에(이 피드백의 변화를 인지하여 시공간

---

[24] SPECT는 1995년에야 상업화된 것으로, 양전자방출단층촬영장치인 소위 PET와 다르며, 단층촬영장치(CT)나 자기공명영상장치(MRI) 등이 해부학적인 정보를 추적하는 것에 반해, 혈류의 움직임 등 기능적인 정보를 추적한다.
[25] 이하 Andrew Newberg 등이 출간한 『Why God won't go away』에서 실험 부분만 축약한다.

을 인식하게 된다), 감각기관으로 받아들이는 정보가 더 이상 없어서 몸 내부의 정보만으로 두뇌가 해석하기 때문에 이런 현상이 생긴다.

이런 경험을 가지려면 다음과 같은 방법이 있다.

즉 대중목욕탕이나 사우나 같은 곳에 가서, 냉탕(冷湯)에 들어가 무릎을 꿇던지 양반다리나 가부좌를 하면서 목 위만 물 밖으로 내밀어본다(물론 부력에 의해서 바닥에 고정되지는 않으며, 물살의 흐름에 따라 몸도 약간씩 찰랑거리는 것이 비결이다). 물이 움직이면서 몸도 움직이지만, 어느 순간 몸과 물이 일체가 되면서 물도 내 몸인 것 같고, 혹은 내 몸이 물처럼 느껴지면서 '나'의 일부가 아닌 느낌이 든다. 오직 남은 것은 그런 사실을 인식하는 두뇌의 한 점일 것이다. 이때 주위를 둘러보면, 세계라는 것은 자신의 두뇌의 한 점과 나머지 세상 두 가지밖에 없다는 느낌을 가질 것이다.

물의 밀도가 피의 밀도[26]와 비슷해서 생기는 현상이면서, 물이 외부의 대상에 대한 지각을 방해하기 때문에 다른 감각기관의 정보가 차단되어서 생기는 현상이다. 이를 밀도가 낮은 공기 속에서 체험하는 것도 가능하지만, 보통 사람은 힘들다. 즉 일반적인 환경의 명상이나 참선에서 세계와 '나'가 하나가 되는 느낌을 가지는 것은 아주 숙련된 명상가에게나 가능한 일이다.

여기서 일단 인식의 주체로서의 '나'라는 것은 바로 의식의 '한 점'이라고 보인다.

ⓒ 물리학자의 '나'에 대한 통찰

저명한 물리학자 폴 데이비스 교수의 주장에 의하면

"변화를 체험하는 주체가 '나'이지, 그 체험들이 '나'인 것은 아니다. '나' 아닌 다른 사람에 대해 언급할 때, 그들의 육체나 인격과 동일시해서 말하기도 하지만, 우리 자신에 대하여 말할 때는 관점이 완전히 다르다. 즉 육체는 '내'가 아

---

[26] 혈액은 혈장과 혈구로 구성되는데, 혈장(blood plasma)의 밀도는 $1,025kg/m^3$, 혈구(blood cell)의 밀도는 $1,125kg/m^3$이므로, 평균하여 $1,060kg/m^3$로 물보다 6% 정도 높다. 공기의 밀도가 $1·225kg/m^3$으로 1/1,000밀도이므로, 공기 속에서 정신적인 기능만 인식하기는 훨씬 힘들다.

니라 '내'가 소유하고 있는 것이다. 반면에 '의식'은 '나'의 의식이라고 말하므로, 마치 육체를 소유하는 것처럼 의식을 소유하는 것으로 말한다.

우리는 과거의 경험에 대한 기억을 바탕으로 '나'라는 것을 생각한다. 기억이 없는 상태에서도 '나'가 성립될 것인가? 기억상실증 환자가 있다고 해도 여전히 '나는 누구인가?'라는 의문을 품을 수 있으며, '누구'에 해당하는 '나'가 존재한다. 그러나 심한 건망증 환자라면, 방금 전에 일어난 일도 기억하지 못하게 되어 그의 주체의식은 완전히 허물어지게 된다. BBC의 '시간'(Time, 2006)이란 다큐멘터리에서, 피아니스트이자 지휘자였던 클라이브 웨어링(Clive Wearing)[27]은 20년 동안 기억상실증으로 살면서 30초 전의 기억까지만 가지고 있다. 그래서 그는 과거와 현재를 전혀 모르기 때문에, '나'라는 개념을 가지고 있는지는 모르지만, 타인에게는 무의미한 개념이 되어버렸다.

그래서 시간이 지나도 우리 자신을 같은 사람으로 인식할 수 있는 것은 대개 기억을 통해서다. 인생 전체를 통해서 우리는 하나의 육체 속에 거주하지만, 그 육체는 상당한 변화를 겪는다. 육체를 구성하고 있는 원자들은 신진대사 활동을 통해 바뀌게 된다. 육체도 변화하고, 우리의 인격 역시 변화하는 것을 알 수 있지만, 이런 변화 속에서도 우리는 자신이 여전히 똑같은 사람이라고 믿는다."〈폴 데이비스, 현대물리학이 발견한 창조주(God and the new physics), 1984〉. 141면 이하

추가로 생각해 볼 것은, 일리야 프리고진의 산일구조에서 자기 조직하는 기전으로 생명체가 만들어졌다고 볼 것인지, 이 산일구조에 창발현상이 있다고 볼 것인지의 문제이다. 산일구조에서 자기 조직하는 것이 자연스럽고 당연한 현상이라서 창발현상을 따로 찾을 필요가 없는 것으로 본다면 없던 성질에서 새로운 성질이 생긴 것이라고 말할 필요는 없다. 이런 문제는 이 책의 범위를 넘기 때문에 다른 기회에

---

[27] 웨어링(1938년생)은 영국의 음악학연구가, 지휘자, 건반악기 연주자이다. 그의 상태는 여러 방송국의 프로그램(The Man with the 7 second Memory ITV-2006, The Mind, PBS-1998, Time, BBC-2006)으로 방영되어 잘 알려져 있다.

정리하기로 한다.

그러므로 환원주의적 분석은 우리들 내부의 무생명체인 원자만을 드러내줄 뿐이다. 의식 역시 통합적인 개념이고, 의식을 뇌세포에 기준하여 이해할 수는 없다(앞서 보았듯이 의식을 뇌의 특성으로 보면, 뇌를 해부해 보아도 의식을 찾을 수 없다). 따라서 자기 인식은 통합적인 속성이며, 두뇌의 특수한 전기화학적인 메커니즘으로 추적할 수 있는 성질의 것이 아니다.

과학자들은 해체해서 보기를 즐겨하지만, 그 해체에 의해서 해체 전의 통합적 기능을 가진 전체의 모습이 해체된 것만으로 이루어진 것은 아님을 인식하고 있다.

### 차) 경전에 나타나는 무아론들
맛지마 니까야 35에서

> "어떠한 물질적 형태라 하더라도, 그것이 과거－미래－현재의 것인지에 불구하고 그것을 올바른 지혜로써 사실 그대로 본다. 그래서 이것은 나의 것이 아니다. 이것은 내가 아니다. 이것은 나 자신이 아니라고 안다. 이는 느낌, 인식, 의지, 분별도 마찬가지다."

상윳따 니까야 상 22.59 무아의 특징경(혹은 무아상경), 〈잡 권2의 33경은 비아(非我)경이라고 되어 있다〉에서

> "몸은 무아다. 몸이 자아라면, 이 몸은 고통으로 이끌리지 않을 것이고, '내 몸이 이렇게 되어라, 이렇게 되지 말아라' 하는 것이 가능할 것이다. 그러나 몸은 자아가 아니기 때문에 고통으로 이끌리고, 내 마음대로 하는 것이 불가능하다. 느낌과 인식과 의지와 분별도 마찬가지다.
>
> 몸은 무상하고, 무상한 것은 행복이 아니라, 고(苦)이다. 무상한 것은 고(苦)이므로, '이것은 나의 것이고, 이것은 나이고, 이것은 나 자신이다'고 여겨지지 않는다. 이는 느낌과 인식과 의지와 분별도 마찬가지다." 〈잡아함경은 이 부분이 나가 아니며－비아(非我), 나와 다르지 않으며－불이아(不異我), 나와 나아

닌 것이 함께 있는 것도 아니다 — 불상재(不相在)라고 표현한다.〉

"그래서 과거 — 미래 — 현재, 그 외 어떤 종류의 몸이라도 올바른 지혜로써 이것은 나의 것이 아니다, 이것은 내가 아니다, 이것은 나 자신이 아니다"고 사실 그대로 보아야 한다.

이렇게 보게 되면 감정에 좌우되지 않고, 그에 따라 해탈하며, 해탈했다는 지혜가 생긴다. '나의 생은 다하고, 범행은 완수되었고, 해야 할 것은 모두 마쳐, 이제 다시는 이 상태로 태어나지 않을 것이다'고 알게 된다."

저명한 불교학자 스티븐 콜린스(Steven Collins, 1951~2018)는 초기불교 문헌에서 발견되는 무아에 관련된 글들을 세 가지로 분류한다.[28] 우선 우리 내부를 주재(主宰)하는 자가 없다고 하는 경우, 다음으로 무상하고 괴로운 현상을 자아로 간주할 수 없다고 밝히는 경우, 마지막으로 경험과 별개의 자아에 대해서 말하는 것은 의미가 없다고 본다. 처음의 유형은 영혼의 존재와 실존의 주체가 혼재되어 있는 것을 구분하지 못하고 자아를 부정하는 것이다. 이 부분은 앞서 충분히 논의하였다. 두 번째 유형은 잡아함경을 인용하여 많이 살펴보았고, 원래 의미의 무아론이라고 볼 수 있다. 마지막 유형은 우리가 일상의 활동을 하는 경험과 분리된 또 다른 자아가 있을 것이라는 가정은 잘못된 것이라는 것이다.

### 카) 정리 및 자아의 상태

결국 무아론은 '나'가 없다는 선언이지만, 이를 확장하여 모든 법에 자아가 없다는 주장은 견강부회(牽强附會)의 오류를 범하고 있다고 보인다. 모든 사물들은 비록 다른 사물들로 인하여 성립되는 면이 많이 있지만, 그럼에도 불구하고 그 본성이 근원적인 저 밑에 있다. 물의 본성은 $H_2O$라는 분자 속에 있는 것인데, 이를 수소와 산소의 결합에 불과하다고 주장하면서 물 분자는 그 본성이라고 할 만한 것이 없다는 주장은 학문의 발전을 저해하는 것이다.

---

28) Steven Collins, Selfless Person : Imagery and Thought in Theravāda Buddhism, Cambridge University Press, 1982, 97p 이하.

존재론(이때의 존재론은 철학적 존재론이라기보다 과학적 존재론이다)적으로 보면, 우주 138억 년 역사상, 지구가 최초로 생성된 45억 년 전의 상황일 당시에 '나'는커녕 생물이라고 할 만한 것이 전혀 없었다는 점을 상기할 수 있다. 그런데 우주가 창조되기 전에도 이미 수많은 아트만이나 '나'가 존재했었다고 생각하기 힘들다.

오온은 자아가 아니며, 오온에 자아가 없다는 것을 확장하여 오온으로 구성되는 우리 자신은 여전히 자아가 없는지, 우리 자신의 구성과는 달리 오온이 합쳐지면서 자아가 생기는지는 다른 문제다. 오온이 합쳐지면서 '나'가 생긴다는 것은 철학적으로는 창발론(Emergentism)의 문제다.

기본 요소들이 합쳐진 구성물을 복합계 혹은 복잡계라고 하면, 그 복잡계의 특징은 시간이 지나도 합쳐진 것은 어떤 구성요소보다도 더 오래 존속한다(스티브 존스, 이머전스, 김영사).

모든 불교의 교리 중에서 어떤 것도 무아(無我-anātman)론보다 더 모순되고 오해되는 것은 없었다. 무아(無我)론은 어디에서도 자아가 파악될 수 없다는 개념을 제시한다. 그런데 자아가 없다는 개념은 당시에 불교를 공부하는 많은 학생들에게 암담하고 무미건조한 것으로 보여서, 그들은 진정한 자아를 생각해 낸다. 말하자면, 이 무아론은 거짓이며, 경험적인 자아가 소멸됨으로써 진정한 자아가 실현될 것이라는 것이다. 이러한 잘못된 해석은 유럽에서 매우 인기 있어서, 그것을 '개인(individuality)과 개성(personality)'이라는 개념으로 간주하던지, 혹은 불후의 영혼의 믿음을 가진 기독교의 잔재로 보려는 유혹을 느낀다. 사실 이런 문제는 기독교적인 것에만 한정되지 않고, 인도에서도 불교 사상(思想)을 해석할 때 같은 결론을 보여준다. 그리고 붓다의 열반 후 2세기가 지나, 푸드갈라바딘(Pudgalavādins)이라는 부파가 시작되어 무아론의 논쟁이 시작된 점은 앞에서 기술하였다.

아래는 푸드갈라에 대응하여 각 부파들이 만들어낸 개념들을 정리한 것이다. 부파불교 편에서 경량부(부실법), 대중부(근본식), 설전부(일미온), 화지부(중생사온), 정량부(과보식) 등이 있다고 언급했지만, 그 뒤의 발전에 따라 윤회인자들을 새롭게 말하고 있으니, 독자부(犢子部)만이 비난받을 일은 아닌 것이다.

| 불교 학파별로 주장하는 윤회를 가능하게 하는 인자(因子) |||
|---|---|---|
| 학파 | 내용 | 비고 |
| 상좌부(소승불교) | 재생연결식(patisandhi-citta) | |
| 용수(龍樹) Nāgārjuna | 무자성(無自性) – 공(空) | |
| 독자부(犢子部) | 푸드갈라(Pudgala) | |
| 설일체유부 | 법체(法體)설 | |
| 유식학파 | 무자성 – 속제, 자성 – 공(空) | 아뢰야식 |
| 6세기경의 불교 | 법성(法性), 불성(佛性) | |
| 대승불교 | 진여(眞如), 여래장(如來藏) | |
| 선불교 | 체(體)는 불성, 용(用)은 자성 | 견성성불 |

이론의 대칭성에 비추어볼 때, 우리는 다음과 같이 믿을 수도 있다. 즉 세속의 무상함과 고(苦)에 대응하여, 진정한 자아도 허구의 자아와 대비해야 한다. 그런데 그러한 진정한 자아의 존재에 대해서 경전에 명백하게 진술된 단 하나의 구절도 찾을 수 없다.

모두가 무아론에 대한 엄격한 아비달마의 해석에서 벗어나려는 충동을 느끼고 있었는데, 그런 종파들 중에서 불교의 영향력을 기준으로 3개를 꼽는다면 상좌부(Sthaviras), 중관파(Mahāsanghikas), 대승불교(Mahāyānists)를 들 수 있다. 실제로 푸드갈라의 활동과 관련하여, 영원한 요소를 가정하여야 하는 실제적이고 이론적인 필요가 너무 강하여, 다른 학파는 그것을 다소 경멸적인 형태이기는 하지만 슬그머니 소개할 수밖에 없었다.

불교는 한 줄의 진주를 하나의 실로 엮는 것 같은 자아는 거부한다. 즉 과거부터 지금까지 똑같은 인간이 살아왔다는 것을 부정한다. 오직 진주만 있으며, 그것들을 함께 잡을 줄은 없다. 그러므로 그 진주를 엮는 방법은 학파에 따라 다르지만, 진주를 모아놓았다는 점은 같다. 그러나 상좌부–스타비라(Sthaviras)[29]는 이러한 계속

---

29) 현대 학자들은 이전에는 상좌부인 테라바다의 팔리어 철자 thera가 산스크리트어 sthavira와 같기 때문에 같은 상좌부로 보았지만, 최근 연구에 의하여 스타비라는 원래 상좌부로서 사미티야 푸드갈라론자(sammitīya Pudgalavada)와 설일체유부, 분별설부(Vibhajyavāda)로 분화되었

되는 구성체의 다양함과 독립성에 대해 대응할 이유가 거의 없음을 알고 있었다. 즉 그들은 그것을 인생에 대한 사실의 하나로 받아들이기 때문이었다.

그러나 이러한 사건의 고리로 인하여 비록 계속적으로 구성체를 바꾸지만, 그 구성체가 그곳에 계속 존재하여야 하고, 또 아무런 간격도 없이 서로 꿰어져 있지만 줄이 없기 때문에, 인과의 계속적 흐름을 방해해서는 안 되도록 상당한 주의를 기울였다. 그리고 그러한 간격의 붕괴를 제거하기 위해서, 후기의 상좌부는 생명연속체(바방가, bhavaṅga) 이론을 주장하였는데, 이는 잠재의식과 의식의 밑에 존재한다고 한다. 즉 표면의식에 아무것도 발생하지 않을 때라도, 잠재의식은 계속적으로 존재하면서, 한순간이라도 그 기능을 멈추지 않는다는 것이다. 주로 경량부(輕量部-Sautrāntikas)에서 유력하게 주장하였는데, 이들은 매우 미묘한 의식의 계속되는 존재가 있다고 하였다. 한편 대중부는 기본적(mūla) 의식의 존재에 추가하여, 까르마가 잠재의식에서 성숙한다고 하면서, 이 잠재의식은 특정한 대상을 가지지 않는 것으로 생각하였다.

🎤 **상좌부의 논리** : 생명연속체를 말하는 바방가(Bhavanga, Life-Continuum)는, 우리가 생각을 하지 않는 어느 순간이 있다고 하여도 그때 마음이 없는 것이 아니며, 그것은 바방가라는 마음의 상태가 있다고 본다. 그래서 순간에서 순간으로 이어주는 것이 바방가라고 본다. 바방가는 생(生)의 첫 마음인 재생연결식[30]을 계승한다고 한다. 재생연결식이 사라질 때, 그다음의 마음이 떠오르는 것을 조건 짓는데, 그것이 바방가다. 이는 재생연결식의 일종이고, 재생연결식이 열아홉 가지이므로, 바방가도 열아홉 가지다. 유식불교의 제8아뢰야식에 비교된다.

이런 점으로 인하여 설전부(說轉部, Saṃkrāntikas)는 오온이 한 생에서 다른 생으로 이전한다고 가르칠 때(일미온), 화지부(化地部, Mahīśāsaka)는 세 종류의 온

고, 분별설부가 화지부(Mahīśāsaka)와 테라바다로 다시 분화된 것을 밝혀내었다.
30) paṭisandhi는 재탄생, 재생의 뜻이고 이러한 것을 마음이 관장한다는 의미에서 paṭisandhi citta 라고 하기도 하고, 분별이라는 의미와 번역어 식(識)이 있다는 의미에서 paṭisandhi-viññāṇa 로 하기도 한다. (위키피디아 영문판 Triune Mind) 즉 재생연결식이라고 한글 번역했지만, 재생연결의 마음과 재생연결의 의식이라는 두 가지를 모두 의미한다고도 본다.

(蘊)을 구분하여, 즉각적인 것, 한 생애 동안 유지하는 것, 윤회의 끝까지 유지하는 것(중생사온)을 구분하여 이론을 정립한다. 이러한 개념은 아비달마가 추구하는 논리적 구속을 벗어나려는 것이고, 진정한 자아에 대응하는 것을 경험에 부합하도록 만들려는 노력이었다.

※ 불교는 항상 변하는 연속체를 염두에 두며, 또 영원한 구성체(dhātu)를 지향하는 진정한 자아에 대한 믿음을 가지고 있다. 경량부(Sautrāntikas)는 붕괴되지 않는 선(善)의 종자가 열반으로 이끈다는 가설을 주장하는데, 이는 기억할 수 없는 시간으로부터 존재하며, 그 본성이 변하지 않고, 우리의 모든 생애 동안 우리와 함께한다는 것이다.

경량부와 유식학파들은, 내적인 유익한 다르마는 없어지지 않고 계속되는 구성체의 내부에 그대로 종자의 형태로 있으며, 새로운 유익한 다르마는 적대적인 조건에서도 자란다고 한다. 보통 사람은 그 자신 속에 붓다가 될 잠재성을 보유한다는 것이다. 마찬가지로 모든 불교 학파는 자연스럽게 비슷한 전통을 가지고 있는데, 우리 내부는 본질적으로 순수하며, 우발적인 고통으로 더럽혀져 있다는 것이다. 상좌부가 해석에 의해 그것을 잠재의식이라고 하여 그 중요성을 최소화하였지만, 다른 부파들은 그것을 법성(法性), 진여(眞如), 법신(法身)과 같이 보며, 또 다른 파는 여래장(如來藏)이라고 본 것이다.

이런 이론들은 우리가 가지고 있는 자아에 대한 본능적인 믿음, 경험들을 무아론과 결합하려는 시도다. 이러한 결합할 수 없는 것을 결합하려는 방법의 절정이라 볼 수 있는 것이 아상가(無着)의 아뢰야식(ālaya-vijñāna)[31]이다. 아뢰야식의 주장자들은 유식학파에서 소수파이지만, 이들로 인하여 유식학파가 유명해졌다. 이들은 자아가 존재하지 않는다고 큰소리로 외치면서도 사실은 아뢰야식에 자아의 기능을 수행하도록 했다.

---

31) 히말라야(Himalaya)에서 산스크리트어로서 himā는 '추위, 겨울, 눈'이라는 뜻이고, alaya는 '안장(安藏)된, 존재하는'의 뜻이므로 '눈이 그 속에 있는'의 뜻이다. 즉 아뢰야식은 '그 속에 존재하는 정신'의 뜻이다.

## 6) 도일체고액(度一切苦厄)

　일체의 고액을 넘는다는 구절은 현장과 구마라집 한역본에 나오는 글이다. 현존하는 모든 산스크리트어본에는 이 구절이 없다. 스타인(Stein)이 돈황(燉煌)에서 발견한 판본에도 나오지 않는다. 이 구절의 반야심경의 바로 앞부분의 글과 연속해서 살펴본 문맥으로는 '모든 오온(五蘊)이 공(空)임을 확연히 보고, 일체의 고액을 넘는다'고 해석하는 것은 자연스럽기는 하다. 그러나 계속되는 글의 위치상으로 본 문맥을 살펴보면, 이 구절 뒤에 이어지는 '사리자 색불이공 공불이색 ~~~'의 구절로 비추어볼 때, '도일체고액'이라는 것은 사족(蛇足)이거나 첨가된 느낌을 준다. 즉 〈**관자재보살이 심오한 반야바라밀다를 행하면서 오온이 모두 공(空)한 것을 보고, 사리자야! 색은 공과 다르지 않고, 공은 색과 다르지 않다 ~~**〉고 말하는 장면인데, 현장본에 의하면, 〈오온이 모두 공(空)한 것을 보면서 일체고액을 넘었다. 그리고 사리자야! 색은 공과 다르지 않고, 공은 색과 다르지 않다 ~~〉고 하는 것은 중간에 읽는 사람을 산만하게 한다. 또 관자재보살은 이미 아라한을 넘어 붓다의 경지에까지 다다르는 분인데, 이제야 일체고액을 넘는다는 표현은 관자재보살의 평가를 낮추는 느낌이 든다.

　고액(苦厄)은 사전적으로는 고난과 재앙으로 말미암은 불운을 의미한다. 그런데 일체개고(一切皆苦)라는 세계의 괴로운 측면을 고(苦)라고 표현하는 것은 불교의 핵심 사상이다. 한편 아직 아무도 지적하지 않고 있지만, 고액(苦厄)이라는 표현을 사용하면서, 이 액(厄)이라는 말이 서두에 나옴으로써 반야심경 말미에 일반적인 경전과는 다른 만트라나 주문(呪文)이 나올 것임을 예고하고 있는 것이라 볼 수 있다.

### 🔍 역본 비교

| 번역자 | 내용 | 비고 |
| --- | --- | --- |
| 구마라집 – 현장 | 도일체고액(度一切苦厄) | 도(度) |
| 반야와 이언 | 이제고액(離諸苦厄) | 리(離) |
| 법월 – 지혜륜 – 법성 – 시호 | 이 부분 번역이 없다. 산스크리트 원문에 충실하려고 한 것으로 보인다. | |

레드파인은 반야심경 거의 말미 부분의 능제일체고(能除一切苦)와 뜻이 유사한 것으로 보아서, 도일체고액(度一切苦厄)이라는 부분이 들어감으로써 공(空)의 효력을 보여주는 것이라고 주장하고 있다(Red Pine, the heart sutra, 69p).

## 나. 오온(五蘊)과 공(空)의 관계

| 舍利子 | 사리자 |
| 色不異空 空不異色 | 색불이공 공불이색 |
| 色卽是空 空卽是色 | 색즉시공 공즉시색 |
| 受想行識 亦復如是 | 수상행식 역부여시 |

물질은 공(空)과 다르지 않고, 물질은 바로 공(空)이며, 수상행식의 정신도 이와 같다.

오온(五蘊)은 공(空)과 어떤 관계가 있는지를 나타내는 구절들이다. 앞 구절에서 오온(五蘊)의 자성(自性)이 모두 비어 있다고 선언하였는데, 그 구체적인 관계를 보여주는 것이다. 색(色)을 예로 들어 설명하는데, 이는 수상행식(受想行識)의 각각에도 똑같이 적용되는 것이다.

### 1) 여기서(iha)

한역본에는 '사리자(舍利子)'라고만 되어 있지만, 산스크리트어본에는 '이하 사리푸트라(iha śāriputra)'라고 시작하는데, 이는 '여기서, 사리불이여'라는 뜻이다. 이 '여기서'라는 구절이 소승불교에서 대승불교를 여는 문에 해당하는 것이라는 주장이 있다. 앞의 '오온이 비어 있음을 비추어보았다'라는 구절이 끝나고, 이제 분위기 전환을 위하여 하는 말이다. 보통 문장에서 '각설하고'라는 말과 비슷하게 보면 된다.

대승불교의 문을 연다는 입장을 더 자세히 보면, '여기서(iha)'라는 말을 중요한 단어로 본다. 즉 기존 불교 조류에서의 갈림길로 보는 것이다. 과장해서 말한다면 '여기서(iha)'는 선(禪)의 달인들의 외침이고, 갈비뼈의 갈빗살이고, 차(茶)의 컵에 해당하는 말이라는 표현도 한다(이기영 반야심경역해).

즉 여기서부터 대승불교의 핵심 가르침이 시작되는 것으로 보아서, 이전까지의 기본불교의 가르침은 이 앞에서 끝나며 지금부터 새로운 전환이 시작된 것이라는 의미다. 반야심경의 이 부분 직전까지 '오온이 모두 비어 있다(五蘊皆空)'의 가르침은 팔리 니까야와 아함경에 모두 기재되어 있는 사실이다. 그래서 지금까지 소위 기본불교의 수행자들이 알고 있는 대로 오온이 비어 있지만, 이것을 발판으로 하여 심화된 가르침이 시작된다는 것이다.

그 심화된 가르침은 '색불이공 공불이색 색즉시공 공즉시색 수상행식 역부여시'이다. 그래서 '여기서'라는 말은, 관자재보살이 대승의 위대한 길로 향하는 문을 여는 순간이라는 것이다. 관자재보살은 지금 바로 여기에서 반야바라밀을 상기하면서, 설일체유부학파가 실재라고 여겼던 영원한 어떤 것, 순수한 어떤 것, 분리된 어떤 것, 그 자체로 완전한 것으로 보는 온(蘊, 구성요소)을 바라본다. 그리고 그는 이 깨달음을 자아에 대한 분석에서 최고로 알려진 붓다의 제자에게 전달한다. 그래서 관자재보살은 사리불의 이름을 부른다. 즉 기존의 믿음을 '지금부터는 앞의 뜻과는 달리 새로운 내용이 나올 것이다'라는 의미로 보자는 것이다.

## 🔎 역본 비교

| 번역자 | 내용 | 비고 |
|---|---|---|
| 구마라집 – 현장 | 번역 없음 | |
| 반야와 이언 – 지혜륜 | 즉시(卽時) | |
| 법월 | 즉(卽) | |
| 법성 | 시(時) | |
| 시호 | 이시(爾時) | |

《그러나 그런 식의 해석도 가능하지만, 개인적으로 볼 때, 관자재보살은 오온이 모두 공(空)하다는 것을 낱낱이 살펴보면서, 왜 오온이 공한지를 분석적으로 알려주는 것이라고 보는 것이 맞다. 즉 지혜 제일의 사리불에게 오온이 공(空)하다는 것은, 색불이공 공불이색이며, 색즉시공 공즉시색이라는 뜻이라는 것을 보여 주는 것

이다.》

## 2) 대승불교의 시작

새로운 가르침이라면 주 내용은 무엇일까? 이는 대승불교를 이해하지 않으면 안 되는 문제다. 대승불교는 어떻게 발생하고, 그 주 내용은 무엇일까? 이는 붓다 사후에 생전의 가르침을 정리하기 위한 모임들이 있었고, 이러한 것을 결집이라 하는데, 4회까지의 결집은 전체 불교도의 결집이며, 5회(1871년), 6회(1954년) 결집은 상좌부 불교의 결집이다. 불교사적으로 중요한 결집은 불멸(佛滅) 후 1년 뒤의 제1회 결집(경전의 정리), 100년 뒤의 제2회 결집(계율 다툼으로 대중부의 탄생), 200년 뒤의 제3회 결집(목갈리푸타에 의한 불교정화)이다. 이를 아주 간략히 정리해 본다.

### 가) 제1회 결집

먼저 붓다가 입멸한 후, 1년이 지나 붓다의 설법을 정리하기 위한 제자들의 결집이 있었는데 이를 제1회 결집이라 한다. 왕사성(王舍城) 칠엽굴(七葉窟)에 500명의 비구가 모여, 아난(阿難)이 경을 독송하고 우바리(優婆離)가 율(律)을 송출하였다. 이때 아난은 붓다께서 열반한 후에는 사소한 계율은 버리라고 하셨다고 대가섭에게 말했고, 또 멀리 떨어져 있어서 밤낮을 쉬지 않고 나중에 그곳으로 온 부루나(富樓那, Purṇa)도 자신이 붓다에게 직접 들은 계율에 대한 문제를 대가섭에게 제기하였다. 그러나 보수적인 대가섭은 "부처님이 정하지 않은 것이면 함부로 정하지 말고, 이미 정한 것은 어겨서는 안 된다"고 하면서, 계율을 교조적으로(혹은 정통적으로) 해석하였다.

이런 불만으로 칠엽굴의 결집 외에도, 붓다의 스투파 근처에 모인 굴외결집이 따로 행해지면서, "법왕(法王)이 적멸에 들자 우리를 차별한다"고 주장하며 따로 법장(法藏)을 모으자고 하였는데, 이때 모인 사람들이 범부(凡夫)와 상인들이기 때문에 대중부라 불리게 된다.

## 나) 제2회 결집

붓다 입멸 후 100년이 지나 붓다 당시의 경제와 사회의 양상이 변화하였다. 당시 바이살리(Vaishali, 毗舍離)라는 도시는 상공업이 발달하여 경제생활이 윤택하였고, 사회의 변화상이 수도승에게까지 미치는 도시였는데, 인도 서북부는 그런 변화가 없는 곳이었다. 서북부 지역의 승려가 바이살리를 방문하여 보니, 승려들이 금이나 보석을 보시받는 것을 보고는 "이것은 법이 아니다"고 하며 돌아갔다. 그리고 자기 지역의 승려들을 데리고 와서 바이살리의 승려들과 계율에 맞지 않는 열 가지에 대해 토론하였다.

이때 모인 이들은 모두 700명이었다. 이들은 토론 끝에 열 가지를 못하게 하는 계율을 정하여 율장을 편집하였다. 그러나 이에 반발하는 진보적인 비구들이 독자적인 결집을 하였고, 율장을 편집한 기존의 세력을 상좌부라고 하면 이에 반발하는 자들은 대중부라 하게 되었다. 제1회 결집에서 계율의 불만을 표출한 것을 넘어서 제2회 결집에서는 새로운 계율을 주장한 점을 주목해야 되는데, 여기서 결정적으로 상좌부와 대중부가 형성된다.

※ 열 가지 계율에 대한 다툼 : 사소할 수도 있지만 이런 문제가 결국은 해결되지 않는 한 계속 분쟁이 되므로 내용을 보기로 한다.

① 염정(鹽淨) : 소금은 약으로 아픈 곳을 치료하기도 하고, 음식에 간을 맞추는 용도로 사용하므로 소금에 관해서는 문제가 없다는 주장.
② 이지정(二指淨) : 2개의 손가락은 무방하다는 주장인데, 원래 오후 불식(不食)이라는 계율이 있지만, 정오가 지나 생기는 그림자가 두 손가락 두 길이까지는 무방하지 않느냐고 하는 것임.
③ 근취락정(近聚落淨), 도행정(道行淨) : 취락 가까이서 공양하는 것은 상관없지 않느냐는 주장인데, 한 취락에서 공양을 하고 나서도, 다른 취락으로 여행하느라 공양 시간을 놓친 경우 다른 취락에 도착하여 공양할 수 있게 하자는 주장임.
④ 주처정(住處淨) : 포살(布薩)은 승려들이 한 달에 두 번 모여, 자기반성과 참회

(懺悔)를 하는 것인데, 지역별 승가 모임으로 하지 않고, 몸이 아프거나 급한 일로 인해서 거주하는 곳에서 포살하자는 주장.

⑤ 수희정(隨喜淨), 수의(隨意)정 : 의결이 필요한 경우에 참석하지 않으면서 즐겁게 동의하는 것을 말하는데, 경제상황의 변화 환경에 적응하려다 보니 발생하는 문제이다.

⑥ 상법정(常法淨), 구주(久住)정 : 스승으로부터의 행위인 관습적인 행위를 따르는 것은 문제가 없다.

⑦ 불교유정(不攪乳淨), 낙장(酪漿)정 : 우유를 마실 수 있는가에 대한 논의. 식후에도 낙장(酪漿 – 버터가 되기 전에 굳어지지 않는 우유)을 마시는 일.

⑧ 음사루가주정(飮闍樓伽酒淨) : 발효되지 않은 야자즙을 마시는 문제.

⑨ 무루변좌구정(無縷邊坐具淨) : 의복에 관한 것으로 테두리가 있고 없고에 대한 논의.

⑩ 금은정(金銀淨) : 금전 문제. 출가 승려는 금은(金銀)을 만져서는 안 된다.

이러한 계율에 대한 다툼이 주로 보수적인 상좌부와 현실적인 대중부로의 분열을 야기했다면(이를 근본분열이라 한다), 그 뒤 붓다의 설법을 해석하는 과정에서 나타나는 차이로 생긴 분열(이를 지말분열이라 한다)에 의해 발생한 각 부파들을 합쳐서 부파불교라 한다. 즉 계율에 대한 다툼이 근본분열이고, 설법에 대한 해석의 다툼이 지말분열이다. 근본분열은 상좌부와 대중부로 크게 분화한 것이고, 지말분열은 부파불교를 낳는다. 부파불교는 남방불교에 의하면 18부파, 북방불교에 의하면 20부파다. 그러나 각 부파들의 저작이 거의 남아 있지 않아서, 다른 부파에서 인용되는 내용들로 각 부파들의 특징을 알 수는 있다.

상좌부라는 용어가 지금도 남아 있는 부파이기는 하지만, 당시에는 가장 유명한 부파가 설일체유부(說一切有部, Sarvāstivāda)였다. 대중부는 여러 부파가 있지만 나중에 대승불교라는 새로운 통합의 흐름을 타게 된다(대중부가 대승불교로 발전했는지에 의문을 표하는 견해들도 최근 유력해지고 있다). 당시의 각 부파 중 가장 유명하며 지금까지도 불교경전에서 주 비판 대상인 설일체유부를 따로 보기로 한다. 불교의 흐름에서 설일체유부의 주장은 대승불교의 여러 경전에서 비판하는 내용이 담겨 있기 때문에, 그 내용을 모르면 대승경전의 해석에 많은 어려움이 있다.

당시의 부파불교를 남전에 의해 정리해 본다. 이는 북쪽으로 전래된 것과는 차이가 있다.

▷ 부파불교 도해(남전/南傳) → 다음 면

### 다) 설일체유부(說一切有部, sarvāstivāda)

설일체유부는 한자 뜻 그대로 일체가 존재한다고 말하는 부파다. 산스크리트어 사르바(sarva, 일체) + 아스티(asti, 존재하다) + 바다(vāda, 말하다)라는 뜻을 한자로 정확하게 표현한 것이다. 부파불교에서 가장 유력한 부파이고, 유부(有部)라고 줄여서 말하기도 한다. 카니시카왕(서기 127-151)의 보호 아래 발전하였고, 그 주요 내용은 대비바사론(大毘婆沙論)과 세친이 설일체유부를 비판한 구사론(俱舍論)에서 알 수 있다.

이들의 가장 유명한 명제는 삼세실유법체항유(三世實有法體恒有)다. 따라서 이 명제를 기초로 설일체유부의 핵심을 살필 수 있다. 삼세실유(三世實有)란 과거, 현재, 미래의 3세가 존재한다는 뜻이고, 법체항유(法體恒有)는 법의 실체가 항상 존재한다는 뜻이다.

과거-미래-현재가 존재한다는 것은 무슨 의미일까? 이는 과거-현재-미래 자체의 시간이 존재하고 없어지지 않는다는 뜻이다. 미래로만 한정해 보면, 예를 들어 5일 뒤의 미래가 현재 존재하고 있는지의 문제이지, 5일이 지나 보니 존재하고 있다고 생각하는 것이 아니다. 또한 과거-현재-미래의 어떤 다르마(법)가 존재한다는 문제와도 다르다. 시간이라는 것 자체가 존재한다는 것이다. 이들이 비유하기를, 주판알이 1단위, 10단위, 100단위에 놓인 위치에 따라 그 의미가 다르듯이 아직 법이 작용하지 않은 것을 미래라 하고, 지금 작용하고 있는 상태를 현재라 하며, 이미 작용을 마친 상태를 과거라고 부를 수 있는 것과 같이, 과거-현재-미래의 법 자체로서는 동일하다는 것이다.

이 문제를 일상적인 해석과 초현세적인 해석으로도 볼 수 있다. 일상적인 해석은 지금의 이 다리와 건물이 미래에도 존재한다고 생각하고 보니 우리가 현재 마음껏

▷ 부파불교 도해(남전/南傳)

| 도사(島史) – Dīpavaṃsa ||||||
|---|---|---|---|---|---|
| 상좌부 (上座部) Sthaviravāda | → | 분별설부 (分別說部) Vibhajjavāda | → | 상좌부 불교 Theravāda ||
| ::: | ::: | 화지부 (化地部) Mahīśāsaka | → | 설일체유부 (說一切有部) Sarvāstivāda | 음광부 (飮光部) Kāśyapīya |
| ::: | ::: | ::: | ::: | ::: | 설전부 (說轉部) Sankr-antika |
| ::: | ::: | ::: | ::: | ::: | 설경부 (說經部) – 경량부 (經量部) Sautr-āntika |
| ::: | ::: | ::: | ::: | 법장부(法藏部) Dharmaguptaka ||
| ::: | ::: | 독자부 (犢子部) Vatsiputrīya | → | 법상부(法上部) Dharmattarīya ||
| ::: | ::: | ::: | ::: | 현주부(賢冑部) Bhadrayāniya ||
| ::: | ::: | ::: | ::: | 밀림산부(密林山部) Sannāgarika ||
| ::: | ::: | ::: | ::: | 정량부(正量部) Saṃmitīya ||
| 대중부(大衆部) Mahāsaṃghika | → | 일설부(一說部) Ekavyahārikas |||| 
| ::: | ::: | 계윤부 (雞胤部) Kaukutika | → | 설가부 (說假部) Prajñaptivāda | 제다부 (制多部) Caitika |
| ::: | ::: | ::: | ::: | 다문부 (多聞部) Bahuśrutiya | → |
| 기타 설산부 등 6개부파를 더 언급하고 있다. ||||||

행동할 수 있다. 발바닥의 도로가 싱크홀 현상으로 꺼져버린다면 어떻게 걸어 다닐 수 있겠는가? 성수대교가 붕괴되기 직전의 차량들을 운행하는 사람은 1분 뒤에도 당연히 다리가 있다고 예상하기 때문에 운행하였지만 결국 교각 상판의 붕괴로 참사를 당했다. 9·11 당시 쌍둥이 빌딩에 있던 사람 역시 마찬가지로 미래에도 건물이 존재

할 것이라 생각하였지만, 건물이 붕괴되어 그렇게 많은 사람이 죽게 될 줄은 몰랐다. 즉 미래가 존재한다는 것은 현재를 살아가는 사람에게 필수적인 것이다.

이러한 붕괴는 서로 의존하고 있기 때문에 발생한 것이다. 즉 교각을 구성하는 시멘트와 철근들이 다리를 받치기 때문인데, 그렇지 않을 경우 붕괴된다. 쌍둥이 빌딩도 테러리스트의 비행기를 동반한 충돌이라는 요소가 추가되면서 붕괴의 길로 간 것이다.

그러나 불교는 이런 일상적인 것과는 달리 현재의 사물의 구성요소가 서로 의존하는 실체인가, 의존하지 않는 실체인가 여부를 따진다. 그래서 이런 요소를 5위 75법의 분류체계하에서 설명한다. 5위(位)는 **색법(色法)**−물질(몸) 등 열한 가지와 **심법(心法)**−마음, **심소법(心所法)**−마음의 작용 마흔여섯 가지, **심불상응행법**−마음과 무관한 것 열네 가지, **무위(無爲)**의 세 가지 등 다섯 가지 위계를 가진 일흔다섯 가지의 법으로 이루어진 체계라는 것이다. 유부에서는 5위 75법이 존재함으로써 모든 삶의 현상이 존재 가능하다고 말한다.

곧 각각의 법들은 우리 삶을 유지 보존하는 근거로써 과거, 현재, 미래의 3세에 걸쳐 존재한다. 그리고 이러한 법들이 3세에 걸쳐 존재할 수 있는 것은 각각의 법에 변하지 않는 고유한 성질인 자성(自性; 혹은 자상−自相)이 존재하기 때문이다. 따라서 유부(有部)가 일체를 유(有)라고 말할 때, 존재하는 모든 것은 변치 않는 성질인 자성을 가진 법에 의거한다는 뜻이다. 다시 말해 우리의 삶은 삼세(三世)를 통해 변치 않는 성질을 가진 법이 존재하기에 가능한 것이라는 것이다.

유부(有部)에 대해서 논쟁이 되는 점은, 모든 것이 있다고 하는 주장과 무상(無常)이나 무아(無我)의 가르침이 어긋나는 것이 아닌가 하는 점이다. 공(空) 사상이 만연한 지금에서 보면 완전히 반대되는 주장을 한 것이라 보이지만, 과연 일체는 유(有)인지 공(空)인지 다시 생각해 볼 거리를 제공한다.

설일체유부(說一切有部)는 현재에 와서는 한국 불교에서(물론 중국과 일본 불교에서도 마찬가지임) 거론되지 않는 이론이지만, 대승불교의 공(空) 사상이 유부(有部)를 반대하기 위해서 나왔고, 부파불교라고 하면 유부(有部)라는 생각을 떠올릴 정도로 그 당시의 불교를 지배하던 사상이다. 또한 금강경이나 반야심경에서 유부를 의식한 구절들(금강경의 구절 중 과거심불가득, 현재심불가득, 미래심불가득)이 중요한 부분에 들어가 있는 점도 있기 때문에, 이를 모르고 공(空)을 논한다는 것은 허황될 수밖에 없고, 독단적인 사견(私見)에 지나지 않을 것이다.

유부(有部)는 원래 상좌부(上座部)로부터 분화되어 나왔는데, 설인부(說因部)라고도 불린다. 즉 원인을 설명하는 부파라는 뜻이다. 유부(有部)는 논리적으로 상좌부의 신도들을 굴복시킬 수 있었는데, 원인을 설명하는 데 아주 강했기 때문이다. 그래서 논쟁에서 연속해서 패한 기존의 상좌부의 일부(현재의 남방불교의 상좌부와 근원은 같다)는 결국 설산(雪山, 히말라야)으로 옮겨가게 되고 설산부(雪山部, Haimavata)가 된다. 지금도 히말라야의 기슭에 불교 전통이 많은 것은 그 이유에서이다. 그런데 유부(有部)와 설산부(雪山部)의 차이는, 유부는 경의 해석인 아비달마 즉 대법(對法)을 알리는 데 노력하고, 설산부는 경 자체의 가르침을 알리는 데 주력했다는 차이가 있다.

설일체유부(說一切有部)의 대표적인 사상을 보자.[32]

해심밀경 권3의 삼시교판(三時敎判)[33] 설명에서, 붓다가 설한 내용을 세 단계로 나누는데, 제1시는 유(有)를 설한 시기로 아함경을 가리키고, 제2시는 공(空)을 설한 시기로 반야경을 가리킨다. 제3시는 공(空)도 아니고 유(有)도 아닌 중도(中道)를 설한 시기로 해심밀경의 유식경전을 말한다고 하는 것이다. 즉 제1시의 유(有)란 바로 설일체유부를 말한다. 이는 중국에서도 수나라 때의 천태종의 지의(智顗), 삼론종의 길장(吉藏), 당나라 때의 화엄종의 법장(法藏) 등이 모두 부파불교의 대표적 사상을 유(有)라고 생각한 점을 보면 의견이 일치한다.

따라서 붓다 입멸 후에 부파불교에 들어서서 계율과 가르침을 둘러싼 분화가 일부분 있었지만, 가장 지배적이면서 이론적 완결을 자랑하던 부파가 설일체유부다.

그런데 왜 이러한 법이 과거와 미래까지 존재한다는 주장을 한 것인가? 그것은 법이 현재만 존재한다고 하는 것이 우스꽝스런 결과가 되기 때문이다. 현재라는 것은 순간적으로 지나가는 것인데, 그러한 법이 찰나에 생겼다 사라진다는 것은 우리가

---

32) 양훼이난저, 불교사상사 150면 이하.
33) 교상판석(敎相判釋)에서 가장 유명한 것이 천태종의 5시 8교로, 화엄시, 녹원시(아함경), 방등시(대승), 반야시(반야경), 열반시(법화경)를 들고 있지만, 사실 붓다의 말에 근거하지 않은 것이다.

의지할 것이 아무것도 없게 되는 결과가 되는 것이다. 그래서 미래에도 존재한다는 주장을 해야 하는데, 그럴 경우에는 또 법은 현재를 관통하여 미래까지 존재하게 되니, 과거에도 존재했어야 했다고 해야 되며, 그래서 과거 현재 미래를 통해 항상 존재한다는 결론을 내리게 되는 것이다.

유부의 사상체계는 붓다의 가르침을 올바로 이해하고자 하는 노력의 결과로 볼 수 있다. 하지만 삼세실유로 대표되는 법의 근본성격에 대해서는 이후 많은 논란을 낳았다. 유부에서 파생된 경량부는 삼세실유가 아닌 현재실유를 주장하여 현재만이 존재한다고 주장하였고, 후에 생겨난 대승에서는 법의 무자성(無自性)을 주장하여 모든 것을 공(空)이라 보게 된다.

왜 삼세(三世)가 실재한다고 주장하는 것일까? 아니 현재가 실재하는지조차 의문일 때가 있지 않은가? 이러한 점을 불교의 시간관과 현대과학의 시간관을 비교해 보아야 한다. 이러한 시간에 대한 것은 **시제법공상 불생불멸 불구부정 부증불감**의 뒤편에서 상세히 검토해 보기로 한다. 이 구절들이 시간과 관련되기 때문이다.

### 라) 대승불교의 본격 등장

모든 것이 실재한다는 유부의 주장에 대하여, 모든 것이 공(空)이라는 주장으로 후기불교를 지배한 대승불교를 보자.

당나라 시대 의정(義淨, 635~713)이 인도를 방문한 후 작성한 남해기귀내법전(南海寄歸內法傳)에서 "보살에게 경배하고, 대승경전을 읽으면 대승이고, 그렇지 않으면 소승이라 부른다. 대승에는 두 가지가 있으니 하나는 중관(中觀)이고, 다른 하나는 유가(有家)다"고 하였다.

즉 현재 대승의 네 가지 주류로 꼽히는 중관, 유식의 두 가지만 있었고, 나머지 둘인 여래장 사상과 정토사상은 언급되지 않는 것을 유의하면, 여래장 사상과 정토사상은 중국에서 발전되었을 가능성이 많다.

#### ㉠ 기원

대승불교의 등장을 분석할 때 두 가지 측면으로 볼 수 있다. 하나는 불교를 둘러싼 사회 경제적 환경에 집중하는 것이고, 또 하나는 그냥 역사적 사실을 기술하는 것이다.

대승불교는 기원전 1세기에서 기원후 1세기에 걸쳐 남부 인도의 안드라(āndhra) 지역의 크리슈나(Kṛṣṇa)강 유역에서 발전되어 북부 인도로 전파되었다는 것이 다수의 견해다. 대승불교가 부파불교에 속한 적은 없지만, 그 주장의 내용으로 보아서 대중부(大衆部)에서 발전된 것으로 파악한 것이 종래의 주장인데, 근자에 대중부와 관련이 없다는 설도 유력하게 주장된다.

ⓒ 용어

대승(大乘)이라는 용어에서 승(乘, 탈 것)이라는 말은 고통의 세계를 건너서 열반의 저편으로 가는 뗏목이나 탈 것을 의미하기 때문에 사용하는 것이고, 그 목적이 일반적이라는 의미에서 크다는 뜻을 강조하여 사용한다. 그러나 대승에서 칭하는 소승(小乘)이라는 용어는 남방불교에서 사용하지 않고, 서구에서도 그냥 상좌부 불교라고 칭한다. 어떻게 보면 대승은 스스로 자화자찬의 용어를 사용하고 있는 것이다.

ⓒ 시기

대승불교가 나타난 시기는 기원전 1세기에서 기원후 1세기경으로 보고 있다. 그래서 시간의 관점에서 대승불교의 부흥은 기독교 시대의 초기와 거의 일치한다. 기독교가 발흥하는 시기에 불교는 기본 교리의 급속한 개혁을 겪으며, 이전의 불교(이를 기본불교라 칭한다)보다는 기독교에 더 가깝게 변했다.

먼저 사랑과 친절, 동정심이 기본불교에서 종속적인 것이었는데, 대승에서는 기본 덕목이 되었고, 이는 기독교적 사랑에 대한 강조를 연상시킨다. 또 보살(菩薩)이라는 개념이 중생에 대한 연민을 가지고 그들의 행복을 위해 자신의 삶을 희생하는데, 이는 우리의 죄를 속죄하기 위해 죽은 예수를 연상시킨다. 그리고 불교에서 종말론적 사상이 대두되어 미륵불의 재림을 열렬히 희망하는 점도 들 수 있다.[34] 콘체는 이러한 유사성을 더 열거하고 있다.[35]

지역적으로 인도 남부는 지중해 지역과 교류하면서 로마 제국과 긴밀한 무역관계에 있었고, 이 지역에서 로마 주화가 엄청나게 발견되었다. 이 지역에서 발견된 로마 화폐 등으로 미루어볼 때, 기독교가 발흥하던 당시에 교류가 활발하던 남부 인도의 안드라 지방에서 대승이 먼저 시작된 사정을 이해할 수 있다.

〈그림 13〉에서 17번은 나가르쥬나콘다인데, 근처의 아마라바티(Amaravatī) 사원과 가까운 곳으로 드라비도-알렉산드리아 합성양식(Dravido-Alexandrian synthesis)[36]이라 불리는 곳이다. 이곳은 첫 대승경전이 출현한 곳이고, 나가르쥬나, 즉 용수(龍樹)가 살았던 곳이다.

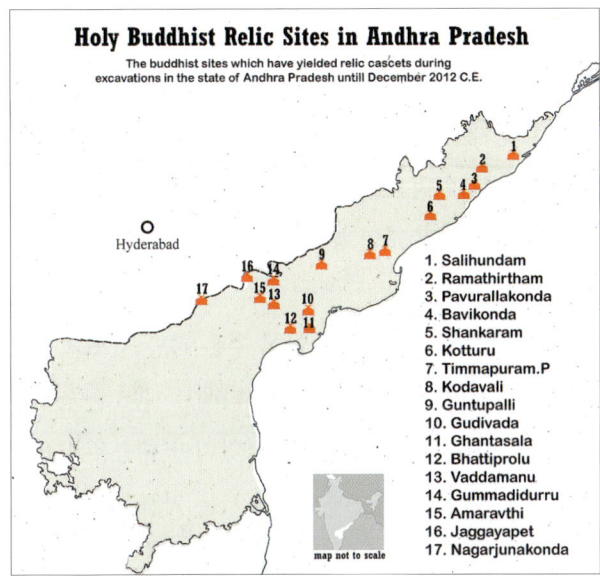

〈그림 13〉 오른쪽 아래의 작은 사각형이 인도의 전체 지도이고, 그 인도의 남동쪽의 하얀 부분이 안드라 지역 지도이다. 각 번호는 유물이 발견된 곳이다.

---

34) Edward Conze, Thirty Years of Buddhist Studies, 48~49p.
35) 콘체는 기독교와 대승불교의 유사성을 경전을 분석하여 보여주고 있다. 가끔 우리는 기독교와 대승의 경전에서 가까운 언어적 일치를 발견한다. 하나의 예만 들어도 충분할 것이다. 요한계시록(Revelation of St. John)은 동부 지중해의 그리스어로 써졌는데, 인도 남부에서 만들어진 대승불교의 가장 숭앙받는 책 '지혜의 완성 8000송'에는 '7개의 봉인'이 깊이 숨겨져 있고, 비슷하게 '지혜의 완성'은 7개의 봉인이 숨겨진(sealed with seven seals) 책이라 부른다. '항상 우는 자(Sadāprarudita)'라는 이름의 보살도 보이는데, 요한도 '심하게 운다.' 왜냐하면 그는 그 책을 열고, 봉인을 깨뜨릴 가치가 있는 자가 아무도 없기 때문이다. 이것은 오직 Lamb(어린 양) 혼자만이 할 수 있고, 그 양(羊)은 희생으로 도살당한다. 이러한 유사점은 그 종교적 논리의 유사성뿐 아니라, 숫자가 7이며 봉인된 책이라는 전체적인 인지가 인도적 전통이라기보다 유대교적 지중해적이라는 점에서 놀랍다고 한다.
36) 드라비다 즉 인도 원주민과 알렉산드리아 양식이 합쳐진 양식이라는 뜻.

ⓔ 등장 원인

아라한이라는 이상(理想)이 고갈되면서 평신도들의 압력이 거세지게 된다. 붓다 당시의 최고의 깨달음을 얻은 자를 아라한이라 하는데, 붓다가 열반에 들고 나서 500년이 지나자 아라한으로 깨닫는 자를 찾기가 힘들게 되자, 아라한의 시대는 끝났다는 것이 확연해졌다. 새로운 시대적 요청과 대중의 요구, 또 서방에서 들려오는 기독교의 가르침에 따라 누구나 보살이 될 수 있고, 타인에 대한 연민을 강조하는 대승의 이념은 일반인들에게 쉽게 다가갈 수 있었다.

그리고 대승불교가 확산된 것에는 유연한 교리해석이 있다. 부파불교의 분파에서 시작된 것 같이 계율에 대해서 사회 경제적 변화에 따른 계율의 세속화된 편입은 대승불교에 들어서서 각 지역의 전통 문화 및 믿음들과 혼성되어 불교 이론 속에 녹여 넣었다. 중국의 도교(道敎), 티베트의 전통 종교인 봉(Bon), 일본의 신도(神道), 이란의 마니교 등에 접목되어 전래되고 있다.

원래 율장(Vinaya)에서 수도승은 면으로 된 가사를 입어 추운 지방의 포교가 힘들었지만 유연한 해석으로 대승은 그 지역들을 파고 들었고(티베트, 몽고, 중국 북부, 일본), 고기를 먹는 것 때문에 유목민에게 포교하기 힘들었지만 대승은 유연하게 대처했다. 약품을 취급하지 못하는 계율도 대승에 이르러서는 약품을 다루면서 신도가 늘어갔고, 당시 유명한 나란다 대학의 교과과정에도 들어갔다.

에드워드 콘체는 몽골의 승려와 식사를 하였는데, 채식주의자용 음식을 대접하자 제대로 먹지 않아서, 다음 날 고기(육식)를 대접하자 잘 먹는 것을 보고, 계율에 대해 질문을 하였다. 그러자 그 승려는 "우리는 항상 고기를 먹습니다. 그것밖에 없기 때문입니다. 우리가 고기를 먹는 것이 붓다의 법에 어긋나고, 그 결과로 지옥에 다시 태어날지 모릅니다. 그러나 법을 몽골인에게 알려주는 것은 우리의 의무이고, 우리는 그 뒤에 올 결과를 받아들일 뿐입니다"고 대답한다.[37]

## 마) 대승불교의 주장 요지

대승불교가 당시의 불교와 뚜렷이 구분되는 특색은 두 가지다. 즉 아라한이라는

---

37) Conze, Thirty years of Buddhist Studies 중 Mahayana Buddhism, 75p.

이상이 보살로 전환된 점과 공(空)이라는 원리를 정교하게 제시한 점이다.

부자나 가난한 자, 배운 자나 못 배운 자, 강하거나 약한 자, 수도승과 평신도 누구나 보살이 될 수 있으며, 또 타인을 위한 자아희생의 개념이야말로 모두의 가슴을 뛰게 만들고 휘저으면서 쉽게 그들의 열망을 얻을 수 있었다. 그러나 연민과 더불어 가져야 하는 지혜는 어렵다. 그리고 지혜 없이는 진정한 연민도 힘들 것이다. 과연 타인에게 이롭다는 것이 무엇인지를 판별하는 것은 어렵다. 역시 세속적인 복지를 증진시키는 것과 법의 깨침을 주는 것은 받는 사람의 입장에서 주는 사람의 생각과 완전히 다를 가능성이 많다. 또 물에 빠진 사람이 같이 물에 빠져 있는 다른 사람을 도우는 것과 같은 결과가 될 수도 있다.

깨달음이란 인생의 본질과 의미, 그것을 형성하는 힘, 그것을 종식시키는 방법, 그리고 그 위에 놓여 있는 실재에 대한 철저하고 완전한 이해이다. 이런 깨달음을 줄 수 있다는 것이 타인에 대한 최상의 선물이 될 것이다. 이런 깨달음을 중생들이 가지게 되면 인류에 대한 사랑이라는 것은 사랑하려고 노력할 필요가 없이 당연하게 될 것이라 사랑이라는 것이 실체가 없는 것으로 여겨질 것이며, 중생이란 존재하지 않는다는 금강경의 구절이 이해가 될 것이다.

한편 대승은 역사적으로 존재했던 붓다를 부정하고, 그는 단지 초월적인 붓다가 세상에 나타나도록 육신으로 보내진 허구의 창조물이며, 붓다 시대에 지구상에 나타난 한 명이라고 주장한다. 그래서 석가모니 이외의 붓다에 대하여 시간에 따라 붓다가 늘어나고 있다. 처음에는 7명이었는데, 곧 24명이 되었고, 그 숫자는 꾸준히 증가하여 대승불교에서는 하늘을 다양한 붓다로 뒤덮게 된다.

동방에는 아축여래(阿閦如來), Akshobhya),[38] 서방에는 무한한 빛을 가진 아미타불(阿彌陀佛, Amitābha),[39] 다른 대중적인 붓다로서 약사(藥師)여래(바이샤즈야구루, Bhaishajyaguru), 아미타유스(Amitayus),[40] 대부분의 이런 셀 수 없는 붓다는 그들 자신의 왕국이나 영역, 신비로운 우주가 개별적으로 주어지고, 이 세계

---

38) 부동의 여래, 지혜의 다섯 붓다 중의 일인, 그는 금강석 지역의 동쪽에 살며, 동쪽 정토인 아비라티의 지도자이다.
39) 아미타불에 대한 숭배는 많은 부분 이란의 태양 숭배자로부터 빌려왔고, 인도와 이란의 국경 근처인 쿠샨왕조에서 유래한다. 이는 기원후 148년에서 170년 사이에 중국에 소개되었다.

가 아닌 깨끗한 세계 – 정토(淨土) – 에, 즉 죄와 고뇌가 없는 곳에 거주한다. 나중에 티베트의 탄트라불교에 이르러서는 더 수많은 붓다가 추가되었다. 그들은 비로자나불(Vairocana – 대승불교에서는 붓다의 법신을 표현할 때 비로자나불을 모신다), 금강살타보살(金剛薩埵, Vajrasattva. 티베트의 불교를 금강승이라 하는데, 그런 연유로 생긴 보살이다), 금강총지보살(金剛總持, Vajradhara, 일본에서는 집금강/執金剛으로 부른다. 티베트의 겔룩파와 카규파에서는 최초의 붓다로 모신다) 등이다. 헌신의 대상으로서도 붓다 석가모니는 배경으로 물러나고, 가끔 비로자나불(Vairocana) 정도의 크기로만 묘사되어 천상의 붓다 중에서도 축소된 상태로 표시된다.

**삼신(三身)론** : 기원후 300년경 대승불교는 마침내 삼신(三身)의 원리를 형성한다. 즉 붓다를 세 가지 개념으로 나누어서

① 법신(法身) : 변하지 않는 진리의 몸체를 말하는 것으로, 팔리어 경전에도 언급되었다. 즉 상윳따 니까야 상 22.87에서 "법을 보는 자는 나를 보고 나를 보는 자는 법을 본다. 와깔리여, 법을 봄에 있어서, 나를 보고, 나를 봄에 있어서 법을 보기 때문이다." 대승에서는 이 법신(法身) 개념을 확장하여 육신을 가진 붓다조차도 이 법신(法身)이 현현하는 것에 불과하다고 보게 된다.
② 화신(化身) : 허구적이고 불러내어진 몸으로서 법신이나 보신을 볼 수 없는 중생을 제도하기 위해서 직접 현세에 나타난 붓다의 몸을 말한다. 따라서 시간과 공간적으로 존재했던 석가모니 붓다와 같이 법신을 표현하기 위해 우리 눈에 보이는 육신의 붓다를 말한다. 이 화신은 티베트에서 받아들여져 카규파의 달라이 라마가 관음보살의 화신이라고 말해진다.
③ 보신(報身) : 오랫동안 고행을 거쳐서 된 붓다의 몸을 말한다. 그런데 보신에 대해서는 서로 견해가 갈린다. 기본적으로는 보살로서 수행하면서 세운 원력과

---

40) 아미타불과 같으나, 아미타불이 보신(報身)임에 비해 아미타유스붓다는 화신(化身)이라는 차이가 있다. 이들은 무한한 생을 가진 붓다로 이란의 주르반(Zurvan, 주르반은 조로아스터교의 한 분파로 영원한 시간을 의미한다)과 상응한다.

수행의 결과인 공덕을 몸으로 받은 것을 말한다. 그래서 이 세상이 아닌 천상의 세계에서 법을 가르치며 즐거움과 기쁨과 사랑을 낳는다고 하여 즐거운 몸(enjoyment-body)이라는 번역을 사용하기도 한다.

이 세 몸을 비유하자면, 법신이 달이고, 보신은 달빛이며, 화신은 달그림자라고 하는데, 진리의 측면에서 보자면 그런 표현도 가능하지만, 과연 법신이 역사적으로 실존했던 붓다와 그렇게 분리하여 볼 수 있느냐의 측면에서는 구분의 의미가 없다고 본다.

### 바) 대승불교의 발전

대승불교를 구성하는 중관파와 유식학파를 간단히 정리해 본다면, 중관파는 모든 것을 부정하면서 공(空)을 주장하는 것에 집착하여 언어적인 의미 이상으로 우리에게 도움이 되는 것은 없다. 그런데 유식유가행파의 경우에는 그들의 깊은 명상으로 알아낸 내면의 통찰로 인하여 지금도 우리가 참조할 점이 있다.

아상가(무착/無着)는 초월에 대하여 세 가지의 확실한 길이 있다고 하였다. ① 실재를 직접적으로 인식하는 방법, ② 차별적 인식을 하지 않기 때문에 완전하게 해방되어 모든 의심을 없애는 방법, ③ 초월적 명상의 경험을 가지는 것이다. 이 중 ②의 방법은 붓다가 자신의 경험으로 우리에게 가르쳐준 것이다.

그런데 유식유가행파는 자신들이 개발한 ③의 방법으로 요가를 택하였고, 그 과정에 나타나는 명상의 경험으로 오직 식(識)만이 존재한다는 주장을 하게 된다.

개인적으로 ①의 방법이 가능하기만 하다면 가장 좋은 방법이라고 본다. 그러나 의식을 가진 존재인 인간이 물 자체(Ding an sich)가 될 수 없기 때문에 실재를 직접적으로 인식하는 것은 불가능하다.

### 대승의 문을 열면서 생긴 인식의 전환

앞부분의 오온(五蘊)이 모두 공(空)이라는 선언 후에 '여기서'라는 다음의 구절은 대승의 문을 여는 것이므로, 이 뒤부터는 대승불교의 핵심 원리가 나열될 것이다. 그것은 색즉시공(色卽是空) 등의 원리, 제법(諸法)의 불생불멸(不生不滅) 등의 원리,

색수상행식(色受想行識)의 없음, 안이비설신의(眼耳鼻舌身意) 즉 12처의 없음, 안계(眼界) 내지 의식계(意識界) 즉 18계의 없음, 무명(無明) 내지 노사(老死) 즉 12연기의 없음, 고집멸도(苦集滅道)의 없음 등이다.

앞서 본 바와 같이 대승은 모든 것, 즉 제법(諸法)을 공(空)으로 보기 때문에, 처음 붓다의 말씀을 순응하다가 어느 순간 그것조차도 공(空)이라는 생각에 사로잡히니 지금과 같은 결론이 생기는 것이다.

대승불교에서 보살의 이념과 가장 상충되는 점은 '깨달음을 추구하는 존재인 아라한의 이상'이 다른 중생을 구제하겠다는 하화중생(下化衆生)의 이념을 가진 보살의 이상과 어떻게 조화될 수 있느냐이다. 법구경(166)에, "아무리 큰일이라도 남을 위한다는 핑계로 자신의 의무를 잊지 말라. 자기 의무를 알고, 항상 그 의무에 충실하라"[41]는 말과 같이 깨달음 한 가지를 쫓기도 힘든 상황이라는 것을 감안하면, 대승불교는 숨겨진 약점 한 가지를 가지고 있는 셈이다.

### 3) 사리자(舍利子)

고대 인도에서, 어린이들은 이름을 2개 받기도 한다. 양친으로부터 받는데, 사리불은 가끔 우파티샤(Upa-tishya), 즉 티샤의 어린이로 불리기도 하는데, 브라만의 승려였던 그의 아버지 티샤에서 따온 이름이다. 그러나 그는 자주 사리불(śāriputra)로 불리는데, '샤리의 아들'이라는 뜻으로, 어머니로부터 따온 이름이다. 그의 어머니 이름 사리는 눈이 샤리(새의 일종, 구관조 혹은 백로)를 닮았다고 해서 붙여진 이름이다. 푸트라(putra, son)는 '아이'라는 의미라서, 중국에서는 자(子)를 사용하여 사리자(舍利子)라고 번역하였지만, 푸트라(putra)의 음을 살려서 사리불(舍利弗)로 부르는 것이 더 좋을 것 같다. 사리불은 어려서부터 브라만 경전의 지식으로 유명했으며, 원리의 요점을 토론하는 기술에 있어서 이웃 동네에 살던 친구 목련존자(Maudgalyyana)와 쌍벽을 이루는 붓다의 2대 제자이다.

---

41) For the sake of another's benefit, however great it may be, do not neglect one's own (moral) benefit. Clearly perceiving one's own benefit one should make every effort to attain it.

젊은 사리불과 목련존자는 함께 마가다국의 수도인 라즈기르(고대 이름은 라자그라하, Rājagrha, 왕사성)를 여행한 후, 불가지론으로 유명한 산자야(Sañjaya Belaṭṭhaputta)를 찾았다. 그들은 처음에 그의 논쟁에 매료되었지만, 곧 산자야의 가르침에 식상하게 되었다. 그들이 더 배울 것이 없다고 느꼈을 때, 인생과 그다음 생의 고통을 구해 줄 방법을 가르쳐줄 사람을 찾아 헤매었다.

오래 지나지 않아, 사리불은 구걸하며 아침의 탁발을 하는 아사지(Assaji, 산스크리트어 Ashvajit)를 만난다. 아사지는 석가모니의 사촌이고 최초의 다섯 제자 중 하나이다.[42] 아사지의 거동에 감명받은 사리불은 스승이 누구인지 묻고 그가 무슨 가르침을 따르는지 묻는다. 아사지는 석가모니가 스승이라고 말한다.

무슨 가르침을 따르느냐는 말에 그는 말하기를 "원인이 있어 생기는 것에 관하여, 여래는 그것이 어떻게 시작되는지, 그리고 어떻게 소멸하는지를 보여준다, 이것이 위대한 은자(隱者)의 가르침이다"고 말한다.

그 말을 듣고 사리불은 네 가지 단계의 성취 중 제일 처음의 성취를 얻게 되는데, 그것은 "흐름에 들어가는 성취" – 입류(入流)로 알려진 성취로써, 한역에서는 수다원(Srotāpanna)의 경지로 표현된다.

〈그림 14〉 사리불, 미얀마, 19세기, Honolulu Academy of Arts

사리불은 목련존자에게도 그 사실을 알려주었고, 목련존자도 역시 같은 구절을 듣고 또 '흐름에 들어가는 성취'에 도달한다. 두 사람은 붓다의 제자가 되기로 하면서, 사리불은 그들을 처음 가르친 스승 산자야에게도 합류하도록 제안하였다. 그러나 산자야는 또 다른 사람의 제자가 되기를 원치 않았다. 그래서 사리불과 목련존자는 붓다를 만나러 가면서, 500명의 산자야 제자들도 데리고 갔다.

---

42) 붓다의 첫 제자들은 나중에 5비구로 불리는데, 아갸타카운디냐, 아슈와지트, 마하나만, 바드리카, 바슈파 등이었다.

※ 산자야 벨라티푸타

그는 불가지론자로서, 현실 감각을 통해서 인식할 수 있는 것은 인정하지만, 사후(死後)나 영혼 등 형이상학적 문제는 판단하지 않았다. 그는 육사(六邪)외도(外道)의 1인이었다.

※ 육사외도

육사외도는 우파니샤드 철학의 사상과 학설로서 당시 62견(見), 혹은 360종의 이설(異說)이 있었는데, 가장 영향력이 큰 여섯 유파를 말한다. 구체적으로 보면, 본문의 산자야 벨라티푸타 외에도,

① 자이나교 창시자인 니간타 나타푸타(Nigantha Nataputta)의 고행주의 – 이 유파는 모든 사물은 보는 관점에 따라 다르기 때문에 항상 어떤 관점을 취하면 어떤 결론이 난다라고 전제를 하여야 하므로, 상대주의적 인식론을 가진다고 할 수 있다. 또 우주의 모든 존재는 명(命)과 비명(非命)으로 구성되어, 명(命)은 다수의 실체적인 자아이며, 비명(非命)은 법, 비법, 허공, 물질의 4요소로 구성되어 있다. 인간의 정신인 명(命)은 육체인 비명(非命)에 둘러싸여 있어서 자유롭지 못하므로, 육체에 고행(苦行)을 가하여 명(命)이 자유롭게 해탈할 수 있도록 만든다고 주장한다.
② 유물론자인 아지타 케사캄발라(Ajita Kesakambalia) : 한자로 무승발갈(無勝髮褐)로 표기하는데, 그는 인도 유물론의 최초의 옹호자로 여겨진다. 붓다와 마하비라(자이나교의 24대 교조)와는 동시대인으로 보인다. 세계는 지수화풍의 4요소만으로 이루어지고, 사후에는 원소로 분해되며, 아무런 복덕이나 과보가 없다고 주장하며, 현재에 충실하여 즐거움을 추구하라고 하였다. 그래서 이 유파를 순세파(順世派)라고 한다.
③ 도덕을 부정하는 푸라나 카사파(Pūranna Kassapa) : 이들은 선악(善惡)의 구별이 관습에 의해 생기므로, 진실로 선악의 구별은 실재하지 않는다고 주장하였다. 따라서 연기(緣起)와 업(業)도 존재하지 않는다고 한다.
④ 결정론자인 마칼리 고살라(Makkhali Gosala) : 모든 존재는 지수화풍과 고락

(苦樂), 영혼, 허공, 득실(得失), 생사(生死)의 열두 가지 요소로 이루어져 있고, 이것들이 조합된 8만 4천 가지의 길에 따라 사는 것이라고 주장한다. 이에 의하면 자유의지는 없으며, 모든 것이 운명적 숙명적 결과가 된다.

⑤ 불멸론자인 파구타 카자야나(Pakudha Kaccayana) : 극단적 현실주의를 주장한다. 인간과 자연은 지수화풍, 고락(苦樂), 명(命)아(我) (영혼과 정신)의 절대불변의 7요소로 구성되어 있고, 이것들은 인간의 의지로 어쩔 수 없는 것이므로, 고(苦)이든 낙(樂)이든 주어진 대로 살아야 한다고 주장한다. 인간은 정신과 육체의 갈등관계에 있으며, 명(命)과 비명(非命) 사이에 고(苦)가 있다고 주장한다.

붓다가 두 사람과 그들의 수행원들이 오는 것을 보고, 그는 제자들에게 이들이 그의 주요 제자가 될 것이라고 말하였다. 그는 그들을 제자로 삼았고, 일주일 내에 목련존자는 제자들 중 최초로 네 번째 단계인 아라한에 도달하였는데, 그 단계는 욕망이 없고 더 이상의 윤회가 없는 단계이다. 그 한 주 뒤에, 사리불도 아라한이 되었다. 사리불이 일주일 더 걸린 이유에 대해, 그가 붓다의 가르침을 너무 상세하게 생각했기 때문이라고 말해진다. 그래서 붓다 생전에 목련존자는 영적인 힘에 있어서

〈그림 15〉 사리불이 태어나고 죽은 나란다(Nalanda)에서 발굴된 스투파

붓다의 제자들 중 제일로 평가되었고, 사리불은 지혜의 제일로 평가되었다. 조각상이나 그림에서 사리불은 항상 붓다의 오른쪽에 서고, 목련존자는 붓다의 왼쪽에 선다. 붓다 생전에 사리불은 그의 제일 수행원이었고, 때때로 법을 설할 때 붓다의 역할도 했다.

🎙 숫타니파타 세에라경(selasutta) 숫 557에서 세에라존자가 붓다의 상속자가 누구인지 질문하자, 붓다는 "내가 굴린 법의 바퀴는 사리불이 여래의 뒤에도 굴릴 것이다"고 대답한다.

갠지스강의 범람원(汎濫原)을 건너 그의 스승과 사십 몇 년간을 방랑하면서, 사리불은 마침내 그의 어머니를 가르치러 나라카(Nalaka)에 있는 집으로 왔다. 그러나 그곳에 있는 동안, 그는 병에 걸려 죽었다. 붓다가 열반하기 6개월 전이다. 그의 몸은 화장되었고, 그 유골은 춘다에 의해 붓다에게 왔다. 붓다는 그 유골을 아자타샤트루(Ajātashatru) 왕에게 주어서, 스투파에 유물과 함께 안치하도록 하였다. 서기 1851년에 사리불의 유물이 그의 친구 목련불의 것과 함께, 중부 인도의 보팔 근처 산에서 알렉산더 커닝햄(Alexander Cunningham)에 의해 발굴된 스투파에서 발견되었다. 묘법연화경 3장에서, 붓다는 사리불이 열반의 목표를 희생하고 보살행을 대신 갈 것이며, 결국에는 붓다 파드마프라바(Padmaprabha)가 될 것이라 예언했다. 이것을 염두에 두면, 반야심경은 그의 새로운 경력의 첫 발자국으로 읽히게 될 수 있다.

**반야심경에 등장한 이유** : 팔리 경전에는 사리불에 대한 기술이 모두 통일되어 있고, 그가 붓다 다음으로 현명하며 영향력 있는 아라한임을 보여준다. 그런데 몇몇 대승경전에서는 그를 평가절하하고 있다.

※ 유마경에서 사리불은 소승이나 상좌부 전통을 대변하지만, 대승경전에는 정통하지 못한 것으로 나온다. 경전에서 사리불은 유마힐에 의해 제시된 대승의 원리를 쉽게 파악하지 못하는 것으로 나타난다. 유마경 관중생품 후반부에서 여신(女神)으

로 나타난 데바(deva)는 성문의 법과 벽지불의 법문, 대승의 법문을 나열하면서, 대승법의 우월성을 말한다. 사리불은 왜 현명하고 능력있는 사람이 여성의 몸으로 나타나는지를 질문하는데, 여신은 사리불을 일시 여자로 바꾼 후에 여자의 얼굴을 하였다고 하여도 사리불이 본래 여인이 아님을 깨쳐준다. 즉 모든 법은 남자도 아니요, 여자도 아니라는 것을 말한다.

이렇게 기본불교에서 법을 승계한 것으로 알려진 사리불을 대승의 잣대로 비하하면서 대승의 우월성을 말하고 있는 것이다.

이렇게 사리불을 등장시킨 점과 함께, 공(空)에 대한 말을 하는 중에 해공(解空) 제일인 수보리존자가 나서지 않으면서 사리불을 등장시킨 이유에 대해서는 여러 설이 있지만, 지혜 제일의 사리불을 내세워서, 지혜만으로 해결되지 않는 공(空)을 설명하기 위한 것으로 보인다.

### 🔍 역본 비교

| 번역자 | 내용 | 비고 |
|---|---|---|
| 구마라집 – 반야 – 법월 | 사리불(舍利弗) | |
| 현장 – 지혜륜 – 법성 – 시호 | 사리자(舍利子) | |

### 4) 색불이공 공불이색(色不異空 空不異色)

이 부분은 산스크리트어본과 현장본이 다르다. 산스크리트어본을 번역하면, 아래와 같이 3단 구조로 되어 있다.

| | 번역 | 비고 |
|---|---|---|
| 1단 | 물질은 공성(空性)이고, 공성(空性)인 것은 실로 물질이다. | |
| 2단 | 공성(空性)은 물질과 다른 것이 아니고,<br>물질은 공성(空性)과 다른 것이 아니다. | 색불이공 공불이색 |
| 3단 | 물질인 것은 공성(空性)이며, 공성(空性)인 것은 물질이다. | 색즉시공 공즉시색 |
| 공통 | 그와 같이 실로 느낌과 인식과 의지와 생각도 그러하다. | 수상행식 역부여시 |

그런데 제1단의 "물질은 공성(空性)이고, 공성(空性)인 것은 실로 물질이다"라는 부분을 색즉시공(色卽是空), 공즉시색(空卽是色)이라고 번역할 수도 있다. 레드파인은 그렇게 번역하였는데, 그 외의 모든 역자는 이 부분을 다르게 번역하였다. 오히려 레드파인은 모두가 색즉시공(色卽是空) 공즉시색(空卽是色)이라 번역한 제3단 부분을 '시색피공(是色彼空) 시공피색(是空彼色)'이라 번역하였다. 이는 그가 한자에 약하기 때문에 여러 인용문 중에서 본인이 적당하다고 생각하는 것을 골랐기 때문으로 보인다.

한역에서는 단순히 '물질은 공과 다르지 않고, 공은 물질과 다르지 않다'라는 이 부분을, 산스크리트어본에서는 '물질은 공성이고, 공성은 물질이다'라는 부분을 먼저 서술하고, 한역본과 같은 이 부분의 구절이 시작된다. 그러므로 산스크리트어본은 제1단 부분이 더 들어가 있는 격이다.

이렇게 산스크리트어본과 한역본 중의 현장본이 다른 것은 무슨 의미가 있을까? 한역본 중에서 지혜륜 등의 번역은 산스크리트어 번역과 같은 순서로 되어 있다. 즉 아래 부분을 현장본에서는 번역하지 않았지만, 다른 한역본에는 이 부분을 아래와 같이 번역하고 있다.

色性是空, 空性是色　　　색성시공 공성시색
色空, 空性見色　　　혹은 색공 공성견색

<u>rūpaṃ śūnyatā śūnyataiva rūpaṃ</u>; rūpānna pṛthak śūnyatā śunyatāyāna pṛthag rūpaṃ; yad rūpaṃ sā śūnyatā; ya śūnyatā tad rūpam. evam eva vedanā samjñā saṃskāra vijñānaṃ.

현장의 번역은 색(色)과 공(空)의 관계를 2단(二段)으로 기술하고 있지만, 산스크리트어본과 다른 한역본들은 그 관계를 3단(三段)으로 기술한다. 그래서 현장이 색불이공 공불이색, 색즉시공 공즉시색으로 한 것과 달리, 삼단으로 기술하는 것을 보면, 먼저 인도 마가다국의 법월(法月, Dharma candra)이 서기 738년에 보인 역본 보편지장반야바라밀다심경(普遍智藏般若波羅蜜多心經)에는

| 色性是空, 空性是色 | 색성시공 공성시색 |
| 色不異空, 空不異色 | 색불이공 공불이색 |
| 色卽是空, 空卽是色 | 색즉시공 공즉시색 |

이라고 명료하게 삼단으로 기술한다.

당나라 때의 승려 지혜륜(智慧輪)이 서기 847~859년에 보인 반야바라밀다심경에는

| 色空, 空性見色 | 색공 공성견색 |
| 色不異空, 空不異色 | 색불이공 공불이색 |
| 是色卽空, 是空卽色 | 색즉시공 공즉시색 |

이라고 삼단으로 기술하고 있다.

이렇게 산스크리트어 원문에도 삼단으로 되어 있고, 그 뒤 역본도 삼단으로 번역하였는데, 왜 현장은 2단으로만 표시하였을까? 뜻들이 비슷하니까 줄였다는 설이 유력하기는 하지만, 이렇게 짧은 경전에서 비슷한 말을 반복한 것처럼 보이는 것은 모종의 의미가 있는 것이라고 보아야 할 것이다.

## 🔎 역본 비교

⟨ rūpaṃ śūnyatā śūnyataiva rūpaṃ; ⟩

⟨ rūpānna pṛthak śūnyatā śunyatāyā na pṛthag rūpaṃ; ⟩

⟨ yad rūpaṃ sā śūnyatā; ya śūnyatā tad rūpam. ⟩

| 번역자 | 내용 | 비고 |
|---|---|---|
| 구마라집 | 비색이공, 비공이색(非色異空, 非空異色)<br>색즉시공, 공즉시색(色卽是空, 空卽是色) | |
| 현장 – 반야 | 색불이공, 공불이색(色不異空, 空不異色)<br>색즉시공, 공즉시색(色卽是空, 空卽是色) | |

| 법월 | 색성시공, 공성시색(色性是空 空性是色)<br>색불이공, 공불이색(色不異空, 空不異色)<br>색즉시공, 공즉시색(色卽是空, 空卽是色) | 식(識)도 반복 |
|---|---|---|
| 지혜륜 | 색공, 공성견색(色空, 空性見色)<br>색불이공, 공불이색(色不異空 空不異色)<br>시색즉공, 시공즉색(是色卽空, 是空卽色) | |
| 법성 | 색즉시공, 공즉시색(色卽是空 空卽是色)<br>색불이공, 공불이색(色不異空, 空不異色) | 순서역전 |
| 시호 | 즉색시공, 즉공시색(卽色是空, 卽空是色)<br>색무이어공, 공무이어색(色無異於空 空無異於色) | |

구마라집본에는 이 부분의 앞에, 색공고무뇌괴상(色空故無惱壞相), 수공고무수상(受空故無受相), 상공고무지상(想空故無知相), 행공고무작상(行空故無作相), 식공고무각상(識空故無覺相)이 있다.

〈 rūpaṃ – 색(色), 형상, śūnyatā – 공성(空性), śūnyataiva – 공성(空性)인 것, rūpaṃ – 공성(空性) 〉

〈 rūpān – 색, na – 아니다, pṛthak – 다른, śūnyatā – 공성, śunyatāyā – 공성, na – 아니다, pṛthag – 다르다, rūpaṃ – 색 〉

〈 yad – ~인 것, rūpaṃ – 색, sā – 그것, śūnyatā – 공성; ya – 인 것, śūnyatā – 공성, tad – 그것, rūpaṃ – 색 〉

3단으로 된 부분을 중관파의 용수(龍樹)가 주장하는 공가중(空假中)[43]의 3단으로 보는 견해가 있다.

---

43) 용수는 공(空)을 절대적인 무(無)라는 관점으로 보지 않으며, 연기의 관계로 보기 때문에 공(空)과 연기(緣起), 중도, 즉 공가중(空假中)은 모두 같은 것이라고 주장한다. 용수의 중론(中論)의 제24장인 관사제품(觀四諦品)의 게송을 보면 이러한 관점이 잘 드러나 있다.
諸法有定性(모든 법이 정해진 성질이 있으면), 則無因果等諸事(그것은 원인과 결과 등의 모든 일이 없을 것이다). 如偈說(그래서 나는 다음과 같이 말한다).
衆因緣生法(여러 인과 연에 의해 생기는 법) 我說卽是無(나는 이것이 무라고 말한다.)
亦爲是假名(또한 이것이 가명이라고 하고) 亦是中道義(또한 중도의 이치라고 말한다.)
未曾有一法 不從因緣生(원인과 결과를 따라 생기지 않는 법은 아직까지 하나도 없다.)
是故一切法(그러므로 일체의 법은) 無不是空者(공하지 않음이 없다.)

즉 제1단의 색성시공(色性是空), 공성시색(空性是色)의 부분은 용수가 말하는 공(空)에 해당하며, 물질적 존재를 현상으로 포착하지만 현상이라는 것은 무수한 원인과 조건에 의해 변화하므로, 변화하지 않는 실체란 없다는 의미에서 공(空)이고,

제2단의 색불이공(色不異空), 공불이색(空不異色)은 용수가 말하는 가(假)에 해당하는데, 이는 제1단의 사상적 표현이므로, 모든 것이 현상들의 인연에 의해 형성된 점을 보아서 실체가 없다는 것이고, 그러므로 일체가 원인과 조건으로 구성되는 점을 알아차리면 이 연기의 세계를 뚫어볼 수 있다는 것이다. 그것을 위해서 임시로 현상, 혹은 물질을 움직이지 않는 것으로 가정하고 다른 것과의 관계를 보아야 하는 것이다. 그렇게 보는 경우, '나'는 다른 것에 의해 규정되며, 현재의 '나'와는 다른 '나'가 성립되는 것을 체감할 수 있다. 결국 일체의 것은 늘 '나'에게 대립하고, '나'를 부정하는 것에 의해 한정되는 관계에서, 다시 '나'를 긍정해 가는 작용을 하게 된다.

제3단의 색즉시공(色卽是空), 공즉시색(空卽是色)은 용수가 말하는 중도이다. 제1단과 제2단이 체험적으로 파악된 세계라면, 이것은 살아 있는 체험으로서 확실히 파악된 세계인 것이다. 현수대사 법장의 심경약소에는 이러한 제3단의 체험에 대해서, 색즉시공은 큰 지혜(大智)를 이루어 생사에 머물지 않고, 공즉시색은 대비(大悲)를 이루어 열반에 머물지 않는다고 표현하고 있다.

이러한 점을 역사적으로 보는 경우에 용수의 공가중(空假中)으로 파악할 수도 있는 것은 사실이다.

그러면 단순히 역사적인 점으로만 보고 말 것인가? 먼저 3단으로 된 산스크리트어본과 한역본을 살펴보기로 한다. 법월의 색성시공 공성시색(色性是空 空性是色)이라는 구절이 반야심경의 구절들과 대조가 되므로, 법월의 역본에 의해 살펴보면, 물질과 공의 관계에 관한 언급으로, 3단을 순서대로 나열하면, 색성시공 공성시색, 색불이공 공불이색, 색즉시공 공즉시색이라 되는데, 이들이 논리적 인과관계가 있는지를 살피기로 한다. 먼저 '색성시공'이라는 부분은 '물질적 성질은 비어 있다'로 번역된다. 물질의 성질은 공(空)이라고 먼저 서술한 후에, 물질은 공(空)과 다르지 않다, 그러므로 물질은 공(空)이라는 논리 전개는 우리가 익히 아는 삼단논법적인 서술이다. 이렇게 볼 수 있는 이유는 반야심경만 볼 경우에, '물질은 공이다'라는 것과 '물질에 대해서 설명해 보겠다. 물질이라는 것은 그 숨어 있는 성질은 사실 비어

있다'라고 하는 것과 듣는 사람의 경우에 많은 차이가 있다. 즉 후자는 듣는 사람을 설득시키기 위한 방편이므로, '과연 그럴까?'라는 생각으로 그 후속되는 말을 기대하게 된다. 그런데 전자의 경우와 같이 '물질은 공이다'라고 단도직입적으로 말하면, 처음 듣는 사람의 경우에 '무슨 말을 하는 것인가? 물질이 비어 있다니, 더 듣기가 거북하다'는 생각을 할 것이다. 역시 논리 전개 순서와 청중의 입장을 고려하면 3단으로 기술하는 것이 맞는 것으로 보인다.

따라서 현장본의 경우에 이러한 논리 전개를 생략하고, 물질은 공(空)과 다르지 않다고만 하는 부분으로 시작하였는데, 위와 같은 맥락을 아는 사람에게는 이해가 될 수도 있지만, 그렇지 않고 단순히 시작하는 그 구절을 접하면, (관심이 없는 사람에게는) 터무니 없다는 생각을 할 수도 있고, 혹은 (믿음이 있는 사람에게는) 신비로운 비밀의 말이라고 생각할 수도 있는 것이다.

또 산스크리트어와 한문의 차이로 인하여 현장의 입장에서 생각해 보면 제1단과 제3단의 형식이 유사하여 한문으로는 미묘한 차이를 옮길 수 없었던 것으로 보이고, 그래서 제1단을 생략한 것으로 보인다.

《그런데 과연 물질의 성질은 공(空)이라는 부분은 맞는 것일까? 우리가 반야심경을 문자 그대로 믿기로 했다면 맞다고 생각하고 외우면 되겠지만, 그 뜻은 새겨봐야 되지 않을까?》

그래서 현장본에는 나오지 않지만, 산스크리트어본이나 다른 한역본에 나오는 '물질의 성질은 공(空)'이라는 부분을 보기로 한다. 색성시공 공성시색(色性是空 空性是色)이라고 한 부분이다. 이를 지혜륜은 색공 공성견색(色空 空性見色)이라고 한 것은 위에서 보았다. 단순히 '물질은 공(空)이다'고 하는 것과 '물질의 성질은 공(空)이다'고 하는 것은 듣는 사람에게 다른 인상을 준다. 여기서 말하는 물질의 성질이란 무엇을 말하는 것일까? 물질을 이루는 요소로 보이는 근본적인 것을 의미한다. 따라서 외관상 물질로 보이지만, 그 물질을 구성하는 근본요소는 물질과는 다른 것이라는 의미로 접근하자. 이럴 경우 우리는 물질이 공(空)이라고 하는 급작스러운 표현에서 생각이 따라가기 힘들고 바로 납득하기 힘들었지만, 그 물질의 성질이라는 표현이 나오므로, "아, 우리가 아는 물질과는 달리, 물질의 성질이라는 것을 보면, 그것은 공(空)일 수 있는가 보구나"라고 생각할 수 있다.

그런데 이 구절을 보는 여러 관점이 있다. 불교 역사적 관점으로 볼 때, 이것은 설일체유부(說一切有部, Sarvastivada)를 겨냥한 것이라고 하는 설이 있다. 설일체유부에서는 물질이라는 법이 홀로 존재한다고 주장한다. 반야심경에서는 그런 법은 존재하는 것이 아니고 비어 있다는 반박을 하는 것이다.

그다음 공(空)의 성질은 물질이라는 구절은 부파불교의 하나인 경량부(經量部, Sautrāntika)를 겨냥한 구절이라는 것이다. 왜 경량부가 과녁이 되었는지를 알기 위해서 경량부의 내용을 잠시 살펴보자. 경량부는 설전부(說轉部, Saṃkrāntivāda)라고도 부르는데, 이들은 오직 경(經)만을 올바른 기준으로 삼고 율이나 대법에 의지하지 않으며, 근거를 구할 때에는 경으로써 증명하였기 때문에 경부사(經部師)라는 이름이 붙었다. 그들 주장에 의하면, 모든 온(蘊)은 전세에서부터 후세로 바뀌어 이르는 것이라 말하여 온(蘊)에는 근변온(近邊蘊)과 일미온(一味蘊)이 있다고 해석한다. 이러한 오온은 조온(粗蘊-거친 온)으로서 일반적으로 경험할 수 있는 것이라 하여 근변온(mūlāntika-skandha)이라고도 부른다. 그러나 한편으로 이 부파는 그 외에도 정밀하고 미세한 일미온(ekarasa-skandha)이라는 것이 있어서, 반성과 자각으로는 그 존재를 인식할 수 없는 초경험적 존재라고 상정한다. 그리고 거친 오온은 끊임없이 변화하는 존재이며 생명체가 사망하면 오온도 따라서 사라지지만, 정밀하고 미세한 일미온은 생명체가 사망하더라도 사라지지 않고, 생명체가 늙어 죽으면 일미온은 여전히 남아서 다음 생이 시작할 때 새로운 오온을 구성하여 새로운 생명체의 심신이 된다는 것이다. 설일체유부에서는 이 경량부와 존재들의 원인을 토론할 때 존재들의 원인이 실재로 존재하는 것이 아니며 단지 비유적으로 존재하는 것이라고 주장하였기 때문에, 비유자(譬喩者)라고 부르면서 그들을 비판하였다. 즉 경량부는 실체는 없으며 모든 것이 비유에 불과하다는 입장을 가지고 있었기 때문에 이들을 강하게 논박하게 된다. 이런 의미에서 모든 것이 공(空)이라는 입장을 가질 가능성이 있는 경량부를 향해서 반야심경은 공불이색, 공즉시색이라는 가르침을 준다는 것이다.

그런데 여기서 색(色)이란 무엇을 말하는 것일까? 산스크리트어 루빠(rūpa)란 오온(五蘊) 중의 색온(色蘊)에서의 색(色)을 말한다. 색온(色蘊, rūpa-kkhandha)은 물질의 무더기로 번역되지만, 여기서는 물질로 된 몸뚱이를 의미한다. 구체적으로 지수화풍(地水火風)의 사대(四大)의 요소, 안이비설신(眼耳鼻舌身)의 오내입처,[44] 색성향미촉(色聲香味觸)의 오외입처[45]와 같은 물질 일반을 나타낸다. 따라서 색(色)은 그 뒤의 안이비설신, 색성향미촉과 호응하기 위해서 몸, 혹은 물질이라고 번역하는 것이 맞다.

사실 거의 대다수 책들이 루빠(rūpa)를 '물질, 형체, 형태'로 번역하였고, 한역조차 색(色)이라고 하여 물질을 의미하는 것으로 번역하였다. 루빠의 원뜻이 외관(appearance), 형체-모습(figure), 형태(form)이기는 하지만, 여기 반야심경이나 여타의 곳에서 색(色)이란 것은 의식하는 자를 기준으로 하기 때문에, 그 의식하는 자의 물질, 즉 육신을 의미한다고 보는 것이 맞다. 그래서 이를 '몸'으로 번역하는 것이 오온(五蘊)을 이해하기 쉽도록 만들어준다. 틱낫한 스님의 반야심경 새 번역에서도, "들어보라 사리자여, 이 몸 자체는 공(空)이며, 공(空) 자체는 이 몸이다"[46]라고 하고 있다. 즉 '몸'이라고 번역하는 것이 반야심경을 아주 이해하기 쉽게 만들고 있다.

물질이 비어 있다는 것은 불교에서 가장 자주 선언되는 원리다. 그러나 반야바라밀다의 견지에서 물질은 단순히 비어 있는 것이 아니라, 완전히 비어 있고, 비어 있음 그 자체다. 그래서 물질과 비어 있음이 똑같은 것으로 판명난다.

어떻게 해서 그런가 : 물질, 혹은 다른 어떤 마음의 실체는 마음에 의해 정의되고 우리는 존재한다는 마음으로 볼 때 그것이 존재한다. 이 경우에 존재하는 유일한 것은 우리의 물질에 대한 정의이다. 물질 그 자체는 스스로 존재한다고 불릴 수 있는 어떤 것에 대해서도 비어 있다. 우리가 물질을 정의하는 어떤 것이라도, 그것은 다른 어떤 것에 의존해 있다. 그래서 물질의 본질적 속성은 공(空)이다. 그러나 공(空)은 단순히 실재에 대한 또 다른 이름이다. 실재는 일부라는 것이 없기 때문에, 항상 전

---

44) 오내입처란 우리 몸의 안에 있는 다섯 가지 감각의 장소를 의미하므로, 눈귀코혀몸이다.
45) 오외입처란 우리 몸의 밖에서 오내입처를 향하는 감각의 종류이니, 색성향미촉이다.
46) "Listen Sariputra, this Body itself is Emptiness and Emptiness itself is this Body. This Body is not other than Emptiness and Emptiness is not other than this Body. The same is true of Feelings, Perceptions, Mental Formations, and Consciousness."

부로서의 실재만 존재한다. 그래서 실재의 본질적 속성은 그것이 나누어질 수 없고, 스스로 존재하는 어떤 것에도 비어 있다. 그러나 만약 물질이 공(空)과 같다면, 혹은 실재의 나누어질 수 없는 직물과 같다면, 공(空)은 역시 물질과 같은 것이다(사실 같은 말이지만, 물질의 공성을 설명하는 글이다). 그래서 관자재보살은, 물질은 비어 있다고 이해하고 있는 초기불교도인 사리불이 이해한 것을 넘어서서, 이제는 공(空)이 물질이라고 하여 사리불을 놀라게 한다. 관자재보살은 사리불의 아비달마에 대한 이해를 뒤집어서, 그에게 지혜를 감안하여, 실재의 끊어짐이 없는 직물은 그 자체로 우리가 경험하듯이 실재의 모든 것을 설명하려는 시도인 물질과 같은 것, 실재를 부분으로 나누려는 시도와 같은 것이라고 말해준다. 스스로 존재하는 것이 없다는 것은 우리가 경험하는 모든 것의 진정한 본성이다.

그런데 이런 것들이 비어 있다는 것을 알고 나서는, 완전히 비어 있기 때문에 우리는 그것들이 존재하지 않는다고 말하려는 유혹을 받기도 한다. 비어 있음과 존재하지 않음이 같은 뜻을 겨냥할 수는 있으나, 그것은 일정한 맥락하에서만 그렇다. 단순한 비어 있음과 존재하지 않음은 다른 개념이다. 실상이 존재하는 것으로 착각하는 망상이 있음은 비어 있음과는 같을 수 있지만, 존재하지 않음이라는 말과는 다르다. 공(空)이란 단어는 아무것도 없음(nothingness)을 의미하는 것이 아닌 것이다.

이에 대해서 기존의 설명들을 들어보자.

종륵(宗泐)은 재미있는 비유를 하고 있다. 즉 그는 반야심경주해에서 얼음과 물을 예로 들고 있다. 즉 색이란 사대(四大)로 구성된 환(幻)이고, 공이란 반야진공(般若眞空)으로서, 얼음이 녹으면 물이고, 얼음과 물은 결국 같은 것이 아니냐는 것이다. 그러나 이러한 주장은 자연현상을 비유한 것에 불과하고, 반야심경에서 말하는 공(空)의 요체를 설명하는 데는 빈약하다.

한편 원측의 반야심경찬(般若心經贊)을 보면, 유식(唯識) 불교에서 말하는 삼성(三性)설의 입장에서 설명하고 있다.

색이 곧 공이라는 점은 변계소집(遍計所執)[47]이므로 본래 없는 것이라서 공(空)이

---

47) 변계소집은 두루 산정하여 모인 것이라는 뜻이다. 영어로는 '완전히 개념화된 것(fully conceptualized)'으로서, 사물이 모인 것을 우리가 개념적으로 받아들이는 것을 말한다. 그러므로 그 모인 것은 허상이라고 말할 수 있다.

라고 말할 수 있다. 중론(中論)에 말하기를, 만약 공(空)이 아닌 법이 있다고 한다면 마땅히 공법(空法)도 있어야 한다. 그러나 실제로는 불공(不空)법도 없는 것이거늘 하물며 유공(有空)법을 얻을 수 있겠는가라고 하였다. 의타기성과 원성실성도 이에 준한다고 한다. 의타기성(依他起性)은 그 자체의 자성이 없고 인연 따라 일어나는 까닭에 공(空)이다. 원성실성(圓成實性)은 생겨나지 않는 것이므로 마치 공화(空華)와 같고, 그 자체가 또한 공인 것이다.

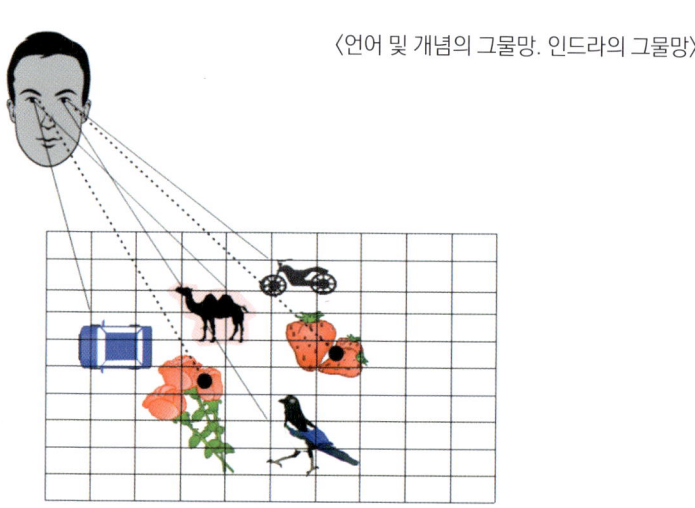

〈언어 및 개념의 그물망. 인드라의 그물망〉

《위 그림에서, 언어나 개념의 그물망에 막혀 있기 때문에 우리는 실체를 직접 인식하기가 어렵다. 개념이나 언어를 통해서만 사물을 인식할 수 있다. 그러나 수행이 깊어지면 딸기와 장미의 검은 점들처럼 언어의 그물망을 뚫고 실체를 직접 인식하게 될 것이다. 그러나 그렇지 못한 사람에게는, 언어의 그물망이 걷히면 실재를 인식할 수 없는 공이 되고, 그 공은 그물망에 의해 다시 색(色)이 된다.》

불공법도 없거늘 유공법을 얻을 수 있겠는가라는 문구는 금강경의 구절을 모방한 것이다. 원측이 말하는 변계소집성에서 공이란 본래 없는 것을 자기의 망념(妄念)으로 그려낸 것이기에 공(空)하다는 말이다. 또한 의타기성에서 공이란 인연 따라 존재하고 파멸하는 가유(假有)의 것이기 때문에 공(空)할 수밖에 없다. 원성실성에서 공이란 그 자체가 일어남도 일어나지 않음도 없는 공의 본질이기 때문에 역시 공(空)

하다는 뜻이다.

원측은 계속해서 색(色)도 변계소집성, 의타기성, 원성실성의 셋으로 나누어서 그 각각을 이미 셋으로 나누어 설명한 공과 대비시켜 색과 공의 다르지 않음을 설명하였다.

부정적인 관점이든 긍정적인 관점이든 색과 공은 모두 공을 본 성품으로 하기 때문에 같다는 것이다. 이는 용수의 공가중의 설명과 그 골격을 같이하는 것으로 그것을 믿는 사람에게만 수긍이 가는 견해일 것이다.

중국 명나라 때 4명의 위대한 불조(佛祖)의 한 명으로 선풍을 부흥시킨 덕청(德淸. Te-ch'ing. 1546~1623)의 말을 들어보자. 그는 불교뿐만 아니라 유교 도교에 대한 주석도 많이 하였고, 그의 반야심경주석은 삼장에도 보관되어 있다.

색은 공과 다르지 않다는 진술은 영원에 대한 일반인의 관점을 파괴한다. 이것은 일반인이 오직 자신들의 물질적 몸이 실재라고 생각하기 때문이다. 그리고 그들은 그것이 영원하다고 간주하기 때문에, 백년의 계획을 세우고, 그들의 몸이 비어 있는 허상이라고 깨닫지 못하며, 생로병사의 멈추지 않는 변화에 종속되는 것도 모른다. 그러나 늙고 죽음에 다다르고 마침내 영원하지 않고 비어 있음이 판명되었을 때조차도 그렇다. 결과적으로 4대(지수화풍)로 이루어진 육체는 기본적으로 진정한 공과 다르지 않다. 그러나 일반인은 이것을 모른다. 그래서 색불이공이라 말한다. 이것은 육체적 몸은 기본적으로 진정한 공과 다르지 않다는 것을 의미한다.

공불이색의 진술은 소승과 다른 부파의 추종자에 의해 간직된 소멸관을 파괴한다. 비록 다른 부파의 구성원이 수행을 하지만, 그들은 그들의 몸이 업으로부터 왔으며, 또 그 업은 마음으로부터 왔고, 멈추지 않고 생과 생으로 연속되는 것을 알지 못한다. 그리고 그들이 이러한 연기법칙에 의해 한 생애에서 다음 생으로 가는 과정이 발생하는 재탄생의 원리를 이해하지 못하기 때문에, 그들은 사람이 죽으면, 순수한 호흡은 하늘로 돌아가고 조악한 호흡은 지구에 남고, 진정한 영혼은 거대한 공으로 간다고 생각한다. 그러나 만약 진정한 영혼이 거대한 공으로 간다면, 아무런 윤회도 없을 것이며, 선행을 하는 것도 소용없고, 악행을 하는 것은 그 이점이 있을 것이다. 그리고 만약 진정한 영혼이 거대한 공으로 간다면, 모든 그들의 선행과 악행은 아무 흔적이 없으며, 허무주의로 빠진다. 불행하지 않겠는가?

비록 소승의 추종자들이 수행에서 붓다의 가르침을 사용하지만, 그들은 세계가 단지 마음에 지나지 않음을 이해하지 못하기 때문에, 신비한 다르마는 아이디어에 지나지 않고, 생과 사가 환상임을 깨닫지 못한다. 그리고 삼계의 형태가 실제로 존재한다고 생각한다. 그래서 그들은 세계를 감옥으로 보며, 태어남을 족쇄로 본다. 그들은 다른 이를 구할 생각이 나지 않으며, 열반의 고요함으로 빠져들 뿐이다. 그래서 말하기를 공불이색이라 한다. 반야의 진정한 공은 거대한 둥근 거울과 같다. 모든 환영적인 형태는 거울에 비친 이미지와 같다. 한번 그 이미지가 거울을 떠나 존재하지 않는 것을 안다면, 공은 색과 다르지 않다는 것을 알게 된다.

《덕청의 말 중 후반부는 완전히 대승불교에 경도된 느낌이 든다. 이미 붓다 사후 2천 년이 지나 대승불교가 중국에서 정착된 점을 알 수 있다.》

### 5) 색즉시공 공즉시색(色卽是空 空卽是色)

yad rūpaṃ sā śūnyatā; ya śūnyatā tad rūpaṃ.

앞에서 3단으로 기술되는 색(色)과 공(空)의 관계에서 결론 부분이다. 즉 색즉시공(色卽是空), 색은 공이다. 공즉시색(空卽是色), 공은 색이라는 뜻이다. 색(色)과 공(空) 관계에서만 살펴보면서(나중에 수상행식의 경우에도 공이라고 선언하기 때문에 이를 원용할 것이다), 색(色)이라고 표현되는 물질 혹은 몸이 비어 있다고 선언하는 이 구절은 무슨 의미인지 알아보자.

보통 색즉시공(色卽是空)이라는 의미를 파악할 때, 색(色)을 물질 혹은 형태라고만 이해하는 사람들이 거의 대다수이다. 물질이 공이라거나 형체가 공이라는 것은 우리가 생각하는 사물이 공이라는 뜻이니, 무언가 물리적 세계의 법칙을 밝힌 것으로 보이지 않겠는가? 그러나 뒷부분에 '수상행식(受想行識)도 이와 같다'라고 하기 때문에 결국 색즉시공(色卽是空)은 색수상행식즉시공(色受想行識卽是空)이라고 보아야 한다. 즉 색수상행식은 공(空)이므로, 여기서 말하는 색수상행식(色受想行識)은 우리 자신 혹은 중생을 구성하는 요소들이다. 그래서 여기서 색(色)은 몸이라고 보는 것이 맞다.

따라서 몸은 공(空)이고, 공(空)은 몸이라고 본다면, 우리 몸은 무상하므로 결과적으로 몸은 사멸하여 아무것도 없게 된다는 의미에서 몸은 공이라는 결론에 쉽게 도달할 수 있다.

왜 물질 혹은 몸은 비어 있는가? 이것은 설일체유부에서 주장하는 물질 혹은 몸이 실재한다는 것을 비판하는 뜻으로 이런 선언을 하는 것이라면, 비어 있다는 뜻은 실재하지 않는다는 것을 의미하는 것이 아닌가? 그래서 여기서 말하는 공(空)이란 무엇인지 궁금한 것이다. 공(空)에 대한 여러 이론들이 있고, 이들을 열거해 보면, '비어 있다, 헛되다, 독립하여 존재하지 않는다'로 요약할 수 있다. 그런데 색(色)이라고 번역된 루빠(rūpa)가 비어 있거나 헛되다는 것을 선언할 수는 있지만, 그것이 진실인지는 또 다른 문제다. 물질 혹은 몸이 비어 있다, 혹은 헛되다는 측면으로 종국에는 해체될 속성을 가졌고, 그런 측면을 본다면 '헛되다'는 뜻으로 사용할 수 있다.

과연 반야심경에서는 어떤 뜻으로 색(色)이라는 용어를 사용하고, 오온(五蘊)으로 해체하여 보는 것일까? 다른 여러 이론서나 주석을 볼 필요가 없다. 직접 육성으로 말했을 확률이 가장 높은 니까야와 아함경의 구절을 살펴보면 된다.[48] 여기서 색(色)은 비어 있다고 말한다. 그 비어 있다는 것이 무슨 뜻인지가 관건인데, 잡아함경에서는 그 성질이 비어 있다고 하였으니, 결국 공(空)은 색수상행식의 성질이 고유의 것이 아니라 다른 것으로부터 기원한 것이라는 뜻이다.

상 35.85 sunnataloka-sutta(공한 세상경)

그러자 아난다존자가 세존에게 다가와서 말하였다. "세존이시여, 세상은 공

---

48) 여기서 붓다가 육성으로 말한 것이라 확정 짓지 않고, 가장 확률이 높다고 표현한 것은 역시 니까야와 아함경이 붓다 당시에는 문자로 기록되지 않았기 때문이다. 그러나 오캄의 면도날과 같이 이 두 경전이 붓다의 육성에 가장 가까울 것이다.

이고, 공은 세상이라고 말해집니다. 세상은 공한 것입니까?"

"그렇다. 그것은 자아가 비어 있고, 자아에 속하는 것이 비어 있기 때문이다. 그래서 세상은 비어 있다고 말한다. 그런데 무엇이 자아가 비어 있고, 자아에 속하는 것이 비어 있을까? 아난다여, 눈은 자아가 비어 있고, 자아에 속하는 것이 비어 있다. 형체는 자아가 비어 있고, 자아에 속하는 것이 비어 있다. 눈으로 알게 되는 인식(眼識)도 그렇다. 눈의 감각 접촉(眼觸)도 그렇다…."

아난다가 출연하지 않고, 삼미리제(三彌離提)비구가 출연하는 잡 232의 공경(空經)에서도

삼미리제가 질문한다. "세존이시여, 소위 세간이 공하다고 합니다. 어떤 것을 세간이 공하다고 합니까?"

"눈이 공하고, 무상하지 않고 항상 그대로이며 바뀌지 않는 법은 공하며, 내 것이라는 것도 공하다(眼空, 常,恒,不變易法空, 我所空). 왜 그런가? 이 성질이 그렇기 때문이다. 만약 형체, 눈으로 알게 되는 인식(즉 안식-眼識), 눈의 감각 접촉(즉 안촉-眼觸), 안촉을 인연하여 생기는 느낌(受)인 괴롭거나 즐겁거나 그렇지 않은 느낌(不苦不樂)도 공하고 (귀, 코, 혀, 몸, 뜻도 그와 같고)…"

상윳따 니까야는 세계의 자아는 비어 있고, 세계에 속하는 것도 비어 있어서 세상이 공하다고 한다. 그 이유는 눈과 눈으로 보는 사물과 눈으로 인식하는 안식(眼識)이 모두 비어 있기 때문이므로, 세상이 비어 있다는 것이다. 즉 여기서 세상이 공한 이유는 자아가 비어 있기 때문이다.

잡아함경은 세간이 공한 이유는 그 성질이 공하기 때문이라고 한다. 즉 형체와 안식(眼識), 안촉(眼觸), 안촉에 의한 느낌도 모두 공하니 세간이 공하다고 한다. 모두 같은 뜻이다.

한편 또 공(空)이 아닌 무상(無常)을 말한 곳도 공(空)과 같은 뜻으로 무상을 말하고 있다.

상 35.04 외부의 무상경(The External as Impermanent)

'형체는 영원하지 않다. 영원하지 않은 것은 괴롭다. 괴로운 것은 자아가 없다. 자아가 없는 것에 대해서는, 이것은 나의 것이 아니다, 이것은 내가 아니다, 이것은 나의 자아가 아니라고 바른 지혜로 사실 그대로 보아야 한다. 이는 소리, 향기, 맛, 촉감, 마음도 마찬가지다. 이렇게 보기 때문에 잘 배운 성스러운 제자는 형체, 소리, 향기, 맛, 촉감, 마음에 대해서 혐오(嫌惡)를 가지게 된다. 혐오를 경험하면, 그는 열망하지 않게 되고 따라서 마음의 해방을 가져온다. 마음이 해방되면, 해방되었다는 지식이 생기고, 탄생은 없으며, 범행(梵行)은 섰고, 해야 할 일은 마쳤으며, 이제 다시는 태어나지 않을 것이라고 이해하게 된다.'

이는 잡 195 무상경과 비교된다.

"모든 것은 무상하다. 모든 것이 무상하다는 것은 무엇인가? 이른바 눈[眼]이 무상한 것이요, 형체(色), 안식(眼識), 안촉(眼觸)과 안촉을 인연하여 생기는 느낌[受], 즉 괴로운 느낌·즐거운 느낌·괴롭지도 즐겁지도 않은 느낌 또한 무상한 것이다. 귀·코·혀·몸·뜻에 있어서도 또한 그와 같다.

그러므로 많이 아는 거룩한 제자로서 이렇게 관찰하는 사람은 눈에 대해서 싫어하는 마음을 내고, 형체와 안식과 안촉과 안촉을 인연하여 생기는 느낌, 즉 괴로운 느낌, 즐거운 느낌, 괴롭지도 즐겁지도 않은 느낌에 대해서 싫어하는 마음을 낸다.

귀[耳]·코[鼻]·혀[舌]·몸[身]과 소리[聲]·냄새[香]·맛[味]·감촉[觸]에 대해서도 마찬가지이며, 뜻[意]과 법(法)과 의식(意識)과 의촉(意觸)과 의촉을 인연하여 생기는 느낌, 즉 괴로운 느낌, 즐거운 느낌, 괴롭지도 즐겁지도 않은 느낌에 대해서도 또한 싫어하는 마음을 낸다. 싫어하기 때문에 즐거워하지 않고, 즐거워하지 않기 때문에 해탈하며, 해탈지견이 생겨 '나의 생은 이미 다하고 범행은 이미 섰으며, 할 일은 이미 마쳐 후세의 몸을 받지 않는다'라고 스스로 안다."

《무상(無常)함은 영원하지 않은 것이고, 영원하지 않은 이유는 고유 성질, 즉 자성(自性)이 없기 때문이므로, 이는 공(空)을 비어 있으며 자성이 없다고 규정할 때와 똑같이 사용되는 것이다. 그래서 무상을 말할 때, 공(空)을 말하는 것이다. 이런 의미의 공(空)은 붓다가 말하는 무상함을 더 강조해서 말하는 것일 뿐이다.》

독일 출신의 아나라요 비구(Bhikkhu Analayo)에 의하면, 팔리 경전에는 형용사 순냐(suñña, 비어 있는)가 명사 순냐타(suññatā, 공)보다 훨씬 많이 나온다. 이것은 단순히 언어학상의 문제가 아니라, 초기불교에 있어서 공(空)의 추상적 상태보다 '비어 있는' 현상을 강조하는 것이라고 한다. 상윳따 니까야 상 22.95 페나경(거품덩어리경, phena sutta, a lamp of foam)에서 사용된 것을 보면, 오온(五蘊)의 각각이 한 덩어리의 거품처럼 비어 있고, 헛되고 실체가 없는 것으로 보인다. 이 경의 비유를 간략히 인용하면,

"형체를 유심히 보아도 갠지스강의 물거품과 같이 비어 있으며, 느낌을 유심히 보아도 가을의 빗물의 표면과 같이 비어 있고, 인식을 유심히 보아도 한 여름날의 뜨거운 뙤약볕에 떠오르는 신기루 같이 비어 있고, 의지를 유심히 보아도 바나나나무의 껍질과 같이 심재(heartwood)가 없이 비어 있다. 생각이나 의식을 유심히 보아도 마법사의 환영과 같이 그 실질은 찾을 수 없다."

미국 출신으로 태국의 숲전통(Thai Forest Tradition)에 해박한 타니사로 비구(Thanissaro Bhikkhu)에 의하면, 초기 경전에서의 다르마(법)에 관한 공(空)은 단순히 우리가 그것을 자아나 그 자아와 관련한 어떤 것을 가진 것과 구분할 수 없는 것을 의미한다. 정신적 상태로서의 공(空)은 현재 존재하는 것에 아무것도 더하거나 빼지 않고 받아들이는 지각의 방법을 의미한다. 이러한 방법은 현재에 대한 훨씬 더 미묘한 수준의 통찰과 강렬한 집중을 통해서 가능하다고 한다.

팔리 경전에서는 공(空)이라는 용어를 세 가지로 사용한다. ① 대상이 없는 명상과정(meditative dwelling)으로서의 공, ② 자성이 없는 대상의 속성(an attribute of objects)으로서의 공, ③ 깨달음의 유형(a type of awareness-release)으로서

의 공.

제①의 방법만 언급하면, 대상을 두지 않고 하는 집중을 하였을 때 내적(內的)인 공(空)에 들어간다(맛지마 니까야 122에 설명되어 있음, voidness internally). 이 명상은 네 가지 무색계선을 통해 개발되었다. 마음을 공(空)으로써 해방시키는 의미에서, 세계가 자성이 없다는 깨달음의 결과로 발생하는 것이다.

한편 잡 335 제일의공경(第一義空經, Paramārtha śunyatā sūtta-상윳따 니까야에는 대응하는 부분이 없음)에서는 조금 다르게 보고 있다. 즉

"눈은 오는 곳과 가는 곳이 없이 생겼다가 없어지고, 눈은 실체가 없이 생기며, 그렇게 생겨 없어지니 업보는 있으되 업을 받는 자(作者)는 없으며, 음(陰)이 소멸하여 다른 음(陰)이 이어지는데, 속수법(俗數法)은 그렇지 않다. 속수법은 이것이 있으므로 저것이 있고, 이것이 일어나므로 저것이 일어난다. 무명이 행을 연한 것과 같이 …. 순대고취가 생기며, 이것이 없으면 저것이 없고, 이것이 멸하면 저것이 멸하는 것과 같이 무명이 멸하여 행이 멸하고…. 순대고취가 멸한다. 이것을 일컬어 제일의공법경이라 한다."

푸셍(Vallée Poussin)과 라모트(Etienne Lamotte)에 의해 복원된 산스크리트 어본에서, 위의 '음(陰)은 온(蘊, skandhā)'으로 보면 된다. 결국 제일의공법의 취지는 연기법의 원리에 의한 것으로 공(空)을 파악하는 것이므로, 이는 자성이 없는 서로의 얽힘에 의한 것으로 실재를 착각하지 말라는 가르침이다.

마지막으로 전통적인 완전한 비어 있음에 비하여 새로운 해석을 보는 것으로 공에 대한 논의를 끝낸다.

타니사로 비구(Thanissaro Bhikkhu)는 공(空)이란 형이상학적 관점이 아니라, 해방으로 이끄는 세계를 보며 행동하는 전략적 행위라고 한다. 즉 고유의 실체가 부족하다는 공의 생각은 붓다 자신이 공에 대해 말한 것과는 거의 관련이 없다. 공(空)에 대한 가르침은 즐거움과 고통에 대한 행동과 결과에 직접 관련이 있다는 것이다. 이러한 가르침과 관련한 공(空)을 이해하고 체험하는 데는 철학적으로 정교한 논리가 필요한 것이 아니라, 행동과 그것이 야기하는 실제적인 이점과 해악의 이면에 있

는 사실상의 동기를 기꺼이 받아들이는 개인적 통합성이 필요한 것이다.

레드파인의 명쾌한 결론은 논리적으로 부합하는 듯하다. 즉 그는 반야심경은 여러 형태의 공(空) 중에서, 자아 존재가 없는 공(空)을 의미한다고 한다. 색즉시공(色卽是空)은 설일체유부론자를 겨냥한 것이고, 공즉시색(空卽是色)은 경량부학파를 겨냥한 것이라는 것이다. 즉 법이 실재한다고 믿는 설일체유부에게는 그것이 공(空)이라는 것을 지적해 주고, 식온(識蘊)이 스스로 존재한다는 경량부학파에는 공이 물질이라는 것을 지적한 것이다. 따라서 시간이 흘러도 유지되는 법이 존재한다는 견해를 가진 소승(小乘)에 대해서, 대승(大乘)의 해석을 따르도록 요구한다는 것이다.

## 6) 수상행식 역부여시(受想行識亦復如是)

느낌과 인식, 의지, 생각―분별 작용도 마찬가지이다.

구마라집본에서 이 부분의 앞에, 색공고무뇌괴상(色空故無惱壞相), 수공고무수상(受空故無受相), 상공고무지상(想空故無知相), 행공고무작상(行空故無作相), 식공고무각상(識空故無覺相)이 있다고 하였다. 이를 간략히 살피면서 뜻을 파악하는 것은 이 부분 이해에 도움이 된다. 구마라집의 위 구절의 뜻을 새겨 보면 "색(色)은 공하기 때문에 무너지는 모습이 없으며, 수(受)는 공하므로 받아들이는 모습이 없고, 상(想)은 공하므로 아는 모습(知相)이 없다. 행(行)은 공하므로 업을 짓는 모습(作相)이 없으며, 식(識)은 공하므로 분별하는 모습도 없다"는 뜻이다.

즉 구마라집 시절의 색수상행식은 색(色)에 대하여 물질이라는 뜻, 수(受)에 대하여 받아들이는 것이므로 느낌이라는 뜻, 상(想)에 대하여 지(知)라는 알아챔의 뜻, 행(行)에 대하여는 업(業)을 짓는다는 뜻, 식(識)에 대하여는 분별하는 것이라는 뜻으로 보고 있다. 이를 시대의 발전에 따라 약간씩 변화하였고, 지금에 와서 달라진 점을 보면, 색(色)은 몸이라는 뜻도 포함하고, 상(想)은 지(知) 이전의 인지하는 것을 가리키고, 행(行)은 수(受)와 상(想)에 포함되지 않는 심리현상들을 의미한다고 하는 차이점이 있다. 그렇지만 구마라집처럼 포괄적으로 보는 것이 분석적인 것보다는 일반에게 호소하는 바가 크다고 보인다.

이런 점을 생각하면서, 색수상행식을 현대적인 의미로 해석하지만, 행(行)의 경우는 역시 심리현상들이라는 뜻보다 의지를 가리키면서 업을 형성하는 것이라 보는 것이 좋을 듯하다.

느낌과 인식과 의지와 생각-분별 작용도 모두 이와 같다. 즉 물질 혹은 몸(색-色)이 공(空)이며, 공(空)이 물질 혹은 몸이라는 것과 같이,

느낌은 공(空)과 다르지 않으며, 공(空)은 느낌과 다르지 않고, 느낌은 공(空)이며, 공(空)은 느낌이다.

인식은 공(空)과 다르지 않으며, 공(空)은 인식과 다르지 않다. 인식은 공(空)이며, 공(空)은 인식이다.

의지는 공(空)과 다르지 않으며, 공(空)은 의지와 다르지 않다. 의지는 공(空)이며, 공(空)은 의지다.

생각-분별 작용은 공(空)과 다르지 않으며, 공(空)은 생각-분별 작용과 다르지 않다. 분별 작용은 공(空)이며, 공(空)은 분별 작용이다.

이렇게 풀어쓸 것을 '모두 이와 같다'라고 줄인 것이다.

수(受, vedanā), 상(想, samjñā) 행(行, saṅkhārā) 식(識 viññāṇa)에 대해서는 오온(五蘊)의 부분에서 모두 설명하였기에 생략한다. 여기서는 오온(五蘊)의 각 부분과 공(空)의 대조를 살펴보기보다는 오온(五蘊)은 모두 공(空)이며, 공(空)은 모두 오온(五蘊)이라고 전체적으로 통찰해 보는 것이 좋을 것이다.

즉 지금까지 '색불이공에서 수상행식 역부여시'까지 언급된 것을 모두 통합해서 말한다면, '오온불이공(오온은 공과 다르지 않고), 공불이오온(공은 오온과 다르지 않다), 오온즉시공(오온은 공이며), 공즉시오온(공은 오온이다)'이다.

## 🔍 역본 비교

⟨ evam eva vedanā saṃjñā saṃskāra vijñānaṃ ⟩

| 번역자 | 내용 | 비고 |
| --- | --- | --- |
| 구마라집 | 수상행식 역여시(受想行識亦如是) | |
| 현장-반야-법월-지혜륜-시호 | 수상행식 역부여시(亦復如是) | |
| 법성 | 수상행식 역부개공(亦復皆空) | |

〈 evam-그와 같이, eva-실로, vedanā-느낌, saṃjñā-인식, saṃskāra-의지, vijñānaṃ-생각 〉
《즉 그와 같이 실로 수상행식이 (같다)》

한 가지 유의할 것은 우리는 색수상행식(色受想行識)이라는 순서대로 사물을 파악하는 것이라고 볼 수도 있으나, 이것들은 동시적으로 일어난다는 사실이다. 즉 모든 수·상·행에는 식(識)이 반드시 함께한다. 한 개체 안에서 색(몸뚱이)수상행식은 함께 일어나고 함께 소멸한다. 논장에 의하면 물질(색)과 정신(수상행식)의 생멸 속도는 다르다고 설명한다. 정신은 물질보다 16배 혹은 17배 빠르다고 한다. 먼저 한 개체에 있어서 오온은 함께 일어나고 함께 소멸한다. 그리고 중생의 구성요소를 다섯 가지로 보면 오온(五蘊)이고, 두 가지로 보면 명색(名色 nāma-rūpa)이다. 12연기법에서는 정신과 물질을 명색으로 표현하는데, 이때의 명(名)은 '이름'이라는 뜻보다 정신을 구성하는 수상행식을 한 단어로 표현한 것이다.

## 7) 경전의 구절

이 구절에서 색수상행식(色受想行識)이 공(空)과 같다는 점을 말하고 있는데, 그 뜻을 음미하기 위해서 잡아함경과 상윳따 니까야의 구절을 살펴본다.

### ㉠ 상윳따 니까야의 설명들

무더기(skandha)는 여러 가지로 쌓여 있는 것(rāsi, 즉 heap, mass)들을 분류한 것이다. 오온은 그 쌓여 있는 것을 성질에 따라 색수상행식으로 분류한 것이다. 이는 우리를 형성하는 것들의 통합된 측면을 각 특질에 맞게 분류한 것이다.

상윳따 니까야의 오온에 대한 설명들을 총괄해 본다.

'오온에 대한 편(The Book of the Aggregates-Khandhavagga)'의 경은 여러 가지 방법으로 오온(五蘊)이 고통(dukkha)이며, 붓다가 깨달음을 이룬 최초의 설법인 초전법륜경에서 말한 것을 명백히 하고 있다.

"오온(五蘊)에 집착하는 것은 고통이다"(상 56.11). 무더기-온(蘊)은 고통으로 가기 쉽고 우리의 욕구대로 순순히 따르도록 만들 수 없기 때문에 괴로움이다(상 22.59). 그것들에 대한 집착은 비애, 애통, 아픔, 불만, 절망으로 이끈다(상 22.01). 그것들의 변화는 두려움, 괴로움, 불안을 야기한다(상 22.07). 계속 지적되듯이, 오온(五蘊)은 이미 영원하지 않기 때문에 고통이고(상 22.15), 그래서 완전한 행복과 안전을 원하는 희망을 완수할 수 없다. 그것들이 기쁨과 환희를 주는 동안, 만족감(assāda)이 그 속에 있고, 결국 그것은 변해야 하고 사라지며, 이러한 불안정성이 그 속에 감춰진 위험(ādīnava)이다(상 22.26). 비록 우리가 습관적으로 무더기-온(蘊)을 통제한다고 생각하지만, 실제로는 그것들이 영구적으로 우리를 집어삼키고, 그것들의 불운한 희생자로 만든다(상 22.79). 무더기-온(蘊)을 알아내고, 그것들을 이행하려 찾는 것은 그의 하인으로 하여금 사악한 살인자로 고용하는 것과 같다(상 22.85).

《간략히 표현한 내용들을 정리하면, 오온은 고(苦)이고, 그에 대한 집착이 불선법(비애, 애통, 불만, 절망)들로 이끈다. 또한 오온의 무상함을 익히 알아야 되고, 이 오온에 굴복하지 말아야 한다는 뜻을 여러 비유를 들어 설명하고 있다.》

### ※ 오온 중에서 유식유가행파의 식(識)에 대한 정보

보통 의식을 사고 작용이라 번역하는 것은 오해를 야기할 수 있다. 다시 태어나는 과정에서 사용되는 것은 사고 작용의 저 깊은 곳에서 작동하는 일종의 무의식일 것이므로, 유가행파의 제8아뢰야식일 것이다. 유가행파의 경우에 우리가 의식이라고 말하는 것은, 요별경식(了別境識)이며, 제7말나식은 사량식(思量識), 제8식은 아뢰야식(阿賴耶識)이다. 아뢰야식이 윤회의 업이 쌓여 있는 곳이고, 이를 통해 연기론의 고리가 형성된다는 것이 유식학파의 주장이다. 그렇다면 붓다의 초기 경전에서 이를 예정한 경들(상 12.12, 상 12.38, 상 12.64) 등은 유식학파의 주장을 지지하는 근거로 사용될 수 있다.

이런 근거를 간략히 보면,

상 12.12의 2 몰리야파구나경(Moliyaphagguna)

영양분에는 네 가지가 있는데, 이는 앞으로 올 존재의 유지와 도움을 위한 것이다. 이 네 가지 중에서 음식은 몸을 만들고, 그리고 촉(觸)과 의지와 식(識)이 그것이다. 누가 그것을 먹느냐는 질문은 잘못되었고, 음식으로 무엇을 유지하느냐는 질문이 정당하다. 미래의 존재를 위해 먹는다. 무엇이 접촉하느냐가 아니라 무엇을 조건으로 접촉이 일어나느냐는 것이 정당한 질문이다. 6근을 조건으로 접촉이 일어난다.

상 22.38 의지경(Volition)

의도하고, 계획하고 그런 경향이 있으면, 이것이 식에 대한 기초가 된다. 이런 기초가 성립되면 식을 만들어가는 지지대가 되며, 식이 만들어져서 자라면, 미래의 새로운 존재에 대한 생성이 있다. 이렇게 되면 미래의 존재, 미래의 생, 노사(老死) 우비고뇌가 생기는데, 이것이 고(苦)의 전체 기원이다. 이러한 것이 없으면 차례로 모두 소멸한다.

(상 12.64는 12.2와 비슷)

《위 경들이 유식학파의 주장을 지지하는 근거로 사용된다고 하더라도, 방대한 경전 중의 아주 일부에 지나지 않기 때문에, 이를 핵심으로 여긴다면 붓다가 누누이 설법하는 큰 줄기를 놓치게 될 것이다.》

오온(五蘊)에의 집착은 2개의 유형으로 나타난다. 우리는 그것을 소유함(轉用, appropriation)과 동일시하기(識別, identification)라 부를 수 있다. 무더기-온(蘊)에 대한 집착에서, 우리는 그것을 욕망과 탐착(chandarāga)으로 파악하고, 그것들을 소유한다고 생각하거나, 혹은 그것을 동일시하고 우리의 진정한 자아로 보거나 자만의 기초로 삼는다. 오온의 상윳따에서 자주 나오는 구절인데, 우리는 무더기-온(蘊)을, "이것은 나의 것이다, 이것은 나다, 이것이 나 자신이다"라고 하기 쉽다(etaṃ mama, eso 'ham asmi, eso me attā). 여기서 "이것이 나의 것이다"라는 말은 소유하는(轉用-소유의 의사) 행위, 즉 집착(taṇhā)의 행위를 나타낸다.

"이것이 나다"라는 것과 "이것이 나 자신이다"는 것은 식별로써 동일시하기 유형을 나타낸다. 앞의 표현은 자만(māna)의 표현이고, 후자는 관점(diṭṭhi)을 나타낸다.

"자신의 것이 아닌 것은 버려야 한다. 그렇게 버리면 이익과 행복이 있을 것이다. 몸은 자신의 것이 아니다. 느낌과 인식과 의지와 생각도 자신의 것이 아니다. 이는 마치 제타의 숲에서 사람들이 풀과 나무와 가지와 잎을 가져가거나 태운다고 하더라도 우리 자신을 어떻게 한다는 생각이 들지 않는 것과 같다."
(상 22.33, 상 22.34)

무더기-온(蘊)에 대한 우리의 소유하기(轉用)를 부수기 위해서, 붓다는 그것들에 대한 욕망과 탐착을 포기하기를 명한다(상 22.137에서 상 22.145까지). 가끔 무더기-온(蘊) 자체를 포기하도록 말하기도 한다.

그러나 집착을 포기하는 것은 그것이 관점에 의해 강화되었기 때문에 어렵다. 즉 그 관점이 무더기-온(蘊)을 우리와 동일시하고, 그 무더기라는 보호막에 집착하도록 하기 때문이다.

자아를 확신하는 밑바닥에 높여 있는 관점의 유형을 동일성 관점(sakkāya diṭṭhi)이라 부른다. 자아에 대한 모든 관점은 오온(五蘊)과 관련하여 집합적으로나 개별적으로 형성된다(상 22.47). 경(經)에는 스무 가지 형태의 동일성 관점을 언급하고 있다. 그것은 그 자신을 오온(五蘊) 각자의 네 가지 관계에 서도록 생각하는 것 때문이고, 또 그것과 동일시하고, 그것을 소유하고, 그것을 포함하고, 그것에 포함되어 있는 것이기 때문이다(상 22.1, 상 22.7, 상 22.47, 상 22.81, 상 22.82). 붓다는 동일성 관점을 사슬이라고 표현하는데, 그것은 개가 말뚝을 따라 원을 그리며 회전하듯이 윤회의 굴레를 벗어나지 못하게 하고 있기 때문이다(상 22.99, 상 22.117). 또 해탈의 길에 박멸되어야 할 열 가지 굴레의 첫 번째로 꼽고 있다. 경전에서 구별하여 나타나는 바로는, 지도받지 못한 일반인(assutavā puthujjana)과 지도받은 성스러운 제자(sutavā ariyasāvaka) 사이에 가장 두드러진 차이는 동일성 관점을 가지고 있느냐의 여부이다(상 22.01).

나중에 연기론 원리가 말하듯이, 오온(五蘊)에 대한 집착은 궁극적으로 무명(無明

avijjā)에 의해 유지된다. 무더기들과 관련하여 무명은 욕망과 탐착을 기르는 세 가지 망상의 그물로 짜여 있다. 이러한 망상은 여러 가지 수준으로 우리의 인식에 침투하여, 오온(五蘊)이 영원한 것이며, 행복의 진정한 요소이며, 자아이거나 자아의 부속물이라고 보게 한다. 이러한 망상의 주문을 깨는데 필요한 해독제는 지혜(prajñā)이거나 지식(vijñāna)인데, 오온(五蘊)을 있는 그대로 보고 알게 하여 그것이 영원치 않고(anicca), 고통이며(dukkha), 자아가 아니라는(anattā) 것을 자각하게 하는 것이다. 이것이 전통적으로 불교에서 세 가지 특징(tilakkhaṇa, 법의 도장-法印)으로 알려져 있고, 오온의 상윳따에서 광범위하게 다양한 패턴으로 오온(五蘊)에 적용하고 있다. 이 주제에 관련된 숫타는 상당히 반복적인 내용이지만, 그렇게 반복하는 것은 필수적인 목적(오온의 무상을 자각함)에 공헌하도록 만들어져서 영원, 즐거움, 자아에 대한 망상을 벗겨버리도록 하려는 것이다.

　오온에 대한 편의 경의 **핵심은 상 22.09에서 상 22.20 사이에 있다. 그중 삼세의 무상경(상 22.09)에서 색수상행식은 과거 미래 현재에 걸쳐 영원하지 않다고 하였고, 삼세의 괴로움경(상 22.10)에서 색수상행식은 과거 미래 현재에 걸쳐 고통이라고 한다. 삼세의 무아경(상 22.10)에서 색수상행식은 자성이 없다고 하는 것이 핵심이다.** 마지막 50개의 경에 부속적인 내용들이 있다. 이러한 경은 단순히 정보를 모으기 위해 읽는 의도로 만들어진 것이 아니고, 통찰(vipassanā bhāvanā)을 개발하기 위한 지도를 위해서 부가된 것으로 보인다. 삼법인은 서로 긴밀하게 연관되어 있어서 니까야를 통한 가르침은 그 내부 관계를 밝히는 것이다. 이러한 가르침은 처음 붓다의 제2 강연인 바라나시(상 22.59-무아의 특징경, The Characteristic of Nonself)에서 말해졌다. 여기서 "몸은 자아가 아니다. 몸이 자아라면, 이 몸은 고통으로 이끌지 않고, 몸이 이렇게 되라, 되지 말라고 하는 것이 가능할 것이다. 이는 느낌, 인식, 의지, 생각도 마찬가지다. 이렇게 되지 않기 때문에 이것들은 자아가 아닌 것이다"라고 고(苦)의 특질로 본 자아 없음을 밝히고 있다. 이렇게 어떤 것을 소유하면서(appropriate) 또 동일시하는 이유는, 자아라는 것이 무명의 어둠에서 짜인 개념적 사고의 직물이기 때문이다.

　그런데 삼세의 무상경과 괴로움경, 무아경의 흐름으로 보면, 과거-미래-현재를 거론하는 기본불교의 시각을 알 수 있는데도, 그 실체를 알기 어려워 대승불교에서는 은근히 삼세(三世)를 거론하는 것을 그만두고 현재에만 집중하는 것을 눈치챌 수 있다.

오온에 대한 편의 경에서 삼법인을 비슷한 말로 다양하게 말하고 있으므로, 어떤 특징이 언급되었는지 보는 것이 중요하다. 즉 오온(五蘊)이 일시적이고, 조건적이고, 의존되어 생기는 것이므로 파괴되기 쉽고 사라지고, 사멸하고 멈추는 것(상 22.21, 아난다경)은 명백하게 일시성의 특징을 지적하는 것이다.

한편 **거품덩어리경(상 22.95)은** 잡 265 포말경(泡沫經)과 같은 내용으로 **무아(無我)를 직접적으로 나타낸다.**

거품에 대한 경은 우리가 쉽게 생각할 수 있는 예들을 들고 있다. 잡아함경의 포말경과 공통되는 것을 인용해 보면,

"몸에 대해서 강물의 물거품 덩어리, 느낌에 대해서 비가 내릴 때 빗물에 의한 거품, 인식에 대해서 무더운 여름날의 신기루, 의지에 대해서 목재가 필요한 사람에게 파초나무 줄기, 생각에 대해서 마술사의 마술과 같이 모두 실체가 없다"는 결론을 내린다.

먼저 오온(五蘊)에 대해서 우리는 요약한 설명만 보았지만, 실제로 경전에서 어떻게 서술하고 있는지를 살펴보는 것이 그 이해에 많은 도움이 될 것이다. 그것은 우리 두뇌가 사물과 그 관계를 인식하는 방법과 관계가 있다. '하늘은 파랗다'라고만 알고 있는 것과 '하늘이 파란 이유는 빛의 산란으로 인하여 필연적이다'라고 알고 있는 것과는 세계를 인식하는 태도에 심각한 차이가 있는 것이다. 이렇게 그 이유를 알고 있다면, 하늘의 색깔이 붉고 검고 흐릿한 경우에 각각의 설명이 가능해진다. 그래서 이해 가능한 만물에 대해서 항상 호기심과 호감을 가지고 접근하는 것과 그냥 사실을 알고 있는 것과는 인생을 살아가는 데 하늘과 땅만큼의 차이가 생긴다.

상윳따 니까야에서 오온(五蘊)과 관련하여 나오는 최초의 경은 나꿀라삐따경이다(상 22.01, 잡 107의 장자경). 여기서 장자 나꿀라삐따는 늙고 노쇠하여 병고에 시달리는데, '몸은 병들었지만 마음은 병들지 않을 것이라고 공부하라'는 세존의 가르침을 받게 된다. 이를 사리불이 더 상세하게 설명해주는데, 그것은 다음과 같다.

"법을 공부하지 않은 일반인은 신체를 자아라고 보며, 혹은 자아가 신체를 가

진 것으로 보며, 신체가 자아 속에 있거나, 신체 속에 자아가 있다고 생각한다. 그는 내가 신체다, 신체가 나의 것이라는 생각에 사로잡혀 살아간다. 그의 신체는 변하고 다르게 바뀌게 된다. 그렇기 때문에 그에게는 근심(sorrow), 탄식(lamentation), 고통(pain), 불만(displeasure), 절망(despair)이 일어난다. 이는 신체뿐만 아니라 느낌, 인식, 의지, 생각-분별 작용의 경우에도 마찬가지이다. 즉 느낌이나 인식, 의지, 분별 작용들이 자기라고 생각하거나, 그것들을 자기가 가진 것으로 보거나, 그것들이 자기 속에 있거나, 그것들 속에 자기가 있는 것으로 보는 것이다. 이런 경우에 느낌, 인식, 의지, 분별 작용이 변하고 다르게 바뀜에 따라 근심, 탄식, 고통, 불만, 절망이 일어나며, 그래서 몸도 병들고 마음도 병든다"

라고 한다. 위와 같은 견해에 사로잡히지 않으면, 몸은 병들지만 마음은 병들지 않는다고 한다.

잡 107 장자경에서는

"몸의 발생(色集)과 소멸(色滅), 재앙(色患)과 맛들임(色味), 몸에서 벗어남(色離)을 사실 그대로 알지 못하므로(不如實知), 몸을 사랑하고 즐거워하여(愛樂於色), '이 몸이 나다(是我), 이 몸이 나의 것이다(是我所)'라고 말하면서, 그 몸이 무너지거나 다르게 되면(彼色若壞,若異), 마음도 따라 움직여(心識隨轉), 번뇌와 고통이 생긴다(惱苦生). 그에 따라 공포(恐怖), 마음을 잠그고(障閡), 돌아보게 되고(顧念), 근심하고(憂苦), 잊지 못하니(結戀), 이것을 몸과 마음이 괴롭고 병든 것이다(是名身心苦患)."

라고 한다.

상윳따 니까야와 잡아함경의 표현이 다르다. 잡아함경에서는 '이 몸이 나다, 이 몸은 나의 것이다'라는 두 가지만 기술되었고, 상윳따 니까야는 '신체가 자아 속에 있거나, 신체 속에 자아가 있다'는 두 가지가 추가되어 있다. 여하튼 이러한 공식은 유신견(有身見)을 가지는 경우에 생기는 문제를 말하는 것이다. 여기 번역의 경우에 루빠(rupa)를 물질 혹은 신체로, 한자는 색(色)으로 번역하는데, 이 경에서는 자아가 존재한다는 생각을 결국 자기의 몸에 관해서 하는 것이므로, 그냥 신체라고 표현하였다. 잡아함경의 번역에서는 색(色)이라는 한 글자와 대응되도록 '몸'이라고 번역하였다.

위와 같이 경전의 논점은, 몸이라는 것과 그 몸이 받아들이는 느낌, 인식, 의지, 분별 작용 등을 자기와 일치시키는 생각은 그 몸과 정신들의 변화에 따라 영원하지 않음으로 인하여 발생하는 괴로움을 필연적으로 말하고 있다. 따라서 그러한 생각을 버림으로써 마음의 평온을 찾는 것이다.

오온(五蘊)에 대한 가르침 중에 재미있는 것은 숫타니파타의 경전의 해설을 부탁하는 장면이다. 즉 상 22.03 할리디까니경(잡 551경 하리경 訶梨經)에 나타난 숫 844권의 게송의 의미를 묻는다. 숫타니파타의 그 부분은,

'집을 떠나서, 집 없이 방랑하면서, 마을에서 사람을 사귀지 않고, 탐욕이 없이 미래의 태어날 욕망도 없이 지내며, 다른 사람과 논쟁을 벌이지 않는다.'

이다. 이 구절이 무슨 뜻인지 마하깟짜나가 묻는데, 붓다는 '물질의 요소는 판단의 집이고, 판단이 물질의 요소에 대한 탐욕으로 족쇄가 채인 사람은 집에서 방황하는 사람이라 부른다. 이는 느낌과 인식과 의지에 대해서도 마찬가지이다. 사람이 집에서 방황하는 것은 이렇게 해서이다'라고 말한다.

그리고 집 없이 방랑하는 것은 물질의 요소에 대한 욕구(desire), 탐욕(lust), 즐김(delight), 갈애(craving), 집착(engagement)과 취착(clinging), 마음의 기준점(mental standpoint), 천착(adherences), 잠재경향(underlying tendencies)들이 포기되었고, 뿌리째 잘라졌고, 더 이상 미래에 생기지 않게 된다는 것이다.

계속해서, 거주처에서 방황하는 방법, 거주처 없이 방황하는 방법, 마을주민들과 친해지는 방법들에 대해 설명하고 있다. 《결국 집이란 우리의 오온(五蘊)이 마주치는 곳이고, 그 오온(五蘊)의 영향을 받지 않고 해탈을 이루는 비유로 보면 된다.》

한편, 나뚜마까경(상 22.33, 잡 269경 기림경 祇林經도 비슷)에서는 '자기의 것이 아닌 것은 버려야 된다'는 전제를 한 뒤, 제타 숲에서 사람들이 풀과 나무와 가지, 잎

을 가져가고 불태우는 경우에, 그들이 우리 자신을 가져가고 우리 자신을 불태운다는 생각이 드는지 묻는다. 당연히 그 나무와 가지와 잎은 우리 자신이 아니므로, 우리는 그런 생각이 들지 않을 것이다. 그러므로 신체와 느낌과 인식과 의지, 분별 작용도 우리 자신과는 다른 것이라는 비유를 하는 것이다.

무상의 경(Aniccatā sutta, 상 22.45, 잡 84 청정경)에서

"물질은 무상하다. 무상한 것은 괴로움이요, 괴로움인 것은 내가 아니다(苦則非我). 내가 아닌 것을, 이것은 내 것이 아니고, 이것은 내가 아니고, 이것은 나 자신이 아니라고 사실 그대로 바르게 보아야 한다(如實知, 是名正觀). 그가 그렇게 본다면 마음은 감정에 좌우되지 않고, 집착하지 않음으로 인하여 번뇌로부터 해방된다"고 한다.

여기서 이 단순한 서술이 불교의 핵심 진리라고 볼 수 있는데, 물질 혹은 몸은 영원하지 않다는 것이다. 그러므로 영원한 것을 갈구하는 우리 마음은 영원치 않음으로 인하여 괴로움에 쌓이는데, 그 괴로움이라는 것은 자기와 다른 것이라는 점을 직시해야 한다. 그러므로 애초에 물질 혹은 몸에 집착하는 것이 잘못된 것이라는 논리적인 결론을 보인다. 잡아함경의 비아(非我)를, 상윳따 니까야에서는 무아(無我)라고 번역한 글도 있는데(보디스님의 영문으로는 nonself이다), 이는 문장의 인과관계를 잘못 파악한 것이다. 즉 여기서는 괴로움이라는 것과 자기 자신은 다른 것이라는 것을 설파해 주기 위한 것이므로, 무아(無我)의 속성을 밝히려는 것이 아니다.

실제로 우리에게 소용이 되는 구절은 상윳따 니까야의 구절보다 잡아함경의 구절에서 찾을 수 있다. 이것이 번역의 문제인지, 원본의 문제인지 알 수 없으나, 현재에 나타난 것만으로 알아보기로 한다.

상 22.47 사물을 관찰하는 경(Samanupassanā sutta)과 잡 45 각경(覺經) 및 63 분별경(分別經)의 내용은 거의 같지만 설명에서 다르다.

상윳따 니까야의 내용은, 《물질, 즉 몸을 자아라고 관찰하고…, '나는 있다'고 생각하여, 눈·귀·코·혀·몸의 감각기능이 출현하며, 감각기능에는 뜻(意)이 있고, 뜻의 대상인 법이 있으며, 무명(無明)의 요소가 있다. 이 무명으로 인하여 '나는 있다'

는 등의 생각이 발생한다》고 한다.

잡아함경에서는

"만약 '나는 있다'고 본다면 그들은 모두 오수음(五受陰)[49]에서 나(我)를 보는 것이고, '몸이 곧 나다'라는 등의 생각은 무명으로 인하여 생긴 것이고, '나는 진실한 것이라'고 말하며 그 생각을 버리지 않는다. 그 생각을 버리지 않기 때문에 모든 원인(根)이 더욱 자라고, 그 뒤에는 접촉[觸]을 더하여 육촉입처(觸入處)에 부딪치기 때문에, 괴롭거나 즐거운 감각이 일어나는데, 그것은 이러한 촉입처로부터 일어나는 것이다. 그러한 촉입처는 안이비설신의(眼耳鼻舌身意)의 촉입처를 말한다. 이와 같이 의계(意界)와 법계(法界)와 무명계(無明界)가 있는데, 무명의 접촉[無明觸]으로 인하여 있다, 없다, 있기도 하고 없기도 하다, 내가 낫고, 열등하고, 같다, 내가 깨달음을 본다는 것을 안다는 등의 감각을 일으키는데, 이것들이 육촉입처로 인한 것이다."

즉 우리가 알고 있다고 착각하는 것은 육촉입처로 인한 것이라고 설명하는데, 이는 오온(五蘊)에 대한 집착이 결국 육촉입처를 사실 그대로 보지 못하게 하는 것을 설명하는 것이다.

상윳따 니까야의 무더기경(상 22.48, 잡 55 음경/陰經)에서는 오온과 오취온에 대한 설명을 하고 있다.

"어떠한 물질의 종류라 하더라도, 그것이 과거, 미래, 현재의 것이건, 내적 혹은 외적이건 간에 물질의 무더기라 부른다. 느낌, 인식, 의지, 생각-분별 작용도 마찬가지로 느낌, 인식, 의지, 생각-분별 작용의 무더기이고, 이를 합쳐 다섯 무더기인 오온(五蘊)이라 한다. 취착의 대상이 되는 다섯 무더기는 번뇌와 함께 취착되는 무더기로서 이를 오취온(五取蘊)이라 한다."

---

[49] 오수음은 오취온/五取蘊의 옛날 번역어임 – 취착의 대상인 오온/五蘊이라는 뜻임.

즉 오온이 번뇌와 함께 취착되는 경우에 오취온(五取蘊)이라 하고, 이를 잡아함경에서는 오수음(五受陰)이라 한다. 이를 검토해 보면 잡아함경의 설명이 논리적으로 맞아 보이는데, "유루(有漏)가 있어 그것을 취하면, 그것이 과거 미래 현재의 것이건, 탐욕, 성냄, 어리석음(貪瞋癡) 및 기타의 번뇌의 마음을 일으키므로, 그것을 수음(受陰)이라 한다"고 보므로, 단순한 대상을 말할 때는 오온(五蘊)이지만, 그것이 번뇌를 일으키는 것을 가리킬 때는 오취온(五取蘊)이라는 표현을 사용하면 된다.

상윷따 니까야 22.55에서 붓다는 즉흥적인 시를 읊는다.

"그건 나에게는 아닐 수~~, 아닐 수도 있다.
나에게는 그렇지 않을 것 ~~, 않을 것이다.
이렇게 해결하면 비구는 낮은 굴레를 벗어날 수 있다."

여기에 대하여 어떤 비구의 질문이 있자,

"비구여, 몸을 자아로 보는 자는, 영원하지 않은 육체를 영원하지 않은 것으로 사실 그대로 이해하지 못한다. 이는 느낌, 인식, 의지, 생각-분별 작용의 경우도 마찬가지이다. 또 고통스러운 육체를 사실 그대로 이해하지 못한다. 이는 느낌, 인식, 의지, 분별 작용의 경우도 마찬가지이다. 자아가 없는 육체를 사실 그대로 보지 못한다. 이는 느낌, 인식, 의지, 분별 작용에도 마찬가지이다. 그는 또 유위(有爲)의 육체를 사실 그대로 보지 못한다. 이는 느낌, 인식, 의지, 분별 작용에서도 마찬가지이다. 그는 육체가 사멸될 것임을 사실 그대로 보지 못한다. 이는 느낌, 인식, 의지, 분별 작용도 마찬가지다. 육체와 느낌, 인식, 의지, 분별 작용의 사멸에 있어서 그렇지 않을 수~~, 나에게는 그렇지 않을 수 있다. 나에게는 그렇지 않을 것~~, 그렇지 않을 것이다라고 보는 것이 하분결(낮은 굴레)을 벗어나게 해줄 것이다"라고 대답한다.

이 문구가 잡아함경에서는 다른 느낌을 준다. 잡 64 우다나경(優陀那經)에서의 구절은 쉽게 파악이 된다. 즉

"법에는 나가 없고(法無有吾我), 또한 내 것도 없다(亦復無我所).
내가 이미 없는데(我既非當有), 내 것이 어디서 생기랴(我所何由生).
비구가 이를 해탈하면(比丘解脫此), 곧 하분결을 끊으리라(則斷下分結)."

잡아함경에서는 법과 '나'의 관계를 말하면서, 법과 '나'는 같다고 보지 않는다. 세존은 이 시구를 설명하면서, '육체가 나다, 나와 다르다, 나와 나 아닌 것이 함께 있다(色是我,異我,相在)'라고 하는 생각을 벗어나기를 가르친다. 즉 육체가 내가 아니라고 하더라도, 나와 다르다고 생각하는 것도 버려야 한다는 것이다. 또 그렇다면 나와 육체가 같이 있다는 생각마저도 버려야 한다. 이는 느낌과 인식, 의지, 분별 작용에 있어서도 마찬가지다. 육체와 느낌과 인식, 의지, 분별 작용은 모두 무상하고 괴롭다. 그것들은 무너지기 때문에(色壞有, 受,想,行,識壞有), 그래서 내가 아니고, 나의 것도 아닌 것이다(故非我,非我所).

그런데 이는 유식삼십송(唯識三十頌)의 제일 첫 구절에 나오는 바와 같이, "유가설아법 유종종상전(由假說我法 有種種相轉) 피의식소변 차능변유삼(彼依識所變 此能變唯三)"을 연상시킨다.

즉 '나'와 '법'이 존재한다고 가정하는 것으로부터 제각각의 변화(이 세상 만물의 분별)가 있다는 뜻이다. 이것은 앞의 말과 같이 근본적인 요소로서의 '나'와 '법'을 가정하는 것이다. 붓다가 설하신 가르침 중에서 제일 주목하지 않는 부분이지만, 불교의 발전이 정점에 이른 유식학에서는 이에 주목하여 유식삼십송의 첫 자리를 차지하고 있는 핵심 개념으로 보아야 한다.

상윳따 니까야의 일곱 가지 경을 보면(상 22.57, 잡 42경 칠처경)

"일곱 가지를 능숙하고, 세 가지를 면밀히 조사하는 비구는 법과 율에서 독존(a consummate one)하며, 삶을 완성한 최고의 인간(the highest kind of person)이라 부른다. 즉 일곱 가지는 육체를 꿰뚫어 알고, 육체의 일어남, 소멸함, 소멸로 이끄는 도(道), 육체의 달콤함, 육체의 위험함, 육체로부터 벗어남을 꿰뚫어 아는 것을 말한다. 이것들은 육체뿐만 아니라, 느낌, 인식, 의지, 생각-분별 작용에 대해서도 마찬가지이다."

그런데 이는 잡아함경에서 한자로 간명하게 표시된다. 즉

"여실지색(如實知色 – 몸을 사실 그대로 봄), 색집(色集 – 몸의 발생 원인), 색멸(色滅 – 몸의 사라짐), 색멸도적(色滅道跡 – 몸의 사라짐의 깨달음), 색미(色味 – 몸의 즐거움), 색환(色患 – 몸의 근심), 색리(色離 – 몸으로부터 벗어남)이다. 또 이를 알게 되면, 무루를 얻으며(得無漏), 마음이 해탈하며(心解脫), 지혜의 해탈(慧解脫), 현재의 법을 스스로 알고 몸으로 증득하여 완전히 머무른다(現法自知身作證具足住)"는 표현을 사용하는데, 상윳따 니까야에서의 표현과는 다르다.

또 세 가지를 조사하는 것에 대하여 요소(界), 감각장소(處), 연기(緣起)에 따라 면밀히 조사하는 것을 말한다. 그 말이 어려운데, 잡아함경의 구절에는 한적한 곳, 혹은 나무 밑이나 길에서(若於空閑, 樹下, 露地), 오온(陰)과 감각의 장소(界)와 들어옴(入)을 관찰하고 바른 방편으로 그 뜻을 사유하면, 그것이 비구가 이치를 관찰하는 세 가지(是名比丘三種觀義)라고 한다. 여기서 음(陰)은 오온(五蘊)의 옛 표현이고, 계(界)는 외계의 대상이 들어오는 입구이고, 입(入)은 그 들어옴을 말한다. 결국 외계의 감각을 잘 통제할 수 있느냐가 사물을 대상 그대로 알아서 그 진면목을 직시하는 방법이라는 것이다.

상윳따 니까야에서 육체와 자아의 관계를 묘사하는 곳을 보자. 상 22.59 무아의 특징경(잡 34경, 오비구경)에서

'물질은 무아다. 물질이 자아라면 물질은 고통이 따르지 않을 것이다. 물질에 대해서 (나의 물질은 이와 같이 되기를, 나의 물질은 이와 같이 되지 않기를)이라고 하면 그대로 될 수 있을 것이다'라는 구절은 정확한 뜻을 알기 어렵다.

그런데 잡아함경의 뜻은 명확하다. '육체는 내가 아니다(色非有我). 만약에 육체에 내가 있는 것이라면(若色有我者), 육체는 병이 들지 않을 것이고, 괴로움이 생기지 않아야 하며'라는 구절이 대응된다. 즉 육체와 내가 같은 것이라면, 내가 병들지

않으니, 육체도 병들지 않을 것이다.

상윳따 니까야에서 흥미로운 경은 언어(言語)의 경로(Pathways of language)에 관한 경이다. 상 22.62에서

"언어의 세 가지 경로가 있으니, 어떤 물질이든 지나가버리고 소멸하며 변해버린 것에 대해서 '있었다'는 용어와 표식, 표현은 있지만, '있다'는 용어도 없고 '있을 것이다'는 용어는 적용될 수 없다. 이는 '있을 것이다'는 것도 마찬가지이다(즉 '있다'와 '있었다'는 용어를 사용할 수 없다). 그리고 생겨나고, 생겨날 것이 확실한 것에 대해서 '있다'는 용어와 표식, 표현은 있지만, '있었다'와 '있을 것이다'는 용어는 적용될 수 없다. 이렇게 언어의 경로, 지정하는 방법, 표현하는 방법이 있는데, 그것들은 과거, 현재, 미래에 거부되지 않을 것이다."

이것은 과거에 대해서 현재나 미래형의 용어를 사용하지 말고, 현재에 대해 과거나 미래형, 미래에 대해 현재나 과거의 용어를 사용하지 않아야 된다는 것이다. 즉 용어 사용 면에서 과거, 현재, 미래는 구별되는 것이니, 이를 근거로 설일체유부가 삼세에 걸쳐 법체가 있다(삼세실유 법체항유)는 유부론을 주장한 것으로 보인다.

자신이 무엇인가에 대한 단서를 제공해주는 글은 상윳따 니까야의 삼켜버림경에 나온다(상 22.79 Khajjanīya-sutta, 잡 46경 삼세음세식경三世陰世識經). 여기서 수많은 전생의 각가지 삶을 기억하는 자들은 취착의 대상이 되는 다섯 가지 무더기(오취온-五取蘊)를 기억하는 것이지, 그 외의 다른 것을 기억하는 것이 아니라고 선언한다. 즉 과거에 내가 이러한 몸을 가졌고, 이러한 느낌, 인식, 의지, 생각을 가졌다는 것을 기억하는 것이다. 몸이라 부르는 이유는 변형이 되기 때문에 몸이라 부르는데, 춥고 더움, 배고픔과 목마름, 파리와 모기, 햇빛과 파충류에 의해서 변형되기 때문이다. 느낌은 즐거움과 괴로움, 즐겁지도 괴롭지도 않은 것을 느끼므로 느낌이라 하고, 푸른 것과 노란 것, 빨간 것과 흰 것을 인식하므로 인식이라 부른다. 조건에 의해 만들어진 것을 계속해서 조건에 의해 만들려고 하므로 의지라 부른다. 신 것과 쓴 것, 매운 것, 단 것, 떫은 것들을 구분하므로 생각-분별 작용이라 부른다. 따라서 오온(五蘊)을 이루는 것의 명칭의 유래와 전생(前生)의 기억의 대상을 여기

서 언급하고 있는 것이다.

이 부분은 상당히 중요하므로 어떻게 기술하느냐에 따라 의미의 차이가 있으므로, 니까야와 잡아함경의 구절을 살펴보기로 한다.

빅쿠보디의 번역에서는

"과거의 수많은 귀의처(abodes)를 기억해 내는 것은 집착하는 오온(五蘊)을 기억해내는 것이다. 즉 과거에 내가 그런 몸을 가졌다는 단순한 몸을 기억하는 것이다. 그런 느낌, 그런 인식, 그런 의지, 그런 생각을 기억해 내는 것이다. 왜 그것을 몸이라고 부르는가? 그것은 변형된 것이므로 몸이라 부른다. 무엇에 의해 변형되었는가? 추위, 열기, 갈증, 배고픔 등에 의해 변형되었고, 그래서 몸이라고 부른다.[50] 느낌의 경우는 고통과 즐거움, 고통도 아니고 즐거움도 아닌 것을 느끼는 것을 말한다. 인식의 경우 푸름과 노랑, 빨강, 하얀 것을 인식하므로 인식이라 한다. 의지의 경우 조건적인(유위有爲) 것을 형성하므로 의지라 한다. 생각-분별 작용의 경우 상하고, 격렬하고, 톡 쏘며, 달콤하고, 날카롭고, 둔하며, 짜고, 밋밋한 것을 생각하므로 생각이라 한다."

잡아함경에서는

"사문이나 바라문이 숙명지(宿命智)로써 숙명을 안다면, 그것은 색수상행식의 오수음(五受陰)을 아는 것이다. 내가 과거에 어떤 색수상행식인지를 아는 것이다. 그리고 몸에 대한 변형은 가애가분(可閡可分), 즉 뭉칠 수도 있고 나눌 수 있는 것이므로, 몸이라는 것이 형체를 가질 수 있고, 또 해체될 수 있다. 또 그러한 변형이 추위, 열기, 갈증, 배고픔에 의해 변형된다는 것을 손, 돌, 막대

---

[50] 이 부분은 마치 금강경의 구절 중, 불국토의 장엄은 장엄이 아니라 그래서 장엄이라 부른다는 구절을 연상시킨다. 물론 이런 설법의 내용은 몸의 변형을 말함으로써 몸이 항상하다는 환상을 깨고, 언어로 표현된 것의 변화를 보여주기 위한 것이다. 한편으로는 우리가 몸이라고 알고 있는 것이, 살고 있는 당시의 현실에 따라 변형되므로 같은 몸이라고 할 수도 없는 점을 구체적으로 서술하고 있다.

기, 칼, 추위, 더위, 목마름, 굶주림(若手, 若石, 若杖, 若刀, 若冷, 若暖, 若渴, 若飢-그외 모기, 독벌레 등이 있지만 생략) 등에 의한다"고 하고, 수상행식에 대해서도 역시 언급하지만, 이는 니까야에서 설명하는 바와 같다.

결국 이 구절들에서 나타내는 것은, 우리가 과거의 자신을 생각할 때, 현재의 이 모습대로 갖추고 있는 자신을 말하는 것이 아니며, 그때 가지고 있던 변형된 몸과 괴로웠고 즐거웠던 느낌, 적거나 많았다는 인식, 업을 지어가는 의지, 빛깔과 소리, 냄새, 맛, 감촉 등을 분별하였던 생각을 기억하는 것이다.

## 다. 모든 법은 항상 그대로다

舍利子
사리자
사리자여

是 諸法空相 不生不滅 不垢不淨 不增不減
시 제법공상 불생불멸 불구부정 부증불감
이러한 모든 법은 공(空)한 모습이며, 나지도 소멸하지도 않고, 더럽지도 깨끗하지도 않고, 증가하지도 감소하지도 않는다.

### 1) 사리자 시제법공상(舍利者 是諸法空相)

여기서 다시 사리자를 부르는 것은 새로운 내용이 있음을 알리는 것이다. 그런데 산스크리트본에는 '여기서(iha) 사리자여'로 시작하고 있다. 앞에 나온 사리자 부분이 전통적인 불교의 관점을 바꾸기 위한 것이었다면, 여기서는 그것을 강조하는 부분이다.
시제법공상을 영문으로 번역한 것을 잠시 보자.

콘체는 all dharmas are marked with emptiness(모든 법은 공의 표시가 있다)

레드파인은 All dharmas are defined by emptiness(모든 법은 공으로 정의된다)

틱낫한은 all phenomena bear the mark of Emptiness(모든 현상은 공의 표시를 가지고 있다)

한자어를 그대로 번역하면, '이러한 모든 법은 공의 표시다'로 되지만, 이는 한자어의 빈약한 서술어로 인한 것이고, 의미가 통하도록 하려면, '이러한 모든 법은 공의 표시를 가지고 있다'로 해야 된다. 그래서 번역은 콘체와 틱낫한처럼 하는 것이 맞지만, 그 번역의 뜻은 레드파인의 번역처럼 "공으로 정의된다"라는 식의 보완이 필요하다.

제법(諸法)이라 표현된 부분은 일체의 법이라고 해석한다. 여기서 일체의 법이라는 것은 조건에 좌우되는 오온(五蘊) 외에도, 조건에 좌우되지 않는 무위의 법도 포함하는 것이다. 일체라는 것이 '각각의 하나(every one)'를 말하기도 하고, '그중 어느 것이나(any one)'의 뜻도 있고, 또 '그 모든 것(all of them taken together)' 혹은 '몇 가지 다르마가 혼합된 것(compound)'을 말하기도 한다. 그런데 '일체의 법'이 삼라만상을 의미하는 것은 아니다. 즉 책상, 의자, 주전자, 참새 등은 사물에 해당하고, 이런 것들은 법이 아니다. 불교에서 제시되는 법의 목록은 75개에서 100개를 넘기도 하지만, 설일체유부의 아비달마에서 거론하는 일흔다섯 가지가 궁극적 요소로서의 다르마로 가장 유명하다.

그런데 일체의 법이라고 하였고, 법(法)이라 표현된 부분은 산스크리트어 다르마(dhārma)를 말하는 것인데, 우리가 일상생활에서 사용하는 익숙한 용어로서의 법(法)과는 물론 다른 개념이다. 만물이 자신의 고유 성질을 가지고 있어서 구분이 가능한 것들의 최소 요소라고 정의할 수 있다. 그러나 이러한 정의보다는 구체적인 대상을 나열하는 것이 더 쉬울 것이다. 그래서 아비달마의 법을 간략히 나열한다. 이것들은 인간을 구성하는 여섯 요소 중에서 제6식 즉 의식(意識)의 내경(內境)이 되므로 법경(法境)이라고 한다.

그런데 이런 법은 공상(空相)이라고 하였으니, '비어 있는 모습(표상)'이라고 번역한다면, '일체의 법이 비어 있는 모습'이라고 단언하는 것이다. 즉 '오온이 공하고, 색수상행식이 공이므로, 일체의 법이 공하다'는 결론이 된다. 우리는 아직 일체의 법이 비어 있는지 어떤지 잘 파악하지 못하였지만, 앞에서부터 계속 언급하는 반야심경의 구절들은 이 일체의 법이 비어 있는 모습이라고 말하기 위한 단언을 끌어내기 위한 수단이었다.

### 🔎 역본 비교

〈 iha śāriputra : sarva－dharmāḥ śūnyatā－lakṣaṇā, 〉

| 번역자 | 내용 | 비고 |
| --- | --- | --- |
| 구마라집 - 현장 - 반야 - 법월 | 시제법공상(是諸法空相) | |
| 지혜륜 | 시제법성상공(是諸法性相空) | 법성 |
| 법성 | 법성일체법공성무상(一切法空性無相) | 공성 |
| 시호 | 차일체법여시공상(此一切法如是空相) | |

〈 iha－여기서, śāriputra－사리불아 : sarva－일체, 모든, dharmāḥ－법들, śūnyatā－공성, lakṣaṇā－특징, 상(相) 〉

《지혜륜은 법성(法性)은 공하다, 법성은 일체법의 공한 성질은 표상이 없다, 시호는 일체법은 공한 표상과 같다고 번역》

그러면 어떤 것이 그런 수단에 해당하는 구절들이었는가? 앞에서 나온 '조견오온(五蘊)개공, 색불이공 공불이색, 색즉시공(色卽是空) 공즉시색(空卽是色), 수상행식역부여시'의 구절이 지금과 같은 결론을 이끌어내기 위한 구절이다. 즉 우리가 앞에서 단순히 반야심경이 가리키는 데로 따라갔는데, 그 가리키는 곳은 제법(諸法)의 공상(空相)을 향한 것이었다.

그러면 이제 왜 제법(諸法)이 공상(空相)이라고 결론을 지었는지 검토해 보자.

그에 앞서 제법이 공한 모습을 가진 결과는 무엇일까? 그것은 바로 제법의 공상 뒤에 나오는 '불생불멸 불구부정 부증불감'이며, 또한 색수상행식도 없고, 안이비설신의도 없으며, 색성향미촉법도 없다는 것이며, 그리고 안계 내지 의식계도 없고, 무명내지 노사, 고집멸도도 없으며, 지(智)도 없고 득(得)도 없다는 것이다. 이 모든 것은 제법이 공(空)하다고 본다면 당연히 발생하는 것일 것이다.

그렇다면 이제 다시 정말 제법(諸法)이 공(空)한 것인지 따져볼 필요가 있다. 제법이 공(空)하다는 것은 무슨 말인가? 이 공(空)을 두 가지로 보는 시각을 앞서 소개한 바 있다. 그 하나는 일반적으로 일체가 존재한다는 설일체유부를 비난하기 위한 뜻으로 보는 역사적 고찰에서는 공(空)이란 '없다는 뜻'으로 받아들이는 주장을 하는 것이고, 또 하나는 다른 것에 의지하여(인연하여) 존재할 수밖에 없다는 점에서 공(空)이라고 본다면, 현상은 있되 실체는 없다고 보는 것이다.

모든 것이 없다는 뜻으로 보는 것은 비관적이면서 염세적인 느낌이 물씬 풍기고, 그 자체로 모든 것이 헛되다고 보아, 그 속에서 색성향미촉법이나 안이비설신의나 모든 것이 의미 없이 무(無)라는 결론이 날 수 있고, 반야심경의 끝까지 그런 자세로 나가더라도 논리적 문제는 없다. 그러나 그럴 경우 우리는 아무것도 건질 수 없다.

세상을 구성하는 기본요소들이 그 자체 독립하여 존재하지 못하고, 다른 것에 의존하여 존재한다는 뜻으로 본다면, 정의에 의해서 그 자체의 본성이 없다는 뜻이다. 그 자체의 본성(고유성질)이 없다면, 그것을 비어 있다는 공(空)으로 표현하는 것은 자유다. 반야심경의 전반부인 이곳까지는 붓다도 오온의 하나하나가 변형되고 결국은 지속되지 않는다는 의미에서 무상(無常)하다는 것을 반복적으로 지적하고 있다. 다만 그러한 무상(無常)은 지속되지 않는다는 의미의 동적(動的)인 용어인데, 그 지속이 멈춘 상태를 표시하는 정적(靜的)인 용어인 공(空)이라는 용어를 사용할지는 좀 더 검토해야 한다.

우리는 반야심경을 처음 접할 때 제법공상(諸法空相)이라고 하면, 모든 가르침이 덧없다는 느낌을 받는다. 그런데 여기서의 제법(諸法)은 세상의 구성요소로서의 법인 다르마를 말하는 것이고, 단순한 법들이 아니라 가치가 있든 없든 모든 다르마를 말하는 것이다. 왜 앞에서는 오온(五蘊)을 공한 것으로 설명하고, 여기서는 그것에 추가한 일체의 법이라고 하였을까? 이것은 소승불교를 벗어나기 위한 대승불교의 논리적 몸부림이라고 볼 수 있다.

보통 금강경을 번역하는 분들이, 반야심경을 번역하지 않는 경우가 많다. 그것은 금강경은 소승불교에서 대승불교로 넘어가는 도중의 철학을 담고 있고, 심원함이 있기 때문이다. 이에 비해 반야심경은 본격적인 대승불교의 내용 중 반야사상을 담고 있기 때문에 붓다의 가르침을 변용하거나 독자적으로 해석한 내용이 많다. 보통 반야-중관학파를 합쳐서 언급하는 경우가 있는데, 이는 대승불교가 소승불교를 너무 폄훼하다가 그 도를 넘어서 붓다의 가르침마저 잊을 지경에 이르렀다는 것을 의미한다. 이에 대한 반발로 같은 대승불교 내에서도 유식학파(유가행파)가 새롭게 성립되어, 자상(自相)인 법의 고유성질을 강조하게 된다.

그런데 여기 반야심경에서는 그런 자상(自相)의 고유성질을 넘어서 모든 것이 공함을 주장하고 있으며, 일체의 법, 즉 모든 법(공상-共相)의 비어 있는 모습(공상-空相)을 강조하고 있다. 여기서 우리는 대승불교가 지시하는 데로 갈 것인지, 반야심경의 엑기스만 추구할 것인지의 갈림길에 서 있다. 저자는 반야심경의 엑기스 섭취가 우선이고, 그 외의 대승불교의 주장은 주장으로 알고 있는 것이 좋다고 생각한다. 그래서 반야심경에서 언급되는 내용 중에 특히 상세하게 설명하는 부분은 붓다의 원래 가르침이고, 나머지는 대략적인 설명으로 마무리할 것이다.

이하에서 반야심경의 개략적인 내용을 본다면, 법은 오온, 12처, 18계가 없으며, 세상에 독립하여 존재하지 않는다는 의미를 가진다는 서술을 한다.

그리고 오온(五蘊)의 공(空)에 대한 언급이 이제는 법의 공에 대한 것으로 확장되고 있다. 단순한 오온(五蘊)보다 우리의 경험 세계를 분석하고 설명하는 과정의 법(法)에 대해 몇몇 주석가들은 법이 더 높은 수준의 실재를 대표하는 것처럼, 그리고 오온(五蘊)의 비어 있음을 자각하는 것보다 더 큰 통찰을 가지는 것으로 보기도 한다.

| 제법(諸法) ||||| 
|---|---|---|---|---|
| 유위법(有爲法) |||| 무위법(無爲法) |
| 색법(色法) ↓ | 심법(心法) ↓ | 심소법(心所法) ↓ | 불상응행법(不相應行法) ↓ | ↓ |
| 6근(안이비설신의근), 5경(색성향미촉), 무표색(無表色)(11가지) | 6식(안이비설신의식) – 모두 마음이라는 한 가지(1) | 대지법, 대선지법, 대번뇌지법, 대불선지법, 소번뇌지법, 부정지법[51](4여섯 가지) | 득, 비득, 동분, 무상과, 무상정, 멸진정 등 (14개) | 공간, 열반(택멸,비택멸)(3가지) |

《이 도표는 가장 널리 알려진 5위 75법을 나타낸 것이다. 심소법의 마흔여섯 가지는 마음의 작은 작용을 말하는 것으로 분류에 따라 믿음, 부끄러움, 게으름, 탐진치 등을 망라하고 있다. 그리고 심소법(心所法-Mentals)의 아래에 마음 챙김, 용기, 질투, 기타 등등의 법이 있고, 불상응행(不相應行)법 중 득(得)-attainment, 비득(非得)-nonattainment은 모두 이 반야심경에서 언급된다. 생명(life), 힘(force) 등등은 영원하지 않다.》

인도에서 사용되는 개념인 나와 법에 있어서, 법이란 것은 실체를 명칭화한 개념(혹은 이름)을 해체하여 그 최소단위를 찾아서 보는 것을 말하는데, 중국에 들어와서는 나와 법의 관계를 주체와 객체의 관계로 보는 오해를 하게 되었다. 그래서 법은 단순한 개념이나 명칭이 아니라 일종의 실체를 지칭하는 것으로 착각하게 된 것이다. 그래서 아공법공(나와 세계는 공이다), 아공법유(나는 공이고 세계는 존재한다)라는 논쟁을 하게 된 것이다. 아(我)와 법(法)은 대응 개념이 아니고, 단지 적용 기준이 다를 뿐인 것인데도 그러한 사실을 모르고, 아(我)와 법(法)을 나와 세계라고 보게 됨으로써, 불교에서 가장 경계하는 분별론에 빠지게 되었고, 이제는 '나와 법'을 분석하려는 전체 모습이 분별론 속에서 허덕이는 결과가 된 것이다. 이런 점을 알아차린다면 계속해서 이런 논의를 하는 것은 의미가 없는 것이라는 것을 알게 될 것이다.

설일체유부에서 제시했던 그러한 법의 목록은 각각의 학파의 목적에 따라 수정되었다. 유일한 예외는 공간(空間)과 열반(涅槃)이 포함되었는데, 이것은 온(蘊-무더기)에서는 제외된다. 그렇지만 반야심경에 의하면 공간과 열반조차도 온(蘊-무더기)으로서 같은 공(空)으로 정의된다.

설일체유부에서는 그 이름에서 암시되는 바와 같이, 모든 법이 실제로 존재하며, 그 법들은 시간의 과거-미래-현재를 횡단한다고 본다. 그들은 온(蘊-무더기)의 속성이 공(空)하다는 붓다의 가르침에 친숙하였지만, 그 온(蘊)이 완전히 비어 있다

---

51) 대지법(大地法), 대선지법(大善地法), 대번뇌지법(大煩惱地法), 대불선지법(大不善地法), 소번뇌지법(小煩惱地法), 부정지법(不定地法)

는 것을 인정하려 하지 않았다. 그들은 각각의 법들이 근본적인 기질을 포함하여 시간을 통해 유지되는 특징을 지니고 있다고 보았다.

그러나 반야심경은 이를 반박하면서, 모든 법은 자성의 질(質), 물질, 실체에 대해서 비었고, 시간, 공간, 마음에서도 떨어져 있으며, 그것들이 실재임을 알 수 있는 유일한 것은 바로 공(空)을 통해서라고 한다. 그래서 모든 법은 표시가 있고, 특징이 있고, 구분이 가능한데, 그것은 바로 공(空)이라는 표시, 특징이라는 것이다.

한편 반야심경은 같은 상좌부라도, 별개의 실재라는 것이 없고 법이란 것은 다른 법과의 관계에서 정의된다고 주장하는 스타비라바딘(Sthavidavādins)파에 대하여는 논박하고 있지 않다.

일체의 법이 공이라고 해서 세계가, 우주가, 만물이 공이라는 견해는 붓다의 진의를 잘못 파악한 것이다. 아공법공(我空法空)은 법에만 적용되는 것이다. 따라서 대승의 공사상을 우주를 구성하는 원리로 파악하는 것은 잘못된 것이다. 어떻게 보면 아공(我空)이라는 뜻 속에는 '나'가 공(空)이므로, '나'를 구성한다고 여겨지는 온갖 법들이 공(空)임이 당연하다고도 볼 수 있다. 위에서 보았듯이 법이란, 5위 75법에 의해 색법, 심왕법, 심소법, 불상응행법 등 모든 것이 나의 육체와 마음속에서 이루어지는 것이니, 아공(我空)은 법공(法空)을 전제하는 것이라고도 볼 수 있는 것이다. 다만 설일체유부는 아공(我空)이라 하더라도 법은 실유(實有)라고 주장하기 때문에, 특별히 법공(法空)이라는 반박 주장이 필요했던 것으로 보인다.

### 2) 불생불멸 불구부정 부증불감(不生不滅 不垢不淨 不增不減)

이 모든 법은 공(空)한 모습이며, '생기지도 멸하지도 않고, 더럽지도 깨끗지도 않으며, 늘지도 줄지도 않는다.'

이 불생불멸 불구부정 부증불감을 통째로 공한 모습의 성질로 볼 수 있다. 혹은 불생불멸, 불구부정, 부증불감이라는 그 특질을 세세하게 살펴볼 수도 있다. 이 구절들에 대한 설명을 제대로 한 것을 찾기 힘들다. 단순히 용수(龍樹, 나가르쥬나)의 팔불중도에서 나타나는 불생불멸을 원용하여 팔불중도를 축약한 것으로 보는 견해도 많고, 대반야바라밀경에서 불생불멸이 워낙 반복되기 때문에 반야사상의 핵심으로 보고 그 뒤의 구절은 후렴처럼 해석하는 견해도 많다. 이들은 주로 한자권에서 해석하는 입장이고, 영미학자들은 각 구절들이 왜 사용되었는지에 집중하는 느낌이다.

위의 대략적 설명에 따라 크게 두 가지로 설명해 본다. 먼저 중관학파의 주장에서 나타나는 공사상을 언급하면서, 용수의 팔불중도를 원용하는 이론적 기반과 그에 따른 해설들로서 대승불교의 입장이라고 할 수 있는 견해가 있다. 또 하나는 공한 모습이라는 존재의 실상에서 발생하는 그 성질을 나타내는 것으로 보아서 아카데믹한 해석을 하는 방법이다.

### 대승불교의 시각으로 보는 견해 몇 가지

대표적으로 중국의 선사들의 해석들이 그러하다. 이들의 주요한 관점을 보면,

혜정(慧淨, 578~650)은 반야바라밀다심경소에서 "체(體)와 상(相)이 모두 공하기 때문에 공상(空相)이라고 한다. 만약 모든 법이 생기는 것을 본다면, 또한 법이 소멸하는 것도 본다(若見諸法有生 卽有法滅).[52] 그러나 법은 실제로 생기지 않으니, 어찌 소멸할 수 있겠는가(法本無生 何無有法滅). 그것은 잘 보이지 않는 눈으로 허공의 꽃을 보는 것처럼 헛되다(猶如翳眼妄見空華 卽此空華). 그것은 실체가 없는 것으로, 망상에 지나지 않는다(本無體性 但爲妄想). 불구부정에 대해서 말하자면, 범부의 번뇌가 없어지지 않아 현재 욕망과 시기심이 있으며, 나라는 것에 집착하는 것을 더러움이라 부른다. 이승(二乘, 소승과 대승)의 번뇌가 다하고 욕망과 시기심이 그를 떠난 것을 공이라 하며 깨끗함이라 말한다. 만약 더러움이 제거될 수 있다면, 그것으로 깨끗함이라 부를 수 있다. 더러움의 본체를 살펴보면 이는 본래 공이다. 즉 이 공 가운데 어찌 깨끗함이 있겠는가. 그래서 불구부정이라 한다."

《혜정의 글은 분석적이라기보다 선(禪)적인 각성으로 나온 결론으로 보인다.》

법장(法藏, 643~712)은 반야심경약소현정기(般若心經略疏顯正記)에서 "불생불멸이란 도(道)의 처음에 있는 보통 사람이다(不生不滅者在道前凡位謂諸凡). 불구부증이란 도(道)의 과정에 있는 보살이다(不垢不淨者在道中菩薩). 부증불감이란 도

---

52) 이는 금강경에서 약견제상비상 즉견여래라는 구절을 차용한 것으로 보인다.

(道)가 끝난 후에 있는 붓다다(不增不減者在道後佛果位). 이 세 가지는 그들 자신의 본성이 없다. 그래서 진정한 공을 표시한다."

《법장의 글은 3단계의 도전(道前), 도중(道中), 도후(道後)라는 배열에 치중하여 불생불멸 등의 진정한 뜻을 살피는 데 실패했다.》

6조 혜능의 제자 혜충(慧忠, ~775)은 반야바라밀다심경주에서 "만약 우리가 법이 생기는 것을 본다면, 사멸하는 것도 볼 것이다. 그러나 법은 실제로 생기지도 않고, 사멸하지도 않는다. 그것들은 하늘의 꽃과 같은(즉 병적 현상으로 사실이 아닌 것이 보이는 것. 예 : 비문증/飛蚊症) 백내장 같은 것이다. 그것들은 우리의 지혜의 눈을 막는 거짓된 외관이다. 보통 사람이 개별성에 집착하는 것은 더러움이고, 그 개별성의 비어 있음을 깨닫는 것은 깨끗함이다. 그러나 더러움이 없어질 수 있고 그것을 깨끗함으로 부를 수 있다면, 더러움은 본질적으로 비어 있는 것이며, 그러므로 공(空) 속에서 깨끗함도 없는 것이다. 본래 자리의 실재성이 드러나면, 그것은 움츠리지도 더 확대되지도 않는다. 집착하지 않으면 실제의 몸, 즉 법신이라 불린다. 비록 이름은 달라도, 그 진정한 본질은 다르지 않다."

"모든 법은 마음이다. 마음은 몸도 없고, 부분도 없다. 그래서 그것이 불생불멸, 불구부정, 부증불감이다(忠云諸法是心心無體段有何生滅垢淨增減)."

《본래 자리의 실재성을 진정한 본질로 보는 점에서 혜능의 영향을 받은 것으로 보인다. 한편 마음에 몸과 팔다리가 없다는 점에 모티브를 잡아 불생불멸이 필연적인 점을 설명하는데, 이는 당연한 것이다. 그런데 이는 모든 법이 마음이라는 전제를 가지고 있어야만 이런 논리가 가능하다.》

5조 홍인의 직계인 신수의 제자인 정각(淨覺, 683~750)은 재미있는 비유를 하고 있다. "처음에 존재하지 않던 것이 이제 존재하는 것은 생(生)이다. 이미 존재하지만 이제 존재하지 않는 것은 멸(滅)이다. 원인과 조건이 조합되었다고 생(生)이 되지는 않는다. 원인과 조건이 분산되어도 멸(滅)이 되지는 않는다. 깨끗함과 더러운 것은 마음을 말하는 것이다. 그러나 마음은 본질적으로 마음이 아니다. 그래서 정화된 것이 무엇이며, 더러워진 것이 무엇인가? 그것은 마치 누군가가 달에 있는 진주가 진흙탕에 떨어져 더러워진 꿈을 꾸는 것과 같다. 씻어서 깨끗이 하려고 노력하여도 달은 물속에 있지 않고, 더럽혀진 적이 없으며, 그것을 씻는 것이 정화하는 것이 아니다. 그것은 항상 깨끗하였다."

《정각의 설명은 뒤에 나오는 존재의 실상을 말하는 견해들과 상통한 면이 있다.》

그리고 제법의 성질이 생멸, 구정, 증감의 3단계이므로 그에 영감을 받아 이를 일거에 해결하려는 이론도 있다.

① 계위(階位)로서 이를 설명하는 관점이 있는데, 이는 도(道)의 전(前)과 중간(中間), 그리고 후(後)로 나누어 3단계로 본다. 앞에서 본 법장의 견해다. 진공(眞空)성은 모든 모습(諸相)을 떠난 까닭에 도(道)가 이루어지기 전(道前)에는 유전생멸을 떠났고, 도를 닦는 과정(道中)에는 미혹하고 알며 더럽고 깨끗한 것(惑智垢淨)이 없으며, 도를 이룬 후(道後)에는 체용(體容)의 증감을 영원히 버린다고 보아서 도전, 도중, 도후로 보는 것이다.
② 삼성(三性)으로 보는 관점이 있다. 즉 변계소집(遍計所集)은 본래 없는 까닭에 불생불멸이요, 의타기성(依他起性)은 인연 따라 생기는 까닭에 불구부정이요, 원성실성(圓成實性)은 일어남이 없는 까닭에 부증불감이라 하는 것이다.

| 불생불멸(不生不滅) | 불구부정(不垢不淨) | 부증불감(不增不減) |
| --- | --- | --- |
| 무상(無常) | 고(苦) | 무아(無我) |
| 도전(道前) – 유전생멸을 떠났다. | 도중(道中) – 혹지구정(惑智垢淨)이 없는 상태 | 도후(道後) – 체용(體用)의 증감을 영원히 버린 것 |
| 변계소집성(遍計所執性) – 본래 없는 까닭에 불생불멸 | 의타기성(依他起性) – 인연 따라 생기는 까닭에 불구부정 | 원성실성(圓成實性) – 일어남이 없는 까닭에 부증불감 |

위 견해들은 한자의 뜻에 치중하였거나, 반야심경의 세 가지 속성과 결부된 숫자에 사로잡혀, 경전에 세 가지를 언급한 것이 있으면 그것을 반야심경에 맞을 것이라는 짐작으로 주장된 것이다. 그러나 반야심경은 대승불교의 발흥에 즈음하여 기존의 기본불교이론을 뛰어넘기 위하여, 또 상좌부의 이론적 기반을 반박하고 대승불교의 기반을 공고히 하기 위하여, 기본불교의 삼법인(三法印)인 무상·고·무아를 반박하기 위한 내용들이 주(主)인 것으로 이해해야 한다.

이러한 종래의 해석들에 비해서 최근의 선사들의 내용은 아무래도 현실감이 있는 설명들이다.

성철스님의 설명을 보자.

> 이 우주는 상주불멸이다. 법화경에 "법이 법의 자리에 머무니, 세간은 서로 상주불멸이다"고 하는 말이 있다. 이때의 법은 불생불멸의 법을 말한다고 한다. 즉 세간의 모습은 언제나 시시각각으로 생멸하지만, 그것은 겉보기일 뿐이고 실지 내용은 우주 전체가 불멸이라는 것이다. 이를 제법의 실상이라고 한다. 또 화엄경에서 말하는 무진연기(無盡緣起)를 원용하여, 본모습은 모두 불생불멸이며, 동시에 이 전체가 다 융화하여 온 우주를 구성하고 아무리 천변만화하여도 상주불멸 그대로라고 한다.
>
> 또한 과학적으로 상대성이론의 등가원리를 예로 들면서 에너지와 질량의 동일성을 말하고도 있다. (물론 원래 등가원리는 중력과 질량의 같음을 말하지만, 성철스님은 에너지와 질량이 같다는 의미로 사용한다). 에너지 보존법칙에 따라서 에너지와 질량의 변화만 있을 뿐 그 총량은 동일하므로 과학적으로 불생불멸이라는 것이다.
>
> 또 예를 들면서, 물을 에너지에, 얼음을 질량에 비유하여, 얼음이 녹아도 물이고, 물이 얼어도 얼음이라는 관계라고 한다. 그래서 이것은 불생불멸이므로 당연히 부증불감이라고 한다. 그러나 불구부정에 대해서는 따로 설명이 없다.

《이러한 설명은 불생불멸, 부증불감의 뜻에 맞추어진 공의 모습을 보여주고 있다. 즉 공이란 어떤 것이므로 당연히 가져야 되는 성질로서의 불생불멸 등이 아니라, 생하지도 멸하지도 않는, 늘지도 줄지도 않는 이 세상의 현상계의 모습과 그 이면에 일어나는 변화를 총량적으로 보고 있을 뿐이다. 반야심경의 이 구절은 과연 그런 뜻일까? 즉 이런 설명에 따른다면 불구부정의 뜻은 설명하기가 곤란하다.》

법륜스님의 설명을 간략히 본다.

〈바닷가의 파도를 보면, 파도 하나하나가 생기고 사라짐을 말할 수 있지만, 바다 전체를 보면 물이 출렁거릴 뿐이지, 생멸하는 것이 아니다.

제행무상과 불생불멸의 모순을 어떻게 해결할 것인가? 제법이 무상하므로 생겨나고 사라진다는 말이 맞지 않다고 한다.

2차원과 3차원의 비교를 해보면 2차원의 개미는 선 밖으로 나올 수 없으나 내가 개미를 들어내면 이는 3차원상의 행동이다. 즉 금 밖으로 나올 수 있다. 또한 1차원에서는 내가 이기거나 지는 선택밖에 없지만, 슬쩍 비키면 이기고 지는 것을 초월하게 되는데 이것이 2차원적 행동이다. 즉 한 차원 높은 행동이 현실적인 문제를 해결한다는 것이다.

숫타니파타, 법화경에서 걸식하던 붓다에게 욕을 하던 바라문에 대해서 붓다는 그 욕을 전혀 받지 않는 모습을 보여준다. "선물을 가져올 때 받지 않으면 그 선물은 가져온 사람의 것이다"라고 부드럽게 욕을 돌려준다.

고(苦)와 낙(樂)을 여읜 세계, 한 차원 높은 곳이 열반의 세계다. 고가 끝나고 낙이 와서 열반이 되는 것이 아니라, 고도 낙도 아닌 그곳에 속하지 않는 것이 열반이라고 한다.

인간은 어디서 와서 어디로 가는가? 온 곳도 없고 간 곳도 없다. 여래는 타타가타이다. 여여히 오고 여여히 간 자다. 오고감이 없는 자 이것이 불생불멸이다. 〉

《역시 불생불멸이라는 변하지 않는 모습을 설명하고 있다. 불생불멸이라는 설명에서 한 차원 높은 사고를 함으로써 현상의 세계를 벗어날 수 있음을 알려주려는 모습이다. 그러나 이것은 과연 공한 모습에 대한 설명인가? 단지 현실적인 문제를 해결하기 위해서 인간 논리의 한계를 벗어나려는 사고방식을 보여주는 것에 지나지 않는다.》

그래서 이런 중관학파의 해석을 떠나 붓다의 기본적인 가르침에서 그 뜻을 찾아보려는 것이 아래의 견해들이다.

### 존재의 실상을 말하는 것으로 해석하는 견해

레드파인은 이 부분을 풀어서 설명한다.

이 구절은 법과 마음의 기본실재를 구분 짓는 삼법인에 대한 붓다의 가르침을 다시 언급하는 것으로 본다. 즉 무상·고·무아를 말하는 것이다. 설일체유부의 경전에서 계속 반복되는 무상·고·무아를 여기 반야심경에서 확실하게 표시한다는 것이다. 이 3법인으로 표시되고 정의되는 실체만이 초기 불교도에게 관심사였고, 그러한 실체를 발견하려고 한 것이 그들에게 영적인 풍성함을 제공하였다. 이것이 아비달마의 기원이라고 말한다. 이 경우 법이라고 지칭하는 것에는 집이나 나무, 일출, 개와 정부는 포함되지 않는다. 대신에 오온, 12처, 18계, 12연기, 4성제 등과 관련하는 것이다.

그러면 설일체유부에서 가장 권위 있게 생각하는 세 가지 통찰에 대한 전형적인 예를 붓다의 설법에서 찾아보자.

제타 숲 아나타핀다다 정원에서 한 말씀 ~~ 앞부분 중략

"형체가 무엇이던 무상하다. 무상한 것이 무엇이던 고다. 고(苦)인 것은 자성이 없거나, 자성에 속하는 어떤 것이 없다. 사물을 이렇게 보는 자는 사실 그대로 보는 것이다. 이것은 수상행식도 마찬가지로 무상하고, 무상한 것은 고이고, 고인 것은 자성이 없거나 자성에 속하는 어떤 것이 없다. 사물을 이렇게 보는 자는 사실 그대로 보는 것이다. 사물을 이렇게 보는 성스러운 제자는 형체에 혐오감을 가지고, 수상행식에도 혐오감을 가진다. 그리고 혐오감을 가지기 때문에 그것들에 대해 기뻐하지 않는다. 기뻐하지 않기 때문에 그것들로부터 자유롭다. 자유로운 자는 사물이 진실로 어떤가에 대한 지식이 생기고, 이렇게 외친다. 나의 생은 끝났고, 나의 범행(梵行)은 완수되었다. 해야 할 바는 다 했고, 이제 다시는 태어나지 않을 것이다. 이러한 말을 듣고 승려들은 즐거워하며 수행을 하였다."(잡 9 염리(厭離)경)

위 경전에 의하면, 기본적인 표시로서의 현상은 무상이고, **그것 자체는 생(生)과 멸(滅)이라는 현상의 표시를 가지고 있다.** 설일체유부는 여기에 지속(持續)과 노(老)를 포함시켰다. 그러나 관자재보살이 말하듯이, 만약 모든 법이 자체 성질이 비어 있고, 무상이 더 이상 적용되지 않으면, 그것은 더 이상 생기지도 않고, 멈추지도 않는다. 그러나 만약 시작도 없고 끝도 없으면 자연히 무상도 없다. 무상은 최소한 순간적인 실재의 두 상태의 개념에 기초를 두고 있다. 즉 유정(有情)의 생과 죽음, 무정물의 발생과 파괴라는 두 가지 상태가 있어야 하는 것이다. 반야바라밀다의 견지

에서, 모든 그러한 상태는 자성이 비어 있는 것으로 보인다. 즉 그것들은 다른 상태로부터 독립하여 존재하거나 발생하지 않는다. 오직 인위적인 구분을 기초로 분할될 수 있다. 우리의 물질적 정신적 우주를 관찰하면, 어떤 것의 존재는 다른 어떤 것의 존재를 사실로 상정하지 않고는 결정될 수 없다. 그래서 사물은 오직 다른 것과의 관계에서만 존재한다. 사실상 그것들의 바로 그 사물성(thingness)은 그 진정한 본질인 비어 있음을 모름에도 불구하고 구분을 위해 편리하도록 라벨을 붙인 것이다. 즉 모든 것이 비어 있는 데도 구분이 가능한 것은 개념적 존재를 상정했기 때문이다. 생기거나 파괴되는 것으로 보이는 것은 사실상 우리의 오해에 의한 것으로서, 마법이 부려진 환영이다. 그래서 우리가 충분히 자세히 본다면, 그것들 역시도 태어나지도 파괴되지도 않음을 알 것이다. 설일체유부에 의하면, 단 하루에 우리는 640만(6,400,099,998) 번의 생과 사를 경험한다. 그러나 각 생과 사는 환영이다(640만 번의 발생소멸이 있다면 그것들을 환영으로 보아도 무방하다). 생과 사는 실재인 어떤 것이 결핍되어 있기 때문이다. 그래서 관자재보살은 사리불에게 법은 불생불멸이라고 말한다.

불구부정을 어떻게 보아야 할 것인가? 붓다가 위의 경전에서 언급하듯이, 고(苦)의 원인은 무상 때문이며, 어떤 것이 생기고 어떤 것이 파괴되기 때문이라고 했다. 이에 대한 초기불교 부파의 반응은 고(苦)와 무상의 관계를 분리하는 것이었다. 고(苦)는 무상한 것에 대한 우리의 집착 때문에 존재한다. 그래서 집착은 포기되어야 할 짐으로 보이고, 초월되어야 할 방해물, 혹은 설일체유부의 언어에 의하면 정화되어야 할 더러움이다. 이것이 초기 불교도들이 보는 통상적인 관점이다. 후기 불교도에게 있어 특히 대승 불교도들은 이러한 가르침 속에 내재한 혐오(염오)를 대상으로 수행하는 방법을 택했다.

※ 이런 내용들을 염두에 두고 중국 고사를 잠깐 보도록 하자.

홍인(弘忍)대사는 중국 선종 5대조인데, 후계자를 선택할 시간이 되었다. 그는 절의 승려들에게 그들의 깨달음을 시로 표현하라고 했다.

수제자인 신수는 "몸은 보리수고, 마음은 밝은 거울받침과 같다. 부지런히 털고 닦아서 먼지가 끼지 않도록 해라"[53]고 했다.

혜능은 신수의 시를 보고 "보리는 나무가 아니고, 깨끗한 거울은 역시 받침이 아니다. 원래 하나의 물건도 없으니, 어디서 먼지가 끼겠는가"[54]라고 하였다.

혜능의 시를 읽고 홍인은 그를 6대조로 인정하였다. 이후 혜능의 가르침이 선의 주류가 되었다. 이것은 역시 관자재보살의 관점이다. 모든 법의 특질을 정의하는 것은 공이므로, 그것은 정화되지도 더럽혀지지도 않는다. 그래서 고의 원리가 더 이상 적용되지 않는 이유는 괴로워할 아무것도 없기 때문이다. 혹은 혜능이 말하듯이 "너는 어디서 이 고를 얻는가"이다.

여담이지만, 이 대조되는 사고방식에 대해서 대승불교를 믿는 사람들은 혜능의 웅장한 사고와 공(空)에 대한 기본 관념에 찬탄을 금치 못하는 것으로 보인다. 그런데 자세히 보면, 서로 대조되지 않는 것에 대한 비교를 한 것이라서 과연 그렇게 엄청난 사고의 혁신이라 볼 수 있는지 의문이 든다. 즉 위 사례에서 보리수와 보리, 명경대와 명경, 먼지가 끼는 물건과 물건 자체가 없어서 먼지가 끼지 않는 비유의 셋으로 크게 볼 수 있다.

먼저 보리수와 보리의 관계를 보면, 보리수(菩提樹)는 뽕나무과의 활엽수로서 키가 30미터까지 자라는 나무다. 학명은 피쿠스렐리지오사(Ficus religiosa)로서, 보리나무(bodhi tree), 피팔라나무(pippala tree)라고도 불린다. 그런데 모든 나무들이 보리수로 불리지는 않으며, 그 가계도가 붓다가 각성한 당시의 보리수나무까지 추적가능한 경우에만 보리수라고 부른다. 그래서 신수가 표현한 글에서의 보리수는 나무를 지칭하면서도, 몸이 깨달음을 지향하는 나무와 같다고 이중의 뜻을 사용하였던 것이다. 이를 혜능은 보리와 나무를 구분하여, 보리는 나무가 아니라고 하였는데, 이는 '깨달음은 나무가 아니다'라는 뜻으로 너무 당연한 말이기 때문에 그 문장 자체로는 의미없는 말에 지나지 않는다. 다만 신수의 글에 대한 대구로서의 의미는 있다. 즉 신수가 '몸이란 것은 깨달음으로 갈 수 있는 나무와 같다'는 말을 하였는데, 혜능은 '깨달음은 나무가 아니다'라는 말로써 '몸으로는 깨달음으로 갈 수 없다'는 뜻을 보여준다.

다음 명경대와 명경의 관계로서, 신수가 '마음은 명경대와 같다'고 하였으니, 이는

---

53) 身是菩提樹 心如明鏡臺 時時勤拂拭 勿使惹塵埃
54) 菩提本無樹 明鏡亦非臺 本來無一物 何處惹塵埃

마음이란 무언가를 비출 수 있는 거울을 받치고 있는 지지대라고 한 것이다. 즉 마음은 무언가를 비추는 거울이라고 한 것이 아니라, 그 거울을 지탱하고 있는 받침대라고 한 것이다. 그런데 혜능은 '거울은 받침대가 아니다'고 하였으니, 역시 당연한 말로서 그 말 속에는 아무 의미도 찾을 수 없다.

이들의 대화를 영어로 번역한 글을 보자.(위키피디아에서 인용)

The body is the tree of enlightenment,
The mind is like a bright mirror's stand;
Time after time polish it diligently,
So that no dust can collect.(신수)

Enlightenment is not a tree,
The bright mirror has no stand;
Originally there is not one thing,
What place could there be for dust?(혜능)

영문 번역을 보면, 위의 논의대로 서로 대구(對句)가 되지 않는 것을 비교하면서 부정하고 있으니, 당연한 말을 하고 있는 것으로 보인다. 그래서 영문 번역으로는 아무것도 건질 수 없을 것이다.

그러나 혜능의 말을 선의로 해석해 주고, 또 한자는 5언의 운율로 인하여 생략되는 글자들이 많다는 점을 고려해 주도록 해보자. 그래서 '보리수는 보리수가 아니요, 명경대는 역시 명경대가 아니다'라는 뜻으로 볼 수도 있다. 이는 중간에 어떤 과정으로 그렇게 결론을 내렸는지를 생략한 말이기는 하지만 깨달음을 표현한 말이기에 진술 자체만 보기로 한다. 슐라이어마흐의 해석학에 의하면, 무엇을 이해한다는 것은 그것의 문법적 차원과 기술적, 심리학적 차원의 이해가 있다. 앞에서 대조되지 않는 것을 보인 것이 문법적 차원이라면, 운율을 위해 '수(樹)'와 '대(臺)'를 생략한 것으로 이해해 줄 수 있는 이유는 기술적, 심리적 차원에서이다. 이를 문맥의 차원이라고 표현하는 것이 더 나을 것 같다. 이런 의미로 해석한다면, 혜능의 진술은 보리수와 명경대라고 이름 지어진 것을 부정하는 것이고, 결국 일체를 부정하는 것이다. 실체라고 할 만한 것이 없다는 선언으로 보인다. 그 뒷부분의 글로 보면, 본래 하나의 물건도 없으니 때가 끼지 않고 닦을 필요도 없다는 말에서, 혜능은 모든 것이 없다는 취지의 선언을 하고 있는 것이다.

여기서 혜능은 공(空)을 말하는가? 무(無)를 말하는가? 무(無)는 아예 없는 것이고, 공(空)은 대승불교에서 의미하는 것으로 보면 자성(自性)이 없다는 것이다. 그래서 '보리수가 없다'는 뜻이 아니므로, 이는 역시 공(空)을 말하는 것으로 보인다.

이런 의미에서 영문 번역은 아래와 같이 하여야 할 것이다.

Enlightenment is not enlightenment.
The bright mirror stand is not a stand.

## 3) 제법공상의 성질론

지금까지 불생불멸과 관련하여 전통적인 설명과 분석적인 설명을 들어보았다. 이를 정리해 본다. 무상과 고는 만약 자아가 있어서 그 무상과 고에 물들어갈 어떤 것, 즉 자아가 있다면 생기는 것이다. 그러나 그러한 자아는 발견되지 않는다. 그리고 그러한 자아는 발견되지 않기 때문에, 법은 자성이 비어 있다고 말해진다. 그리고 자성이 비어 있기 때문에 법은 완전하지 않다(nuna). 그러므로 법은 완전하다고 말할 수 있는 실재하는 어떤 것, 즉 자성이 부족하기 때문에 어떤 것의 일부도 아니고, 부분으로 구분될 수 있는 것도 없다는 의미에서, 전체도 아닌 것이다. 그래서 그것들은 불완전하지도 않고, 결핍되지도(paripurna) 않다.

불교에서 거론하는 모든 논의는 이 세계에 대한 것이 아니고, 그것을 인식하는 자에 대한 것이다. 따라서 이러한 문제를 세계 자체를 해석하는 데 사용하는 것은 오류에 빠질 가능성이 많다. 세계가 존재하는 것이 눈에만 보이는 것이 아니라 후각, 촉각, 청각 등에 의해 종합적으로 알 수 있음에도 끝없이 세계는 존재하지 않는다고 주장하는 것이 과연 올바른 길일 것인가? 오히려 그 정확한 실재의 성질을 아는 것은 우리의 감각으로 부족하다고 고백하는 것이 솔직할 것이다.

고(苦)가 존재하는 것은 그것이 영원치 않고(무상하고) 생겨나고 파괴된다고 믿기 때문이다. 여기에 대한 해결책으로 초기불교도들은 고(苦)와 무상(無常) 간의 관련성을 분리하는 수행을 시작하였다. 고(苦)는 무상(無常)한 것에 대한 집착 때문에만 존재한다. 그래서 집착은 버려야 할 짐으로 보였고, 초월되어야 할 장애, 혹은 (설일체유부의 정의에 의하면) 정화(淨化)되어야 할 더러움이었다.

무상(無常)과 고(苦)는, 그것에 의존하는 자아가 있을 경우에만 생긴다. 그런데 그러한 자아가 발견될 수 없다는 가르침의 의미는 무엇인가? 그러한 자아는 발견될 수 없기 때문에, 법도 자성(自性)이 비어 있다. 그리고 자성(自性)이 비어 있기 때문에, 법은 완전하지 못하다(nuna). 그러나 법은 완전하다고 분류될 수 있는 자성(自性)의 어떤 것이 부족하더라도, 사물의 쪼개진 단위이기 때문에(즉 현상을 이루는 것들을 최소단위로 분할한 것이다) 그것들이 다른 어떤 것의 일부인 것은 아니다. 그런데 부분으로 구분될 수 있는 어떤 것이 없다면, 전체는 더욱 없다. 그래서 그것들은 불완전하지도 않고 결함이 있는 것도 아니다(paripurna). 이 파리푸루나와 누나(nuna와 paripurna - 산스크리트본에는 이런 순서로 되어 있다)는 가끔 '감소하다'와 '증가하다'를 의미하는 것으로 번역되기도 한다. 그래서 한역에서는 부증(不增)과 불감(不減)으로 하였다. 그러한 번역이 가능하여도, 그것들은 독자로 하여금 초기불교의 3법인(法印)과 비슷한 용어이며 3개의 짝을 이루는 용어로 보게 함으로써 오해를 야기하여 혼란시키게 된다. 이러한 용어를 법이 아니라 공(空)을 묘사하는 용어로 착각하게 만들었다. 이러한 문제를 명백하게 인식하고, 반야심경의 대본(大本)의 저자는 파리푸루나(paripurna)를 상푸루나(sanpurna - completly full, 완전히 가득찬)로 바꾸었는데, 여전히 '불완전'하거나 '결함이 있는'의 뜻은 있지만, 파리푸루나(paripurna)의 추가적 의미인 '증가하다'는 뜻은 없다.

이 불생불멸의 구절들에 대한 대반야바라밀경의 내용을 요약하면 아래와 같다.

《다음 표에서 보듯이 불생불멸 불구부정 부증불감은 기본불교의 가장 기본특질인 무상·고·무아의 반박을 위한 반야심경의 시각이다. 그런데 증감의 세계라고 적힌 무아(無我) 부분은 산스크리트어를 제대로 번역하지 않은 것이라 한역은 오해를 불러일으킬 수 있다.》

| 특징 | 이 세계, 유위, 상대적 세계, 오온, 윤회 | 초월적 세계, 무위, 절대의 세계, 공, 열반 |
|---|---|---|
| 무상(無常) | 생멸(生滅)의 세계 | 불생불멸(不生不滅) |
| 고(苦) | 구(垢)와 정(淨)의 세계 | 불구부정(不垢不淨) |
| 무아(無我) | 증감(增減)의 세계 | 부증불감(不增不減) |

이제 이런 점을 지적하는 레드파인의 설명을 들어본다.

"이 부분은 법과 마음의 기본적 실체를 특징짓는 세 가지 통찰인 삼법인(三法印)의 가르침을 다시 선언하는 것이라고 보는 견해가 적당할 것으로 보인다. 즉 무상(無常)·고(苦)·무아(無我)의 가르침을 일일이 지적하는 것으로 보인다.

이를 기초로 반야심경을 생각해 본다면, 반야심경은 초기의 불교이론 중에 법이라는 단어를 제대로 설명하기 위한 기초적 지식을 보여주는 것이라고도 할 수 있다. 그리고 무상(無常)·고(苦)·무아(無我)를 총체적으로 보여주는 내용들은 설일체유부와 다른 부파의 경전에서도 보인다. 삼법인(三法印)으로 정리된 세 가지 특질은 불교 초기에 주목을 받았다. 왜냐하면 무상·고·무아라는 간략한 도식 속에서 불교도들은 그들의 영적인 평안을 찾았기 때문이다. 이것이 아비달마의 기원이다. 단순한 사물을 말하는 것이 아니기 때문에 집, 나무, 일출(日出), 개, 정부는 법에 포함되지 않는다. 법의 세계는 오온(五蘊), 욕망이 깃드는 12처, 인식의 세계를 이루는 18계, 서로 모든 것이 관련되는 12연기(緣起), 그리고 그 모든 것의 궁극에 존재하는 4성제(四聖諦)의 실체를 둘러싸고 있다."

이런 시각을 가지고 있는 다음과 같은 콘체의 설명은 상당히 설득력이 있다.(Buddhist Wisdom, 91p)

모든 법은 공통적인 특질을 가지는데, 모두 공이라는 표지다. 무위(無爲)는 정의에 의해서 공(空)이다. 유위(有爲)는 앞에서 색즉시공(色卽是空)이라 표현된 바와 같이 공(空)이다. 이 공(空)이라는 것은 이제 일체의 법의 중요한 특징이다. 이러한 하나의 공통된 특성이 있기 때문에 다른 모든 특징은 그 속에 매몰된다. 공(空)이라는 특징은 모든 차별적인 특징이 비어 있는 것과 같다는 것이다(즉 개별적인 특징은 공통 성질인 공이 우선하므로 매몰되고 자성이 없는 것으로 취급된다). 즉 공은 하나의 특징이면서, 다른 여타의 특징이 비어 있는 것과 같은 것으로 만들기 때문에 이중의 용법으로 사용된다. 법은 각 개별법과 같이 분리되어 구분할 수 있는 모든 것에 대해서 비어 있다. 즉 그것들은 독립적 존재가 아니다. 그리고 이것이 그들의 유일한 특징이므로, 우리가 비어 있을 뿐 아니라 비어 있음 자체라고 말할 수 있는 것 외에는 없는 것이다. 그 의미는 다음과 같은 세 가지 관점을 드러내게 된다. 그리고 이렇게 보면 법들 사이는 아무런 차이가 없는 결과가 된다.

불생불멸, 불구부정, 부증불감은 아비달마 교리에 대한 암묵적 반대로부터 그 힘을 얻어 주장된다. 아비달마는 이 세계의 사물이 세 가지 우주적이거나 일반적인 표지로 구성된다는 것이다. 그것들은 무상·고·무아다. 이 점에서 우리는 아비달마주의자 사이에 통용되는 세 특징에 관한 몇몇 가정을 명심해야 한다. 그것이 여기서 사용된 용어이기 때문이다. 다음의 표가 보여주듯이 그들은 몇 가지 법은 생성되고 다른 것은 멸(滅)하며, 몇몇은 더럽고, 다른 것은 깨끗하며, 몇몇은 부족하고 다른 것은 완전하다고 믿었다.

1. 모든 유위의 법은 먼저 생성되고 난 후에 사라진다. 무상에 대한 숙고, 법의 생성과 소멸은 수도사의 명상 훈련에서 필수적인 부분을 형성했다. 이와 대조적으로 열반은 영원하고 무한하고 변하지 않는 것으로 알려졌는데, 모든 유위의 사건이 궁극적으로 멈추는 상태다. 경전은 때때로 그 이름을 소멸(nirodha)이라고 부른다.

2. 두 번째 특징인 불구부정의 관계는 즉각적으로 명백하지는 않다. 사물들은 그것들이 집착, 삼독이라는 탐진치와 연결되는 한에 있어서 고(苦)다. 탐진치의 삼독은 더러움(kleśa)이라 부른다. 그래서 고(苦)인 것의 범위는 더러운 것의 범위와 같다. 그와는 대조적으로 열반은 축복받는 순수함이고, 이러한 흠이 없으며, 그래서 '순수' 혹은 '깨끗함'으로 부른다.

지금까지는 아비달마의 지혜를 말했다. 그러나 반야심경의 초월적 지혜는 유위와 무위의 법들 사이의 간극을 넘어선다. 우리가 보듯이, 만약 이러한 두 법이 본질적으로 사실상 같다면, 그 표지도 역시 다르지 않을 것이다. 그래서 그

| 표지(標識) | 이 세계 = 유위의 세계 = 상대적 세계 = 오온 = 윤회 | 저편의 세계 = 무위의 세계 = 절대 = 공(空) = 열반 |
|---|---|---|
| 무상(無常) | 생과 멸의 세계 | 불멸 |
| 고(苦) | 더러움의 세계 | 깨끗한 세계 |
| 무아 — 아트만 | - - - - - - - - - - - - - - - | - - - - - - - - - - - - - - - |
| 무아 — 자성 | 불완전한 세계 | 완전한 세계 |

것들은 똑같이 생도 아니고 멸도 아니며, 더럽지도 않고, 완전하지도 않다.

3. 세 번째 표지는 더 간접적이고 모호하다. 언어적 모호함으로 인하여 이 표지가 무아에 관련된 것이라고 말하기가 쉽지 않다. 대승불교는 두 종류의 무아를 구분한다. 즉 푸드갈라 무아(pudgala-nairātmya)와 다르마 무아(dharma-nairātmya, 법무아)다. 전자는 아트만이 실제로 진정한 사건의 부분을 형성하지 않는다고 말한다. 즉 자아를 상징하는 것은 아트만이고, 그 아트만은 없다는 것이 푸드갈라무아다(이는 아트만 대신에 푸드갈라를 상정한다는 뜻이다). 다르마무아(법무아)는 법의 자성이 없다는 것이므로, 이러한 무의 표지를 무상과 고와는 달리, 유위와 무위의 다르마에 똑같이 공통적이라고 간주했다. 법구경의 277~278에서 모든 유위는 무상과 고이고, 279에서 모든 다르마는 무아라는 것을 알 수 있다.

> 277. '모든 유위물은 소멸한다' 이를 알고 보는 사람은 괴로움을 지겨워하는 마음이 일어난다. 이것이 깨끗함에 이르는 길이다.
> 278. '모든 유위물은 괴로움이다' 이를 알고 보는 사람은 괴로움을 지겨워하는 마음이 일어난다. 이것이 깨끗함에 이르는 길이다.
> 279. '모든 것은 다 실체가 없다' 이를 알고 보는 사람은 괴로움을 지겨워하는 마음이 일어난다. 이것이 깨끗함에 이르는 길이다.

아비달마주의자는 환영을 실재라고 믿는 착각을 명상수련으로 몰아내려고 했다.

그러한 명상수련에 의하면, 모든 경험을 순간적인 법의 상호 작용으로 보도록 한다. 각 법들은 그 자체의 어떤 특성을 가지고 있고, 그것이 다른 것과 구별된다는 점에서 본질적인 성질을 가진 것으로 본다. 이런 방법에 의하면, 불의 요소는 열로 정의되고, 의식은 어떤 것을 아는 것, 무지는 인식의 부족으로 정의된다. 이제 법이 자성을 가진다면, 그것은 그것에 본질적인 어떤 정도의 내용을 가지고 있기 때문에 실재의 다른 양상에 상관없이 그 자체로 존립한다. 따라서 그 실재의 양상은 다른 것과 양립 가능하지도 다르지도 않은 것이다. 불은 만약 그것이 차고 젖어 있다면 그 자체가 아닐 것이다. 각 법들은 74개의 다른 법들과 구분되는 별개(pṛthak)의 어떤 것이다.

한편 이 논의에서 생기는 의문을 표한다면, 법들이 공이라는 표지를 공통으로 가지므로 그런 점에서 같다고 보더라도, 그 법들의 특성이 있다는 의미에서 고유성질을 가지고 있으며, 이는 자성이 있는 것이 아닌가 하는 소박한 의문이 생긴다. 이 문제는 차후에 다시 보기로 하자.

"모든 결정은 그 부정을 포함한다"는 스피노자의 말이 있다. 명확한 어떤 것이 되기 위해서 각 법들은 그 자체로부터 실재의 상당히 많은 부분을 배제해야 한다(즉 공통적인 점을 제외한 후에야 그 고유성이 드러난다). 모든 유위법은 그래서 불완전하거나 결핍되어 있다. 즉 그것들은 공통적인 것을 제외했기 때문에 무언가 부족한 것이다. 반대로 무위는 완전하다. 그것은 실재를 포괄하고 있다. 그래서 열반은 실재의 무조건적인 완전함이고 제한되지 않는 자유를 완성한다.

대승불교의 발전에 따라 오온(五蘊)의 공(空)에 대한 언급이 종국에는 법들이 공이라는 것으로 확장되었음은 우리가 익히 알고 있다. 단순한 오온(五蘊)보다 우리 경험의 세계를 분석하고 설명하는 과정의 법(法-다르마)에 대해 몇몇 주석가들은 법이 더 높은 수준의 실재를 대표하는 것처럼, 그리고 오온(五蘊)의 공함을 자각하는 것보다 더 큰 통찰을 가지는 것으로 보기도 한다.

이러한 논의를 종합하여 이 구절을 정리해 본다.

**불생불멸(不生不滅)** : (아누트파나 아니루다-anutpannā aniruddhā)-일체의 법(sarva dhārma)은 근원적으로 모두 공(空)한 것으로서, 생(生)하는 일도 멸(滅)하는 일도 없다는 뜻이다. 또한 모든 존재하는 것에는 실체가 없다는 특성 때문에 불생불멸이라고 말해지고 있다. 실체가 없다는 것은 다른 것에 의존하여 존재한다는 말이다. 특히 중론에서는 불멸불생하는 연기(緣起)라는 것을 그 첫머리에 내세우고 있을 정도이다. 이 의미로는 생(生)을 떠난 멸(滅)은 없고, 멸(滅)을 떠난 생(生)은 없다는 해석도 성립된다. 진언밀교(眞言密敎)에서는 아자본불생(阿字本不生)이라 하는데, 범어의 아(阿)는 모든 낱말의 근본일 뿐만 아니라, 일체 만유(萬有)의 근원이기도 하므로, 그 근원적인 하나가 바로 삼라만상(森羅萬象)으로 나타나므로 근본도 '생긴 바 없으며', 만물도 '생긴 바 없음'이라고 한다.

그런데 불생불멸을 이렇게 파악한다면, 존재하는 법들이 생겨난 이유는 다른 것에 의존하여 생겨나는 것인데, 실체가 없어 공(空)하다는 것은 이해가 되지만, 생기지도 않는다는 말은 이해하기 힘들다. 즉 다르마는 원래부터 있던 것이 발견될 뿐이라는 뜻으로 본다는 것인가? 그래서 불생불멸인가? 그러나 불생불멸은 이렇게 파악해서는 안 된다.

만약에 이 일체의 법이 불생불멸이라고 하였다면, 그러한 법의 존재를 우리가 파악해 갈 수 있을 것이다. 그런데 일체의 법은 비어 있는 모습-공상(空相)이라고 하였다. 그러므로 이런 비어 있는 모습의 법들이 서로 의존하여 발생하고, 또 실체가 없고 그러한 실체가 없는 모습이 생기지도 없어지지도 않는다는 것은 당연한 말이다. 또한 깨끗하지도 더럽지도, 증감(增感)도 없다는 말도 당연한 것이다. 결론적으로 모든 법들의 모습이 비어 있고, 이는 당연한 것을 강조한다고 볼 수 있다.

그렇다면 불생불멸은 원래 있었거나 혹은 처음부터 아예 없었던 것에 대해서, 아직까지 계속 있거나 혹은 계속 없는 상태가 지속되는 것을 가리키는 것이 논리적으로 맞다. 비어 있는 모습(空相)을 말하기 때문에 원래부터 없었고, 그래서 소멸하지도 않는다는 뜻으로 볼 수밖에 없다. 그렇다면 현재 우리에게 실재처럼 보이는 것은 서로에 의지하여 생기는 것이라서 실체가 없는 것이며, 이러한 모습은 불생불멸의 원리에 의해서 결국 궁극적인 실체도 없다는 결론이 내려진다.

**불구부정** : (아말라 아비말라/amalā avimalā) – 일체의 법은 더럽지도 깨끗하지도 않다는 의미다. 그런데 여기서 더럽다는 표현보다는 '때가 끼어 있지 않다'는 표현이 더 적절할 것으로 보인다. 단순히 더럽다는 상태를 말하는 것이 아니라, 순수

함에 붙어 있는 결함이라고 보는 것이 맞을 것이다. 그런데 이를 달리 말하면 때가 끼어있는 상태는 때를 벗겨내어 회복되는 것을 예상하기 때문에, 순수한 본래의 모습이 있다는 의미로 해석되어서 그 본래의 모습을 자성이니, 본모습이니 등의 표현을 사용할 수 있게 함으로써 우리를 오도시킨다. 그러나 불구부정이라는 말의 의미는, 때가 벗겨진 순수한 모습조차도 없다는 말이므로 이는 우리가 잘못 해석할 가능성을 줄여준다. 한편 인도에서는 예부터 최고의 경지를 청정무구(淸淨無垢)라고 묘사하기도 한다.

**브라흐만** : 범(梵) 및 아(我)가 본래 청정하다는 우파니샤드의 주장은 불교에 채용되어 심성본정설(心性本淨說)이 설해지게 되었다. 예를 들면, "이 마음은 본래 청정한 것이다. 그러나 그때그때의 더러움에 오염(汚染)되어 있다"고 한다. 그러나 반야심경은 이러한 입장에서 한 걸음 더 나아가 불구부정을 주장한 것이다. 이 경우에도 또 불생불멸과 마찬가지로 더러움을 떠난 청정함이란 없고, 청정함을 떠난 더러움도 있을 수 없다는 해석을 할 수 있다.

**부증불감** : (아누나 아파리푸르나 – anūnā aparipūrṇāḥ) – 늘지도 줄어들지도 않는다. 지금까지의 설명은 공한 모습의 존재의 기원(불생불멸), 그 성질(불구부정), 그리고 현실적인 적용(부증불감)을 각각 나타내는 설명을 하고 있다. 따라서 여기 부증불감에서 언급할 것은 공한 모습이 다른 곳으로 확장되지도 않고, 또 줄어들지도 않는다는 것이므로, 실제에 있어서 공한 모습은 불생불멸의 그 모습 그대로 다른 곳으로 확장되지 않는 것을 나타낸다. 이 부분은 제대로 설명한 자료가 없다. 무아(無我)에 대한 강조를 위한 것이라는 콘체의 설명이 맞는 것으로 보인다.

### 부증불감의 한문 번역에 대하여

범어 원문은 모두 불감(anūā) 부증(aparipūrṇāḥ)의 순서로 되어 있는데, 한역에서는 지혜륜의 번역을 제외하고는 모두 부증불감이라고 하고 있다. 재미있는 부분은 산스크리트어를 번역한 영문 반야심경은 대체로 불감부증(not deficient or complete)이라고 번역하는데, 한문에서 영문으로 번역한 경우는 부증불감(no Increasing no Decreasing – 틱낫한)이라고 번역한다는 것이다.

## 🔍 역본 비교

⟨ anutpannā aniruddhā, amalā avimalā, anūnā aparipūrṇāḥ ⟩

| 번역자 | 내용 | 비고 |
|---|---|---|
| 구마라집 | 不生不滅, 不垢不淨, 不增不減 | 그리고 是空法, 非過去, 非未來, 非現在가 있다 |
| 현장–반야–법월–지혜륜 | 不生不滅, 不垢不淨, 不增不減 | 불생불멸, 불구부정, 부증불감 |
| 법성 | 無生無滅, 無垢離垢, 無減無增 | 무생무멸, 무구이구, 무감무증 |
| 시호 | 無所生無所滅, 無垢染無淸淨, 無增長無損減 | 무소생무소멸, 무구염무청정, 무증장무손감 |

⟨ anutpannā – 발생하지 않는, aniruddhā – 소멸하지 않는, amalā – 더럽지 않은, avimalā – 깨끗하지 않은, anūnā – 부족하지 않은, aparipūrṇāḥ – 충만하지 않은 ⟩

## 4) 시간에 대하여

구마라집의 번역에는 시제법공상(是諸法空相), 불생불명 불구부정 부증불감(不生不滅, 不垢不淨, 不增不減) 다음에 시공법(是空法), 비과거 비미래 비현재(非過去, 非未來, 非現在) 구절이 추가되어 있다. 현장이 반야심경을 번역할 시절이 되었을 때는 이미 부파불교의 갈래인 설일체유부가 주장하는 과거–현재–미래의 실재 여부는 더 이상 언급하지 않는 조류가 형성되어 아예 이 구절이 빠진 것으로 보이는데, 구마라집이 반야심경을 번역할 때만 해도 가장 유력한 부파인 설일체유부의 사상을 무시할 수 없기 때문에 대승불교가 본보기로 설일체유부의 사상을 정면으로 반박하기 위해 이 구절을 넣은 것으로 보인다.

그러면 당시에 설일체유부는 왜 그렇게 유력한 부파이며, 그들의 핵심 주장은 무엇인지 알아보자.

## 시간이란 무엇인가

설일체유부가 과거 현재 미래의 삼세(三世)가 실재한다고 주장하는 것에 대해서, 그에서 분파된 경량부는 현재만이 실재한다고 하였고, 대승불교의 중관파는 그 현재조차도 공(空)이라는 낙인을 찍어 모두 부정하였다. 이에 대해 같은 대승불교인 유식유가행파는 그런 점은 너무 과하였다고 보고, 찰나의 순간에는 존재한다는 찰나멸 찰나생을 주장한다.

과연 시간이란 무엇일까? 시간은 어디서 왔는가? 공간의 차원이 여러 개인 것처럼 시간도 2개 이상의 방향으로 흐를 수 있는가? 시간도 양자처럼 최소단위를 갖고 있는가? 시간은 우주를 구성하는 기본적인 요소인가? 인간의 편의를 위해 도입된 추상적인 개념인가?

시간에 대한 논쟁의 시작은 아인슈타인의 상대성이론이 발표되고 나서, 1922년경에 아인슈타인과 철학자 앙리 베르그송 간에 벌어졌던 시간 개념에 대한 유명한 논쟁에서이다. 베르그송의 '지속과 동시성'이란 책으로 인한 논쟁이 있었고, 그 결과는 중간에 흐지부지되었다. 물리학 측면에서는 아인슈타인이 이겼다고 보지만, 메를로 퐁티에 의하면 아인슈타인이 베르그송의 주장을 잘못 이해했다고도 한다. 이런 철학적 논쟁은 이 책에서 어울리지 않으며, 물리학적 시각을 살펴보기로 한다.

현재 가장 대중적이면서도 전문적인 내용으로 우주물리학을 설명하는 브라이언 그린(Brian Greene)의 책을 통해서, 시간에 대한 현대 과학의 시각을 살펴본다.[55]

일단 아인슈타인 이후로 시간은 상대적이라는 것이 받아들여지고 있다. 그러나 우리의 경험은 과거와 미래가 전혀 다르다는 것을 보여준다. 그리고 '지금'이라는 시간은 끊임없이 과거로 흘러가고 있다. 또 경험에 의하면 모든 사건은 한쪽 방향으로 흘러간다. 그래서 우리는 시간이 '흐른다'고 생각한다. 그리고 '한쪽으로만' 흐른다고 생각한다. 그렇다면 '흐르는' 것은 무엇이며, 그 흐르는 속도는 얼마일까? 공간은 방향성을 가지고 있지 않은데, 왜 시간은 방향성을 갖고 있는 것처럼 보일까?

빵을 잘라낸 하나의 조각은 한 관찰자가 바라보는 '지금'에 해당한다고 하자. 빵의 단면은 공간적으로 현재라고 우리가 느끼는 전부를 의미하는 것이다. 빵을 크게 자

---

[55] 이하 브라이언 그린 저, 우주의 구조(The Fabric of the Cosmos)를 참조하였다.

른다는 것은 거대한 공간에서의 현재 지금을 상정하는 것이다. 즉 빵의 잘라진 단면도는 그 시점의 현재에 해당하므로, 거대한 빵은 우주 규모의 현재 시점이라고도 볼 수 있다.

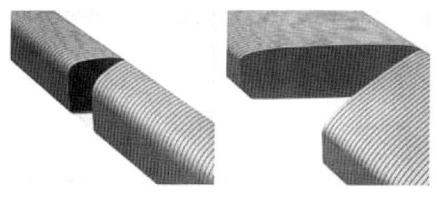

잠시도 쉬지 않고 미래를 향해 흘러가는 시간 속에서 우리가 느낄 수 있는 유일한 현실은 '지금'뿐이다. 물리학자들은 지금 이 순간을 과거와 미래로부터 골라내는 법칙을 아직도 찾지 못하고 있다.

아인슈타인의 특수상대성이론은 모든 시간을 동등하게 취급하고 있다. 우리가 세상을 바라볼 때는 지금이 훨씬 더 현실적이고 중요하지만, 상대성이론은 우리의 직관을 뒤엎고 모든 순간이 똑같이 현실적이라고 선언했다. **아인슈타인은 과거, 현재, 미래가 똑같이 현실적이기 때문에 시간의 흐름은 인간의 불완전한 감각이 느끼는 일종의 환상이라고 믿었다.**

우리가 현재 느끼는 모든 것은 지금 이 순간에 일어나고 있기 때문에 지금 존재한다고 확실히 말할 수 있다. 그러나 세종대왕, 이순신 장군이 지금 존재하는가, 아니다. 이들은 나의 지금-목록에는 없다. 그러므로 자신에 찬 목소리로 "지금 존재하지 않는다"고 말할 수 있다. 이것이 주어진 한순간에 존재하는 실체를 정의하는 방법이다. 우리는 존재라는 것을 생각할 때 흔히 암묵적으로 이 방법을 사용한다.

그런데도 지금 이 순간에 존재하는 물체의 모습은 지금 이 순간의 모습이 아니다. 물체에서 반사된 빛이 눈에 들어오는 데 걸리는 시간이 있기 때문에, 그 물체는 과거의 모습이다. 이 책에 있는 글자는 지금으로부터 10억 분의 1초 전의 모습이고, 그랜드캐년의 풍경은 1만 분의 1초 전, 달은 1.5초 전의 모습이다. 태양은 8분 전, 오리온자리의 별들은 500년 이상 전의 모습이다. 결국 우리가 현재 모습으로 알고 있는 것들은 서로 다른 과거 시점의 모습이 우리의 눈에 현재 비친 것이다.

그래서 서로 다른 장소에 있는 사람이 느끼는 '지금'은 서로 다른 거리를 가진 찰나적 과거의 모습이 비친 것이므로, **서로 다른 '지금'의 상태**에 있다. 특히 두 사람이 상대적 이동을 한다면, 특수상대성이론에 의해서 서로 다른 '지금'이 확연해진다. 이들이 서로 다른 '지금'을 보고 있다면, 실체에 대하여 서로 다른 개념을 갖게 되는 것

반야심경 : 불교의 정수를 직시하다 **217**

**도 당연하다.**

두 사람의 상대 속도가 크지 않다면, 시간 단면이 돌아간 각도가 미미하여 거의 동일한 사건을 담고 있고, 일상적인 삶 속에서 모든 사람들의 '지금'이 일치하는 것처럼 보이는 것은 이런 이유 때문이다.

두 사람의 상대 속도를 광속에 가까이 키운다는 것은 그렇게 현실적이지 않은 가정이므로, 두 사람의 거리를 아주 멀리 벌리면, 약간의 상대속도 변화만으로도 커다란 차이를 만들 수 있다.

즉 100억 광년 떨어진 사람이 의자에 일어나 당신과 약간 멀어지는 방향으로 움직인다면, 그 속도에 따라 150년 전(시속 16킬로미터로 움직일 경우), 15,000년 전(시속 1,600킬로미터로 움직일 경우)이 되고, 당신과 가까워지는 방향으로 움직인다면, 150년 후 혹은 15,000년 후가 된다. 따라서 100억 광년 떨어진 사람에게는 움직이는 속도에 따라서 우리가 지금-목록에서 제외하여 과거라고 생각해 버린 세종대왕, 이순신 장군이 100억 광년의 거리에서 현재, 지금 살아 있다고 보는 것이다. 물론 100억 광년의 거리에서 현재라고 느끼는 세종대왕 생전의 모습은 100억 년 후에 보게 될 것이다. 즉 100억 년 후에, 100억 광년 떨어져 있던 사람이 의자에서 일어나 뒤로 움직인 시간과 세종대왕이 살아서 한글을 창제하던 시간이 같은 시간이었다고 평가될 것이다.

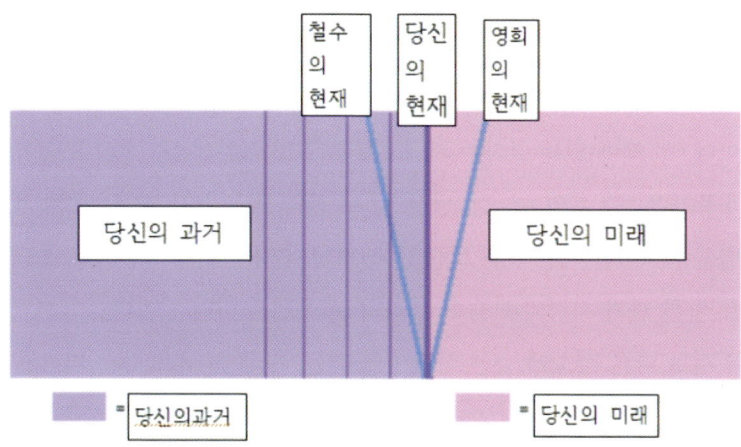

〈그림 18〉 철수가 당신을 떠나면서 여행할 경우, 그의 현재는 당신의 과거를 잘라서 현재화하며, 영희가 당신을 향해서 올 때, 그녀의 현재는 당신의 미래를 자른다.

여기서 시공간은 정말로 존재하는 물리적 실체인지, 지금이라는 공간과 과거-미래로 흐르는 시간을 한데 묶어놓은 추상적 개념에 불과한 것인가? 100억 광년 떨어진 사람의 '지금-목록'은 우리의 '지금-목록'과 마찬가지로 현실적이다. 따라서 실체를 판단할 때 우리의 관점만 고려하고 다른 관점을 무시할 수는 없다. 여태까지 절대적 시공간 관념하에서는, 과거는 이미 지나갔고, 미래는 앞으로 다가올 시간 단면으로 생각하는 경향이 있지만, 우리 외에 멀리 떨어진 사람의 관점도 동등하기 때문에 그것까지 고려해 주어야 한다. 물론 지구상의 우리들은 모두가 거의 같은 '지금-목록'을 가지고 있기 때문에(즉 빛의 속도의 7분의 1초 내에 존재하므로), 다른 사람의 지금-목록을 비교해 본다고 하더라도 의미 있는 차이가 없을 것이다. 그러므로 이 '시간'이라는 것을 비교에 의해서 의미를 찾으려는 노력은 실패하는 것이다.

이렇게 본다면, 우리가 현재라고 보는 것은 다른 자의 관점까지 포함하여 고려할 때, 우리가 과거라고 젖혀둔 것과 미래라고 포함하지 않은 것까지 포함하여 '현재', 즉 '모두의 현재'라고 불러야 한다. 일어난 사건이나 일어날 사건은 하나의 시공간 안에서 한꺼번에 존재한다. 이들은 시공간의 한 점을 점유한 채 영원히 있는 것이다. 거기에는 어떤 흐름도 없다. 우리가 지금까지 과거, 현재, 미래를 엄격히 구분해 왔기 때문에 현대물리학의 단호하고 냉정한 우주관을 받아들이기란 쉽지 않다. 우리는 시공간의 어느 지점에 있건 간에 그 순간을 겪고 있을 뿐이다.

시간의 속성을 자세히 살펴보면 끊임없이 흐르는 강물이라기보다 모든 순간들이 한꺼번에 꽁꽁 얼어붙은 거대한 얼음덩어리에 가깝다. 아인슈타인조차 루돌프 카르납(Rudolf Carnap)과의 대화에서, '지금' 경험하고 있는 것이 과거나 미래와 근본적으로 다르다는 심증은 있지만, 물리학적으로 그 차이를 집어낼 수 없다고 하였다.

시간이 흘러간다는 느낌은 우리의 경험과 사고, 언어 속에 깊이 뿌리내리고 있다. 그러나 언어는 인간의 경험을 효과적으로 표현할 수 있지만, 물리학의 심오한 법칙을 표현하는 데는 적절치 않다.

**과거와 미래의 차이를 규명하는 것은 결코 쉬운 일이 아니다. 이 문제의 해답은 놀랍게도 우주의 기원과 밀접히 관련되어 있다.** 시간의 방향성을 극명하게 보여주는 것은 우리의 기억이다. 과거에 일어났던 사건을 머리에 저장해 놓고 있다가 수시로 꺼내보는 것이다. 미래에 일어날 사건을 기억하는 사람은 없다.

약간의 사고훈련을 해보도록 하자.

개울의 물이 반쯤 얼었다는 것을 보고, 앞으로 개울이 완전히 얼지, 아니면 현재 녹고 있는 중인지를 어떻게 판별할 것인가? 일반적인 엔트로피 이론에 따르면, 시간의 흐름에 따라 무질서도가 증가하기 때문에, 녹고 있는 중이라고 판단하게 된다. 그런데 현재 시점을 기준으로 과거로 진행되는 물리계도 엔트로피가 증가한다는 것이다. 따라서 과거로 갈수록 얼음이 녹고 있었기 때문에 현재 얼고 있는 중이라는 상반된 결론이 내려진다. 물론 이는 봄이 왔다거나 겨울이 오는 중이라는 계절에 대한 정보가 없는 상태에서의 사고훈련이다.

※ 이를 확인하기 위해서 한국과학영재학교를 졸업하고 서울대학교 자유전공학부의 졸업반 학생에게 과거와 미래가 실재하는지 물어보았다. 그러자 대뜸 나오는 대답이 시간방정식이 대칭성이 있느냐에 따른다고 하였다. 물론 그 대칭성 여부는 아직 결론 나지 않았다.

또 멀쩡한 계란이 깨지는 경우를 생각해 보자. 계란이 깨지기 전의 알 상태라는 그 전까지의 질서는 어디서 왔는가? 바로 닭에서 왔다. 모든 생명체들은 엄청나게 높은 질서도를 가지고 있는 물리계이다. 이러한 생명체의 질서도는 역시 그 먹이인 식물로부터 왔다. 식물은 태양빛과 이산화탄소를 재료로 광합성을 하면서 부산물로 산소와 탄소를 만드는데, 산소는 공기 중으로 방출되고 탄소는 식물에 필요한 영양분으로 사용된다. 그러므로 식물의 질서도(秩序度)는 태양에너지로 보아야 한다. 태양은 50억 년 전 수소기체가 중력에 끌려 모이면서 지금의 모습을 보인 것이다. 또 그러한 수소기체는 초신성이 사방에 뿌려놓은 흔적이며, 그것들은 모두 빅뱅이라는 것으로부터 시작되었다. 빅뱅의 몇 분 후 우주는 뜨거운 기체로 가득했었고, 구성성분은 수소 75%, 헬륨 23%, 약간의 중수소와 리튬으로 이루어져 있었다. 즉 총괄해 보면 이 우주는 극저상태의 엔트로피로부터 시작되었다.

이를 기초로 계란이 깨진 상태를 설명해 보자. 태초의 우주가 지극히 낮은 엔트로피에서 출발하여 더 높은 엔트로피 상태를 향해 진화해 왔기 때문에 무질서도의 증가로 인하여 계란은 깨지는 것이다. 즉 시간이 흐르는 방향은 고도의 질서가 갖춰진 '극저-엔트로피 상태'의 초기우주에서 이미 결정되어 있었던 것이다.

**보편적인 현재 순간이 없다는 사실은 결과적으로 과거, 현재, 미래의 질서정연한 시간 구분을 파괴시킨다.** 과거와 미래라는 용어들은 시간을 인식하는 인간의 수준에서 볼 때는 의미가 있다. 즉 이러한 용어들이 한 사람의 인접지역에서는 의미를 가질지 모르지만, 모든 곳에 적용될 수는 없는 것이다. 시간이란 빛과 중력에 관계 있기 때문이다. 그래서 빛으로 도달하기에는 먼 거리 혹은 중력의 영향을 받는 거리가 커질수록 현재들의 범위도 따라서 커진다. 퀘이사(준성)의 지금은 몇 십억 광년이 된다. 퀘이사 정도 떨어져 있는 곳을 걸어서 산책하는 정도의 효과도 지구에서의 현재 시간을 수천 년이나 변경시킬 수 있다.

과거, 현재, 미래의 구별을 포기하는 것은 대단히 힘든 일이다. **지금 이 순간이 실제로 존재한다고 가정하려는 유혹이 대단히 크기 때문이다.** 우리는 과거와 미래가 존재하지 않는다고 믿고 싶어 한다. 단지 한 번에 한 순간씩만 존재하는 듯하다. 상대성이론은 그러한 개념들을 비웃으며 과거, 현재, 미래는 똑같이 실재적이어야 한다고 한다. 왜냐하면 한 사람의 과거는 다른 사람에게는 현재이고, 또 다른 사람에게는 미래이기 때문이다.

물리학자들은 시간을 '일어나고 있는' 사건들의 연속으로 취급하지 않는다. 그대신 모든 과거와 미래는 단순히 '거기'에 있으며, 시간은 어떤 주어진 시간으로부터 양쪽 방향으로 뻗어나간다는 것이다.

그들은 과거-미래에 비대칭이 있다는 것을 안다. 즉 열역학 제2법칙에 의해 그러한 생각이 생겨난 것이다. 그러나 제2법칙의 원리를 살펴보면 그러한 비대칭은 사라진다. 어떤 과학자들은 비물질적 성분인 시간흐름(Time Flux) 같은 것이 존재한다고 주장한다. 시간 비대칭은 생명처럼 하나의 통합적인 개념이므로, 개별적인 분자의 속성으로 환원시킬 수 없다. 분자 차원의 대칭성과 거시 차원의 비대칭성 사이에는 모순이 없다. 단순히 서로 다른 2개의 설명 차원이 있는 것일 뿐이다. 그렇다면 시간은 실제로는 전혀 흐르지 않는 것이며, 모두가 우리의 의식 속에 있는 것일 뿐인가? 우리는 이를 어렴풋이 느끼고는 있다(붓다의 말을 빌리면, 우리가 개념 혹은 언어를 사용하면서 그 속에 우리의 착각의 기원이 존재한다는 것이다). 인간의 생을 본다면 젊음에서 늙음으로, 태어남에서 죽음의 과정을 겪기 때문에 비대칭임이 명확하다.

우리가 지각작용에서 시간흐름의 기원을 찾아내려고 할 때 우리는 자아인식의 경우처럼 패러독스(역설)와 혼돈을 겪게 된다.

1997년이 1983년의 미래이고, 그것은 또 1998년의 과거라는 것이다. 그것을 부정하지는 않지만, 그것은 날짜 시스템이라는 것 때문이다. 즉 그 이상도 이하도 아니다. 이 시스템에서는 과거와 미래의 개념은 불필요하며, 표시하는 것에 불과하다.

우리는 단지 과거 자체, 현재 자체, 미래 자체가 존재한다는 생각에 반대하는 것이다. 거기 분명히 현재가 하나만 있는 것이 아니다. 당신과 나는 인생에서 수많은 현재를 체험해 왔다. 어떤 사건들은 다른 사건들의 과거나 미래에 놓여 있지만, 그 사건들 자체는 단순히 거기에 있는 것이다.

우리는 사건들을 만나는 것이 아니다. 우리가 의식하는 모든 사건들을 체험할 뿐이다. 거기에는 단순한 사건과 그것들과 관계가 있는 의식 상태만이 있을 뿐이다. 우리는 마치 오늘의 의식이 시간 속에서 앞으로 나아가다가 내일의 사건에 걸려 넘어지는 식으로 말하고 있다. 당신의 의식은 시간 속에 확장되어 있다. 내일의 의식 상태는 내일의 사건들을 반영하며, 오늘의 의식은 오늘의 사건을 반영하는 것이다. 당신의 의식은 오늘에서 내일로 이동하는 것이 아니고, 오늘과 내일의 모두를 지각한다.

이런 시각은 세상을 보는 다른 관점이라고도 말할 수 있다. 물리학자이며 불교학자인 김성구님의 '현대물리학으로 풀어본 반야심경' 강의 중 오온개공 편에서 "일반적으로 세상이란 '존재'들의 집합이고, 이 존재들이 사건을 만든다고 생각하지만, 세상이란 사건들의 집합으로 이루어졌다고 볼 수도 있다. 이 경우에 '존재'란 인과관계를 가진 사건이 일정한 시간 동안 지속된 것을 뜻한다"고 하고 있다. 즉 우리 인간 중심으로 세상을 볼 것인지, 인간이란 사건들이 발생할 때 우연히 스쳐 지나갔을 뿐인 존재인 것으로 볼 것인지에 따라 세상을 느끼는 관념의 차이가 생기는 것이다.

우리는 시간이 흐르는 강물처럼 흘러가면서 미래의 사건들을 나에게 데려다준다고 느끼고 있으며, 또한 의식은 고정되어 있는데, 시간이 그것을 통과해 과거에서 미래로 지나가는 것으로도 보기도 한다. 사람에 따라서는 시간이 고정되어 있는데 나의 의식이 과거를 지나 미래로 가고 있는 것일 수도 있다고 생각하기도 하는데, 이러한 움직임은 환상일 뿐이다. 시간은 움직일 수 없다. 시간이 움직일 수 있다면 속도가 있어야 하는데, 시간의 속도가 하루에 하루씩이라는 것은 자가당착에 지나지 않는다.

시간이 지나가지 않는다면 어떻게 모든 것에 변화가 있을 수 있는가라고 생각하지만, 변화라는 것은 물체들이 시간 속에서 공간을 통해 움직이기 때문이다. 우리는 하나의 장소에서 움직이지 않을 때 공간적으로 이동이 없으니 아무 변화가 없는 것으로 생각하지만, 사실은 시공간의 좌표에서는 시간이 움직이고 있는 것이다.

우리의 일상생활의 모든 생각들, 활동들, 언어로 사용하는 시제(時制), 희망, 불안, 믿음 따위는 모두가 과거, 현재, 미래라는 근본적인 구분에 깊이 뿌리 내리고 있다. 우리는 과거에 대하여 두려워할 필요가 없다. 과거는 변경이 불가능하다.

시간의 흐름을 느끼는 것은 기억의 메커니즘과 관계가 있다. 과거, 현재, 미래라는 시제의 개념과 무의미한 문장을 동원한 혼란된 언어 구조 때문에 우리는 그것이 실재한다는 느낌을 갖는다. 일상생활에서 우리는 과거 현재 미래의 개념에 의존하고, 또 시간의 흐름을 의심하지 않지만, 물리학에서는 '지금'이라는 것이 필요 없고, 시간의 흐름도 필요 없다. 상대성이론에서 모든 관찰자에게 적용되는 보편적인 현재는 부정된다. 생각이라는 것은 시간 속에서 일어나는 행위다. 지식을 갖는다는 것은 분명히 시간과 관계가 있다.

이러한 우주론적 지식을 바탕으로 양자론에 의한 논의를 검토해 보자. 고전 역학은 모든 시간을 동등하게 취급한다. 양자론은 관측되지 않은 과거는 불확정성의 세계에 확률적으로 존재한다고 본다. 하나의 전자는 왼쪽 슬릿을 통과해 온 과거와 오른쪽 슬릿을 통과해 온 과거를 동시에 갖고 있다.[56] 이것이 1965년 노벨물리학상을 수상한 리처드 파인만의 이론이다.

파인만에 의하면, 우리에게 관측된 현재는 모든 가능한 과거들이 특별한 방식으로 혼합되어 나타난 결과라는 것이다. 즉 일어날 수 있는 모든 가능한 과거들을 한꺼번에 더해야 현재를 이해할 수 있다는 것이다(이 경우 일어나지 않은 확률적 과거도 더해져야 하는 점에서 상식으로 해결되지 않는 문제가 있다).

입자의 파동성 확인 실험에서 재미있는 결과가 있다. 즉 입자가 2개의 경로를 동

---

[56] 이것은 유명한 전자의 파동성을 입증하는 실험이다.

시에 지나간다는 아이디어를 도저히 믿을 수가 없어서 각 입자의 경로를 확인하는 실험을 했더니 입자는 2개의 경로를 동시에 지나가지 않는다는 결과가 얻어진다.

《말로 표현하면 그 말은 표현하려고 하는 것의 정반대의 결과가 얻어진다'는 금강경의 구절이 생각난다.》

전자(電子)는 파동성과 입자성을 동시에 갖고 있지만, 그 두 가지 성질은 결코 동시에 관측되지 않는다. 즉 우리는 대상의 성질로부터 우리가 원하는 것만을 추출하게 된다. 이를 동시적으로 볼 수 있는 능력이 바로 깨달음이다. 지금의 현재를 있게 한 과거는 유일하게 결정되지 않았으며, 여러 개의 과거들이 동시에 공존하고 있다.

이제 양자역학에 의한 시간의 접근법을 보자. 모르는 용어가 나오더라도 그 결론은 쉽게 파악될 것이다.

양자역학에 의한 시간의 접근법은 두 가지가 있다. 먼저 슈뢰딩거의 파동방정식을 하나의 기준으로 간주하고, 다중우주해석론, 양자적 결어긋남(decoherence) 등으로 보는 방법과 슈뢰딩거 방정식을 수정하거나 데이비드 보옴과 같이 다른 방정식을 추가하는 방법이다.

처음 방법은 시간의 대칭성이 유지되고, 두 번째 방법은 대칭성은 유지되거나 약간 변경된다. 이렇게 보면 아래와 같이 두 가지로 시간을 보게 된다.

**하나는 우주는 대부분의 시간을 무질서한 상태에서 보내다가 가끔 통계적인 행운이 찾아와서 지금 우리의 눈에 보이는 질서정연한 상태를 획득하였다는 생각과** 또 하나는 **빅뱅이 일어나던 무렵에 이 우주는 극저-엔트로피 상태에 있다가 140억 년 동안 질서가 서서히 느슨해지면서 지금의 상태에 도달했다는 시각을 가지게 된다.** 즉 돌연한 변화로 볼 것인지, 점진적 변화로 볼 것인지의 문제다.

지금까지의 물리법칙을 믿는다면, 두 번째 방법을 받아들여야 한다. 휠러의 말은 이를 잘 표현하고 있다. **"시간은 자연이 모든 사물의 변화를 기록하기 위해 채택한 방법이다."** 그러므로 시간이 존재한다는 것은 곧 시간에 과거-미래대칭성이 존재하지 않는다는 것을 의미한다.

우주배경복사의 사실로부터 유추해 보자면, 초기 우주가 블랙홀과 같은 극도로 높은 엔트로피 덩어리가 거의 존재하지 않았고 극도로 낮은 엔트로피 상태에 있었음을 알 수 있다. 또 빅뱅 이후로 우주가 겪어온 진화과정이 전 지역에 걸쳐 거의 동일

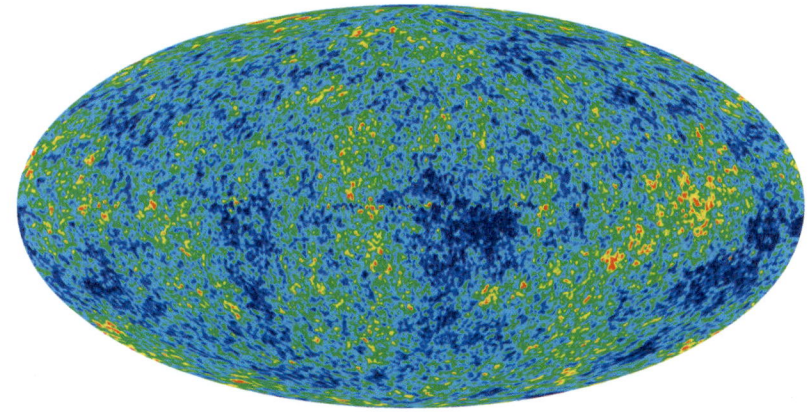

〈그림 19〉 WMAP위성이 촬영한 우주 전체의 열복사선 사진. 우주의 팽창과 더불어 대체로 균일한 온도를 보여준다. 색깔의 변화는 2.73캘빈온도(섭씨270.42도)에서 10만 분의 1 정도의 파장 차이를 표시한 것이다. 즉 차이가 거의 없으면서도 10만 분의 1의 차이는 있다는 점을 유의

한 양상으로 진행되어 왔다는 것은 최근의 우주 영상으로 알 수 있다.

이 사진은 우주 전체의 온도 차이가 있는 것으로 보이지만, 사실은 태양계와 소용돌이 은하, 코마성단 등을 비롯한 우주 전역의 온도는 0.001도 이내에서 일치하는 결과를 보여준다(사진은 극도의 적은 차이인 10만 분의 1을 분별하도록 고안된 것이다). 즉 빅뱅 이후로 거의 동일한 변화과정을 거쳐온 것으로 추정된다.[57]

우리는 이 결과를 가지고 다음과 같이 가정할 수 있다. 즉 우주가 정말로 균일하다면 전 우주에 걸쳐 동일하게 적용되는 시간의 개념을 정의할 수 있다. 만물의 변화를 시간의 척도로 사용한다면, 우주의 분포가 균일하다는 것은 우주의 변화가 전 지역에 걸쳐 균일하게 진행되었으며 시간도 모든 곳에서 균일하게 흘러왔다는 것을 의미한다.

시간의 화살에는 세 가지 종류가 있다. 첫째 무질서도나 엔트로피가 증가하는 시간의 방향을 가리키는 열역학적 시간의 화살, 둘째 심리적 시간의 화살인데, 우리가 시간이 흐른다고 느끼는 방향, 이는 미래가 아니라 과거를 기억하는 방향이다. 마지막으로 우주론적 시간의 화살이 있다. 이는 우주가 팽창하는 시간의 방향이다.

이런 전문적인 과학적 사고가 힘들기 때문에 우리는 현실에서 시간의 개념에 영감

---

[57] Big Bang The Origion of the Universe(사이먼 싱의 빅뱅), 영림카디널, 464~481면.

을 주는 사례를 발견하려고 한다.

우선 열차 여행을 하면서 발견되는 사례를 들어본다. KTX의 순방향과 역방향의 좌석을 염두에 두고 이를 생각해 보자. 순방향 좌석에서 본 1초 전의 경치는 과거가 되어버렸지만, 역방향 좌석에서 보는 사람은 같은 풍경이 미래에서(즉 아직 보이지 않았으므로) 현재로 다가온다. 즉 한 사람의 과거가 다른 사람에게는 미래이면서 현재가 될 수 있다.

시간에 대한 논의가 우리의 관심을 극도로 끄는 것에 비해, 시간의 의미에 대하여 불교계에서는 이제 아무도 논의하지 않고 있다. 그러나 이 시간이 무엇인지 알아야 하는 중요한 이유가 있다. 즉 과거-미래-현재를 인정하는 것과 현재의 찰나 순간만을 실재한다고 보는 것에 따라서 윤회를 보는 입장에서 큰 차이가 있다. 보통 힌두교 및 대승불교가 현재만이 실재한다는 주장을 하는 이면에는, 죽음의 순간에 떠올린 영상 및 기억에 따라 그 후의 생이 결정된다고 주장하는 논리를 가지고 있다. 그리고 이에 대한 상당한 추종자도 있다. 그런데 이것은 사망자의 생전에 쌓았던 공덕과 악업은 무시하고 죽음 순간의 결단만을 중요시하는 것이다. 물론 이것은 과거의 모습이 축약된 것이라고 반박할 여지를 가지지만 변명일 뿐이다. 그래서 이는 붓다가 말하는 전통적인 업의 개념들과는 오히려 정반대의 결론을 야기하게 된다. 그리고 초기의 경전에 있던 과거와 미래, 현재에 대한 시간 개념을 삭제하는 경향으로 가는 것은 시간이라는 것이 명상만으로 해결할 수 없는 개념이기 때문이다. 앞에서도

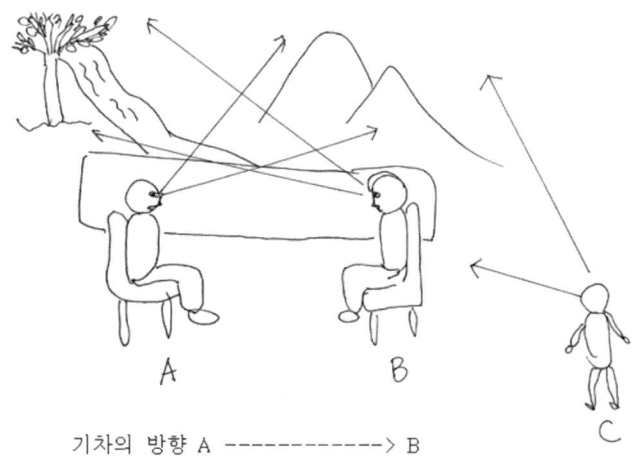

기차가 A에서 B로 움직일 때, A는 강과 나무의 모습은 지나간 과거라고 보고, 산의 풍경을 현재라고 보며, B는 강과 나무가 현재이며, 산의 모습은 조금 뒤에 나타날 미래의 모습이라 생각한다. 기차 밖에 있는 C는 이 모든 것이 현재의 모습이라고 본다.

기차의 방향 A -----------> B

보았지만 시간의 의미 속에는 심리적인 시간 개념도 존재하는데, 명상은 심리적인 시간 개념에 구속될 가능성이 많아서 정확한 시간의 의미를 알아내기 힘들다. 그래서 결국 과거와 미래를 부정하고 현재만이 존재하는지, 현재조차도 존재하지 않는지의 논쟁을 거듭하는 것이다.

## 라. 오온도 없다

### 1) 시고 공중 무색 무수상행식(是故 空中無色 無受想行識)

〈그래서 공(空) 속에는 물질도 수상행식도 없다〉
 시고(是故) 공중무색무수상행식(空中無色 無受想行識)이라고 하였는데, 시고(是故)라는 말은 '그래서, 그렇기 때문에'의 뜻이다. 즉 지금 반야심경의 바로 앞부분의 뜻을 새겨보면, 지금 뒤에 나올 말을 짐작할 수 있다. 그러면 앞부분에서 무엇이라 하였는가? 간략히 추려보면,

① 오온이 모두 공한 것을 보았다.
② 색수상행식은 공이고, 공은 색수상행식이다.
③ 일체 법은 공한 모습이며, 불생불멸 불구부정 부증불감이다.

이 세 가지 중의 하나를 받는다. 그런데 보통 문장의 앞부분을 받을 때는 가장 가까운 것을 받기 때문에, ③ 일체 법의 공한 모습은 불생불멸, 불구부정, 부증불감이라는 부분을 받는 것으로 보인다.
 그래서 일체 법(제법-諸法)은 비어 있는 모습(공상-空相)이고, 무상·고·무아에 대응하여 불생불멸, 불구부정, 부증불감의 성질이 있기 때문에, 즉 이 세상에서 초월적 세상의 특징을 가지고 있으므로, 뒤의 설명이 가능하다는 것이다.
 뒤의 설명은 무엇인가? 그것은

**무색수상행식,**

**무안이비설신의,**

**무안계 내지 무의식계,**

**무고집멸도**이다.


왜 일체 법이 비어 있기 때문에, 색수상행식도 없고, 안이비설신의도 없고, 12연기도 없고, 고집멸도도 없다고 하였는가? 나중에 보듯이 이 부분은 붓다의 설법을 확장 해석한 것으로 보인다. 붓다는 오로지 세상은 무상하고, 무상한 것은 괴로움이고, 괴로움에는 내가 없다는 것을 설법하였을 뿐이다. 그런데 그 내용을 음미해 본 용수(龍樹)가 그것은 결과적으로 공(空)을 말한 것이다. 따라서 그 모든 것이 공(空)이라면, 붓다의 설법도 공(空)이고, 모든 것이 공(空)이라는 이론으로 발전한 것이다. 물론 공(空) 속에는 색수상행식도 없고, 안이비설신의도 없겠지만 붓다가 가르친 그대로 받아들이면 될 것인데, 그것을 또 머리를 굴려서 확장해서 해석한 것이다. 이러한 것은 붓다가 미리 경계하여 주의를 준 바 있다.

예를 들어, 자아가 없다고 하면 자아가 없는 것으로 생각하면 되지만, 인간의 간교한 지혜는, 나는 생각하고 육체를 움직이니 자아에 필적하는 무언가가 있을 것이다. 붓다는 자아가 없다고 했으니 자아를 대체할 수 있는 것은 무엇인가? 그러므로 자아 대신에 다른 것이 있다는 식의 생각을 하게 된다.

상윳따 니까야에서 이에 관련되는 붓다의 설법을 잠깐 보자.

"비구들이여, 과거의 눈은 무상하였다. 미래의 눈은 무상할 것이다. 현재의 눈은 무상하다. 과거의 귀…. 코는…. 혀는…. 몸은…. 생각은…. 무상하였다. 미래의 귀….는 무상할 것이다. 현재의 귀는…. 무상하다. 무상한 것은 괴로움이요. 괴로움인 것은 무아다. 무아인 것은 내 것이 아니고, 그것은 내가 아니고, 그것은 나의 자아가 아니라(This is not mine, this I am not, this is not my self)고 있는 그대로 보아야 한다."(상 35.204, 206)

즉 반야심경 이전의 니까야에서 설하는 내용은 반야심경과 유사한 면이 있다. 그 골자는 "과거, 미래, 현재의 안이비설신의는 무상하고, 고(苦)이고, 무아(無我)다"라는 것이다. 반야심경은 "공중(空中)에는 안이비설신의가 없다"는 것이다.

  기존의 설법에서, 안이비설신의가 무상하며 무아라는 것에 대하여, 반야심경은 그 안이비설신의는 없다고 선언하는 것인데, 무아(無我)는 자성이 없고 연기에 의해 조건적으로 유지되는 것이므로, 그것을 없다고 선언할 수도 있다. 이것은 논리적인 분석이다. 그러나 없다고 하는 것은 절대적 선언이며, 그 어떤 맥락에서도 없다고 한 사실을 부정할 수 없으므로, 이야말로 단견(斷見)이라고 볼 수 있다. 자성이 없는 것을 무아(無我)라고 하는데, 그것의 자성이 아니라 그것 자체가 없는 것이라고 선언하는 것은 독단인 것이다. 누누이 살펴보지만 논리적으로 맞는 선언이 세계의 실상을 정확히 반영하지 않는다. 우리가 세계를 인식하고 판별하기 위한 언어와 개념이 일정한 규모에서는 실상을 반영하지만, 일정한 규모 이하 혹은 거대 규모에서는 논리적으로 맞는 것은 오히려 실상과 다르다는 것을 자주 경험한다. 물리학의 예를 들면 양자론과 상대성이론이 그것에 해당한다. 아직도 우리의 일상생활에서는 뉴턴의 고전물리학법칙에 따라 세계를 해석하여도 아무 무리가 없지만, 지구의 경계를 벗어나기만 해도(예를 들어 GPS의 경우 상대성이론으로 인공위성의 시차를 보정해 주지 않으면 하루 10킬로미터의 오차가 발생한다), 아인슈타인의 상대성이론이 아니면 해석되지 않는 수많은 현상들이 있고, 원자핵 수준에서는 오히려 양자론의 해석 말고는 부합되는 이론이 없는 것이다.

  이제 반야심경의 문구를 보자. 색도 없고 수상행식도 없다는 뜻은 무엇인가? 반야심경의 이 부분을 간략히 정리하면,

  공중무색(空中無色) – 공 속에는 형체도 없고
  무수상행식(無受想行識) – 수상행식(五蘊)이 없다.
  무안이비설신의 – 육근(六根)이 없다.
  무색성향미촉법 – 육경(六境)이 없다.
  무안계 내지 무의식계 – 18계도 없다.

  즉 공 속에서 오온과 12처(處) 18계(十八界)를 열거하여 모조리 부정하고 있다. 오

온(五蘊)을 만드는 육근(六根) 육경(六境)을 합쳐 십이처(十二處)라고 한다. 안이비설신의를 육근(六根 - 여섯 가지 감각을 받아들이는 뿌리라는 뜻), 색성향미촉법을 육경(六境 - 여섯 가지 외계와의 경계라는 뜻)이라 한다. 이 십이처의 하나하나를 계(界, dhātu)라 하고, 이러한 색성향미촉법이라는 대상(對象)을 받아들이는 감각기관인 안이비설신의, 이러한 감각기관에 대응하는 인식들로 이루어진 안식(眼識) 이식(耳識) 비식(鼻識) 설식(舌識) 신식(身識) 의식(意識)의 육식(六識)을 가하여 십팔계(十八界)라고 한다. 즉 눈이 물질을 접하여 물질이 무엇인지 알게 되는 것을 예로 들면, 눈은 안(眼), 외계 물질은 색(色), 그것을 눈을 통해 알게 되는 인식이라는 의미에서 안식(眼識)이므로, 이 모든 것은 하나가 없으면 이루어질 수 없는 것이므로, 각각이 하나의 세계를 형성한다고 하여, 계(界)라는 명칭을 붙인다. 이런 체계는 전통적 보수적 불교의 교학으로 확립된 것이므로, 이를 언급하는 반야경의 사상은 그 뒤에 나타난 것임을 알게 해준다.

## 🔍 역본 비교

⟨ tasmāc chāriputra śūnyatayāṃ na rūpaṃ na vedanā na saṃjñā na saṃskārāḥ na vijñānam ⟩

| 번역자 | 내 용 | 비 고 |
|---|---|---|
| 구마라집 | 是空法, 非過去, 非未來, 非現在 是故空中無色, 無受, 想, 行, 識 | 삼세(三世)를 추가 |
| 현장 - 반야 - 법월 - 지혜륜 - 시호 | 是故空中無色, 無受, 想, 行, 識 | |
| 법성 | 是故爾時空性之中, 無色, 無受, 無想, 無行亦無有識 | 爾時, 無有識 |

⟨ tasmāc - 그러므로, chāriputra - 사리불이여, śūnyatayāṃ - 공성인 것은, na - 아니다, rūpaṃ - 색, na - 아니다, vedanā - 느낌, na - 아니다, saṃjñā - 인식, na - 아니다, saṃskārāḥ - 의지, na - 아니다, vijñānam - 생각 ⟩

특이하게 구마라집 역에서 "이 공한 법은 과거도 아니고, 미래도 아니고, 현재도 아니다"는 말이 첨가되어 있다. 설일체유부의 삼세실유항체법유의 사상(삼세가 실재한다는 주장)을 반박하기 위한 것임이 분명하다. 법의 성질이 공하다면, 과거-미래-현재가 아닐 것이라고 추정된다. 그런데 특별히 아니라고 다시 단언하는 것은 무엇일까?

　삼세(三世)의 실유(實有)에 대해서 보자. 이러한 실유를 주장하던 부파는 당시의 인도에서 가장 큰 부파인 설일체유부였다. 이 설일체유부의 주장을 논박하면서 불교가 성장하였는데, 대승불교의 입장에서는 모든 것이 공(空)이라고 했는데, 현상의 이면에 있는 법들이 실유(實有)하다면, 전체적인 구도가 어긋나기 때문에 법들도 실유가 아니라고 주장하였다. 그래서 과거와 미래의 법은 존재하지 않고 현재만이 존재한다(현재의 실재성을 확연히 느낄 수밖에 없으므로 초기에 현재법의 실재성까지 부정할 수는 없었다)고 하였다. 그리고 이론이 정립되어 감에 따라 나중에는 현재의 법도 존재하지 않는 공(空)이라는 주장이 대세가 되어갔다. 그런데 그 뒤 발전한 유식유가행파에서는 비록 대승불교이기는 했지만, 요가나 명상으로 세계의 구조를 살펴보고는 법들이 그냥 헛된 공이 아니라 찰나생찰나멸하는 존재라는 주장을 하게 되었다. 대승불교와 같은 테두리이기는 하지만 유식학의 깊은 명상의 결과를 반박하지 못하던 대승불교는 과거-미래-현재라는 것에 대한 논의를 거의 삭제하게 된다. 앞서 금강경에서도 밝혔듯이 과거-미래-현재의 법의 실유는 자신있게 말하지는 못하지만, 과거심-미래심-현재심을 알 수 없다고 밝힌 것은 이런 연유이다.

🎙 한역에서는 "무(無)-없다"라고 번역한 것이 산스크리트에서는 na(아니다)로 된 것을 유의하자. 물론 na는 "없다, 아니다" 양쪽으로 번역이 가능하지만, 문맥상 "아니다"의 뜻으로 번역하는 것이 맞다. 그럼에도 불구하고 아직도 '나'에 대해서, 무아(無我)냐 비아(非我)냐의 논쟁이 아직도 계속되고 있다.

　사리불에게 반야바라밀다를 소개한 후, 관자재보살은 이제 설일체유부(說一切有部)학파의 아비달마의 주요 범주를 공(空)의 견지에서 검토한다. 그래서 여기의 초점은 '공(空) 안에서(shunyatayan-śūnyatayām)'라고 번역되는 공(空-shunyata)의 처소격에 대한 검토를 해보아야 한다. **관례에 의하면, 물체는 실재이다. 명상의 견지에서 본다면, 물체는 실재가 아니고, 법이 실재이다. 지혜의 관점에서 보면, 물**

체와 법은 실재가 아니고, 그것들은 실재가 아닌 것도 아니다. 즉 그것들은 자성이 없기 때문에 실재가 아니다. 그러나 그것들은 실재하지 않음이라는 성질도 비어 있으므로 실재가 아닌 것도 아니다. 그런데 공(空)은 모든 것을 실재로 만드는 것이다. 자성과 그 존재가 실재하지 않음은 모든 것을 거짓으로 만드는 것이다.

우리는 법을 시간과 공간과 마음으로 구분하여 분석한다. 그래서 그것의 고유한 성질을 파악하는 것이다. 그런데 공(空)은 공간에 존재하는 것도 아니고, 공간에 없는 것도 아니다. 법은 공간에서 창조된 것을 대표하고, 우리의 인식을 구분할 수 있도록 해주는 것이다. 이런 사정으로 공(空)은 그 공간과 공간의 구분을 없애는 것을 대표한다. 그래서 공(空)이 있다고 하는 장소는 모든 곳을 말함이고, 그에 따라 공이 있는 곳에 법은 없다. 자성이나 실재가 존재하지 않음으로 인하여 실체로서의 법은 허구이다. 또 공(空)이라는 의미로서의 법은 실재이다. 즉 공이라는 존재 양태를 가진다는 점에서 실재인 것이다. 공(空)으로부터 법을 분리하는 것은 불가능하다. 즉 법들은 공(空)이다. 법들은 공(空)의 밖에 있는 것이 아니고 안에도 없다. 그것들은 상호 존재한다. 이것은 색(色, 몸)에도 적용되고 또 감각, 인식, 의지, 생각-분별 작용에도 적용된다. 그것들은 공(空) 안에 존재하는 것도 아니다. 그것들은 공(空)과 같이 있는 것들이다. 그리고 공(空)은 그것들과 같이 있고, 그것들 각자와 그것들 모두와 같이 있다. 공(空)은 그것들 공통의 분모가 아니라, 유일한 분모이다. 법은 공(空) 하나에 의해 정의되고, 영원성이나 일시성, 혹은 깨끗함이나 더러움, 자아의 현존이나 결핍에 의해 정의되지 않는다. 공(空)은 그들의 진정한 본성이다. 이런 의미에서 불생불멸 불구부정 부증불감이라 할 수 있다.

《물론 모든 것이 공이라는 것이 사실이라면, 이런 논의도 가능하다고 보이지만, 과연 모든 것이 공인지 확인이 필요하다.》

## 마. 12처도 없다

무안이비설신의 무색성향미촉법(無眼耳鼻舌身意 無色聲香味觸法)
《눈 귀 코 혀 몸 뜻도 없고, 형체 소리 향기 맛 촉감 법도 없다》

| | |
|---|---|
| 나를 분석하는 도구 | 오온(五蘊) |
| 일체를 분석하는 도구 | 12처(處) |
| 세계를 분석하는 도구 | 18계(界) |
| 생사를 분석하는 도구 | 12연기(緣起) |

오온(五蘊)이 나는 누구인가를 분석하는 도구라면, 12처는 나 이외의 외부세계를 인식하는 수단이다. 즉 12처는 불교에서 바라보는 외부세계의 구성 원리인 것이다. 이 12처(處 – 한자에서 알 수 있듯이 이는 장소라는 뜻이므로, 12곳의 장소라고 생각하면 된다)는 다시 우리 몸에서 감각을 인식하는 장소인 안이비설신의(眼耳鼻舌身意)와 그러한 장소(場所)에 입력되는 정보를 발산해주는 외계의 대상을 색성향미촉법(色聲香味觸法)의 여섯 가지로 분류한 것이다. 물론 외계의 대상을 분류함에 있어 그 정보를 받아들이는 감각기관의 분류에 맞춘 것이므로, 우리의 감각기관이 인식하지 못하는 외계의 정보들은 다른 수단으로 인식할 수밖에 없다. 우리가 인식하지 못하는 감각정보들은 시각적인 면에서 가시광선보다 파장이 짧은 자외선, 엑스선, 감마선, 파장이 길어서 인식하지 못하는 적외선, 단파, 중파, 장파 등이다. 청각적인 면에서는 초음파, 그 외 다른 감각기관도 마찬가지다. 물론 이러한 정보를 파악하기 위해서 각종 검출기를 사용할 수 있다. 혹은 인간이 감지하지 못하는 초음파나, 다른 파장을 인식하는 동물들도 있다. 이 감각기관의 인식범위를 넘는 정보들은 정보의 논리성, 정합성에 따라 의(意)로 포섭된다. 이때의 의(意)는 법에 대응된 것이 아니라 색성향미촉의 감각을 넘어서는 것에 대응된다.

앞의 12처를 두 가지로 볼 때, 감각기관을 몸속에 있다고 해서 6내입처, 정보가 외부에서 들어오므로 몸 밖이라고 해서 6외입처라고 부른다. 이 12처를 합쳐서 일체(一切) 혹은 세계라고 부른다. 이렇게 본다면 일체 혹은 세계라는 것은 그 일체 혹은 세계를 판단하는 자의 입장에서 본 것이다. 이러한 주관적인 세계와 다른 사람 혹은 중생의 세계가 무수히 많을 것이므로, 이것들을 통괄하여 일체 혹은 세계라고 할 경우에는 일반적인 혹은 절대적인 세계가 있다고도 볼 수 있다.

이 용어들의 어원을 보면, 산스크리트어로 살라야타나(salāyatana)로서, 살(sal)은 6(육), 아야따나(āyatana)는 '이곳으로 오다'의 의미로 입(入)이라고 번역하기도 하고, 장소를 의미하는 처(處)로 번역하기도 하여 육입(六入), 육처(六處)라고 한다. 그래서 12연기를 설명할 때는 육입(六入)으로, 안이비설신의(眼耳鼻舌身意)와 결부하여 입(入)이라고 번역한다.

그러므로 불교에서는 세계를 색성향미촉법(色聲香味觸法)의 정보를 발산하는 외부 세계와 그것을 안이비설신의(眼耳鼻舌身意)로 받아들여, 색수상행식(色受想行識)의 오온(五蘊)으로 묶어서 판단하는 '세계와 나'로 보게 된다. 물론 무아(無我)론에서 말하듯이 '나'는 없다고 하더라도, 외계의 정보를 판단하는 가상의 '나'를 일응 정립해 두는 것이다.

《색성향미촉법과 오온의 관계는 어떻게 되는가?
오온에서 색수상행식의 색은 색성향미촉법의 색과 거의 같은 개념이다.》

12처에 대한 경전 내용을 보자. 이 12처(處)는 외부를 구성하는 장소들을 뜻한다.

> 상 35.23 일체경(The All)에서, "비구들이여, 모든 것을 설명하겠다. 눈과 형체, 귀와 소리, 코와 향기, 혀와 맛, 몸과 촉감, 마음과 마음의 현상, 이것들이 모두이다. 만약 누군가가, 이 모두를 거부하여 나는 또 다른 모든 것을 알도록 만들겠다고 한다면, 그것은 그 사람의 입장에서 단순히 헛된 자랑에 불과하다. 왜냐하면 그가 질문을 받는다면, 대답하지 못할 것이고 오히려 성을 낼 것이다. 그것은 그의 영역 안에 있지 않기 때문이다."

### 1) 무안이비설신의(無眼耳鼻舌身意)

반야심경은 공(空)의 원리를 밝히기 위한 경전인데, 안이비설신의(眼耳鼻舌身意-눈, 귀, 코, 혀, 몸, 뜻)가 없다는 말은 무엇일까? 산스크리트어 '나(na)'라는 말을 부정의 뜻인 '아니다'로 볼 것인지, '없다'로 볼 것인지의 문제가 있다. 즉 안이비설신의가 없다고 하는 것과 색즉시공(色卽是空-몸은 공이다)에서 '색은 공이다'라고 할 때와는 어감이 다르다. 그래서 안이비설신의(眼耳鼻舌身意)가 없다는 한자의 뜻과 붓다의 설법과 맞는지를 생각해 볼 필요가 있다. 주제별 모음경(상윳따 니까야)의 내용들을 보면, 따로 이에 대한 내용이 있다. 육처(六處)에 관한 것은 상윳따 니까야 제3권의 반 정도를 차지하는데, 그 내용은 육내입처와 육외입처를 거

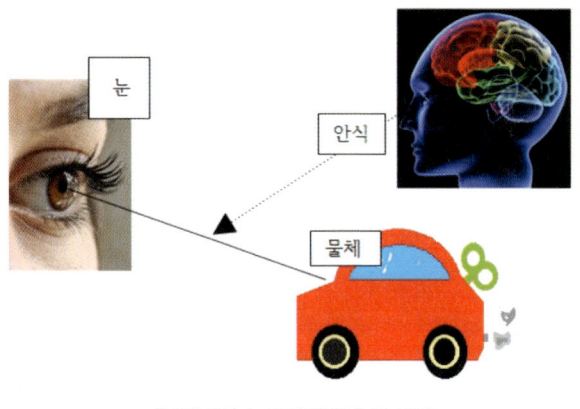

〈그림 21〉 눈의 감각접촉의 세계

론하고 있다. 내용의 주 줄거리는 〈눈은 항상한가, 무상한가〉의 질문과 〈눈이 무상하므로, 그것은 괴로움이다. 무상하고 괴롭고 변하기 쉬운 것에는 자아가 없다. 그래서 자아가 없으니 눈도 없는 것이다. 이는 귀, 코, 혀, 몸, 뜻도 마찬가지다〉라는 결론을 내린다.

그리고 이 육내입처와 관련한 육외입처인 색성향미촉법(色聲香味觸法 – 형체, 소리, 향기, 맛, 촉감, 마음의 대상)의 경우에도 앞의 육내입처와 각각 대응하면서 비슷한 설법을 한다. 눈만 떼어놓고 보면, 우리가 사물을 지각하게 되는 경로를 우리 몸에 달려 있는 눈(眼)과, 그 눈이 보고 있는 대상인 물체(물질, 형체, 色)를 대응시키고, 눈이 물체를 접촉하여 물체임을 인식하는 것을 눈의 인식이라는 뜻의 안식(眼識)이라고 하여, 이 세 가지(눈, 물체, 안식)로 구성되는 것을 눈의 감각접촉의 세계라고 한다.

귀(耳)의 경우에도 귀와 대상의 소리(聲), 그 소리를 인식하는 이식(耳識), 이 세 가지를 귀의 감각접촉의 세계로 본다. 그래서 코의 감각접촉의 세계{코(鼻)와 냄새(香), 비식(鼻識)}, 혀의 감각접촉의 세계{혀(舌)와 맛(味), 미식(味識)}, 몸의 감각접촉의 세계 {몸(身)과 접촉(觸), 신식(身識)}, 생각의 감각접촉의 세계{뜻(意)과 마음의 대상(法), 의식(意識)}로 분해한 것을 6개의 감각의 세계라 한다.

그러므로 6개의 감각의 세계마다 내입(內入)처인 감각기관[–이를 몸에 뿌리박혀 있다고 하여 육근(六根)이라 한다], 외입(外入)처인 감각의 대상[이를 대상을 나타내는 경계라고 하여 육경(六境)이라 한다], 그것들을 연결하여 인식하는 식(識)[이를

여섯 가지 인식이라 하여 육식(六識)이라 한다]으로 보면, 이것은 모두 열여덟 가지의 세계라고 하여 십팔계(十八界)로 총칭된다.

|  | 6식 |  | 6근(내입처) |  | 6경 = 외입처 |
|---|---|---|---|---|---|
| 의식 | ← 안식(眼識) | ← | 안(眼) | ← | 색(色) |
|  | ← 이식(耳識) | ← | 이(耳) | ← | 성(聲) |
|  | ← 비식(鼻識) | ← | 비(鼻) | ← | 향(香) |
|  | ← 설식(舌識) | ← | 설(舌) | ← | 미(味) |
|  | ← 신식(身識) | ← | 신(身) | ← | 촉(觸) |
|  | ← 의식(意識) | ← | 의(意) | ← | 법(法) |

물론 앞의 육내입처와 육외입처는 12처로 통칭되고, 뒤의 육식(六識)은 의처(意處 – 생각의 대상)를 의근(意根 – 생각의 기관이므로 두뇌가 될 것이다)과 6식으로 나누어, 의근을 의계(意界)라 하고, 우리 감각기관에 대응하는 식(識)으로서 안식(眼識, 이는 시각이다), 이식(耳識, 청각), 비식(鼻識, 후각), 설식(舌識, 미각), 신식(身識, 촉각), 의식(意識, 시청각 등 앞의 감각을 제외한 마음)의 각 세계라는 뜻이다. 현대적 용어로 덧붙인 시각, 청각 등의 한자는 눈으로 보아 알게 되었다는 시각(視覺)과 같이 각(覺) 자를 사용한다.

그런데 의식에 대하여는 약간 다르게 보아야 한다. 위에 설명한 체계로 이해하는 것이 가장 쉽지만, 사실상 육식(六識)이라는 것은 12처(處) 중의 마지막인 의처(意處)를 의근(意根)과 육식(六識)으로 나눈 것이다.

즉 안이비설신의에 대응하는 안식계, 이식계, 비식계, 설식계, 신식계, 의식계는 그 모두가 사고 작용으로 통괄되기 때문에 하나의 생각을 의미하여도 무방하지만, 그 생각이 어떤 감각을 통해서 나왔는지를 위와 같이 생각하면 더 이해하기 쉽기 때문에 그러한 6식을 이해한 후에 이러한 6식은 의식이라는 포괄개념에 속하는 것으로 보면 된다. 즉 이 모든 것은 의식이지만, 어떤 감각기관에서 왔는지를 표시하므로 안이비설신의라는 구분을 가진다.

한편 불교의 세계관에 의할 때 욕계에는 위와 같은 색성향미촉법의 육경(六境)이 존재하지만, 색계(色界)에는 색성촉법만 존재하고, 무색계(無色界)에는 법경(法境)

만 존재한다. 따라서 세계에 따라 존재하는 마음의 작용을 설명하기 편하므로, 마음을 나누는 방법을 사용한 것이다.

| 3계(trayo-dhātava) – 불교에서의 세계관 |||
|---|---|---|
| 욕계 | 색계 | 무색계 |
| 색<br>성<br>향<br>미<br>촉<br>법<br><br>일반적으로 우리가 인지하는 세계 | 색<br>성<br>×<br>×<br>촉<br>법<br><br>육체만을 가지므로 향과 미는 없음 | ×<br>×<br>×<br>×<br>×<br>법<br><br>육체도 없으므로 오로지 법만이 존재 |

상윳따 니까야에서는 안이비설신의(眼耳鼻舌身意)에 대하여 언급하고 있는데, 이러한 감각기관이 우리에게 가져다주는 즐거움에 취하지 말라는 뜻이다. 반야심경은 이러한 점을 극도로 강조한 것이라고 볼 수 있다.

"눈으로 볼 때 바람직하고, 사랑스럽고, 공감이 가고(agreeable), 기쁘고, 감각적으로 즐겁고, 감질나게 하는(tantalizing) 물체가 있으면 그것에서 기쁨을 찾고 환영하며, 그것을 붙잡고 있을 때 즐거움이 생긴다. 즐거움이 있으면 심취하게 되고(infatuation), 심취하게 되면 그것이 족쇄가 되며, 그래서 즐거움의 족쇄에 묶이게 된다. 이것은 소리, 냄새, 맛, 몸, 뜻도 마찬가지다. 그러므로 이런 것들을 찾지 않고, 환영하지 않고, 붙잡지 않으면, 즐거움도 멈춘다. 즐거움이 멈추면 심취하지 않게 되고, 구속도 없게 된다."(상35.63 미가잘라경, Migajāla)

반야심경은 안이비설신의(眼耳鼻舌身意)도 없고, 색성향미촉법(色聲香味觸法)도 없다지만, 사실상 붓다는 그러한 것이 없는 것처럼 살아가기를 강조하는 것이다.

"비구들이여, 잘 배운 성스러운 제자는 눈에 대해서 혐오하고, 물체에 대해서도 혐오하고, 물체를 보아 느끼는 생각-안식(眼識)도 혐오하고, 눈의 감각접촉도 혐오하고, 눈의 감각접촉으로 인하여 생기는 즐거운 느낌, 괴로운 느낌, 괴롭지도 즐겁지도 않은 느낌도 혐오한다. 이렇게 혐오하면서 탐욕이 사라지게 되고, 탐욕이 사라지기 때문에 해탈한다. 해탈하면 해탈했다는 지혜가 생긴다. 태어남은 다하고, 범행(梵行)은 성취되었고, 해야 할 일은 다 했으며, 다시는 태어나지 않을 것이다."(상 35.28 불타오름경)

즉 이를 보면, 12처를 떠남으로써 해탈을 하게 된다. 단순히 외계의 대상을 부정하고, 그것을 받아들이는 감각기관을 부정하는 것이 아니라 그러한 대상을 부정하여 새로운 변치 않는 어떤 것을 추구하여 완성하는 데 목표가 있는 것이다.

즉 기본불교에서는 이 12처가 있는지 없는지에 대한 논의는 별로 되지 않고 있다. 12처라는 것으로 우리가 사물을 받아들여 정보를 처리한다는 것에서, 정보처리기관은 존재한다고 할 수 있고, 그러한 기관들의 무용성에 집중하면, 그러한 기관은 없는 것보다 못한 것이므로 없다고도 말할 수 있다. 그래서 여기 반야심경에서는 그런 기관은 없다고 단언한 것이지만(혹은 없는 것으로 여기라는 뜻일 수도), 붓다의 설법에서는 그보다는 감각기관으로 받아들이는 정보에 현혹되지 말 것을 강조하는 것이라고 보아야 한다.

이렇게 12처를 세상 혹은 세계라고 본다면, 과연 그러한 세계는 어디를 지칭하는 것일까? 보통 세간을 분류하는 방법으로 2종세간, 3종세간, 5종세간들이 있다.

2종세간은 중생과 비중생의 세간 혹은 유정의 세간과 기세간(器世間)으로 분류하

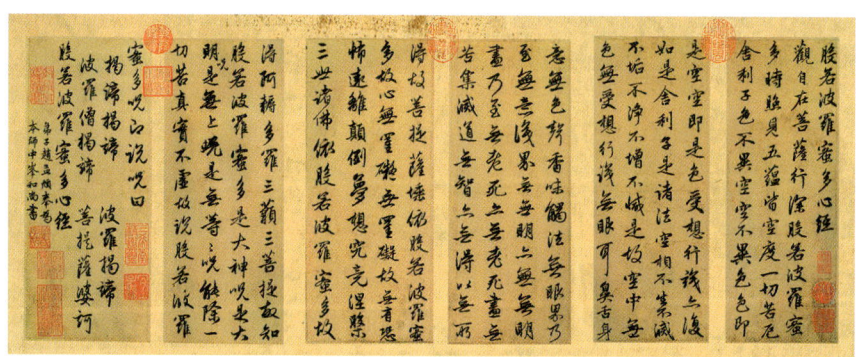

〈그림 22〉 조맹부가 쓴 반야바라밀다심경

는데, 부파불교와 대승불교 모두 사용한다.

3종세간은 대승불교와 상좌부 불교에서 사용하는 방법이다. 대승불교의 중관학파와 천태종에서는 중생세간, 국토세간, 오온의 세간으로 분류하고, 화엄종에서는 기세간(器世間), 중생세간, 지정각세간(智正覺世間)으로, 상좌부에서는 행세간(行世間), 중생세간, 처세간(處世間)으로 분류한다.

이러한 부파에 따른 분류에도 불구하고, 종합적인 이해를 위해서 총괄설명하기로 한다. 세간과 출세간은 유위와 무위, 혹은 유루와 무루의 구분이므로 쉽게 접근할 수 있고, 초월적 세간인 출세간을 제외하고 우리가 현재 직면하고 있는 현실의 세간을 유정(有情)이 살고 있는 측면으로 보아 중생세간, 그 공간의 특징을 보아 국토세간, 기세간, 처세간이라 부른다는 점만 알고 있으면 된다. 예를 들어 화엄종의 지정각세간은 실제로는 깨달음의 세간이므로 출세간이다. 중관학파의 오온세간은 오온이 공함을 아는 깨달음이 시작되는 것을 말하므로, 결국 크게 유정이 거주하는 세간과 그 공간을 의미하는 국토세간으로 구분하는 정도면 충분하다.

먼저 우리 눈에 보이는 현실의 세상은 기세간(器世間)이다. 이는 국토세간이라고도 한다. 중생이 거주하는 산하대지 등의 물질적 자연적인 관점에서 본 것이다.

그리고 중생세간은 유정이 거주하는 세간의 의미이다. "나는 세상과 다투지 않는다. 세상이 나와 다툴 뿐이다."(상 22.91 §3, 꽃경) 이곳에서 말하는 것은 중생으로서의 세상이다.

그리고 유위에 의한 세상, 즉 형성된 세상은 오온의 세간을 말하는 것으로 무상(無常)하지 않음을 강조하는 세상이다. "왜 세상이라고 하는가? 부서진다고 해서 세상이라고 한다."(상 35.82 세상경) "세상의 끝에 도달하지 않고서는 괴로움을 끝낸다고 말하지 않는다."(상 35.116 §12, 세상의 끝경) 여기에서 세상의 끝이라는 것은 모든 유위(有爲)가 종료되는 곳을 말함이 분명하다.

반야심경에서 언급하는 12처가 세상을 말한다면, 그것은 어떤 세상을 말하는 것일까? 이 12처는 우리가 외계의 대상을 받아들임에 있어서 외계의 사물을 실상 그대로 인지하지 못하도록 하고 있다. 그래서 이러한 12처는 없는 것이나 마찬가지이다. 이러한 세상은 눈에 보이는 세상을 우선적으로 언급한다. 이러한 세상이 중생으로서의 세상이거나 형성된 세상이라는 것을 자각하도록 하기 위해 그러한 세상이 없다고 말하는 것이다.

　세계에 대한 경의 설명을 보자.

　세계의 기원이 무엇일까? 눈과 형체에 의존하여 안식(眼識)이 생긴다. 이 세 가지가 모인 것을 촉(觸)이라 한다. 촉을 조건으로 느낌이, 느낌을 조건으로 갈애(渴愛, craving)가, 갈애를 조건으로 집착이, 집착을 조건으로 유(有)가, 유를 조건으로 생과 노사, 우비고뇌가 생긴다. 이것이 세계의 기원이다.(상 35.107, 12.44) 이 상윳따 니까야에 상응하는 잡아함경의 구절은 없다.

　위 내용을 정리하면 눈, 형체 → 안식 → 촉 → 느낌 → 갈애 → 집착 → 유 → 생 → 노사 → 우비고뇌의 순으로 발생한다.

　한편 각묵스님은 책에서 주석서의 말을 빌려, '존재를 나를 중심으로 안과 밖으로 나누어 살펴보고 법의 관점에서 보면 안으로는 6내처, 밖으로는 6외처뿐이라고 하며, 그 외의 세상이나 일체니 하는 것은 다 개념적 존재일 뿐이다'고 하고 있다.

　《과연 붓다 당시에 이렇게 개념적 존재라고 명시적으로 생각하고 이런 이론을 펼친 것이라 보기는 의심스럽다. 다만 12연기법에서 명색(名色)이라는 용어를 보면, 그런 논리를 추구한 것은 사실이지만, 여러 원전에서 개념적 존재라는 말을 별로 피력하지 않는 것으로 보아서 본격적인 이론 전개를 위해서는 당시의 철학토양이 그렇게 무르익지는 않았던 것으로 보인다.》

🎤 하나의 대상이 형체가 있고, 소리도 내며, 향기도 있고, 맛을 볼 수 있으며, 촉감도 가지며, 이것들 외에도 다른 측면이 있다면, 우리는 이것 자체를 종합적으로 볼 것인가, 즉 여섯 가지 감각기관으로 받아들인 것(즉 6식의 총화)을 종합해서 판단할 것인가의 문제가 있다. 아무도 이것에 대해 논평하지 않았지만, 실제로 생기는 의문이다.

　본래 6근과 6경은 대상의 성질에 따라 대상을 판별하는 것이지만, 그것을 종합하는 것에 대해서는 언급하지 않는다. 즉 형체를 가진 대상, 소리를 내는 대상, 향기가 있는 대상…. 등과 같이 단선적인 대상을 상대로 하는 것이지만, 복합적인 정보를 표출하는 대상에 대해서는 언급하는 사람이 없다. 또 복합적인 정보를 종합하는 식(識)에 대해서도 언급하지 않고 있다. 그러나 이를 종합하는 것에 의미가 있다. 왜냐하면 단순한 정보의 덧셈과 대상의 종합된 정보는 차원이 다를 수 있기 때문이다. 사물을 다각도로 파악할수록 그 사물의 흠결된 점이 보정되는 효과가 있기 때문에 여러 정보를 취합하여 종합하는 것은 사물의 실상을 더 정확하게 파악할 수 있다. 즉 여실지견을 더 확률 높게 할 수 있다.

일단 사물의 측면에서 본다면, 그 대상사물은 종합적인 정보를 가지고 있다. 그래서 그 종합적인 정보 중에서 인간의 감각한계에 드는 색성향미촉법을 우리가 안이비설신의로 인식하여 각각의 식(識)을 만든다. 이 안식-이식-비식-설식-신식-의식을 종합한 것이 종합의식이다. 마치 연주가의 음악을 저장할 때는 디지털 정보로 저장하고, 우리가 들을 때는 다시 아날로그적인 음향의 표출로 나타내는 것과 같은 것이다. 그렇다면 이 종합적인 의식은 종합적인 정보를 가지는 대상에 대해 가장 근접한 정보일 것이다. 그런데 그 대상의 정보 중 하나인 촉감(미술에서는 이를 질감이라고 한다)을 왜곡시켜서 얻는 종합정보도 역시 왜곡된 것이다. 또 소리만을 바꾸어서 보여주는 것(예를 들어 영화의 영어 대사를 성우가 한글로 입모양에 맞추어 들려주는 것)도 우리가 그 진실한 모습을 보지 못하게 만든다. 그런 의미에서 대상의 각 정보를 재검토하고, 받아들이는 기관인 안이비설신의, 그것을 판별하는 6식을 모두 일일이 음미하지 않으면 그 진실한 모습을 찾기 힘들다. 또 이런 정보가 모두 갖추어져 올바르게 입력되어도 그런 정보를 종합하는 능력이 있어야 되고, 이런 종합화 훈련도 필요하다. 여기서 단순히 이론적으로 정립하는 것은 실 수행에 큰 도움이 되지 않는다. 수많은 시행착오를 겪고 현실을 제대로 파악하는 훈련이 필요한 것이다.

그리고 한 가지로 대상을 판별하는 것보다 다른 여러 가지 정보를 고려하는 경우에 대상의 진실한 모습을 발견할 가능성이 훨씬 높아진다. 예를 들어 대상이 보이는 것으로 그 대상을 파악하려는 것과 그 대상의 질감, 퉁겨서 들리는 소리 등의 정보를 종합하면 대상을 상당히 정확하게 판별할 수 있다.

"장님 코끼리 만지듯" 사물을 파악하는 사례를 보자. 실제로 장님이 코끼리를 만진다면, 그 코를 만지거나 다리를 만지거나 몸통을 만지는 경우에 코끼리의 진정한 모습에 대하여 천차만별의 예상을 할 것이다. 그런데 시각적으로 코끼리를 본다면 거대한 모습의 코끼리를 누구나 예상할 수 있다. 물론 시각으로 코끼리를 보더라도 그 일부만 볼 경우에는 전체적인 모습을 추정은 하겠지만 진실한 모습을 파악하기에는 부족하다. 한편 시각적으로 코끼리의 전체 모습을 그리더라도, 코끼리의 피부를 만져서 거칠게 느껴지는 것, 코끼리의 냄새 등으로 코끼리의 먹이나 영양 상태를 파악하는 것은 결국 시각적으로 파악하지 못하는 면을 알게 해준다. 이런 여러 요소들을 종합하여 진정한 코끼리의 모습을 파악할 수 있는 능력은 단순히 감각적으로 느끼는 5식(識)과는 다른 의식(意識)이 있어야 가능하다. 그리고 반야심경에서 이런 모든 감각을 공(空)이라고 하는 것과는 달리 종합화된 감각에 대해서는 함부로 공(空)이라고 할 수는 없을 것이다. 따라서 감각들과 의식을 적절히 사용하여 우리 인간 사회에서 사는 정도의 목적은 달성할 수 있다.

예를 들어보자. 시각 정보가 70%의 비율로 대상을 정확하게 판별하도록 해준다면, 30%의 오류가 있는 셈이다. 그러나 청각 정보가 이를 보충해준다면, 이런 정보들을 종합할수록 정확도가 올라갈 것이다.

따라서 전통적으로 불교에서 말하는 여실지견(如實知見)은 사물과 일체화가 되는 인식훈련, 혹은 사물에 대한 종합적 판단을 할 수 있는 능력의 함양, 이러한 것을 초월하는 깨달음 등으로 분류할 수 있다.

오온(五蘊)은 우리 자신이 어떻게 구성되어 있는지를 색(色)과 수상행식으로 구분하여 보는 것이고, 12처는 세계를 인식하는 과정을 설명하는 역할을 한다. 따라서 오온(五蘊)에서의 색(色)은 우리의 몸을 말하고, 정신적인 면은 4개의 요소인 수상행식(受想行識)으로 분류한 것이다. 이에 비해 12처에서 10개(색성향미촉, 안이비설신)는 세계를 인식하는 물질적 정보의 과정을 말하고, 2개(법과 의)는 세계에 대한 정신적 정보의 처리과정을 의미한다. 한편 오온과 12처의 유사성에 비추어 색성향미촉과 안이비설신을 오온의 색(色)에, 의와 법을 오온의 수상행식에 맞추어 분류하려는 경향도 있다. 이는 물질과 형태에 대하여 한자로 색(色)이라는 한 단어를 여러 곳에서 사용하기 때문에 혼동된 영향도 있다. 아마도 이는 붓다에 앞선 강력한 물질주의자의 영향이 있다는 기원을 드러내는 것이고 일반적으로 그렇게 받아들여지고 있다.

이를 개괄하면, 먼저 우리 감각의 힘(indriya)인 6처로부터 시작해 본다. 즉 눈, 귀, 코, 혀, 몸, 마음이다. 그것들은 인드리야, 혹은 힘으로 불린다. 설일체유부에 의하면, 이러한 힘 중에서 앞의 다섯 가지는 2개의 구성요소로 나누어진다. 하나는 우

| 오온과 12처의 관계 | | | |
|---|---|---|---|
| 오온(五蘊) | | 육근(六根) | 육경(六境) |
| 색(色) | ⇐ | 안(眼) – 눈 | 색(色) – 물체 |
| | | 이(耳) – 귀 | 성(聲) – 소리 |
| | | 비(鼻) – 코 | 향(香) – 향기 |
| | | 설(舌) – 혀 | 미(味) – 맛 |
| | | 신(身) – 몸 | 촉(觸) – 촉감 |
| 수상행식(受想行識) | ⇐ | 의(意) – 마음 | 법(法) – 마음의 대상 |

리가 신경이라 부르는 것과 유사한 구성부분이고, 또 하나는 감각의 신경 조직을 구성하는 요소이다. 앞의 다섯 가지와는 다르게, 6번째 힘인 마음은 육체적인 혹은 신경학적인 기반을 가지지 않는다. 그것은 두뇌나 척추에 있는 것이 아니라 순전히 경험에 의한 것이다.

## 2) 경전의 구절

상윳따 니까야에서 눈, 귀, 코, 혀, 몸, 뜻에 대한 공(空)함을 나타내는 구절들을 본다.

"눈은 영원하지 않다. 영원하지 않은 것은 괴로움이다. 괴로운 것은 자아(자성自性)가 없다. 자아가 없는 것은 〈나의 것이 아니다, 내가 아니다, 나 자신이 아니다〉고 정확한 지혜로 있는 그대로 보아야 한다. 이는 귀, 코, 혀, 몸, 마음도 마찬가지다. 이렇게 보는 잘 인도된 제자는 눈에 대해 혐오감을 가지고, 귀 코 혀 몸 마음에 대해서도 혐오감을 가진다. 혐오감을 가지게 되면 열망하지 않게 되고, 따라서 마음의 해방을 가져온다. 마음이 해방되면, 해방되었다는 지식이 생기고, 다시 태어남은 없으며, 범행은 섰고, 해야 할 일은 마쳤으며, 이제 다시는 태어나지 않을 것이라고 이해하게 된다."

상 35.01 감각기관의 무상경(영문으로 The Internal as Impermanent인데, 여기 internal은 몸에 붙어 있는 감각수용체를 의미한다. 잡아함경은 8권 9경에서 단순히 '무상경'이라고 표시한다.)

《여기서 안이비설신의는 없다고 결론을 내린 것이 아니라, 영원하지 않기 때문에 무상함을 직시하여, 그 자성이 없는(즉 홀로 존재하지 않는다는) 점을 직시하라는 뜻이다.》

과거 현재 미래의 육내입처에 대한 글을 보자.

"눈은 현재뿐 아니라, 과거 미래에 있어서도 영원하지 않다. 이와 같이 보아, 잘 배운 제자는 과거의 눈에 대해서 무심하며, 미래의 눈에서 기쁨을 찾지 않으며, 현재의 눈에 대해서 그것이 사라지고 없어지므로 혐오감을 가진다. 이는 귀 코 혀 몸 뜻도 마찬가지다."(상 35.07 삼세의 감각기관의 무상경)

《역시 현재의 눈뿐만 아니라, 과거나 미래의 눈에 대해서도 그 무상함을 직시하라는 것이다.》

붓다가 이렇게 생각하게 된 연유를 설명하는 구절을 보자.

"내가 깨닫기 전에 보살이었을 때에, 눈에 있어서 만족(희열)이라는 것은 무엇이며, 위험이라는 것은 무엇이며, 그것으로부터 어떻게 도피할 것인가? 귀, 코, 혀, 몸, 마음에 있어서도 마찬가지로 생각하였다. 그런데 다음과 같은 생각이 들었다. 눈에 의존하여 생기는 기쁨과 즐거움은 눈에 있어서의 희열이다. 눈은 영원하지 않고, 괴롭고, 변하기 마련이므로 이것이 눈에 있어서의 위험이다. 눈에 대한 욕망과 탐욕을 제거하고 포기하는 것이 눈으로부터의 탈출이다. 이는 귀, 코, 혀, 몸, 마음도 마찬가지다. 이러한 사실을 직접적으로 알지 못했기 때문에, 나는 최상의 완전한 깨달음을 얻은 것이라고 이 세계에서, 이 시대에서 주장하지 못하였다. 그러나 이런 사실을 직접적으로 알게 되자, 신이나 악마,

브라만들에게도 가장 높은 깨달음을 얻었음을 말하게 된 것이다."(상 35.13 깨닫기 전경 – Before My Enlightenment)

《이는 눈의 무상함을 아는 것만 하여도 그 얼마나 진리에 접근할 수 있는지를 보여주는 붓다의 고백이다.》

이렇게 눈의 즐거움을 떠날 수 있는 필연적인 이유와 그 방법을 보자.

"눈에 있어서의 즐거움이 없다면, 중생은 그것에 매혹당하지 않는다. 그러나 눈에 있어서의 그러한 것이 있으므로 그것에 매혹당하는 것이다. 눈에 있어서 위험이 없다면, 중생은 그것에 혐오감을 경험하지 않을 것이다. 그러나 그런 위험이 있기에, 중생은 혐오감을 경험하는 것이다. 만약 눈으로부터의 탈출이 없다면, 중생은 탈출하지 않을 것이지만, 탈출이 있기에 중생은 탈출하는 것이다. 이는 귀, 코, 혀, 몸, 마음에 있어서도 마찬가지이다. 중생은 이러한 육내입처에 있어서, 희열을 희열로, 위험을 위험으로, 탈출을 탈출로 사실 그대로 보지 않았기 때문에, 신과 악마 브라만의 이 세계, 수도사와 브라만, 신과 인간의 세계로부터 탈출하지 못했다. 그들은 이곳으로부터 떠나지 못하고, 해방되지 못할 뿐만 아니라, 마음의 장벽을 없애지 못하고 살고 있다."(상 35.17 없음을 가정하는 경 – If There were No)

또한 안이비설신의에 대한 변화가 괴로움과 병 노사(老死)의 문제와 관련이 있다고 하는 구절도 있다.

"눈의 일어남, 지속, 생김, 나타남은 고통의 생김이며, 병의 지속이며, 노사(老死)의 나타남이다. 귀, 코, 입, 몸, 뜻도 마찬가지이다. 눈, 귀, 코, 입, 몸, 뜻의 가라앉음, 사라짐은 고통의 종식이며, 병의 가라앉음, 노사(老死)의 사라짐이다."(상 35.21 고(苦)의 발생경)

그런데 위 번역은 조금 이해하기 쉽지 않다. 같은 내용의 잡아함경 내용을 본다.

"만일 눈과 색(色)에 대해서 탐욕을 떠나지 못하고 마음을 해탈하지 못하면, 그는 생로병사의 괴로움을 초월하지 못할 것이요, 귀, 코, 혀, 몸, 뜻에 대해서도 마찬가지다. 마음이 해탈하지 못하면 그는 생로병사의 괴로움을 초월하지 못할 것이다. 눈과 색(色)에 대해서 탐욕을 떠나고 마음이 해탈하면 그는 생로병사의 괴로움을 초월할 수 있다."(잡 8.06 불이욕경/不離欲經)

《안(眼)과 색(色)은 서로 대응하는 인식의 수단이고, 이러한 수단으로 취득한 정보에 취착하는 것은 해탈로 가는 데 장애가 된다는 점을 명확히 하고 있다.》

그리고 괴로움을 소멸시키는 방법도 있다.

"일체에 대해서 직접적으로 알며 완전한 이해가 없이, 사물에 대한 냉정함을 발전시키고, 그것을 포기함이 없이는, 고통을 종식시킬 수 없다. 눈에 대해 직접적으로 알며 완전한 이해를 하지 않고, 냉정함을 발전시키고 포기하지 않으면, 그는 고통을 종식시킬 수 없다. 형체-외관도 마찬가지이고, 안식(眼識), 눈의 접촉, 그리고 눈의 접촉을 조건으로 하는 느낌도, 그렇다. 이것들은 귀와 귀의 접촉, 이식(耳識-청각) 등에도 적용된다."(상 35.26 완전한 이해의 경-fully understanding)

《여기서 색(色)으로 대표되는 외관을 받아들이는 안(眼), 그리고 그것을 합쳐서 인식하는 안식(眼識), 이 세 가지를 모두 직시하여 그 무상함을 알게 되면 해탈로 가게 됨을 밝히고 있다.》

### 3) 무색성향미촉법(無色聲香味觸法)

🔍 **역본 비교**

⟨ na cakṣuḥ – śrotra – ghrāna – jihvā – kāya – manāṃsi. ⟩
⟨ na rūpa – śabda – gandha – rasa – spraṣṭavaya – dharmāḥ. ⟩

| 번역자 | 내용 | 비고 |
|---|---|---|
| 구마라집 – 현장 – 반야 – 법월 – 지혜륜 – 시호 | 無眼耳鼻舌身意, 無色聲香味觸法 | |
| 법성 | 無眼, 無耳, 無鼻, 無舌, 無身. 無意. 無色, 無聲, 無香, 無味, 無觸, 無法 | 개별적으로 없음을 강조 |

⟨ na – 없다, cakṣuḥ – 눈, śrotra – 귀, ghrāna – 코, jihvā – 혀, kāya – 몸, manāṃsi – 생각들 ⟩

⟨ na – 없다, rūpa – 형상, śabda – 소리, gandha – 향기, rasa – 맛, spraṣṭavaya – 접촉, dharmāḥ – 법들 ⟩

여섯 가지 감각기관에 대하여, 12처는 6개의 영역(vishaya)을 추가한다. 비샤야(vishaya)라는 단어는 '영역', '차원'을 의미한다. 그리고 우리 감각의 힘이 기능하는 영역을 말하는 것이다. 이러한 영역은 색성향미촉법(色聲香味觸法)으로서, 그것은 형태(rupa), 소리(shabha), 냄새(gandha), 맛(rasa), 느낌(spasha), 생각(dharma)이다. 이것들이 대상이라기보다 영역이라 불리는 이유는 대상(對象)에 대하여 인식의 범주를 맞추면서 적용하고 추리하는 것이기 때문이다. 그래서 필연적으로 대상이 있는 것이 아니고 영역만이 있다(예를 들어 소리를 내는 대상은 소리의 영역을 말하는 것이지 대상 자체를 말하는 것이 아니다).[58] 그리고 이러한 각 영역은 다른 것과 분리되어 있다. 예를 들어 눈은 소리의 영역에 접근하지 못하고, 귀는 형태의 영역에 접근하지 못한다. 이것이 명백하게 우리의 다섯 가지 힘인 것인데, 설일체유부

---

58) 이러한 설명은 대상의 진실한 면을 바로 볼 수 있도록 하는 역할을 한다. 즉 우리가 형체나 소리, 향기 등만으로 그 대상을 정확히 파악할 수 있는 것이 아님을 자각하게 한다.

는 마음만은 예외라고 주장한다. 즉 그것은 듣고 보고 생각을 생각할 수 있고, 우리의 감각이 해당 영역과 접촉할 때 같이 경험할 수 있다는 것이다. 그래서 다른 감각의 영역에서 사용할 수 있는 한 꾸러미의 범주를 만들 수 있다.

6개의 감각기관과 6개의 영역은 모두 우리가 경험으로 무엇을 알던지 간에, 12처와 대응이 된다. 그러나 오온과 같이, 이러한 12처도 자아나 자성이 없는 것으로 판명이 났다. 물론, **우리는 귀나 소리에서 우리 자아를 찾으려 하지 않는다고 누군가 말할 수 있다. 우리는 보통 자아를 마음이나 생각의 장소－처(處)에서 찾는다.** 그러나 우리가 마음에서 발견한 것과, 귀와 소리로 받아들인 흐름의 정보로 우리의 생각이 발견한 것은 동일하다. 우리의 귀가 단지 구성물에 불과하고 비슷하게 소리도 그렇다고 하지만, 실제로는 우리가 마음이나 생각이라 부르는 것을 다른 것과 분리할 수 없다. 그러므로 우리의 자아도 마찬가지다. 이것이 12처를 검토한 것이 우리에게 가르치는 바이다. 그것들은 대상이 없는 실체라는 직물로부터 인위적으로 구분된 것임이 판명되었다. 그래서 관자재보살이 설일체유부와 같은 수행자들에게 한 계단 더 올라가서 그들이 집착해 있는 12처를 넘어서라고 하는 것이다.

그러나 **설일체유부는 12처에 자아가 없는 것에 만족하여, 자아 분석을 멈추었고 12처 자체를 실재라고 추정했다.** 그러나 그것들이 실재인 유일한 이유는 공(空) 속에 있기 때문이다. 그래서 눈도 귀도 마음도 형태도 소리도 생각도 없는 것이다.

《이러한 설명은 정말로 안이비설신의, 색성향미촉법이 없다는 전제로 최대한의 선의로 해석해 준 것이다. 그러나 앞에서도 언급한 바와 같이 그것은 없는 것과 마찬가지로 대하라는 것이지, 정말로 없는 것이 아님을 알아야 한다. 신행(信行)을 위해서도 그렇다. 우리가 손으로 얼굴의 눈과 귀, 코와 입을 만져서 알 수 있는 것을 없다고 단언함으로써 신비적인 효과는 거둘 수 있겠지만, 과연 진정한 믿음이 나올 것인지는 의심스럽다.》

### 4) 경전의 구절

경전에서 6경의 공(空)함을 직접 언급하는 곳은 없다. 오직 6처의 무상함과 그 자성의 없음을 직시할 것을 권고하고 있다.

'형체(몸)는 영원하지 않다. 영원하지 않은 것은 괴롭다. 괴로운 것은 자아가 없다. 자아가 없는 것에 대해서는, 이것은 나의 것이 아니다, 이것은 내가 아니다, 이것은 나의 자아가 아니라고 바른 지혜로 사실 그대로 보아야 한다. 이는 소리, 향기, 맛, 촉감, 마음도 마찬가지다. 이렇게 보기 때문에 잘 배운 성스러운 제자는 형체, 소리, 향기, 맛, 촉감, 마음에 대해서 혐오(嫌惡, 혹은 염오)를 가지게 된다. 혐오를 경험하면, 그는 열망하지 않게 되고 따라서 마음의 해방을 가져온다. 마음이 해방되면, 해방되었다는 지식이 생기고, 탄생은 없으며, 해야 할 일은 마쳤으며, 범행은 섰고, 이제 다시는 태어나지 않을 것이라고 이해하게 된다.' 상 35.04 외부의 무상경(여기 영문으로 The External as Impermanent는 6경의 무상을 말하므로, 6경의 무상경이라고 하는 것이 좋지만 원문이 외부를 의미하므로 비슷하게 번역한다.)

《마지막 부분은 잡아함경의 상투적으로 반복되는 구절인 아생이진(我生已盡), 범행이립(梵行已立), 소작이작(所作已作), 자지불수후유(自知不受後有)인데, 이는 그냥 외워둔다면 인생에서 생기는 여러 일들을 양보하면서 후렴처럼 반복하여 수양하는 데 도움이 된다.》

이는 잡 195 무상경과 비교된다.

"모든 것은 무상하다. 모든 것이 무상하다는 것은 무엇인가? 이른바 눈[眼]이 무상한 것이요, 형체(色), 안식(眼識), 안촉(眼觸)과 안촉을 인연하여 생기는 느낌[受], 즉 괴로운 느낌 — 즐거운 느낌 — 괴롭지도 즐겁지도 않은 느낌 또한 무상한 것이다. 귀·코·혀·몸·뜻에 있어서도 또한 그와 같다.

그러므로 잘 배운 성스러운 제자로서 이렇게 관찰하는 사람은 눈에 대해서 싫어하는 마음을 내고, 형체와 안식(眼識)과 안촉(觸)과 안촉을 인연하여 생기는 느낌, 즉 괴롭다는 느낌 — 즐겁다는 느낌 — 괴롭지도 즐겁지도 않다는 느낌에 대해서 싫어하는 마음을 낸다.

귀(耳)·코(鼻)·혀(舌)·몸(身)과 소리(聲)·냄새(香)·맛(味)·감촉(觸)에

대해서도 마찬가지이며, 뜻(意)과 법(法)과 의식(意識)과 의촉(意觸)과 의촉을 인연하여 생기는 느낌, 즉 괴로운 느낌 - 즐거운 느낌 - 괴롭지도 즐겁지도 않은 느낌에 대해서도 또한 싫어하는 마음을 낸다. 싫어하기 때문에 즐거워하지 않고, 즐거워하지 않기 때문에 해탈하며, 해탈지견이 생겨 '나의 생은 이미 다하고 범행은 이미 섰으며, 할 일은 이미 마쳐 후세의 몸을 받지 않는다'라고 스스로 알게 된다."

《니까야의 용어를 잡아함경과 맞추어 보면, 니까야는 색(色)의 무상함이 고(苦)이며, 자아가 없으므로, 혐오를 가지고, 열망하지 않음으로서 마음이 해방된다. 잡아함경은 눈의 무상함, 색의 무상함, 안식의 무상함, 안촉의 무상함, 안촉에 의한 느낌의 무상함으로 인하여 싫어하지도 좋아하지도 않음으로써 해탈이 된다. 니까야는 눈으로 보는 대상의 무상함만 가지고 해탈을 이끌어내었고, 잡아함경은 눈과 관련된 대상, 생각, 느낌 등의 무상함으로 해탈을 이끌어내는 논리를 구사하고 있다.》

🎙 맹시 : 한편 시각적으로 인지하는 면에 관련된 색(色)과 안(眼), 안식(眼識)과 관련하여 맹시(盲視, blindsight) 개념을 검토해야 한다. 맹시는 시각을 잃은 사람이 시각 경험이 없음에도 대상에 대한 반응을 일으킨다. 이를 무의식적으로 자극을 처리하는 현상으로만 볼 것은 아니다. 즉 맹시를 가진 사람의 두 유형은 눈 자체에 관련된 질환의 유형과 그러한 시각정보를 처리하는 뇌의 시각피질이 망가진 경우의 두 가지가 있다. 맹시로 느끼는 시각적 경험은 그 대상의 끝부분과 형체 정도만 느끼게 되는데, 이로 미루어 시각정보를 받아들이는 기관과 그 정보들을 종합하는 뇌의 특정 부위가 있음이 추정된다. 이러한 종합하는 부위를 의식이라고 부를 수 있다.

## 바. 18계도 없다

**無眼界 乃至 無意識界**
무안계 내지 무의식계

안식계, 이식계, 비식계, 설식계, 신식계, 의식계가 모두 없다.

### 1) 무안계 내지 무의식계(無眼界乃至 無意識界)

18계라는 것은 앞의 12처에서 6내처(즉 우리 몸의 안쪽에 있는)인 안이비설신의(眼耳鼻舌身意)를 단순히 감각기관으로 본다면, 이러한 감각기관인 '6내처가 받아들인 정보를 가지고 분별하는 마음의 작용'을 의미하는 식(識)을 감각기관에 대응하여 분류한 것이다. 눈이 받아들인 것을 분별 작용으로 판별하는 것을 안식(眼識), 귀로 받아들인 것을 이식(耳識), 코로 받아들인 것을 비식(鼻識), 혀로 받아들인 것을 설식(舌識), 몸으로 받아들인 것을 신식(身識), 뜻으로 받아들인 것을 의식(意識), 이렇게 6식을 분리하여 또 다른 계(界)로 본 것이다. 현대적 표현으로 한다면, 시각(視覺), 청각(聽覺), 후각(嗅覺), 미각(味覺), 촉각(觸覺), 생각이 될 것이다.

즉 무안계 내지 무의식계는 무안계, 무이계, 무비계, 무설계, 무신계, 무의계를 줄여서 말한 것이다. 여기서 무의식계라고 표현된 반야심경에 대한 약간의 논의가 있다. 즉 이것의 산스크리트어 법륭사본의 대조 구절은 마노다투(mano-dhātu), 즉 의계(意界)라고 되어 있지만, 다른 산스크리트어본에는 manovijñāna-dhātuḥ, 즉 의식계(意識界)라고 되어 있다. 앞의 안계(眼界)와 맞추어 의계(意界)라고 하는 것이 문자적으로는 옳아 보인다. 그런데 눈의 세계에 대해서는 앞의 구절에서 무안이비설신의라고 표현하였기 때문에, 지금 여기서는 안식(眼識), 이식(耳識)… 등의 세계를 언급하는 부분이다. 그래서 오히려 안계(眼界)를 안식계(眼識界)라고 하고, 그에 맞추어 의식계(意識界)라고 하는 것이 옳다. 그래서 '무안식계내지 무의식계'라고 하는 것이 옳다.

18계(界)라는 총칭에서 계(界)라는 용어를 사용한 이유는, 이것이 일종의 세계라는 것이다. 이들의 흐름과 분별이 서로 다르기 때문에 계(界-dhatu)라는 말을 사용한다. 시각과 청각은 서로 영역을 침범하지 않고 독립적인 감각의 줄기를 형성한다. 그래서 이 독립적인 하나의 세계라는 의미에서 계(界)라는 표현을 사용한다.

중국 한자권의 설명을 보면, '18계는 모든 물질세계를 가리킨다. 차별과 대립의 현상계가 인연에 따라 화합된 가합(假合)의 세계로 필연적으로 공(空)하며, 이런 변계소집성(遍計所執性), 의타기성(依他起性)으로 생성된 세계는 공(空) 속에 존재할 수 없다'는 등의 설명을 하고 있다. 그러나 이런 설명은 18계가 무엇을 의미하며, 반야심경에서 이들이 무(無) 혹은 공(空)이라는 것이라고 단언하는 데 대한 적절한 설명이 아니다. 그 외 다른 여러 설명들도 지금의 우리 감각에는 맞지 않는 설명이다. 예를 들면, '이미 모든 법이 공(空)한데, 또 안계(眼界)가 있을 수 있는가' 등의 설명으로 동어반복의 설명만 하고 있으니, 반야심경의 이해에 도움이 되지 않는다.

우리는 논리적인 설명을 원한다. 이런 면에서는 서구 학자들의 설명이 지금의 우리에게는 아주 쉽게 다가온다. 반야심경에서 사용하는 계(界)라는 용어는 산스크리트어 세계(dhatu)라는 말을 번역한 것이다. 이는 12처(處)라고 했을 때의 장소라는 말보다는 균형이 잡히고 동적인 세계상을 보여준다. 앞서 보았듯이 12처(處)는 여섯 가지 외계의 대상(색성향미촉법)에 감각의 여섯 기관(안이비설신의)이 접촉할 때 관측되는 것이다. 여기에 시각적, 청각적, 후각적, 미각적, 촉각적 의식과 개념적 의식이 추가되어 18요소가 되며 이를 18개의 세계인 18계(界)라고 부른다. 이 18계의 기본구조는 눈과 물체, 그 물체를 눈으로 보고 발생하는 의식(즉 안식/眼識)이라는 하나의 쌍, 귀와 물체의 소리, 그 소리를 듣고 발생하는 의식(즉 이식/耳識)이라는 하나의 쌍과 같이 3조(組)가 하나의 조합(組合)을 형성하는 것이다.

그런데 원래의 12처(處)에서 마지막에 부가된 여섯 요소(6식)를 살펴보게 되면 의식이라는 것의 특이한 위치를 느끼게 해준다. 즉 의식에도 두 가지가 있어서 개념적 의식(manovijñāna)과 순수의식으로 분류가 된다. 설일체유부(說一切有部)에 의하

| 18계 |||||||
|---|---|---|---|---|---|---|
| | 육식(六識) | | 육근 | | 육경 |
| 개념적 의식 | 안식(眼識) – 시각 | ← | 안 – 눈 | ← | 색 – 형상 |
| | 이식(耳識) – 청각 | ← | 이 – 귀 | ← | 성 – 소리 |
| | 비식(鼻識) – 후각 | ← | 비 – 코 | ← | 향 – 냄새 |
| | 설식(舌識) – 미각 | ← | 설 – 혀 | ← | 미 – 맛 |
| | 신식(身識) – 촉각 | ← | 신 – 몸 | ← | 촉 – 접촉 |
| 순수의식 | 의식(意識) – 생각 | ← | 의 – 뜻 | ← | 법(法) |

면, 개념적 의식은 단순한 생각의 영역과는 달리, 다섯 감각기관으로 받아들인 것을 마음으로 파악하는 의식까지 포함한다. 그래서 이들 사실상의 인식기관으로 작동하는 다섯 가지 감각기관과 접촉하여 형태, 소리, 냄새, 맛, 느낌을 구분하는 의식으로 분류된다. 이러한 순환적인 사이클에 의해 개념적 의식은 우리가 의식이라고 인식하는 것을 제외하는 개념을 말한다. 즉 감각기관들로 받아들여 그것이 외계의 대상이라고 파악하는 그러한 개념적 의식과 우리가 생각이라고 부르기도 하는 순수의식을 구분하는 것이다. 예를 들어, 혀로 받아들인 과일의 신맛과 단맛을 의식이 신맛과 단맛이라는 개념으로 판단하고 저장해 둔다. 나중에 우리 의식이 그 맛을 좇는 것과 혀 자신이 느끼는 맛의 괴리가 생기는 경우가 이런 이유 때문이다.

정리하면 6식(六識)은 우리 경험의 주체적 요소를 대표하는 것이고, 여섯 가지 정보유형(색성향미촉법-6경)은 객관적 요소이고, 여섯 장소(안이비설신의=6근=6내입처)는 조건에 따른 요소이다. 이러한 세 부분으로 세계를 파악하는 분류법은 수행자들에게 경험의 본질을 탐구하도록 개발되었고, 그러한 탐구를 통하여 그들은 스스로 자아의 존재나 부존재를 확신하도록 하게 해준다.

이러한 18계(十八界)의 분류는 세계를 인식하는 메커니즘으로서의 기능을 잘 해주고 있다. 그러나 한편으로는 이렇게 봄으로 인하여 세계라는 것을 개념의 틀로 가두는 역할도 한다. 따라서 이러한 것이 없다는 선언, 즉 무안이비설신의, 무색성향미촉법, 무안계 내지 무의식계라는 반야심경의 원뜻을 헤아린다면, 우리는 그 의미를 제대로 파악한 것이다.

## 🔎 역본 비교

⟨ Na cakṣūr – dhātur. yāvan na manovijñāna – dhātuḥ ⟩

| 번역자 | 내용 | 비고 |
|---|---|---|
| 구마라집 – 현장 – 반야 – 법월 – 지혜륜 – 법성 – 시호 | 無眼界乃至無意識界 | 번역이 모두 일치 |

⟨ Na – 없다, cakṣūr – 눈, 안(眼), dhātur – 계(界), 요소, yāvan – 까지, na – 없다, manovijñāna – 의식(意識), dhātuḥ – 계(界) ⟩

## 사. 12연기도 없다

무무명(無無明) 역(亦) 무무명진(無無明盡) 내지(乃至) 무노사(無老死) 역(亦) 무노사진(無老死盡) 《무명도 없고 무명이 다함도 없고, 또 늙음과 죽음도 없고, 늙음과 죽음이 다함도 없고,》

여기 무명(無明)과 뒤의 노사(老死)는 12연기법의 처음과 끝을 의미한다. 원래라면, 앞의 무안계 내지 무의식계(無眼界乃至 無意識界)처럼, 무무명내지 무노사(無無明乃至 無老死)라고 하는 것이 맞을 것이다. 즉 12연기에서 말하는 것들을 통틀어 언급하기 위해서는 한문 구문상 그렇게 해야 되는데, 그것과는 표현이 다르다.

여기서 이런 차이점과 12연기법이 무엇인지에 대한 설명이 필요하다.

이 부분에서 우리가 알아야 되는 것은 연기법이 무엇이며, 그 연기법이 적용된 것이 12지(十二支) 연기라는 점이다. 그리고 그러한 연기법을 공(空)이라고 부정하는 이유도 알아야 한다. 연기법이 적용된 12지 연기를 알아야 하는 이유는, 반야심경에서 언급된 무명(無明)과 노사(老死)가 12지 연기의 처음과 끝이므로, 12지 연기 전체를 말하는 것이 분명하기 때문이다.

### 1) 연기법

연기법(프라티트야 사무트파다, Pratītyasamutpāda)은 영문으로는 '의존하는 것을 기원으로하는(dependent origination)', '의존하여 발생하는(dependent arising)'으로 번역되는데, 모든 사물(법, 다르마)은 다른 법에 의존하여 발생한다는 것이다. 이를 간략히 표현하는 말이 있는데, '이것이 존재하면, 저것이 존재한다. 이것이 없으면, 저것도 없다(此有故彼有, 此無故彼無)'[59]는 것이다. 이는 생(生)을 고(苦)로 파악하여, 그 고(苦)의 발생도 무언가에 의존하므로 고(苦)를 없애기 위해서는 고(苦)가 의존하는 것을 소멸시키면 된다는 논리가 가능하므로, 고(苦, dukkha)와 고(苦)의 소멸에 적용되는 실용적인 가르침이다. 즉 연기의 12개 고리는 윤회를

---

59) 전체 구절은 '此有故彼有 此生故彼生 此無故彼無 此滅故彼滅'

낳게 되는 인과의 사슬을 말하므로 그 사슬 중의 일부를 소멸시키던지, 그 사슬을 망 가뜨리면 윤회로부터 자유가 쟁취된다.

### 가) 어원

연기(緣起)를 의미하는 산스크리트어는 프라티트야 사무트파다(Pratītya-samutpāda)로서 두 부분으로 이루어져 있는데, 프라티트야(Pratītya)는 의존해 있다(having depended)의 의미이고, 사무트파다(samutpāda)는 발생하다(arising), 기원하다(origin)의 뜻이다. 그래서 약간 의역하면, '조건에 의존하여 발생하다'로 번역된다. 그런데 이 용어는 또 12개의 인과의 사슬(twelve Nidānas)을 말하기도 한다. 일반적으로 대승불교에서 연기라는 말은 상호 의존하는 일반 원리를 말할 때가 많고, 상좌부 불교에서는 연기를 12지(支) 인과사슬이라고 의미할 때가 많다. 한역(漢譯) 경전에서는 발랄저제야삼모파다(鉢剌底帝夜參牟播陀)로 음차하여 표기한 경우도 있다.

연기(緣起)는 인연생기(因緣生起: 인과 연에 의지하여 생겨남-인은 직접적 원인, 연은 간접적 원인으로 일응 생각한다)를 줄인 말이고, 영어권에서는

'의존하여 생겨남(dependent arising)'
'조건에 따르는 발생(conditioned genesis)'
'의존하는 상호발생(dependent co-arising)'
'상호의존하여 생겨남(interdependent arising)' 등으로 번역되고 있다.

### 나) 학파별 주장 내용

#### ㉠ 상좌부(Theravāda) 불교

상좌부 불교에 있어서 연기(緣起)는 '여러 원인이 여러 결과를 초래한다'는 것을 암시한다. 상좌부 불교에서는 하나의 원인이 하나의 결과나 여러 결과를 야기하는 것이 아니며, 또 여러 가지 원인이 모여서 단일 결과를 낳는 것도 아니며, 여러 원인들이 여러 결과를 낳게 된다는 기본 공리를 가지고 있다. 상좌부 불교에서 12지 연기

는 연기론에서 가장 중요한 원리이다.

ⓒ 대승불교

중관파(Madhyamaka) : 공(空)사상을 퍼뜨린 중관파의 입장에서는, 사물이 공(空)이라고 말하는 것은 그것이 다른 것에 의존하여 있다고 하는 것과 같은 말이다. 즉 중관파에 의하면 다른 것에 의존하기 때문에 자성을 가지지 않은 것은 모두 공(空)이라고 한다. 즉 모든 것이 공이라고 보므로 자성을 가진 것은 없다고 보는 것이다. 용수(龍樹)가 중론(Mūlamadhyamakakārikā-이는 '중도에 대한 근본적인 글'이라는 뜻이다) 24장 관사제품(觀四諦品)에서 말하는 것을 보자.

"존재는 인과 연에 의존하여 발생하는데, 나는 이를 무(無)라고 부르고, 또는 가명(假名)이라고도 하고, 또는 중도의 이치라고도 한다.
단 하나의 존재도 인과 연에 따라 생기지 않는 것이 없으므로 일체의 법 중에 공(空)이 아닌 것은 아무것도 없는 것이다."

용수에 의하면, 어떤 지속되는 본질적 속성(svabhāva, 자성)이 있다면 다른 것에 의존하는 것을 막을 것이며, 결국 어떤 것에도 의존하지 않을 것이다. 사물은 단순히 항상 그래 왔고, 앞으로도 계속 존재해 갈 것이기 때문이다. 중관파에 있어서, 원인과 조건이라는 연기는 하나의 개념이므로, 연기론 그 자체에도 적용되어서, 이 연기론의 원리조차도 다른 것에 의존하게 된다.

ⓒ 티베트불교

티베트불교에서 족첸(dzogchen)은 대완성(Great Perfection)이라는 뜻을 가진 말이다. 티베트의 4대파 중 닝마파의 9개 가르침 중 최고의 가르침이라는 뜻의 아티요가(ati yoga)라고도 불리는데, 이에 의하면 연기론은 공(空)의 개념을 보완하는 것으로 고려된다. 그리고 이러한 전통은 색(色)과 공(空)의 불가분성을 강조한다. 즉 색(色), 즉 물질 혹은 외관이라는 것은 다른 것에 의존해서 보이는 것이므로, 그 자성이 없어서 공(空)이라는 것이며, 그렇기 때문에 드러난 외관(상대적 진실)은 모든 다른 것에 의존하는 것을 의미한다.

티베트 닝마파의 대종사이며, 30권 이상의 책을 저술한 미팜 린포체(Mipham Rinpoche)는 '확실성의 봉화(Beacon of Certainty)'에서, 이러한 관계를 물에 비친 달의 비유를 사용하여 설명한다. 즉,

> "모든 현상의 본질은 물에 비친 달과 같아서, 고유한 성질이 부족하다. 그러나 물에 비치고 있는 달의 외관은 연기의 표현이며, 그 외관은 원인과 조건에 완전히 의존한다."

《이 말은 달이 없으면 물에 비칠 일도 없을 것이고, 물이 없으면 달이 역시 비치지 않는 것이다. 즉 달을 인(因)으로, 물을 연(緣)으로 달이 물에 비치는 것이다.》

#### ㉣ 화엄학파

화엄학파는 화엄경(Avatamsaka Sutra)에 기초하여, 모든 현상이 서로 관련되었다는 무진연기(無盡緣起), 즉 상호 연결(mutual containment and interpenetration)되었다는 원리를 가르치는데, 이것이 인드라의 그물, 망(網, 그물−Indra's net)이다. 하나의 사물은 모든 존재하는 다른 것을 포함하며, 모든 존재하는 사물은 그 하나를 포함한다.

### 다) 현대적 해석

상호 관련성과 심층생태학−상호 의존성이라는 붓다의 가르침은 개별적 생물과 환경 사이에 궁극적으로 경계가 없다는 것이다. 연기론은 모든 존재의 상호 관련성을 설명하는 데 적용된다. 그것은 인드라의 망의 비유로 표현되기도 하고, 틱낫한 스님의 상호존재(interbeing)로 표현되기도 한다.

환경을 해치는 것은 심각하게 자신을 해치는 것이라는 현대의 심층생태학의 대표자 조안나 메이시(Joanna Macy)는 불교철학이 심층생태학적 사고의 기초를 제공한다고 말한다.

### 라) 시간적 기준

그런데 이 연기법에서 12지 연기가 의미하는 바가 무엇이냐에 관한 논의가 있다. 가장 유력한 해석으로는 연기법이 중생의 일생을 3대에 걸쳐 나열하는 것이라고 보는 것이다. 이것을 삼세양중인과설이라 한다. 이 설은 12연기가 과거-현재-미래의 순으로 발전하며, 각 원인에 따른 결과를 표시한 것이라는 주장이다.

또 하나는 이를 2대에 국한하는 것으로 보는 설이 있고, 그 외 12연기가 동시에 발생할 수 있다고 보는 설 등이 있다.

그러나 이들은 연기론만을 보고 그 자체에서 의미를 찾고자 하는 주장들이고, 불교 전체의 맥락에서 보면, 12연기의 순서대로 그냥 이해해 둔다고 하여도 아무런 모순이나 이해에 어려움이 생기지 않는다. 그래서 하나의 개념이 전체적으로 이해 가능하면 세밀하게 분석할 필요가 없다. 그럴 경우 오히려 나무만 보고 숲을 보지 못하는 수가 생기는 것이다.

### 마) 연기법의 내용

잡아함경 제12권 제298경 법설의설경과 연기경에서 붓다는 연기법의 법과 의(義)에 대해서 자세하게 설명하고 있다.

이 경전들에 따르면, 법은 연(緣)과 기(起)를 뜻하는데, 연(緣)이란 이것이 있으면 저것이 있다는 것을 의미하고, 기(起)란 이것이 일어나면 저것이 일어난다는 것이다(謂此有故彼有 此起故彼起).

구체적으로 연(緣)은 무명연행(무명이 행을 인연으로), 행연식(행이 식을 인연으로, 이하 반복), 식, 명색, 육입, 촉수애취유생노사의 인과관계적 과정을 말하고, 기(起)는 이 과정을 통해 수(愁-걱정), 탄(歎-한탄), 고(苦), 우(憂-근심), 뇌(惱-번뇌)가 일어나는 것을 말한다. 이러한 연과 기를 총체적으로 순대고취, 즉 순전한 괴로움뿐인 큰 무더기인 오취온(五取蘊)이 형성되는 것을 말하고, 이는 생사윤회를 반복하는 것을 뜻한다(謂緣無明行 乃至純大苦聚集 是名緣起法法說).

인연에서 인(因)은 결과를 낳기 위한 내적이며 직접적인 원인, 연(緣)은 이를 돕는 외적이며 간접적인 원인이다. 그래서 호수에 달이 비칠 때, 달은 인(因)이고, 호수는 연(緣)이다. 달이 없으면 호수에 달이 비치지 않고, 호수가 없어도 달이 비치지 않는다.

　무명도 없고, 무명이 다함이 없다고 말하는 것은, 이제 단순한 부정을 넘고 있는 것을 보여준다. 즉 무조건의 부정이나 공(空)의 강조가 아니다. 무명을 부정한다고 하여 그것이 밝음으로 다가오는 것이 아니다. 즉 무명이 다하지 않기 때문에 무명의 상태가 계속되는 것이다. 이것이 불교의 논리다. 뒷부분의 역무노사진(亦無老死盡)의 경우는, 무노사(無老死) 역무노사진(亦無老死盡)을 간략히 표현한 것이다. 그러므로 노사(老死)도 없고, 노사(老死)가 다함도 없다는 뜻이다. 즉 무명에서 노사까지의 12연기를 '연기'라고 표현하면, '연기'도 없고, '연기'가 다함도 없다고 간략히 줄일 수 있다. 연기는 계속되며, 연기는 없지만 다함이 없이 계속되는 것이다.

　🎤 연기(緣起)는 인연생기(因緣生起) 즉 인(因 : 직접적 원인)과 연(緣 : 간접적 원인)에 의지하여 생겨남 또는 인연(因緣 : 통칭하여, 원인) 따라 생겨남의 준말이다. 인(因)과 연(緣)의 통칭으로서 연(緣)해서 생겨나 있다거나 혹은 다른 것과 관계에서 생겨났다는 뜻이다. 이른바 현상계(現象界)의 존재 형태와 그 법칙을 말하는 것이다. 이 세상에 있어서의 존재는 반드시 그것이 생겨날 원인과 조건에서 생겨난다는 것이므로, 이를 인(因-원인)과 연(緣-조건)으로 합쳐서 인연이라는 표현을 사용한다. 연기의 법칙, 즉 연기법(緣起法)을 원인과 결과의 법칙 또는 줄여서 인과법칙(因果法則) 혹은 인과법(因果法) 또는 인연법(因緣法)이라고도 한다. 엄밀히 말하면, 고대 인도에서는 인과법에 대해 여러 이론들이 있었으므로, 연기법은 석가모니 붓다가 설한 인과법, 또는 불교에서 주장하는 인과법이라 할 수 있다. 그런데 석가모니 붓다는 잡아함경 제12권 제299경 연기법경(緣起法經)에서 연기법은 자신이나 다른 깨달은 이가 만들어낸 것이 아니며 여래가 세상에 출현하고 출현하지 않음에 관계없이 법계에 본래부터 존재하는 보편 법칙이며, 자신은 단지 이 법칙을 완전히 깨달은 후에 그것을 세상 사람들을 위해 12연기설의 형태로 세상에 드러낸 것일 뿐이라고 말하고 있다. 비슷한 내용들이 293경 심심(甚深)경, 296경 인연경, 297경 대공법경에 있다.

　※ 또한 숫타니파타 12장 두 가지 관찰경(Dvayatānupassnāsutta)에서도 연기

의 순환구조를 설명하고 있다. 내용을 축약하면, 연기의 과정 중에서 한 가지가 생기는 것을 관찰하고, 그 생기는 원인(예를 들어 취착)은 그 앞의 것(예를 들어 갈애)을 없애면 소멸시킬 수 있다고 바르게 관찰한다면, 그 사람은 현세에서 지혜를 증득하거나 번뇌가 있는 생(生)으로 다시는 돌아오지 않을 것이라는 단언을 하고 있다.

🎤 연기(緣起)의 구조에는 유전연기(流轉緣起)와 환멸연기(還滅緣起)가 있다. 유전연기라고 함은 무엇이 생김을 조건으로 다른 것이 생기는 것이고, 환멸연기는 무엇이 사라짐을 조건으로 그에 따라 다른 것이 사라지는 것이다. 그래서 12지 연기의 앞부분에서, 유전연기는 무명(無明), 행(行), 식(識)으로 시작하는데, 무명(無明)이 있어 행(行)이 있고, 행(行)이 있어 식(識)이 있다는 것이고, 환멸연기는 무명(無明)이 없으면 행(行)이 없고 행(行)이 없으면 식(識)이 없다는 것이다.

🎤 연기관계를 인과관계(因果關係)라고도 하는데, 예를 들어, 불교의 근본 교의인 4성제(고집멸도)에서 고(苦)와 집(集)의 관계는 괴로움과 괴로움의 원인을 말한다. 따라서 집(集)이 있으니 고(苦)가 있다는 결과를 보인다. 상세하게 말하면 괴로움이라는 결과는 괴로움을 생겨나게 하는 원인으로서의 갈애(渴愛) 또는 망집(妄執)이 있기 때문이므로, 집(集)을 조건으로 고(苦)가 생긴다는 것으로 이를 유전연기(流轉緣起)라고 한다. 이에 대해 멸(滅)과 도(道)를 보면, 괴로움을 없앨 수 있다는 것이 멸이며, 그 방법이 도(道)이다. 그래서 이러한 고(苦)를 없애면 미혹을 벗어나게 하고 괴로움을 벗어나게 하는 것을 환멸연기(還滅緣起)라고 한다.

붓다가 12인연(十二因緣) 또는 12연기(十二緣起)의 연기설을 가르친 이래 여러 가지의 연기설이 출현하였다. 부파불교의 업감연기(業感緣起), 중관파의 공사상(空思想), 유식유가행파의 아뢰야연기(阿賴耶緣起), 대승기신론의 진여연기(眞如緣起) 또는 여래장연기(如來藏緣起), 화엄종의 법계연기(法界緣起) 등이다.

연기의 법칙은 삼법인(三法印)이나 사법인(四法印)의 교의와 관련이 있다. 제행무상(諸行無常)이란 모든 현상은 끊임없이 생멸변화하고 있는 것을 말하며, 제법무아(諸法無我)란 모든 것은 본성이 없다는 뜻으로서, 다른 것(他)과 관계없이 고립되어 존재하는 것은 하나도 없으며, 모든 것이 시간적으로나 공간적으로 상호 관련되어 있다는 것이다. 일체개고(一切皆苦)란 항상한 것이 하나도 없으며 모든 것이 무상하므로 괴로움이라는 것이다. 이러한 것으로부터 무상인 것은 필연적으로 괴로우며, 무상하기 때문에 자성이 없는 무아인 것이다. 이런 관계로 이들은 연기의 관계에 있는 것이다.

| 교파에 따른 연기설 분류 | | |
| --- | --- | --- |
| 교파 | 주요주장 | 내용 |
| 기본불교 | 12연기 | 무명-행-식-명색-육입-촉-수-애-취-유-생-노사<br>유전연기, 환멸연기 |
| 부파불교 | 업감연기 | 마음의 병인 감(感)이 연(緣)이 되어 몸으로 악을 짓고, 이것이 인(因)이 되어 과보를 받는 것 |
| 중관파 | 공사상 | 인(因)과 연(緣)에 의한 것을 공(空)하다고 보며, 가명(假名) 혹은 중도 |
| 유식유가행파 | 아뢰야연기 | 제8아뢰야식의 종자로부터 개별우주의 생성(불공변)과 공통우주생성(공변) |
| 대승기신론 | 진여, 여래장연기 | 진여, 여래장으로부터 인연에 따라 온갖 법이 생김 |
| 화엄종 | 법계연기 | 사사무애법계(事事無礙法界)에 따라 일체의 존재들은 서로 상즉상입관계로 연기 |
| 진언종 | 6대연기 | 지수화풍(地水火風)과 공(空), 식(識)이 법계에 가득 차 우주와 인간의 근본요소를 이루며, 서로가 서로를 구성하면서 변전(變轉) |

대승불교의 공사상(空思想)에서는, 공(空)을 관조하는 것이 곧 연기(緣起)의 법칙을 보는 것이며 또한 진실한 세계인 중도(中道)의 진리에 눈을 뜨는 것이라고 주장한다. 그리고 이러한 관점은 또한 대승불교 실천의 기초가 된다고 주장한다. 이에 대해서는 특히 대승경전 중 반야경(般若經)과 이에 입각하여 용수(龍樹)가 저술한 논서인 중론(中論)에서 명백하게 밝혀두고 있다. 《중론》 제24장 관사제품(觀四諦品)에는 아래와 같은 유명한 인연소생법(因緣所生法)의 게송이 있다.

"각각의 법이 고정된 성품(定性)을 지니고 있다면 곧 원인과 결과 등의 모든 일이 없어질 것이다. 때문에 나는 다음과 같은 게송으로 설명한다.

여러 인(因)과 연(緣)에 의해 생겨나는 것이 법(法 : 존재)이다.
나는 이것을 공하다(無)고 말한다.
그리고 또한 가명(假名)이라고도 말하며,
중도(中道)의 이치라고도 말한다.
단 하나의 법(法 : 존재)도 인과 연을 따라 생겨나지 않은 것이 없다.
그러므로 일체의 모든 법이 공하지 않은 것이 없다."[60]
—《중론(中論)》4권 24장 〈관사제품(觀四諦品)〉, 대정신수대장경

《공(空)의 사상이 붓다가 설한 것인지 여전히 의문이지만, 어쨌든 체계화된 것은 용수의 중론이 시작이다. 그래서 용수의 이 글귀가 많이 인용된다. 그런데 이 관사제품의 문맥에서 보면, 공(空)하다고 말하는 이유는 다른 것에 의존해서 생겨났기 때문이고, 즉 자성(自性)이 없기 때문이라는 뜻이 분명하다.》

## 2) 무명에서 노사까지 없다

無無明 亦 無無明盡乃至 無老死 亦無老死盡
무무명 역 무무명진내지 무노사 역무노사진

위에서 연기론을 설명했는데, 특히 그러한 연기론을 더 구체화한 것이 12연기법이다. 이 12연기법에서 고(苦)가 왜 발생하는지를 무명(無明)에서 시작하여 순차적으로 보여준다.

이 구절의 전체적인 취지는 '무명(無明)에서 노사(老死)까지 없다'는 것을 선언하

---

60) 제법유정성(諸法有定性) 즉무인과등제사(則無因果等諸事) 여게설(如偈說)
  중인연생법(衆因緣生法) 아설즉시무(我說即是無)
  역위시가명(亦爲是假名) 역시중도의(亦是中道義)
  미증유일법(未曾有一法) 부종인연생(不從因緣生)
  시고일체법(是故一切法) 무부시공자(無不是空者)

면서, 다시 '무명에서 노사까지 다함도 없다'는 것이 합쳐져 있다. 먼저 '무명에서 노사'는 12연기 전체를 일컫는 말이다. 즉 12연기는 '무명-행-식-명색-6입-촉-수-애-취-유-생-노사'의 순으로 진행하는데, 제일 앞의 무명과 제일 뒤의 노사까지를 줄여서 '무명내지노사'라고 표현하는 것이다.

'무명에서 노사까지 다함도 없다'는 것 역시 '무명-행-식-명색-6입-촉-수-애-취-유-생-노사'가 다함이 없다는 것을 줄인 말이다.

《주석자들 가운데는 무무명에 대해서 무명이 없다는 뜻이므로 다시 명(明)이 돌아왔다고 해석하여, 지혜가 가득하다는 것으로 받아들이는 경향도 있다. 즉 무명은 명(明)이 없는 것이고, 무(無)-무(無)-명(明)은 명이 없는 것이 아니라는 뜻이므로 명(明)이 있다는 뜻으로 보는 것이다. 그러나 반야심경에서 말하는 무명이 없다는 것은 연기법을 부정하기 위한 것이므로 전혀 얼토당토 않는 해석이다. 그런 의미에서 무무명은 '무명도 없고'라고 번역하면 이런 오해가 없어질 것이다.》

예를 들어 데바의 경우, 그릇된 마음으로 상을 취하여 그에 집착한 채 움직이지 않는 까닭에 무명이라고 한다. 그 원천을 알고 거기에 통달하면 무명이 없어지는 것이다. 그러나 비록 무명이 다했다고는 하지만, 아직 상을 취하고 버리는 것은 남아 있어서 스스로 흐름을 타고 옮겨간다. 그러면 필경 법신에서는 변화함이 없는 상태에 들게 되므로 이제 무명도 없고 무명이 다함도 없다고 한 것이다.

차례로 상을 취하는 까닭에 시작이 있어 끝날 날이 없다. 이를 노사(老死)라 한다. 이로 인하여 생사를 싫어하고, 마음을 닦아서 그 괴로움에서 벗어나게 된다. 그러므로 노사가 다했다고 한 것이다. 수행하는 사람이 법성을 밝히 아는 까닭에 정(靜) 난(亂) 고(苦) 락(樂) 등의 상에 머물지 않는 까닭에 노사도 없고, 노사가 다함도 없다고 한 것이다.

《이런 설명은 반야심경의 내용에 맞추기 위해 견강부회(牽强附會)한 것으로 보인다.》

또한 무명이 다하고, 노사(老死)가 다한다는 뜻의 경우에도, 새로운 깨달음의 경지인 것처럼 설명하는 사람도 있다.

그러나 공에는 이미 설명한 바와 같이 환멸도 없는데, 어찌 유전이 있겠는가? 그러나 무명이 다함이 없고, 노사가 다함도 없다는 뜻은 좀 더 구원론적인 의미가 있는 말이다.

### 🔍 역본 비교

⟨ na–avidyā na–avidyā–kṣayo. ⟩

⟨ yāvan na jarā–maraṇam na jarā–maraṇa–kṣayo ⟩

| 번역자 | 내용 | 비고 |
|---|---|---|
| 구마라집 | 無無明亦無無明盡, 乃至無老死無老死盡 | |
| 현장–반야–법월–법성 | 無無明亦無無明盡, 乃至無老死亦無老死盡 | 역(亦) |
| 지혜륜 | 無無明亦無無明盡, 乃至無老死盡 | |
| 시호 | 無無明無無明盡, 乃至無老死亦無老死盡 | |

⟨ na–없다, avidyā–무명(無明), na–없다, avidyā–무명, kṣayo–감소, 붕괴 ⟩

⟨ yāvan–까지, na–없다, jarā–노(老), maraṇam–사(死), na–없다, jarā–생, maraṇa–노, kṣayo–붕괴 ⟩

12연기법은 외워두면 좋다. 그 외우는 방법은 한국인들에게 아주 쉽다. 저자가 외우는 방법을 소개한다.

**무명행식 명색육입**
**촉수애취유**
**생노사**(우비고뇌)

이렇게 끊어서 몇 번 읽어보면 운율이 생김을 알 수 있고, 며칠 동안 그냥 읽던지, 혹은 기억나지 않을 때 다시 몇 번만 읽어보면 어느새 모두 기억되어 있는 것을 알 수 있다.

그런데 생노사 부분에는 잡아함경의 구절을 보면, 부가적인 것들이 있다. 우리 인생을 태어나고 늙어서 죽는다고 하기에는 부족하다고 보이는지, 노사우비고뇌(老死

憂悲苦惱)라고 하여 생(生)과 사(死) 사이에 우비고뇌(憂悲苦惱－근심과 슬픔, 괴로움과 번뇌)라는 우리가 고(苦)라고 느끼는 것들이 부가되어 있다. 그런데 사실 우비고뇌(憂悲苦惱)는 죽음(死)이라는 진정한 괴로움을 가려버리는 요소들이다. 그렇기에 이런 비탄과 고뇌에 빠져 살기 때문에, 살아 있으면서 죽음을 느끼지 못하며 진정한 고(苦)가 아닌 우비고뇌(憂悲苦惱)에 사로잡혀 힘들게 살 수밖에 없는 존재인 것이다.

이제 12연기를 구성하는 것을 하나씩 살펴보기로 한다. 반야심경의 무무명(無無明) 역무무명진(亦無無明盡) 역무노사진(亦無老死盡)의 구절을 이해하기 위해서 12연기의 이해가 필수다. 그래서 내용이 길어지지만 반드시 소개해야 될 내용이다.

한편 붓다의 깨달음의 내용이 무엇인지에 대한 논의가 있다. 즉 그 깨달음의 내용이 고집멸도(苦集滅道)의 사성제냐, 지금 보고 있는 연기의 원리를 발견한 것인가에 대한 다툼이 있으며, 그만큼 중요한 내용이므로 필히 이 부분을 소화해 두어야 한다.

앞에서 12연기를 읽는 방법으로 '**무명행식 명색 육입, 촉수애취유, 생노사**(우비고뇌)'를 언급하였다.

'무명행식'이라고 외우지만, 실제로는 '무명'으로부터 시작하여 '행'이 있고, '행'이 있음으로 '식'이 생긴다는 관계를 말하는 것이지, 같은 평면에 있는 것은 아니다. 즉 12연기가 과거－현재－미래에 연속되는 존재의 시계열을 의미한다고 보는 것이 통설인데, 이 중 '무명－행'은 과거를 대표한다. 현재를 대표하는 것은 '식－명색－6입－촉－수－애－취－유'이다. 그리고 '생－노사'는 미래를 대표한다고 보므로, 우리가 외우고 있는 것은 이론적인 점과는 관계가 없는 점을 알아야 한다.

이제 이들의 글귀를 한자 등을 통해서 정확한 뜻을 알아보기로 하자.

### ① 무명(無明)

12연기의 제일 처음에 나오는 무명이다. 무명이라는 이미지가 마치 태초의 혼돈을 간직한 것과 같은 느낌을 주는 단어다. 그러나 이를 무지(無知)라고도 번역하므로 무명(無明)이 주는 원래 어감과는 다르다. 산스크리트어로는 아비드야(Avidyā)로서 영어로는 무지(Ignorance)로 번역한다. 고(苦)를 모르며, 고(苦)의 원인도 모르며, 고(苦)의 소멸도 모르고, 고(苦)를 소멸시키는 길로 이끄는 방법도 모르는 것을 말한다. 즉 고집멸도(苦集滅道)를 모르는 것이므로 무지(無知)라고 하는 것도 맞고, 아무것도 모르는 상태에서는 그 머릿속에 어둠만 있는 것이니 무명(無明)이라는 표현은 더 정서적인 용어일 수 있다.

다만 이 무명을 해석하는데, 불교의 학파에 따라 다른 뜻을 보이기도 한다. 가장 기본적인 의미로는 실재의 본질에 대한 오해를 말하고, 더 구체적으로는 자아와 현상계에 대한 본질을 오해하고 잘못 받아들이는 것이다. 일반적으로는 사성제를 이해하지 못하는 것이다.

한자로 무명연행(無明緣行), 즉 무명을 연하여 행이 있다는 것이니, 한자 어순으로는 연무명행(緣無明行)이라고 표기하기도 한다.

설명에 앞서 경전에 나오는 구절을 보기로 한다. 잡 12권 298경 - 법설의설경(法說義說經)을 보자.

"내 지금 연기법을 설하려고 한다. 연기법의 법에 대한 설명은 무엇인가? 이것이 있기 때문에 저것이 있고(此有故彼有), 이것이 일어나기 때문에 저것이 일어난다(此起故彼起)는 것이니, 무명을 연하여 행이 있고(緣無明行), (내지乃至) 순전한 괴로움뿐인 크나큰 무더기가 생긴다(純大苦聚集). 이것이 연기법의 법에 대한 설명이다(是名緣起法法說)."

계속해서 이 경의 무명에 대한 분류를 보면,
㉠ 과거를 알지 못하고 미래를 알지 못하고, 과거와 미래를 알지 못하고(若不知前際, 不知後際, 不知前後際), ㉡ 안을 알지 못하고, 밖을 알지 못하고, 안팎을 알지 못하고(不知於內, 不知於外, 不知內外), ㉢ 업을 알지 못하고, 과보를 알지 못하며, 업과 과보를 알지 못하며(不知業, 不知報, 不知業報), ㉣ 붓다를 알지 못하고, 법을 알지 못하고, 승가를 알지 못하고(不知佛, 不知法, 不知僧), ㉤ 고집멸도를 알지 못하고(不知苦, 不知集, 不知滅, 不知道), ㉥ 원인을 알지 못하며, 그 원인이 일으키는 법을 알지 못하며(不知因, 不知因所起法), ㉦ 선법과 불선법을 알지 못하며(不知善不善) ㉧ 죄와 죄가 되지 않음, ㉨ 익힐 것과 익히지 말 것을 알지 못하며(有罪無罪, 習

不習), ㊂ 저열한 것과 뛰어난 것, 염오와 청정을 알지 못하며(若劣若勝, 染污淸淨), ㊃ 연기를 분별하여 알지 못하며(分別緣起, 皆悉不知), ㊄ 6촉입처를 사실 그대로 깨달아 알지 못하며(於六觸入處, 不如實覺知).

위에 열거한 것 중에서 하나라도 알지 못하고 보지 못하고(於彼彼不知, 不見), 서로 동등하며 어리석고 어두우며, 밝음이 없고, 크게 어두운 것(無無間等, 癡闇, 無明, 大冥), 이것이 무명이다(是名無明)라고 한다.

'연기경'의 고타마 붓다의 설명에 따르면, 무명은 다음을 뜻한다. 앞의 법설의설경(法說義說經)에서는 무명에 대한 설명에서 부지(不知) 즉 '알지 못하는 것'이라는 낱말이 계속 사용되고 있는 반면, '연기경'에서는 무지(無知) 즉 '앎이 없는 것'이라는 낱말이 계속 사용되고 있다.

법구경 18장 더러움(impurity)에 대한 강설에서 무명을 없애야 되는 중요성을 설하고 있다. 즉

"경을 읽지 않는 것은 구도자의 더러움이며, 수리하지 않는 것은 집의 더러움이고, 게으름은 몸의 더러움이며, 생각을 놓치는 것은 계를 지키는 자의 더러움이다(241). 부정한 행위는 여성의 더러움이며, 탐욕은 보시하는 자의 더러움이고, 모든 악덕은 이 세상과 저 세상의 더러움이다(242). 그러나 이런 모든 더러움보다 더한 더러움이 있는데, 무명(無明)이 가장 큰 더러움이다(243)."

무명에 대한 여러 설명들이 있다.
- 불교적 관점에서, 생(生)을 사실 그대로 보지 못하고, 우리 자신을 있는 그대로 보지 못하는 것이 자아에게 미치는 고(苦)이며, 그래서 행복에 대한 주 방해요소이다. 이러한 부정의 상태, 실존을 자각하지 못하는 것이 산스크리트어 아비드야(avidya)의 의미이며, '보거나 아는 데 실패하다'는 뜻이다. 석가모니 붓다의 위대한 공헌은 우리들의 고(苦)의 주 원인이 무명이라는 것을 깨달은 것이다.(론 라이퍼/Ron Leifer)
- 무명은 자아와 다른 것들을 분리해서 보는 것이다.(링구 툴키/Ringu Tulki).
- 무명은 사물의 진정한 본성을 보지 못하게 막는 망상이므로, 사성제를 알지 못

하고, 삼세(三世)와 연기를 알지 못하는 것이다.(상좌부 불교)
- 망상(癡)은 실재의 본질에 무지한 것이고, 명색(名色)을 그대로 보지 못하며, 사성제에 대한 지식이 결여된 것인데, 무명(無明)은 연기론과 관련된 무지에 사용하는 용어다.(니나 반 고르콤/Nina van Gorkom)《망상과 무명을 명확히 구분하여 사용하고 있다.》

대승불교의 논사들이 말하는 무명을 보자.
- 무명은 행동과 결과, 사성제, 가장 가치 있는 미덕을 알지 못하는 것이고, 모든 고(苦)가 발생하는 원인이다.(미팜 린포체/Mipham Rinpoche)
- 무명에는 두 단계가 있다. 즉 절대에 대한 무명(현상의 본질적 본성), 그리고 상대적 세계를 정확하게 읽는 것을 방해하는 무명. 이러한 두 종류의 무명은 두 종류의 실(thread)과 같다. 그것들이 팽팽하게 엮어지면, 알기 어렵게 되고, 망상의 직물을 구성하게 되는 것이다. 절대에 대한 무명의 결과는 지혜가 부족해지는 것이다. 즉 우리의 진정한 본질에 대한 이해가 부족하기 때문에, 우리는 미혹(迷惑)되고, 광대한 것(spacious)을 단단한 실재라고 받아들인다. 상대적 세계에 대한 무명은 업(業)과 연기의 법칙을 명료하게 이해하지 못하고, 그것이 세계에 대한 부정확한 관계를 맺게 되는 것이다.(찌가르 콩트룰/Dzigar Kongtrul Rinpoche)

《콩트룰은 티베트의 툴쿠(tulku) 계열 지도자로, 무명을 이렇게 분류해서 본다는 점은 깊게 살펴볼 만하다.》

- 연기의 원리에서 12연기는 무명으로부터 시작한다. 이를 불교에서는 맹인(盲人)으로 묘사한다. 이것은 고(苦, dukkha)로 가는 버스의 기사와 같다. 사람들은 무명을 경멸적으로 받아들이는 경향이 있지만, 정확하게는 지혜나 통찰력의 부족일 뿐이다. 그것은 사성제를 이해하지 못하는 것이다. 즉 무명이 있는 한, 마음은 여전히 만족을 원하고, 일이 잘못되어 가면 실망하게 된다. 비유하면, 한 봉지의 고추를 하나씩 먹어갈 때, 그 매운 맛에 우는 것과 같다. 왜 그 고추를 계속 먹느냐고 질문을 하면, "나는 단것을 찾고 있소"라고 대답한다. 이것이 무

명이다.(영국 출신의 불교학자 아잔 수시토/Ajahn Sucitto)

## 무명 없애기

무명을 없애기 위해서는 올바른 지식과 인식을 개발하면 된다. 즉 지혜(prajñā)를 개발하는 것이다. 이것은 지계(持戒)와 집중을 위한 정정(正定), 그리고 실재(實在)에 대한 논리적 분석 훈련에 의하여 성취될 수 있다. 일반적으로는 팔정도(八正道)를 따름으로써 지혜는 개발된다.

무명은 올바른 지식과 올바른 지각의 반대이고, 불교 학파에 따라 그 수행과 철학 사이에서, 존재론적으로나 인식론적, 형이상학적 차이가 있다. 그러나 철학적으로나 실용적으로 우리는 모든 학파에서 공통적으로 동의하는 것은, 일상적인 활동의 과정에서 마음을 집중하는 정정(正定-śamatha)과 분석하는 정념(正念)(vipassana)에 의해 무명을 없앨 수 있다는 점이다.

상좌부의 경우에, 보통 분석적인 방법으로, 무상함 속에서 자아나 현상을 논리적으로 분석하고, 그에 대해 집중함으로써 무명을 없애는 방법을 사용한다. 대승불교의 경우에는 고유하면서 진정으로 현존하는 것으로 보이는 사람과 현상의 이원론적 본질을 분석하여 그것들에 대한 집중으로써 무명을 없애는 방법을 사용한다. 두 경우에 없어진 대상은, 경험하는 자나 경험하는 대상을 일치시키는 데 제공하는 지속되는 자아와 그 자아가 발현하는 현상이다. 다른 말로 하면, '나, 내 것'이라고 나타나는 것, 즉 우리의 몸과 마음의 뒤에 앉아서 경험을 소유하며, 진정한 '나, 내 것'이라고 예상되는 존재가 몸과 마음을 어떻게 결정하는지를 분석하는 것이다.

우리가 주위를 둘러보면 주위의 사물과 사람들이 현실적으로 존재하는 것으로 나타나고, 탁자도 보이는 대로 있다고 보인다. 보통 사람들은 '그것은 있는 그대로다'라고 말하곤 한다. 즉 이 말은 관찰자인 당신이나 나나, 고양이나 개나 관계없이 사물이 있는 그대로 있게 하는 어떤 것이 있다는 의미이다. 그런 종류의 고유하고 변하지 않는 동일성이 옳다고 생각하는 것이 무명인 것이다. 고유하며 변치 않는 현상과 '나, 내 것'이라는 것을 잘못 파악하는 것이 마음으로 하여금 모든 종류의 부정적인 감정을 낳게 하는 것이다.

② 행(行) Saṃskāra, Volitional Foramtions

무명을 연하여 행이 생긴다. 이때의 행은 무명과 관련이 있을 수밖에 없다. 앞서 무명은 사성제를 제대로 알지 못하거나 연기법을 제대로 알지 못하는 것인데, 사성제의 골자는 고(苦)를 종식시키는 방법에 관한 것이고, 연기법의 골자는 노사(老死)가 무명으로부터 시작하여 종국에 발생하는 원리이므로, 결국 세상의 괴로움인 노사(老死)의 발생 원리를 모를 때 행이 생긴다는 것이다. 그래서 행(行)의 의미는 일반적인 의미와는 달리 무명과 관련이 있다는 뜻이다. 연기법에서 말하는 행(行)은 오온(五蘊)을 말하는 색수상행식(色受想行識)의 행과 같은 글자를 쓰지만 그 뜻은 다르다. 12연기의 무명-행-식의 순으로 사용될 때의 행(行)은 산스크리트어로 상카라(saṃskāra)인데, '함께 넣어진 것'이라는 의미이다.

보통 행(行)이 사용되는 몇 가지 의미를 보자. 12연기법에서 언급되는 행은 업(Karma)과 동의어로 사용되는 것으로서, 신업(身業), 구업(口業), 의업(意業)이라는 몸과 말, 뜻으로 만들어지는 업을 말한다. 그런데 단순한 몸의 행위나, 언어의 사용, 생각으로 업이 생기는 것이 아니다. 학파들에 따라 다르기는 하나, 불교에서는 의지, 의도가 들어간 행위를 업과 연결 짓는다.

그래서 여기서의 행(상카라)은 무명과 관련하여 어떤 의미가 있는가? 무명이 행을, 즉 무명이 업을 만드는 이유는 무엇인가? 앞서 보았듯이 무명은 무엇을(연기법을, 사성제를, 사물의 본질을) 알지 못하는 것이므로, 그 알지 못함으로 인하여 행동에 의도나 의지가 망령되이 섞이기 때문에 업이 생기는 것이다.

행이 모든 정신적 성질을 말할 때도 있다. 이것을 의도적 형성(volitional formations)이라 부르는데, 그것이 의도의 결과로 형성되고, 또 미래의 의도적 행위를 발생시키는 원인이 되기 때문이다. 영문으로 번역될 때에 조건적인 것들(conditioned things), 결단(determinations), 제작(fabrications), 형성(formations)이라고 쓰기도 한다. 그냥 쉽게 업(業)의 원인이라고 본다.

한편으로 이 행(行)은 또한 정신과 두뇌의 기능을 말하기도 한다. 구체적으로 보면, 나무나 구름, 인간, 생각이나 분자 등이 우주에서 혼합적인 형태로 나타난 것을 말한다. 모든 이러한 것이 상카라(행)다. 붓다는 모든 그러한 것이 무상(無常)하며, 본성이 없으며, 의지할 만한 즐거움의 원천이 아니라고 가르쳤다. 이러한 실재의 중요성을 이해하는 것이 지혜다. 이런 뜻에서 상카라는 가끔 마음의 무의식이 습관적인 패턴을 나타내는 것으로 설명하기도 한다.

행(行)이 마음의 형성 기능을 가리킬 때도 있다. 이는 의도적인 행위라고도 한다. 연기론에서 사용될 때의 행(상카라)은, 인간이나 중생이 몸과 말과 행동에 의해 그 성질의 과정을 따라가는 것(즉 의도된 것에 따라 결과가 나타나는 것)을 말한다. 붓다는 모든 의도적 형성행위는 외관 뒤(혹은 속, 밑)에 존재하는 것이 무엇인지 모르는, 즉 실재에 대한 무지에 의해 만들어진다고 한다(그래서 무명을 연하여 행이 나타난다). 인간을 고(苦)로 이끄는 것은 궁극적으로 무지이다. 모든 그러한 형성행위를 중지하는 것이 깨달음으로 가는 길이고, 아라한이라는 계위(階位)를 획득하는 첩경이다. 무명에 의해 행(의도적 형성)이 발생하고, 이렇게 형성된 것들이 식(識)을 낳는다.

《우리가 의도하는 것, 처리하는 것, 괴로워하는 것, 이것들이 의식의 의지처다. 의지처가 있기 때문에 의식이 형성된다. 그 의식이 생겨나고 자라게 될 때, 미래에 새로운 생성이 생긴다. 미래에 새로운 생성이 생겨서, 결국 미래의 생과 노사와 우비고뇌가 있다. 그것이 전체 고(苦)와 스트레스의 기원이다.》

잡아함경 12권 298경 법설의설경에 역시 이 행(行)의 의미를 기술하고 있다.

"행에는 세 가지가 있으니, 몸과 입과 뜻의 행〈신행(身行), 구행(口行), 의행(意行)〉이다. 즉 신구의(身口意)의 행(行)이 있다고 정의하고 있다. 이것은 무명으로부터 생기는 것이므로, 그릇된 행을 말한다."

행은 부파불교의 업감연기(業感緣起)에서 업(業)에 해당하며, 유식불교의 아뢰야연기에서 아뢰야식에 보관된 종자에 해당한다.

③ 식(識) Vijñāna, Consciousness

행을 연하여 식이 생긴다. 이때의 식을 영어로는 의식(consciousness)이라 번역하고, 한자로 간단히 식(識)이라고 하지만, 사실은 6식을 말한다. 육식(六識)이라고 하면, 안식(眼識), 이식(耳識), 비식(鼻識), 설식(舌識), 신식(身識), 의식(意識)을 말하는데, 안이비설신의(眼耳鼻舌身意)로 받아들인 정보를 알게 되는 것을 말한다. 법설의설경에 설명되기로 6식을 말하기 때문에 의식을 포함하는 다른 5식까지 모두 포함해야 한다. 따라서 단순히 의식을 말하는 것으로 착각해서는 안 된다.

산스크리트어 비지냐나(Vijñāna)는 안다는 뜻의 '의식', '마음', '분별' 등으로 번역된다. 여기 심의식(心意識)과의 구별이 필요하다. 보통 식(識)이라고 할 때는 비지냐나(vijñāna-분별), 의(意-뜻, 의도)라고 할 때 마나(manas-뜻, 의도), 심(心)이라고 할 때 찌따(citta-마음, 심리)를 사용한다. 이들은 마음에 대한 총칭이지만, 우리의 정신적 과정을 전체로서 언급할 때 사용되기도 한다.

팔리 문헌에서 식(識)은 자력으로 구동하지 못하는 물질적 몸을 활동시키는 정신적 힘과 같은 것을 말한다. 특별히 경장(經藏-수타피타카-Suttapitaka)에서 식(識)은 최소한 세 가지로 연관되어 있다. 그것은

- 감각으로부터 파생되어, 경험적으로 알게 되는 6식
- 색수상행식(色受想行識)의 오온(五蘊)에서 고(苦)의 원인인 집착으로서의 식(識)
- 12연기에서 무명-행-식-명색으로 연결되는 인과 과정의 하나로서의 식(識)

상좌부에서 보는 식(識)은 재생연결식(paṭisandhi-viññāna)을 뜻한다. 이 재생연결식은 금생과 내생을 연결하는 것으로써 중생들이 죽는 순간에 나타나는 업이나 업의 표상(kamma-nimitta), 그리고 태어날 곳의 표상(gati-nimitta) 중 하나를 대상으로 생긴다. 원래 재생연결식은 청정도론의 저자인 붓다고사의 설명(청정도론 17장-The Soil of Understanding, 통찰지의 토양)에서 유래하는데, 메아리와 등불 그리고 거울에 나타난 영상을 예로 들면서 과거의 식과 현재의 식이 동일하지 않으면서도 연결되어 있는 점을 보여준다. 상좌부에서는 이 재생연결식을 한 생의 출발로 본다. 모든 중생은 한 생을 죽는 마음(cuti-citta)으로 종결하고 나면 즉시 다른 형태의 존재로 재생(再生)하는 재생연결식이 일어나고 이 재생연결식이 곧바로 다음 생의 바방가(바왕가)(有分心/bhavaṅga)로 연결이 된다. 그러므로 임종 직전에 가지는 마음 태도가 상당히 중요하다고 한다. 평화로운 임종을 맞기 위해서는 평소에 봉사하는 삶과 도덕적인 삶, 즉 보시와 지계의 삶을 살아야 하며 특히 임종 시에는 이곳의 생에 대한 애착을 모두 털어버려야 한다. 그래서 상좌부에서는 죽어가

는 사람에게 '대념처경'을 독송해 주거나 그로 하여금 생전에 지은 선업을 기억해 내도록 유도하여 마지막 순간에 좋은 생각을 일으키도록 도와주고 있다.

《그런데 청정도론에서 언급하고 있는 이 부분은 기본불교에서 명시적으로 언급하지 않은 상좌부의 독자적인 교리라고 보인다. 왜냐하면 이 부분에 과거-미래-현재의 법이 존재하지 않고, 현재의 법만 존재한다고 주장하는 이유가 있기 때문이다.》

**감각 기반의 파생물** : 불교에서 말하는 여섯 감각 기관인 6내입처는 우리 몸의 감각 기관과 마음을 말한다. 즉 안이비설신의(眼耳鼻舌身意)를 의미하는데, 그것들과 관련된 대상은 색성향미촉법(色聲香味觸法)이다. 6내입처에 근거하는 정신적 요소들은, 식(識)의 여섯 유형으로서 안식(眼識), 이식(耳識), 비식(鼻識), 설식(舌識), 신식(身識), 의식(意識)이다.

이런 분류를 기억하면서 귀와 관련된 부분을 설명해 보자. 귀라는 몸의 일부가 있고, 그 귀가 수용하는 소리, 그 소리가 귀에 들어와 어떤 소리(이식-耳識, 즉 청각)가 떠오른다. 이러한 세 요소(세계, dhātu)로 귀에 관련된 감각이 형성되지만, 그 소리의 의미를 찾거나 분별하는 것은 다시 의식이라는 것으로서 단순히 청각만으로는 우리에게 의미가 없다. 그래서 의식은 5식을 종합하면서 다시 법을 인식하는 의(意)를 독자적으로 포섭하는 왕(王)과 같은 역할을 한다. 이 청각이 의식으로 종합되기 위해서는 촉(觸)이라 알려진 지각으로 이끌어져, 순서대로 즐거움, 괴로움, 즐겁지도 괴롭지도 않은 중립적인 느낌을 발생시킨다. 그것이 집착, 혹은 취착이라 부르는 느낌의 시작이다.

일체경(The All Sabba Sutta, 상 35.23)에서 붓다는 여섯 가지 내부와 외부 감각의 기반 외에는 없다고 말한다. 포기하는 경(To Be Abandoned Discourse-Pahanaya Sutta 상 35.24)에서 처음 앞서 말한 6내입처와 그 대상들(안이비설신의-색성향미촉법)이 모든 것이라고 말한다. 불타오름경(Fire Sermon-ādittapariyāya Sutta, 상 35.28)에서 모든 것이 열정, 혐오, 망상과 괴로움(苦)으로 불타올랐고, 이러한 고(苦)로부터 해방되려면 모든 것에 대한 미몽에서 깨어나야 한다고 한다.

그래서 이 문맥에서, 식(識)은 다음의 특질을 가진다.

㉠ 식(識)은 물질적 감각 기반의 결과다.

ⓒ 여섯 가지의 식(識)이 있고, 각자는 독특한 내부 감각기관과 관련이 있다.
ⓓ 식(vijjñāna)은 마음(mano)과 분리되어 있다.
ⓔ 식(識)은 인식하고, 혹은 그 특정한 감각 기반을 알아차린다.
ⓕ 식(識)은 집착이 발생하는 기원이다.
ⓖ 괴로움(苦)을 정복하기 위해서, 우리는 그것을 식(識)과 동일시하거나 식(識)에 집착해서는 안 된다.

잡아함경의 법설의설경에서 식은 6식신(識身)을 말하는 것으로, 안식신(眼識身)·이식신(耳識身)·비식신(鼻識身)·설식신(舌識身)·신식신(身識身)·의식신(意識身)을 말한다고 정의한다.

여기서 신(身)은 복수를 의미하는 접미사로서, '~들'이라는 뜻이다. 그러므로 무명 → 행 → 안식들, 이식들, 비식들, 설식들, 신식들, 의식들이 생긴다는 것이다. 업의 종자들에 의해서 여러 가지 식이 생기는 것이다. 이러한 6식은 마음의 여섯 가지 모습이다.

주목해 볼 것은, 마음이 행(行)을 낳는다고 보통 생각하지만, 연기론에서는 행(行)이 마음을 낳는다는 것이다. 물론 연기론의 행은 오온의 행과 다르므로 헷갈리는 면이 있다. 연기론의 행을 그냥 업(業)이라고 보면 업에 따라 마음이 생긴다. 한편 그렇게만 보면 결정론적 세계가 되기 때문에 또 마음이 행에 영향을 준다. 다만 연기론에 의하면 그것은 연기론을 한 바퀴 돌아서 미래의 업에 영향을 주는 것이다. 모든 중생이 행하는 행위 즉 신구의(身口意)의 행은 단순히 행위에 그치지 않으며, 그 중생의 마음을 낳는 역할을 한다.

| 오온(五蘊) ||||
|---|---|---|---|
| 형체(rūpa)<br>(4대요소) | | ⇐<br>⇒ | 정신적 요소 |
| ↕ ┌┐ | 촉(觸) | | 느낌(수 - 受) |
| 식(識)<br>(vijñāna) | | ← | 인식(상 - 想) |
| | | | 의지(행 - 行) |

《식(識)은 다른 무더기(수상행)로부터 발생한다(←).
정신적 요소는 식과 다른 무더기(색-형체)의 접촉으로 발생한다(⇐ ⇒).》

🎤 **식온(識蘊)** : 식(識)은 색수상행식(色受想行識)이라는 오온(五蘊)의 하나로서 마지막에 나온다.

상 22.79 먹어치움경에서 붓다는 식(識)을 다음과 같이 구분한다.

"왜 분별(識)이라 부르는가? 분별하기 때문에 식(識)이라 한다. 분별한다는 것은 무엇인가? 그것은 시고(sour), 쓰고(bitter), 톡 쏘고(pungent), 달고(sweet), 떫은 것과 떫지 않은 것, 짜거나 짜지 않은 것을 분별한다."

이 부분을 잡아함경에서는,

"분별해 아는 것을 식온(識蘊, 식수음)이라 하니, 무엇을 아는가? 빛깔을 알고, 소리, 냄새, 맛, 감촉, 법을 아는 것이다"고 말한다.(잡 46 삼세음세식경)

《이러한 유형의 앎은 느낌을 의미하는 수온(受蘊)과 비슷하지만, 보다 정제되고 내관적이다.》

전통적으로 숭배되어 온 5세기경의 청정도론(Visuddhimagga)에서, 어린이와 교양이 없는 성인, 그리고 숙련된 화폐교환가가 한 덩어리의 주화를 보는 비유가 있다. 여기에서 어린이의 경험은 인식과 같으며, 성인의 경험은 식(識)과 같고, 화폐교환가의 경험은 진정한 이해와 같다. 그래서 이 문맥에서 식(識)은 일체경(the All)에서 제시된 감각 자료를 주관적으로 더 이상 축소할 수 없는 것이라 할 수 있다. 여기서 추가적으로 식(識)은 일정 정도의 기억과 인식을 반영하는 깊은 이해를 하게 한다.

모든 온(蘊)은 자성이 비어 있는 것으로 보인다. 즉 그것들은 원인과 조건에 의존하여 발생하는 것이다. 이러한 것에서 식(識)의 발생의 원인은 다른 온(蘊)이라고 본다. 식(識)의 발생이 순서대로 하나나 더 이상의 정신적 온(蘊)을 발생하게 하는 것이다. 이런 방식으로 연기의 사슬이 이루어져 간다.

상윳따 니까야에서 붓다는 행(行)의 세 가지 측면을 강조한다.
- 식(識)의 발생이 명색(名色)으로 진행함으로써 미래의 존재(윤회)로 이끌게 되고,
- 육체와 정신적 과정의 영속을 말하며(업),
- 집착과 그 결과인 고(苦)를 말한다.

아래에 언급되었듯이, 이러한 세 측면은 잠재적 경향의 의도와 계획, 그리고 형성에 의하는 것이다.

우리가 의도하는 것, 계획하는 것, 그리고 그것을 향해 어떤 경향을 가지던지, 이것은 식(識)을 유지하는 기초가 된다. 식(識)의 기초가 있으면, 그 식(識)이 성립될 의지처가 되는 것이다.

### 🎤 경전의 내용들

의도경(Cetanā Sutta, 상 12.38)을 보면,

> "비구여, 우리가 의도하고, 계획하고, 그 어떤 경향을 가지면, 이것은 식을 유지하는 기초가 된다. 그러한 기초가 있으면, 식(識)이 확립된다. 식이 확립되어 자라게 되면, 미래의 새로운 존재의 탄생이 있다. 미래의 새로운 존재의 탄생이 있으면, 미래의 탄생(誕生), 노사(老死), 우비고뇌(憂悲苦惱)[61]가 있게 된다. 그것이 고(苦)의 전체 순환의 과정이다."

상 12.19 현명한 자와 어리석은 자의 경(The Wise Man and the Fool)에서

> "무명과 갈애가 원인이 되어 어리석은 자의 몸이 기원하였고, 그래서 이 몸과

---

61) 여기서 우비고뇌(憂悲苦惱)는 우(憂-근심, sorrow), 비(悲, lamentation), 고(苦-괴로움, pain), 뇌(惱-번뇌, dispeasure)를 말한다.

외부의 명색(名色)이 있다. 이것이 한 쌍(dyad)이다. 이 한 쌍에 의해서 접촉이 있다. 그 접촉을 통해서 어리석은 자는 즐거움과 고통을 경험하는 것이 바로 여섯 감각기관이다. 이는 현명한 자도 마찬가지다.

이 둘 간의 차이는 무엇인가?

어리석은 자는 무명이 사라지지 않고, 갈애가 완전히 없어지지 않는다. 왜냐하면, 어리석은 자는 고(苦)가 완전히 파괴되는 성스러운 생(生)을 살지 않았기 때문이다. 그래서 몸이 파괴됨과 함께, 그는 다른 몸을 갈구하게 된다. 그럼으로써 그는 생과 노사(老死)로부터 자유롭지 않고, 우비고뇌(憂悲苦惱)를 겪고 다른 몸을 받는다.

현명한 자는 무명을 버리고, 갈애를 완전히 없애게 된다. 왜냐하면, 현명한 자는 고(苦)의 완전한 파괴를 위하여 성스러운 생(生)을 영위하기 때문이다. 그래서 몸이 파괴됨과 함께, 다른 몸을 탐하지 않는다. 다른 몸을 탐하지 않으므로, 그는 생과 노사로부터 자유롭고, 우비고뇌로부터 자유롭다."

특히 상 12.59 식경(識)(Consciousness)에서,

"거대한 나무에서 모든 뿌리는 밑으로 가지만, 수액(樹液)은 위로 보낸다. 그 수액으로 거대한 나무는 유지되고 영양을 얻고, 오래 견딜 수 있다. 그와 같이 우리를 족쇄로 묶을 수 있는 만족감을 바라며 산다면, 식(識)의 하강은 없을 것이다. 그것이 고(苦)의 기원이다."

《여기서 식(識)의 하강을 막는 방법은, 올라가는 수액을 막듯이, 만족감을 바라며 사는 것을 중지하는 것이다.》

### s12.58 명과 색경

우리를 족쇄로 묶을 수 있는 것들에 대해 즐거워하며 산다는 것에 의해 명색(名色)이 나타난다.

상윳따 니까야 12.64 If there is Lust와 잡 374 유탐경(有貪經)

"현재 살아 있고, 미래에도 그런 존재가 되기 위한 것을 유지하기 위하여 네 종류의 영양분이 있다. 무엇인가? 먹을 수 있는 음식, 두 번째로 접촉, 세 번째는 정신적 의도, 네 번째 식(識)이다. 만약 영양에 대한 탐욕이 있고, 기쁨이 있고 갈애가 있으면, 식이 머물러 자라게 된다. 식이 머물러 자라면, 명색이 생기고, 그리고 의도적 형성인 행이 자란다. 그러면 미래의 존재가 증가하고 자라므로, 생로병사 우비고뇌가 발생한다."

이 식(識)에 대한 중요성은 구속경(attached discourse, Upaya Sutta, 상 22.53)을 보면 명확하게 나타난다.

"오온에 대한 열정이 포기된다면, 열정의 포기로 인하여, 의지처가 없어지고, 식(識)의 기반이 없게 된다. 식이 만들어지지 않으면, 더 늘어나지도 않고, 또 어떤 기능을 수행하지 않고, 해방된다. 그 해방 때문에, 그것은 흔들리지 않고 꾸준하게 된다(steady). 그런 꾸준함 때문에, 만족하게 된다. 그 만족 때문에, 선동되지 않는다. 선동되지 않으므로, 그는 완전히 그 속에서 속박이 풀린다. 그리고 그의 생은 다하고, 범행은 완성되고, 해야 할 것은 다 하며, 다시 태어나지 않을 것이다."

### 마음과 몸의 상호의존

식으로부터 명색이 생기는 것에 대해 많은 논의가 있는데, 어떤 견해는 동시에 그 반대도 진실이라고 한다. 즉 식은 필수적인 조건으로서 명색으로부터 나온다는 것이다.

갈대다발경(sheaves of reeds discourse, nalakalapiyo 상 12.67)에서 사리불은 이러한 관계를 설명하는 유명한 비유를 말한다.

"두 갈대가 서로 의지하여 서 있는 것과 같다. 그와 같이 명색의 필수적인 조건으로 식이 있으며, 식으로부터 필수적인 조건으로 명색이 있다. 만약 이 중

하나를 없애면, 다른 것은 넘어진다. 만약 다른 것이 없어지면, 처음 것은 넘어진다. 같은 방법으로 명색의 종료로부터 식의 종료가 나오며, 식의 종료로부터 명색(名色)의 종료가 나온다."

### 생명의 힘 측면과 다시 태어남

과거의 의도적인 행위가 미래에 나타나는 식(識) 속에 업의 종자를 만든다. 식(識)의 생명의 힘 측면을 통해서, 한 번의 생애뿐만 아니라 계속된 윤회를 통해 업의 충동이 촉진된다.

고요한 신념경(Serene Faith Discourse/Sampasādanīya Sutta, 디가 니까야 28)에서, 사리불은 단순한 식(識)이라는 실체가 아니라, 식(識)의 흐름이 수많은 생을 가로지른다고 말한다.

"여기, 수도자나 브라만은 열정, 노력, 적용, 용기와 적절한 주의를 통해서 그러한 집중의 단계에 도달하는데, 그럼으로써 이 세계와 다음 세계에 만들어진 인간의 식(識)의 깨어지지 않는 흐름(unbroken stream of human consciousness)을 알게 된다."

연기에 관한 위대한 논의경 Great Discourse on Origination(Mhanidana Sutta, 디가 니까야 15)에서, 붓다와 아난의 대화 속에서 식(識)이 생명의 힘 측면을 강조하는 방법을 설명한다. 그리고 한 생의 시작이 이러한 식(識)으로부터 시작되며, 식(識)이 명색(名色)을 낳지만, 명색(名色)도 식(識)을 낳는다고 말한다. 그래서 명색의 소멸에 의해 식도 소멸하며, 식의 소멸에 의해 명색도 소멸한다. 또 명색의 소멸로 6입처도 생기지 않는다.(디가 니까야 14 Mahāpadāna Sutta의 2.18, 2.19)

《식과 명색을 이렇게 서로를 낳게 하는 것으로 본다면, 이는 연기의 법칙에 어긋나는 것이 아니냐는 의문이 든다. 그러나 이렇게 상호 관련성을 인정하는 것은 또한 연기론의 논리다. 그리고 식과 명색을 이중으로 조건관계에 둔 것은 한 생의 시작이 식이기 때문이다.》

"아난다여, 명색은 모든 접촉의 뿌리이며, 원인과 기원이고 조건이다. 필요한 조건인 식(識)으로부터 명색(名色)이 나온다. 그리고 이것은 필요한 조건인 식(識)으로부터 명색(名色)이 어떻게 나오는지 이해하는 방법이다. 만약 식(識)이 어머니의 자궁에서 나온 것이 아니라면, 명색(名色)이 그 속에서 형체를 갖출 것인가? 아닙니다. 여래시여.

만약 식이 모체의 자궁에 들어가더라도 제대로 착상하지 않으면, 명색이 그곳에서 자라겠는가? 아닙니다. 여래여.

만약 그렇게 연약하고 어린 존재인 식(識)이 잘라져 버리면(cut off), 명색이 자라고 발전하여 성숙해질 것인가? 아닙니다.

그래서 아난다여, 바로 이것 즉 식(識)이 명색의 뿌리이며, 원인이고, 근원이며, 조건이다."

한 생의 시작으로 식을 거론하였는데, 이 생과 저 생을 연결하는 가장 중요한 기준으로 식(識)이 꼽힌다. 그래서 상좌부에서는 재생연결식이라는 개념을 주장한다.

앙구따라 니까야는 기억할만한 비유를 하고 있다. 까르마와 식(識), 집착 재탄생에 대해 말한다.

"아난다여, 이 세계에서 업이 익지는 않는다. 업이 익을 수가 있을까? (아난다)그럴 수 없습니다.

아난다여, 무명으로 방해받고 집착으로 구속된 존재에게 있어서, 업(業)은 장(場, field)이고, 식은 종자(seed)이고, 집착은 더 열등한 세계에 만들어진 식(識)을 위한 습기다. 이런 방식으로 미래에 다시 태어난다."
(앙굿따라 니까야 숫자 3의 76절 유(有-existence, becoming)

《결국 이 구절로 보면, 식(識)은 전생의 업을 간직하여 이 생에 영향을 주고, 이 생의 업은 미래에 영향을 준다. 어떤 식을 가지는지에 따라 미래에 태어나는 세계가 규정된다는 설명이다.》

우리의 식(識)이 자신의 시체에서 벗어나 새롭게 형성된 수정란으로 전이(轉移)하는 과정을 용수(龍樹, Nāgārjuna : 150~250년경)는 『인연심론송(因緣心論頌)』에서 다음과 같이 비유한다.

① 마치 스승의 낭독을 듣고서 제자가 그 내용을 그대로 암송하듯이,

② 한 등불의 불꽃이 다른 등불로 옮겨 붙듯이,

③ 어떤 사물의 영상이 거울에 비치듯이,

④ 도장이 찰흙에 자국을 내듯이,

⑤ 태양빛이 돋보기를 통과하여 불을 내듯이,

⑥ 씨앗이 변하여 싹이 되듯이,

⑦ 시큼한 매실을 보고서 입에 침이 고이듯이,

⑧ 소리를 지를 때 메아리가 생기듯이.[62]

이런 여덟 가지 모두, '이쪽에서 저쪽으로 무언가가 건너가지는 않지만, 이쪽에 의해 저쪽의 사건이 발생하는 예들'이다.[63] 앞의 사건과 뒤의 사건의 관계는 불일불이(不一不異), 불상부단(不常不斷), 불래불거(不來不去)로 연기적(緣起的)이다. 이와 같은 방식으로 '전생에 죽는 순간의 마지막 식(識)'이 새로운 수정란에 반영되어 다음 생이 시작된다는 것이다. 이렇게 죽을 때의 '식의 마지막 흐름'이 그대로 내생으로 이어지기에 좋은 내생을 맞이하기 위해서 가장 중요한 것은 죽는 순간의 마음을 잘 조절하는 일일 것이다. 그래서 불전에서는 만일 내생에 좋은 곳에 태어나고 싶다면 죽는 순간에 몸이 아프고 괴롭더라도 '현생에 몸(身)과 입(口)과 생각(意)으로 지었던 자신의 선행(善行)'을 떠올려야 한다고 가르친다.[64]

그런데 과거-미래-현재의 법이 실재한다는 설일체유부의 가르침에 의하면, 위

---

62) "暗誦, 등불, 거울, 도장, 태양석, 종자, 신맛, 소리[와 같은 방식]에 의해 오온이 모여 상속하는 것이지 [어떤 미세한 주체가 있어서] 이동하는 것이 아니라는 것을 지혜로운 자는 마땅히 관찰해야 한다(誦燈鏡及印 火精種梅聲 諸蘊相續結 不移智應察)": 龍樹, 『因緣心論頌』(대정장 32), 490b면.

63) 이런 설명은 마치 아인슈타인-포돌스키-로젠의 EPR 사고실험을 연상시킨다. 빛의 속도를 넘는 거리에서도 상호 영향을 줄 수 없다는 결론에 대하여 벨(Bell)은 1964년 그럴 수 있다는 점을 증명한다.

의 주장은 발생한 업을 단순히 죽음 전의 마음만으로 없앨 수 있다는 불합리가 있다. 따라서 이 부분은 여전히 논의가 되어야 할 것이고, 아직도 의견의 일치가 되지 않고 있다.

### ④ 명색(名色) Nāmarūpa, name and form

식을 연하여 명색이 생긴다. 이때의 명색은 정신적 요소인 명(名)과 물질적 요소인 색(色)을 합쳐서 부르는 것이다. 느낌, 인식, 의지, 생각(수상행식)을 명(名)이라 하고, 지수화풍(地水火風)의 4요소, 즉 사대(四大)에 의존한 몸을 색(色)이라 부른다. 산스크리트어로 나마루빠(nāmarūpa)는 말 그대로 '이름과 형체'라고 번역이 되지만, 우리가 아는 개념과는 조금 다르게 생각해야 한다. 즉 '이름'이라는 나마(nāma)는 여기서 단순한 이름이 아니라, 실체를 지칭할 때 우리가 붙이는 명칭이므로, 일종의 개념적 존재를 말한다. 따라서 단순한 이름이 아니라, 우리가 생각하는 개념적 도구이다. 이러한 개념적 도구들로 사고하기 때문에, 복잡한 생각 뒤에 만들어진 특정한 결론 또한 개념적인 것들로 이루어졌을 뿐이라는 의미가 있다. 그리고 '형체'라고 번역되는 것은 물체 혹은 몸이라고 생각하면 된다.

이러한 기본적인 것만으로 충분하다고 본다. 그런데 부파불교에서는 명색(名色)을 더 상세하게 규정하려고 하고 있다. 즉 명색은 임신 중의 태아가 1개월 정도된 것으로서, 이때 몸과 뜻만 있을 뿐 눈과 귀, 코와 혀가 발생하지 않았다. 이 시점의 명(名)은 느낌, 인식, 의지, 접촉과 주의로 구성된다고 본다. 이런 점을 더 구체화하여 남방불교에서는 이 명색을 인간이 수정되어 태아상태에서 출산될 때까지의 구체적인 개월 수에 따라 정의를 내리고 있다. 그러나 과연 12연기의 명색이 실제적인 대상을 규정한 것인지는 아직 밝혀지지 않았다.

숫타니파타 숫 12품 방기사경(Vangisasutta)에서 방기사 존자가 자신의 스승인 니그로다캅파(Nigrodhakappa)의 죽은 후의 상태에 대하여 붓다에게 질문하였다. 그에 대해 붓다는,

---

64) 臨壽終時 身遭苦患 沈頓床褥 眾苦觸身 彼心憶念先修善法 身善行 口意善行成就 當於爾時 攀緣善法 我作如是身口意善 不爲眾惡 當生善趣 不墮惡趣 心不變悔 不變悔故 善心命終 後世續善 : '잡아함경', 위의 책, 341a면.

"그는 이 세계에서 이름과 형태(명색-名色)에 대한 욕망을 잘라내었고, 완전히 생사를 건넜다(355)"고 답변한다. 즉 명색(名色)은 12연기 중 하나로, 그 하나의 고리를 끊음으로써 다른 연기적인 순환을 단절시킬 수 있음을 보여준다.

명(名)의 의미에 대해서 잘 설명한 구절도 있다. 숫타니파타 바아셋타경 숫 646(Vāsetthasutta)에서 바라문은 태생에 의한 것이 아니라 행위에 의해 정해진다는 결론을 보여주는 붓다의 설명은 찬탄을 금치 못하게 한다.

"세상에서 사용하는 이름이나 성은 단지 용어에 지나지 않는다. 즉 여기저기서 공통의 합의에 의해 이해되는 용어로 전해지는 것이다."(646)

명색(名色)은 보통 사람이 세상을 인식하는 도구다.

"본다는 것은 이름과 형태를 보는 것이고, 그것을 보고 사물을 이해할 것이다. 그는 보고 나서 많거나 적게 즐거워한다. 진리를 아는 사람은 그것에 청정함이 존재한다고 말하지는 않는다."(숫 909)

잡아함경 298 법설의설경에서 명색의 정의를 보자.

《어떤 것을 명(名)이라고 하는가? 이른바 네 가지 형상[色]이 없는 음(陰)이니, 즉 수음(受陰)·상음(想陰)·행음(行陰)·식음(識陰)이다(謂四無色陰). 어떤 것을 색(色)이라고 하는가? 4대(大)와 4대에 의해 만들어진 것을 색이라고 말한다(謂四大, 四大所造色, 是名爲色. 此色及前所說名). 이 색과 앞에서 말한 명을 합해 명색이라고 한다.》

음(陰)은 온(蘊)의 옛날 번역이다. 그래서 우리는 그냥 색수상행식(色受想行識)의 오온(五蘊)으로 생각해서 명색을 이해하면 된다. 보통 명색을 명(名)은 정신이라 하고, 색(色)은 물질 혹은 육체라고 설명하는데, 잡아함경의 정의에 의하면, 수상행식(受想行識)의 온(蘊)을 명(名, nāma)이라는 한 글자로 표현하였다.

⑤ 육입(六入) Ṣaḍāyatana, Six sense bases

명색을 인연으로 6입이 생긴다. 6입은 안이비설신의(眼耳鼻舌身意)라는 여섯 가지 감각의 매개체다.

잡아함경의 법설의설경에서 육입의 정의를 보자.

> 육입(六入)은 6내입처(內入處)를 말하는데, 안입처(眼入處) · 이입처(耳入處) · 비입처(鼻入處) · 설입처(舌入處) · 신입처(身入處) · 의입처(意入處)이다.

그러므로 이러한 명색을 연으로 하여 육입이 생기는 것인데, 그 육입은 안이비설신의(眼耳鼻舌身意)의 각 기관이다. 즉 보고자 하는 생각이 안입처를 형성하고, 듣고자 하는 생각이 이입처를 형성한 것이라 보면 될 것이다.

그런데 연기경에서는 육입(六入)을 육처(六處)라고 표현한다. 육처는 안내처(眼內處) · 이내처(耳內處) · 비내처(鼻內處) · 설내처(舌內處) · 신내처(身內處) · 의내처(意內處)의 6내처(六內處)를 말한다.

물론 정보가 들어오는 측면에서 파악하면, 육입처라고 표현하고, 정보를 받아들이는 것이 외부냐 내부냐의 측면으로 보자면 육내처라고 보는 것이 맞겠다.

그런데 현대불교에서는 이를 육근(六根)이라는 표현도 사용하는데, 이는 우리 몸에 붙어 있는 뿌리와 같다는 의미에서 사용하는 것이므로, 결국 모두 같은 것을 지칭하는 것이다.

앞서 본 명색(名色)이 생긴 후에 육입이 생기는 것이 12연기법의 설명이다. 명색이 정신과 몸을 말한다면, 안이비설신의(眼耳鼻舌身意)의 육입에 의해 발생하는 정보를 판단하여 정신을 이룬다는 원래의 가정과 달라진다는 것을 느낄 수 있다. 그러므로 상좌부에서는 태중에 있는 1개월 정도의 태아에게 생기는 것을 명색이라 설명하는 것이다. 즉 명색(名色)에서 정신적인 면을 말하는 명(名)은 수상행식(受想行識)으로 분화하기 전의 의식이라 본다.

⑥ 촉(觸) Sparśa, Contact

6입을 인연으로 촉(觸)이 생긴다. 논리적으로 보면, 접촉할 기관이 없으면 촉이 없기 때문에 6입이 있어야 촉이 생길 수밖에 없다.

산스크리트어 스파르샤(sparśa)는 접촉이라 번역되는 불교 용어다. 그것은 세 요소의 합으로 정의된다. 즉 여섯 감각기관(육근－六根, 안이비설신의), 감각의 대상(육경－六境, 색성향미촉법), 감각의 인식(육식－六識, 안이비설신의와 관련된 식)이 만나는 것을 의미한다.

잡아함경의 정의를 보면,

촉은 6촉신(觸身)이니, 안촉신(眼觸身)·이촉신(耳觸身)·비촉신(鼻觸身)·설촉신(舌觸身)·신촉신(身觸身)·의촉신(意觸身)이다.

앞에서도 보았지만, 신(身)은 복수를 의미하므로, 안이비설신의(眼耳鼻舌身意)에 접촉하는 것들이라는 뜻이다. 그런데 여기서 사용하는 촉(觸)은 색성향미촉법(色聲香味觸法)의 촉(觸)과는 달리, 육근(六根)과 육경(六境)이 육식(六識)에 의해 만나는 것을 총칭하는 것이다. 즉 눈이 대상을 보고 안식(眼識)이 생기는 것도 접촉이요, 귀가 대상의 소리를 듣고 이식(耳識)이 생기는 것도 접촉인 것이다.

그래서 이러한 태아 상태에서 아직 오온이 분화하지 않은 점을 들어서 티베트불교의 권위자 알렉산더 베르진(Alexander Berzin)은 태아가 성장하는 과정에서 촉을 설명한다. 즉 태아의 상태에서 촉은, 분별하는 온(蘊)을 예로 들어 느낌의 온은 아직 기능하지 않는다. 이 기간 동안, 오직 대상의 접촉에서 좋거나 나쁘거나 중립이라 하더라도, 행복이나 불행 등으로 느끼지는 않는다고 설명한다.

### ⑦ 느낌－수(受) – Vedanā, Feeling or Sensation

촉으로부터 느낌이 생긴다. 물리적인 면을 논리적으로 보면, 촉이 있어야 느낌이 발생하는 것이고, 이때의 느낌은 직접적 접촉으로만 발생하는 것을 말하는 것은 아니므로, 이 촉은 역시 단순한 접촉을 말하는 것이 아님을 알 수 있다. 이러한 느낌이나 감각은 여섯 가지 형태이다. 시각(vision), 청각(hearing), 후각(olfactory sensation), 미각(gustatory sensation), 촉각(tactile sensation), 생각(intellectual sensation – thought)이다. 따라서 오온에서 말하는 느낌의 경우도 이러한 감각들로부터 생기는 것을 말한다.

느낌이라 번역된 베다나(혹 웨다나 – vedanā)는 전통적으로 느낌(feeling)이나 감각(sensation)으로 영역된다. 여기서 우리는 느낌이라 번역한다. 느낌은 즐겁거나, 즐겁지 않거나, 중립적인 세 가지를 말하는데, 우리의 내적 감각기관(안이비설신의)이 외적 감각 대상(색성향미촉법)과 접촉할 때 발생한다.

정의를 보면, 느낌(受)은 세 가지(3受)를 말하는 것으로, 괴롭다는 느낌 – 즐겁다는 느낌 – 괴롭지도 않고 즐겁지도 않다는 느낌이다(謂三受 – 苦受, 樂受, 不苦不樂受).

그런데 이것은 관례적으로 말하는 감정과는 다른 것이다. 즉 느낌은 명(名, nāma)이며, 어떤 것의 경험이다. 이것은 단독으로 생기지 않으며, 마음과 다른 접촉을 동반하므로 그것들을 조건으로 발생한다. 마음과의 차이점은, 마음은 느끼는 것이 아니라, 대상을 인식하는 것이라는 차이가 있다.(불교 저술가 니나반 고르콤/Nina van Gorkom)

12연기에서 느낌(受)에 대한 집착은 고(苦)로 이끌게 된다. 상대적으로 집중된 통찰과 깨끗한 이해가 깨달음과 고(苦)의 소멸로 이끈다.

### 마음을 알아차리는 기반

수(受)는 오온(五蘊)의 하나로 '느낌'이라 해석되지만, 연기법에서는 촉(觸)을 인연으로 느낌이 나오고, 느낌을 인연으로 애(愛)가 발생하는 연기의 사슬 역할을 한다. 그리고 이 느낌은 오온의 하나인 색수상행식(色受想行識)의 수(受)와 같은 뜻이다.

그런데 초기불교의 경전에서, 마음을 알아차리는 네 가지를 들고 있는데(사띠 – satipatthana), 그것은 신수심법(身受心法)이다. 이것은 몸과 느낌과 마음의 상태, 마음의 경험을 관찰하는 것이다. 그래서 여기서 말하는 수(受)는 관찰대상으로서의 느낌이다. 즉 즐거운 느낌, 괴로운 느낌, 중립적인 느낌을 관찰하면서 그 마음을 닦는 것이다. 이를 연기법에 적용하면, 접촉을 인연으로 느낌이 발생하고, 그 느낌이 애(愛 – 애착)로 변하는 과정을 관찰하는 것은 좋은 수행이 될 것이다. 그리고 앞의 신수심법(身受心法)을 관찰하는 것은 팔정도의 일곱 번째인 정정(正定)이다.

⑧ 애(愛) Tṛṣṇā, Craving

느낌을 연하여 애가 생긴다. 여기 한자로 애(愛)라고 번역되었지만, 애착, 갈망 혹은 갈애라는 표현이 적절하다. 그래서 영어로는 갈망(craving), 욕구(desire), 갈증(thirst)이라 번역된다. 이러한 갈망은 색성향미촉법(色聲香味觸法)에 대한 갈망이다. 중국에서는 탐애(貪愛), 일본에서는 갈애(渴愛)라고 부른다.

산스크리트어 트리쉬나(tṛṣṇā)는 문자적으로 목마름(thirst)을 의미하는 용어이고, 보통 갈망이나 욕구로 번역된다. 이를 한 글자로 애(愛)를 사용하였다. 불교에서 애(愛)는 즐거운 경험을 유지하려는 갈망이며, 고통과 불쾌한 경험으로부터 떨어지려는 갈망이다. 불교는 전통적으로 애(愛)를 무지에 입각한 자아 중심적 욕망으로 보고 있다. 이러한 욕망은 불교의 가르침에 따라 타인을 이롭게 하려는 욕망과 같은 유익한 유형과 대비된다. 고집멸도(苦集滅道)의 사성제에 대한 붓다의 첫 가르침에서 붓다는 애(愛)를 고(苦)가 일어나는 주요한 원인으로 보았다.

잡아함경의 법설의설경에는, 애는 욕애(欲愛), 색애(色愛), 무색애(無色愛)의 3애이다. 이것은 욕계에의 갈망, 색계에의 갈망, 무색계에의 갈망이다. 애(愛)는 사랑이라는 한글 뜻이 있지만, 연기법에서 말하는 애는 애착, 탐(貪), 집착(執着)이다.

불교의 세계관에서 깨닫지 못한 미혹(迷惑)한 중생이 사는 세계를 셋으로 나누어 이를 3계(三界)라 한다. 이 3계는 욕계(欲界), 색계(色界), 무색계(無色界)다. 이 3계를 다시 욕계는 6천(天), 색계는 18천(天), 무색계는 4천(天)으로 분류하여 총 28천(天)으로 본다.

욕계가 무엇을 의미하는지는 욕계에 속하는 것을 보면 쉽게 가늠할 수 있다. 즉 욕계는 지옥도, 아귀도, 축생도, 수라도, 인간도, 천신도로 분류한다. 지옥-아귀-축생-수라-인간-천신이라는 용어는 자주 사용하는 것이고, 이는 욕계(欲界)라는 말 속에 포함된 욕(欲)의 세계를 말하므로, 탐욕이 지배적이거나 남아 있는 세상이다. 또는 산스크리트어로 카마로카(Kamaloka), 카마다투(Kamadhatu)로서 아직 업(業)이 남아 있는 세계라고 보아도 된다(위에서 천신도는 다시 6천으로 분류되므로, 욕계의 6도와는 구분해야 한다).

욕계에의 갈망은 관능, 감각적 즐거움과 관련된다. 감각적 즐거움을 제공하는 감각 대상에 대한 갈애이다. 왈폴라 라훌라는 말하기를, 애(愛)는 감각적 즐거움, 재산, 권력을 욕구할 뿐 아니라, 개념과 이상, 관점, 의견, 이론, 개념과 믿음에 대한 집착까지 갈망하는 것을 포함한다.

색계(色界)는 루파로카(Rupaloka), 루파다투(rupadhatu)로서 형체만이 있는 세계다. 18천(天)으로 세분되지만, 크게 초선천, 이선천, 삼선천, 사선천으로 분류한다. 욕망이 사라지고 형체만 남은 세계다.

색계에의 갈망은 존재하고자 하는 갈망이다. 생에 대한 갈애는 태어나면서부터 몸에 현재한다. 즉 몸에 흐르는 호르몬, 자극에 반응하는 메커니즘 등이다. 에고(ego)의 보다 미묘한 단계에서 생에 대한 욕구는 그 자신을 형성하고, 구체화하고, 안전한 발판을 얻으려고 하며, 극복하고 지배하고, 현상적 세계에서 감각적 즐거움을 즐기려는 에고의 투쟁이라고 론 라이퍼(Ron Leifer)는 말한다.

어떤 것이 되려는 갈애를 가지는 것은 결정이 아니고 반응이다. 그래서 이러한 갈애는 별다른 결단 없이 진행하며, 과거와 미래를 가진 존재가 되려는 갈애의 결과는 각 개인의 현재 세계를 복잡하고 불안정하게 만들게 된다. 이러한 갈애는 없는 것을 그 속에서 찾으려고 하는 것이다.(아잔 수치토/Ajahn Sucitto)

무색계(無色界)는 아루파로카(Arupaloka), 아루파다투(arupadhatu)로서 형체마저 사라진 세계다. 욕망과 형체가 없으며 열반의 문턱에 선 세계라고 본다.

무색계의 갈망인 무색애(無色愛)는 존재하지 않고자 하는 갈망이다. 달라이 라마에 의하면, 파괴에 대한 갈애는 고통스러운 느낌으로부터 분리되려는 바람이다. 론 라이퍼의 말을 빌리면, 생에 대한 갈애는 기쁨과 행복에 대한 욕구이고, 죽음에 대한 갈애는 고통을 도피하려는 욕구이며, 고통으로부터 해방되려고 하며, 걱정, 실망, 낙담, 부정적인 것으로부터 도피하려는 것이다.

죽음에 대한 욕구의 동기는 자살의 경우에 가장 잘 나타난다. 자살을 기도하는 극단적인 병을 가진 인간은 물리적 고통과 고(苦)로부터 도망치려는 동기를 부여받는다.

이러한 무색애는 무색계에 태어나려는 욕구라기보다는, 즐거움을 찾는 갈애가 아니라, 괴로운 것을 회피하려는 갈애이므로 존재하지 않기를 바라는 것이므로, 유형적 세계를 떠나려는 갈애다. 즉, 애(愛)는 즐거운 것을 유지하고, 괴로운 것을 멀리하려는 욕망이다.

모든 형태의 고(苦)와 존재의 계속을 일으키는 것은 이러한 갈망, 욕구, 탐욕 등이다. 그러나 이것이 첫 원인이라 보아서는 안 되는데, 모든 것이 상대적이고 상호의존적이라는 것이 불교의 가르침이기 때문이다. 이러한 고(苦)의 원인인 갈망조차도, 느낌과 그 느낌의 원인인 촉 등으로부터 생겨난 것이다(촉수애취유). 그러므로 애(愛)는 고(苦)의 생성에 유일한 원인은 아니다. 그러나 그것은 명백하고 직접적 원인이므로 중요한 원인이다. 그래서 팔리 문헌에서 연기나 고의 원인을 정의할 때 다른 더러움과 불순한 것을 포함하여, 갈애(渴愛)가 항상 처음의 자리를 차지한다.(월폴라 라훌라/Walpola Rahula)

갈애를 의미하는 애(愛)는 욕망 중에서 특정한 어떤 것을 말하는 것이 아니며, 그 욕망이 반영된 것이다. 그것은 계속적으로 어떤 것을 원하면서 먹이로 하는 욕구를 말한다. 그래서 그것은 하나의 감각 기반에서 다른 것으로 옮겨가기 때문에 만족될 수가 없으며, 하나의 감정적 필요를 충족하면 그다음으로 옮겨가고, 하나가 성취되면 또 다른 것을 목표로 한다.(아잔 수치토/Ajahn Sucitto)

### 🎤 갈애의 양면성

론 라이퍼는 갈애-트리쉬나(tṛṣṇ)는 양면성을 가지고 있다고 말한다. 즉 탐욕과 미움, 열정, 호전성으로 나누어진다. 한편으로 무엇을 가지고 소유하고 경험하며, 가까이하고 소유하고 싶은 욕구이며, 다른 한편으로는 피하고, 없애고, 거부하고, 포기하고 파괴하며 자신으로부터 분리하려는 욕구이다. 만약 우리가 이러한 두 가지 극단을 욕구와 혐오라고 부르면, 이러한 대조되는 극단을 대표하는 것을 명백히 볼 수 있다.

또한 갈애-트리쉬나(tṛṣṇ)는 불만족, 억제할 수 없는 습관성의 것이다. 그러므로 욕구는 맥주를 마시며 파티하는 것과 같다. 더 많이 마실수록, 그 욕구는 커져가는 것이다.

욕구는 그 본질상 고(苦)를 야기한다. 그것은 내부적으로 불만족이기 때문이다. 욕구는 고갈(枯渴)을 의미한다. 어떤 것을 원한다는 것은 그것이 부족하고, 고갈되었기 때문이다. 우리는 가지고 있는 것에 대해서는 원하지 않으며, 그것이 없을 때만 원한다. 갈증은 물에 대한 욕구이며, 물이 없을 때 나타난다. 배고픔은 음식이 부족한 것이다. 갈애는 고통이다.

왈폴라 라훌라의 말을 빌리면, 모든 세상의 문제는 가족 간의 작은 개인적 분쟁에서 국가 사이의 큰 전쟁에 이르기까지 이기적 갈애(渴愛)로부터 나온다. 이러한 관점에서 모든 경제적 정치적 사회적 문제가 이기적인 탐욕에 뿌리박혀 있다. 국제 분쟁을 중재하고 전쟁과 평화를 말하는 위대한 정치가는 오직 경제적, 정치적으로만 피상적으로 문제를 다루며, 문제의 진정한 뿌리에 깊이 들어가지 않는다고 한다.

한편 사성제의 세 번째인 멸(滅)의 가르침은 갈애의 소멸이 가능하다고 하였다. 초전법륜경에서, 고의 소멸에 관한 성스러운 진리에 의하면, 이러한 갈애의 완전한 사라짐과 소멸의 방법이 있다는 것이다. 그것은 사성제의 네 번째인 도(道)의 진리에 의한다. 그러한 도의 진리는 팔정도의 수행으로서, 팔정도의 수행을 통해 모든 것의 무상한 본질을 숙고하는 것이 갈애에 대한 해독제가 된다.

갈애는 서구 심리학의 중독이나 탐닉의 개념과 관련된다. 많은 인간들의 파괴적 감정을 보자. 증오가 폭력을 낳고 갈애가 탐닉을 낳음으로써 고통받고 있다.(달라이 라마)

그리고 강박관념, 강요와 중독은 통제를 벗어난 갈애이며, 너무나 야만스럽게 변한 갈애라고 론 라이퍼는 말한다.

집착은 여러모로 탐닉과 유사하며, 극단적인 대상이나 경험이 전체적인 환상을 만드는 것에 강하게 의존한다. 다른 중독과 같이 집착은 시간에 따라 강화된다.(밍규르 린포체/Mingyur Rinpoche)

트리쉬나(tṛṣṇ)는 갈애(craving) 혹은 욕망(desire)으로 번역되지만, 그대로 사용하기도 한다. 생의 혼란의 원인이 트리쉬나(tṛṣṇ)다. 번역의 부정확성으로 인하여 원어를 그대로 사용하는 것도 좋다.

### ⑨ 취(取) Upādāna, attachment

갈애를 조건으로 취착이 생긴다. 집착-취착(clinging) 혹은 애착(attachment)이라 영역되는 취(取)는 집착을 말하며, 불교에서는 취착(取着)이라는 용어를 사용하는데, 만들어진 한자어라서 사전에는 나오지 않는다. 사전에 취착(就捉-죄를 짓고 잡히다)이라는 용어만 나와서 혼동하는 경우도 있다. 우파다나의 취(取)와 음을 맞추기 위해서 취착이라는 용어를 사용한다.

산스크리트어의 문자적 의미는 '연료', '물질적 원인'이라는 뜻으로서, '활동을 유지시키는 원천이며 수단이 되는 기질'이라는 의미다. 앞에서 본 애(愛)와 취(取)는 고(苦)의 두 가지 주요 원인이고, 그 집착의 종식이 열반으로 이끌게 된다.

경장에 의하면, 네 가지 유형의 집착이 있다. 그것은 욕취(欲取, kam upadana), 견취(見取, ditth upadana), 계취(戒取, silabbat upadana)·아취(我取, attavad upadana)다.

욕취(欲取)란 세속적인 것들에 대한 반복적인 집착을 말한다. 5욕이란 표현을 사용하는데, 색성향미촉에 대한 욕망이다. 견취(見取)란 세상은 영원하다, 허무하다고 보는 잘못된 견해를 말하고, 계취(戒取)는 계율이 해방으로 이끌며, 열반으로 간다고 생각하는 것을 말하며, 아취(雅趣)는 자아가 존재한다고 생각하는 것을 말한다.

잡아함경의 법설의설경에 의하면, 취는 욕취, 견취, 계취, 아취를 말한다. 여기서의 취(取)로 번역된 우파다나(upādāna)는 산스크리트어 사전에 의하면, 문자적으로 자신을 위해 무언가를 취하는 행위(taking for one's self), 자신을 위해 무언가를 소유화하는 행위(appropriating to one's self), 받아들임(accepting), 허용함(allowing), 취함(taking), 획득함(aquiring)의 뜻이 있는데, 불교에서는 '갈애가 원인이 되어 존재를 꽉 붙잡는 것 또는 집착하는 것'을 말한다.

현대의 불교사전에서는 취(取)는 집지(執持-잡아서 가지고 있음), 집취(執取-잡아서 가짐)의 뜻인데, 좁게는 집착(執着)이라는 번뇌를 뜻하고, 넓게는 모든 번뇌(煩惱)를 의미한다. 그래서 취(取)가 넓은 뜻으로 사용될 때도 많은데, 이때는 번뇌를 의미하므로, 사취(四取)라고 하는 경우는 번뇌라는 의미다.

🎙 붓다고사는 이러한 네 가지 유형의 취착이 인과적으로 연결된다고 한다. 그래서 아취(我取)는 영원한 자아가 있다고 생각하며, 견취(見取)는 자신이 영원하거나 이 생애가 끝나면 사멸한다고 보는 것이다. 계취(戒取)의 경우, 자기가 영원하다면, 자아정화를 위해서 계율에 집착하며, 욕취(欲取)의 경우, 자기가 이 생애 이후로 완전히 사라진다는 생각으로, 다음 생을 무시하며, 감각적 욕망에 집착하는 것이다.

그래서 취착은 습관적인 경험보다는 자아가 존재한다는 잘못된 믿음이 근본적이라는 것이다. 아래 도표와 같이 모든 잘못된 견해는 아취(我取)에서 발현하여 계취와 욕취가 생기는 계층적 구조를 가지고 있다.

| 아취(我取) – 영원한 자아가 있다는 견해 | |
| --- | --- |
| ↓ | |
| 견취(見取) – 자신이 영원하거나 사멸한다는 견해 | |
| ↓ | ↓ |
| 계취(戒取) – 영원을 위해 계율에 집착 | 욕취(欲取) – 다음 생을 포기하고 감각적 욕망에 집착 |

갈애를 취착과 구분하기 위해서 붓다고사는 다음의 비유를 사용한다. 갈애는 우리가 도달하지 못한 대상을 열망하는 것이므로, 도둑이 어둠 속에서 손을 뻗치는 것과 같고, 취착은 우리가 가진 사물을 잡는 것이므로, 도둑이 물건을 잡은 것과 같다. 그래서 없는데 갈망하는 것이 갈애라면, 이미 가진 것을 놓지 못하는 것이 취착이다.

고(苦)의 인과 사슬의 한 부분인 취착은 고(苦)의 핵심 경험이며, 갈애는 고(苦)의 기초를 형성한다. 이렇게 그 기초인 갈애가 발전하여 고(苦)의 핵심인 취착이 된다.

**연료로서의 집착**

옥스퍼드대학의 인도학 전문가 리차드 곰브리치(Richard F. Gombrich) 교수는 우파다나(upādāna)의 문자적 의미는 연료라고 말한다. 그는 붓다가 불의 비유를 한 것을 예로 들고 있다.

상윳따 니까야 35.28 불타오름경에서

《모든 것이 불탄다. 눈이 불타고, 형체가 불타고, 안식(眼識)이 불타며, 안촉(眼觸 – 눈의 감각접촉)이 불탄다. 그리고 안촉을 조건으로 즐거운, 괴로운, 중립적인 느낌이 생기더라도 역시 불탄다. 무엇이 불타는가? 욕정의 불, 증오의 불, 망상의 불이 불탄다. 생로병사의 불, 우비고뇌(憂悲苦惱)의 불이라고도 말하겠다. 이는 귀, 코, 혀, 몸, 뜻의 경우에도 그러하다.

이렇게 보면, 잘 지도받은 성스러운 제자는 그것들에 대해서 혐오하게 된다. 이렇게 혐오하면 탐하지 않게(dispassionte)된다. 그렇게 되면 해방되고, 해방되면 다음의 지혜가 생긴다. 나는 해탈했다. 나의 생은 다하였고, 범행은 시작되었으며, 해야 할 일은 다 했고, 이제 다시 태어나지 않을 것이다라고.》

이 경전을 보면, 우파다나의 원뜻이 연료라는 말이 실감난다. 경에서 '모든 것'이란 다섯 감각에 마음, 대상, 그것이 일으키는 작동과 느낌이다. 즉 경험의 전체성이다. 이러한 것이 탐진치로 타고 있는 것이다.

연기의 12개 사슬 중에서, 갈애는 연소(燃燒)를 계속하고 또 존재하기 위해 연료를 생산하게 된다. 마음은 마치 불(fire)처럼 자신을 유지하기 위해 더 많은 연료가 될 대상을 찾는다. 불과 연료에 비유하면, 마음의 경우에는 그것은 감각적 경험이다. 그래서 붓다는 감각의 문을 지키는 장소에 강조점을 두는 것이다. 감각에 사로잡히지 않음에 의해서, 우리는 탐진치(貪瞋癡)로부터 해방될 수 있다. 이러한 해방은 또한 열반의 뜻이 불의 비유를 사용함으로써 유추할 수 있다. 즉 열반은 '가버리다'의 뜻이지만, 문자적으로는 '꺼지다(blow out)'이므로, 연료가 다할 경우에 해탈하며 열반에 드는 것이다.

경전이 만들어진 시기와 붓다고사가 주석을 쓴 4세기 사이에, 연료를 의미하는 비유적인 의미는 줄어들게 되었고, 우파다나는 단순히 집착을 의미하는 것으로 사용되었다. 그리고 대승불교의 시기에 들어서 불(fire)이라는 용어는 잊히게 되며, 탐진치는 삼독(三毒)으로 알려지게 된다.

⑩ **유(有) Bhava, Becoming, Existence, Being**

취착을 연하여 유가 생긴다. 유(有)는 있다는 뜻이므로 존재를 말한다. 영어로는 존재(Being), 생성(Becoming)이라 번역된다. 산스크리트어 바바(bhava)는 습관적이거나 감정적 경향을 의미하는데, 때때로 윤회의 의미에서 존재, 경험, 생성이라고 번역된다. 왜냐하면 존재는 업의 축적에 의해서 조건이 지워지고 추동되기 때문이다. 불교에서는 태어남과 생명의 윤회라는 의미에서 존재하는 세계에서의 윤회하는 연속체를 의미한다.

그래서 유(有)라고 표현되었지만, 이는 업(業)과 같은 뜻이다. 즉 취착에 의하여 업(業)이 만들어지는 것이다. 앞서 무명-행으로 시작하는 연기법에서 행(行)은 의도적 형성이라고 하였는데, 그러한 의도의 대표적인 고착화가 취착이다. 그러므로 그런 취착에 의해 형성된 것이 유(有)다.

유(有)는 미래의 생과 감각적 욕구에 집착하는 것을 조건으로 생긴다. 즉 살아 있는 존재가 가지는 생각을 조건으로 발생하는 것이다.

잡아함경 법설의설경에 의하면, 유(有)는 욕유(欲有)·색유(色有)·무색유(無色有)의 3유(三有)를 말한다. 3유(三有)는 세계라는 측면에서는 3계를 뜻하고, 유정이라는 존재의 측면에서는 욕계의 유정·색계의 유정·무색계의 유정을 뜻한다. 유정이란 명색(정신과 몸)의 화합체 즉 오온의 화합체를 말하는 것으로, 유전연기의 관점에서는 취(取) 즉 온갖 번뇌에 물들어 있는 오온, 즉 5취온을 말한다. 번뇌로 인해 생사윤회를 피할 수 없는 상태, 즉 윤회할 수밖에 없는 상태의 삶을 유(有)라고 말한다. 잡 58경 음근(陰根)경에는 오온이 취인 것은 아니지만, 취와 다른 것도 아니라고 한다. 오온에 욕탐(欲貪)이 있으면 오온이 오취온이 된다(非五陰卽受 亦非五陰異受 能於彼有欲貪者 是五受陰)고 하였다.

한편 이 유(有)를 업으로 보기도 한다. 즉 '무명 – 행'의 경우에 '행'을 업으로 본 것과 같이, '촉 – 수 – 애 – 취 – 유'로 이어지는 마지막의 유(有)는 '애 – 취'를 조건으로 발생하는 적극적인 업이라는 것이다. 이것도 연기의 고리를 생각하면 일리가 있는 설이다.

혜담스님의 유(有)에 대한 설명을 들어보자.

이 유(有)를 다른 말로는 '업(業)'이라 부르는데, 업(業)이란 산스크리트어 카르마(Karma, Karman)를 번역한 것으로 '행위'라는 의미를 지니고 있다. 그러나 업(業)은 우리가 생각하는 일반적인 행위와는 그 개념에 차이가 있다. 즉 어떤 행위를 했을 때, 그 행위가 끝난 뒤에 그것이 없어지는 것이 우리들이 생각하는 행위의 특색이지만, 그러나 생각해 보면 모든 행위에는 그것이 없어져도 무엇인가가 남아 있는 것을 알 수 있다. 예를 들면 남의 물건을 훔치는 행위는 훔치고 나면 없어져 버린다. 그러나 그것으로 도둑질의 행위가 없어져 버리는 것은 아니다. 마찬가지로 아무리 중요한 약속을 해도 그 약속의 말은 찰나에 사라지고 만다. 그러나 그 말은 보이지 않는 힘을 뒤에 남기고 있기 때문에 약속은 지켜야 하고, 그렇지 못했을 때는 추궁을 받게 된다. 이와 같이 모든 행위 – 불교에서는 몸으로 짓고 입으로 짓고 뜻으로 짓는다고 한다―에는 보이는 부분[표업(表業)]과 뒤에 남아 보이지 않는 부분[무표업(無表業)]이 있는데, 이 양자를 합한 힘을 불교에서는 '업(業)'이라고 말한다.

업(業)이란 것이 이렇게 중생으로 하여금 생존을 가능케 하는 힘을 가지고 있기 때문에 그것을 유(有)라고 부른다. 그런데 이 유(有)가 생(生)으로 혹은 생(生)의 존속으로 나타나는 현상을 보면 천차만별이다. 사람들이 짓는 일체의 행위, 즉 업은 그것이 행해졌을 때에 반드시 거기에 상응하는 과보(果報)를 끌어당기는 힘을 낳기 때문이다. 이것을 불교에서는 업보(業報)라고 한다. 이 업보에는 일정한 법칙이 있는데, 초기 경전에서도 이것이 잘 표현되어 있다.

> 공중에 있어도 바다 속에 있어도,
> 산간의 동굴 속에 들어가도,
> 이 세상 어느 곳에 있더라도
> 악업으로부터 벗어날 수는 없다.(법구경 127)

> 그 어떤 업도 없어지지 않는다.
> 그것은 되돌아와 원래의 임자가 그것을 받는다.
> 어리석은 자는 죄를 짓고,
> 다음 세상에서 그 괴로운 과보를 받는다.(숫 666)

그래서 오온 그리고 6근은 현상을 있는 그대로 서술하는 것이고, 5취온과 6입처는 그런 것들이 발생하는 과정이 무명과 집착에 근거한 것이라는 점을 강조한 말이다.

12연기에서 유(有)는 '촉수애취'의 다음에 오면서, 생(生)과 노사(老死)가 오는 중간에 온다. 따라서 한 생애가 끝나면서, 새로운 생애가 나타나기 전의 단계를 말한다. 전통적인 삼세양중인과설(三世兩重因果說)로 보면, 최초에 '무명―행―식―명색'의 단계로 진행할 때, '무명―행'이 과거 생이 끝나는 단계이고, '식―명색―육입'이 새로운 생의 시작이다. 그런데 과거의 생을 의미하는 '무명'과 '행(行)'에서 두 가지로 한 생을 표시하므로, '행'은 현재의 생을 말하는 '촉수애취'의 단계가 끝나는 순간과 새로운 생의 '식―명색'을 포함하는 의미를 가지고 있다. 그러므로 유(有)는 '촉수애취'의 단계에서 형성된 오취온(五取蘊)에 의해서 발생하는 욕유 – 색유 – 무색유에 의해 윤회를 계속하는 과정을 의미하는 것이다.

⑪ 생(生) Jāti, Birth

유(有)를 연하여 생(生)이 생긴다. 생은 영어로 단순히 태어남(Birth)으로 번역되고 그 뜻은 단일하다. 산스크리트어로 자티(Jāti)라 표현되며, 연기법보다는 사성제의 고집멸도에서 고(苦)의 주요한 원인으로 거론된다. 생은 생명의 시작에서 태어나는 것만 아니라, 새로운 사람으로 새로운 지위와 자리를 취득하여 태어나는 것이다.

잡아함경의 법설의설경에는 각각의 중생들이 각각의 몸의 종류로 생겨나, 뛰어넘고 화합하고 태어나서 음(陰)을 얻고, 계(界)를 얻고, 입처(入處)를 얻고, 명근(命根)을 얻으면 이것을 태어남이라고 한다고 한다.

각각의 중생이란 욕계, 색계, 무색계의 세계에 살고 있는 중생을 말하고, 각각의 몸이란, 중생의 동류상사성[65]을 말한다. 음을 얻는 것은 오온이 갖추어지는 것이고, 계를 얻는 것은 18계가 갖추어지는 것이며, 입처를 득하는 것은 12처가 갖추어지는 것이다.

원래 태어남이란 만물이 모두 같다고 보지만, 실제로 태어남에 있어서 빈부나 인종의 차별이 있다. 이런 차별은 어디서 유래하는가? 인도에서는 창조신에 의한 것이라는 설, 숙명론, 우연론 등이 있었는데, 붓다는 이런 것이 아니라 연기론에 의한 것이라고 조명하였다. 즉 업과 연(緣)에 의하여 생(生)을 본 것이다.

**사성제 속에서의 생(生)** : 사성제 속에서 생은 고(苦)의 측면이다. 예를 들어 초전법륜경에서, '지금 비구여, 이것이 사성제이다. 생(生)은 고이며, 노(老)는 고이며, 사(死)는 고이다. 우비고뇌(憂悲苦惱)는 고이다. 간단히 말해서, 오온에 집착하는 것이 고이다'고 말한다.

아잔 수치토(Ajahn Sucitto)는 불교의 관점에서 생(生)이라는 어려움과 고를 설명한다.

---

65) 중생이 존재로서의 동등함을 갖고 전전(展轉)하는 것을 말한다.

"생이 어떻게 어렵고, 어떻게 고를 포함하는가? 태어나는 것은 육체적으로 고통스럽다. 태어남은 불확실한 영역에 나타나는 것이다. 어떻게 아기가 고통스러운가? 세상에 태어나는 것은 목숨을 건 무서운 경험임에 틀림없다. 대부분의 중생에게, 그것은 보장된 양육(guaranteed nourishment)이 종식되는 것이며(즉 태아 상태로 모체 속에서 가장 편안함을 느낀다), 생존하려는 투쟁의 시작을 의미한다. 풍부한 사회에서 사는 특권을 가진 인간에게도, 생의 시작으로부터 육체적 불편이 있는 생활이 시작되며, 또한 그 편안함과 재산과 건강을 유지하거나 지킬 필요가 있다. 모든 경우에, 생의 명백한 장단기 결과는 죽음이며, 궁극적 궤도는 피할 수 없는 사멸이다. 그래서 생의 결과로 무슨 즐거움이 오건 간에, 생은 조만간 일어나는 고(苦)와 스트레스를 포함한다. 생은 또한 완성되지 않음에서 완성을 찾는 것이다."

《불교계에서는 대체로 아잔 수치토의 시각과 같이 생을 보려는 경향이 있다. 물론 생의 괴로운 측면을 보면, 이렇게도 볼 수 있다. 그러나 인간을 포함한 모든 중생들에게 공통되는 것은 생(生)이야말로 가장 축복받는 행위다. 모든 중생들에게 본능적으로 갖추어진 것은 종족번식의 기능이고, 새로 탄생시킨 후세가 있기 때문에 자신이 더 충실하게 살아갈 수도 있다. 이야말로 붓다가 라훌라가 있었고, 성철스님이 불필스님을 두었기 때문이 아닐까? 따라서 태어남 자체를 태어나기 전과 비교하여 비관적으로 보는 것은 잘못된 것이다. 태어난 후에 새로 집적되는 원인을 분석하여 생 자체가 고의 원인임을 소멸시키는 노력이 필요하다.》

⑫ **노사(老死) Jarā-maraṇa Aging, decay and death**
생(生)이 있으면 노사(老死)가 생기는 것은 당연하다. 여기서 말하는 자라마라나(Jarāmaraṇa)는 늙음과 죽음을 말한다. 불교에서 노사는 다시 태어남과 윤회에 앞서서 모든 중생의 피할 수 없는 생의 끝인 고(苦)와 관련이 있다. 영문으로는 "aging (old age), decay and death", 즉 노병사(老病死)로 번역한다.

불교는 이 노사(老死)와 밀접한 관련이 있다. 처음 석가모니 붓다가 출가를 결심하게 된 계기가 된 것이 이 늙음과 죽음의 문제를 깊게 고찰하고서이다. 불본행집경

제12권 유희관촉품(遊戲觀矚品)은 젊은 시절 붓다의 고뇌를 잘 묘사하고 있다.

어느 때 고타마 싯달타 태자는 부왕과 함께 봄에 들녘에 나가 농부들이 밭갈이하는 것을 보게 되었다. 옷도 제대로 입지 못한 농부들이 힘들어 하면서 소에 보습을 매어 밭을 가는데, 소가 가는 것이 늦어지면 때때로 고삐를 후려치기도 하는 것이었다. 그 사이에 농부도 소도 헐떡거리고 땀을 흘리며 괴로워했다. 그리고 보습에 흙이 파헤쳐지자 벌레들이 나왔으며, 뭇 새들이 다투어 날아와 그 벌레들을 쪼아 먹었다. 이러한 현상을 본 태자는 모든 중생들에게 이런 일이 있음을 생각하고 신음하며 이렇게 말했다.

"아. 세간의 중생들은 극심한 괴로움을 받나니 그것은 곧 나고 늙고 병들고 죽음이며, 겸하여 가지가지 고뇌를 받으면서 그 가운데 전전하여 떠나지 못하는구나, 어찌하여 이 모든 괴로움에서 벗어나고자 하지 않고, 어찌해서 괴로움을 싫어하고 고요한 지혜를 구하지 않으며, 어찌해서 나고 늙고 병들고 죽음의 괴로움에서 벗어나기를 생각하지 않는가."

《이러한 내용은 인생을 숙고하는 자라면 누구나 느끼는 감정일 것이다.》

잡아함경 법설의설경에 의하면,
노사(老死)는 노(老)와 사(死) 즉 늙음과 죽음을 통칭하는 말이다. 노(老) 즉 늙음은 털이 하얗게 세고 정수리가 벗겨지며(髮白露頂 - 발백노정), 가죽이 늘어지고 5근(根)이 문드러지며(皮緩根熟 - 피완근숙), 사지(四肢)가 약해지고 등이 굽어지며(支弱背僂 - 지약배루), 머리를 떨어뜨리고 끙끙 앓으며(垂頭呻吟 - 수두신음), 숨이 짧아져 헐떡이고(短氣前輸 - 단기전수), 지팡이를 짚고 다니며(柱杖而行 - 주장이행), 몸이 검게 변하여(身體黧黑 - 신체려흑), 온몸에 저승꽃이 피며(四體班駁 - 사체반박), 정신이 희미해져 멍청히 있고(闇鈍垂熟 - 암둔수숙), 거동하기 어려울 정도로 쇠약해지는 것을 말한다(造行艱難羸劣 - 조행간난리열).
사(死) 즉 죽음은 각각의 중생(衆生)이 해당되는 무리로부터 사라지고 천이(遷移)하며, 몸이 무너지고(身壞), 수명이 다하고(壽盡), 따뜻한 기운이 떠나고(火離), 목숨이 소멸하여(命滅), 오온을 버릴 때가 온 것(捨陰時到)을 말한다.

생연노사(生緣老死) 또는 연생노사(緣生老死), 즉 생(生)이 있으므로 노사(老死)가 있다는 것은 태어남이 있으면 반드시 늙음과 죽음이 있다는 것으로, 열반에 이른 상태가 아닌 한 생사윤회를 피할 수 없다는 것을 뜻한다. 또한 이미 발생한 노사(老死) 즉 늙음과 죽음이 있다면, 반드시 그 기본 전제가 되는 생(生) 즉 태어남이 존재한다는 것을 뜻한다. 그리고 이러한 연기관계를 통해 순대고취(純大苦聚) 상태의, 즉 5취온 상태의 생사윤회가 반복된다는 것을 뜻한다.

### ※ 사(死)에 대한 다른 시각도 보자.

사(死)는 경험의 종식뿐 아니라 육체적인 죽음과 죽어가는 것을 말한다. 죽음과 죽어가는 것은 보통 어느 정도의 고통과 퇴화를 포함한다. 우리는 죽음이 노인들에게 일어날 뿐 아니라, 보통의 인간도 항상 어느 순간 그들의 목숨을 위협할 수 있는 파괴적인 힘으로 싸여 있다는 것을 안다. 생명은 많은 스트레스 물질로 싸여 있고, 오리나 다람쥐 등 다른 동물들도 그렇다. 인간들은 그들 자신이 고안한 불, 전기, 차, 많은 무기로 싸여 있다. 이것들은 우리의 목숨을 안전하게 하려고 창조된 것이지만, 부상과 죽음을 야기하는 아주 보통의 원인들이다. 우리의 생은 안전의 감소 및 상실에 대한 두려움, 그에 대한 잠재적 위험으로 채워져 있다. 붓다의 시각에 따르면, 죽음은 육체와 정신 자체가 아니라, 어떤 정신적 육체적 경험의 사라짐을 말할지 모른다. 유쾌한 어떤 것이 끝나면, 우리는 슬플 수 있고, 그것을 기억할 수 있고, 그것에 대한 어떤 종류의 관점이나 의견을 형성한다. 그것이 우리가 창조한 어떤 것, 예를 들어 그림을 상정할 경우에, 우리는 작품에 대해 비평적으로 느낄 수 있고, 혹은 현재 자아비판이 아니라면, 그 성공의 느낌은 다음 그림을 위한 기대 패턴을 만들지도 모른다. 그러나 죽음은 알고 있고 친숙한 것의 끝이다. 그래서 우리가 어떤 것의 끝에 갔을 때, 우리는 의지할 새로운 어떤 것을 찾으려 한다. 예를 들어, 식사 후에 우리는 산책을 하거나 쉬거나 대화를 할 수 있다. 즐거웠던 과거나 즐거운 미래를 위한 계획, 혹은 즐거운 현재를 낳거나 유지하는 것에 관해서이다. 이 모든 것이 생을 향한 움직임이다. 그러나 죽음은 그 이후의 어떤 것도 계획할 수 없게 만든다.

12연기를 과거-현재-미래의 생을 전체적으로 서술한 것이라는 입장이 삼세양중인과설(三世兩重因果說)이다. 아래 도표에 보면, 무명과 행은 과거세, 생과 노사는 미래세를 나타낸다.

| 12연기의 삼세양중인과 ||||
|---|---|---|---|
| 1무명 → 2행 → | 3식 → 4명색 → 5육입 → 6촉 → 7수 → | 8애 → 9취 → 10유 → | 11생 → 12노사 |
| 능동적 측면 | 수동적 측면 | 능동적 측면 | 수동적 측면 |
| 과거 | 현재 || 미래 |
| 과거의 원인 | 현재의 결과 | 현재의 원인 | 미래의 결과 |
| 과거의 업이 현재에 나타난 것 - 3~7<br>현재의 행위가 미래에 나타날 것 - 8~10 ||||
| 현재(유식학에서 2세1중인과로 보는 경우) ||| 미래 |

식, 명색, 육입, 촉, 수는 과거의 업에 의해 발생하는 수동적인 측면이고, 애-취-유는 현재에 업을 만드는 능동적인 측면이다.

### 🎙 이세일중인과설에 대하여

기본적으로 삼세양중인과론이 통설이다. 대승불교의 유식론에서는 12연기의 과정을 분석하여, 12연기의 고리 중에서 무명-행, 애-취-유는 괴로움의 두 가지 원인이며, 식-명색-6입-촉-수, 마지막의 생-노사는 괴로움의 결과로 이해한다. 그래서 앞의 무명-행은 과거세, 마지막의 생-노사는 미래세를 말하여 과거-현재-미래의 구조를 나타내는 것이라는 것이 정설이다. 그런데 이 구도는 현재와 미래(과거와 현재)를 규명하는 것으로 보는 설도 있다. 이 주장은 아래 경을 근거로 주장되고 있다.

상 12.12 12.59(식경-Consciousness Sutta) 상 12.65(도시에 대한 경-이는 생과 노사를 환멸연기로 분석하여 식까지 도달한다.) 상12.67(갈대 다발경)의 4개의 경은 금생의 재생연결식에서 시작하여 내생의 생-노사로 연결되는 금생과 내생의 이세인과를 설하고 있다. 8지연기를 설하는 상 12.24 43 44 45는 금생과 내생의 이세인과를 설한다.

그러나 '이세일중인과'라고 하지만, 이는 삼세양중인과의 부분을 끊어서 설하는 것이다. 예를 들어 상윳따 니까야 12.59의 식경에 의하면, 《식(識)을 조건으로 명색이 생기고, 명색을 조건으로 육입이 생기며…. 노사가 생긴다》고 하므로, 이는 무명과 행을 생략하고, 식(識)으로부터 연기법을 설명하는 것이다. 그러한 이유의 설명으로 재미있는 비유를 하고 있다. 《거대한 나무가 있고, 그 뿌리가 아래로, 또 옆으로 뻗은 경우라도, 수액(樹液)은 위로 올라갈 것이다. 이러한 수액으로 영양분을 섭취하며 거대한 나무는 오래 자랄 것이다. 그와 같이 중생이 자신들을 구속하는 것들에 만족감을 느끼며 산다면, 많은 식(識)이 있는 셈이고, 그것이 전체 고(苦)의 기원이다. 중생이 그 위험성을 숙고하며 산다면, 식(識)의 발생은 없을 것이다.》

결국 앞에서 식(識)에 대해서 설명한 바와 같이 식(識)이 처음 발생하는 것을 연기의 발생으로 보아도 될 것이다.

상윳따 니까야 12.65 도시의 경(The City)에 의하면,

《노사(老死)는 왜 존재하는가? 노사(老死)는 생(生)을 조건으로 존재한다. 생(生)은 유(有)를 조건으로, 유(有)는 취착을 조건으로, 취착은 갈애를 조건으로, 갈애는 느낌을 조건으로, 느낌은 접촉을 조건으로, 접촉은 육입처를 조건으로, 육입처는 명색을 조건으로 한다. 명색은 식(識)이 있기 때문에 존재한다. 그리고 식은 명색(名色)이 있음을 조건으로 한다.》

여기서 명색과 식(識)은 순환논법 구조에 빠지게 되며, 무명과 행이 언급되지 않는다. 그렇지만 마지막의 명색이 식을 조건으로 발생한다고 한 후의 **식(識)이 명색을 조건으로 한다고 할 때의 명색은 무명과 행이 만들어낸 과거의 명색이라고 보아야 한다**. 식과 명의 상호교차에 대해서는 앞에서 언급한 바 있다. 여기서 또 같은 '도시의 경'에서 교훈이 될 비유를 들고 있는데,

"어떤 사람이 숲을 통해서 오래된 길을 발견하고, 과거에 사람들이 많이 다녔

던 길이라는 것을 알아차린다. 그는 그 길을 따라가다 고대의 도시를 발견하고, 공원과 숲과 연못, 성벽 속에서 많은 사람들이 살았던 것을 알아낸다. 곧 그 사실을 왕과 귀족들에게 알려주고, 그 도시를 수리하자고 제안하여, 도시가 재건되어 번성하며, 인구도 늘어나고 번창하게 된다. 깨달은 이가 과거에 여행하였던 고대의 길을 보았고, 그 길을 따라갔을 뿐이다. 무슨 길인가? 그것은 성스러운 여덟 가지 길이다. 즉 정견, 정사유, 정어, 정업, 정명, 정정진, 정념, 정정이다. 그 길을 따랐더니 노사(老死)와 그 기원, 그 소멸, 소멸로 이끄는 길을 직접적으로 알게 되었고, 연기의 형성과 그 소멸로 이끄는 길을 직접으로 알게 되었다. 그것을 직접적으로 알게 되어 모두에게 설명하였다. 성스러운 생은 성공하였다"고 고백한다.

### 🎤 또 12연기법 외에도

연기법의 다섯 가지만 들고 있는 5지연기를 설하기도 한다. 상윳따 니까야 상 12.52~57, 60은 금생의 원인과 내생의 결과만을 언급하고 있다. 즉 12연기 후반부의 (촉수)애취유생노사의 다섯만을 들고 있다. 모두 12연기의 전체적인 모습을 그리면 이해가 된다.

🎤 그 외 12연기는 순간적으로 일어나기도 하고, 동시에 일어난다는 주장도 있다. 이는 찰나연기와 동시연기라고 한다.

찰나연기 – 한 찰나에 연기의 열두 가지가 동시에 함께 일어난다는 주장이다. 구사론에 보면, 탐욕으로 인하여 살생을 행할 때 열두 가지가 모두 갖추어져 일어난다고 하는데, 이러한 연기도 분류해 보면,

연박(連縛)연기가 하나로서 12찰나에 걸쳐 연속적으로 12지가 연이어 상속한다는 것이다. 또 원속(遠續)연기의 개념도 있다. 이는 여러 생에 걸쳐 시간을 건너뛰어 열두 가지가 상속한다는 것이다.

마지막으로 분위(分位)연기는, 12지는 모두 오온을 본질로 하여 매 순간 오온이 생멸하면서 상속하지만 특정 순간의 두드러진 상태에 근거하여 각각의 명칭을 설정한 것이라고 설명한다.

## 3) 무명에서 노사까지 다함이 없다

無無明 亦 無無明盡乃至 無老死 亦無老死盡
무무명 역 무무명진내지 무노사 역무노사진

무명에서 노사(老死)까지 12연기를 구체적으로 보았다. 그래서 무무명(無無明) 역(亦) 무무명진(無無明盡) 그리고 바로 뒷 구절인 내지무노사(乃至無老死) 역무노사진(亦無老死盡)까지 합쳐서 보도록 하자.

전체적으로 무명(無明)에서 노사(老死)까지 12연기의 처음과 끝을 언급하는 것은 분명한데, 그러한 무명이나 노사는 없다는 무(無)가 붙어 있으며, 또 그러한 무명과 노사가 다하였다는 진(盡) 자가 붙어 있다. 그래서 여태까지 우리가 해 온 단순한 분석으로 해결될 수 있는 문제가 아니다. 이 문제를 두고 어떤 시각들을 가지고 있는지 보도록 하자.

① 먼저 붓다의 설법의 주요 내용을 부정하는 시각을 유지하는 견해이다. 즉 색성향미촉법 내지 안이비설신의 등을 모두 부정하는 것이므로, 공(空)의 시각에서 연기법도 부정하고, 연기법조차도 공(空)이라는 시각이다. 가장 통상적인 견해이지만, 구절의 의미를 정확하게 파악하는 치열함이 없는 견해이다. 즉 만약 반야심경에서 이 구절이 무무명(無無明) 내지 무노사(乃至 無老死)라는 구절로 표시된다면, 이런 견해도 일리가 있다고 할 수 있다. 그러나 단순히 공(空)을 밝히기 위해서 모든 것을 부정하여, 모든 것은 공(空)이라는 결론이 나온다면, 일체가 공(空)이라는 허무주의로 빠질 가능성이 많고, 실제로 이렇게 믿는 사람도 많다. 소위 악취공(惡取空)이라고 하는데, 막행막식하는 자들의 견해이다.

② 이 구절부터는 의미심장한 내용이 드러나고 있으니, 그냥 읽어버려서는 안 된다. 즉 무명(無明)도 없고 무명(無明)이 다함도 없다는 논리는 무엇인가? 노사(老死)도 없고 노사(老死)가 다함도 없다는 것은 무슨 말인가? 여기서 무명이 없다는 것은 모든 것이 공(空)이라는 견지에서 연기법의 연기론조차 그 고유의 원리가 없다는 것

을 선언하는 것이다. 그러나 붓다는 연기법에 대하여 자기가 발견한 것도 아니고, 다른 성자들이 발견한 것도 아니며, 원래부터 있던 원리라고 말하였다. 따라서 그러한 연기를 부정하는 것은 제대로 된 이론이 아닐 것이다. 그렇기에 단순히 무명이 없다고 부정하면서도 무명이 다함이 없다는 말을 덧붙인 것으로 보기도 한다. 그러면 무명이 다함이 없다는 것은 무엇 때문에 나온 구절일까?

콘체의 영어 번역에 의하면, there is no ignorance(무명이 없다), no extinction of ignorance, and so forth(무명의 소멸 등도 없다) : there is no decay and death(노사가 없다), no extinction of decay and death(노사의 소멸도 없다)라고 되어 있다.

레드파인은 뜻을 명확하게 하기 위해서, no causal link, from ignorance to old age and death(무명에서 노사까지 연기의 고리가 없다) and no end of causal link, from ignorance to old age and death(무명에서 노사까지 연기의 끝도 없다)라고 하였다.

콘체는 다할 진(盡)의 뜻을 소멸(extinction)이라고 표현하였고, 레드파인은 끝(end)이라고 표현하였다.

과연 무명도 없고 노사(老死)도 없다는 것은 12연기를 하나씩 부정하여 연기론 자체를 부정하는 것은 맞다. 그런데 무명이 다함도 없다, 혹은 영어 번역에 의하면 무명의 소멸도 없다, 무명의 끝도 없다는 것이 부가되면 어떤 뜻이 되는 것일까? 문자적으로 해석한다면, 비록 연기법의 원리를 부정하지만(무무명내지 무노사), 그 연기법이 완전히 부정되는 것은 아니라(무무명진내지 무노사진)는 의미를 주고 있다.

앞에서도 말한 바, 무명에서 노사까지가 연기법의 구도로서 그 연기법이 없다는 부정의 취지라면, 무명진에서 노사진까지는 연기법이 다함이 없는 것이라는 연기법의 긍정의 취지다. 즉 연기법이 여전히 작동한다는 뜻이다. 그래서 '인연법도 없고 인연법이 다함도 없다'고 하고 있다(이기영 역, 반야심경 161면)는 설명이 문자적으로 맞다.

무명이 없는 것과 무명이 다함이 없는 것을 깨달음과 결부시킬 수도 있다. 그 열쇠는 뒤에 나오는 무지역무득의 구절인데, 지혜도 없고, 얻는 것도 없다는 구절과 유사하기 때문이다. 그런데 여기서는 깨달음을 제쳐두고 단지 무명이 없다는 것을 반야심경의 앞의 구절과 비교하여 문맥 속에서 판단해 보자.

현재 이 구절의 위치는 오온(五蘊)이 없다, 12처도 없다, 18계도 없다는 순서 속에서 이제 12연기도 없다는 절정 전의 숨 고르기 장면으로 보인다. 그런데 위 오온(五蘊), 12처, 18계와 12연기의 차이점을 주목할 필요가 있다. 오온, 12처, 18계는 우리가 사물을 사실 그대로 파악하지 못하게 하는 차폐막(shield) 같은 것이고, 그것을 극복하기 위해서 그런 것이 없다는 반야심경의 선언은, 그런 것을 없는 것으로 생각하고 실상을 찾으라는 것이다(如實知見). 따라서 반야심경의 지금까지의 선언은 석가모니 붓다가 설법한 내용을 공사상에 비추어 정리하여 보여주는 것이다.

그런데 이제 여기에서 12연기의 원리가 없다거나 공(空)이라는 주장은 앞서의 것들과는 차이가 있다. 연기론의 원리와 고집멸도의 사성제는 붓다 깨달음의 핵심인데, 이를 무(無)라고 선언하는 것은 붓다의 가르침을 정면으로 부정하는 것이다. 아마도 그렇기 때문에 "다함이 없다"라는 구절이 들어간 것으로 보인다. 분명히 공한 모습을 그리고 있으므로 모든 것을 부정해 가지만, 어느 순간 붓다 가르침의 핵심을 부정하는 것으로 그칠 수는 없는 것이었다. 그래서 이런 맥락을 알고 반야심경을 읽어야 할 것이다.

그러면 무명(無明)이 없다는 것과 무명(無明)이 다함도 없다는 것을 어떻게 붓다의 가르침과 조화시킬 것인가? 연기론의 원리를 부정하는 것이 깨달음인가? 그렇지 않다. 연기론을 완전히 납득한 후에 깨달음으로 가는 길을 밟아야 할 것이다. 그렇다면 무무명은 금강경에서 나오는 '법문이란 뗏목과 같은 것임을 아는 자들은, 법을 버려야 하거늘 법이 아닌 것은 당연한 것이다'라는 구절이 연상된다. 즉 깨달음이 온 연후에 연기의 원리며, 고집멸도의 사성제며 모두 없다고 하여도 그것들은 법에 지나지 않는 것이기 때문에 관계가 없는 것이다. 이 부분만을 재구성한다면〈공 속에서 연기법도 없다는 것을 보았다. 그러나 그러한 연기법이 없어진 것이 아니라 계속되고 있는 것을 보는 것이다.〉즉 공의 원리를 깨달은 사람은 모든 것이 부정되지만, 붓다가 제시했던 이 세상의 장애는 여전히 계속되는 것이라는 자각을 하는 장면이다.

그래서 연기법의 없음과 그 연기법이 여전히 계속됨을 외치는 이 구절에 와서는 깨달은 자의 성취를 말하는 구절이라 보아야 한다. 독각불(獨覺佛) 혹은 벽지불(碧

支佛)의 개념을 사용하여, 그들이 깨달은 것에 대하여 관자재보살이 가르침을 주는 장면으로 보는 것이다.

③ 지금까지의 논의들을 정리해 보자. 무명도 없고 무명이 다함도 없으니, 무명을 거론할 필요가 없는 것이 아니냐는 생각도 들 것이다. 노사(老死)도 없고, 노사(老死)가 다함도 없는 것도 마찬가지다. 그러나 무명과 노사(老死)를 반야심경에서 거론한 것은 12연기를 표현하기 위함이 분명하므로, 구절에 몰입하지 말고, 12연기도 없고 12연기가 다함도 없다는 것으로 통찰해야 한다. 간단히 말해서 연기법도 없고 연기법이 적용되지 않음도 없다고 보면 된다.

그 의미는 연기법이 있다고 의식하는 것은 연기법에 지배당하는 것이며, 이는 깨달음으로 더 이상의 윤회를 끊는 길을 막는 장애가 될 것이라는 것이다. 연기법이 다함도 없다는 것은 연기의 원리가 모든 세계를 지배한다는 원래의 원칙을 알려주는 것이다.

## 아. 사성제도 없다

乃至 無苦集滅道
내지 무고집멸도
고집멸도도 없다

無智亦無得 以無所得故
무지역무득 이무소득고
지혜도 없고 얻는 것도 없다. 그러므로

### 1) 무고집멸도(無苦集滅道)

〈 na duḥkha-samudaya-nirodha-mārgā 〉

이 부분 한역자들의 번역은 모두 같아서, 무 고집멸도(苦集滅道)이다.
〈 na-없다, duhkha-고(苦), samudaya-집(集), 모이다, nirodha-소멸, mārgā-길 〉

불교의 가르침은 사성제(四聖諦)로 집약되고 종합된다. 그래서 맛지마 니까야, 코끼리의 족적에 비유하는 「상적유대경(象跡喩大經 Mahāhatthipadopama Sutta)」 (M28)에서 사리불은 이렇게 설하였다.

"도반들이여, 예를 들면 움직이는 모든 생명들의 발자국들은 모두 코끼리 발자국에 포함되고 코끼리 발자국이야말로 그 크기로서 최상이라고 불리는 것과 같습니다. 도반들이여, 그와 같이 어떤 유익한 법이던 그것들은 모두 4성제(四聖諦)에 포함됩니다. 무엇이 넷인가? 괴로움의 성스러운 진리(苦聖諦), 괴로움의 일어남의 성스러운 진리(集聖諦), 괴로움의 소멸의 성스러운 진리(滅聖諦), 괴로움의 소멸에 이르는 도의 성스러운 진리(道聖諦)입니다."

《4성제는 불교의 가장 기본적인 원리라 할 수 있으며, 또한 이 4성제를 바로 아는 것을 깨달음이라 하기도 한다.》

한편 법구경에서도 사성제에 대한 언급이 있다. 즉 14장, 붓다품(The Buddha)의 190에서 192에서

"붓다와 법과 승단에 의지처를 찾은 사람은 지혜로써 네 가지 성스러운 진리를 본다. 괴로움과 괴로움의 원인, 괴로움의 소멸과 괴로움을 없애는 길로 이끄는 팔정도가 그것이다. 그것만이 안전하며 최상의 의지처다. 이 의지처를 얻은 후에 인간은 모든 고(苦)로부터 벗어난다."

현재 반야심경에서 고집멸도(苦集滅道)도 없다고 선언하였는데, 고집멸도야말로 붓다 가르침의 핵심으로 사성제(四聖諦)라고 하여 성스러울 성(聖)이라는 글자까지

들어 있다. 영어로도 Four Noble Truths로 표기되어, Noble(고귀한)이라는 표현을 사용한다. 산스크리트어로는 Āryasatya로서, Ārya는 고귀한, satya는 가르침이라는 뜻이다. 성(聖) 자가 들어간 원리는 오온, 12처, 18계, 22근, 4제, 12연기의 여섯 가지 가운데서는 오직 사제(四諦)에만 붙어서 사성제라고 부른다. 초기불교의 수행의 주제인 37보리분법 즉 4념처, 4정근, 4여의족, 5근, 5력, 7각지에도 성(聖)자가 붙지 않으며, 8정도(8支聖道)에는 붙는데, 이또한 4성제의 일부라고 본다면 성스러운 진리는 고집멸도(苦集滅道)로서 가장 중요한 원리라 할 것이다. 그런데 이러한 고집멸도가 없다고 선언하는 것을 어떻게 받아들여야 할까?

🎙 우선 이 사성제를 먼저 살펴보자. 사성제는 쉽게 말하면, 인생은 괴로움이고, 그 괴로움의 원인은 있으며, 또 그 괴로움을 없앨 수 있고, 그 없애는 방법은 팔정도(道)라는 것이다. 너무나 중요한 원리이기 때문에 우리는 고집멸도를 정확하게 알아보기로 한다.

🎙 **고집멸도의 뜻** : 고집멸도(苦集滅道)에서 고(苦)는 누구나 생로병사의 괴로움을 겪는다는 의미에서, 중생으로서의 삶은 괴로움으로 둘러싸여 있다는 것이고, 집(集)은 그러한 괴로움의 원인이 있으며, 멸(滅)은 그러한 괴로움의 원인을 없앨 수 있으며, 그러한 괴로움을 없애는 방법이 도(道)라는 것이다. 따라서 일반적인 한자의 의미와는 다르게 보아야 한다. 즉 집(集)이 괴로움의 원인이 있다는 뜻으로 사용되었다.

**숫타니파타**의 '두 가지 관찰경(Dvayatānupassanāsutta)'에 의하면, 붓다가 수행승들에게 주는 조언이 있다. 즉

"비구들이여, 사람들이 선하고 고상하며 자유롭고 완전한 깨달음으로 이르는 까닭이 무엇이냐고 묻거든, 두 가지 법을 바르게 이해하기 위해서라고 말하라. 그 처음은 이것은 괴로움과, 괴로움의 원인이라는 이해이며, 그리고 괴로움의 소멸과, 그 소멸로 이르는 길이라는 것을 이해하는 것이 두 번째다. 이것들

을 바르게 관찰하여 게으르지 않고 열심히 결단을 가지고 수행하면 두 가지 과보 중 하나를 거둘 것이니, 현세에서 완전한 지혜를 얻게 되거나, '돌아오지 않는 자(anāgāmin, 아나함, 阿那含)'가 될 것이다."(724)

"또한 이것들을 모르면, 마음의 해탈을 얻지 못하고, 지혜의 해탈도 얻지 못한다. 그들은 윤회를 끊어 버릴 수가 없다. 그들은 생과 늙음을 받게 된다."(725)

《여기서 고와 집, 멸과 도를 묶어서 두 가지로 설명하였는데, 이 고집멸도를 이해하는 것이야말로 해탈로 가는 길이라는 것을 설명한다.》

그러므로 고집멸도가 없다는 것은 단순한 고집멸도의 부정인가? 고집멸도조차 없는 초월적 경지를 말하는 것인가? 한편으로 불교의 근본인 사성제를 부정하는 말을 하는 것은 사성제에의 집착을 깨뜨리고, 사성제의 진의를 살리기 위해서인가? 반야심경의 입장에서 사성제라는 진리를 고집하는 것은 그것 또한 공에 위배되는 집착이기 때문이라고 보는 견해도 있다. 즉 중국의 명 시대의 선사 종륵(宗勒)은 고집멸도의 원리가 중생의 동경을 야기하여 발분하게 만들지만, 대승의 보살은 이 경지의 본체가 공적(空寂)함을 분명하게 보기 때문에 없다고 한 것이라고 한다.

| 사성제(四聖諦, Āryasatya, Four Noble Truths) | | |
|---|---|---|
| | 의 미 | 내 용 |
| 고(苦) | 삶은 괴로움이다 | 고고(苦苦) – 생로병사(生老病死),<br>괴고(壞苦) – 애별리고(愛別離苦), 원증회고(怨憎會苦), 구부득고(求不得苦)<br>행고(行苦) – 오취온고 |
| 집(集) | 괴로움의 원인 | 갈애(渴愛), 그 원인은 촉수애(觸受愛)의 순서에 따른 원인, 결국 이는 무명(無明)에서 시작된다. |
| 멸(滅) | 괴로움의 소멸 | 갈애의 소진, 애진(愛盡) |
| 도(道) | 괴로움을 없애는 방법 | 팔정도(八正道) |

고집멸도가 어느 정도의 위치에 있느냐고 한다면, 붓다가 최초로 깨달음을 얻은 후에 그의 다섯 제자에게 처음 설법한 내용에 그것이 적시되어 있다는 것에 비추어 제1의적으로 중요시되는 원리라 할 것이다. 이때 설법한 것에 대해서, 처음으로 법

의 수레바퀴를 돌린 것이라고 하여 초전법륜경이라 한다.

🎤 **초전법륜경** : 원래 전법륜경(轉法輪經)이라는 뜻의 다르마차크라 프라바르타나 수트라(Dharmacakrapravartana Sūtra)는 '법의 바퀴를 돌린다'는 의미인데, 붓다가 깨달음을 얻은 후 초기 다섯 제자에게 녹야원에서 설법한 것에 대해서, 처음으로 법의 바퀴를 돌렸다는 뜻에서 초(初)를 부가하여 초전법륜경으로 부른다.

석가모니 붓다는 보드가야의 네란자라강(Nerañjarā river) 옆의 보리수 아래에서 깨달음을 얻었고, 49일 동안 침묵을 지켰다. 그리고 보드가야에서 사르나스(Sarnath)까지 갔다. 거기서 그는 6년이나 고행을 같이했던 그의 다섯 동반자[66]를 만났다. 처음에 동반자들은 붓다가 고행을 그만두었을 때 의심의 눈길을 가졌고, 다시 그들에게 가르침을 주러 오는 모습을 보고 외면하였지만, 붓다의 후광(後光)을 보고, 붓다가 깨달음을 얻은 것을 알게 되었으며 가르침을 요청하게 된다. 그래서 붓다는 나중에 전법륜경으로 기록되는 가르침을 베풀었다. 이 전법륜경의 주요 내용을 보면, 사성제와 중도라는 불교의 기본교리를 형성한다.

🎤 **연기법과 사성제(四聖諦)와의 관계**

사성제는 고집멸도(苦集滅道)를 말하는데, 이는 연기의 원리를 표현한 것으로 볼 수 있다. 고(苦)는 해탈하지 못한 중생이 필연적으로 겪게 되는 것이지만, 그 고(苦)를 없애는 방법은 고(苦)가 의존하는 여러 조건들을 없애줌으로써 소멸시킬 수 있다는 가르침이다. 그러므로 사성제는 고(苦)의 발생과 원인을 없애어 고(苦)를 소멸시키기 위한 방법인 것이다. 인생의 괴로움을 해소하는 것을 지상과제로 삼았던 붓다에게 있어서 괴로움을 해결하기 위해서 괴로움의 원인을 밝히고, 그 괴로움을 없앨 수 있는지를 규명하는 것이 가장 절실했으며, 그것에 성공한 것이 고집멸도의 네 가

---

66) 아잔 수치토(Ajahn Sucitto)의 설명에 따르면, 녹야원(Deer Park)의 다섯 비구는 콘다냐(Kondañña), 바파(Vappa), 바디야(Bhaddiya), 마하나마(Mahānāma), 아사지(Assaji)이다. 콘다냐는 가장 연장자이고, 앞서 오랜 기간 브라만이었으며, 그는 수도다나의 궁전에 초대받아 미래의 붓다가 될 싯다르타를 보러 갔었다. 아사지는 붓다의 사촌이었다. 다섯 동반자 중에 콘다냐만이 싯다르타가 붓다가 될 것임을 알았다.

지 진리인 것이다. 괴로움의 원인들이 여러 가지 모여서 괴로움을 형성한다면, 그 원인들 중 일부를 제거함으로써 괴로움의 원인을 원천무효화시키는 방법으로 고(苦)를 소멸시킨다. 참고로 일부만을 제거하여 미몽을 없애는 방법은 금강경에서 제시되었기 때문에, 그 연관성을 찾고자 하는 분은 금강경도 자세히 읽으면서 생각해 본다면 깊은 의미를 찾을 수 있을 것이다.

🎙 연기법을 총평하자면, 고(苦)를 소멸시키기 위해서 인과의 고리를 통하여 그 괴로움의 원인을 추적하는 대신에, 노사(老死)의 문제로부터 거꾸로 무명(無明)까지 되돌아가는 방법을 택하는 것도 가능하다. 붓다는 특별히 하나의 원인에 초점을 맞추는데, 그것은 갈애(渴愛)다. 우리가 집착하는 상태(욕계)나 대상이라는 존재(색계), 그리고 무색계를 향한 갈애(渴愛)가 그것이다. 모든 객체와 상태는 변하기 때문에 우리의 갈애(渴愛)와 그 결과적인 집착은 고통을 야기한다. 그래서 붓다의 첫 번째 진리는 고(苦, 두카, duhkha)라는 것이다. 두 번째 진리는 고통의 기원(고의 원인, samudaya)이다. 이 두 진리를 설한 후에, 붓다는 세 번째 진리를 선언하는데, 그것은 고(苦)의 종식(nirodha)이다. 만약 갈애(渴愛)가 집착을 만들고 집착이 고통을 만든다면, 갈애(渴愛)와 집착을 종식하는 것이 고(苦)를 끝내는 길이다. 그래서 네 번째 진리는 고(苦)를 끝내는 길(marga)이다.

※ 레드파인의 재미있는 비유를 보자.
고대 인도에서, 의사들은 치료의 과정이 같았다. 병의 결정, 병의 원인의 결정, 구제방법의 결정, 그리고 치료를 적용하는 것이다. 이것은 대충 석가모니의 사성제와 맞아떨어진다. 붓다는 이러한 관점을 훨씬 넓은 영역의 경험에 적용하였는데, 단순히 병(disease)이 아니라, 불편(dis-ease)에 적용한 것이다. 그래서 석가모니는 위대한 내과의사라 불린다. 《불편(dis-ease)에도 적용한 것으로 보아서 위대한 정신과의사라고도 하겠다.》

🎙 불교의 많은 스승들은 붓다의 가르침은 이것 이상은 없다고 말한다. 고(苦)와 고(苦)의 종식. 붓다도 자주 언급하였다. "달은 뜨거워질 수 있다. 태양은 차가워질

수 있다. 그러나 사성제는 변하지 않을 것"이라고 말하기도 했다.

🎙 우리의 경험에 비추어보면, 정신이나 몸이나, 오온(五蘊)이나 감각의 장소(12처)나, 인식의 요소(18계), 혹은 인과의 사슬(12연기)로서, 우리가 알게 되는 모든 것은 일시적이고 괴로움으로 가득하다. 그리고 경험한 바와 같이, 우리가 그것을 없는데도 사실 그대로 보지 않기 때문에(즉 없는 그 상태로 보지 않으므로) 괴로움인 것이다. 우리가 보는 모든 것은 우리가 사랑하고 미워하고, 우리 자신이 그것을 존재하거나 존재하지 않는다고 우리를 속이고 있는 것이다. 여기에 대한 반응으로, 붓다는 우리에게 사물을 실제로 사실 그대로 보라고 말한다(여실지견-如實智見). 그는 우리에게 영원에 대한 낙관적인 관점, 또는 없어야 된다는 비관적 관점에 집착하지 말고, 단순히 우리 경험을 검토하기를 권고한다. 이것이 첫 번째 진리이고, 고(苦)를 사실 그대로 보는 것이다.

우리는 영원하지 않은 것(무상한 것)에 집착하기 때문에, 모든 경험은 고(苦)를 낳을 것이 예정되어 있다. 즉 고(苦)에는 원인이 있다는 것이 집(集)이고, 그 원인은 집착으로서 이는 욕망의 결과이기 때문이다. 만약 우리가 욕망을 단절할 수 있다면, 우리는 집착을 끊을 수 있고 그렇게 하여 고통도 끊어진다. 이것이 세 번째 진리이다.

그렇기 때문에 불교의 수행이라는 것은 존재하지도 않는 것을 추구하는 욕망에 초점을 맞추는데, 그 욕망은 사실은 존재하지 않는 것이다. 사물과 세계를 그들이 실재 있는 대로 보는 것으로 이끄는 수행이 필요하고 그래서 고(苦)를 종식시키는 길로 이끄는 것이 도(道)이며, 이것은 네 번째 진리다. 이 네 번째 진리는 바로 팔정도(八正道)다. 바른 견해, 바른 의도, 바른 말, 바른 행동, 바른 생활, 바른 노력, 바른 마음, 바른 집중이다. 우리가 팔정도를 닦으면 생각-말-행동이라는 신구의(身口意)로부터 생기는 업장을 나쁜 것(mithya)으로부터 바른 것(samyak)으로 바꿀 수 있다. 여기서 '바른'이라는 의미는 양극단의 중간을 의미하는 것이 된다.

반야심경을 반야바라밀다의 견지에서 이해된 사성제의 요약으로 해석하는 사람들도 있다. 물론, 불교 관련 문건의 어떤 것이라도 사성제의 맥락으로 이해될 수 있다. 그렇지만 엄밀하게 사성제를 겨냥한 것이냐고 볼 때 대부분은 그렇지 않을 것이지만, 특별히 반야심경은 사성제를 둘러싸고 구성되었다고 주장하는 견해가 있다. 이러한 해석을 지지하는 것은 에드워드 콘체의 '30년의 불교연구(Thirty Years of Buddhist Studies)에 나오는 반야바라밀다심경'에서 발견된다. 여기서 그는 지혜의 완성 25,000송과 10만 송의 관련 부분에서 반야심경의 내용의 10분의 9 정도가 추적가능하며, 그래서 이것은 사성제(四聖諦)에 대하여 초심자를 위해 재구성한 것이라고 주장하고 있다.[67] 그리고 최초로 법의 바퀴를 돌린(초전법륜경) 후 800년이 지나서, 두 번째 법의 바퀴를 돌리면서(공사상이 출현한다), 반야심경이 기본적인 위치를 차지한다고 주장한다. 이때 이러한 해석을 할 경우 두 번째 법의 바퀴는 하리바드라(Haribhadra, 자이나교의 당시 지도자)와 그 전의 마이트레야(Maitreya, 미륵불)까지 되돌아가는 것으로 볼 수 있다. 그러나 이렇게 구분하는 것은 인위적이고 불필요한 일이다. 우리가 새를 새장에 넣을 수 있다고 하여도, 그 새가 새장에 속해 있는 것을 의미하는 것은 아니기 때문이다.

🎤 콘체의 견해에 의하면, 고(苦)가 오온(五蘊)이면, 오온은 자성(自性)이 공(空)이므로, 고(苦)의 자성도 공(空)이 된다. 보살의 연민의 대상이 처음에 고(苦)라는 존재였다면, 그 존재가 실재에 더 근접한 대상으로 교체될 때(즉 점점 수행이 높아져서 실재를 제대로 보기 시작하면), 점점 자라기 시작하여 처음은 오온의 그룹에 속하였다가, 또는 법의 과정에 속하다가 마지막으로 공(空)에 속하게 되면서 아무런 대상도 없게 되는(괴로움이라는 것이 존재하지 않게 되는) 결과가 된다. 즉 고(苦)도 자성이 없어 공(空)이므로, 고집멸도가 없다는 뜻에 부합하는 결론을 낼 수 있다.

### 4성제의 구체적 내용 – 깨달음의 구성요소

상윳따 니까야 46장은 깨달음의 요소라는 의미를 가진 보장가상윳따(Bojjhaṅgasaṃyutta)라는 제목을 가지고 있다. 이 경의 내용을 간략히 보면 깨달음은 어떤 과정을 거치며 무슨 내용인지 알 수 있다. 이 깨달음의 요소를 각지(覺支)라고 한자어로 표기한다.

---

67) Thirty Years of Buddhist Studies, Prajnaparamita-hrdaya Sutra, 166p.

### 가) 고성제(苦聖蹄) : Dukkha ariyasacca(arya satya)

첫 번째 성스러운 진리인 이것은 "괴로움의 거룩한 진리"다. 그런데 이 고성제의 고(苦)를 괴로움이라고 번역함으로써 많은 오해가 발생한다. 즉 많은 사람들이 불교를 염세주의적으로 생각하게 되는 것이다. 그러나 불교는 염세주의도 낙관주의도 아니다. 오로지 삶과 세계에 대하여 사실 그대로 밝히기를 바란다. 불교는 대상을 객관적으로 본다. 즉 천국에 살도록 거짓으로 달래지 않으며, 온갖 허구적인 공포와 원죄로 겁주고 괴롭히지 않는다. 당신을 둘러싼 세계가 객관적으로 무엇인가를 말해주며 완전한 해방과 평화, 안정의 길을 보여준다.

산스크리트어 둑카(duḥkha)는 '기쁨, 편안'을 뜻하는 수카(sukha)의 반대말로서, '괴로움, 고통, 슬픔' 등을 의미하는 것은 사실이지만, 고성제(苦聖蹄)로서 사용될 때는 넓은 의미를 함축하고 있다. 물론 괴로움이라는 뜻이 있지만, '불완전, 일시적인, 헛된'과 같은 뜻도 포함하고 있는 개념이다. 따라서 단순히 고(苦)라기보다 발음대로 '둑카'라는 용어를 사용하자는 말도 있다. 그러나 고집멸도라는 말이 오랫동안 사용되어 왔기에 고(苦)라고 표현하며, 그 뜻은 '괴로움' 이상의 뜻이라 생각하면 된다. 그런 의미에서 고(苦)라고 하는 것은 무상(無常)한 것에 대한 느낌이라고 보면 된다. 즉 항상 그대로 변치 않는 것은 없기 때문에 모든 것이 고(苦)인 것이다.

고(苦)의 개념은 세 가지 측면이 있다. 일반적인 괴로움을 의미하는 고(苦), 항상하지 않음으로써 발생하는 고(苦), 그리고 조건에 따른 상태로서의 고(苦)가 그것이다.

**일반적인 괴로움으로서의 고**는 고고(苦苦)라고 하는데, 누구나 괴로움으로 느낄 수 있는 생로병사의 괴로움을 말한다. 생로병사 중 특히 생과 사는 아직 깨달음을 성취하지 못한 상태에서는 윤회를 벗어나지 못하는 것이며, 깨달음을 성취할 때까지는 배움을 위해 다시 세상에 태어나는 일이 반복된다는 것을 뜻한다.

생고(生苦) : 태어나는 고통

노고(老苦) : 늙는 고통

병고(病苦) : 병드는 고통

사고(死苦) : 죽는 고통

생로병사 외에 우비고뇌(憂悲苦惱)와 2차적 괴로움인 애별리고(愛別離苦), 원증회고(怨憎會苦), 구부득고(求不得苦), 오음성고(五陰盛苦)가 있다. 이것들을 나열하면,

① 태어남(jāti) ② 늙음(Jrā) ③ 죽음(maraṇa) ④ 슬픔(soka) ⑤ 비탄(parideva) ⑥ 육체적 고통(dukkha) ⑦ 정신적 고통(domanassa) ⑧ 절망(upāyāsa) ⑨ 싫어하는 것과 만남(appiyasampayoga) ⑩ 사랑하는 것과 헤어짐(piyavippayoga) ⑪ 원하는 것을 얻지 못함(icchitālābha) ⑫ 집착의 무더기(upādāna-kkhandha) 들이다.

늙음의 괴로움에 대해서 숫타니파타의 8편의 시(Atthaka vagga) 중 여섯 번째 늙음경에서 실감 나는 표현이 있다.

"아, 짧도다 인간의 생명이여, 백 살도 못되어 죽어버리는가.
아무리 오래 산다 해도 결국은 늙어서 죽는 것을.
사람들아, 영원한 것이라고 하는 생각이 스스로를 죽인다.
내 것이라고 집착한 물건조차도 죽음 이후에는 남겨진다.
이런 점을 알고서 현명한 사람은 내 것이라는 생각을 버려라."

**항상하지 않음으로써 발생하는 고(苦)**는 괴고(壞苦)라고 하는데, 문자 그대로의 뜻은 "무너지는 고통"이다. 즉 모든 존재가 고정됨이 없이 항상 변화한다는 무상(無常)의 법칙을 바탕으로 일어나는, "변화하고 무너지는 고통"이다.

이에는 애별리고(愛別離苦), 즉 사랑하는 것과 헤어지는 고통, 원증회고(怨憎會苦), 즉 미워하는 사람과 만나야 하는 고통, 구부득고(求不得苦), 즉 원하는 것을 성취하지 못하는 고통이 있고, 마지막 고(苦)는 조건에 따른 상태로서의 괴로움을 말한다.

**상태로 인한 괴로움**은 오음성고(五陰盛苦) 혹은 오취온고(五取蘊苦)라고 하는데, 오온에 대한 집착으로 생기는 괴로움이다. 우리가 '존재', '나'라고 부르는 것은 항

상 변화하는 육체적 정신적 힘이나 에너지의 결합체이므로, '다섯 무더기, 오온(五蘊)'으로 분류할 수 있다. 붓다는 이 집착하려고 하는 다섯 가지 무더기가 고(苦)라고 말한다.

상윳따 니까야 상 45.165 ㅁ 괴로움경(Suffering)에서 고(苦)를 정의하고 있다.

"비구들이여, 세 종류의 고(苦)가 있다. 그것은 고통(pain), 형성(formation), 변화(change)에 의한 고통이다. 이것이 세 종류의 고(苦)다. 팔정도는 이 세 종류의 고(苦)를 직접 알기 위해, 완전히 이해하기 위해, 완전한 파괴, 완전한 포기를 위해 개발된 것이다."

또한 이러한 고(苦)와 관련한 경전을 보면,
늙음과 병, 죽음에 대한 실감 나는 묘사도 보자.
잡 5권 1 차마경(差摩經)에 '차마 비구'가 자신의 병을 묘사하고 있다.

"내 병은 차도가 없어 몸이 안온(安穩)하지 않으며, 여러 고통은 갈수록 더해 나을 길이 없다. 힘센 역사(力士)가 연약한 사람을 붙잡아 노끈으로 머리를 동여매고 두 손으로 세게 조르는 것보다 더한 고통이다. 백정이 예리한 칼로 소의 배를 가르고 내장을 끄집어낸다면 그 소의 고통은 어떻겠느냐? 나의 복통은 그 소보다 더하다. 역사(力士) 두 명이 연약한 사람을 붙들어 불 위에 매달아놓고 두 발을 태우는 것과 같은데, 내 두 발의 열은 그보다 더하다."

또 맛지마 니까야의 다난자니경(M97) 표현에 의하면,

"마치 힘센 사람이 시퍼런 칼로 머리를 쪼개듯이 거센 바람이 머리를 내리친다. 힘센 사람이 튼튼한 가죽 끈으로 머리에 머리띠를 동여맨 것처럼 머리에 심한 두통이 있다. 능숙한 백정이나 백정의 도제가 소 잡는 날카로운 칼로 배를 도려내듯이 거센 바람이 배를 도려낸다. 힘센 두 사람이 힘없는 사람의 양팔을 잡고 숯불 구덩이 위에서 지지고 태우듯이 몸에 뜨거운 열기가 있다."

이렇게 머리와 몸에 대한 불편함을 말하고 있다. 이러한 고통을 해소하는 방법으로 제시되는 것을 살펴본다.

상윳따 니까야, 상 36.6 화살경, 잡 17권 15의 전경(箭經, 화살경)에서 다음과 같이 말한다. 좀 길기는 하지만 음미할 만하다.

"배우지 못한 사람은 괴로운 느낌에 접하여 슬퍼하고(sorrow, 大苦逼迫) 비통해하고(grieve, 乃至奪命), 애통해 하며(lament, 不起憂悲稱怨), 가슴을 치며 울부짖고(啼哭號呼), 미쳐 날뛰게(distraught, 心亂發狂) 된다. 그는 육체적이고 정신적인 두 가지 느낌을 경험한다. 예를 들어 사람이 화살을 맞았을 때, 그 뒤 즉시 두 번째 화살을 맞은 것과 같이, 2개의 화살을 맞는 느낌을 경험하는 것이다. 그래서 배우지 못한 사람은 괴로운 느낌과 마주치면 육체적이며 정신적인 괴로움을 경험한다.

잘 배운 성스러운 제자는 괴로운 느낌에 접하더라도 결코 슬퍼하지 않고 비통해하지 않고 애통해하지 않고 가슴을 치면서 울부짖지 않고, 미쳐 날뛰지 않는다. 그는 오직 한 가지 느낌, 즉 정신적이 아닌 육체적인 느낌만을 경험하는 것이다.

마치 어떤 사람이 화살에 맞았는데 그 첫 번째 화살은 맞았지만 두 번째 화살에는 맞지 않은 것과 같다. 그래서 그는 화살을 하나만 맞은 괴로운 느낌만을 겪는다.

괴로운 느낌에 접했다 해서 그는 그것에 저항(하고 분개)하지 않는다. 그러므로 그에겐 괴로운 느낌에 저항하는 고질적 잠재성향이 (마음속에) 자리 잡지 않는다. 그 괴로운 느낌에 밀려 감각적 즐거움을 향유하는 쪽으로 나아가지도 않는다. 왜 그런가? 잘 배운 성스러운 제자는 감각적 즐거움뿐만 아니라 괴로운 느낌으로부터 벗어나는 길을 알고 있기 때문이다.

그렇듯 감각적 즐거움을 향유하는 쪽으로 나아가지 않는 사람에겐 즐거운 느낌을 갈망하는 내재된 잠재성향이 없다. 그는 그러한 느낌의 일어남과 사라짐, 이 느낌의 달콤함과 위험함, 그리고 (느낌들로부터) 벗어남을 있는 그대로 안다.

그러한 느낌의 일어남과 사라짐, 그리고 이 느낌의 달콤함과 위험함, 그리고 (느낌들로부터) 벗어남을 있는 그대로 알기 때문에 괴롭지도 즐겁지도 않은, 즉 덤덤한 느낌에 대해서도 내재적 잠재성향이 없다.

그가 (이처럼) 즐거운 느낌, 괴로운 느낌, 덤덤한 느낌을 경험할 때 그는 그 각각의 느낌에 집착하지 않는다. 비구들이여, 이러한 사람을 일컬어 태어남, 늙음, 죽음, 슬픔, 비탄, 괴로움, 절망에 매이지 않는 잘 배운 성스러운 제자라 한다. 그는 결코 괴로움에 집착하지 않는다는 것을 나는 분명히 말할 수 있다."

《이 화살경의 내용은 우리가 현실세계에서 실제로 마주치는 수많은 문제들에 대해서 상처받지 않고 대처해 나가기 위한 좋은 방도를 제시하고 있다. 예를 들어 병에 걸려 생명의 위해를 받고 있는 사람은 그 병으로 인한 육체적 괴로움과 더불어, 왜 자신만이 이런 병이 걸렸는지, 혹은 이런 병에 걸린 것에 대해 다른 사람에게 화풀이하며 분개하는 경우가 있는데, 이야말로 육체적 병이 정신적 병을 다시 만드는 두 번째 화살이다. 첫 번째 화살은 물리적으로 피할 수 없는 것임을 담담히 받아들이고 나면 두 번째 화살이 날아오지 않는다. 정신적 괴로움이 없기 때문에 인체의 적응력으로 인한 병의 차도가 빨라지고 빨리 회복되는 것이다. 그것은 다른 방면도 마찬가지다. 어쩔 수 없는 것은 그대로 인정하고 그것을 기본요소로 새로운 대처방법을 찾아야 할 것이다.》

※ 완전히 같지는 않지만, 법구경에는 하나의 행위로 이중의 경험을 하는 가르침이 있다. 즉

"악을 행한 자는 이 세상과 저 세상에서 고통을 받는다. 자신이 한 악(惡)을 생각할 때 괴로워하고, 그 악으로 인한 벌로 괴로워한다."

결국 하나의 행위가 다른 것에 영향을 주는 면을 볼 수 있다.
한편 조건에 따른 상태로서의 괴로움을 보자.

"먼저 오수음(五受陰)을 '그것은 나도 아니요, 내 것도 아니다'라고 관찰한다. 다만 아만(我慢), 아욕(我慾), 아사(我使 – 나라는 번뇌)를 끊지 못하고 알지 못하고 떠나지 못하고 뱉어버리지 못하는 경우는 제외하며, 색수상행식이 '나다, 나와 다르다'는 생각을 버려야 한다."

잡아함경의 같은 편에 제시된 방법이고, 상 22.89 께마까경(Khemaka–sutta)에도 같은 식으로 서술하고 있다.

그런데 상 22.88의 앗사지경(Assaji–sutta)의 방법은 약간 다르다. 이를 보면,

"붓다는 먼저 색수상행식이 항상한지, 무상한지 묻고, 무상한 것은 괴로움이라는 대답을 받는다. 그리고 무상하고 괴롭고 변하기 마련인 것에 대하여, '이 것은 내 것이다. 이것은 나다. 이것은 나의 자아다'고 관찰해서는 안 된다고 말해 주며, 이렇게 함으로써 색수상행식에 대해서 염오하고, 탐욕이 소멸되며, 해탈하고, 해탈했다는 지혜를 얻어, "태어남은 다했다. 범행(梵行)은 성취하였다. 할 일을 다 해서 마쳤으며, 다시는 어떤 존재로도 돌아오지 않을 것이다"라고 알게 된다. 그리고 구체적으로 '몸이 무너지면 몸이 무너지는 느낌을 가지고, 목숨이 끊어지면 목숨이 끊어지는 느낌을 가진다.'"

《즉 우리 자신을 구성하는 오온(五蘊)에 대해서 나와 동일시하지 말지만, 앗사지경은 그러한 오온의 무상함을 관찰함에 의해서 더욱 자아가 아니라는 사실을 느끼라는 구체적 방법론을 제시하고 있는 것이다.》

이러한 고(苦)의 진리는 삶을 우울하거나 슬픔에 가득 차도록 만드는 것이 아니다. 붓다의 가르침을 따르는 자는 항상 고요하고 청아하여 변화나 재난에 불안해하거나 좌절하는 일이 없다. 사물을 사실 그대로 보기 때문이다. 불교에서 삶의 주요 해악은 혐오(嫌惡) 또는 증오(憎惡)다. 불교는 우울함과 슬픔, 후회와 어두운 마음을 가지는 것을 반대하며, 이런 것들을 진리를 깨닫는 데 있어 장애로 본다.

### 나) 집성제(集聖諦) : Dukkha samudaya ariyasacca(arya satya)

이렇게 괴로울 수밖에 없는 인간 존재의 원인을 밝힌 것이 집(samudaya)이다. 괴로움의 원인은 집착이다. 불이 타듯 이글거리는 욕망의 수렁은 걷잡을 수 없는 번뇌를 불러일으킨다. 탐진치의 번뇌는 이러한 갈애(渴愛)의 속박에서 비롯된 것이다. 따라서 고와 집은 유전하는 현상세계의 인과를 설명한 것이다. 이러한 괴로움의 제1원인은 갈애(渴愛), 혹은 목마름이라고 본다.

이러한 갈애는 무엇으로 구성되는가? 다음의 세 가지로 설명할 수 있다.

① 욕애(慾愛 kāma-taṇhā) : 감각적 욕망에 대한 갈애
② 유애(有愛 bhava-taṇhā) : 항상 존재하고 싶다는 욕구로서 존재에 대한 갈애, 이는 계속 존재하겠다는 욕구로서 상견(常見)의 오류를 야기한다.
③ 무유애(無有愛 vibhava-taṇhā) : 존재하고 싶지 않다는 갈망, 이는 그만두겠다는 욕구로서 단견(斷見)의 오류를 야기한다.

물론 이러한 갈애(渴愛)도 고(苦)를 일으키는 유일한 원인이 아니다. 즉 이 갈애도 다른 것에 의존하여 발생하는 것이다. 그것이 느낌-감각(受)이다. 이는 12연기에서 촉수애취유(觸受愛取有)라고 할 때의 연기의 발생순서에서 촉(觸) 다음에 오는 것이다. 그리고 갈애(渴愛)의 대상이 단순히 감각적 쾌락과 부와 권력만 말하는 것이 아니고, 관념과 이상, 견해, 주장, 이론, 개념도 포함한다.

이러한 이기적 욕망이 세상의 많은 해악을 만들어내는 것은 누구나 동의할 것이다. 그러나 이런 갈애(渴愛)가 다시 존재하고 생성하는 과정은 숙고해 보아야 한다. 중생이라는 존재가 지속되는 조건을 생각해 본다. 즉 물질적인 음식, 감각기관이 외부세계와 접촉하는 것, 식(識), 의도 또는 의지를 들 수 있다. 마지막의 의도는 살려고 하는, 존재하려 하는, 자꾸 생성되려는 의지다. 이러한 의지는 마음의 작용이다. 따라서 고(苦)가 생겨나는 원인은 우리 자신에게 있는 것이지 고(苦)의 밖에 있는 것이 아님을 보아야 한다.

또한 업(業)도 그 한 요인이 될 것이다. 갈애와 집착이 업을 낳게 되고, 이 업은 우리를 생사의 윤회에 얽매이게 한다.

### 다) 멸성제(滅苦聖諦) : Norodha samudaya ariyasacca(arya satya)

멸성제는 고(苦)로부터 해방되고 자유로울 수가 있다는 것을 말한다. 그것은 바로 열반(Nirvāna)이다. 고(苦)를 완전히 제거하기 위해서는 고(苦)의 근본을 제거해야 한다. 그 근본은 갈애(渴愛)이므로, 이 근본인 갈애를 제거하는 것이고, 그 결과가 열반인데, 이런 의미에서 열반을 '갈애의 소멸(Taṇhakkhaya, 애진/愛盡)'이라는 용어를 사용하기도 한다.

이러한 과정에서 열반이 무엇인지 궁금하기도 하다. 그러나 열반이라는 절대 진리, 궁극적 실재를 표현하기에는 인간의 언어가 너무 빈약하다. 언어는 감각기관과 마음으로 경험하는 사물과 관념을 표현하려고 창조된 것이고, 초월적 경험에 대해서는 사용할 수 없다. 물고기는 뭍에서 돌아온 거북이 육지에서도 헤엄을 쳤다고 생각하겠지만, 거북은 육지에서 걸어 다녔던 것을 물고기에게 표현하기가 힘든 것과 같다.

열반에 대해서 긍정적인 언어로 표현한다면 그것이 바로 우리의 관념을 고정시키는 결과가 되므로, 부정적인 용어를 사용하는 것이 보통이다. 그래서 '갈애의 소멸(Extinction of Thirst)', '유위(有爲)가 아님(Unconditiones)', '탐욕이 없음(Absence of desire)', '적멸(寂滅)(Nirodha, Cessation)' 등으로 표현한다.

그런데 이렇게 부정적인 용어로 표현되자, 열반에 대한 잘못된 개념이 생기고, 열반이 자아를 멸하는 것이라고 보는 사람도 있다. 그렇지만 자아는 없다는 것을 누누이 설명해 온 바이므로 멸해질 자아는 없는 것이다.

열반이 열망의 고갈로부터 얻어지는 자연스러운 결과라고 생각하는 것도 잘못이다. 열반은 그 어떤 것의 결과가 아니다. 즉 그것이 어떤 것의 결과라면 그것은 원인이 만들어내는 효과인 것이고, 이는 '형성된 것'이고, '조건에 따라 발생하는 것'이 되어서 유위를 의미하기 때문이다. 그래서 열반은 원인도 결과도 아니고, 원인과 결과를 떠나 있는 것이다. 열반은 선정(禪定)이나 삼매(三昧)라는 정신적 경지에서 만들어지는 것도 아니며, 선정이나 삼매를 만들어내는 것도 아니다. 진리는 그냥 있는 것이고, 열반도 그냥 있는 것이다. 열반을 깨닫도록 인도하는 길이 있지만, 그 길의 결과가 열반은 아니다. 즉 길을 따라 산에 오른다고 하여도, 그 산이 길의 결과도 아니고, 길의 효과도 아닌 것이다. 열반 다음에 무엇이 있는지 자주 묻기도 하지만, 열반은 궁극적 진리이기 때문에 무의미한 질문이다.

결국 체험해 볼 수밖에 없다. 언어로 표현되지 않으면 납득되지 않는 것이 우리 인간이기 때문에 이런 설명은 항상 반론을 받게 된다. 그런데 우리는 창조주 누군가가 존재하고, 그가 모든 것을 관장한다고 이야기를 듣게 되면, 이는 무언가 있다고 생각하고 또 언어로 표현되기 때문에 눈에 보이지는 않지만 그것을 믿게 되는데, 막상 무언가 말로 할 수 없다고 하는 것을 믿지 못하는 것은 아직 논리의 세계에 사로잡힌 중생들이기 때문이다. 이 세계가 논리나 언어로 지배되지 않고, 그 논리나 언어는 현상의 외적인 표현일 뿐이라는 것을 실감하는 사람에게는 이런 설명이 충분히 납득이 갈 것이다. 실제로 이 세계는 논리와 언어로 충족되지 않는 것임은 앞에서 보았다.

멸(nirodha)은 깨달을 목표, 곧 이상향인 열반의 세계를 가리킨다. 즉 애욕의 속박에서 벗어나 청정무구한 해탈을 얻음을 말한다. 도(mārga)는 이러한 멸(滅)을 얻기 위한 방법이며, 실천 수단이기도 하다.

### 라) 도성제(道聖諦) : Magga ariyasacca(arya satya)

이 도성제를 전법륜경(轉法輪經)에 따라 정확하게 표현하면 '괴로움의 소멸로 이끄는 길(dukkha niroda gāmiṇī paṭipadā ariyasacca)'이다.

이러한 고(苦)를 멸하는 방법은 양극단을 피하는 길이며, 그래서 중도(中道, Majjhimā Paṭipdā)라 알려져 있다. 하나의 극단은 감각적 쾌락을 통해서 즐거움을 찾는 것이고, 다른 하나는 여러 형태의 금욕주의로서 자기를 학대(虐待)하여 즐거움을 찾는 것이다. 붓다는 이러한 양극단의 방법을 시도한 후에 그것이 쓸모없음을 알았고, 그 가운데의 길을 발견하였다. 이 가운데의 길인 도를 이루기 위해서는 여덟 가지 방법이 있고, 보통 이를 거룩한 여덟 가지 방법, 팔정도(八正道)라 부른다.

그것은 정견(正見), 정사유(正思惟), 정어(正語), 정업(正業), 정명(正命), 정정진(正精進), 정념(正念), 정정(正定)이다. 그것은 유(有)에도 무(無)에도 집착하지 않는 중도의 수행법으로서 불교의 전통적인 근본 교의를 이루고 있다.

사제(四諦) 중의 고(苦)는 생사과(生死果 – 생사의 결과)이고, 집(集)은 생사인(生死因 – 생사의 원인), 멸(滅)은 열반과(涅槃果 – 열반의 결과)이고, 도(道)는 열반인(涅槃因 – 열반의 원인)이다.

그러나 후대에 대승불교가 흥기한 이래, 이 사성제 법문을 비롯해 12연기, 팔정도 등의 법문은 소승법문으로 취급되면서 대승불교 지역에서는 소홀히 다루어지고 있다.

붓다가 설한 불교의 근본원리는 초전법륜경의 내용을 약간 읽어보면 누구나 그 중요성을 인식할 수 있다.

상윳따 니까야 상 56.11 전법륜경 Dhammacakkappavattana sutta

"출가자가 가까이 하지 않아야 할 두 가지 극단이 있다. 그것은 저열하고(low) 촌스럽고(vulgar) 범속하고(worldlings) 성스럽지 못하고(ignoble) 유익하지 않은(unbeneficial) 감각적 욕망들에 대한 쾌락의 탐닉에 몰두하는 것과, 괴롭고(painful) 성스럽지 못하고 유익하지 않은 자기 학대에 몰두하는 것이다. 비구들이여, 이러한 두 가지 극단을 의지하지 않고 여래는 중도를 완전하게 깨달았으니, 이 중도는 안목을 만들고 지혜를 만들며, 고요함과 최상의 지혜와 바른 깨달음과 열반으로 인도한다. 비구들이여, 그러면 어떤 것이 여래가 완전하게 깨달았으며, 안목을 만들고 지혜를 만들며, 고요함과 최상의 지혜와 바른 깨달음과 열반으로 인도하는 중도인가?

그것은 바로 여덟 가지 구성요소를 가진 성스러운 도이니, 정견 정사유 정어 정업 정명 정정진 정념 정정이다."

**팔정도에 대한 경전의 언급을 보자.**

디가 니까야 대반열반경 d22 §5.27에는

"수밧다여, 어떤 법과 율에서든 여덟 가지 구성요소를 가진 성스러운 도가 없으면 거기에는 사문도 없다. 거기에는 두 번째 사문도 없다. 거기에는 세 번째 네 번째 사문도 없다. 수밧다여, 그것이 있으면 사문도 있다.

수밧다여, 이 법과 율에는 여덟 가지 구성요소를 가진 성스러운 도가 있다. 수밧다여, 그러므로 오직 여기에만 사문이 있다. 여기에만 두 번째 사문, 세 번째 네 번째 사문이 있다. 다른 교설들에는 사문들이 텅 비어 있다. 수밧다여, 이

비구들이 바르게 머문다면 세상에는 아라한들이 텅 비지 않을 것이다."

《이 경전의 가르침은 팔정도가 얼마나 중요한지 강조, 또 강조하고 있다.》

### 팔정도의 내용

팔정도는 다음과 같은 여덟 가지다.

① 바른 견해(正見 sammā – diṭṭhi)

② 바른 사유(正思惟 sammā – saṅkappa)

③ 바른 말(正語 sammā – vācā)

④ 바른 행동(正業 sammā – sammānta)

⑤ 바른 생계(正命 sammā – ajiva)

⑥ 바른 정진(正精進 sammā – vāyama)

⑦ 바른 알아차림(正念 sammā – sati)

⑧ 바른 집중(正定 sammā – samādhi)

| 팔정도(八正道) – Noble Eightfold Path | | | |
|---|---|---|---|
| 목록 | | 내용 | 비고 |
| 정견 | 바른 견해 | 사견(邪見)인 유신견, 변집견, 사견, 견취, 계금취를 가지지 말 것 | 혜(慧) |
| 정사유 | 바른 사유 | 바른 결단이라고도 번역되는 것으로, 욕망에서 벗어나고, 악의가 없음 등 | 혜(慧) |
| 정어 | 바른 말 | 거짓말, 욕설, 중상, 수다와 잡담을 하지 말 것 – 거룩한 침묵이 필요 | 계(戒) |
| 정업 | 바른 행위 | 살생, 도둑질, 사음(邪婬)하지 말 것 | 계(戒) |
| 정명 | 바른 생계 | 수단무기, 독극물, 사냥, 사기를 직업으로 하지 말 것 신구의(身口意) 3업을 바르게 하기 | 계(戒) |
| 정정진 | 바른 정진 | 선법(善法)은 증장하고 불선법은 막기 | 정(定) |
| 정념 | 바른 주의력 | 신수심법(身受心法)을 주시하기 | 정(定) |
| 정정 | 바른 집중 | 사선(四禪) | 정(定) |

그리고 이러한 팔정도는 계(戒 sīla), 정(定 samādhi), 혜(慧 paññā)의 삼학(三學)으로 요약될 수 있다.
① 계(戒)의 도 : 바른 말(正語), 바른 행동(正業), 바른 생계(正命)
② 정(定)의 도 : 바른 정진(正精進), 바른 알아차림(正念), 바른 집중(正定)
③ 혜(慧)의 도 : 바른 견해(正見), 바른 사유(正思惟)

《팔정도의 순서는 교재에 나오거나, 암기할 때 여기 표현된 그대로이다. 따라서 3학의 순서를 '계정혜'가 아니라, '**혜계정**'이라고 암기해 두면 팔정도와 3학을 혼란스럽지 않게 연결시킬 수 있다.》

㉠ 정견(正見, samyak - dṛṣṭi)
바른 견해라는 뜻이지만, 무엇에 대한 바른 견해인가를 보면 인과의 도리, 원인과 결과의 법칙, 연기법을 바르게 아는 것을 뜻한다. 이런 뜻의 정견은
① 신구의(身口意)로 행하는 여덟 가지 잘못된 행위라는 8사행(邪行)[68] 중에서 사견(邪見)에 대응한 것이며,
② 5견(유신견, 변집견, 사견, 견취, 계금취)에서 역시 사견에 대응한 것이며,
③ 10악(惡)(몸으로-살생, 도둑질, 음행, 입으로-거짓말, 기어, 한 입에 두 말, 악한 말, 뜻으로-탐진치) 중에서 사견에 대응한 것이다.

그러므로 정견은 수행의 측면에서 12연기, 4성제, 3학(계정혜), 6바라밀로 대표되는 인과의 법칙, 즉 연기법이라는 이치 또는 진리를 바로 보는 것을 의미한다.
하지만 정견은 더 넓은 뜻으로는 4성제와 연기법을 비롯한 모든 불교의 진리에 대한 유루와 무루의 지혜를 통칭하는 것이다.
비구 보디(Bhikkhu Bodhi)에 의하면, 정견은 세속적 정견과 초월적 정견이 있는데, 바른 견해의 세속적인 면은 선한 행위의 과보에 대해서 아는 것이며, 이런 관점은 윤회의 세계에서 중생의 좋은 미래생을 만들 것이며, 바른 견해의 초월적인 면은

---

68) 사견, 사사유, 사어, 사업, 사명, 사정진, 사념, 사정

고(苦)와 관련한 미래생으로부터 해방으로 이끄는 사성제에서 보듯이 업과 윤회를 이해하는 것이라고 한다.

한편 크리시즈와 윌킨스(Chryssides, Wilkins)에 의하면, 정견은 궁극적으로는 보는 관점에 관한 것이 아니다. 왜냐하면 고정된 개념적 용어와 엄격한 교리에 얽매인 개념에 집착하는 것은 버려져야 할 것이기 때문이라는 것이다.

상 45.8 분석경(Analysis)은 팔정도를 분석하고 있다.

"정견(正見)은 괴로움에 대해 아는 것, 괴로움의 원인에 대해 아는 것, 괴로움의 소멸을 아는 것, 괴로움의 소멸로 이끄는 방법을 아는 것이다."

《경전은 4성제를 아는 것이 정견이라고 정리하고 있다.》

맛지마 니까야 9편 정견에 관한 경(Sammāditthāna Sutta)에는 사리불이 상세하게 정견을 설명하고 있는데, 선법과 불선법을 위주로 하고 있다.

"잘 배운 제자가 선법과 선법의 뿌리를 이해하는 것이 바른 견해의 하나이다. 무엇이 선법과 불선법이며, 그 뿌리들인가? 살아 있는 것을 죽이는 것은 불선법이다. 자기 것이 아닌 것을 취득하는 것도 불선법이다. 틀린 언행(false speech), 악의적인 언행(malicious speech), 거친 언행(harsh speech), 잡담(gossip), 악의적인 의도(ill will), 사견(邪見)은 불선법이다. 불선법의 뿌리는 무엇인가? 탐진치(貪瞋癡)가 불선법의 뿌리다.

이에 반대되는 것은 선법이다.

선법의 뿌리는 무엇인가? 탐욕이 없고, 증오가 없고, 망상이 없는 것이 선법의 뿌리다. 잘 배운 제자가 이것들을 이해하여, 잠재된 불선법의 경향을 완전히 없앤다면, 그는 고(苦)를 종식시킬 것이고, 이런 방법으로 바른 견해를 가지고, 법에 흔들리지 않는 자신감을 가지며 진정한 법에 도달한다."

《이와 같이 맛지마 니까야는 우선 선법과 불선법을 완전히 이해하는 것을 바른 견해로 보고 있다. 그리고 바른 견해를 가지는 또 다른 방법에 대해서 12연기를 구체적으로 거명하면서 그것들을 완전히 이해하는 것도 바른 견해라고 결론 내린다.》

파울 풀러(Paul Fuller)에 의하면, 정견은 모든 관점을 초월하여 보는 방법이라고 한다. 그것은 어떤 옳고 그른 관점을 유지하는 방법과는 다르며, 세상을 보는 별개의 방법이라는 것이다.

현재의 상좌부 불교에 의하면, 인생 – 자연 – 세계를 그것들이 진실로 있는 그대로 보는 것이 올바른 방법이라고 한다. 그것은 우리의 실재가 어떻게 작동하는지를 이해하는 것이기 때문이다. 그것은 우리 인간의 존재, 고(苦), 병(病), 노사(老死), 탐진치(貪瞋癡)의 존재에 대한 이유를 설명한다. 바른 견해는 8정도의 나머지들에 방향과 효율을 제공한다. 그것은 개념과 전체적인 지식으로 시작하지만, 올바른 집중의 수행을 통하도록 하고, 점차적으로 지혜로 변화되게 하며, 또 마음의 족쇄를 박멸할 수 있도록 해준다. 바른 견해를 이해하는 것은 그에 발맞추어 고결한 생활을 이끌 수 있도록 해주는 것이다.

🎤 이런 정견에 반대되는 사견의 대표적인 것이 단견과 유신견이다. 그래서 이 부분에 대한 경전을 보기로 하자.

단견과 유신견 등에 대한 종합적인 설명은 상윳따 니까야의 아누라다(Anurādha) 경에서 볼 수 있다(상 22.86, 잡 106 아누라도경 – 阿[少/免]羅度經).

아누라다 존자는 여래가 죽고 난 후에 존재하는 것인지(상견/常見), 존재하지 않는 것인지(단견/斷見), 존재하기도 하고 존재하지 않기도 한 것인지(혼합견해), 존재하는 것도 아니요 존재하지 않는 것도 아닌 것인지(회의론)에 대한 질문에 대해 말할 필요가 없다는 무기(無記)라고 대답(상윳따 니까야에서는 모두 그렇지 않다고 대답한다)은 하지만 정확한 것을 알기 위해서 다시 붓다에게 질문한다.

붓다는 이 질문에 대해 '몸은 무상(無常)한지, 무상한 것은 괴로움인지 묻고, 무상하고 괴롭고 변하기 마련인 것을 두고 이것은 내 것이다, 이것은 나다, 이것은 나의 자아다'라고 관찰하는 것은 타당하지 않으며, 느낌, 인식, 의지, 생각에도 적용되는 것이라는 말로 대신하면서, 사실 그대로 보기를 바란다.

이 부분에 대해 모든 학자들이 대답을 하지 않는 무기(無記)라고 말한다. 그러나 위와 같이 대답함으로써, 질문에 대한 일대일로 대응되는 답변은 아니지만,《무상하고 괴로운 것을 두고 '나다', '나의 것이다'라고 생각하지 않게 되면 여래의 사후 존재 여부에 대한 의문조차 떠오르지 않는다는 대답이 된다.》결국 붓다가 물을 필요가 없고 대답할 필요가 없는 무기(無記)를 강조하는 것이다.

붓다의 이런 대답에 대한 불교학자들의 견해는 두 가지로 나뉜다. 먼저 현재의 괴로움을 해결하기 위한 실천적 원리를 강조하는 측면으로 보고, 사후의 문제에 대한 질문은 대답할 필요가 없다는 것이라는 견해가 있고, 다음으로 불변하는 실체가 없는 것에 대해서 분석의 필요가 없다고 보는 견해도 있다.

우리는 논리적 분석도 진리를 파악하기 위한 좋은 도구라고 생각하지만, 몸의 무상(無常)함, 무상의 괴로움(苦), 그 속에서 나라는 존재를 찾을 수 없다(無我)라는 결론을 수긍한 뒤의 질문은 군더더기에 불과하다. 그렇기 때문에 그러한 결론을 내린 이상, 더 이상의 질문은 앞의 결론과 모순될 가능성이 많으므로 붓다는 이를 대답하지 않은 것이다. 진리에 대한 붓다의 이런 태도는 1900년 이후의 현대물리학이 발견한 논리적 추구의 오도(誤導)의 가능성을 이미 인식한 것이라 보인다. 간단히 말해서 빛이 입자이면서 파동이라는 것이 아직도 우리는 논리적으로 납득할 수가 없다. 그럼에도 그런 사실이 밝혀진 지 100년이 흘렀고, 여전히 우리 인간의 두뇌 수준에서는 그러한 빛의 이중성이 사실이라는 것이 쉽게 납득되지 않고, 다만 이중적인 성질이 있다고 하니 그렇구나라고만 알고 있다. 이는 우리가 우리의 감각이나 두뇌를 사용하여 사물을 인식할 때에는 그 사물의 진상을 알아채기가 힘들다는 것을 알려준다.

그런데 이 질문들과 같은 유형은 이미 목련존자와 사리불의 첫 번째 스승이던 산자야(Sanjaya Belattiputta)에 의해 거론되었던 것이다. 산자야의 사상은 붓다 당시 육사외도(六師外道)로 일컬어지는 여섯 파벌 중 하나였는데, 그의 사상은 회의론이면서 불가지론이었다. 그는 현실적으로 감각을 통해서 인식할 수 있는 것만 인정하고, 사후나 영혼 등에 대한 형이상학적인 것은 알 수 없다고 하였으며, 어떤 하나의 문제에 대하여 '있다, 없다, 있으면서 없다, 있지도 않고 없지도 않다'는 답변을 하였는데, 잡아함경의 구절들은 이런 답변에 영향을 받은 것으로 보인다.[69]

상22.90 찬나경(잡 262경 천타경/闡陀經)에서 몸의 무상과 무아를 듣고도 만족하지 못하는 찬나에게 아난다가 위의 견해를 상세히 설명하는 글이 나온다. 즉

"이 세상은 두 가지를 의지하고 있는데, 있다는 관념과 없다는 관념이다. 세상의 일어남을 그대로 보는 자에게 세상에 대하여 없다는 관념이 존재하지 않는다. 세상의 소멸을 그대로 보는 자에게 세상에 대하여 있다는 관념이 존재하지 않는다. 세상은 대부분 '갈애와 사건'이라는 두 가지에 대해서 집착과 취착과 천착에 묶여 있다. 그러나 성문(聲聞)들은 '나의 자아라는 생각을 하지 않고, 단지 괴로움이 일어날 뿐이고, 단지 괴로움이 소멸할 뿐이다'라는 생각으로 더 이상 의문을 가지지 않는다"고 대답한다.

이 내용의 앞부분에서 잡아함경은 좀 더 자세한 이유를 보여준다. 즉 세인들은 세계를 있거나 없는 것 두 가지 중의 양 경계를 취하여 마음이 그것에 취착한다. 만일 받아들이지 않고 취착하지 않으며 머무르지 않고 헤아리지 않으면 이 괴로움은 생길 때에 생겼다가 소멸할 때에 소멸할 것이다. 여기에 대해 의심하지 않고 사로잡히지 않으며 남에게 의지하지 않고 능히 스스로 알면 그것을 바른 소견이라고 한다. 즉 세계에 대한 유무의 분별은 인간의 관념이 만들어낸 것이다.

🎤 팔정도의 수행과 완전히 부합하는 것은 아니지만, 불가에서 결국은 수행해야

---

69) 산자야는 기원전 5~6세기 사람으로 붓다와 동시대 인물이다. 그가 사마냐팔라 숫타(Samannaphala Sutta)에 말한 기록을 보면, "만약 네가 사후에 다른 세계가 있는지 묻는다면, 내가 다른 세계가 있다고 생각하여도 내가 그렇다고 선언하겠는가? 나는 그렇게 생각하지 않는다. 나는 그런 식으로 생각하지 않는다. 나는 다르게도 생각하지 않는다. 나는 없다고 생각하지 않고, 없는 것이 아니라고 생각하지도 않는다. 만약 네가 다른 세계가 없는 것이고, 모두가 없고, 없는 것이 아니고, 없는 것이 아닌 것도 아니라고 묻는다면, 윤회하는 존재는 무엇인가, 그런 것이 없고, 없는 것도 아니고, 없지 않는 것도 아니라고 묻는다면, 만약 여래가 사후에도 존재하고, 존재하지 않고, 그 두 가지도 아니고, 아닌 것도 아니라면, 내가 그렇다고 너에게 선언하겠는가? 나는 그렇게 생각하지 않고, 다르게도 생각하지 않는다. 나는 아니라고 생각하지 않고, 아닌 것이 아니라고 생각하지도 않는다"는 대화를 보여준다. 그의 대화법은 장어처럼 꿈틀거리는 이론으로 보고 있다.

할 대상에 대한 붓다의 대답을 들어보자. 상윳따 니까야의 빠릴레야경을 살펴본다.
상 22.81, Pārileyya-sutta, 잡 57경 질누진경/疾漏盡經)

붓다가 승가의 내분에 실망하여 혼자 명상하고 있을 때, 찾아온 비구들의 질문에 대답하는 장면이다. 한 비구가 "어떻게 알고 어떻게 보아야 즉시 번뇌가 다할 것인지(云何知,云何見, 疾得漏盡)"라는 질문에 붓다의 말은 명확하다.

> "나는 분명하게 구분하여 법을 설하였다. 그것은 사념처(四念處, four establishment of mindfulness),[70] 사정근(四正勤, four right strivings),[71] 사여의족(四如意足, four bases for spiritual power),[72] 오근(五根, five spiritual faculties),[73] 오력(五力, five powers),[74] 칠각분(七覺分, seven factors of enlightenment),[75] 팔정도(八正道, Noble Eightfold Path)이다. 그런데도 또 이런 질문을 하는 사람이 있다(뒷부분은 붓다의 말을 의역한 것이다)"고 꾸짖는 듯한 말을 하였다.

---

70) 이는 초기불교에서 강조하는 신수심법(身受心法) 네 가지의 관찰로 그 실상을 뚫어보아 무상함을 알게 되는 방법이다. 그런데 이 신수심법이 이제는 색수상행식(色受想行識)의 오온으로 대치되는 경향이다. 즉 신(身)은 색(色)에 대응하고, 수(受)는 수(受), 상(想)과 행(行)은 심리현상을 분류한 것이므로 심(心)이고, 식(識)은 법(法)을 분별하는 것이라 보면 된다.

71) 이는 네 가지 바른 노력으로서, ①아직 생기지 않은 불선법(不善法)은 미리 방지하고, ②이미 생긴 불선법(不善法)은 끊어버리며, ③아직 생기지 않은 선법(善法)은 생기도록 노력하고, ④이미 생긴 선법(善法)은 더욱 증대시키는 것을 말하는 것으로, 바로 팔정도의 정정진(正精進)의 내용과 같다.

72) 상윳따 니까야 55.20 분석경에서 상세히 서술하고 있다. 사여의족은 네 가지 성취 수단이라는 뜻으로 사신족(四神足)이라고도 한다. 열의와 정진, 마음과 검토(investigation)로, 한자어로 ① 욕여의족(欲如意足) ② 정진여의족(精進如意足) ③ 심여의족(心如意足) ④ 사유여의족(思惟如意足)이다.

73) 5근(五根)은 신근(信根 : 붓다의 가르침이 진리라는 것을 믿음)·진근(進根 : 열심히 정진)·염근(念根 : 그 가르침을 잊지 않는 것)·정근(定根 : 마음을 집중하는 것)·혜근(慧根 : 지혜)의 다섯 가지의 선법(善法)을 말한다. 이들은 번뇌를 항복시켜 깨달음으로 이끄는 법이 되는데, 그래서 근(根)이라고 한다. 선(善)을 증대시키는 다섯 가지 뿌리라는 뜻에서 5선근(五善根)이라고도 한다.

74) 오근이 다섯 가지 수행의 능력인 것에 비해 그 능력이 구체적으로 작용하는 다섯 가지 수행의 힘

그러나 또 친절하게 다시 위와 같은 법의 내용의 핵심을 설명해준다. 그런데 상윳따 니까야와 잡아함경의 내용의 서술 방법이 다르다. 여기서는 이를 종합하여 서술해 본다.

"범부들은 성자를 친견하지 못하고 성스러운 법에 능숙하지 못하고, 성스러운 법에 인도되지 못하여 몸을 자아라고 보는데, 이렇게 보는 것을 행(行)이라 한다. 이 행(行)은 무엇이 원인이며(因), 무엇으로부터 왔으며(集), 무엇으로부터 발생하며(生), 무엇이 변한 것인가(轉)? 무명을 접하여 탐욕(愛)이 생기고, 탐욕(愛)을 인연하여 그 행(行)을 일으킨 것이다.

그 탐욕(愛)은 또 어떻게 왔는가? 느낌(受)을 인연하여 왔고, 느낌(受)이 모이고 생기고 변한 것이다. 또 느낌(受)은 접촉(觸)을 인연하여 왔고, 접촉이 모이고 생기고 변한 것이다.

그 접촉(觸)은 감각기관(六入處)을 인연하여 왔고, 그것이 모이고 생기고 변한 것이다. 그 감각기관은 무상하고, 유위(有爲)이며, 마음이 인연하여 일어나는 법이다. 이는 앞에서 말한 접촉, 행도 마찬가지다.

이렇게 보더라도 몸을 나라고 보며, 몸을 나라고 보지 않아도 몸을 나의 것이라고 보고, 아니면 몸이 나 안에 있다, 나는 몸 안에 있다고 보는 것이다. 이는 수상행식의 경우도 마찬가지다."

---

을 오력이라 한다. 오근과 동일한 종류의 수행에 근 대신 력을 붙여서 오력이라고 한 것이다. 오력의 수행 항목 역시 신(信) · 정진(精進) · 염(念) · 정(定) · 혜(慧)이고, 오근에서 더 나아간 수행도이다. 오근과 오력의 관계는 강의 상류와 하류로 비유할 수 있다. 상류와 하류는 강물의 도착지인 바다와의 거리에 있어서 차이가 있지만 강물의 흐름의 입장에서 보면 상류든 하류든 바다를 향해 흘러가는 동일한 강물일 뿐이다.

75) 깨달음의 지혜를 얻게 해주는 일곱 가지 방법을 말한다. 칠각지(七覺支)라고도 하는데 깨달음의 수단이라는 뜻이다. 이를 들어보면, ① 택법각지(擇法覺支. 지혜로 법을 바르게 선택함) ② 정진각지(精進覺支. 진실한 법에 따라 정진함) ③ 희각지(喜覺支. 참된 법의 기쁨을 얻음) ④ 경안각지(輕安覺支. 몸과 마음을 가볍고 편안하게 하는 것) ⑤ 사각지(捨覺支. 온갖 허망한 생각을 놓는 것) ⑥ 염각지(念覺支. 마음을 집중하여 흐트러지지 않게 함) ⑦ 선정지(禪定支. 선정/禪定을 항상 즐기는 것)이다.

| 도식도 | | | | | | | |
|---|---|---|---|---|---|---|---|
| 무명 | → | 행(行) | | | | | |
| ↑ | | | | | | | |
| 탐욕 | | ← | 느낌 | ← | 접촉 | ← | 육입처 |

《위의 도표에서 12연기법의 **무명**-**행**-식-**육입**-명색-**촉**-**수**-**애**-취-유-생-노사를 상기해 보면, 도표에 표시된 것은 **굵은 글씨**로 된 것이다. 즉 7연기를 예로 들어 보여주고 있다》

즉, 식(識)의 경우를 보면, "단견(短見)을 지어 유견(有見)을 부수게 되고, 단견(短見)을 지어 유견을 부수지 않아도 아만(我慢)을 떠나지 못한다. 아만(我慢)을 떠나지 않으면 다시 나를 보는 것이니, 나를 보는 것, 그것이 행(行)이다"라고 하였으니, 위의 글 자체만으로 논리성이 있어서, 우리는 그 뜻을 그대로 이해할 수 있다. 다만 위 문장에서 행(行)이라는 글의 뜻을 제대로 문장에 맞도록 설명하지 못하였는데, 보통은 '업(業)의 형성'이라고도 하며, '의지'라고도 하고, '의도적 행위'라고도 한다. 각묵스님의 책(상윳따 니까야 3권 298면)에는 '심리현상'이라는 번역을 하였지만, 이는 문맥에 비추어 맞지 않아 보인다. 문맥에 비추어 여기서의 행(行)은 의욕, 의도 등이 가미된 탐욕의 전 단계라고 보는 것이 정확할 것이다.

그리고 잡아함경에서는 단견(短見)과 유견(有見)이라는 표현으로 간단히 서술하였고, 이 내용을 아는 사람이 본다면 그 뜻이 명확하기는 한데, 팔리어 경전은 더 상세하게 서술하고 있어서 그 부분만을 따로 본다.

"이 자아는 바로 이 세상이다. 그것은 죽은 뒤에 항상(恒常)하고 견고하고 영원하며 변하지 않을 것이다. 내가 존재하지 않았다면 나의 것도 존재하지 않았을 것이다. 나는 존재하지 않을 것이고 나의 것도 존재하지 않을 것이다."

여기에서 앞 구절은 유견을 언급하고, 뒷부분은 단견을 말하는 것이다.

ⓛ 정사유(正思惟, samyak saṃkalpa)

정사유는 바르게 생각한다는 뜻이다. 기본적으로 정사유는 포기하려는 결단, 악의를 없애려는 결단, 해악이 없도록 하려는 결단이다. 그러나 이는 바른 견해와 겹치는 듯이 보인다. 영어로는 바른 생각(right thought), 바른 의도(right intention), 바른 열망(right aspiration)이며, 산스크리트어로도 비슷한 뜻이다. 개략적으로는 수행자가 집을 떠나는 결단을 내리고, 세속적인 삶을 포기하며 영적인 추구에 헌신하는 것을 말한다.

상 45.8의 분석경에서 분석한 바에 의하면, 정사유(正思惟)는 출리(욕망에서 벗어남, renunciation)하려는 의도, 악의가 없는(non-ill will) 의도, 해를 끼치지 않는(harmlessness) 의도이다.

출리라는 것은 출가하는 것을 말하기도 하지만, 원래는 감각적 욕망이나 갈애로부터 벗어나는 것을 뜻한다. 악의가 없는 의도라는 것은 탐진치(貪瞋癡)에서 성냄을 의미하는 진(瞋)과도 통하여 항상 적의를 가지지 않음을 말한다. 해를 끼치지 않는다는 것은 남을 괴롭히지 않는다는 것과도 통하는데, 단순히 이런 것을 생각하는 것을 말하는 것이 아니라 이렇게 살겠다고 결단하는 것을 말한다.

영문 번역으로는 바른 의도(right intention) 혹은 바른 결단(right resolve)이라고 하는데, 사유(思惟)라는 말보다 더 어울린다고 보이지만, 워낙 팔정도가 한역으로 번역되어 정사유로 정착되었기 때문에 정사유(正思惟)라는 용어를 사용하면서 그 뜻은 바른 의도라고 보는 것이 좋겠다.

그런데 이 바른 결단도 바른 견해와 같이 두 가지가 있다. 일상적인 수준에서 앞의 설명이 정확하지만, 초월적인 수준에서는 모든 것과 모든 사람을 무상하고, 고(苦)의 원인이며, 자아(自我)가 없는 것으로 고려하는 결단을 포함한다.

ⓒ 정어(正語, samyag-vāc)

바른 언어를 사용하는 것을 말한다. 올바르지 않은 말은 네 가지가 있으니, 그것은 망언(妄言, 거짓말), 악구(惡口, 욕설), 양설(兩舌, 중상), 기어(綺語, 교묘하게 잘 꾸며대는 말)다.

상 s45.8 분석경에서 정확하게 정의하고 있다.

"정어(正語)는 거짓말, 분열을 일으키는(devisive) 말, 욕설, 잡담(idle chatter)을 삼가는 것이다."

그런데 디가 니까야의 '집 없는 인생의 과보경'-사마냐팔라경(Samaññaphala Sutta-The Fruits of the Homeless Life) and Kevata Sutta에서는 이런 형식의 설명 외에도 적극적인 느낌의 덕목을 설명한다. 즉 '구도자의 덕목으로 거짓을 말하지 않는다는 것은, 진실을 말하고, 진리를 보유하며, 확고하고 의지할 만하며 세상을 속이지 않는다. 이와 같이 분열하는 말을 삼가는 것도 화합을 만드는데 기쁨을 느끼는 것이다. 욕설을 삼가는 것은 사람들을 즐겁게 하고 호감을 생기게 하고 정중한 말을 하는 것이다. 잡담을 하지 않는 것은 해방을 위하여 법이라는 목표와 연관된 말 외에는 하지 않는 것을 말한다.'
《즉 바른 결단은 적극적인 측면까지 고려하는 것이 좋을 듯하다.》

ⓔ 정업(正業, samyak-karmānta)

정업은 정언(바른 언행)과 같이 몸과 관련하여 금하는 것을 말한다. 여기서 예로 들고 있는 올바르지 않은 행위는 살생(殺生), 투도(偸盗, 도둑질), 사음(邪婬)이다. 그런데 영어로는 '바른 행위(Right action)'로 번역된다. 그래서 정견은 바른 견해, 정사유는 바른 결단, 정어는 바른 언어, 정업은 바른 행동이므로 의식에 따른 결단, 언어에 따른 행동이라고 서로 연결 지을 수 있다.

상 45.8 분석경의 정의를 보면,

"정업(正業)은 생명을 파괴하는 것, 도둑질, 삿된 음행을 삼가는 것이다."

① 살생 : 불교에서 살생을 금한다는 가르침은 인간만이 아닌 모든 살아 있는 생명에 적용된다. 비구보디가 설명하기로는, 경전에서 살아 있는 생명을 빼앗는 것을 금하는 가르침은 인간, 동물, 새, 곤충까지 포함하며, 식물은 중생이 아니므로 제외한다. 더욱이 이러한 가르침은 살아 있는 유정물에 대한 어떠한 의도적인 해침이나 고문(拷問)뿐만 아니라 의도적인 살생을 포함한다. 이런 가르침은

자이나교와 힌두교 경전에서 발견되는 아힘사(ahimsa)와도 유사하다.

② 투도(偸盜) : 도둑질을 금하는 것은 소유자로부터 자발적으로 제공된 것이 아닌 것을 의도적으로 취하는 것을 말한다. 이것은 행동으로 훔치는 것이나 힘에 의해서나 사기나 거짓에 의해 의도적으로 취하는 것을 포함한다. 업에 영향을 주는 것은 의도와 그 행동에 의함이 중요하다.

③ 사음(邪婬) : 삿된 음행을 금하는 것은 성적인 행위를 하지 않는 것을 의미한다. 앙굿따라 니까야의 춘다카마라푸타경(Cunda Kammaraputta Sutta)에 잘 나와 있는데, 아래의 경우를 제외하고는 모든 성적인 행동을 금해야 한다고 가르친다. 그것은 《부모나 보호자 혹은 형제의 보호를 받는 결혼하지 않은 자와, 남편에 의해 보호받는 결혼한 사람과, 다른 사람과 약혼한 사람과, 여죄수와, 그리고 법을 추구하는 사람》을 포함한다.

◎ 정명(正命, samyag-ājīva)

영어로는 'Right way of life(생활의 올바른 방법)', 혹은 'Right livelihood(바른 생계수단)'라고 번역된다. 윤회를 늘리지 않는 생활, 윤회를 거부하는 심적 상태로 사는 것을 의미한다. 특별히 열 가지 비도덕적 행동을 하지 않는 것이다.

상 45.8 분석경의 정의를 보면,

"정명(正命) – 바른 생계는 삿된 생계를 제거하고 바른 생계로 생명을 영위하는 것이다. 출가자는 무소유와 걸식으로 삶을 영위해야 하며, 사주 관상 점 등으로 생계를 유지해서는 안 된다. 재가자는 정당한 직업을 통해서 생계를 유지해야 한다."

그런데 이 정명(正命)에 대해서는 다른 경전에서도 언급하고 있다.
맛지마 니까야의 마하차타리사카경(Mahācattārīsaka Sutta)을 보면[76] 《바른

---

76) The Middle Length Discourses of the Buddha, A Translation of the Majjhima Nikāya, Bhikkhu Naṇamoli and Bhikkhu Bodhi, 1278p.

생계란 무엇인가? 잘못된 생계를 먼저 이해해야 한다. 그것은 음모를 꾸미고, 말로 하고, 암시하고, 폄하하고, 이득으로 이득을 추구하는 것이다. 나는 바른 생계에 두 종류가 있다고 말하겠다. 흠이 있으며[taints, effluents, 유루(有漏)] 복덕이 함께하며(partaking of merit, siding with merit), 이득을 주는(ripening in the acqusitions, resulting in acquisitions) 바른 생계가 있고, 고귀하며, 흠이 없으며 [taintless, without effluents, 무루(無漏)], 초현세적이며(supermundane, transcent), 도(道)의 요소인 바른 생계가 있다.

《영문 번역에서 비구보디 스님과 나나 몰리 스님의 용어가 다르지만 뜻은 같다.》

이 정업의 개념으로부터 살아 있는 생명을 속이거나 해를 끼치거나 죽여서 고통을 주는 것을 피해야 한다는 원리가 도출된다.

이러한 논의에 의하여 다음과 같이 직업에 대한 정립이 필요하다.

즉 정업에 부합되지 않는 직업으로는

㉠ 무기와 관련된 사업 – 모든 종류의 무기와 살해도구의 거래

㉡ 인권과 관련된 사업 – 노예거래, 매음, 납치와 유인의 거래

㉢ 육식과 관련된 거래 – 살해된 뒤의 시체를 의미하는 것으로, 도살을 위해 동물을 양육하는 것을 포함한다.

그 외 인간의 정신을 현혹시키는 것들, 취하는 것과 관련된 거래 – 술과 중독성 약물의 제조와 거래, 독과 관련된 거래 – 독물과 중독성 제품의 생산과 거래 등을 들 수 있다.

ⓑ 정정진(正精進, samyag-vyāyāma)

영어로 'right effort', 'right endeavor', 'right diligence'(바른 노력)라 번역되므로, '정진'한다는 뜻보다는 '노력'이라는 표현이 어감에 맞지만, 노력이 결국 정진이므로 오랫동안 사용한 정정진으로 표현한다. 여기서 수행자는 모든 나쁘고 해로운 생각, 언어, 행동을 버리고 계속적인 노력을 해야 한다. 수행자는 대신에 이롭고 유용한 것을 낳는데 어려움이나 피로함 없이 노력해야 한다.

상 45.8의 분석경의 정의를 보면,

"정정진(正精進) — 아직 일어나지 않은 사악하고 해로운 법들을 일어나지 못하게 하기 위해서, 이미 일어난 사악하고 해로운 법들을 제거하기 위해서, 아직 일어나지 않은 유익한 법들을 일어나도록 하기 위해서, 이미 일어난 유익한 법들을 사라지지 않게 하고 증장시키기 위해서 의욕을 생기게 하고 정진하고 힘을 내고 마음을 다잡고 애를 쓰는 것이다."

맛지마 니까야 73 마하바차고타경(Mahāvacchagotta Sutta)에서 선법의 개념을 다시 볼 수 있다.

"탐욕은 해로운 법(불선법)이고, 그것이 없음은 유익한 법(선법)이다. 성냄은 불선법이고, 그것이 없음은 선법이며, 망상은 불선법이며, 그것이 없음은 선법이다. 이렇게 탐진치(貪瞋癡)는 불선법이고 그것을 떠나는 것이 선법이다.

생물을 죽이는 것은 불선법이며, 그렇지 않음은 선법이다. 주어지지 않은 것을 가지는 것은 불선법이며, 그렇지 않음이 선법이다. 감각적 즐거움에 잘못된 행위, 거짓의 말을 하는 것, 중상모략하는 말을 하는 것, 거친 말을 하는 것, 잡담을 하는 것은 불선법이며, 그렇지 않은 것이 선법이다. 탐욕과 악의, 사견(邪見)은 불선법이고, 그렇지 않은 것은 선법이다. 이렇게 열 가지는 불선법이고, 그 반대는 선법이다."

《이상 8정도 중 여섯 가지는 불교도가 아니라도, 정상적인 시민이라면 실제로 행할 수 있는 행동이다. 따라서 8정도는 어려운 것이 없으며, 뒤의 두 가지는 본격 수행의 길이다.》

Ⓐ 정념(正念, samyak - smṛti)

정념(팔리어sammā - sati가 더 유명하다)은 영문으로는 바른 마음 챙김(right mindfulness), 바른 기억(right memory), 바른 각성(right awareness), 바르게 주의를 기울임(right attention)이라 번역하고 있고, 그에 맞추어 한글 번역어로는 '알아차림, 주시, 관찰, 각성' 등의 용어도 사용하고 있다. 팔리어 사띠(sati)라는 용어를 정확하게 번역하기가 힘들지만 풀어서 설명한다면, 아래의 경전에서 나오듯이 바르게 대상에 대하여 주의를 기울여 관찰하는 것이다. 수행자는 끊임없이 그들의 몸과 마음에 영향을 미치는 현상에 경각심을 가진다. 그들은 주의를 기울이고, 사려를 깊게 하고, 태만하지 않고 망각의 순간이 없도록 확인해야 한다. 그런 의미에서 정념(바른 기억)이라는 뜻은 어울리지 않으며, 경전에서의 설명에 의해 뜻을 드러내는 용어를 사용하면, '바르게 주의를 기울임', 혹은 '바르게 고찰함', '바르게 관찰함'이라고 표현할 수 있다. 여기서는 이를 아우르면서도 간단히 표시할 수 있는 '바른 주시', '바른 고찰'이라는 말을 사용하겠다. '주시'라는 말 속에는 주의를 기울인다는 뜻도 있고, 단순히 주의를 기울이는 것 외에도 그 대상이 무엇인지(즉 그 대상이 신수심법의 어디에 속하는지를 끊임없이 의식해야 한다) 분석도 들어가 있기 때문에 상황에 따라 '주시'와 '고찰'을 사용하는 것이 적절한 것으로 보인다.

상 s45.8 분석경에서 정확하게 정의하고 있다.

"정념(正念) – 몸에서 몸을 관찰하고, 느낌에서 느낌을 관찰하고, 마음에서 마음을 관찰하고, 현상에서 현상을 관찰하면서 세상에 대한 욕심과 싫어하는 마음을 버리고 근면하게, 분명히 알아차리고 마음 챙기며 머무는 것이다."

《분석경에서 말하는 관찰 대상들은 초기불교의 신수심법(身受心法)을 풀어서 쓴 것이다. 즉 '몸에서 몸을', '느낌에서 느낌을', '마음에서 마음을', '법에서 법을' 관찰하는 것이다.[77]

사띠는 피상적인 지식이 아니며, 혼돈을 없애주는 것이 그 기능이며, 사물에 몰입함이 그 특징이다. 명확하고 강한 주의 집중은 지혜와 결부되며, 이때를 사려 깊은 주의 집중이라 부른다. 망상을 떠난 분별로부터 자유로운 순수한 인식을 말하는 것이다. 사띠를 실행하면, 보이는 것으로부터 보이는 것만 있고, 들린 것으로부터 들린 것만 있으며, 접촉으로부터 접촉만, 지각으로부터 지각만 있으므로, 우리는 탐진

---

77) 맛지마 니까야 10 Satipaṭṭhāna Sutta(202p)에서도 잘 설명하고 있다.(디가 니까야 22번도 참조)

치(貪瞋癡)로부터 해방되며, 이 세계의 굴레로부터 자유로워진다. 《물론 사띠를 실행할 당시만 그렇고, 그것이 계속되기 위해서는 수많은 반복을 통해 생활화가 되어야 할 것이다.》

### 🎙 통찰을 위한 훈련방법은 비파사나(vipassana)

위빠사나라고 흔히 말하는 수행법은 한글로 표기할 때 비파사나라고 하는 것이 바르다고 보므로 두 가지 용어를 동시에 표시한다. 이 수행법은 통찰지의 수행이라고 불리는데, 통찰은 사물의 진정한 본성의 이해이고, 그 본성은 정신적 생활의 완전한 변형으로 관찰자에 의해 발생하며, 그에 의해 생사의 고해로부터 나올 수 있다. 또 사물의 진정한 이해는, 모든 구성요소의 덧없음과 고(苦), 또 자아나 핵심과 관련하여 비어 있음을 확실하게 알 때에야 가능하다. 모든 사물의 본질적 비어 있음을 아는 것이 공의 최고 깨달음이다. 그에 의해서 '나', 갈애(渴愛), 고(苦)라는 개념은 포기되는 것이다.

객관적 방법을 사용하기 때문에 사물에 대한 개인적 반응을 고려할 필요가 없음이 그 방법의 핵심이며, 그래서 사실 그대로 보는(yathabhuta ñanadassana) 것이다. 그리고 무엇이 현재 있는지를 생각하는 식으로 주의 집중함으로써 산만한 생각을 잘라버리게 되고, 인지된 대상의 실제 특성을 마음에 준비한다. 이런 의미에서 주의 집중은 사물이 스스로 말하게 하여 그 본성을 펼쳐 보이게 하는 것이라 할 수 있다.

자유가 결핍되는 것은 탐진치(貪瞋癡)에 굴복하기 때문이다. 자비로운 행위가 미움을 쓸어버리고, 집중의 고요함을 능숙하게 일상화하는 것이 갈애를 소멸시키며, 세계를 현명하게 이해하는 것이 어리석음을 없앤다. 주의 집중은 이 모든 것을 하는 방법이다.

### ※ 용어들

사띠, 비파사나 관련 용어들을 한글로 번역하는 것도 다양하지만, 그 용어를 정의하는 방식도 다양하다. 우리는 이런 논쟁에 빠져들지 말고, 가장 그럴듯한 정의와 번역을 사용하도록 한다.

신수심법(身受心法)의 대상을 알아차리는 것이 사띠, 이렇게 대상의 전체적인 속성을 확인하는 것이 삼빠자나(분명한 앎) 그리고 이들이 본래 존재하지 않음을 통찰하여 소유를 내려놓는 것이 위빠사나라고 한다. 다른 식으로 말하면, 사띠는 주시하는 것이며, 삼빠자나는 깨어 있는 상태를 말한다. 그리고 이런 방법들을 사용하여 훈련하는 것을 위빠사나 수행이라 한다.

### 🎙 사띠의 수행

사띠에 대한 수행법으로는 청정도론(Visuddhimagga)이 가장 유명하며 정통적인 것이라고 인정받기도 한다. 그런데 이는 붓다 사후 1000년 정도 지난 5세기경 스리랑카에서 붓다고사(Buddhaghosa)가 경전의 내용들을 정리하면서 부족한 것이라고 여겨지는 것을 보충하기도 한 것이므로, 그 내용 중에 불법(佛法)과 맞지 않는 것도 있다. 붓다고사를 한자로는 불음(佛音) 또는 각음(覺音)이라 부를 수 있는데, '붓다의 소리'라는 뜻이므로 그 의미는 작지 않다. 그래서 청정도론에 의한 사띠 수행이나 서구심리학에 따른 심리치료 등의 방법이 유행이지만, 붓다의 가르침과 다른 면이 많다고 보는 이도 만만치 않게 있으므로 8정도의 하나인 정념(正念)의 방법으로 청정도론보다는 맛지마 니까야 10 사띠파타나경(Satipaṭṭhāna Sutta)의 내용을 살펴보도록 한다.

> "비구들이여, 이것은 청정한 삶을 위한 직접적 길이다. 슬픔과 한탄을 극복하고, 고통과 비탄을 사라지게 하는 진정한 방법을 취득하여 열반을 실현하는 것이다. 이것은, 즉 사띠를 하는 네 가지 근본 방법이다."

### 🎙 위 맛지마 니까야에 따른 네 가지 고찰을 요약해 본다.

가. 몸에서 몸을 고찰한다. 탐욕스러움과 비탄을 극복하기

① 호흡 : 숲이나 나무 밑, 조용한 장소에 앉아서 가부좌를 하고, 몸을 바로 세우고, 들이쉬고 내쉬는 숨을 주시한다. 길게 숨 쉬면서 '나는 길게 숨 쉰다'고 이해한다. 짧게 숨 쉬면서 '나는 짧게 숨 쉰다'고 이해한다. 그리고 '나는 전체 몸을 경험하면서 들이 쉰다'고 수련한다. 능숙한 선반공이 길게 구부리거나 짧게 구

부리는 것을 의식하면서 철강을 구부리듯이 숨 쉬는 것을 훈련한다. 이런 방법으로 몸을 내적인 몸으로서 고찰하고, 또 외적인 몸으로 고찰한다. 또는 몸에서 그 본성의 일어남과 사라짐, 혹은 두 가지 모두를 관찰한다. 혹은 몸이란 지식과 주의를 집중하는 데 필요한 범위에서만 존재한다고 보게 된다. 이렇게 함으로써 그는 어떤 것에도 집착하지 않고 독립적으로 된다.

② 네 가지 자세 : 또 걸을 때 '나는 걷는다'고 이해하고, 섰을 때 '나는 서 있다'고 이해하며, 앉을 때 '나는 앉아 있다'고 이해한다. 이런 방법으로 몸을 몸으로서 고찰하는 것이다.

③ 완전히 알기 : 또한 앞으로 가거나 돌아서고, 가사를 입을 때나 발우를 나를 때, 먹거나 마시거나 맛을 볼 때, 대변을 보거나 소변을 볼 때, 그 사실을 그대로 인식하는 것이 몸을 몸으로서 고찰하는 것이다.

④ 몸의 부분들 : 발끝에서 머리카락까지 몸의 각 구성 부위 32곳(즉 손톱, 이빨, 피부, 살, 뼈, 심장, 간, 콩팥 등) 고찰하기

⑤ 4대(四大) : 몸의 요소에서 지수화풍(地水火風)을 고찰하기, 즉 몸의 이 부분은 지(地)의 요소가 많다는 식으로 고찰한다.

⑥에서 ⑭ : 공동묘지(시체안치소)에서 시체, 뼈만 있는 시체, 썩는 모습 등을 보면서 몸에 대한 고찰을 한다.

나. 느낌에서 느낌을 고찰한다.
① 즐거운 느낌이 들면 '나는 즐거운 느낌이 든다'고 고찰한다. 괴로운 느낌이 들면 '나는 괴로운 느낌이 든다'고 고찰한다. 즐겁지도 괴롭지도 않은 느낌이 들면 '나는 즐겁지도 괴롭지도 않은 느낌이 든다'고 고찰한다. 이런 방법으로 내적 외적인 느낌을 고찰하여 그 느낌의 생김, 사라짐의 본질을 고찰하는 것이다. 그럼으로써 어떤 것에도 집착되지 않는 독자적인 생활을 하게 된다.

《위의 몸과 느낌을 관찰하기를 실생활에 적용해 보기를 권한다. 요즘 모두가 좋다고 하는 걷기 운동을 하면서, 처음에는 발가락이나 발목 관절을 느끼면서 걸어보고, 능숙해지면 허벅지 근육이나 장딴지 근육의 움직임을 느끼면서 집중해 보면 그 무상함을 직접 체험해 볼 수 있다.》

다. 마음에서 마음을 고찰한다.

① 탐심(貪心)이 발생한 마음(saragam cittam)을 그러한 마음으로 고찰하고, 탐심이 없는 마음(vitaragam cittam)을 탐심이 없는 마음으로 고찰한다. 성냄이 발생한 마음(sodosam cittam)을 그런 마음으로 고찰하며, 성냄이 없는 마음(vitadosam cittam)을 성냄이 없는 마음으로 고찰한다. 어리석음이 발생한 마음(smoham cittam)을 그런 마음으로 고찰하며, 어리석음이 없는 마음(vitamoham cittam)을 어리석음이 없는 마음으로 고찰한다. 위축된(contracted, shrunken) 마음(sankhittam cittam), 들뜬(산만한-distracted) 마음(vikkhittam cittam), 경박한(exalted, sensuous ethreal) 마음(mahaggatam cittam), 침울한(unexalted) 마음(amahaggatam cittam), 감각 영역에 속하는(surpassed) 마음-색계선정(suttaram cittam), 더 이상 없는 초월적인(unsurpassed) 마음-무색계선정(anuttaram cittam), 집중한(concentrated) 마음(samahitam cittam), 집중하지 않은(unconcentrated) 마음(asamahitam cittam), 해방된(liberated) 마음-해탈의 마음(vimuttam cittam), 해방되지 않은(unliberated) 마음-해탈하지 않은 마음(avimuttam cittam)을 각각의 그런 마음으로 고찰하는 것이다.

이와 같이 마음의 일어나고 사라짐의 본성을 고찰하는 것이다.

라. 법을 법으로서 고찰한다. 이 법은 영문으로 마음의 대상(mind-objects)이라고 번역하지만, 현상(現象)이라는 번역이 적절하다고 보인다. 즉 심리적인 현상들을 마음이 그 대상으로 삼는 것이다. 그러므로 마음의 대상을 상대로 고찰한다고 생각하면 이해하기 쉽다. 앞의 마음을 마음으로 고찰하는 것과 달리, 그 마음을 성립시키는 마음의 대상인 심리현상을 마음의 대상인 심리현상으로 고찰한다는 점에서, 앞의 마음-심(心)을 마음으로 고찰하는 것과 구별할 수 있다. 이 마음의 대상에는 다섯 가지 장애인 5개(五蓋), 5취온(五取蘊), 6근(六根)과 6경(六境), 7각지(七覺支), 4성제(四聖諦)가 있다.

① 마음의 대상에서 다섯 가지 덮개 혹은 장애(pañca āvaraṇāni), 즉 5개(五蓋)라고 번역된 다섯 가지 장애는 마음에 번뇌를 일으키고 지혜를 약하게 하는 법으로서

열반으로 나아가지 못하게 하는 것이다. 이 5개(五蓋)를 살펴본다.

- 탐욕개(貪欲蓋, kamacchanda) – 이것은 감각적 욕망(sensual desire)의 덮개다. 그래서 감각적 욕망이 생기면, '나에게 감각적 욕망이 생겼다', 그 욕망이 없으면, '나에게 감각적 욕망이 없다'고 고찰한다. 그리고 감각적 욕망의 생김, 사라짐을 고찰하는 것이다. 감각적 욕망의 장애가 생기는 이유는, 감각적으로 즐겁거나 좋아 보이는 대상에 대한 잘못된 평가 때문이다. 그러한 대상이 감각적 욕망 자체이거나 그러한 감각을 낳는 것이기 때문이다.

- 진애개(瞋恚蓋, vyapada) – 성내는 것(anger, 영문에서 악의-ill will라고 번역된 것도 있다)을 말한다. 원뜻이 악의(惡意, ill will)이지만, 성내는 것이나 분노, 적의(敵意)에 의한 느낌으로 발생하는 장애로서 탐진치(貪瞋癡)와 대비하여 성냄으로 보는 것이 좋을 것 같다. 성이 났을 때, '내가 성이 났다'고 고찰한다. 물론 성이 나지 않는다면, '나는 성이 나지 않았다'고 고찰한다. 분노를 자아내는 대상뿐 아니라 분노 자체가 이러한 장애다.

- 혼면개(昏眠蓋, thina middha) – 나태하고(sloth) 무기력한(torpor) 상태가 장애가 된다. 마음의 게으름은 마음의 둔함을 나타낸다. 나태함에 대한 바른 고찰이 나태와 무기력을 벗어나게 하고, 노력은 나태함을 이겨내게 된다. 무언가 하기 싫고 게을러졌을 때 '나는 게으르다'고 고찰하며, 무언가를 열심히 하면서 '나는 부지런하다'고 고찰한다.

- 도회개(掉悔蓋, uddhacca kukkucca) – 마음이 흔들리고(restless, agitation) 걱정하거나(worry) 후회하는(remorse) 것이다. 마음이 흔들리는 것을 원숭이에 비유하여 어떤 하나의 나무에 머물지 않고 쉴 새 없이 다른 가지로 옮겨 다니는 것을 연상하면 된다. 이것은 하나의 사물에 만족하지 못하는 잘못된 마음을 드러내는 것이다. 후회는 잘못된 행동으로 업이 발생하는 걱정의 특정한 종류라고 볼 수 있다. 마음이 흔들리고 후회가 생기면, '나는 마음이 흔들리고 후회가 생긴다'고 고찰한다.

- 의개(疑蓋, vicikicchā) – 스승과 붓다 혹은 법의 가르침을 의심하는 것이다. 의심이 드는 경우에, '나에게 의심이 생겼다'고 고찰하며, 의심이 사라지면, '나의 의심은 사라졌다'고 고찰한다. 일어나지 않은 의심이 생기는 것이며, 생긴 의심

을 어떻게 소멸시키며, 소멸된 의심이 미래에 다시 일어나지 않도록 고찰한다.

② 오온, 오취온(五取蘊)에 대한 고찰
집착으로 물들은 오온(五蘊)을 마음의 대상으로 고찰한다. 즉 '이것은 물질이고, 그 근원이며, 사라짐이다. 이것은 느낌이며, 그 근원이며, 사라짐이다. 이것은 인식이며, 그 근원이며, 사라짐이다. 이것은 의지며, 그 근원이며, 사라짐이다. 이것은 분별이며, 그 근원이며, 사라짐이다'고 고찰한다.

③ 육근과 육경에 대한 고찰
비구는 눈과 물질을 고찰하여, 그것에 의존하여 발생하는 굴레를 고찰한다. 그리고 발생하지 않은 굴레의 생김과 소멸과 미래에도 생겨나지 않음을 고찰한다.
비구는 귀와 소리와 그것에 의존하여 발생하는 굴레를 고찰한다. 코와 향기, 혀와 맛, 몸과 촉감, 마음과 마음의 대상들에 의존하여 발생하는 굴레들을 고찰한다. 그것들의 생겨남과 소멸과 미래에도 생겨나지 않음을 고찰한다.
이런 방법으로 마음의 대상을 내적으로, 외적으로, 또 함께 고찰하여, 어떤 것에도 집착하지 않는 독립적인 고찰을 하는 것이다.

④ 칠각지에 대한 고찰
여기서 칠각지는 일곱 가지 깨달음의 요소라는 뜻으로, 깨달음으로 가기 위한 부분들이다. 칠각지가 한자로 표시된 것이 전통적인 방법이지만 한자에 익숙하지 않은 요즈음은 오히려 영어로 표현한 것이 더 쉽게 와 닿는다. 일단 한자로 표시된 칠각지는 뜻을 파악하기는 힘들다. 그래서 이를 영문과 대조하여 보면 그 뜻을 쉽게 알 수 있다.
- 택법각지(擇法覺支, dhamma-vicaya)-(Investigation) 법을 지혜로 분별하여 선택하는 것이다.
- 정진각지(精進覺支, viriya)-(Energy) 수행에 전력하는 것이다.
- 희각지(喜覺支, pīti)-(Joy or Rapture) 법에 대해서 기뻐하는 것이다.
- 경안각지(輕安覺支, passaddhi)-(Relaxation or Tranquility) 마음을 가볍고

편안하게 하는 것이다.
- 사각지(捨覺支, upekkhā) – (Equanimity) 외계에 대한 집착을 버리는 것이다.
- 정각지(定覺支, samādhi) – (Concentration) 마음을 집중하는 것이다.
- 염각지(念覺支, sati) – (Mindfulness) 주의를 집중하여 잘 기억하면서 잊지 않는 것이다.

이러한 칠각지 중에서 주의를 집중하는 경우에 '나는 현재 주의를 집중하고 있다'고 고찰하는 것이다. 혹은 주의를 집중하지 못하는 경우에 '나는 주의가 집중되지 않고 있다'고 고찰하는 것이다. 이것은 깨달음의 요소를 검토하는 택법각지의 경우에도, 수행에 전력하는 정진각지의 경우에도 모두 마찬가지로 고찰한다.

⑤ 사성제에 대한 고찰

사성제인 고집멸도(苦集滅道)에 대해서 사실 그대로 고찰하는 것이다. 그래서 괴로움이 일어났을 때 사실 그대로 이해하여 '이것은 고(苦)다'고 고찰하며, '이것은 고(苦)의 일어남이고, 이것은 고(苦)소멸이고, 이것은 고(苦)의 소멸로 이끄는 도(道)이다'고 사실 그대로 고찰하는 것이다.

⑥ 결론

이러한 주의 집중의 결과로 맛지마 니까야에서 내린 결론은 다음과 같다.

누군가가 이러한 주의 집중의 네 가지 기초를 7년간 수행한다면, 여기 지금의 최종 지식을 얻거나, 약간의 집착이 남아 있다면, '돌아오지 않는 자(아나함)'의 단계 중에서 하나를 성취할 것이다.

7년은 말할 것도 없고, 이러한 네 가지 기초를 6년간 수행한다면, 5년간, 4년간, 3년간, 2년간, 1년간이라도 수행한다면, 그 두 가지 중의 하나의 과실이 기대될 것이다.

1년은 말할 것도 없고, 이 네 가지 기초를 7개월간, 6개월간, 5개월간, 4개월간, 2개월간, 1개월간, 보름간이라도 수행한다면, 위의 두 가지 중의 하나의 과실이 기대될 것이다.

보름은 말할 것도 없고, 7일간 수행한다면, 마찬가지의 과실이 기대될 것이다.

비구들이여, 이것은 존재를 정화하는 직접적인 길이며, 슬픔과 비탄(sorrow and lamentation)을 극복하고, 고통과 상심(傷心)을 사라지게 하는 길이며, 진정한 길을 획득하고 열반을 자각하게 하는 길이다.

### 🎤 다시 용어 정리

현재 불교학자들의 관심은 붓다가 말한 '사띠'란 무엇인가, 붓다가 말한 '사마디'란 무엇인가라는 것이다. 니까야에도 나와 있지 않으니 요가수트라의 '사마디(응념에 의한 집중)'를 붓다의 '사마디'로 이해하고, 이 때문에 붓다의 사띠를 요가의 응념(니까야에서 응념에 해당하는 것은 쌈빠자나)으로 해석하며, 결과적으로는 사띠와 쌈빠자나를 동일시하는데 엄연히 상윳따 니까야에서 붓다는 쌈빠자나와 사띠를 별개로 설하기에 붓다의 가르침을 요가 식으로 재해석하는 것은 배가 산으로 가는 결과를 일으키는데, 이 모두가 붓다 사후 1천 년 뒤 5세기 스리랑카에서 붓다고사가 쓴 청정도론 때문이라는 주장이 많다.

사띠와 관련하여 경전에 비슷한 용어들이 나오는데, 이들을 구분할 필요가 있다. 정확한 개념 정의를 알아야 우리의 수행에 빈틈이 없을 것이다. 일단 도표를 보자.

| 사띠와 관련된 용어들 | | | | |
|---|---|---|---|---|
| 구분 | 팔리어 | 영어번역 | 한자번역 | 설명 |
| 사띠 | sati | mindfulness, awareness | 념(念) | 기억하다, 주의를 기울이다 |
| 삼빠자나 | sampajañña | clear comprehension | 정지력(正知力) | 명확한 이해, 이해한 상태 |
| 아빠마다 | appamada | vigilance, heedfulness | 불방일좌 (不放逸座) | 방일하지 않다, 태만하지 않다. |
| 아타파 | atappa | ardency | 용맹(勇猛) | 열심, 노력 |
| 마나시까라 | manasikara | attention, engagement | 여리작의 (如理作意) | 주의 |
| 사띠파타나 | satipaṭṭhāna | foundation of mindfulness | 념주(念住) | 파타나는 장소를 의미한다. |

《비구보디는 위 개념들 중에서 삼빠자나는 사띠와 통합되어야 하며, 그 두 가지가 함께하여야 정념(正念)이 의도한 목적을 달성할 수 있다고 말한다.》

버컬리대학의 로버트 샤프(Robert Sharf) 교수에 의하면, 이 용어는 광범위한 논의와 토론의 대상이 되었다. 스므르티(smṛti)는 원래 기억하다, 회상하다, 기억해 두다의 뜻이고, 사띠(sati)는 기억하기를 의미한다. 사띠파타나경에서 사띠는 법을 기억하여, 현상의 진정한 본질이 드러나는 것을 말한다. 샤프 교수는 미린다팡하에서 사띠의 일어남은 전체 법을 일어나게 하는 것을 말한다고 한다. 사띠는 사물과 관련하여 사물을 아는 것이고, 그래서 그 상대적인 가치를 아는 것이다. 사띠파타나에 적용하면 사띠는 요가의 수행자가 기억하도록 하는 것을 말하고, 수행 도중 느낌을 간직하도록 하기 위함이다.(이런 면에서 원래 사띠는 요가의 기법을 차용하여 설명되는 잘못이 있다.)

🎤 샤프 교수는 현재 당금의 인기 있는 단순한 주의 집중과는 관계가 없다고 하는데, 그것이 현상의 도덕적 측면을 적절히 분별하는 흔적을 남기기 때문이라고 한다.

🎤 팔리어학자 토마스 윌리암 라이 데이비스(1843~1922)는 처음으로 사띠를 주의 기울임(mindfulness)이라고 번역하였다. 데이비스가 설명하기로, 사띠는 문자적으로는 기억이지만, 계속적으로 반복되는 구절인 주의(mindful)와 생각에 잠김(thoughtful)으로 사용되면서 마음의 계속적인 현존과 활동을 의미한다고 한다.
헨리 알라바스터는 사띠파타나를 자신의 주의를 유지하는 행위라고 정의하였다.

🎤 비구보디는, 사띠는 동사인 사라티(sarati) 즉 기억하는 것을 의미하는 것으로부터 왔고, 때때로 팔리어에서는 이것을 기억의 아이디어와 연결하는 방법으로 설명해 왔다. 그러나 그것이 명상의 수행과 관련하여 사용될 때 정확하게 들어맞는 영어 단어가 없다고 한다.

산스크리트어 스므르티(smṛti)는 '기억되는 것'을 의미하고, 이는 불교의 '주의 기울임(mindfulness)'과 힌두교의 운문체 서류의 범주를 동시에 의미한다. 그리고 우리가 불경에서 자주 접하는 여시아문(如是我聞)이라고 하는 듣는 행위(sruti) 다음으로 중요시된다.

중국어 념(念)은 '연구, 크게 읽다, 생각하다, 기억하다, 회상하다'라는 뜻이다. 념(念)은 현대 표준 중국어로 관념(觀念), 회념(懷念), 염서(念書), 염두(念頭) 등의 단어에서 사용된다. 불교 전문 용어에서 염불(念佛), 염경(念經)으로도 사용된다. 념(念)은 지금이라는 뜻의 금(今)과 마음이라는 뜻의 심(心)이 합쳐진 글자다. 베른하르트 칼그렌(Bernhard Karlgren)은 념(念)이 '반영하다, 생각하다, 연구하다, 마음으로 배우다, 기억하다, 음송하다, 읽다' 등을 의미한다고 한다.

그렇기 때문에 수많은 번역들이 있다. 즉 attention(주의, Jack Kornfield), awareness(알아챔), concentrated attention(집중된 주의, Mahasi Sayadaw), Inspection(고찰, Herbert Guenther), mindfulness(마음 챙김), mindful attention(신경을 써서 주의를 기울임), self-recollection(스스로 회상하기, Jack Kornfield), recollecting mindfulness(회상하며 주의를 기울임, Alexander Berzin), recollction(회상, Erik Pema Kunsang, Buddhadas Bhikkhu), reflective awareness(반성하며 알아채기, Buddhasa Bhikkhu), retention(보류), presence(현재) 등이다.

### 🎤 사띠의 효과

폴 윌리암스(Paul Williams)에 의하면, 사띠는 해방의 길을 제공하며, 계속적으로 감각기관의 경험을 관찰하여 미래의 재탄생을 생기게 할지 모르는 집착의 일어남을 예방한다고 한다. 사띠는 망상(Moha)에 대한 치료제이며, 열반을 성취하는 데 기여하는 힘 중의 하나다. 사띠의 기능은 명료한 이해(삼빠자나)와 같이하면 특히 힘이 생긴다고 한다. 베터(Vetter)에 의하면, 선(禪)은 사띠의 도움으로 원래적인 핵심수행을 완수하며, 열반은 탐진치가 정복되고 포기된 상태라고 한다.

### 🎤 비파사나(vipassanā)

비파사나는 비(vi)와 파사나(passana)로서 나누어본다는 뜻을 가지고 있다. 불교에서의 수행법으로는 집중력을 키우는 사마타(samathabhāvanā)와 사물을 있는 그대로 관찰하는 비파사나(vipassanā-bhāvanā)의 두 가지로 대별되고, 이 점은 남방불교와 북방불교에서 같다.

비파사나는 한자로 관(觀)이며, 실재의 진정한 본성에 대한 통찰을 의미한다. 즉 존재하는 것의 세 특징인 무상·고·무아를 보는 것이다. 부파불교 이전에는 선(禪)의 수행을 강조하였지만, 불교 초기부터 비파사나는 저명한 위치를 가지고 있다. 비파사나는 사띠가 주시하는 대상들인 37조도품을 모두 망라한 개념으로서, 사띠에 의하여 수행하는 것을 총괄한다는 의미로 보면 된다. 위빠사나라는 말을 많이 사용하지만, 영문으로 비파사나로 읽는 것이 좋으며, 현지에 가서 공부한 사람들이 원래의 비파사나라 읽던 발음이 세월의 경과에 따라 발음하기 쉬운 위빠사나로 읽는다고 하여 한글 표기까지 그렇게 하는 것은 우습다. 즉 water를 '워터'라고 쓰지 않고, 현지인의 발음에 따라 '워-러'라고 쓴다면 제대로 된 표기법이 아닐 것이다. 물론 팔리어 문법에도 v의 발음은 vile(극도로 불쾌한)의 v처럼 발음하라고 되어 있다. 혹은 vitory와 wine의 발음을 혼합하여 사용한다. 옥스퍼드사전에도 발음부호가 vɪ'pasənə(비파사나)라 되어 있다. 결국 비파사나라고 표현하는 것이 옳을 것이다. 한자로도 과거의 발음이 비파사나(毗婆沙那)였음이 나타난다. 인도 카니시카왕이 500명의 아라한을 모아 아비달마발지론에 주석을 달게 한 아비달마대비바사론(阿毘達磨大毘婆沙論)의 '비바사'도 비파사나의 원류형이다.

비파사나 명상은 현대에 와서 레디 사야도(Ledi Sayadaw)와 모곡 사야도(Mogok Sayadaw)에 의한 상좌부 전통에서 소개되었고, 마하시 사야도(Mahasi Sayadaw)와 고엥카(S.N. Goenka)에 의해 대중화되었다. 호흡, 생각, 느낌과 행동을 주시하는 것은 실재의 진정한 본성에 대한 통찰을 얻는 데 사용되고 있다. 비파사나 명상의 대중성으로 인해서, 호흡의 주시가 서구에서는 주시법으로 더 인기를 끌고 있다.

🎤 **어원**: 비파사나의 어원을 분석하면, 'vi-'와 동사 어근인 'paś'로 이루어져 있고, 통찰(insight), 명료하게 보기(clear-seeing)로 번역된다. 원래 'vi'를 'in'으로 오해하여, '안을 보다'는 뜻의 통찰(insight)로 번역되었는데, 인도아리안 언어에서 'vi'는 라틴어의 'dis'에 해당한다. 그래서 비파사나를 '나누어보다'라는 원뜻으로 보

는 것이 좋을 것 같은데, 그냥 '안을 보다, 투과해 보다'라는 통찰지를 의미하는 것으로 보는 추세다. 비파사나와 유사한 말로 파차카(paccakkha, pratyakṣa)라는 말이 있는데, 이는 '눈앞'이란 의미고, 직접적 경험의 지각을 말한다. 그래서 비파사나는 직접적 지각을 말하며, 추론이나 논쟁에 의한 지식과는 반대된다. 티베트에서는 '더 높은, 최상의 위대한' 관점이라고 말하며, 영어로는 superior seeing, great vision, supreme wisdom이다. 번역으로는 superior manner of seeing, seeing that which is the essential nature가 적당하며, 그 본질은 명료성, 마음의 간결성이다.

🎤 **통찰에 대하여** : 곰브리치 교수에 의하면, 초기불교에서 깨달음에 이르는 또 다른 수단인 지혜로 간주되었던 원리에 변화가 발생하였다. 경전은 대승불교와 상좌부 사이에서 가르침과 통찰을 개발하는 것의 해석을 둘러싸고 벌어진 과거의 논쟁의 흔적을 가지고 있다. 그런데 경장(經藏)에는 비파사나라는 용어가 거의 언급되지 않고, 그 대신 선(禪)이 수행할 명상 수단으로 자주 언급된다. 베터(Vetter)와 브롱코스트(Bronkhorst)에 의하면, 선(禪) 자체는 해방을 위한 원래의 수단이었는데, 팔정도가 수행의 요체를 이루면서 팔정도의 마지막인 정정(正定)이 선의 수행까지 이끌게 되었다고 한다.

베터는 이를 더 강조하여 팔정도는 수행의 본체를 구성하며, 선(禪)의 수행으로 이끈다고 한다. 노만(Norman)은 해방을 위한 붓다의 방법은 명상적 수행에 의한 것이라고 명시적으로 말하기도 한다. 이러한 논의로부터 '순전한 통찰(bare insight - 여기 bare는 여타의 인식이 끼어들지 않는다는 의미로 사용된다)'이라는 것으로 무상·고·무아를 분별함에 의해 해탈에 도달한다는 중론이 형성되었다.

🎤 **순간적 깨달음(subitism sudden insight)의 문제 (점진적 깨달음은 gradualism)** : 초기불교 학파의 하나인 스타비라바다(상좌부)는 순간적 깨달음을 강조한다. 즉 이해는 갑자기 오며, 통찰(abhisamaya)은 점진적으로(step by step) 오는 것이 아니라고 한다. 마하상기카(대중부)는 ekksna-citt 즉 붓다는 한 생각에 즉각적으로 모든 것을 안다는 주장을 한다. 물론 이것이 적용되는 것은 단지 붓다만이며, 초

보자는 완전히 깨닫기 위해서 여러 단계의 통찰을 경험해야 한다고 한다.

대승불교는 전통적으로 지혜(프라쥬나)를 강조하는데, 이는 공(空), 진여(眞如) 등이다. 선(禪)을 이해하고 수행하는 것은 실제로 상좌부 숲 전통(태국의 숲전통명상, Thai Forest Tradition)과 매우 밀접하다. 비록 그 언어와 가르침이 심각하게 도교와 유교에 영향을 받았지만, 통찰에 대한 강조는 선의 갑작스런 통찰의 강조로 구분 가능하다.

※ 비파사나 수행에 대한 미얀마(버마)의 사야도들이 유명한 분이 많지만, 순룬 사야도의 생애는 일반인들에게도 도움이 될 것이다.

### 순룬 사야도(Sunlun Sayadaw, 1878~1952)

그의 원래 이름은 우갸딩(U Kydw Din)이었다. 15세에 지방위원회 사무실의 직원으로 취직하고, 그 뒤 같은 마을의 마 세웨이(Ma Shweyi)와 결혼한다. 나이 30이 되어 퇴직하고, 자신의 고향인 순룬 마을로 돌아왔다. 흉년이 되어도 그의 농장은 번창하였다. 재산이 갑자기 늘어나면 죽는다는 전설이 있어서, 그는 점술가를 찾아가서 두발 달린 생명이 집을 떠난다는 말을 듣고, 자선을 베풀기로 결심한다. 자선 잔치를 베푸는 중에 나타난 승려로부터 비파사나 수련을 전해 듣고 크게 감동하였다. 그는 경전에 무지한 사람도 수행할 수 있는지 묻고는 호흡에 대한 관찰을 하라는 말을 듣는다. 그날부터 시간이 있을 때마다 그는 호흡의 들어오고 나감을 관찰하였다.

그런데 친구로부터 호흡의 관찰만으로 부족하며, 코끝을 스치는 호흡의 감각을 알아차려야 한다는 말을 듣고 다시 그런 수련을 한다.

그의 수련이 더해 갈수록 그는 호흡의 느낌 외에도 옥수수를 자를 때 칼을 잡은 손의 감촉, 물을 길을 때 노끈에 닿는 손의 감촉, 걸을 때 땅에 닿는 발의 감촉을 알아차리는 노력을 했다. 그러면서 가축을 돌볼 때는 나무 아래서 호흡에 집중을 했다.

수행 중간에 여러 색깔의 빛과 기하학적 무늬를 보기도 하고, 감각이 때때로 아주 고통스럽기도 했다. 그것은 수행 중에 나타나는 것이라 생각하고 더 노력하여 1920년 중반에 '흐름에 듦(입류, 수다원)'의 경지에 도달했다. 그다음 달에는 다음 단계인 '한번만 돌아옴(사다함)'의 단계, 세 번째 달에는 '다시 돌아오지 않음(아나함)'의 경지에 도달한다. 그런 후 그는 부인에게 출가하여 승려가 되겠다는 허락을 구하여, 그 후 동굴에서 열심히 수련하여 1920년 10월 아라한의 경지에 도달하였다. 이런 소문이 승려들 사이에 알려지고, 많은 승려가 그를 시험하였다. 그의 지식은 문맹에 가까웠지만, 그의 대답은 박식한 스님들도 만족하였고, 경전과 비교하여 보면 많은 내용들이 깨달은 자의 대답과 같다는 것을 알게 된다. 그 뒤 많은 승려들이 제자가 되려고 왔고, 그중 많은 학식을 가진 냐웅 사야도(Nayung Sayado)도 그의 제자가 되었다.

🎤 **금강승** : 티베트의 금강승을 보면, 원래 비파사나는 연역적인 방법(생각한 바를 경험해 보는 것)과 귀납적인 방법(경험한 것들을 종합하여 생각으로 표출)의 둘 모두를 사용하는데, 레아 잘러(Leah Zahler)에 의하면, 오직 연역적인 분석만이 티베트로 전파되었다고 한다. 티베트에서는 순간과 순간의 경험이 통찰을 낳는 수단으로 직접적으로 검토하는 것이 금강승의 배타적 방법이 되었다. 물론 금강승의 특징은 여러 겁에 걸친 수행으로 붓다가 되는 것에 비해서 당대에 붓다가 되는 방법을 택하므로 그 수행의 밀도가 짙다는 점을 알 수 있다.

🎤 **마하무드라(Mahāmudrā)와 족천(Dzogchen)**
라즈니시의 '마하무드라의 노래'라는 책으로 유명해진 마하무드라와 족천은 비파사나를 광범위하게 사용한다. 그들은 상징적 이미지에 대한 명상을 아주 많이 강조한다. 특히 금강승에서는 마음의 진정한 본성은 구루에 의해 가르쳐지며, 이것이 직접적 형태의 통찰로 나타난다. 금강승을 수행할 때, 일정한 단계에 접어들지 않으면 추가적인 수행을 할 수 없으며 책자의 내용은 구루가 없으면 해석할 수 없다. 콘체도 금강승을 연구하기 위해 책자를 보았지만, '푸른 거북이가 용을 만나 싸우다'라는 구절들처럼 논리적으로 이해하기 힘든 말만 계속 있었기 때문에 손을 들고 말았다.

이런 주시에 대한 여러 학자들의 견해를 두루 살펴보자. 먼저 조지 드레퓌스(Georges Dreyfus)는 순전히 주시(bare attention)만하며, 판단하지 않고, 현재에만 집중하는 '주의 기울임'은 인지적 암시의 영향을 무시하거나 과소평가하게 된다고 한다. 또한 정신적이며 육체적인 본성을 명료하게 이해하는 것으로 이끄는 경험의 다양한 측면을 함께 고려하는 능력을 무시하게도 된다고 한다. 그것은 '평가하지 않고 주의 기울이는 것'의 본질을 과대평가하는 것이고, 우리의 문제가 개념으로부터 나왔다고 주장함으로써 '주의 기울임'을 일면적으로 이해하게 만들 위험이 있다는 것이다. '주의 기울임'이 단순히 치료적 기술이 아니라 인지 과정에서 중심 역할을 하는 자연스런 능력이라는 시각을 잃지 않는 것이 중요하다. '주의 기울임'이 '평가하지 않는 순전한 주의'로서 현재에만 집중해야 한다고 주장하는 것은 한 사람의 경험의 깨달음을 그런 형태로 줄이는 국면이 되는 문제가 있는 것이다.

《하나에 집중하고 여타 정보를 배제하는 것은 그것을 가장 잘 알 수 있는 것일 수도 있고, 주변 정보까지 종합하는 것이 그것을 더 잘 파악할 수 있으므로, 이 문제는 계속 논쟁이 될 수밖에 없다.》

다음으로 버클리대학의 로버트 샤프(Robert H. Sharf) 교수는 불교의 수행이 올바른 견해를 갖는 것이 목적이지, 순전한 주시(bare attention)가 목적은 아니라는 것을 강조한다. 계속해서 그는 "마하시(Mahasi)의 기법은 불교의 원리에 친숙함을 요하지 않으며, 엄격한 윤리적 규범에 따를 필요도 없으며, 놀랍도록 빠른 결과를 약속한다. 이것은 사띠를 '순전한 주시(bare awareness)'로 해석함으로써 가능하다. 이 '순전한 주시'는 선행하는 심리적, 사회적 문화적 조건에 영향을 받지 않고 사물을 '사실 그대로'라는 평가 없이 받아들이는 것이다. 주의 기울임을 이렇게 아는 것은 여러 측면에서 근대 이전의 불교 인식론과 다른 점이다. 전통 불교수행은 보다 올바른 견해와 적절한 윤리적 분별심을 획득하는 것을 지향하며, 관점이 없거나 평가하지 않는 태도를 가지는 것이 아니다. 사실상 많은 불교 전통에 비추어보면, 판단을 거치지 않고 경험이 의식에 스며드는 통각(統覺)을 느끼는 것은 옥시모론(oxymoron, 옥스퍼드 출신과 둔재인 모론을 합친 단어)처럼 모순이며, 최소한 붓다의 정신이 부족한 것이다. 이런 '순전한 주시'의 예가 없는 것은 아니며, 티베트의 족천이나 중국의 선(禪)도 '순수하며', '조건에 좌우되지 않고', '판단하지 않는 것' 등을 활용한다.[78]

《이분은 사띠 논쟁에 정론으로 반격하고 있는데, 상당히 일리가 있어 보인다.》

보디 비구는 위 개념을 다음과 같이 설명한다. 마음은 고의적으로 '순전한 주시(bare attention)'의 수준을 지키며, 현재 이 순간 우리 주위에 우리 속에서 일어나고 있는 것을 분리해서 관찰하고 있다. 정념(正念)의 수행에서 마음은 현재 열린 상태로 조용히 경계를 하며 현재의 사건을 숙고한다. 모든 판단과 해석은 중지되어야 하고, 그것이 발생하면 기재되고 누락되어야 한다고 한다.

이렇게 주의를 기울이는 것을 최근 비파사나 수행이라고 하는 경우가 많다. 주의를 기울이는 것 자체는 사띠라 하고, 그러한 것을 활용하여 수행하는 것을 비파사나

---

78) http://blogs.mcgill.ca/tcpsych/tag/geoffrey-samuel/의 동영상 강의 및 텍스트 참조

수행이라고 하는 점을 혼동하지 말자. 비파사나(vipassanā)는 분리해서 다르게 본다는 뜻이다. 그냥 보는 것(sight)에 머무르지 않고 더 깊이(in) 보는 것(sight)을 의미한다(앞에서도 말했지만 분리해서 보는 것이 맞는데, 번역의 오류로 깊이 본다는 뜻이 되었다). 중국에서는 관(觀)으로 옮겼는데 요즘은 어원에 더 충실하여 내관(內觀)으로 옮기고 있으며 영문으로는 통찰(insight)로 번역한다.

| 사띠에 대한 여러 설명들 | |
|---|---|
| 사띠의 번역 | 수동적 주의 집중(조준호), 마음지킴(임승택), 마음챙김(각묵), 새김(전재성), 알아차림(인경, 지운), 주의 – 관찰, 주의 집중, 주시, 불망(不忘) |
| 번역의 상대성 | 삼매와 비교할 때 주의, 머물기, 지킴, 주의 집중<br>비파사나와 비교할 때 알아차림, 자각, 깨어 있음 |
| 개념 | 마음을 흩뜨리지 않고 잘 단속하여 일정한 집중 상태로 유지하게 하는 것 |
| 인경스님 | 신수심법의 대상을 알아차리는 것이 사띠<br>대상의 전체적인 속성을 확인하는 것이 삼빠잔냐<br>이들의 비존재성을 통찰하여 소유를 내려놓는 것이 위빠사나 |

《인경스님의 정의가 정확한 것 같아서 따로 표기하였다.》

붓다는 그 뒤에 비파사나(毘婆舍那 관, 觀)로 알려진 다른 형태의 명상을 개발하였는데, 이것은 사물의 본성을 통찰하여 마음이 완전히 해방되게 하고 궁극적 진리, 열반을 실현하도록 이끌어준다. 앞에서 말했듯이, 비파사나는 깨어 있는 마음, 주의 집중, 관조(觀照)에 기초를 둔 분석적인 방법이다.[79)]

정념과 정정의 설명을 하는 중간 부분이므로 여기서는 두 가지를 같이 설명하겠다. 사마타와 비파사나는 불교 수행을 대표하는 개념이다. 이 두 용어는 일찍이 중국에서 각각 지(止)와 관(觀)으로 직역되어, 정념은 관(觀), 정정은 지(止)로 표시된다.

---

79) 이러한 두 가지 명상법을 여래선(如來禪)이라 부른다. 천태종에서는 평정과 통찰(지관, 止觀)이라 한다.

### ㉠ 사마타(samatha)

사마타(samatha)는 고요함, 맑음 등의 뜻이다. 모든 불선법(不善法)이 가라앉고 그친다는 의미에서 중국에서 지(止)로 옮겼고, 영역(英譯)은 집중(concentration)이다. 이 단어는 삼매(samadhi)와 동의어로 간주된다. 아비담마, 논장에서 사마타는 네 가지 색계선(色界禪)과 네 가지 무색계선(無色界禪)이라는 여덟 가지 선정의 경지(等持, samapatti)에서 마음의 집중(心一境性, cittassa-ekaggatā)으로 정의한다. 이런 경지들은 마음이 한끝으로 집중되어서 마음의 떨림이나 동요가 가라앉았고 끝이 났기 때문에 고요함(사마타)이라 불리는 것이다. 그래서 사마타 수행은 근본집중(appanā-samādhi)과 근접집중(upacāra-samādhi)과 같은 깊은 마음집중을 얻기 위한 것이라고 할 수 있다.

사마타 수행의 핵심은 표상(nimitta)이라는 개념인데 대상에 집중을 해서 그 대상에서 익힌 표상을 일으키고, 이것이 더욱 발전되어 닮은 표상(paṭibhāga-nimitta)이 될 때 이 닮은 표상을 대상으로 하여 다섯 가지 장애(五蓋)가 극복되고 마음이 집중되는 것을 근본집중이라고 한다. 이것이 사마타 수행의 핵심이다.

그러나 **이러한 사마타 수행만으로는 오온에서 일어나는 현상을 있는 그대로 볼 수 없기 때문에 탐욕(rāga)·성냄(dosa)·어리석음(moha)으로 대표되는 근본 번뇌들을 꿰뚫을 수가 없다.** 왜냐하면 사마타란, 마음과 대상이 온전히 하나가 된 그런 밝고 맑고 고요함에 억눌려서 이런 탐·진·치가 잠복되어 있는 상태이기 때문에 집중의 상태를 풀면 다시 이러한 탐·진·치의 공격을 받는다. 그러므로 비파사나의 강력한 통찰지혜를 계발하여 이 지혜의 힘으로 이들을 여실지견(如實知見)하고 꿰뚫어서 탐진치의 뿌리를 뽑아, 다시는 일어나지 않도록 해야 한다.

**근접집중과 근본집중**은 삼매(三昧)의 수행이지만, 찰나집중으로 알려진 비파사나는 느낌을 알아차리는 수행이다. 삼매 수행은 관념을 대상과 일치시키는 훈련이지만, 비파사나는 느낌을 대상과 일치시킬 수 없고, 그래서 순간적인 찰나집중을 하게 된다. 이 결과로 무상·고·무아를 아는 지혜가 개발된다.

### 🕯 상좌부 불교에서의 방법을 보자.

상좌부 불교에는 깨달음을 얻기 위한 사마타(samatha)와 비파사나(vipassanā)

의 두 가지 다른 수행법이 있다. 사마타를 닦는 수행자는 먼저 어느 수준까지의 근접집중과 근본집중(혹은 본삼매)에 이르는 사마타를 닦는데, 먼저 근접집중이나 색계 혹은 무색계선정을 얻은 뒤 선정 상태에서 일어나는 정신과 물질의 현상을 지켜본다. 그런 후에 이 선정에서 나타나는 각지(覺支)들을 무상·고·무아라고 알아차린다. 이런 수행자가 먼저 근접집중이나 근본집중을 얻는 것을 심청정(心淸淨)이라 한다.

반면 비파사나를 닦는 수행자는 이러한 비파사나의 토대가 되는 사마타수행을 하지 않는다. 대신에 수행자는 계를 청정히 하고 자신 안에서 벌어지는 정신과 물질(名色)의 변화에 대한 알아차림으로 바로 들어간다. 이러한 알아차림의 힘과 정확한 겨냥을 얻게 되면 마음은 어떤 법칙을 따라서 항상 변화하는 정신과 물질의 흐름(相續)에 자연스럽게 집중되는데 이것은 사마타의 근접집중에 필적하는 것이다. 정신과 물질에 대한 이러한 매 순간의 마음집중을 찰나집중이라고 한다. 이것은 근접집중과 동등한 정도의 마음의 고요와 안정을 갖추고 있기 때문에 비파사나 수행자는 이를 심청정으로 보는 것이다.

| 정념(正念)과 정정(正定) | | | |
|---|---|---|---|
| 정념(正念) | 관(觀), 혜(慧) | 정정(正定) | 지(止), 정(定) |
| | 마음챙김, 주의를 기울임 | | 삼매(三昧) |
| | 비파사나 | | 사마타 |
| 존재의 실상을 있는 그대로 살펴 무상 - 고 - 무아를 체득 | | • 마음을 집중하여 평온하고 고요한 경지에 이르는 것<br>• 마음이 집중되어 있을 때 탐욕 분노 무지와 멀어짐 | |

◎ 정정(正定, samyak - samādhi)

산스크리트어로 사마디라고 하지만 한역으로 삼매(三昧)라고 한다. 이는 선(禪)의 수행으로 획득된 명상에 의한 몰입이나 초월을 말한다. 삼매를 정의한 것을 보면 삼매의 위치를 알 수 있다. 삼매는 의식의 분리되지 않은 상태로서 경험하는 주체의 의식이 경험된 객체와 하나가 되는 것이다(디너, 에르하르드와 피셔 쉬라이버(Diener,

Erhard, Fischer-Schreiber). 마음이 아주 고요해지지만 주목하는 객체와 통합되지는 않는, 그래서 경험의 변화하는 흐름 속에서 통찰을 관찰하고 얻을 수 있는 것에 머무는 것이다(Shan킬로미터an).

어원적으로 sam + a + dhi로 나누는 법과 sama + dhi로 나누는 것으로 의견이 갈리는데, 앞의 방법도 여러 주장이 있지만, sam(together, fully) + a(towards) + dhi(hold, consciousness)로 '통합을 획득하는 것', 혹은 '의식을 최고로 확장하는 것'의 뜻으로 보며, 뒤의 의견은 sama(even, equanimous) + dhi(consciousness)로서 '의식의 평온'이라고 본다.

이 삼마디를 중국에서 번역하기로는 정(定), 삼매(三昧), 삼마디(三魔地)로 했는데, 구마라집은 항상 삼매(三昧)라고 하였고, 현장은 정(定)이라고 번역했.

붓다고사는 삼매를 '의식과 단일 대상에 대한 평온하고 바르게 떠오르는 의식이 합일하는 것'이라는 정의를 내린다.

그런데 팔리 경전에서는 이에 대해 네 가지 의미의 삼매를 말한다.

① 찰나집중(khanikasamadhi) : 비파사나 도중에 생기는 정신적 안정
② 예비집중(parikammasamadhi) : 수행자가 명상의 대상에 집중하려는 처음 시도에서 발생하는 집중
③ 근접집중(upacarasamadhi) : 오개(五蓋, five hindrances, pañca āvaranāni)가 없어질 때 생기며, 선(禪)이 현재하는 것이다. 오개는 마음에 번뇌를 일으키고 지혜를 약하게 하는 탐욕의 덮개, 진에(瞋恚, 성냄)의 덮개, 혼면(昏眠)의 덮개, 도회(掉悔, 후회)의 덮개, 의개(疑蓋, 의심의 덮개)를 말한다.
④ 근본집중(appanasamadhi) : 4선과 대상에 대한 명상의 마음이 완전히 몰입된 상태.

🎙 제1선에서 제4선까지의 변화에 대해서는 맛지마 니까야의 아래 경전에 잘 기술되어 있다. 그러나 붓다는 이런 신비로운 경지는 마음이 창작해 낸 것이고, 마음이 만들어낸 것이며, 조건에 따르는 것이라고 하였다. 이것들은 실재, 진리, 열반과 아무런 상관이 없다. 붓다 자신이 깨닫기 전에 이런 요가 수행을 하였고 최고의 단

계에 도달하였지만, 그러한 경지가 완전한 해방을 주지 못했으며, 궁극적 실재에 대한 통찰력도 주지 못하였던 것이다. 붓다는 이러한 경지들이 '이대로 행복하게 사는 것 - 현법락주(現法樂住)', '평화로운 삶 - 적정주(寂靜住)'에 지나지 않으며, 그 이상은 아니라고 보았다.[80]

비구보디에 의하면, 바른 집중은 마음의 일점에 도달하여 모든 정신적 요소를 통합하는 것이지만, 식사를 앞둔 식도락가나 전장에서의 군인과 같이 마음이 통일된 경우와는 다르다고 한다. 즉 그 차이는 식도락가나 군인은 식사나 적에 대한 집중과 같이 대상이 정해져 있지만, 명상으로서의 바른 집중은 아무런 대상이나 주체가 없으며, 궁극적으로 무(無)와 공(空)에 대한 집중이라는 것이다.

**경전에서 보기** : 맛지마 니까야 141 사짜비방가경 — Saccavibhanga Sutta(진리의 분석경)과 상 45.8 분석경에서의 설명은 거의 같으므로 같이 보기로 한다.

"무엇이 바른 집중인가? 감각적 즐거움을 멀리하고, 불선법(不善法)을 멀리하고, 비구는 제1선에 들어선다. 제1선은 그렇게 멀어짐으로부터 생긴 일으킨 생각(심 - 尋, vitakka)과 지속적 고찰(사 - 伺. vicāra)이 희열(喜 pīty, rapture)과 행복(樂 sukha, pleasure, happiness)과 더불어 있다. 일으킨 생각과 지속적 고찰이 잠잠해지면서, 집중으로부터 생긴 희열과 행복 속에 일으킨 생각이나 지속적 고찰이 없이 내적인 자신감(self-confidence, internal confidence)과 마음의 통일성(心一境性, cittassa-ekaggatā, singleness of mind, unification of mind)을 가지는 것이 제2선이다. 희열이 사라지면서 평

---

[80] 첫 번째 스승인 아라다(알라라) 칼라마(Ārāḍa Kālāma)에게 가서 무소유처를 배운다. 이를 완전히 행하고 나서 '이 법은 능히 사람을 열반에 이르게 하지 못하고 스스로 깨치면서 남을 깨치게 하는 사문행을 지을 수 없으며 모든 악의 번뇌를 멸할 수도 없다'고 알게 된다. 그래서 그의 후계자가 되기를 거절하고, 두 번째로 우드라카(웃다카) 라마푸트라(Udraka Rāmaputra)에게 가서 더 높은 수준의 명상을 배운다. 이때 배운 것은 갖가지 생각을 떠나서 생각도 생각 아닌 곳도 아닌 비상비비상처다. 그러나 이 또한 모든 중생을 구제할 진정한 해탈을 가르치는 법이 아님을 알고 그를 떠난다.

온(平穩)(捨 upekkhā)과 주의를 기울이며 완전히 이해하면서 몸의 기쁨은 여전한 상태에서 제3선에 도달한다. 행복과 고통이 사라지면, 고통도 즐거움도 없으며 평온에 의한 주의 기울임의 순수성에 도달하여 제4선이 된다. 이것이 바른 집중이라 부른다."

### 중국과 한국에서의 선

보통 우리는 경전에서의 선(禪, dhyāna)과 일반적으로 알고 있는 선(禪), 혹은 참선(參禪)을 같은 것이라고 안다. 그리고 참선에는 묵조선(默照禪)과 간화선(看話禪)이 있다는 것도 안다.

묵조선은 묵묵히 앉아 있는 곳에 스스로 깨달음이 생긴다는 선풍(禪風)을 가지고 있고, 간화선은 공안(公案)이라는 화두(話頭)를 가지고 그것을 풀기 위해 명상을 하는 것을 말한다. 이러한 차이를 도표로 정리해 본다.

| | 묵조선(默照禪) | 간화선(看話禪) |
|---|---|---|
| 기원 | 남송 초기 조동종의 굉지정각(宏智正覺, 1091~1157)이 주창 | 당나라 선가5종이 송나라 때 임제종으로 통합 |
| 내용 | 불교전통의 수식관(數息觀)을 중심으로 묵묵히 좌선 – 비파사나의 일종 | 공안을 참구(參究), 불립문자로 선승의 언행을 연구 |
| 주요저작 | 일본 조동종 | 임제록(임제의현), 벽암록(설두중현), 무문관(무문혜개) |
| 수행법 | 들숨과 날숨을 관찰, 신수심법(身受心法)을 관찰 | 시십마(是甚麼), 조주구자(趙州狗子) |
| 효과 | 혜(慧)의 작용을 활발히 하여 무상·고·무아를 직시하게 함 | 역설적 상황을 설정하여 말로 표현되지 않는 것이 현실의 배후에 있는 실상임을 느끼게 함 |

〈간화선의 시십마는 '이뭣고'라는 화두로 알려져 있는데, 우리가 끌고 다니는 이 몸뚱이를 움직이는 것이 무엇인지 참구하는 것이다. 또 조주구자는 개에게도 불성이 있는지의 질문에, 조주선사가 '없다'라고 한 것에 의심을 끝없이 일으키는 방법이다. '이뭣고' 화두는 우리 자신의 본래 면목을 볼 수 있게 해준다고 주장하며, 최상승선이라고도 알려져 있다.〉

위에서 보다시피 팔정도의 마지막인 정정(正定)에서의 선(禪)은 젠(zen)이 아니라 댜나(Dhyāna)다. 한국불교에서 말하는 참선(參禪)이나 선(禪)의 일본식 표현인 젠(zen)은 댜나와 같은 것에서 출발한 것이지만, 묵조선은 앞에서 본 정념(正念)의 사띠와 아주 비슷한 방법을 사용하고, 간화선의 전통을 이은 참선은 공안을 가지고 풀면서 마음을 집중하는 것이다.

결과적으로 공안을 가지고 참구하는 간화선은 정정(正定)의 방법론으로 제시된 것이고, 묵조선은 정념(正念)을 확장하여 마음의 집중까지 추구하는 것이다.

네 가지 색계선은 ① 초선(初禪) ② 이선(二禪) ③ 삼선(三禪) ④ 사선(四禪)이고 무색계선은 ⑤ 공무변처(空無邊處) ⑥ 식무변처(識無邊處) ⑦ 무소유처(無所有處) ⑧ 비상비비상처(非想非非想處)이다.

원래 경장에서는 색계선 네 가지만을 선정이라 불렀고, 뒤의 무색계선 네 가지는 무색계선정이라 칭하는데, 뒤에 이를 각 사종선(四種禪)과 오종선(五種禪)이라 부르게 된다.

정정(正定)보다 정념(正念)을 우위에 두는 남방불교의 입장에서는 삼매에 빠지는 것만으로는 불교의 핵심 진리를 알기 어렵다고 하면서 정념을 강조한다. 이는 붓다가 고행 중에 선을 수행해 보고, 그 길이 깨달음으로 갈 수 없다고 결론을 내린 것이므로 심각하게 받아들여야 한다는 것이다.

예를 들어, 마하시 사야도는 이들 네 가지 색계선과 네 가지 무색계선은 깨달음을 위한 토대는 될지언정 그 자체가 깨달음은 결코 아니기 때문에 세간의 선(lokiya-jhāna)이라 말하며, 이러한 세간의 선에 기초하여 비파사나 수행을 닦아 무상·고·무아를 꿰뚫는 통찰지를 증득해야만 삼계(三界)의 속박에서 벗어나 출세간의 열반에 이를 수 있다고 한다. 그래서 이들 세간의 선정도 비파사나 수행의 기초가 된다는 의미에서 출세간의 선이라고 말한다는 것이다.

《그렇지만 이런 논리라면 모든 것이 출세간의 선이고, 깨달음으로 가는 길이므로 큰 의미를 둘 것이 아니다.》

여기서 알아두어야 할 것은 4선정 자체로는 깨달음을 성취할 수 없고 그것들을 토대로 반드시 통찰지를 계발해야 하는데 그러기 위한 수행이 바로 비파사나이다. 비록 경전에서 통찰지를 계발하기 위해서는 없어서는 안 될 요소로 집중(samādhi) 혹은 선정(jhāna)수행을 강조하고 있긴 하지만, 남방 불교에서는 이러한 네 가지 선의 체험 없이도 통찰지의 실현이 가능하며, 오히려 비파사나가 최종적인 깨달음에 도달할 수 있도록 해준다고 한다.

《그런데 생각도 멈추고 통찰지를 획득하는 것만으로 깨달음이 온다는 중국과 아시아 각 불교의 주장은 잘못되었다고 본다. 무상-고-무아가 고집멸도의 원리나 연기의 원리에 대한 이해 없이 깨닫는다는 것은 앞서의 로버트 샤프 교수의 말처럼 8정도의 앞부분인 올바른 견해를 갖지 않는 경우처럼 우스운 사례가 될 것이다.》

빨리 경전에서는, 4선정을 두루 닦는 사마타 수행의 힘으로 여러 신통지(神通智)를 얻는 것을 심해탈(心解脫 ceto-vimutti)이라고 하고, 비파사나를 통해서만 해탈을 성취하는 것을 혜해탈(慧解脫 paññā-vimutti)이라고 한다. 또 이 둘을 다 갖춘 것을 양면해탈(兩面解脫 ubhatobhāga-vimutti)이라고 한다.

### 마) 무고집멸도의 선언

지금까지 살펴본 바와 같이 고집멸도는 붓다 가르침의 핵심임이 분명하였다. 그럼에도 고집멸도가 없다는 선언은 무슨 의미가 있는가? 공한 모습 속에는 사실 고집멸도가 생길 여지가 없기도 하다. 모든 것이 공이라면, 그 속에 괴로움도 없고, 괴로움의 원인도 없고, 그러한 괴로움이 없으니 괴로움을 소멸시킬 수도 없고 소멸시킬 방법도 없는 것이다. 제법이 공한 모습이라는 것이 받아들여지기만 한다면, 붓다가 바라보았던 속세의 모습이 없어지고, 초월적인 공의 세계에서 아무도 괴로움에 지쳐 쓰러지지 않을 것이다.

결국 지금에 와서야 알게 되지만, 반야심경의 목표는 연기법도 없고 사성제도 없는 세계를 구축하는 것으로 보인다. 그런 세계를 구축한 후에는 지금 뒤에 나오는 지혜도 없고 얻을 것도 없는 초현세적인 세계가 열리는 것이다.

## 2) 무지역무득(無智亦無得)

　현재 '5온−12처−18계−12연기−4성제'도 없다는 구절이 일단락되고, 그 피날레로서 제시된 것이 '무지역무득'이다. 즉 모든 깨달음의 요소들이 없다고 외친 후에, 그 결과는 무지역무득인 것이다. 반야심경의 중간 결론 부분이므로 관심 있게 보면서 음미해 보도록 한다.

　이 부분을 어떻게 볼 것인지 이론상 대립이 있다. 한역 자체만의 뜻에 대해서도 논쟁이 있고(즉 지와 득은 무엇을 말하는지), 산스크리트어 원문에 대한 문제, 또 이를 번역한 것에 대한 문제도 있다. 먼저 콘체본의 산스크리트어로는 Na jñānam, na prāptir na−aprāptiḥ이다.[81] 나(na)는 부정하는 말이고, 지나남(jñānam)은 지식이나 앎을 말한다. 그래서 지식이나 앎도 없다고 번역이 된다. 그 뒤의 프랍티르(prāptir)는 도래, 도달, 취득(acquisition, gain, obtaining)의 뜻이다. 현장의 번역과 같이 득(得)이라고 표현한다면, 얻는 것이 없다는 무득(無得)이라고 하는 것도 이해가 된다. 송의 시호는 소득(所得)이라고 표현하여 무소득이라는 말을 사용한다. 그런데 마지막의 na−aprāptiḥ 부분에서 아프랍틱(aprāptiḥ)은 prāptiḥ를 부정하는 a를 붙여서 무득(無得)이라는 단어가 되어 이를 합치면 무(無)무득(無得), 즉 무득(無得)이 없다는 뜻이 된다.

　그래서 전체적으로, "앎도 없고, 얻음도 없고, 얻지 못함도 없다"는 뜻이다. 이를 현장은 "앎도 없고, 또 얻음도 없다"고 줄였다. 그러나 법성은 '무지무득역무부득(無智無得亦無不得)'으로, 시호는 '무지 무소득 역무무득(無智, 無所得, 亦無無得)'으로 번역하여 범문과 같이 하려고 노력하였다.

　무지(無智)와 무득(無得)은 무엇을 말하는가? 깨달음도 없고 얻는 것도 없다는 뜻이므로, 깨달음은 보리(菩提), 얻음은 열반(涅槃)이라는 의미에서 원측은 보리(菩提)도 없고 열반(涅槃)도 없다고 보았다. 지(智)에 대해서는 깨달음의 뜻으로 보는 것이

---

81) 일본의 후쿠이 후미마사(福井)는 '반야심경의 종합적 연구'(般若心經の總合的研究─歷史・社會・資料, 福井文雅：春秋社, 1987)에서 원문의 '무지역무득'이란 부분은 nābhisamayaḥ, 무증(無證)으로서, 어디에서도 언급되지 않는 점을 지적하고 있다. 이 책 부록의 당범번대자음반야바라밀다심경을 참조 바람.

일반적이지만, 득(得)에 대해서는 의견이 갈린다.

　무지역무득이라는 글귀만 보지 말고 문맥을 살펴보자. 현재 제법은 공한 모습이며, 그 성질은 불생불멸 불구부정 부증불감이다. 이 공 속에는 색수상행식이 없고, 안이비설신의, 색성향미촉법이 없으며, 안계내지 의식계도 없고, 무명에서 노사도 없으며, 무명과 노사가 다함도 없다. 그리고 고집멸도도 없다. 무지역무득이다. 즉 공 속에서 중요한 것들이 없으며, 고집멸도조차 없다. 그래서 깨달음도 없고 열반도 없다는 구절이다. 이렇게 문맥을 좇아보면 고집멸도가 없으니, 깨달음의 기반이 될 4성제가 없고, 깨달음이 없는 것이 당연하다. 그러니 열반도 없다(無得).

　그렇다면 현장이 번역하지 않은 마지막의 한자로 표현되지 않은 무무득(無無得)은 여기서 어떤 위치를 차지할 것인가? 얻지 못함도 없는 것이니, 무언가 성취하는 것을 말하고 있다. 즉 이 구절이 있어야 반야심경의 모든 부정에도 불구하고 우리가 건질 것이 있게 되는 셈이다. 이 번역되지 않은 무무득은 연기법의 무무명진, 무노사진과 같은 맥락으로 작성되었지만, 현장이 번역하지 않은 것으로 보인다. 원래의 맥락으로는 연기법이 없다는 것으로 끝나기에는 초월적 세계의 맛만 보여주기 때문에, 연기법이 끝나지도 않는다는 구절로 초월적 세계에서도 계속되는 세계의 흐름을 보여주었다. 그렇다면 무지역무득의 다음에 나오는 무무득이라는 부분은 역시 깨달음은 없지만, 깨달음이 없는 것이 아니라는 새로운 목표를 보여주기 위한 구절이었다고 보인다. 현장은 이런 반복이 번잡스러워, 혹은 심경의 운율상 삭제했을 가능성이 있다. 이런 면을 고찰한다면, 반야심경을 면밀히 숙고하는 사람들에게 그 속에 숨겨진 진리가 빛나고 있다는 각성을 안겨줄 것이다.

　한편 무무득의 생략과 더불어 필자 생각으로는 반야심경 후반부의 주문(呪文)이 무무득의 대상이 될 것이라 본다. 얻는 것이 없는 것도 아니라는 면에서 반야심경의 주문을 얻는 것이다. 결국 반야심경 본문 부분의 모든 것이 종착역인 반야심경의 주문(呪文)을 향해서 달려가고 있음이 보이기 때문에 이렇게 보는 것이 맞을 것이다.

## 🔍 역본 비교

〈 Na jñānam, na prāptir na-aprāptiḥ 〉

| 번역자 | 내용 | 비고 |
|---|---|---|
| 구마라집-현장-반야-법월 | 無智亦無得 | 밑쪽이<br>더 원문에 비슷 |
| 지혜륜 | 無智證無得 | |
| 법성 | 無智無得亦無不得 | |
| 시호 | 無智, 無所得, 亦無無得 | |

〈 Na-없다, jñānam-지식, na-없다, prāptir-도달, 취득, na-없다, aprāptiḥ-취득 없음 〉

한편 이러한 논의 외에도 레드파인의 설명은 또 다른 번뜩임을 가져다준다. 즉 반야심경은 원래 설일체유부를 비판하기 위한 것이므로 설일체유부와의 관계에서 이를 검토하는 것이다.

🎤 설일체유부는 사성제의 깊은 통찰로 수행 체계를 구축하였고, 탐욕을 고(苦)의 원인으로 보아 욕망의 세계, 즉 욕계(欲界)에서만 유효한 것은 완전하지 않다고 보았다. 그래서 욕계를 넘어서 색계(色界)와 무색계(無色界)까지 통용되는 것을 찾으려고 하였다. 그러나 색계와 무색계에서의 고(苦)는 욕망에 의한 것이 아니다. 그래서 사성제의 두 번째인 집(集)으로서, 고(苦)의 원인이 욕망보다는 망상(妄想) 혹은 무지, 무명이라고 보았다.

이에 따라 설일체유부는 욕계에 적용할 사성제와 색계와 무색계에 적용할 사성제를 고안하였다. 그러니 색계에서는 탐욕, 무색계에서는 무명이 고의 원인이 된다고 하였다.

레드파인은 이를 역으로 설명하기도 하는데, 즉 고(苦)가 없다면 고(苦)로부터의 해방도 없고, 사성제라는 깨달음도 없고, 그런 깨달음이 없으면, 얻음도 없으며, 얻지 못함도 없다는 것이다. 물론 이런 논리는 당연한 말로써 별 가치는 없는 말이다.

득(得)과 무득(無得)을 모두 부정하는 산스크리트어 반야심경은 설일체유부의 입장에서만 이해가 된다. 즉 법들이 시간의 세 시기(삼세-三世)에 존재하는지에 관한 문제다. 우리가 어떤 것을 얻던지(성취하던지), 얻지 못하던지, 그러한 득(得-성취)과 무득(無得-비성취)은 모두 과거의 씨앗과 미래의 과실로 존재한다. 그래서 득(得)과 무득(無得)은 마음의 현재, 과거, 미래를 가능하게 만드는 것이다. 그러므로 득(得)과 무득(無得)이 없는 것은 어떤 법도 없다는 것이다. 이는 반야심경의 구마라집 역에서 볼 수 있는 '시공법 비과거 비미래 비현재'라는 구절과 궤를 같이한다. 따라서 설일체유부를 비판하는 입장의 반야심경에서 '무지역무득' 다음의 '무무득'을 표시하지 않음으로써 설일체유부에 대한 관심을 고의적으로 끊은 것임을 보여준다.

이러한 구절을 보면서 관자재보살은 이 두 가지를 부정하지 않는다. 즉 득과 무득은 공(空) 속에서는 존재하지 않는다. 지식과 지식이 기반을 둔 진실이 사라질 뿐아니라, 그러한 지식이나 마음의 상태의 득(得)과 무득(無得)은 역시 사라진다. 그리고 그것들이 사라지기 때문에 시간도 사라진다. 과거, 현재, 미래-모든 것이 허구라는 것이다. 그렇게 함으로써 설일체유부의 아비달마의 구상이 붕괴된다. 이렇게 관자재보살로 하여금 반야바라밀의 입장에서 본 재해석을 한 것이 반야심경이라는 것이다.

몇몇 산스크리트 문서는 무무득에 해당하는 구절인 na-apraptih를 생략하고 있다. 이러한 생략은 현장의 번역과 일치시키기 위한 일환인 것으로 보인다. 그러나 경전의 이 부분이 설일체유부의 아비달마에 대한 반박으로 보이는 한, 그 생략은 그들의 시간에 대한 개념을 인정해주는 결과가 되어버린다.

그리고 설일체유부의 아비달마를 다른 부파와 구분하는 것은 시간의 개념이다. '무득(無得)이 없다'고 하는 의미는 득(得)이 지식의 부가물 이상이 되지 않는 것을 말한다. 그래서 득과 무득의 양자 모두를 부정하여 관자재보살은 우리에게 지식을 넘어, 득을 넘어, 무득을 넘어, 종국에는 반야바라밀다에 의존할 준비를 시키는 것이다.

에드워드 콘체(Edward Conze)에 의하면 이 부분은 :

'There is no cognition no attainment and no nonattainment'이다.

직역하면, '인식도 없으며 성취도 없고 무성취도 없다'이다.

이것을 우리 식으로 표시하면, '지혜도 없고 얻을 것도 없고 얻을 것이 없는 것도 아니다'이다. 영역(英譯)이 한역(漢譯)보다 뜻이 명백하게 나타나고 있는 점은 영어로 '성취함도 없고 성취하지 못함 또한 없다' 혹은 '얻을 것도 없고 얻을 것이 없는 것도 아니다'는 한자로 번역한 '얻을 것도 없다'보다 중도의 완성 단계임을 잘 표현하고 있다. 중도의 완성에서는 상대적인 관계 – 지혜(智慧)와 무지(無智), 유(有)와 무(無), 상(常)과 단(斷) – 가 생기기 전의 절대적인 단계(마하 반야)를 의미하기 위하여 지혜를 부정하는 무지(無智)로 해석된다.

결론을 내리면, "무지(無智)"는 수행하여 얻은 지혜도 없고, "역무득(亦無得)"은 지혜로 얻은 해탈 혹은 열반도 없다는 뜻이다.

## 자. 열반으로 가는 길

以無所得故 菩提薩埵 依般若波羅蜜多故
이무소득고 보리살타 의반야바라밀다고
얻은 바가 없어서 보리살타는 반야바라밀다에 의지하기 때문에 마음에 걸림이 없다.

心無罣碍 無罣碍故 無有恐怖
심무가애 무가애고 무유공포
마음에 걸림이 없기 때문에 공포도 없다.

### 1) 이무소득고 보리살타의반야바라밀다고 심무가애
(以無所得故 菩提薩埵依般若波羅蜜多故 心無罣礙)

이 문장의 주어는 보리살타이다. 그리고 특기할 것은 반야심경의 심무가애(心無罣礙)는 산스크리트어로 '마음의 장애 없이 안주하다(viharatyacittāvaraṇaḥ)로서, 〈viharaty-안주(安住)하다, a + citta + avaraṇaḥ -마음의 장애 없이〉라는 뜻이다. 그래서 한역은 단순히 심무가애(心無罣礙)라고만 하였기 때문에(단어를 나열하여 전후관계로 의미를 파악하게 하는 것이 한문의 특색이다) 뒷문장과 연결부위가 매끄럽지 않다. 산스크리트어로는 "보리살타는 득(得)이 없는 성질로 인하여, 반야바라밀다에 의지하여 마음의 장애 없이 안주하게 된다"로 읽어지므로 일반적인 서술문장이 된다.

### 🔍 역본 비교

⟨ tasmāc chāriputra aprāptitvād ⟩
⟨ bodhisattvasya prajñāpāramitām āśritya ⟩
⟨ viharatyacittāvaraṇaḥ ⟩

| 번역자 | 내용 | 비고 |
|---|---|---|
| 구마라집 | 以無所得故, 菩薩依般若波羅蜜故 心無罣礙。 | 보살 |
| 현장-반야-법월 | 以無所得故, 菩提薩埵依般若波羅蜜多故 心無罣礙。 | 보리살타 |
| 지혜륜 | 以無所得故, 菩提薩埵依般若波羅蜜多住 心無障礙。 | 주(住) |
| 법성 | 以無所得故, 諸菩薩眾依止般若波羅蜜多心無障礙。 | 장애(障礙) |
| 시호 | 由是無得故, 菩薩摩訶薩依般若波羅蜜多相應行故 心無所著亦無罣礙 | 由 |

⟨ tasmāc – 그로부터, chāriputra – 사리불이여, aprāptitvād – 취득하는 성질이 아니므로 ⟩

⟨ bodhisattvasya – 보살은, prajñāpāramitām – 반야바라밀다에, āśritya – 의지하여 ⟩

⟨ viharaty – 안주(安住)하다, a+citta+avaraṇaḥ – 마음의 장애 없이 ⟩

### 🎤 번역의 다툼

한역에서 '얻은 바가 없어서, 보리살타가 반야바라밀에 의지하는 까닭에'라고 되어 있어 보리살타가 주격이다. 산스크리트어를 해석하면 《'취득하는 성질이 아니므로 – aprāptitvād', '보살은 – bodhisattvasya', '반야바라밀다에 – prajñāpāramitām', '의지하여 – āśritya', '마음의 장애 없이 – viharatyacittāvaraṇaḥ'》이다. 이를 일본의 여러 사본에는 '보살의 지혜의 완성'으로 번역한다. 즉 보살은 속격으로 '보살의(~sya)', 지혜의 완성은 '지혜의 완성을(~m)'이라는 여격(與格)으로 번역하는 것이다. 이에 의하면 '보살이 반야바라밀에 의지하여'라기보다는, '보살의 반야바라밀다에 의지하여'라고 번역하는 것이다. 앞의 번역대로라면 보살은 모든 것이 공(空)이므로 결국 반야바라밀에 의지한다는 뜻이 되고, 뒤의 번역으로 보면 모든 것이 공(空)이므로 '보살의 지혜에 의지하여'라고 된다. 앞의 번역은 보살은 반야바라밀에 의지하기 위해 더 수행한다는 의미가 있고, 뒤의 번역은 보살이 이미 반야바라밀을 갖추었으니 그에 의지하여 문제를 해결한다는 뜻이 된다.

그래서 문맥상 약간의 정리가 필요하다. 한자로 된 심경을 보면, '얻은 것이 없기 때문에, 보살은 반야바라밀에 의지하기 때문에, 마음에 장애가 없다(以無所得故 菩提薩埵依般若波羅蜜多故)'고 번역된다. 그래서 이를 매끄럽게 하면서 뜻을 맞추어서 보는데, 제시된 중요 단어만으로 문맥이 통하도록 해보면, '얻은 것이 없어서 보살은 반야바라밀에 의지할 수밖에 없고, 그렇게 하면 마음에 장애가 없게 된다'는 뜻으로 보인다. 그런데 후자의 의견에 의하면, '얻은 것이 없기 때문에 보살의 반야바라밀에 의지하는 고로 마음에 장애가 없다'고 된다. 이렇게 보는 것이 더 순리에 따른 해석으로 보인다.

한편 조계종단의 표준의례 '한글반야심경'을 보면, '얻을 것이 없는 까닭에 보살은 반야바라밀다를 의지하므로 마음에 걸림이 없고'라고 하였다. 표준의례의 번역은 기존의 번역을 고수한 것으로 보이지만, 원인을 중복해서 서술하는 문제점을 해결하지는 못하고 있다.

반야심경의 문장들은 한자 이전에 산스크리트어라고 보면, '얻은 것이 없기 때문에, 보살의 반야바라밀다에 의지하여 마음의 장애를 없애고'라고 번역된다(이때 '보살의' 다음에 다시 '지혜의 완성'이라고 소유격이 오면 읽을 때 중복되는 느낌이라서 반야바라밀다라고 번역하였다). 그런데 기존의 번역과 뜻은 같을 수가 있다. 즉 기존에 보살이 반야바라밀다에 의지하는 것과 보살의 반야바라밀다에 의지하는 것을 같은 수준으로 본다면 결국은 반야바라밀다에 의지하여서만이 마음의 평안을 가질 수 있다는 뜻이다.

🎙 **이 구절을 레드파인이 해석한 방법을 보자.**

기본불교에서 추구하는 성문(聲聞)행은 더 이상의 윤회를 하지 않는 것을 목표로 하지만, 대승불교에서 추구하는 보살(菩薩)행은 똑같이 윤회하지 않는 것을 목표로 하면서도, 공(空)에 대한 자각이 함께 오기를 바란다. 생기지도 않고 없어지지도 않는 불생불멸(不生不滅)을 보면서 괴로움도 생길 수 없는 것이다. 괴로움이 없으니 모든 중생은 고통으로부터 해방된다. 모든 중생이 고통으로부터 해방되므로, 보살은 모든 중생을 해방시키는 그들의 서원을 완수한다. 그리고 보살이 그러한 서원을 완수하므로, 그들 자신은 모든 중생을 해방시키는 것으로부터 자유롭게 된다. 금강경 15절에서, 붓다는 보살의 서원을 이런 식으로 제시한다.

금강경 제3절의 '중생의 세계에서 감지되는 중생의 어떤 영역에 있어서도, 나는 그들 모두를 완전히 열반시키겠다'는 서원을 보면, 모든 중생의 해방은 그들을 중생의 인식으로부터 해방시키는 것이다. 그러나 그 후반부에서는 '보살이 아무런 중생도 해방시키지 않았다'는 것을 발견하게 되는데, 이는 중생의 관념이 없어졌기 때문이고, 이렇게 되어서야, 그들은 붓다가 되는 보살행을 완수하는 것이다.

지금까지의 과정에서 계속된 일련의 부정은 무(無, nothingness)에 대해 말하지 않으면서도(즉 '무'란 '이런 것이다'라고 특별히 정의 내리지 않으면서), 궁극적 실재로 가는 길을 제시하고 있다.

《무(無)나 공(空)이 어떤 것이라고 말한다면, 과연 그 없음이나 비어 있음이 제대로 인식될 수 있겠는가? 예로부터 없는 대상을 직접 서술하지는 않는 것이, 없는 것을 설명하는 바른 방법이었다.》

반야심경에서 말하는 '마음의 장애'는 무지를 표현하는 또 다른 용어다. 왜냐하면 망상 혹은 무지(delusion, 탐진치의 '치'에 해당)는 불교에서는 법에 대한 사실의 진정한 본성을 막고, 그것을 숨기려는 것이기 때문이다. 무지는 실재의 표면 위에 만들어져 그 본체를 숨기고, 모든 것이 자아라는 거짓된 관념으로 포장하여 그것을 진정한 자아로 보게 만들며, 열반에 이르는 길을 온갖 다양한 방법으로 방해한다. 그렇기 때문에 법의 자성이 무엇인지를 막는 환영을 없애고 우리가 진정으로 무엇인지를 알 수 있는 것을 막고 있는 생각의 덮개를 없애는 것이 지혜의 역할이다.

'이기영역해 반야심경'에 의하면, '얻는 바가 없으므로'에 대해서 범본에는 대응하는 부분이 없으나, 돈황에서 출토된 당범번대범본에는 아프랍티트베나〈aprāptitvena〉라는 원문이 들어가 있음을 지적한다. 보통 이 말은 앞의 문장에 걸쳐서 읽는 것이지만, 뒤의 문장에 붙여서 읽는다는 설도 있다. 돈황본에 타스맛 아프랍티트베나〈tasmād aprāptitvena〉라고 되어 있어 뒤의 문장에 붙여져 있다. 그러나 범본에 없는 것처럼 보는 것이 이해하기 쉽다. 그래서 이를 직접 대조해 보았다.

曩 枳攘喃 曩 鉢囉比底 曩^鼻娑麼野 哆娑每那*^鉢囉比底 怛嚩
낭 지양남 낭 발라비저 낭^비사마야 차사매나*^발라비부달 박
na jñānaṃ na prāptir nābhisamayaḥ(/) tasmād^aprāptitvād

曩 枳孃喃 曩 納鉢囉鉢底室 左 哆㗚 那^鉢囉鉢底怛
na jñānaṃ na prāptiś ca tasmān nāprāptitvād

밑줄 친 글씨는 석경본이다. 처음의 돈황본에서 불분명한 글을 필자가 직접 중국 발음과 석경본을 참고하여 넣은 것이다.

이 석경본에 의하면 콘체본과는 다른 문장이다. 콘체가 수집한 산스크리트어는 na jñānam, na prāptir na－aprāptiḥ인데, 제일 마지막 부분이 tasmān nāprāptitvād라고 다르게 되었다. 그렇지만 공식적으로는 아직 콘체본을 모두 사용하므로 이 부분에 대해서는 더 전문적인 연구가 필요하다.

🎤 '이무소득고'의 의미는 약간의 이견이 있다. 그냥 단순하게 본다면, '무지역무득'의 뒤에 나왔기 때문에, '아는 것도 없고 얻는 것도 없다'의 뜻에 계속해서, '얻는 것이 없으므로'라고 보면 된다.

그런데 이 구절에서 '무소득' 즉 얻는 바가 없다는 것에 대하여, 명나라의 홍찬(弘贊)은 반야심경첨족에서, 〈얻는 바가 없으므로〉라고 한 것은 앞에서 나온 여러 무(無)를 따라서 말한 것이라고 한다. 즉 여러 법은 얻을 바 있는 것이 아닌 까닭에 보

살은 이로 말미암아 구경열반을 닦아 얻는다. 그러므로 이 '없다'는 글자는 이 경전의 뜻을 통괄하는 것이라고 한다. 만약 얻는 바의 마음이 있다고 한다면, 이는 곧 본래의 참됨을 잘 모르는 것이라는 설명을 하고 있다.

《이는 앞서 문맥에 따라 해석하자고 하면서 필자가 각종의 무(無)를 열거하면서 보여준 바와 같이 해석하는 것이다.》

회심(懷深)은 반야심경삼주에서 금강경을 인용하여, '얻음이 없는 까닭에'라고에서 이(以)라고 쓴 것은 말미암는 유(由)의 뜻이라고 한다. 다시 '얻음이 없음'의 뜻에 대해, 모든 법이 공(空)하고 지(智)도 역시 없다면 단멸(斷滅)인데 무엇을 증득한다는 뜻이냐는 질문에, 금강경에 여래가 무상정등각을 얻었다고 생각한다면 연등불이 수기를 주지 않았을 것이라는 구절을 인용하고 있다.

《이 견해를 보면, 그런 해석도 가능하다. 이 구절 다음에 나오는 반야바라밀에 의지한다는 결론을 보이는 것으로 보아서 깊은 의미가 있을 수도 있다.》

《다음 장으로 가기 전에 또 생각해 볼 것이 있다. 얻은 바가 없는데, 반야바라밀다에 의지한다고 하였는데, 그 반야바라밀다는 무엇일까? 반야심경에서 줄기차게 강조하는 것은 모든 것이 의지할 바 없는 공(空)이라고 하는 바, 그 모든 것이 공(空)이라는 깨우침에 의지한다는 것은 '의지할 곳 없는 것에 의지한다'는 결론이 된다.》

※ 반야심경은 상윳따 니까야에 보이는 목차의 순서에 따라 만들어졌다. 이것과 거의 같은 내용을 가진 잡아함경은 밑에서와 같은 순서로 되어있지 않고, 곳곳에 산재해 있다. 상윳따 니까야(Samyutta Nikaya)는 5권으로 이루어져 있어서, 이를 보면

   Ⅰ 사가타 바가(Sagatha vagga) – 운문을 위주로 다른 경들의 집합
   Ⅱ 니다나 바가(Nidana vagga) – 연기(緣起)에 관한 경
   Ⅲ 칸다 바가(Khandha vagga) – 오온(五蘊)에 관한 경
   Ⅳ 살라야타나 바가(Salayatana vagga) – 육처(六處)에 관한 경
   Ⅴ 마하 바가(Maha vagga) – 팔정도(八正道), 칠각지, 사념처, 선, 호흡의 주시

등이다. 이런 주제별 경전에 대해서 하나씩 거론하여 그것들이 '없다'고 주장하는 것

이 반야심경인 것이다.

　따라서 모든 것이 공(空)임을 주장하는 경전이 이제 최종 단계에 이르렀다. 이러한 것들을 부정함으로써 막바지에 이른 지금의 결론은 어떤 것을 제시할 것인가? 무언가를 성취한 것을 보여줄 것인지, 아무것도 성취하지 않음을 보여줄 것인지이다. 그런데 보살에게 있어서, 그것은 어느 쪽도 아닌데, 그것은 그들이 어떠한 성취를 하거나 성취를 하지 못해도 아무런 의미를 가지지 않는 점에 마침내 도달했기 때문이다. 성취와 비성취를 초월하였기 때문에, 그들은 이제 보살행의 최종 단계를 시작할 준비가 된 것임을 보여준다.

　관자재보살은 보살의 행로 중 시간과 공간이 사라져 버리는 마지막 단계에 있는 보살이다. 그러나 그는 그 행로를 요약하면서, 그의 첫 번째 발자국이었던 의지처를 취하면서 보살행의 처음에서 시작한다. 보통 불교는 삼보(三寶)인 붓다, 법(法), 승가(僧家. 스승, 가르침, 가르침을 배우는 집단)에서 의지처를 찾는다. 이것은 불교에 들어서는 누구에게나 요구되는 것이다. 붓다에게서 의지처를 구하는 것은 분노를 연민으로 바꾸는 것을 배우는 것이고, 법에서 의지처를 구하는 것은, 망상을 지혜로 변형하는 것을 배우는 것이다. 또 승가에서 의지처를 찾는 것은, 욕망을 관대함으로 바꾸는 것을 배우는 것이다. 분노와 욕망은 망상으로부터 자라기 때문에, 삼보에서 가장 중요한 것은 법과 지혜의 함양이다. 동료 수행자들 간의 사회가 그러하듯이 붓다도 오거나 간다. 그러나 법은 공간, 시간, 개념에 제한되지 않는다. 그래서 보살은 반야바라밀다에 의지처를 먼저 정하고, 모든 붓다의 어머니인 지혜에, 그리고 법신의 또 다른 이름인 법의 구체화에 의지처를 구한다.

　삼보(三寶)에 의지처를 구하는 것에 추가하여 비구와 비구니, 초보 수행자는 그들의 행위를 규제하는 중요한 원칙(부정적인 금지원칙)을 준수한다. 그것은 살생하지 않기, 도둑질하지 않기, 거짓말하지 않기, 사음(邪淫)에 빠지지 않기, 취하지 않기의 다섯 가지로서 오계(五戒)라 한다. 그런데 보살의 경우에는 이러한 부정적 금지 목록이 육바라밀(六波羅密) 혹은 완성을 위한 보다 긍정적인 명령을 포함하는 것으로 수정되었다. 그것은 보시(報施), 지계(持戒), 인욕(忍辱), 정진(精進), 선정(禪定) 지혜(智慧)이다. 반야심경에서 보살의 의지처는 지혜 하나에 있다. 그것이 다른 다섯 바라밀을 포함하기 때문이다. 그러나 바라밀이라는 단어는, 일반적인 지혜와는 다른 형태로서 따로 구분하여야 한다. 이 반야바라밀이라는 지혜는 초월적이다. 그래서 보살은, 모든 법이 공(空)으로 표시되어 있고, 얻거나 얻지 않을 것이 아무것도 없다는 것을 안다. 그리고 그러한 것을 자각함으로써, 그들은 그 자각 속에서 의지처를 얻는다. 다른 어떤 의지처도 불가능하다. 보살에게 의지할 것은 아무것도 없기 때문이다.

### 2) 심무가애(心無罣礙)

故心無罣礙
고심무가애
viharaty acitta-avaranaḥ

마음에 장애가 있다는 것을 가애(罣礙)라고 원문에는 되어 있다. 그런데 가애(罣碍)라고 표기한 것도 많다. 애(碍)는 애(礙)의 속자다.

심무가애는 마음에 걸림이 없으며 -acittāvaranaḥ의 번역이다. 가(罣, 괘)란 '건다'는 뜻이며, 애(礙)란 방해한다. 지장, 장애의 뜻이다. 'a-'는 '아니다', '없다'는 뜻이다. 찌타(citta)는 (a) 생각, 정신적 활동, 혹은 (b) 생각, 영혼이고, 아바라낙(āvaranḥ)은 어근인 브리(vṛi)를 어근으로 한 장애, 방해(obstruction, obstacle, impediment, covering)의 뜻이다. 그래서 아바라낙(āvaranaḥ)이란 '덮는 것'이란 뜻이며, 여기서 '마음을 덮는 것이 없다'는 뜻이다. 막스 뮐러는 이 원어를 viharati citta āvaranaḥ이라고 보아서 '의식으로 감싸져서 머문다(dwells enveloped in consciousness)'라고 해석하는데, 이렇게 하면 정확한 의미를 알 수 없다.

한편 불교에서는 전통적으로 세 가지의 장애를 들고 있다. 그것들을 보면, ① 업이라는 장애(karma-āvarana), 이것은 과거의 행위가 여전히 효력을 미치기 때문에 생기는 영적인 발전에 대한 장애이다. ② 고(苦)라는 장애(kleśa-āvarana), 이는 탐진치와 같은 더러움으로부터 생기는 장애다. ③ 인지적 장애(jñeya-āvarana), 이는 대상의 진정한 본체와 그 표면의 괴리로부터 생기는 장애다. 이러한 장애 중에서 여기 반야심경에서는 세 번째의 장애를 말한다.

그래서 마음을 덮는 것이 없다는 것은, 미오(迷悟) 생사(生死) 선악(善惡) 등의 의식에 의해서 마음이 속박되지 않는다는 뜻이다. 틱낫한 스님의 반야심경 새 번역에 의하면 '마음에 더 이상의 장애가 없다(see no more obstacles in their mind)'라고 하였다.

마음에 걸림이 있다(가애－罣礙)는 것과 마음에 걸림이 없다(무가애/無罣礙)에 대해서 한자로 해석을 하는 중국과 한국의 주석가들을 보면,

데바는

"어리석은 정(情)은 경(境)을 쫓아 동념(動念)하므로 걸림이 있다고 한다. 지혜로운 식(識)은 정신을 맑게 하여 걸림이 없는 까닭에 무가애라고 한 것이다."

《정(情)과 식(識)으로 구분하여 감정적인 것을 경계하는 것이지만, 인식의 장애라는 현상과는 관계가 없다.》

원효는 금강삼매경론에서 걸림이 없다는 말을 끝이 없다고 표현하여 설명한다.

"마음에 치우침이나 끝이 없다는 것은 일심(一心)의 원천으로 되돌아왔음을 말한다. 마음의 체(體)가 두루 미치어 십방(十方)에 끝이 없으므로 무변(無邊)이라고 했으며, 삼세(三世)에 끝이 없으므로 무제(無際)라고 한다."

《원효 자신의 일심론에 근거한 해석이지만, 우리가 원하는 답을 주지 않고 있다. 반야심경을 제대로 해석하는 데에는 별 소용이 없는 해석이다.》

원측은 반야심경찬에서 '얻는 바가 없으므로(無得)'에서 '마음에 걸림이 없다'를 묶어서 설명하는데,

"장애란 중생들이 일으키는 갖가지 번뇌 망상을 가리키는 말이다. 물론 그것의 근본은 무명인데, 그때문에 심성을 더럽히고 정도(正道)를 수행하는 데 장애를 일으키게 된다."

《원측은 무명에 의한 번뇌 망상이 여기서 말하는 장애라고 하였는데, 반야심경의 저자가 하고 싶은 말이 아닐까 본다.》

송나라의 도항(導降)은 반야심경주에서,

"색과 공이 둘이 아니고, 깨끗함과 더러움이 다 없어졌다. 경계란 마음 때문에 생긴 것인데, 마음이 공적(空寂)하면 경계는 스스로 있지 못한다. 마음과 경계가 모두 공(空)하고 돌아보아도 번거로운 일이 없다. 어떻게 하자(瑕疵)나 걸림이 있겠는가."

《모두 가애(罣礙)라는 한자어의 설명에 치우친 느낌이 있다. 그래서 산스크리트어의 뜻과 영문으로 번역한 것들을 종합하여 '진실한 것을 보지 못하게 마음을 덮는 것'으로 간명하게 보기로 한다.》

### 3) 무가애고 무유공포(無罣礙故 無有恐怖)

無罣礙故 無有恐怖
무가애고 무유공포
citta-avarana nastitvad atrasto

### 🔍 역본 비교

⟨ cittāvaraṇa-nāstitvād atrasto ⟩

| 번역자 | 내용 | 비고 |
| --- | --- | --- |
| 구마라집-현장-반야-법월 | 無罣礙故, 無有恐怖 | |
| 지혜륜 | 心無障礙故, 無有恐怖 | 장애 |
| 법성 | 心無障礙, 無有恐怖 | |
| 시호 | 以無著無礙故, 無有恐怖 | 집착 |

⟨ citta-마음+avaraṇa-장애, na-없다+astit-존재하는+vād-것, a-없다

+trastro-공포 〉

《마음에 덮개가 치워져서 장애가 사라질 때, 무슨 일이 일어나는가? 공포가 없어진다고 하였다. 왜 그냥 무공포(無恐怖)가 아니고, 무유공포인가? 한자의 뜻으로는 '공포가 있는 것이 없다'는 번역인데, 한국어로는 어색하다. 산스크리트어로 citta-avarana nastitvad atrasto라 된 것을 번역해 본다. citta-avarana는 '마음의 장애'의 뜻이고, nastitvad는 '~존재하는 것이 없으므로'의 뜻이다. 그래서 '마음의 장애가 존재하지 않으므로'이고, atrasto는 '공포가 없다'의 뜻이다. '장애가 존재하는 것이 없으므로'라고 번역한 것은 산스크리트어에 맞추어 번역한 것이다. 한편 보통의 한자어 운율인 4구에도 맞기 때문에 이렇게 번역한 것으로 보인다.》

《한문 운율상 '무가애고 무유공포'라고 일단락하고, 새로운 주제를 나타내는 원리전도몽상…으로 진행될 것 같지만, 실제로 뜻이나 흐름으로 보면, '무가애고' 다음에 '무유공포, 원리전도몽상, 구경열반'으로 결론을 내린다. 즉 '마음에 장애가 없으므로', '공포도 없고, 전도된 몽상으로부터 멀어져 필경 열반에 도달하는' 것이다.》

마음에 장애가 없어지면, 왜 공포가 역시 없어지는 것일까? 어떤 이는 우리가 볼 수 없는 것에 대해서 두려워한다고 말한다. 공포는 영어권에서 포비아(phobia)로서 원래 기괴망측한 가면을 쓰고 있는 것을 의미한다. 볼 수 없는 것을 두려워한다기보다는 감각기관을 사용하여도 그 **대상을 정확히 알지 못하는 경우**에 공포를 느낀다는 것이 정확할 것이다. 밤길을 갈 때 주위가 어두워서 건너편의 사물을 정확하게 인식하기 힘든 것은 사물의 형상이 선명하지 못하기 때문에 본인이 예상하는 것과 다른 것일 가능성으로 두려움에 사로잡힐 수가 있다. 그러나 같은 길이라도 대낮에 주위가 훤하다면 공포를 느끼지 않는 것이다.

그래서 생각의 장애가 걷히면, 세계에 대한 두려움이 없게 되는 것이다.

### 4) 원리전도몽상 구경열반(遠離顚倒夢想 究竟涅槃)

《거꾸로 된 헛된 생각을 멀리 떠나서 필경 열반에 도달한다.》

viparyāsa – atikrānto niṣṭhā – nirvāṇa – prāptaḥ

원리(遠離)는 '무엇으로부터 멀리 떨어지다, 떠나다'는 뜻이므로, 그 뒤의 '전도몽상'으로부터 멀리 떠난다는 뜻이다. 이에 해당하는 아티크란토(atikrānto)에서 ati는 '위로', krānto는 과거 수동의 '넘어가다'는 뜻이므로, '초월한'으로 해석하는 것이 맞지만, 한자의 원리(遠離)와도 부합하도록 '멀리 떠나'로 번역해도 해석에 차이가 없다. 즉 '전도된 몽상'을 초월하는 것이나, 멀리 떠나는 것이나 같은 의미로 받아들일 수 있다.

'전도몽상(顛倒夢想)'은 산스크리트어 비파라샤(vi-pary-āsa)를 한자로 번역한 것이다. 비파라샤는 가끔 '왜곡된 시각'으로도 번역된다. 그렇게 보아도 의미에 영향을 주지는 않는데, 그것은 비파라샤가 편견(perverseness), 망상(delusion), 전복(顚覆, upsetting)의 뜻이기 때문이다. 그런데 한자로 전도(顛倒) 몽상(夢想)이라고 구체적인 형태로 번역한 이유는 무엇일까? 산스크리트어를 보면, 그냥 '생각의 뒤바뀜'을 초월하거나 멀리 떠난다는 뜻이다. 즉 '생각의 뒤바뀜'을 '뒤바뀐 잘못된 생각'이라는 뜻으로 비슷하게 바꾸면, 한자어 번역에는 '잘못되었다'는 설명이 들어가 있는 것이다. 그래서 법성은 초과전도(超過顛倒-전도된 것을 초월함)라고만 번역하였다. 번역과정에서 전도(顛倒)라는 뜻만으로 부족하여 현장은 몽상(夢想)을 추가하였지만, 그 이전에 번역한 구마라집은 이일체전도몽상고뇌(離一切顛倒夢想苦惱)라고 '몽상고뇌'라고 더 구체화시킨 점이 눈에 띈다.

전통적으로 불교에는 네 가지 망상이 있다. 영원하지 않은 것을 영원하다고 생각하는 망상(이를 상견/常見이라고 한다), 즐겁지 않은 것을 즐겁다고 말하며, 자성이 없는 것을 자성이 있다고 생각하며, 깨끗하지 않은 것을 깨끗하다고 생각하는 것이다. 영원, 즐거움, 자성, 깨끗함의 관점은 속계, 즉 윤회하는 세계의 실재를 구성하는 데 사용된다. 그러한 관점은 불교의 모든 초기 부파에 의해 잘못된 견해로 여겨진다. 이들은 무상-고-무아-상락아정에 대한 상대 개념이다.

여기서 전도(顛倒)라고 한 것에 대해서 보통 '인식의 전도'라는 말을 사용하지만, 엄밀한 의미에서 이는 '의식(생각)의 전도'라는 표현이 맞다. 인식이라는 말은 오온(五蘊) 중에서 상(想)이라는 것에 대해서도 사용하기 때문에 착각을 일으킬 수 있기 때문이다. 여기서는 색수상행식(色受想行識)의 오온(五蘊)에서 마지막의 식온(識蘊)을 구성하는 '의식(생각)의 무더기'가 뒤집혀 있는 것을 말한다. 인식이 전도된 것과 생각이 전도된 것의 구체적 차이는 '새끼줄을 뱀으로 보는 것처럼 **같은 현상을 다르게 이해하는 것**'의 차이로서 아래에서 볼 수 있다. 보통 여실지견(如實智見)을 추구한다고 할 때, 무명에 사로잡혀 사실 그대로 보지 못하기 때문에 의식(생각)의 전도가 있는 것이다. 그런데 이를 구별하지 못하고 이에 대해 구체적으로 설명하는 글들이 잘 보이지 않는다. 도리어 '어두운 밤중에 새끼줄을 뱀으로 착각하였지만, 나중에 새끼줄인 줄 알게 되었다'라고 하거나, '불을 보고 물이라 하고, '거북의 털'이나 '토끼의 뿔'과 같이 없는 것을 있는 것으로(데바, 반야심경주) 생각하는 등의 예를 드는 경우가 많다. 그렇지만 경전에서 붓다는 생생한 예를 들고 있다. 이제부터 반야심경의 전도몽상을 연상할 때는 밑의 예를 생각하면 될 것이다.

맛지마 니까야 75경, 마간디야경(Māgandiya Sutta)에 나오는 이야기다. 마간디야가 '붓다 당신은 성장을 파괴하는 자'라고 비난하자 붓다는 법에 대해 설명한다.

"나병환자가 수족이 문드러지고 곪아 터지며 벌레가 먹어 들어가고 손톱으로 상처 부위를 긁어대어 숯불 구덩이 위에서 몸에 뜸을 뜬다고 하자. 그를 치료하기 위해서 그곳에 온 의사는 그를 치료하고 약을 처방해 주어 그는 문둥병에서 벗어난다. 그런 그가 다른 나병환자가 상처로 인하여 숯불 구덩이 위에서 몸에 뜸을 뜨고 약을 복용하는 것을 보고 그를 부러워하겠는가?"

"그가 이제는 불이 닿으면 아주 뜨겁고 크게 데는 것이 아니라, 예전에 나병에 걸렸을 때도 그랬고, 수족이 문드러지고 곪아터지며 벌레가 먹어 들어가고 손톱으로 상처 부위를 긁어서 그의 감각기능이 손상되어 닿으면 고통스러운 불임에도 불구하고 치료가 되기 때문에 즐겁다는 전도된 생각을 가지고 있었을 뿐이다"고 한다. 이는 생각의 전도를 말하는 것이다.

그런데 이러한 전도를 인식의 전도나 생각의 전도로 엄밀하게 구분하여 사용하지는 않는다. 앙굿따라 니까야의 숫자 4의 경에 나오듯이 인식과 생각의 전도를 같은 범주에 놓고 설명한다.

앙굿따라 니까야의 number 4의 49 전도경(inversions, distortions)에는

"비구들이여 네 가지 인식(perception)의 전도, 마음(thought)의 전도, 견해(view)의 전도가 있다. 무상에 대해서 항상하다, 괴로움에 대해서 즐겁다, 무아(無我)인 것을 자아라고 생각한다, 부정한 것에 대해서 깨끗하다고 보는 인식의 전도, 마음의 전도, 견해의 전도가 있다."

따라서 여기서 전도라고 하는 것은 무상, 고, 무아, 상락아정을 그대로 보지 못하고 반대로 보는 것을 말한다. 이렇게 인식과 생각의 전도를 혼용하면서 사용하지만, 우리 자신에게 미치는 영향은 분명히 다르다.

《앞에 예를 든 '새끼줄과 뱀'의 문제는 일반인이 쉽게 이해할 수 있는 설명이지만, 사실은 새끼줄을 뱀으로 착각한 것은 단순한 오해의 문제다. 또한 '토끼의 뿔'처럼 없는 것을 있는 것으로 보는 경우는 착각과 무지가 그 원인이다. 즉 이것들은 사물을 인식하는 데 문제가 있었던 것일 뿐이다. 그런데 맛지마 니까야의 문둥병이라는 것은 환자 본인이 직접 체험하고 실제로 적용한 치료법이지만, 다시 그 방법을 적용하는 것은 거의 불가능할 정도의 괴로움이다. 그렇기 때문에 같은 치료법이고 같은 고통이 오는 것이지만(여기에 착각이 들어설 여지는 없다), 병에 걸렸을 때와 아닐 때의 생각이 완전히 다른 것이다. 이것은 치료법 등에 대한 인식은 치료의 전과 후가 똑같지만, 생각-식(識)이 전도된 것이다. 즉 동일한 것에 대해서 생각을 완전히 거꾸로 하게 되는 것을 생각의 전도라고 한다. 이로 미루어 보면 단순한 인식의 전도는 우리에게 '지식의 부재'를 알려주는 역할만 하는 것이지만, 생각의 전도는 '**같은 현상을 새롭게 조명함으로써**' 새로운 깨달음으로 갈 수 있는 길을 제시해준다.》

일본에서 사용되는 독송(讀誦)용 심경에는 원리일체전도몽상이라고 되어 있으나, 卍字續藏經(만자속장경) 혹은 만자장경(卍字藏經), 대정장경(大正藏經)에는 일체라는 글자가 없고, 또 산스크리트어 원문에도 일체를 뜻하는 sarva가 없다. 그런데 구마라집과 송의 시호의 번역에는 '원리일체전도몽상'이라고 되어 있지만, 그 뜻에는 차이가 없으므로 '일체'를 뺀 현장본으로 보기로 한다.

한자의 뜻으로만 파악한 학자 중 청매의 설명(반야심경소)은 비록 앞서의 '생각의 전도'와는 다른 각도로 이해했지만, 우리에게 약간의 도움은 된다.

"마음에 하자나 걸림이 없는 까닭에 공포가 없다는 것은 무상(無相)해탈문을 밝히는 것이다. 제법(諸法)이 자타(自他)간에 모두 공(空)함을 증득하는 까닭에 제법의 상(相)이 없음을 알 수 있다. 만약에 제법의 상이 없음을 알지 못하면 밖으로는 상(相)에 걸리게 되고, 안으로는 많은 공포가 있게 된다. 반면에 제법의 무상함을 증득하게 되면 밖으로는 상(相)에 걸리는 일이 없고, 안으로는 아무런 공포도 없게 되기 때문이다.

전도된 몽상을 멀리 떠난다고 한 것은 무원(無願)해탈문을 밝힌 것이다. 법에 자성이 없음을 증득함으로 말미암아 밖으로는 상(相)에 걸리지 않고, 안으로는 공포가 없게 되기 때문에 제법은 전도(顚倒)된 것이요, 마치 몽상과 같이 허망하고 부실한 것임을 알기에 이르는 것이다.

다시 말하면 제법을 명료하게 보지 못하기 때문에 공포, 전도, 몽상이 있게 된다는 말이다. 무상(無常)을 상(常)으로 생각하고, 가유(假有)를 진유(眞有)로 생각하는 등의 모든 그릇된 견해가 중생을 불안에 떨게 하고 뒤바뀐 생각을 갖게 하며, 꿈과 같이 허무한 생을 보내게 된다는 말이다."

《이렇게까지 설명을 하더라도 깊게 생각하지 않은 독자는 무슨 차이가 있는지 모를 것으로 보인다. 인식의 전도라고 할 때는 그 대상을 정확하게 보지 못함으로 인하여 정확하게 다시 봄으로써 전도몽상을 떠날 수 있다. 그러나 생각의 전도는 어떤 현상을 볼 때 정확하게 모두가 보았지만, 각자 생각하는 바는 다르다는 것이다. 즉 문둥병에 걸리기 전과 후에, 문둥병의 치료법에 대해서 다시 경험할지 말지 여부가 달린 것이다. 그래서 자기의 처한 현상을 다른 환경에 비추어 생각을 전도함으로써 새로운 깨달음으로 갈 수 있다.》

## 🔍 역본 비교

〈 viparyāsa-atikrānto niṣṭhā-nirvāṇa-prāptaḥ 〉

| 번역자 | 내용 | 비고 |
|---|---|---|
| 구마라집 | 離一切顚倒夢想苦惱, 究竟涅槃 | 일체 |
| 현장 – 반야 – 법월 | 遠離顚倒夢想, 究竟涅槃 | 열반 |
| 지혜륜 | 遠離顚倒夢想, 究竟寂然 | 적연 |
| 법성 | 超過顚倒, 究竟涅槃 | 초과, 몽상 |
| 시호 | 遠離一切顚倒妄想, 究竟圓寂 | 일체, 원적 |

〈 viparyāsa – 뒤바뀜, ati – 위로+krānto – 넘어간, niṣṭhā – 완성, nirvāṇa – 열반, prāptaḥ – 도착된 〉

《제일 마지막의 prāptaḥ는 앞의 '무지역무득', 즉 '앎도 없고 얻음도 없다'는 뜻에 연이어서 '열반을 얻다'라는 뜻이 되어 모순된다고 하여 콘체는 나중에 이 부분이 없는 산스크리트어본을 공개하고 있다.》

## 5) 구경열반

열반은 일체의 미혹으로부터 벗어난 경지를 말한다. 소극적인 의미로는 번뇌의 소멸을 뜻하지만, 적극적인 의미로는 붓다의 본체인 법신덕(法身德), 만유의 실상을 깨닫는 반야덕(般若德), 지혜에 의해 참다운 자유를 얻는 해탈덕(解脫德) 등의 세 가지 덕을 갖춤을 의미한다. 적멸(寂滅) 멸도(滅度)라고 번역하기도 한다.

열반의 문자적 의미는 '끄다(blowing out)'는 것이다. 불교에서는 이것을 탐진치(貪瞋癡)의 삼독(三毒)을 없애는 것으로 해석한다. 탐(貪, raga)은 욕망(passion)이며, 진(瞋, dvesha)은 혐오 혹은 증오(aversion), 치(痴, moha, 혹은 avidyā)는 무지 혹은 무명(ignorance)이다. 여기에 대해서 마츠모토 시로(松本史朗)는 어원이 브리(vṛ)이기 때문에 '덮지 않고 열다, 밝히다'의 의미로 보아야 하며, 불교의 근본이 무아(無我)이므로 '소멸'이라는 용어는 그 원리에 어긋난다고 본다. 즉 무아(無我)인 자아를 밝히는 것이지, 무언가를 소멸시키는 것이 아니라는 것이다. 콘체는 어근 브리(vṛi)를 덮다로 보아서 장애받지 않는 자유라고 생각한다. 열반은 그래서 모든 장애의 제거의 마지막 단계라고 본다.

초기에 열반은 무아(無我, anatta)와 공(空, sunyata)과 같은 것으로 보았는데, 시간의 경과에 따라 다른 해석이 가해져서, '마음의 활동이 없는 것', '갈애의 소멸', '오온(五蘊)을 떠남' 등의 상태까지 포함하게 되었다.

불교에서는 전통적으로 두 가지의 열반을 구분한다. 즉 유여열반(sopadhishesa nirvana)과 무여열반(parinirvana 혹은 anupadhishesa nirvana)이다. 유여열반은 남는 것이 있는 열반으로서, 모든 삼독(三毒)의 불은 꺼졌지만 이제 타지는 않는 오온의 잔재는 아직 남아 있는 상태다. 무여열반은 아무것도 남지 않는 열반으로서 죽음의 순간에 오온의 잔재까지 꺼지는 것을 말하고, 한자로 특히 반열반(般涅槃)이라고 한다.

열반을 무아로 설명하는 부파의 경우에, 무아(anatta)는 자아나 영혼이 없는 것을 말하며, 모든 실재가 다른 것에 의존해서 생기므로 고유의 속성이 없다는 뜻이며, 따라서 모든 것이 세속적인 구축물이라는 것이다. 그래서 이것들을 실재로 파악하는 것은 망상이나 무지의 결과라는 것이다. 한편 열반을 공(空)의 체득이라고 보는 부파도 있다. 즉 중관파(Madhymika)는 모든 양극단이 사라지고, 통상적인 실재는 없는 것이며, 따라서 남아 있는 것은 공(空)이라는 궁극적 실재라고 본다. 그러나 중관파의 중도는 붓다가 말한 중도와 다르다는 점이 앞에서도 언급되었기에 여기서 생략한다.

구경열반은 종국에는 열반을 얻는다는 뜻인데, 앞부분과는 대치되는 듯이 보인다. 즉 열반은 모든 장애를 제거하는 마지막 단계인데, 이러한 열반을 얻는다는 것은 무득(無得)이라고 한 부분과 모순된다. 과연 열반이란 얻는 것인가? 혹은 도달하는 것인가? 아니면 상태가 변화하는 것인가? 열반에 도달한 사람이 그 열반을 제대로 설명한 글은 없다. 그래서 우리는 현재 이 세계에 사는 사람의 상태와 열반에 도달한 사람의 상태를 추정해 보아 비교해 볼 수 있을 뿐이다. 그리고 열반에 도달한 경우의 설명도 경전에서 붓다의 설명으로 알 수 있을 뿐이다. 일반인이 세속에서 사는 것에 대해서는 누구나 어떤 것인지 인식하고 있으므로, 붓다의 설명을 우선 알아야 될 것이다. 참조되는 경전을 보자.

소부(小部) 우다아나(Udāna)의 자설(自說)경(The Chapter about The Pāṭali Villagers)에서 열반의 경지에 대한 말이 있다.

"수행자들아, 거기에는 지수화풍(地水火風)도 없고, 공간과 식(識)의 무한함도 없고, 아무것도 없음도 없고, 상(想-인식)과 비상(非想-비인식)을 부정하는 것도 없고, 이 세상도 저편의 세상도 없고, 해도 달도 없다. 수행자들아, 이것은 가고 옴도 없고, 유지하지도 않고 사라지지도 않고 다시 생기지도 않는다. 대상도 없고, 의지하는 데도 없고, 움직이지도 않는 것, 나는 이것이 괴로움의 종말이라고 말한다."

"수행자들아, 생(生)하지 않는 것(unborn), 되지 않는 것(unbecome), 만들어지지 않는 것(unmade), 무위(無爲)의 것(unconditioned)이 있다. 수행자들아, 만약 그것들이 없다면, 거기에는 그것들로부터 벗어나지 못할 것이다. 수행자들아, 그것들이 있으므로 벗어남이 있는 것이다."

《지수화풍이 없다는 것은 육체적인 물질을 부정하는 것이다. 공간의 무한함도 없다는 것은 공간적 제약을 받지 않음이고, 식(識)의 여지도 없다. 아무것도 없는 어떤 경지를 말함이다.》

중국의 불교에서는 이를 한자로 해석하여 설명하기는 하지만, 한자의 한계로 인하여 제대로 된 설명은 하지 못한다. 관심을 가질 만한 설명을 하나 보면,

"열반은 범어로서 원적(圓寂)하다는 뜻이다. 덕을 갖추지 않음이 없어서 원(圓)이라고 하며, 장애가 다 끊어지지 않음이 없어서 적(寂)이라고 한다. 소승의 사람들이 방편으로 쌓아놓은 성(城)과 같은 것이 아니다. 지금 여기에서 단번에 영원히 얻은 것이기 때문에 구경(究竟)이라고 한다."(회심)

《열반은 원시불교 당시에 탐욕의 소멸이라는 소극적인 의미로 사용되었고, 무슨 특별한 경계이거나 한 것처럼 신성시 집착하는 경향이 있었다. 대승불교가 흥기되면서 열반이 적멸(寂滅) 공적(空寂) 등 의미 외에도, 참으로 즐겁고 깨끗한 곳이며, 덕을 갖추지 못함이 없는 진공(眞空) 묘유의 경지라고 사용되며, 장소와 시간의 속

박을 여의는 것으로 생각하였다. 유식학파에서는 열반에 여러 등급이 있어 궁극의 무주처열반이라 설명하기도 하였다.》

🎤 반야심경 대본(大本)의 여러 판들은 동사 prapta(얻다)를 nishtha nirvana(마침내 열반)의 구절의 끝에 둔다. 콘체도 초기에 그렇게 하다가, 나중에 2판(1967)에서 삭제하였다.[82] 이 책에서는 초기의 원문을 실었다. 다른 주석가들과 번역가들은 이러한 점을 알고 이 구절을 '마침내 열반을 성취하다'와 같은 의미로 택했다. 그러나 이것은 성취될 수 없는 것을 성취하는 것이 되며, 관자재보살의 '지식도 없고, 성취와 비성취도 없다'는 초기의 선언에 위배된다. 이러한 문제를 해결하기 위해, '망상과 열반을 꿰뚫어보다'의 목적어로 사용하면서, 그것은 prapta가 없는 경우 산스크리트 문법에 불규칙변화로 허용된다고 볼 수 있다.[83] 그래서 보살은 열반에 도달하거나 성취하는 것이 아니라, 열반의 궁극적 목적과 관련하여 '열반이 영원하거나 영원치 않거나, 기쁘거나 기쁘지 않거나, 자성이 있건 없건, 순수하거나 순수하지 않다'고 보는 망상을 극복하는 것이다. 열반은 단순히 최후의 망상이라고 본다.

《번역론으로 본다면 한자반야심경에서도 '구경열반'이라고만 표시하였는데, 이를 한글로 표현할 때 명확한 뜻을 밝히려고 '열반에 도달하거나 열반을 얻는다'고 번역함으로써 산스크리트어에 충실하지 못한 결과가 되었다.》

그래서 대승의 경전에서, 보살은 열반을 얻지 않고 피하지도 않으며, 또 다른 목표는 모든 중생의 해방이라는 말을 끝없이 우리에게 해준다. 이것은 대반야경 25,000송의 견해이고, 그곳에서 보살이 다른 사람을 열반으로 이끄는 경우에 열반 자체는 꿈이고 망상이라는 것을 선언한다. 그리고 묘법연화경 2장에서, 붓다가 사리불과 다른 아라한에게 그들이 성취한 열반은 단순히 붓다의 길에 있는 환상의 오아시스에 지나지 않는다는 식의 말도 하는 것이다.

---

82) Edward Conze, Thirty Years of Buddhist studies, 1967, 152p에는 원래 콘체 Biddjst Wisdom 101p의 niṣṭhā-nirvāṇa-prāptaḥ를 niṣṭhā-nirvāṇaḥ로 표시한다.
83) 당범번대자음반야바라밀다심경과 석경본에도 prāptaḥ는 기재되지 않았다. 尾播哩也娑^底伽蘭哆 寧瑟吒-你哩嚩拏 viparyāsātikrāntaḥ niṣṭhā-nirvāṇam 이 책 후면 참조.

열반(nirvana)이라는 단어에 관하여, 여러 가지 기원에 대한 설명이 있다. 보통 사용하기로는 그것이 니르(nir-부정적인 뜻을 나타내는 전철)와 '불다'를 의미하는 바(va), 혹은 '욕망'을 의미하는 반(van)으로 분해되므로, 그 뜻은 '숨결의 멈춤'이나 '욕망의 종식'이라는 의미라고 한다. 그런데 산스크리트 어원학자들은 더 깊이 연구하여, 길(path)을 뜻하는 바나(vana)로부터 다양한 의미를 추출하면서, '더러운 악취', '스칸다(무더기)의 숲', '까르마(업보)의 실'의 뜻들이 있다고 한다. 불교 승려가 처음 산스크리트어를 중국어로 번역할 때, 그들은 열반에 필적하는 수십 가지 번역어를 시도하다 마침내 단순히 용어를 번역하는 것은 포기하고, 문맥에 따라 다른 의미를 가지는 것으로 사용하게 되었다.

또 다른 보통의 파생어는 열반을 부정적 전철 니르(nir)와 어근인 브리(vri)를 '덮다, 제한하다, 방해하다'로 보는 것이다. 이것은 여기서 사용된 것과 가장 비슷한 뜻인데, 니르바나(nir-vana)는 '마음의 벽이 없는 것'이 된다. 벽에 해당하는 단어가 아바라나(avarana)인데, 이는 브리(vri)로부터 왔다. 그래서 보살은 존재와 비존재를 꿰뚫어볼 뿐만 아니라, 그러한 망상이 지나간 것도 본다.

상윳따 니까야 상 38.01(A Question on Nibbāna) 열반에 대한 질문경을 보자.

"잠부다카가 사리불에게 묻는다.
열반이 무엇인가요? 탐진치가 소멸하는 것입니다.
이러한 열반을 구현하는 방법이나 길이 있나요?
있습니다. 그것은 팔정도이며, 바른 견해, 바른 의욕, 바른 언행, 바른 행동, 바른 생계, 바른 노력, 바른 주의 기울임, 바른 집중입니다."

잡 1권 490경 염부차경에는

"열반은 탐욕(貪欲)이 영원히 다하며, 진에(瞋恚)가 영원히 다하며, 우치(愚癡)가 영원히 다하는 것으로, 일체의 모든 번뇌가 영원히 다하는 것으로서 이것을 열반이라 한다.
사리불이시여, 수행을 많이 하면 길이 있고 방법이 있나요?

있습니다. 팔정도라 하는 것으로, 바른 견해에서 바른 집중까지를 말합니다."

# 차. 깨달음으로 가는 길

三世諸佛 依般若波羅蜜多
삼세제불 의반야바라밀다
삼세의 모든 붓다도 반야바라밀다에 의지하여

故得阿耨多羅三藐三菩提
고득 아뇩다라삼먁삼보리
위가 없는 바른 깨달음을 얻었다.

### 1) 삼세제불 의반야바라밀다(三世諸佛 依般若波羅密多)
과거-미래-현재의 붓다들도 반야바라밀다에 의지하였다.

#### 역본 비교
⟨ tryadhva-vyavasthitāḥ sarva-buddhāḥ prajñāpāramitām āśrityā ⟩
⟨ anuttarāṃ samyaksambodhim abhisambuddhāḥ ⟩

| 번역자 | 내용 | 비고 |
| --- | --- | --- |
| 구마라집 | 三世諸佛依般若波羅蜜故, 得阿耨多羅三藐三菩提 | 바라밀 |
| 현장-반야=법월-지혜륜 | 三世諸佛依般若波羅蜜多故, 得阿耨多羅三藐三菩提 | 바라밀다 |
| 법성 | 三世一切諸佛亦皆依般若波羅蜜多故, 證得無上正等菩提 | 증득(證得) |
| 시호 | 所有三世諸佛依此般若波羅蜜多故, 得阿耨多羅三藐三菩提 | |

〈 try－3＋adhva－시간, 세(世)＋vyavasthitāḥ－머물다, sarva－일체, buddhāḥ－붓다, prajñāpāramitām－반야바라밀다에, āśrityā－의지하여 〉

〈 an－아니다＋uttarāṃ－더 높은 → 무상(無上)의, samyak－바른＋sam－같은 ＋bodhim－깨달음, abhisambuddhāḥ－완전히 깨달은 〉

🎤 **삼세제불**－삼세(三世)라는 것은 과거, 현재, 미래를 말한다. 제불(諸佛)은 모든 붓다를 의미한다. 그래서 과거와 현재, 미래의 모든 붓다이다. 불교에는 수많은 붓다들이 있고, 시간대로 분류하여 과거의 붓다로 대표적인 붓다는 연등불(燃燈佛－Dīpaṃkara Buddha), 현재의 붓다는 석가모니 붓다, 미래의 붓다는 미륵불(彌勒佛－Maitreya Buddha)이 있다.

※ **연등불** : 붓다의 계보도에 관한 책으로 붓다밤사(buddhavamsa)가 있다. 이 책에는 28명의 과거의 붓다가 기록되어 있고, 29번째가 미륵불이라고 예정되어 있다. 즉 석가모니 붓다는 28번째이다. 연등불은 4번째에 기재되어 있다. 이 연등불은 워낙 유명하고 자주 인용되는 붓다이므로 잠시 살펴보기로 한다.

산스크리트어로는 디팡카라붓다(Dīpaṃkara Buddha)인데, 앞의 디팡(Dīpaṃ)은 불을 지피다(a flame in a lamp)의 뜻이며, 카라(kara)는 광선(a ray of light)의 뜻으로서 '광선으로 불을 지피는 붓다'의 뜻이다. 그래서 한자로 연등불(燃燈佛)이라고 번역한 것이다. 연등불은 석가모니와의 관계로 유명하다. 석가모니는 전생에 수메다(Sumedha)라는 이름으로 히말라야에서 수행자로 살았다. 우연히 500개의 금화를 얻게 되어서 이를 스승에게 주기로 결정하고 디파바티라는 도시로 들어갔는데, 도시가 현수막과 꽃으로 치장되었으며, 먼지를 막기 위해 거리에 물을 흐르게 해놓은 것을 본다. 그것이 모든 사람들이 열망하여 기다리는 연등불(燃燈佛)을 기리기 위한 것이라는 것을 듣고, 수메다도 500개의 금화로 5개의 연꽃을 사서 도로에 놓고, 물웅덩이에 자신의 머리카락을 풀어서 연등불이 딛고 가도록 한다. 연등불은 그때 수메다에게 91번의 칼파가 지난 후 24명의 붓다가 탄생한 후에 석가모니라 부르는 붓다가 될 것이라고 예언한다. 과연 붓다밤사에는 연등불이 4번째, 석가모니가 28번째에 기록되어 있다. 연등불은 말 그대로 불빛을 비추기 때문에 선박의 안전을 도모하는 등대(燈臺)의 이미지와 관련이 있어서 선원들의 보호자로 여겨지기도 한다.

연등불이 불상(佛像)으로 혼자 있는 것은 거의 없다. 가장 유명한 것은 아프가니스탄의 바미얀(Bamiyan) 불상으로 나타난 것인데, 2001년 파괴되었다. 중국에서는 용문석굴과 운강석굴에서 발견된다.

※ **미륵불**: 석가모니 붓다 다음의 29대 붓다로 예정되어 있다. 자씨(慈氏) 보살이라고 의역하기도 한다. 미륵이라고 음역한 마이트르(maitr)가 자애롭다는 뜻이 있어서 자(慈)를 사용한 것이다.

불전에 의하면 미륵은 도솔천에서 천인(天人)을 위해 설법을 하고 있지만, 4천세(56억 7천만 년) 뒤에는 인간계로 내려와 용화수(龍華樹) 밑에서 성불하고 미륵불이 된다고 한다. 이 미륵불을 연상시키는 구절이 금강경에도 나온다. "미래에, 최후의 시간에, 최후의 시대에, 최후의 500년에 선법이 붕괴하는 때에 이 법문을 배우고 마음에 새기고 독송하고 이해하고 남들에게 자세히 설명해 준다면, 그들은 최고의 경이로움을 갖춘 자가 될 것입니다." 말세에 나타난다는 점에서 같지만, 최후의 500년을 예정할 것인지, 56억 7천만 년 뒤를 예정할 것인지의 차이가 있다.

미륵이 나타나면 모든 중생을 깨우치게 한다는 예언을 가지고 있어서 구원자로 숭앙받고 있다. 한국에서는 역사적으로 힘든 시기에 미륵불의 도래를 기원하여 미륵신앙이 유행한 적이 많다. 삼국시대에 만들어진 미륵보살 반가사유상, 후삼국시대의 미륵신앙, 조

〈그림 23〉 바미얀 불상의 긴 불상 자리의 1963년 사진과 파괴된 후의 2008년 사진, 빙 뚫린 자리가 공(空)의 이미지를 연상시킨다.

선시대의 후천개벽사상도 그 일환으로 본다. 미륵을 자처한 인물로 유명한 사람은 왕건과 자웅을 겨루던 궁예가 궁예미륵이라 부르기도 했다.

**의반야바라밀다** – 반야바라밀다에 의지하여
**고득 아뇩다라삼먁삼보리** – 그래서 위 없는 깨달음을 얻다는 뜻이다.

삼세의 모든 붓다가 반야바라밀다에 의지하여 깨달음을 얻는다는 뜻이다. 깨달음으로 가는 길이 초전법륜경의 '양극단을 버리고' 중도를 택하여 갔다면, 그 뒤 아함경과 니까야의 '사성제를 이해하는 것', '연기법을 이해하는 것', '8정도를 수행하는 것'이 핵심적인 가르침이었다. 그런데 여기에 와서는 '반야바라밀다를 수행하는 것'으로 바뀐 느낌이다. 그렇다. 여기에 와서야 반야심경을 설법하는 핵심 의도가 엿보인다. 지금까지 모든 가르침을 부정한 이유가 여기에 있다. 과거의 붓다가 '연기법을 이해하여' 붓다가 되었고, 현재의 붓다는 '8정도를 수행하고, 4성제를 이해하여' 깨달음으로 간 것으로 착각할 여지를 없애는 것이다. 그래서 과거의 붓다와 현재의 붓다가 모두 '반야바라밀다를 수행하여' 깨달음을 얻은 것이라고 못 박고 있다. 미래의 붓다는 당연히 기존의 가르침을 넘어서서 새롭게 도래한 반야바라밀의 수행으로 깨달을 것이라고 예상되지만, 그 이전의 붓다도 사실은 반야바라밀다에 의지하여 깨달음을 얻는 것으로 공표하는 것이다.

반야심경에서 새롭게 제시하고 있는 반야바라밀다는 무엇이며 어떠한 것인가? 기존의 4성제, 8정도, 12연기와는 관련이 없이 완전히 새로운 것인가? 이곳에서 반야바라밀다가 무엇인지 알아채지 못한다면, 우리는 깨달음이나 열반을 또 무한정 연기하게 된다. 그래서 논리적인 대강의 결론이라도 가지고 있어야 앞으로의 수행에 참고가 될 것이다.

우리는 현재 반야심경이 출현한 지 대충 1500년 이상 이후에 이 글을 보고 있다. 그동안 온갖 세계에 대한 해석의 이론과 철학을 접해 왔고, 상식적인 논리 외에도 기발한 논리와 과학적 지식으로 무장되어 있기 때문에 웬만한 이론에는 움쩍대지 않는다. 그렇지만 그런 시각으로 반야심경을 대한다면 오히려 흘러가는 하나의 이론에 지나지 않을 것이고, 삶에 도움도 되지 않는다.

반야사상이 출현한 당시의 상황을 연상하고, 그렇게 암흑을 뚫는 하나의 섬광으로 반야심경이 나타난 맥락을 이해하도록 하자.

헤겔이 역사를 변증법적으로 흐른다는 것을 증명하려고 한 이후, 많은 이론들이 있었지만, 실제로 자연 원리상 정 → 반 → 합의 흐름은 당연시되는 것으로 보인다. 이를 불교에 적용하면, 붓다가 중도의 이론을 주창한 이후 여러 대립 속에서 '모든 것이 있다'는 설일체유부의 주장이 한 시대를 풍미하였고, 그에 대립되어 '모든 것이 공(空)이며, 없다'는 반야부의 이론이 대승불교의 핵심이 된 지도 많은 시간이 흘렀다. 또한 그들을 합치고자 하는 유식(唯識)론이 불교의 큰 흐름을 잡았지만, 유식(唯識)이라는 언어 속에 반대되는 흐름을 내포하고 있다는 것이 또 하나의 대립자인 '식(識)만이 있는 것이 아니라는 이론'을 예상하고 있었다. 아직 유식에 대립되는 유사한 이론들은 나왔지만, 완전히 배치되는 이론이 나오기 전에 다시 붓다의 원음(原音)으로 돌아가자는 운동이 시작된 것이다.

붓다조차 인도 초기의 우파니샤드와 육사외도(六師外道)의 흐름을 합치면서, 양극단을 버리자는 합(合)을 주장하는 중도의 이론을 주장한 것이 지금까지 전해 내려오는 불교다.

물론 이론이 시대의 발전에 따라 변하는 것이 당연할 수 있고, 붓다의 말 그대로 항상(恒常)한 것은 없이 모두가 무상(無常)하니 새로운 이론이 과거의 이론의 약점을 메우고 더 진보된 것이라는 느낌을 줄 수 있다. 그것은 시대의 발전과 더불어 핵심 쟁점과 관련된 사항들에 대한 논의에 의해 더 나은 결론을 가져오고, 과학과 기술의 발전에 따라 주변 사항들이 더 명확해지기 때문이다. 그러나 붓다가 최초에 파악했던 인간이라는 존재에 대해서, 그 마음에 대해서, 변한 것이 있는지는 의문이다. 당시로서는 획기적인 방법으로서 마음을 분할하여 고찰한 것은 아직도 그 유용성이 입증되고 있다. 특히 인간을 오온의 무더기로 보면서, 육신을 그 오온 중의 하나로만 보고, 마음을 네 가지로 분류한 것은, 현대에 밝혀진 마음의 복잡성을 이미 반영하였고, 과학적 분류와도 틀리지 않는 것은 경탄할 만한 일이 아닐 수 없다.

사실 현대 과학은 인간의 정신의 구조를 아직도 해부학적 수준으로만 판단하고, 심리적 분석학자들은 동물을 실험하여 추리적으로만 체계를 세운 실정이다. 그에 비하여 붓다는 직접 본인이 정신을 분석하는 명상이나 선정(禪定)의 체험으로 이런 불교의 체계를 세웠고, 마음의 위계를 만들었기 때문에, 직접 체험하지 않는 학자들은 정신의 세계를 겉으로만 훑을 뿐인 것이다. 그동안 인간은 비록 변화했지만, 그 골격의 구조나 탐진치(貪瞋癡)의 심리적 기전(機轉)은 바뀌진 것이 없다. 여전히 욕심이라는 것이 세상을 움직이는 원동력이며, 성냄이나 분노가 개인 간의 갈등이나 국가 간의 전쟁으로 발전하며, 우리의 어리석음이 인생을 헛되이 보내도록 만드는 것은 그대로 여전히 사실인 것이다.

그런 의미에서 여전히 붓다의 성찰은 우리 세계에서 의미를 발하며, 시대의 발전에 따라 여러 부파들이 제각각의 이론을 주창하며, 대승불교, 설일체유부, 유식학으로 각 파가 중시하는 방향으로 가는 것이 옳다고 주장하지만, 우리는 우선 붓다가 살아생전에 무슨 말을 했는지를 알아보고 그에서 시작해야 할 것이다. 이는 단순히 하나의 부파가 그 나라에서 가장 인기 있고 가장 진리에 부합할 것 같다고 하더라도 마찬가지다. 그렇기 때문에 붓다가 처음에 언급한 길을 따라가 보아야 할 것이다.

반야심경에서 제시하는 깨달음의 길은 반야바라밀다에 의지하여 깨달음의 길로 가라는 것이다. 그렇게 제시하는 반야바라밀다란 무엇인가? 반야바라밀다가 무엇인지 이론적으로 보는 것과 반야심경 자체로 보는 방법, 두 가지로 파악해 볼 수 있다.

우선 산스크리트어 파라미타(pāramitā)를 음역하여 바라밀다라고 하는데 이를 바라밀이라고도 한다. 한 글자를 적게 쓰면서도 무슨 뜻인지 모두 알기 때문에 통상적으로 바라밀(波羅蜜)이라는 말을 사용한다. 바라밀은 미망(迷妄)과 생사(生死)의 이 언덕에서 해탈과 열반의 저 언덕에 이르는 길로서 보살이 닦는 덕목이나 수행을 말한다. 여기 주의할 점은 아라한이 아니라 보살이 닦는 수행이라는 점에서 바라밀은 대승불교의 용어임이 드러난다. 이 바라밀이라는 길의 최정상에는 반야바라밀의 길이 있다. 보통 바라밀은 6바라밀(六波羅蜜)이라고 분류하고 이런 분류는 거의 모두가 인정하는 바라밀이다. 그 외 10바라밀도 있지만, 별로 의미 없다고 보여 소개하지 않는다. 6바라밀은 보시(報施), 지계(持戒), 인욕(人慾), 정진(精進), 선정(禪定), 지혜(智慧)의 바라밀을 말하는데, 마지막의 지혜의 바라밀을 특히 반야바라밀이라고 한다.

따라서 마지막 지혜의 바라밀은 앞의 다섯 바라밀을 수행하는 단계적 구조로 되어 있다. 금강경에서는 보시와 인욕, 지혜의 바라밀 세 가지의 반야바라밀이 소개되고 있다. 금강경이 이해하기 쉽고 6바라밀을 단순화했기 때문에 금강경의 구절로 간략히 본다. 금강경에서는 끊임없이 '의존하지 않는 보시'를 강조하고 있다. 즉 '좋은 가문의 아들과 딸들'에게 법을 가르치고 수행을 알려주기 위함을 언급할 때 항상 보시의 바라밀을 강조하는 것이다. 즉 초심자를 대상으로 할 때는 보시의 바라밀을 강조하는 것이니 6바라밀을 언급하는 순서는 수행의 순서를 말하는 것으로 보인다. 그리고 금강경의 14장에 인욕선인이 깔링가왕으로부터 사지를 절단당하는 장면이 나오면서 인욕바라밀이 무엇인지 보여주고 있다. 그리고 지혜의 바라밀인 반야바라밀을 수행해야 한다는 결론을 내린다. 이에 의하면 보시의 바라밀을 수행함으로써 욕망을 없애게 되고, 더 철저히 수행하면 도덕성에 바탕을 둔 지계의 바라밀이 된다. 인내의 바라밀은 똑같이 욕망을 없애고 철저히 수행하여 어떤 일도 참을 수 있는 정진의 바라밀이 된다. 반야바라밀인 지혜의 바라밀은 망상을 깨뜨리면서 철저히 수행하는 명상을 통해서 선정의 바라밀을 완성한다. 여기에서 보듯이 반야바라밀은 망상을 깨뜨려서 실상을 보게 만든다. 이렇게 6바라밀은 서로 관련이 있는 것이다.

 6바라밀에서 말하는 반야바라밀은 무엇인가? 바로 금강경 전체를 관통하는 "붓다가 설하신 반야바라밀은 반야바라밀이 아니오, 그래서 반야바라밀이라 한다(佛說般若波羅蜜 卽非般若波羅蜜 是名般若波羅蜜)"라는 구절이 무엇을 말하는지를 아는 것에 달려 있다. 이 부분의 의미는 '여래가 설한 법, 땅의 먼지입자, 세상의 체계' 등과 같이 금강경에서 비슷하게 반복 강의되고 있다. 즉 언어나 개념에 의해서 무언가를 안다는 것은 사물의 실상에 들어가지 못하는 것이므로, 여실지견(如實知見)하지 못하는 것이라고 간략히 설명할 수 있다. 그렇게 사물이나 대상을 여실지견하는 것은 깊은 지혜(심심반야바라밀다 – 甚深般若波羅密多)에 의해서만 가능한 것이므로, 과연 반야바라밀이라 할 만하다. 물론 반야바라밀이 그렇게 간단한 것일 수 있느냐는 의문이 있겠지만, 사물의 실상에 다다르면, 우리 속에 생기는 온갖 마음의 번뇌가 탐진치(貪瞋癡)의 복합에 의한 것이고, 그 탐진치도 사실은 우리 존재를 유지하려는 현상적인 것에 불과하다는 것을 뚫어 알 수 있게 되므로, 여실지견(如實知見)이라는 것은 모든 번뇌를 물리치는 보배와 같은 것이다.

 그다음 반야심경에서 제시하는 반야바라밀의 길이 있다. 이는 바로 붓다가 처음에 언급한 길들을 모두 부정하거나 없다고 보는 공(空)의 입장에 서라는 것이다. 반야심경 자체에서 제시하는 것으로서, ① 오온은 없다(무색무수상행식), ② 6내입처도 없다(무안이비설신의), ③ 6외입처도 없다(무색성향미촉법), ④ 18계도 없다(무안계 내지 무의식계), ⑤ 12연기도 없다(무무명 무노사), ⑥ 4성제도 없다(무고집멸도), ⑦ 지식도 없고 얻음도 없다(무지역무득)를 들 수 있다. 이런 것이 없다고 알고 나면, 오온이 공과 같으며, 다르지 않으며, 그 성질은 생기지도 없어지지도 않으며, 늘어나지도 줄어들지도 않으며, 깨끗하지도 더럽지도 않다는 지혜가 생긴다.

그래서 반야바라밀다에 의지하면 마음에 장애가 없으며, 그래서 공포도 없고, 전도된 생각을 벗어나서 열반에 도달한다는 것이 결론인 것이다. 그 뒤 삼세의 모든 붓다가 이렇게 반야바라밀다에 의지해서 깨달음을 얻었다고 더 보충해 주는 것이다.

그러면 반야심경에서 제시하는 이러한 반야바라밀다는 어떤 의미를 가지는가? 물론 불교 역사적으로 볼 때, 붓다 시대의 기본불교의 내용을 용수(龍樹)가 중론이라는 이름으로 모든 것을 공(空)화 시킨 것이라고 보는 것이 대세이다. 사실 모든 것이 없다고 가정한다면, 모든 것이 없어진다. 그것은 보는 기준의 차이다. 요즘 흙길을 걷다 보면 자주 보이는 아주 작은 벌레인 쥐며느리(삼엽충을 닮았다)가 볼 때, 사람의 눈과 귀, 코는 높은 곳에서 너무 거대해 보일 것이다. 태양에서 볼 때 지구가 작게 보이겠지만, 그 속의 인간은 얼마나 작을까, 하물며 인간의 눈과 귀, 코는 없는 것으로 보일 것이다. 물론 반야심경에서 〈무안이비설신의〉라고 한 것은 이와는 관련이 적다. 붓다의 설법 그대로 〈색수상행식〉의 오온의 무상(無常)함을 익혀서 오온이 없는 것과 같은 정도로 오온을 믿지 말라는 뜻을 비유해 본 것이다. 그래서 오온을 이루는 6내입처인 〈안이비설신의〉가 없는 것과 같이, 6내입처에 대응하는 6외입처인 〈색성향미촉법〉, 또 그러한 대상의 세계를 의미하는 18계인 〈안이비설신의계〉도 결국은 없는 것으로 보라는 것이다. 반야심경에서 상정하는 대상은 분명히 육체를 가진 중생이다. 그래서 항상 색(色)을 몸으로 해석한다면, 큰 의미를 놓치지는 않을 것이다.

한편 감관(感官)으로 받아들인 대상(머릿속에 떠오른 대상에 대한 관념)과 그 대상이 속한 계, 그리고 감관 그 자체, 그것을 인식하는 식(識)이 없는 것과 같이 하라는 것은 붓다의 설법 내용과도 일치한다. 그런데 12연기인 〈무명내지 노사〉도 없고, 그것들이 다함도 없으며, 4성제인 〈고집멸도〉도 없으며, 지식도 없고 얻는 것도 없다는 후반부의 기술(記述)은 무슨 연유인가? 과연 연기법이나 4성제가 앞의 오온, 12처, 18계와 같은 평면에서 비교할 대상인가 하는 것이다.

경전에서(여기서 말하는 경전은 니까야나 아함경과 같이 붓다의 원음이라 여겨지는 경전을 말한다) 오온, 12처, 18계는 우리의 생각을 오도(誤導)할 가능성이 많은 것들이기 때문에 극도로 조심하여 판단해야 할 감각기관이나 대상들이고, 그에 의해 깨달음으로 가기 위해서는 연기법이나 4성제를 아는 것이 얼마나 중요한지 강조하고 있다. 그렇기 때문에 반야심경에서 말하는 무(無)〈연기법〉, 무(無)〈고집멸도〉는 절대로 붓다의 설법의 정수가 아니다. 오히려 〈연기법〉과 〈고집멸도〉를 아는 것이 불교의 정수다. 그렇다면 반야심경은 무엇을 말하는 것인가?

이에 대해 이 부분을 긍정하고자 하는 여러 학자들의 요지는, 모든 것이 공(空)하므로 연기법이나 고집멸도도 공(空)하다는 것이다. 그런 논리를 주장하는 이유를 보면, '모든 것이 다른 것에 의존하니, 비어 있지 않은 것이 없다'고 주장하는가 하면, 금강경의 뗏목의 비유를 들면서 '연기법이나 고집멸도를 알고 나면, 이제는 그것이 없이 깨달음으로 간다'는 주장도 있다. 이런 논리나 주장은 별로 생각할 가치가 없는 것들로 보인다. 그야말로 반야심경이 틀리지 않았다는 주장을 하기 위해서 하는 주장일 뿐이다. 이런 주장은 논리에 의해 세계를 보기 때문에 어떤 논리도 가능한 것에 해당하며, 붓다가 극도로 경계한 '개념으로 분석하기'의 전형적인 주장들이다.

그러면 이 부분은 완전히 틀리고, 붓다의 설법을 거꾸로 가르치는 것인가? 한 번 생각해 보아야 한다. 물론 이 구절들이 〈공중 무색무수상행식〉이 계속되면서 〈공중-무연기법, 공중-무고집멸도〉의 뜻이므로, 문자 그대로 틀린 주장은 아니다. 공(空) 속에는 연기법도 없고, 고집멸도도 없다는데, 일리가 있는 것이 아닌가? 공(空) 속에 '그런 것이 없다'고 주장하는 이유는 무엇인가? 우리는 왜 '공(空) 속이라는 것'을 가정하고, 이 반야심경의 논리를 따라가야 할까? 〈공(空) 속〉이란 무엇인가? 한자로 공중(空中)이라고 번역된 산스크리트어는 수냐타얌(śunyatayām)은 '공 속(空中)'이라고 할 수 없고, '공성(空性)이란 것은'이라고 하는 것이 맞다. 한자어가 이런 뜻을 정밀하게 표현하지 못하는 언어이기 때문에 그렇게 공중(空中)이라고 한 것이지, 한글로 번역할 경우에는 〈공성(空性)이란 것은 색도 없고, 수상행식도 없다〉고 번역하는 것이 맞다. 한자로 공중(空中)은 '공(空)이라는 세계 속에서', 혹은

'공(空)이라는 이념 속에서', 혹은 '외연이 공(空)이라면' 등의 뜻으로 해석이 다양할 수 있으므로 정확한 뜻을 전달하지 못한다. 산스크리트어를 한국어로 바로 보면, 공성(空性)이라는 것은 '몸도 없고, 느낌, 인식, 의지, 생각도 없다'는 번역이니, 문제의 소지가 전혀 없는 명쾌한 명제를 진술하는 것이다. 사실 공성(空性)은 그런 것이 없다고 누구나 인식 가능하다. 이렇게 보아서 반야심경의 구조를 재조직화하면, 공성(空性)은 안이비설신의도 없는 것이고, 색성향미촉법도 없으며, 안계내지 의식계도 없다는 뜻이 된다. 그리고 공성(空性)은 연기법도 없고 4성제도 없다. 그래서 아는 것이 없으니 얻는 것도 없다는 해석이 되는 것이다.

지금 여기서 말하는 것은 반야심경 자체에서 제공하는 반야바라밀의 길이다. 이전의 논의는 잊어버리고, 반야심경에서 제공하는 길을 자세히 살펴보면, 모든 것이 공이며(一切皆空), 이 공성(空性)이라는 것은 오온, 12처, 18계도 없으며, 12연기도 없고, 4성제도 없다는 것을 아는 것이다. 즉 모든 것이 공(空)이라고 알 뿐만 아니라, 그 공(空)이라는 것을 알았다면 여태까지의 논의에서 나타난 것이 모두 없다는 것을 아는 것이다. 앞의 오온, 12처, 18계를 없다고 보는 것은 붓다의 설법에서 나타난 것이라 보았으니, 12연기와 4성제도 없다는 것은 무엇인가? 공성(空性)은 연기(緣起)도 없고, 생로병사(生老病死)도 없다는 것이니 그만큼 철저히 세계를 분석하여 모든 것이 공(空)임을 사무칠 정도로 인식하도록 깊이 들어가야 된다는 것이다. 과연 모든 것이 공(空)임을 철저히 체험한다면, 연기법이나 4성제가 없다는 결론에 도달할 것이다. 그 정도로 반야바라밀에 접근한다면 반야심경의 결론 부분도 공감이 간다.

다만 반야심경의 체험방법은 이론(異論)이 있기 때문에 앞에서 제시한 길 중 어떤 길을 갈 것인지는 본인이 결정하여야 한다. 이 두 번째 방법인 반야심경의 방법에 의한 공(空)을 체득화하기 위한 좋은 글이 있어서 소개하고 이 부분을 맺는다.

김성철 교수의 논문인 〈깨달음이란? 인지와 감성의 해체〉에서 도움이 되는 글을 뽑았다.

"공은 이념(Ideology)이 아니다. 공은 우리의 생각을 해체하는 테크닉이다. 의식적이든 은연중에든 우리가 갖고 있던 모든 고정관념을 해체하는 도구다. 그런데 공의 가르침을 추구하는 많은 수행자는 공을 이념으로 오해한다. 공을 하나의 이념으로 삼을 경우, 모든 가치판단이 상실된다. 공의 세척을 거칠 경우 선과 악에 대한 고정관념이 사라지고, 중생과 부처, 윤회와 열반과 같은 불교 교의에 대한 고정관념조차 사라진다. 올바른 수행자는 과거의 고정관념이 사라진 것으로 만족하지만, 잘못된 수행자는 고정관념이 사라진 상태에 대해 다시 새로운 고정관념을 갖는다. '고정관념이 사라진 상태에 대해 다시 새로운 고정관념을 갖는 것'이 바로 공견(空見)이다. 공(空)을 세계관[見]으로 삼는다는 의미이다. 불전에서는 공견을 '악취공(惡取空 : 공을 잘못 포착함)'이라고 부르기도 하고, '낙공(落空 : 공에 떨어짐)'이라고 부르기도 한다."

"공을 생활원리로 삼지 말 것을 경계한 레드파인의 글이 앞서 나왔었다. 여기에서도 반야바라밀다의 경지에 오르기 위해 두 번째 방법인 반야심경의 방법을 사용할 경우 위 논문과 같이 공(空)을 이념으로 받아들여 공견(空見)에 사로잡힐 위험이 너무 높기 때문에 조심스런 접근이 필요할 것이다."

### 2) 반야바라밀다로 가는 새로운 방법

위의 설명을 유심히 본 사람이라면, 반야바라밀다에 도달하는 방법이 어째서 두 가지가 있을까라고 의심을 하면서, 그런 의심으로 헛된 시간을 보낼 수도 있다. 6바라밀(六波羅蜜)은 기본불교에서 직접적으로 제시한 깨달음의 방법은 아니었다. 대승불교가 이론적으로 상당한 체계를 갖추면서 나온 것이기 때문에 기본불교와의 연관성은 있다. 그런데 이런 6바라밀의 방법이라는 것 외에, 대승불교의 이론적 정화를 모은 것이 반야심경이므로, 그 두 가지를 염두에 두었는지는 몰라도 경전을 읽어 가는 우리는 반야바라밀을 수행하는 기술로서 이용할 수 있다. 이렇게 보면 그 두 가지 방법은 우리에게 좋은 착상을 주게 되는데, 이것은 마치 수학과도 같아서 〈그 두 가지 방법은 같은 곳에 도달하는 수단이다〉이므로, 2차 방정식의 양변이 같으므로, 그 방정식을 풀면 반야바라밀이라는 엑스(X)를 찾아낼 수 있는 것이다. 즉 6바라밀의 방법으로 반야바라밀을 수행하던, 반야심경의 방법으로 반야바라밀을 수행하던, 그 의지하는 바는 같다는 것이다.

반야바라밀/(보시, 지계, 인욕, 정진, 선정) =
반야바라밀/5온, 12처, 18계, 12연기, 4성제의 부정

위의 식의 의미는
(보시－지계－인욕－정진－선정의 바라밀)이 바탕이 된 반야바라밀
= (오온, 12처, 18계, 12연기, 4성제)를 부정한 결과의 반야바라밀
양변의 두 반야바라밀이 같다. 이 계산식으로 논의를 계속하면,

좌변에서 보이는 6바라밀 중의 반야바라밀에 도달하기까지의 5바라밀을 바탕으로 하는 반야바라밀과 우변의 식에서 오온, 12처, 18계를 부정하는 것은 기본불교와 같은 입장이므로, 12연기와 4성제를 부정한 결과를 바탕으로 하는 반야바라밀이 같은 것이다.

첫 항목의 '5바라밀을 바탕으로 하는 지혜의 바라밀인 반야바라밀'은 무슨 뜻인가? 보시행과 계를 지키고, 인욕을 완성하면서 꾸준히 정진하는 가운데, 선정을 닦아 최종적으로 생기는 것이 지혜이고, 이것이 반야바라밀이다.

둘째 항목의 '모든 것을 부정하는 결과 나타난 반야바라밀'을 보자. 오온, 12처, 18계를 부정하는 것은 첫 항목과 같다고 보면, 12연기법과 4성제를 부정하는 것을 바탕으로 생기는 지혜가 반야바라밀이다. 연기법과 고집멸도는 붓다 깨달음의 핵심이다. 이를 부정하는 것은 붓다의 깨달음을 부정하는 것이라고 무조건 반박할 것이 아니고, 깨달음을 부정하는 논의 자체가 개념상으로만 하는 것이라고 보자.

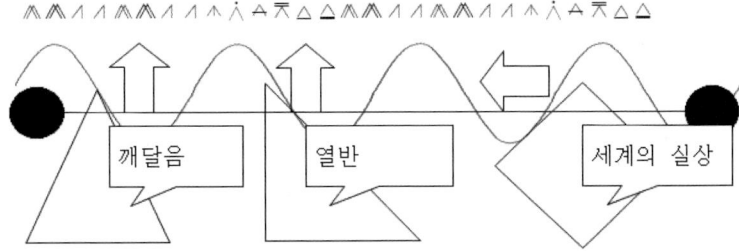

《우리는 기준선 이상에서 나타나는 표면적인 현상으로만 만들어진 개념이나 이론으로 세계를 인식하며, 깨달음이나 열반도 그 실재는 저 밑에 있고, 우리의 언어나 개념으로 인식할 수 없다. 오직 말로 표현할 수 없는 직접적 체험으로만 그것을

알 수 있을 뿐이다.》

즉 깨달음의 실체가 저 밑에 있다고 보면, 그 밑에 존재하는 실체의 일부 특징이 표면에 나타난 것이 현상이다. 이 현상이 우리가 개념으로 삼는 대상이므로, 그런 것에 대하여 논의하는 것이 '개념화'이며 '이론적 논의'다.

위의 다이아 그램에서 검은 점 2개로 이루어진 기준선은 보통 사람들에게 일정한 수준이지만, 수행이 깊어지면 그 기준선이 내려가면서 실재에 대해 더 자세히 파악하게 된다. 반야바라밀을 완성한다면 그 기준선이 바닥까지 내려갈 것이다.

개념으로만 세계를 이해하는 것의 극단적인 경우를 보기로 하자. 보통 용수(龍樹)의 중론에 나오는 씨앗과 싹의 예를 보기로 한다. 씨앗에서 싹이 발생할 때 ① '씨앗에 있던 싹이 발생한다'고 해도 옳지 않고, ② '씨앗에 없던 싹이 발생한다'고 해도 옳지 않으며, ③ '씨앗에 있으면서 없던 싹이 발생한다'고 해도 옳지 않고, ④ '씨앗에 있지도 않고 없지도 않던 싹이 발생한다'고 해도 옳지 않다.

①의 경우, 싹이 씨앗 속에 미리 존재했다면 싹이 다시 발생할 필요가 없는 오류에 빠진다. 미리 존재하는데 다시 만드는 것은 싹이 2개로 되는 오류에 빠진다. ②의 경우, 어떤 싹이 애초의 씨앗 속에 전혀 존재하지 않는다고 해도 오류에 빠진다. 애초의 씨앗은 싹과 아무 관계가 없으므로, 아무 관계가 없는데도 어떤 싹이 발생한다면, 그 싹과 관계가 없는 다른 모든 곳에서도 그 싹이 나올 수 있기 때문이다. ③의 경우, '싹 전체'가 아니라 '싹의 요소'가 씨앗 속에 있는 것이라는 뜻으로, '싹의 일부는 씨앗 속에 있고, 다른 일부는 씨앗 속에 없다'는 주장인데, 이는 무언가가 있으면서 동시에 없다는 것이므로 모순된다. ④의 경우, 있음도 부정하고 없음도 부정하는 것은 '흑백논리로 작동하는 우리의 사유'의 세계에 들어올 수 없는 무의미한 판단의 오류라는 것이다. 그러므로 씨앗에서 싹은 자랄 수 없다는 결론에 도달한다.

사실 이렇게 논리적으로 따라가다 보면, 우리는 씨앗에서는 싹이 자랄 수 없다는 진리(?)를 자각하고, 새로운 해탈을 할지도 모른다. 이것이 씨앗과 싹이라는 개념을 가지고 전개하는 이론의 맹점이다. 사람이 아무리 정교한 이론을 펼치더라도, 씨앗에서 싹이 자라는 현실을 막을 수 없다.[84]

자, 이제 연기법과 고집멸도를 부정한다는 것은 무슨 의미인지 살펴보자.

물론 '공(空) 속이건', '공성(空性)이건', 이렇게 공(空)을 가정해 버리면 모든 논의가 동어반복에 불과하듯이 아무것도 없을 것이다. 일단 공(空)을 전제하지 말고, 연기법과 4성제를 생각해 보자. 혹자는 연기법을 세계의 탄생과 소멸을 말하는 것으로 착각하고, 모든 것에 적용하려는 경우가 있으나, 연기법은 인간을 포함한 중생이 어떻게 생성 소멸하는지와 그 연속성의 원리가 어떤지를 보여주는 것이다. 또 4성제는 삶을 가진 중생의 괴로움과 그 소멸을 벗어나는 방법을 보여주는 것이다. 그래서 이런 중생을 가정한다면, 중생에게 필연적으로 적용되는 법칙인 것이다. 그러나 이런 중생이라는 것도 단지 개념상의 것이라면 어떤가? 금강경의 제3절에 "수많은 중생들을 궁극의 열반으로 이끌었지만, 어떤 중생도 완전한 열반에 들지 못했다. 만약에 보살에게 중생의 관념이 생긴다면, 그는 보살이라 불리어질 수 없기 때문이다"는 구절이 시사하는 바가 크다. "중생이라는 관념"의 표현 자체가 개념적인 것으로는 중생의 실체를 파악하지 못한다는 것을 말한다.

이런 의미에서 〈연기법과 4성제가 없다고 외치는 것〉을 금강경적 표현이라고 본다면, 공(空)이라는 말을 한마디도 쓰지 않고 공(空)을 묘사한 금강경이 연상된다. 즉 공(空)이라는 전제하에는 어떤 것도 공(空)일 수밖에 없고, 그런 점을 표시한 반야심경은 처음 접하는 사람에게 충격 외에는 큰 의미가 없겠지만, 경전에 나타나는 일련의 논리를 접한 사람에게는 무슨 말을 하는 것인지 알 수 있는 것이다.

즉 반야심경의 이 외침(연기법도 4성제도 없다)은 중생을 의식하지 않은 무한공간의 적막을 바라보는 외침이다. 그런 상태에서는 얻는 것도 아는 것도 없으니, 그렇게 되어서야 반야바라밀에 의지하여 아무런 마음의 장애가 없어지고, 생각을 전도하여 열반에 도달한다는 말이다.

결국 금강경의 반야바라밀과 반야심경의 반야바라밀은 종국에 같은 점에 도달한다. 말로 표현할 수 없는 실체를 여실지견(如實知見)하는 것과, 연기법도 4성제도 없는 무한적막공간을 바라보면서 그 속의 실체를 직시하고자 하는 반야바라밀은 같을 수밖에 없는 것이다.

---

84) 사실 이론적인 전개에도 약간의 문제가 있다. 무엇이 있으면서 없는 상태가 현대물리학에 자주 목격되며, 육신을 가진 인간은 파장의 세계를 있다고도 없다고도 느낀다.

※ 그런데 깨달음과 열반의 관계는 어떠한가? 또 반야바라밀다와의 관계는 어떠한가. 일반적으로 깨달음을 얻기 위해서 반야바라밀다를 수행하고, 그 결과로 열반을 성취한다고 알고 있다(반야바라밀다 → 깨달음 → 열반). 그런데 반야심경은 순서가 거꾸로 된 것으로 보인다. 즉 반야심경에서는 '마음의 장애를 없애니 공포도 없고, 전도된 몽상을 초월하여 열반에 이른다'는 것이고, 그에 이어서 '삼세의 모든 붓다가 반야바라밀다에 의지하여 무상의 깨달음을 얻는다'는 것이다.

반야심경의 형식적인 구조에 의하면, 열반에 이르고 나서 반야바라밀다의 수행으로 깨달음으로 간다는 것이다. (즉 열반 → 반야바라밀다 → 깨달음) 이는 전통적인 수행의 구조와는 많이 다른 것이다. 그렇다면 반야심경의 이 구절은 시계열적인 구조가 아니며, '삼세제불'로 시작하는 구절은 새로운 단원의 시작이라고 보아야 할 것이 아닌가 생각된다. 아직 이러한 문제를 언급하는 글들을 전혀 찾아볼 수 없지만, 전통적인 불교이론을 특별히 반야심경에서 뒤집는 것이 아니므로, 문장의 구조를 새롭게 시작하는 것으로 보아야 할 것이다.

새로운 단원이 시작된다면 반야심경의 구조상 어떤 의미를 가질 것인가?

반야심경의 처음부터 오온, 12처, 18계, 연기법, 4성제가 없다고 밝히고 그래서 지식도 없고 얻을 것도 없어서 아무런 장애가 없기 때문에 공포가 없고, 전도된 몽상을 떠나서 열반에 도달한다는 하나의 체계를 구성한다.

두 번째 체계는 그러므로 반야바라밀다가 이 정도로 중요하기 때문에, 과거와 미래, 현재의 붓다도 반야바라밀다에 의지하여 깨달음을 얻었다고 제삼 강조하는 것으로 보아야 한다. 또 지금까지의 이론적인 서술과는 달리 앞으로 나올 주문이 반야바라밀다와 관련이 깊다는 것을 보여준다.

이러한 구조적 인식이 맞는다고 보이지만, 레드파인의 재미있는 시각도 있다. 즉 그에 의하면, 〈금강경에 무상의 완전한 깨달음이 태어나는 곳은 반야바라밀이라는 구절이 있고, 이 반야바라밀에 의지처를 찾아 붓다가 된 것이지, 열반을 성취해서 붓다가 된 것이 아니다〉는 말을 하면서, 열반보다 반야바라밀을 우선시하는 시각을 보여준다.

### 3) 고득 아뇩다라삼먁삼보리(故得 阿耨多羅三藐三菩提)
anuttaran samyak sambodhim abhisambuddhah

반야바라밀다에 의지하여 위 없는 바른 깨달음을 얻었다는 것을 보면, 반야바라밀다는 깨달음으로 가는 수단이다. 즉 수행의 대상인 것이다. 깨달음을 수행하는 것은 어법상 맞지 않지만, 반야바라밀을 수행하는 것은 맞다. 깨달음을 목표로 수행하는 것은 맞지만, 반야바라밀을 목표로 수행하는 것은 어색하다. 그래서 반야바라밀은 수행의 과정으로 보아야 한다.

아뇩다라삼먁삼보리의 뜻은 안(an)은 '안, 아닌'(뒤의 말을 부정하는 것이고), 웃(ut)은 '윗, 위에', 그리고 타라(tara)는 '더 이상'의 뜻이므로, '위에 더 이상 없는'의 뜻이다. 그리고 삼약(samyak)은 삼(sam)이 '같이'의 뜻이고, 약(yak)은 '계합하는, 딱 맞는'의 뜻으로 '정확히 딱 맞는'의 뜻이 있고, 앞에서 '충분한(well)'의 뜻도 있다. 삼보디(saṁbodhi)의 앞부분은 '완전한, 정확한'의 의미이고, 보디(bodhi)는 '깨달음'이다.

이를 한자어로 무상정등각(無上正等覺)으로, 영문으로는 '누구도 초월할 수 없는 완전히 깨달음(unexcelled fully enlightenment)'으로 번역하고 있다. 원뜻은 바른 깨달음인데, 완전히 깨달은 것이 바른 깨달음이라고 보면 어감의 차이일 뿐이다.

그런데 깨달음에 붙은 수식어인 '위 없는'과 '바른, 완전한'이라는 것은 보통 붓다의 깨달음을 다른 깨달음과 구분하기 위한 것으로 본다. '위 없는'의 무상(無上)은 '개념으로 제한된 자'들의 이해를 넘어섰기 때문에 붙여진 것이고, '이성으로 제약된 자'의 이해보다 더 완전하기 때문에 '완전히'라는 수식어가 붙는다. 이는 다른 한편으로는 붓다의 당시 제자들로서 아라한이 되었던 성문(聲聞)과 혼자 깨달아 붓다의 계열이 아닌 독각(獨覺) 혹은 연각(緣覺)이 된 자들을 구분하고자 하는 것이다. 즉 독각 혹은 연각은 깨달음은 얻었지만 '위 없는' 혹은 '완전한' 깨달음을 얻지는 못했다는 암시를 주는 것이다.

도대체 이런 깨달음이 무엇인지 훑어보기로 한다. 그런데 깨달음이라는 것의 대상이나 내용에 대해서 이론상의 다툼이 있다. 이는 과학으로 검증할 수 없는 것이기에 어쩔 수 없지만, 그 윤곽을 살펴보면서 우리 나름대로의 일정한 관(觀)을 가져야 수행에 도움이 될 것이다.

먼저 깨달음이 무엇인지에 대해서 크게 네 가지로 볼 수 있다. 그것은

① 사물을 사실 그대로 보는 것 – 여실지견(如實知見), (to know what they really is)
② 법공(法空)을 아는 것 – 즉 일체가 공(空)이라는 것이므로, 모든 것이 공하다고 보게 되는 것이고, 이는 반야심경의 입장이다.
③ 연기법을 아는 것
④ 4성제(四聖諦)를 아는 것이다.

이것이 크게 대립되는 깨달음 논쟁이며, 그 외 불교 역사적으로 주장되는 바가 여러 가지 있는데, 간략히 보면,

간화선을 깨치는 것(구지선사),

번뇌 멸진의 열반을 아는 것,

4념처, 4정근, 4여의족, 7각지, 8정도의 수행도를 완성하는 것,

오온 12처 4계와 같은 제법의 참다운 관찰을 통해 무상, 고, 무아를 체험하는 것,

4선(四禪 – 초선, 2선, 3선, 4선)과 3명(三明 – 숙명명, 천안명, 누진명)의 체득이 깨달음이라는 주장들이다.

앞부분의 네 가지 내용 외에 후반부의 주장은 주장하는 자의 입장에 따른 바가 크기 때문에 따로 고려할 필요는 없다. 예를 들어 간화선을 깨친다는 것만 본다면, 4성제와 연기법을 모르고, 여실지견을 하지 않는 자가 말로 의미가 통하지 않는 간화선을 붙잡고 있다고 무슨 변화가 있을 것인가? 오히려 광인(狂人)이 되기 알맞을 것이다. 그리고 공통적으로 논의되고 있는 앞부분의 내용들로만 줄여서 보기로 한다.

③의 연기법이 깨달음의 내용이라는 주장을 보자. 우리가 붓다의 깨달음이 연기법이라고 주장할 인용하는 경전은 아함경의 글귀다.

경전의 구절들이다.

"세존이시여, 연기법은 세존께서 지은 것입니까? 다른 이가 지은 것입니까?
연기법은 내가 지은 것도 아니고 다른 이가 지은 것도 아니다. 여래가 세간에

출현하든 출현하지 않든 법계(法界)로서 상주(常住)하는 것으로, 여래는 이 법을 깨달아 등정각(等正覺)을 성취하였으며, 여러 중생들을 위하여 분별 연설하였고, 개발현시(顯示)하였다."(잡 권제12 제299경 연기법경)

"만약 연기를 본다면 이는 바로 법(法)을 보는 것이며, 만약 법을 본다면 이는 바로 연기를 보는 것이다."(중아함경 7권 상적유경/象跡喩經)

법공을 아는 것은 법이 공이라는 것을 아는 것이다. 그러나 아(我)와 법(法)의 관계는 주체와 객체의 차이를 말하는 것이 아님을 이미 전술한 바 있다. 따라서 법공(法空)을 아는 것은 진정한 맥락을 아는 것이라 볼 수 없다.

개인적인 결론은 사성제와 연기법을 아는 것에 의해서 모든 것을 여실지견할 수 있게 되는 것이 깨닫는 것이라고 본다.

마지막으로 여실지견을 하기 위한 기초적 논리를 현대과학의 발전에 비추어봄으로써 이 논의를 마친다.

🎙 이렇게 말로 할 수 없는 깨달음, 혹은 여실지견(如實知見)에 대해서 예를 들어 보기로 하자. 빛이 입자인지 파동인지에 대해서 과거 많은 논쟁이 있었다. 빛은 굴절과 반사를 하기 때문에 입자라고 보았다. 또는 빛을 향해 빛을 쏘아도 충돌하지 않고 통과한다는 현상에서 파동이라고 보기도 했다. 다시 그 뒤 빛의 간섭현상이나 회절현상의 실험에 의해서 파동설이 우세해졌고, 맥스웰과 헤르츠에 의해 빛이 전자기파임이 밝혀져서 파동이라는 것이 대세였다. 그러나 아인슈타인이 노벨상을 받은 실험인 1905년의 빛의 광양자설에 의해 다시 입자임이 유력해졌다.

그 뒤 1920년대경에는 엑스선의 파동성 여부가 주 논쟁이 되면서 또다시 엑스선도 파동성과 입자성이 각각 있다는 실험 결과가 밝혀진다.

결국 노벨물리학상을 수상한 드브로이의 물질파 주장으로 모든 물질은 파동성이 있다는 것을 수긍하게 된다.

그런데 다시 1940년대경 양자역학에 대한 보어(Bohr) 등의 코펜하겐 해석에 의해서 빛은 관측 전에는 모든 성질이 혼재되어 있지만, 관측을 시작하면 특정한 한 가지 성질을 나타낸다는 주장이 나왔다. 이를 상보성(相補性) 원리라고 한다. 이는 물리적 실재의 성질은 상호보완적인 짝을 이루어 존재하므로 두 가지의 성질을 가질 수 있지만, 동시에 2개(兩者)의 존재로서는 있을 수 없으며 한 가지 성질만 표현해 준다는 것이다.

결국 이러한 성질은 말로 표현하면 항상 모순에 빠지게 된다. 즉 입자라고 하면 파동성이 보이고, 파동이라고 하면 입자성의 증거가 드러나기 때문이다. 이를 해결하려면 입자성과 파동성이 모두 있다고 하거나, 상보성 원리에 의해서 모두 있는 성질이 표현될 때는 하나만 나타난다고 하거나, 말로 표현하는 것을 포기하고 사실을 직시하기를 바라는 방법이 있는 것이다. 혹은 표현되지 않는 말을 표현하기 위해서 궤변이나 모순되는 언동을 그대로 나타내는 방법도 있다.

이를 참선이나 간화선에 비유해 보면, 빛이 입자인지 파동인지 아무리 참구하더라도 모순되는 성질을 머릿속에 종합해야 되는 지난한 과정이 필요하다. 그리고 아무리 끊임없이 참구하더라도, 입자이며 파동의 성질이 모두 있다는 것은 정해져 있다. 조주무자(趙州無字)의 화두도 마찬가지다. 조주는 개에게 불성이 있는지 없는지 결론지을 만한 권위가 없다(물론 당시에는 있다고 보이기 때문에 아직까지 그 화두가 유행하고 있다). 그런데 그런 조주의 한마디를 가지고 끝없이 탐구하더라도 무엇이 나올 것인가? 앞서도 말했지만 씨앗의 DNA가 영양성분에 의해 발현되는 것을 알지 못하는 한 씨앗과 싹의 관계를 말로 표현하는 것은 논리적 분별에 불과할 뿐이다. 초기 인간의 임신과 탄생에 대한 두 가지 학설, 즉 정자 속에 초소형 인간이 있다는 주장과 그 속에는 정보가 담겨 있을 뿐이라는 주장을 보면, DNA라는 개념이 없는 상태에서의 논쟁은 논리적인 모순을 순환할 뿐인 것이다. 여기서 DNA라는 개념은 데이비드 봄의 '숨겨진 질서'를 상기시킨다. 선(禪)은 개념적 사고로 체화되지 않는 모순을 언어 없이 체득하기 위한 수단이다.

그래서 선(禪)을 사용하여 진리에 도달하기 위한 과정은 위와 같이 말로 표현되지 않는 진리를 찾기 위한 몸부림이라는 점을 안다면, 우리는 여실지견을 위해서 어떻게 해야 할 것인지 조금은 추측이 간다.

### ※ 숨겨진 질서(Implicate order)

물리학자 데이비드 봄(David Bohm)이 주장한 내용이다. 그의 책 '전체성과 숨겨진 질서(Wholeness and the Implicate Order, 1980)'에서, 봄은 같은 현상이 어떻게 다르게 보이며, 다른 원리로 특징지울 수 있는지를 설명한다. 그래서 '숨겨진 질서'는 실재의 더 깊고 보다 근본적인 질서로 알려진다. 반대로 '나타난 질서(explicate order)'는 우리 인간이 통상적으로 감지하는 관념을 포함하는 것이다.

'숨겨진 질서'에서 '공간'과 '시간'은 더 이상 다른 요소들 간의 의존과 독립의 관계를 결정하는 지배적 요소가 아니다. 오히려 전적으로 다른 종류의 요소들 간의 기본적 연결이 가능하며, 그로부터 우리의 공간과 시간에 대한 보통의 인식이 깊은 질서로부터 파생된 형태로서 발생한다. 이러한 사고방식에 의하면, 숨겨진 질서는 개별 사물을 넘어서 그 구조와 과정의 우선성을 강조한다. 개별 사물은 내재하는 과정의 단순한 근사치에 불과하다. 원래 양자입자의 기묘한 행태를 설명하기 위한 이론인데, 그들의 행태는 관측되지 않은 힘에 의해서 야기되며, 사물의 실재는 더 깊은 수준에서 시간과 공간이 유래한다는 이론이다.

텔레비전 화면의 영상을 낳는 신호를 해독하는 것에 비유하면, 송출신호, 화면, 텔레비전의 3자가 숨겨진 질서를 의미하고, 화면에 표시되는 영상은 '나타난 질서'를 의미한다는 비유를 들고 있다. 또 감겨진 종이를 약간 잘라서 만들어진 패턴의 경우를 예로 든다. 이때 종이를 펼치면 패턴들은 널리 분리되어 나타나는데, 분리되어 나타난 패턴들은 그 '숨겨진 질서'(이때는 종이가 감겨 있었다는 정보)를 모른다면, 나타난 질서(즉 펼쳐진 패턴들)만으로는 숨겨진 질서를 추측할 수 없다는 것이다.

그러면 숨겨진 질서의 본질은 무엇일까? 봄은, 시간의 각 순간은 전체 숨겨진 질서로부터 투사된 것이라고 제안한다. 그리고 양자이론의 수학은 주로 숨겨진 원시공간의 구조를 취급하는 것이고, 어떻게 공간과 시간의 숨겨진 질서가 나오는지를 보여준다. 즉 양자이론은 입자와 장(場)과 같은 물리적 실체의 운동을 취급하는 것이 아니다.

현재는 정설로 받아들여지는 암흑에너지와 암흑물질의 존재 여부도 불가리아의 물리학자 츠비키가 몇 십 년 전에 도저히 해명되지 않는 은하의 움직임을 보고 드러나지 않은 에너지나 물질의 존재를 이론적으로 제시한 것인데, 최근에 와서야 그 증거들을 발견하고 있다.

# 카. 주문의 위력

故知 般若波羅蜜多
고지 반야바라밀다
따라서 반야바라밀다는 ~~~임을 알라.

是大神呪 是大明呪 是無上呪 是無等等呪
시대신주 시대명주 시무상주 시무등등주
이것이 최고로 신령스러운 주문이며, 밝은 주문이며, 위가 없는 주문이며, 비할 바가 없는 주문이므로

能除一切苦 眞實不虛
능제일체고 진실불허
일체의 괴로움을 능히 없애고, 진실하고 헛되지 않다.

### 1) 고지 반야바라밀다(故知 般若波羅蜜多)

고지(故知)의 의미는 뒤쪽의 주문에 모두 해당한다. 주문은 마법적인 주문 외우기, 혹은 공식화된 것이다. 그러한 주문은 확실히 순수한 공(空)보다는 우리에게 친숙하다. 최상의 가능한 깨달음인 '말로 할 수 없음'보다는 말로 하는 쪽에 가깝다. 반야바라밀다는 다른 맥락에서는 책이고, 신성이고, 이미지이고, 영적인 완성인데, 여기서는 주문으로 예상된다.

#### 🔎 역본 비교

⟨ tasmāj jñātavyam : prajñāpāramitā ⟩

| 번역자 | 내용 | 비고 |
|---|---|---|
| 구마라집 | 故知般若波羅蜜 | |
| 현장 – 반야 – 법월 – 지혜륜 | 故知般若波羅蜜多 | |
| 법성 | 是故當知般若波羅蜜多大密咒者 | |
| 시호 | 是故, 應知般若波羅蜜多 | |

⟨ tasmāj – 그러므로, jñātavyam – 알아야 한다 : prajñāpāramitā – 반야바라밀다는 ⟩

《법성의 번역에 의하면, '반야바라밀다라는 크나큰 비밀의 주문은'이라고 하여, 반야바라밀다 자체가 비밀스런 주문임을 밝히고 있다.》

반야심경에서 나오는 주문은 반야심경 전반부의 공(空) 사상의 설명과 함께 같은 비중으로 볼 것인지, 반야심경 전체를 설명하면서 후렴처럼 넣어진 것인지에 대해서 학설들의 다툼이 있다. 그래서 실제로 주문이라는 것이 무엇인지에 대해서 알고 나서 그 문제를 검토하기로 하자.

## 가) 주문이란 무엇인가?

먼저 주문이 무엇이며, 그 역사적 흔적을 살펴보고, 주문의 기능과 실제의 사례를 보기로 하자.

### ㉠ 주문(呪文)과 만트라, 다라니

경전에서 특이하게 주문(呪文)이 뒤에 나오기 때문에, 그것이 등장하는 이유와 세계적으로 통용되는 만트라와의 유사개념을 알고 있어야 한다. 만트라와 다라니는 짧은 것과 긴 것을 분류하는 것이라고 보면 되지만, 또 다르게 분류하는 경우도 많다. 일본에서는 진실한 말이라는 의미의 진언(眞言)이라는 용어를 사용하고, 진언종(眞言宗)이라는 종파도 있다. 그런데 진언종은 중국에도 있어서, 밀교를 진언종이라 한다. 대체로 밀교의 특색은 즉신성불(卽身成佛)을 특색으로 한다. 주문은 만트라와 다라니로 구분할 수 있다. 만트라는 짧은 주문으로 진언(眞言)이라 부르고, 한두 글자로 된 것을 주(呪)라고 한다. 긴 주문을 다라니라고 하는데, 총지(總持) 또는 능지

(能持)로 번역된다. 총지(總持)란 다라니를 염송하면 모든 악을 제압하고 불법을 기억하게 해주며, 능지(能持)란 어떠한 악법도 능히 막아준다는 뜻이다.

만트라는 심리적이고 영적인 힘을 가진 것으로 수행자들에게 믿어지는 산스크리트어로 된 종교적인 언어이며, 신비스런 소리이고, 음절, 단어, 음소 혹은 단어들의 집단이다.

최초의 만트라는 인도에서 베다에 만들어져 있으며, 최소한 3천 년은 되었다. 현재 만트라는 힌두교, 불교, 자이나교, 시크교의 여러 학파에 존재한다.

만트라의 사용, 구조, 기능, 중요성, 유형은 학파와 철학에 따라 다양하다. 만트라는 탄트라 불교에서 핵심 역할을 한다. 탄트라 불교에서 만트라는 종교적 방식(sacred formula)이며, 지극히 개인적인 의례(儀禮)이며, 입문 후에만 효력이 있다. 다른 종교의 학파들에서는 입문이 필요한 것은 아니다.

만트라는 여러 형태가 있으며, 알쯔(rc-리그베다로부터 나온 시가), 야주스(yajus, 제사/祭詞), 사만(sāman-사마베다로부터 나온 음악적 찬송인 가영/歌詠)의 세 종류가 있다. 그것들은 전형적으로 멜로디가 있으며, 수학적으로 구조화된 음조이며, 신비스런 질적인 것과 공명하는 것으로 믿어진다. 가장 단순한 형태로서, 옴(Aum, Om)은 하나의 만트라다. 더욱 복잡한 형태로서, 만트라는 영적인 해석을 할 수 있는 멜로디가 있는 구절로서, 인간이 진리, 실재, 빛, 불후(不朽), 평화, 사랑, 지식이나 행동을 갈구할 때 사용한다. 몇몇 만트라는 언어적 의미가 없지만, 음악적으로 고양시키면서 영적인 의미를 준다. 만트라는 바라문 출신의 수행 승려들에 의해 불교에 들어오게 되었는데, 붓다는 처음에 이것을 금했으나, 나중에 독사(毒蛇)에 물린 경우, 치통(齒痛), 복통(腹痛)의 치유를 위해서는 주문의 사용을 허가하였다. 대승불교는 다라니(dhārani)와 병행해서 널리 사용하였다. 특히 밀교에서는 만트라와 다라니는 진리 그 자체라고 존중되었으며, 번역하지 않고 그대로 구송한다. 외우면 진리와 합일될 수 있다고 설명하였다. 여래의 진실한 말이라고 해서 진언(眞言)이라고 불려진다.

ⓛ 어원과 유래

산스크리트어 mantra-는 어근인 man-이 생각하다(to think)의 뜻이고 -tra

가 붙어서 도구를 암시하는데, '생각의 도구'라는 언어적 번역이 가능하다.

학자들은 만트라가 기원전 1천 년보다 오래되었으며, 중간 베다 시기인 기원전 1천 년에서 500년 사이에 힌두교에서 과학과 종교로 혼합되어 발전했다고 한다(프리츠 스탈/Frits Staal).

중국어로는 진언(眞言)이라 하여, 진실한 언어를 말하며, 일본도 같은 한자를 사용한다.

벤프라이드 쉬레라스(Bernfried Schlerath)에 의하면, 사트야(sātyas)의 개념은 인도이란 계통의 야스나(Yasna-조로아스터교의 아베스탄 언어)와 리그베다에서 발견되며, 그것은 실재나 종교적인 형식과 일치하는 구조화된 생각으로 보인다고 한다. 만트라는 힌두교에 독특한 것은 아니고, 불교와 같은 인도 종교에만 특유한 것도 아니다. 비슷한 것들이 아시아와 서구에서도 발견되며 언어보다 오래된 것으로 보인다.

### ⓒ 주문(呪文)에 대한 여러 정의

르노우(Renou)는 만트라를 생각으로 정의한다. 만트라는 생각의 구조화된 형식이라고 말하기도 한다(실번-Silburn). 파쿠하르(Farquhar)는 만트라가 종교적 생각, 기도, 중얼거림이지만, 초자연적 힘을 가진 주문이나 무기라고 결론짓는다. 짐머(Zimmer)는 한 사람의 마음에 어떤 것을 낳는 언어적 도구라고 정의한다. 바라티(Bharati)는 힌두교의 탄트라 학파의 맥락 속에서, 전통적인 패턴으로 정리된 혼합된 진짜이면서 유사의 형태소의 조합인데, 이는 코드화된 비전(秘傳)의 전통에 기반을 두고, 구루로부터 제자에게 규정된 입문을 통해서 전수된 것이라 본다.

잔 곤다(Jan Gonda)는 인도 만트라에 관해서는 널리 인용되는 학자인데, 만트라가 칭송을 포함하는 산문 속에서 시가, 형식, 말의 순서에 대한 일반적 이름이라고 정의하며, 종교적이고 마법적이며, 영적인 효능을 가진 것이며, 이것은 제례를 할 때 명상의 일환으로 암송되고 중얼거려지기도 하고 노래로 불리기도 하는 것이며, 힌두교의 고대 문헌에 방법적으로 배열되어 모여진 것으로 본다.

### ㉣ 만트라의 언어적 의미에 대하여

주문에 대해서 여러 가지 설명을 나열해 본다. 반야심경의 만트라가 정확하게 어디에 해당하는지는 다시 검토해야 되지만, 이렇게 많은 만트라의 정의와 기능을 읽어가는 사이에 우리는 반야심경에서의 만트라의 기능을 어느 정도 정립할 수 있다.

만트라의 의미에 대해서는 그것들이 진정으로 어원적인 것에서 암시되는 마음의 도구인지 여부에 대해서 학자들 간에 일치되고 있지 않다. 한 학파는 만트라가 거의 의미가 없는 소리의 뭉침이라 하며, 다른 학파는 가장 의미 있는 마음의 언어적 도구라고 한다. 양 학파는 만트라가 멜로디가 있으며, 잘 디자인된 수학적 정밀성을 가지며, 암송자와 듣는 자에 대한 영향을 생각할 때, (언어를 통하지 않고) 마치 좋은 음악을 듣는 사람들의 관계와 같다는 점은 동의한다.

스탈(Staal)은 만트라가 언어적 기반이 없다는 관점을 제시한다. 그는 시적인 만트라는 수학적 정밀성에 의한 운율이 있으며 조화롭다고 제시한다. 그것은 공명은 하지만 많은 것들이 포크 음악에 발견되듯이 의미 없이 뒤죽박죽된 구축물이라는 것이다. 그리고 힌두교에서 만트라는 중심적인 영적인 의미와 철학적 주제를 가지고 있지만, 그것이 모든 만트라가 언어적 의미가 있는 것을 의미하지는 않는다. 그는 만트라가 언어적 의미가 없을 때는 암송되면서 음조와 분위기를 제시하며, 그래서 직접적이며 토론이 되지 않는 제례적인 의미를 가진다고 한다. 소리가 언어적 의미는 부족할지 모르지만, 그 효과는 가지고 있다. 그는 만트라와 새의 노래를 비교한다. 그것들은 커뮤니케이션할 힘은 있지만, 언어적 의미를 가지지는 않는다. 사만(sāman)의 만트라를 예로 들면, 스탈은 이것이 바하의 오라토리오에 나오는 아리아와 유사하며, 이러한 만트라가 음악적 구조를 가지지만, 자연 언어의 구문론과는 완전히 다른 것이라고 한다. 샤만의 찬송 만트라는 힌두교의 세대를 거쳐 전승되었으며, 1천 년에 걸쳐 구전되었지만 문서화되지 않았다. (그런데도 여전히 전수되고 있는 이유는) 만트라를 만드는데 사용된 엄격한 수학적 원리에 의하기 때문에 가능한 것이라고 한다. 샤만 찬송 만트라는 대부분 의미가 없고, 산스크리트나 인도어로 번역될 수 없지만, 공명하는 주제, 변주, 도치와 배치는 아름답다. 그것들은 헌신자를 이끌어낸다.

하베이 알퍼(Harvey Alper)와 몇몇 학자들은 언어적 관점을 제시한다. 그들은 스탈의 관점을 받아들이지만, 어떤 언어나 문서가 포함되지는 않는지 의문을 제기한다. 뜻 모를 말들이 존재하는 것이 전체 작품이 의미 없음을 말하는 것은 아니다. 알퍼는 철학적 주제나 도덕적 원칙, 선한 생활의 요청, 심지어 일상적인 청원을 가지는 수많은 주문을 열거한다. 그는 수백만의 만트라로부터 헌신자가 자발적으로 몇몇 만트라를 고르며, 그래서 말하는 자의 의도를 표시하며, 청중은 화자가 고른 영적인 실체를 느낀다고 한다. 만트라는 영적인 표현의 언어를 이용하는 종교적 도구이며, 헌신자에게 중요한 것이라는 것이다. 만트라는 참여하는 사람에게 어떤 느낌을 만들어낸다. 그것은 감정적인 신비스런 효과이고, 매혹시키며, 표현을 숨기며, 센세이션을 만들어낸다. 종교적 영적인 현상을 가슴에 야기시키는 것이다.

주문은 읊었을 때, 효과가 놀라운 암송이다. 탄트라에 대한 불교문서인 사다나말라(Sādhanamālā)에 의하면, 주문이 규칙에 의해 적용되면 얻지 못할 것이 없다고 한다. 물론 그 규칙은 얻기가 힘들다. 몇몇 만트라는 적(敵)에 대해 기적적인 보호를 해주는데, 현장법사가 고비사막을 횡단하면서 반야심경을 이런 식으로 사용하였다. 그는 모든 악마 형상을 가진 이상한 도깨비들과 조우하였다. 그가 이 경전을 암송하자 순간적으로 그들이 사라졌다. 그가 위험에 있을 때 그의 안전과 구조를 믿은 것은 이 주문뿐이었다.

일반적으로 개인적 안전에 대해서는 특별한 만트라가 그 기능을 가지고 있다. 반야심경에 적용된 만트라의 놀라운 효과는 마음을 깨달음으로 여기는 것이다. 초월적 지혜는 만트라에 존재하고 있고, 그 반복에 의해 이해될 수 있다. 만트라는 노래 부르고, 찬송되고, 말해지고, 속삭이고, 중얼거리고, 귓속말로 하게 된다. 각 산스크리트 음절의 정확한 소리 값이 중요하므로 조심스럽게 읊어져야 한다. 주문의 글자를 집중하여 보는 것(vipaśyanā), 또는 8개의 연꽃잎(만다라)을 응시하는 것이 권장된다. 어떤 수단이 채택되더라도, 마음에 만트라의 계속적인 현존이 목표가 되어야 한다. 우리가 요가수트라[85]를 읽을 때를 생각해 보면, 만트라의 반복으로부터 의도된 신성(神性)과의 교감이 온다. 반야심경의 만트라는 지혜의 완성을 갈구하고 구애하는 수단이다.

ⓓ 주문의 실제 사례

실제로 주문이 낭송되는 것들을 지켜보면 그런 주문과 반야심경의 주문은 어떤 차이가 있는지 스스로 밝혀질 것이다. 그래서 현재 불가에서 실행되고 있는 예들을 살펴보자.

일반적으로 중국과 베트남에서 사용되는 유명한 소형 주문 10개는 청나라의 세조(재위 1644~1661) 때의 왕림국사(玉琳國師)에 의해서 아침 염송용으로 완성되었다. 이런 주문들이 산사에서 실제로 사용되는 일과와 주문을 예로 들어본다. 이를 '승려의 하루'라는 제목으로 게시된 사이트에서 인용한다.[86]

※ 승려들의 일상

승려들은 모두 새벽 3시에 일어나고 밤 9시에 잠자리에 든다. 전기가 보급되기 전에는 스님들뿐 아니라 농경문화권의 모든 사람들은 대체로 그러한 리듬으로 살았다. 도량석의 진행은 다음과 같다. 법당을 담당하는 노전(爐殿)스님은 새벽 3시 전에 일어나 세수하고 법복을 갖추어 입은 뒤 법당의 다기(茶器)에 물을 올리고 단(壇)에 촛불을 켠 다음 3시가 되기를 기다린다. 정각 3시가 되면 어간(御間)이라고 부르는 법당 정문 가운데에 선 채 목탁을 두드리는데, 작은 소리에서 큰소리로, 다시 작은 소리로 오르내리기를 3번 한다. 그다음 목탁을 치면서 정구업진언(淨口業眞言) 오방내외안위제신진언(五方內外安慰諸神眞言) 및 사방찬(四方讚)과 도량찬(道場讚) 참회게(懺悔偈) 등을 큰소리로 외며 도량 안을 돌고 다닌다.

이때 외는 내용은 '신묘장구대다라니(神妙章句大陀羅尼)'를 외기도 하고 '나무아미타불'이나 '관세음보살' 또는 금강경의 한 구절이나 조사들의 게송을 읊기도 하는

---

85) 파탄잘리(patanjali)의 요가수트라는 기원전 400년경 만들어져 널리 알려졌지만, 12세기부터 19세기까지 잊혔었다. 19세기 이후 하타요가, 탄트라요가 등이 유행하였지만, 파탄잘리의 요가가 다시 알려지면서, 세계적인 요가수행서가 되었다. 8단계의 과정에서 1. 윤리적 덕목 지키기, 2. 마음의 청정 닦기, 3. 신체의 안정(아사냐), 4. 호흡의 조절, 5. 감각기관의 작용을 억제, 7. 마음의 집중(다라냐), 7. 관념을 대상으로 집중(선정-禪定), 8. 주객의 관념이 사라지는 삼매(三昧)까지의 과정이다. 이 중 3에서 5는 하탕가, 6에서 8이 라자요가다.

86) www.culturecontent.com/content/contentview.do?content_id=cp052800190001&print=. 그다음 실제로 음송되는 주문들도 표시한다.

등 절에 따라 혹은 사람에 따라 각각 다른 것을 외어도 무방한 것이 관례이다.

도량석이 끝나면 예불을 담당하는 노전스님은 법당 안에 의식을 위해 준비한 작은 종(당종堂鐘이라고 함)을 치면서 게송을 읊는데, 이것을 종송(鐘誦)이라고 한다. 종을 치면서 게송을 왼다는 뜻인데, 예불을 드리기 위한 준비과정이다. 종송은 도량석과 마찬가지로 낮은 소리에서 시작하여 점점 높은 소리로 올라간다. 종송에 사용되는 게송은 전통적으로 내려오는 것을 사용하는데 대략 다음과 같다. 처음은 종성(鐘聲)으로서 다음과 같다.

願此鐘聲遍法界(원차종성변법계) 원하옵나니 이 종소리 법계에 퍼져
鐵圍幽暗悉皆明(철위유암실개명) 철위산의 짙은 어둠 모두 밝아지고
三途離苦破刀山(삼도이고파도산) 삼도 중생 괴로움 여의고 도산지옥 파괴되어
一切衆生成正覺(일체중생성정각) 모든 중생이 바른 깨달음 얻기를

이어 '화엄경'의 가르침에 귀의한다는 서원을 말한 다음, 아래의 파지옥게(破地獄偈) 또는 제일게(第一偈)를 행한다.

若人欲了知(약인욕료지)　　만일 과거·현재·미래의 모든 부처님을
三世一切佛(삼세일체불)　　알고자 한다면
應觀法界性(응관법계성)　　마땅히 법계의 성품을 관할지니
一切唯心造(일체유심조)　　일체는 오로지 마음이 지어낸 것이라.

이어서 "나모 아따 시지남 삼막삼못다 구치남 옴 아자나 바바시 지리지리 훔"이라는 파지옥진언(破地獄眞言)을 왼 다음, 장엄염불(莊嚴念佛)을 행한다. '극락세계십종장엄(極樂世界十種莊嚴)'과 '오종대은명심불망(五種大恩銘心不忘)' 등의 게송을 차례로 외우면서 종을 쳐 나간다. 특히 오종대은명심불망은 나라·부모님·스승님·시주·법우의 큰 은혜에 보답하고자 하는 염원을 담고 있으며, 내용은 다음과 같다.

各安其所國王之恩(각안기소국왕지은) 편안한 삶 지켜준 나라의 은혜
生養劬勞父母之恩(생양구로부모지은) 낳으시고 키워주신 부모의 은혜
流通正法師長之恩(유통정법사장지은) 바른 진리 깨쳐주신 스승의 은혜
四事供養檀越之恩(사사공양단월지은) 가지가지 공급한 시주의 은혜
琢磨相成朋友之恩(탁마상성붕우지은) 선의 경쟁 사람 만든 법우의 은혜
當可爲報唯此念佛(당가위보유차염불) 그 은혜를 갚으려면 오직 염불뿐

종송이 끝날 즈음 법당 밖에서는 종루(鐘樓)와 고루(鼓樓)에 매달린 범종(梵鐘), 법고(法鼓), 목어(木魚), 운판(雲版) 등 소위 사물(四物)을 차례로 친다. 범종은 지옥계 중생의 해탈을 위해, 법고는 지상계 중생의 해탈을 위해, 목어는 수중계 중생을, 운판은 허공계 중생을 위해 친다고 해석을 한다. 범종은 아침 예불 때와 마지를 올릴 때 그리고 저녁 예불 때 등 하루에 3번을 치는데, 아침에는 28회를 치고 저녁에는 33회를 치는 것이 우리나라의 관행이다. 아침에 28번을 치는 것은 불교의 우주관에 기인하는 것으로서, 욕계·색계·무색계의 28천상세계에 종소리가 울려 퍼지기를 기원하는 것이요, 저녁에 33번을 치는 것은 제석천왕이 머무는 선견궁(善見宮)을 포함한 도리천 33천에 종소리가 울려 퍼지기를 빌기 때문이다. 물론 절 안의 스님이 입적을 하면 임종과 동시에 108번을 치기도 하고, 긴급한 운력이 필요할 때 치기도 하지만 그것은 예외에 속한다.

## 유명한 주문들

※ 아침에 음송되는 주문은 10개의 소형 만트라와 함께 신묘장구대다라니, 대불정수능엄경(大佛頂首楞嚴經), 반야심경, 그 외 여러 가지의 염불이 있다. 대불정수능엄경은 아마도 가장 긴 주문일 것인데, 태국불교의 부적이나 호부이다.

南無阿彌陀佛
南無不可思議光如来
帰命尽十方無碍光如来

※ 역시 주문으로 유명한 종파는 일본의 진언종이다. 일본 진언종의 유명한 주문들은 다음과 같다. 일본어 발음은 표시하지 않았으며, 진언종에서는 어떤 보살의 주문을 하는지 개략적인 것을 보도록 나열한다.

- 부동명왕(不動明王, Acala) : 석가여래(釋迦如來, Sakyamuni) : 문수보살(文殊菩薩, Manjushri) : 보현보살(普賢菩薩, Samantabhadra) : 지장보살(地藏菩薩, Ksitigarbha) : 미륵보살(彌勒菩薩, Maitreya) : 약사여래(藥師如來, Bhaisajyaguru) : 관세음보살(觀世音菩薩, Avalokitesvara)
- 세지보살(勢至菩薩, Mahasthamaprapta) : 아미타여래(阿彌陀如來, Amitabha) : 아촉여래(阿閦如來, Akshobhya) : 대일여래(大日如來, Vairocana) : 허공장보살(虛空藏菩薩, Akashagarbha)

※ 아마도 가장 세계적으로 유명한 주문은 '옴마니반메훔'일 것이다.
산스크리트어로 읽으면 Om mani padme hum 옴마니 파드메훔
정식 제목은 관세음보살 본심미묘 육자대명왕진언(觀世音菩薩本心微妙六字大明王眞言)이다. 보통 '육자진언'이라부른다. 산스크리트어를 번역하면 '옴, 보석 연꽃, 훔'이다. 관세음보살이 들고 있는 보석과 연꽃을 상징한다. 티베트불교나 밀교에서는 이 진언을 100만 번 외우면 성불한다는 믿음도 있다.

### 나) 반야심경은 본문과 주문인가, 전체가 주문인가

앞에서도 언급했지만 반야심경의 후반부의 주문을 중시하여 반야심경이라는 일체로서의 주문으로 볼 것인가, 전반부를 중시하여 반야심경의 내용을 설명한 후 마지막의 주문 부분은 따로 있는 것으로 볼 것인가. 이것에 대해서는 뒤의 '주문에 대한 전체적 조망'에서 보기로 한다.

그리고 하나 언급해 둘 것은 반야심경에 이러한 주문이 있고 이것을 음송하기 위한 것이므로, 소리로서 중생의 고통을 보고 있는 관세음보살이라는 번역이 아주 어울린다는 것을 지적하고 싶다.

## 2) 시대신주 시대명주 시무상주 시무등등주
(是大神咒 是大明咒 是無上咒 是無等等咒)

'반야바라밀다'는 '대신주요, 대명주요, 무상주요, 무등등주'다. 조계종의 한글반야심경에서는 "반야바라밀다는 가장 신비하고 밝은 주문이며, 위 없는 주문이며, 무엇과도 견줄 수 없는 주문이니"라고 하였다.

대신주(大神呪)(Mahā Mantra)에서 중간의 신(神)이란 글자는 한역에서 삽입된 것이며, 그냥 '대주문'이라 번역하는 것이 맞다. 여기서 신(神)은 불가사의한 영역을 의미한다. 번역에 있어서 현장-반야-법월만 신주(神呪)라고 하였고, 나머지 번역가들은 신(神)이라는 글자를 사용하지 않는다.

대명주(大明呪)란 큰 광명으로 중생의 어리석음을 깨뜨리는 주문, 무상주(無上呪)란 위가 없는 최고의 주문, 무등등주(無等等呪)란 비할 바가 없이 모든 것에 통하는 주문이다.

이런 용어들은 붓다와 관계가 있다. 즉 대명주는 지식과 행동에서의 완전함을 나타내므로 붓다 별칭의 4번째 특징이며, 무상주는 최고라는 뜻으로서 붓다 별칭의 6번째, 무등등은 '비교되지 않는'이란 뜻으로 붓다의 전통적 특징을 나타낸다.

### 🔍 역본 비교

⟨ mahā-mantro mahā-vidyā mantro 'nuttara-mantro 'samasama-mantraḥ ⟩

| 번역자 | 내용 | 비고 |
|---|---|---|
| 구마라집 | 是大明呪, 無上明呪, 無等等明呪 | |
| 현장-반야-법월 | 是大神咒, 是大明咒, 是無上咒, 是無等等咒 | 시대신주 |
| 지혜륜 | 是大眞言, 是大明眞言, 是無上眞言, 是無等等眞言 | 진언 |
| 법성 | 是大明咒, 是無上咒, 是無等等咒 | |
| 시호 | 是廣大明, 是無上明, 是無等等明 | 명 |

〈 mahā-큰, mantro-주문(呪文), mahā-큰, vidyā-지식, mantro-주문, 'nuttara-무상(無上), mantro-주문, 'samasama-동등함이 없는, mantraḥ-주문〉

이 주문의 성질에 대해서 반야바라밀다는 대신주, 대명주, 무상주, 무등등주이다라는 해석을 하는 것이 정론이다. 그런데 대신주는 환영(幻影) 같은 삼매(여환삼매-如幻三昧), 무상주는 공삼매(空三昧), 무등등주는 무상삼매(無相三昧), 능제일체고는 무원삼매(無願三昧)라고 주장하며, 점점 수준이 높은 삼매를 말한다는 설도 있다(바즈라파니 Vajrapāṇi). 흥미 있는 이론이기는 하지만, 반야심경의 문맥상 그런 단계별 차이를 지우는 구절이 아니라고 보며 정론과 같이 해석한다.

원시불교에서 주문을 외운다든지 주술을 사용하는 것은 특별한 경우를 제외하고는 허용되지 않았다. 그러나 대승불교의 운동 이후 특히 밀교가 발달하면서 진언은 모든 힘을 가진 불가사의한 것으로 존숭되어 수행방법으로 권장되기도 한다.

원효는 금강삼매경론에서 말하기를,

"주문은 빈다는 뜻이고, 신(神)주는 위력을 가진 것인데, 주문을 외우고 신께 빌면 복이 오지 않음이 없고, 화(禍)가 떠나지 않음이 없다. 이곳의 마하반야바라밀도 이와 같다. 네 가지 덕을 갖추고 신력이 있는 까닭에 안으로 덕을 갖추지 못함이 없고, 밖으로는 환(患)을 떠나지 않음이 없다. 만약 지극한 마음으로 이 명구를 외우고 기도하면 보살과 신인은 그 원하는 바를 다 이루어주지 못하게 함이 없다"고 하였다.

《그런데 한자로만 본 원효는 대신주(大神呪)의 신(神)이 있음을 당연시하는 바람에 그 뒤의 주장은 현대에서 별 의미가 없다. 그 외에도 반야심경의 다른 주석가들이 있지만, 모두 한문의 뜻에만 집중하느라, 정작 그 원래 뜻이 그것이 아님을 알지 못하는 주장이라 생략한다.》

그럼에도 약간 주목할 의견을 보면, 원측은 묘혜(妙慧)로 공의 이치를 증득하여 장애를 없애는 것이 주(呪)라고 설명한다.

데바의 설명은 한문권임에도 불구하고 취할 바가 있다.

"신주란 총지(總持)의 뜻이다. 지혜는 일체를 갖춘 것이기에 총지라고 한다. 이러한 지혜로 얻는 열매는 적지 않는 까닭에 대신주라 한다.

어리석음은 걸림이 있기 때문에 암(暗)이라 한다. 그러나 지혜는 두루 원만하니 어찌 밝지 않다고 하겠는가? 이것으로 지혜를 봄이 적지 않는 까닭에 대명주라 한다. 가장 높은 것이라 무상주라 한다. 세간이나 이승의 지혜로는 헤아릴 수 없는 까닭에 무등등주라 한다"고 말한다.

《그러나 역시 대신주의 설명은 한자로 표시된 것에 따른 소감이다.》
원측도 비슷하게 설명하고, 원효는 기신론의 설명방식으로 설명한다.

"등각 위에 둘이 있다. 1. 대신력으로 삼마(魔)의 원(怨)을 항복받는 까닭에 대신주이며, 2. 대명으로 사안의 경계를 두루 비추어 살피므로 대명주이다. 묘각 위에도 둘이 있다. 1. 사지가 구족하고 오안이 원만하여 법계를 두루 비추어 더할 것이 없으므로 무상명주, 2. 삼신이 나타남인데 무상보리는 여러 붓다와 차이가 없어 무등등주라 한다."

위의 원효대사의 설명은 이 책에서 필요 없는 부분이기는 하지만, 반야심경을 비교하지 못하고 한자로만 접했을 때의 오류가 어떤 것인지를 위해서 참고로 남겨둔다. 이는 데바와 원측도 마찬가지이다.

## 🎙 레드파인의 설명을 들어보자.

주문(呪文)은 우리의 통상의 지식의 이해를 넘어서는 지식이다. 그것들은 마음의 저변에 깔려 있는 진동과 접촉하는 존재의 창조이고, 동조하는 음률을 통해 그 힘을 푸는 열쇠이다. 어떤 이는 주문(呪文)이 다른 세계의 존재로부터 인간에게 가르쳐진 것이라는 말도 한다. 최소한 그것은, 인도의 베다 이전의, 역사 이전의 시대까지 소급하는 기원을 가진 세계이고, 그때는 이름과 같이 가치가 있는 지식은 전통적인 제례(祭禮)의 지식이고, 모든 제례(祭禮)의 핵심에는 주문(呪文)이 있었다. 붓다의 시절에는 주문(呪文)이 모든 종교적 수행자들 사이에 널리 사용되었고, 붓다의 제자들에게도 마찬가지였다. 장아함경과 디가 니까야에 의하면 비록 붓다가 가끔 주문을 사용하는 것을 비판하기는 했지만, 상윳따 니까야에서는 그래도 제자들에게 뱀으로부터 보호를 목적으로 가르치기도 했다. 이 점과 관련하여, 붓다는 마술적인 힘을 주는 주문과 보호와 영적인 도움을 주는 주문을 구분하였다.

때때로 주문(呪文)과 다라니 사이에 구분을 하는 경우가 많다. 이때 주문(呪文)은 하나나 그 이상의 음절이 엮여 있고, 인간의 언어를 이해하도록 의도된 것이 아니라 소리를 내기 위한 방편이다. 반면에 다라니는 깊은 진리의 지성적인 요약이라고 말해진다. 그러나 이것은 최근의 구분이고, 초기 문서들은 주문(呪文)과 다라니를 의미가 통하건 아니건 모두 구분 없이 사용하였다. 반야심경에서 주문이라는 단어(呪, mantra)를 사용하고, 경전 자체가 가끔 다라니로 언급되는 경우도 있기 때문에, 이것은 그러한 구분이 되기 전에 형성된 것으로 보인다. 모든 주문은 다라니라고 해도 되지만, 모든 다라니가 주문인 것은 아니다.

### 가) 시대신주(是大神呪) mahā-mantro

이 구절을 한역에 따라 번역하면, "이 크나큰 신령스러운 주문"이라고 될 것이다. 그런데 산스크리트어에 따라 번역하면 "크나큰 주문"이 된다. 신(神)이라는 글자가 부가되었다. 물론 그냥 넣은 것은 아니라고 보인다. '시대신주 시대명주 시무상주 시무등등주' 같이 한자 운율을 맞추기 위한 것이라 보인다. 만약 그냥 번역하면, '시대주'가 될 것이니 상당히 어색하다.

그런데 신(神)을 넣어서 번역하는 경우, 〈고지반야바라밀다 시대신주 시대명주 시무상주 시무등등주〉와 같이 되면서, 〈반야바라밀다는 대신주, 대명주, 무상주, 무등등주이다〉라고 번역이 된다. 결과론이지만 원문에 충실하게 대신주(大神呪) 대신에 대주문(大呪文)이라고 번역했더라면 뜻을 손상하지 않으면서 운율을 맞출 수 있었을 것으로 생각한다.

### 나) 시대명주(是大明呪) mahā-vidyā mantro

대명주(大明呪)에서 명(明)에 해당하는 비드야(vidya)라는 단어는 비드(vid, 이해하다)로부터 왔다. 비드야는 '올바른 지식(correct knowledge)'이라는 뜻이다. 그래서 과학을 포함하여 실용적인 예술, 마술에까지 모든 종류의 지식을 밝히는 것을 의미한다. 이런 의미에서 대명주는 진리의 횃불과 같은 주문이라고 할 수 있다. 이는 진리의 주문이라는 단언이므로 뒤의 비교를 위한 무상주나 무등등주와는 범주가 다르다.

　비드야(vidya)라는 용어는 주문(呪文)이라는 단어와 같은 뜻으로 사용하는데, 그것은 보통 사람을 능가하는 통달의 체계를 압축한 것이기 때문이다. 그러나 비드야(vidya)는 또한 주문(呪文)이 여성의 신성(神性)의 통달과는 구분되는데, 주문(呪文)이 남성적인 신성(神性)을 말하기 때문이다. 그래서 마하비드야(maha vidya-큰 주문)는 칼리, 타라, 두르가, 사라스바티, 라크쉬미를 포함하는 인도의 가장 대중적인 여신들에 대한 주문이다. 그렇게 사용하는 이유는 주문(呪文)이 새로운 상태의 의식을 낳는 힘이 있기 때문이다. 그래서 각 마하비드야(maha-vidya)는 특정한 형태의 영적인 각성과 연결되어 있고, 그 주문이 찬송될 때만 나타난다. 마술 램프가 문질러지면 요정이 나타나는 것과 같다. 그러나 모든 주문이 그러한 신성(神性)을 주는 것은 아니고, 오직 큰 마법을 지닌 것만 그렇다. 이러한 경우, 주문은 반야바라밀다를 생기게 하는 것이 아니고, 그 출생의 장소가 되고 그럼으로써 모든 위대한 마법의 원천이 되는데, 그것이 붓다의 출현이다.

　주문(呪文)이라는 단어는 '생각의 보호자'라는 뜻이다. 그래서 주문은 부적과 같지만, 그 몸보다는 정신을 보호해주는 것이다. 보통의 경우에, 주문은 의례를 올릴 때 의식(儀式)에서 스승으로부터 제자에게 전수되어야만 효과가 있는데, 그때 적절한 발음이 동반되면서 하는 몸짓, 종교적인 도구를 사용하면서 함께 가르쳐진다. 그러나 반야심경의 주문은 다라니와 같이 그러한 제한이 없다. 그것은 비밀도 아니고 그것을 마주칠 행운이 있는 사람이라면 누구나 접근할 수 있다. 다라니(dharani)라는 단어는 '유지하다'는 뜻이다. 기념품과 같이 그것은 우리에게 수행의 결단을 하게 하는 가르침을 상기시키지만, 그것은 그 이상이다. 그것은 역시 우리의 인도자이다. 그래서 주문은 보호하는 신성(神性)을 지니고 있고, 다라니는 우리에게 성소(聖所)로 이끈다. 이 경우 반야심경의 주문은 양쪽의 역할을 모두 한다.

### 다) 시무상주(是無上呪) 'nuttara-mantro(anuttara mantra)

안웃다라(anuttara-위 없는, 무상 無上)라는 용어는 '무상(無上)의, 완전한'의 뜻이다. 이렇게 무상주 무등등주라는 연속되는 문구가 나타나는 곳을 찾아보면 구마라집의 '지혜의 완성 25000송'에 나타난다. 그곳에서 인드라가 한숨을 쉬기를, "세존이시여, 반야바라밀다는 위대한 마법의 주문이고, 무상(無上)의 주문이고, 필적할 수 없는 주문(呪文)입니다. 왜 그런가 하면 세존이시여, 반야바라밀다는 모든 사악한 법을 제거하고 선한 법을 낳기 때문입니다"라고 말한다. 이에 대해 붓다는 동의를 하면서 추가하기를, "과거의 모든 붓다는 무상의 완전한 깨달음을 자각하는데 이 주문에 의존하였다. 그리고 미래의 모든 붓다, 현재의 모든 붓다는 10방(方)을 통하여 그러한 깨달음에 이 주문을 의존한다. 그것은 이 주문 때문에, 세계가 그 길을 알기 때문이다"고 한다.

### 라) 시무등등주(是無等等呪) samasama-mantraḥ,

asama-sama라는 용어는 'equal to the unequalled', 즉 '필적할 사람이 없는 것과 같다'는 것으로 모든 붓다의 또 다른 별칭이다.[87] 이 주문이 깨달음과 같은 것이기 때문에, 모든 붓다와 같은 것이다. 그래서 필적할 사람이 없는 것과 같은 것이다. 붓다에게 붓다가 되는 것이 어떤 것인지 비유해 달라고 요청했을 때, 붓다는 하늘을 가리키면서 '경계가 없고, 나눌 수 없고, 모든 것을 수용하는 것'이라고 밝혔다. 무상(無上)이기 때문에, 이 주문은 그 위에 어떤 것도 없다. 필적할 것이 없는 것과 같기 때문에, 이 주문은 그 아래로 아무것도 없다. 그리고 모든 붓다가 붓다가 되는 것과 다르지 않다. 붓다는 다르지만 그들의 붓다성(性)은 같다. 그래서 이 주문은 모든 붓다에 의해 알려지는데, 이는 어린이가 그 어머니를 아는 것과 같다.

구마라집의 지혜의 완성 25000송에서, 사리불과 다른 구성원은 붓다에게 말하기를, 무등등(equal to the unequalled)과 같은 반야바라밀을 수행하는데, 보살은 관용의 바라밀을 완수해야 하고, 무등등(無等等)의 몸을 얻어야 하고, 그러한 법을 얻어야 한다고 한다. 똑같이, 보시 지계 인욕 정진 선정 지혜에도 적용되어야 한다. 세

---

87) 붓다를 지칭할 때 사용하는 별칭으로 아사마(阿娑摩)는 필적할 사람이 없다는 뜻이다.

존 역시 이 반야바라밀다를 수행하였고, 무등등(無等等)의 육바라밀(六波羅密)을 완성하였고, 무등등의 법을 얻었고, 그러한 색수상행식을 얻었다. 그리고 무등등의 법의 바퀴를 돌린다. 그리고 그것이 과거의 붓다였다고 한다.

### 3) 능제일체고 진실불허(能除一切苦 眞實不虛)
sarva duḥkha praśamanaḥ satyam amithyatāt

(그러므로 반야바라밀다는) 일체의 모든 고(苦)를 능히 제거하고 진실하며 헛되지 않은 것이다.

이는 반야바라밀다의 효력과 성질을 말한다. 즉 반야바라밀다의 주문은 모든 괴로움을 없애기에, 4성제(四聖諦)인 고집멸도(苦集滅道)에서 괴로움을 소멸시키는 곳으로 이끄는 도(道)와 같다고 선언하는 것이다. 즉 전통적인 가르침으로 괴로움을 소멸시키는 도(道)인 8정도(八正道)와 같은 것이 반야바라밀다의 주문이다. 또 이 주문은 진실불허라는 성격을 가진다고 규정한다. 따라서 반야바라밀다의 주문이 차지하는 위치는 대신주, 대명주, 무상주, 무등등주이며, 그 효과는 모든 고(苦)를 제거하고, 그 성질은 진실하며 거짓되지 아니한 주문이다.

여기서 진실하며 거짓되지 아니한(진실불허)이라고 된 구절을 중복으로 볼 것인지, 강조하는 뜻인지를 검토해 보자.

금강경 14절 이상적멸분(離相寂滅分)에는, '여래에 의해 설해진 일체 중생은 중생이 아니다'는 구절이 있으며, 바로 연이어 '여래는 사실을 말하는 자이고 - 진어자(眞語者), 실어자(實語者), 있는 그대로 말하는 자이고 - 여어자(如語者), 다르지 않게 말하는 자이고 - 불이어자(不異語者), 헛되고 거짓된 말을 하지 않는 자 - 불광어자(不狂語者)가 아니기 때문이다'라고 하였다.

이는 설법을 듣고 의심하는 자를 위해 그러한 말들이 사실임을 강조하는 것이다. 청중들이 들어서 의심할 만한 부분에는 그 믿음을 버리지 말도록 확신을 주는 말을 덧붙이는 것이 붓다의 설법이다.

여기서도 반야바라밀다라는 주문이 지고무상한 주문이며, 모든 고(苦)를 제거한다는 것에 대해서 의심하는 자가 많을 것을 염려하여 강조하는 것으로 보아야 한다.

여기 마지막 부분에 '능제일체고'라는 부분은 반야심경 초엽의 "도일체고액"과 상응하고 있다. 즉 반야심경의 처음에 "일체고액을 넘고"라고 표시하며, 마지막 부분에 "능히 일체의 고를 제거하고"라는 부분을 대구로 제시하고 있다. 앞에서도 언급한 바와 같이 산스크리트어 원문에는 앞부분이 나오지 않는다고 하였으니, 이는 중국의 한자, 한시 등의 전통과 같이 대구로 연결하는 관행을 위해 구마라집과 현장이 몸소 만들어넣은 것이 아닌가 하는 생각이 든다. 특히 구마라집의 작문실력은 산스크리트 원문보다 더 정교했던 점을 금강경에서 지적한 바 있다. 그런 맥락으로 보면, "도일체고액"도 반야바라밀다의 주문이 필요하고, "능제일체고"에서도 반야바라밀다의 주문이 필요한 것이니, 반야심경은 그 전체가 주문을 위하여 만들어진 경전일 가능성도 농후하다. 다만 문구를 자세히 보면, 전반부에는 고액(苦厄)을 넘는다고 표현하였고, 후반부에는 일체의 고(苦)를 제거한다고 하였으니, 그 차이는 분명히 있다. 전반부는 모든 것을 공(空)이나 없는 것으로 보기 때문에 단순히 외면하고 넘는 것에 주목을 하는 것이다. 그러나 후반부에서는 고(苦)를 제거하는 목적으로 주문을 외우도록 하였다. 즉 직접적 방법을 제시하는 것이다.

우리는 인생의 고를 해결하는 두 가지 방법을 여기서 배우는 것이다. 여태까지의 불교는 고액을 넘는 방법을 제시하였다면, 최후의 수단으로 고를 제거하는 방법도 있다는 것을 알 수 있다.

### 4) 주문에 대한 전체적 조망

대신주, 대명주, 무상주, 무등등주와 능제일체고 진실불허를 체계적인 순서로 보려는 견해가 있다. 주로 인도학자들 사이에서 나오는 의견들이다. 상세하게 살펴볼 필요는 없고, 그 골격만 보기로 한다.[88]

'대신주'에 대하여는, 산스크리트어에서 신(神)의 의미가 있는 것이 아니며 그냥 큰 주문이라는 뜻이라고 전술하였다. 이에 대해 큰 주문이므로 '지혜의 주문으로 묘사가 불가능하며(지나나미트라)', '깨달음의 준비를 위한 자량도 단계(마하자나)',

---

88) 이하의 서술은 〈김호성, 반야심경의 진언에 대한 고찰〉 논문을 참조하였다.

'다른 것의 의미에 의지하지 않고 그 자체에만 의지하는 뜻(스리시마)', '여환삼매(如幻三昧)의 주문(바즈라파니)', '내적 의식의 경향성을 제거하고 외적 대상의 표지를 제거하는 것(프라사스트라세나)'이라는 소견들을 밝히고 있다.

'대명주'라는 글귀에 대해서는 반야심경 대본(大本)에는 나오지 않고 대신주와 무상주 무등등주만 나오기 때문에 언급하는 사람이 보이지 않는다.

'무상주'에 대하여, '위 없는 깨달음에서 반야바라밀을 세우는 주문(지나나미트라)', '공성(空性)을 체험하는 견도(見道)의 주문(마하자나)', '다른 사람에게 독송되지 않는 내적인 주문(스리시마)', '공삼매(空三昧)를 의미하는 주문(바즈라파니)', '내적인 것과 외적인 것의 모든 표지를 제거하는 주문(프라사스트라세나)'이라고 풀이한다.

'무등등주'에 대하여는 '반야바라밀이 모든 붓다의 경지와 같다는 주문(지나나미트라)', '등(等)은 미세한 흔적을 제거하는 수도(隊道)이고, 무등(無等)은 깨달음을 이룬 무학도(無學道)를 말하는 주문(마하자나)', '무등(無等)은 사물로서 확립되는 것이 아니며, 등(等)은 상(相) 혹은 표지 그 자체가 성질이라서 불가분의 의미가 있다고 해석(스리시마)', '무상삼매(無相三昧)의 의미를 가진 주문(바즈라파니)', '불성(佛性)의 과보를 가져오는 주문(프라사스트라세나)' 등의 설명을 하고 있다.

이러한 주문의 성질에 대해서 '모든 고액을 제거할 수 있다'는 선언은 무엇인가? 지나나미트라는 '붓다와 신(神)과 용(龍)에 의해 보호받는다'는 뜻이고, 마하지나는 '상락아정(常樂我淨)의 의미'라고 하며, 스리시마는 '본질적 의미를 이해하여 모든 잘못된 고통을 불식하는 것'이라고 한다. 또 바즈라파니는 '무원삼매(無願三昧)의 의미이다'고 하고 있다.

아티샤의 '명상요결'이라는 책으로 유명한 아티샤(Atiśa)는 11세기의 승려로서 현교(顯敎)와 밀교(密敎)에 모두 통달하였는데, 위의 학자들과 같은 세밀한 구분을 하지 않는다. 그에 의하면 반야심경의 전반부는 '하근기를 위한 가르침', 후반부(고지 반야바라밀다~끝) 부분은 상근기를 위한 가르침이라고 정리한다.

《이들의 주장을 보면 반야심경이 대신주, 대명주, 무상주, 무등등주라는 반복 속에서 그 각각의 뜻을 밝히려한 점과 약간씩 의미가 다를 수 있음은 수긍이 되지만, 반야심경이 그런 것까지 고려하여 치밀하게 만들었다고 보이지 않는다. 오히려 반야심경이 그 얼마나 놀라운 주문인가를 밝히기 위해서 대주문이요, 지혜를 밝히는 주문이요, 위가 없는 주문이요, 비할 바가 없는 주문이라는 것을 반복적으로 강조하는 것으로 보인다. 그래서 아티샤와 같이 앞부분의 서술과 뒷부분의 주문(呪文) 부분을 전체적으로 조망해 보는 것이 올바른 것이라 본다.》

### 🔍 역본 비교

⟨ sarva duḥkha praśamanaḥ, satyam amithyatāt ⟩

| 번역자 | 내용 | 비고 |
|---|---|---|
| 구마라집 | 能除一切苦, 真實不虛故說般若波羅蜜呪 | |
| 현장 – 반야 – 법월 | 能除一切苦, 真實不虛, 故說般若波羅蜜多咒 | |
| 지혜륜 | 能除一切苦, 真實不虛故說般若波羅蜜多真言 | 진언 |
| 법성 | 能除一切諸苦之咒, 真實無倒<br>故知般若波羅蜜多是祕密咒 | 진실무도 |
| 시호 | 而能息除一切苦惱, 是即真實無虛<br>妄法諸修學者當如是學 | 일체고뇌,<br>진실무허 |

⟨ sarva – 일체, duḥkha – 고(苦), praśamanaḥ – 평정하여, satyam – 진실한, a – 아닌+mithyatāt – 거짓된 성질 ⟩

## 타. 주문을 외우다

故說 般若波羅蜜多呪
고설 반야바라밀다주
그래서 반야바라밀다를 주문하니

卽說呪曰
즉설주왈
그것은

揭諦 揭諦 婆羅揭諦 婆羅僧揭諦 菩提 娑婆訶
揭諦 揭諦 婆羅揭諦 婆羅僧揭諦 菩提 娑婆訶
揭諦 揭諦 婆羅揭諦 婆羅僧揭諦 菩提 娑婆訶
아제아제 바라아제 바라승아제 보리 사바하

### 1) 설반야바라밀다주 즉설주왈(說般若波羅密多呪 卽說呪曰)
prajñāpāramitāyām ukto mantraḥ tadyathā

#### 🔍 역본 비교

⟨ prajñāpāramitāyām ukto mantraḥ. tadyathā ⟩

| 번역자 | 내용 | 비고 |
|---|---|---|
| 구마라집 – 현장 – 반야 – 법월 | 卽說呪曰 | |
| 지혜륜 | 卽說眞言 | 진언 |
| 법성 | 卽說般若波羅蜜多咒曰 | |
| 시호 | 我今宣說般若波羅蜜多大明曰 | 명 |

⟨ prajñāpāramitāyām – 반야바라밀다에서, ukto – 말해진다, mantraḥ – 주문, tadyathā – 다음과 같이 ⟩

주문을 외우는 이유는 무엇일까? 깨달음으로 가기 위해서인가, 현장의 원래 용도대로 악귀를 쫓기 위한 것일까? 반야심경의 서술 순서로 보아서 깨달음의 새로운 길을 제시하는 것으로 보이는데, 그 또한 삿된 마음을 없애기 위한 방편으로 주문을 외우는 의미로 볼 수도 있다.

삿된 마음을 총칭하여 경전에는 마라라는 표현을 쓴다. 즉 마왕(魔王), 혹은 속된 말로 악마(惡魔)라고도 하는데, 현실적인 개념이 아닐 것임을 알 수 있어서, 이 마라(Māra)는 세 가지로 분류해 볼 수 있다. ① 사악한 것을 의인화시키거나 상징화시킨 것. ② 현실적으로 하늘에 존재한다는 의미의 천신(天神). ③ 세속적인 모든 존재로서 깨달음을 방해하는 요소.

① 사악한 것을 의인화시킨 뜻으로의 마라는 빠삐만(Pāpiman)이라 하는데, 경전에 자주 나타난다. 이는 사악한 자, 악마(惡魔)를 일컫는다. 한편 나무찌(Namuci)라고도 부를 때는 해탈을 방해하는 자의 의미를 가진다.

② 하늘에 존재하는 천신(天神)의 의미로는 타화자재천(他化自在天)에 존재하는 것으로 알려진 신(神)을 말한다. 욕계(欲界)는 지옥, 아귀, 축생, 아수라, 인간, 천신의 여섯 세계를 가지는데, 천신계도 여섯이 있어 사왕천(四王天), 도리천(忉利天), 야마천(夜摩天), 도솔천(兜率天), 화락천(化樂天), 타화자재천(他化自在天)이 있다. 타화자재천은 욕계(欲界)의 6계 중 최고인 천신계 중에서도 또 가장 높은 천상이다. 그래서 이곳의 천신인 마라는 범천(梵天) 정도의 위력을 가지고 군대도 있으면서, 중생들이 욕계를 못 벗어나도록 방해하므로 경전에 자주 등장한다.

③ 열반이 아닌 모든 것, 이는 깨달음을 방해하는 요소를 의미하기도 하기 때문에, 무더기인 오온(五蘊)을 마라라고 하기도 하는 경우가 있다.

주문을 외우면 여러 가지 다른 마음들이 정화되고, 일심(一心)을 유지하는 것은 경험적으로 잘 알 수 있다. 그런 의미에서 ①과 ③의 경우에 삿된 마음을 없애는 방편으로 주문이 충분히 기능할 것이다.

한편 반야심경 전체의 입장에서 일체고액을 넘는다는 표현과 일체의 고를 제고한다는 구절이 대칭으로 보이는 점에서, 반야심경의 주문은 발생한 고를 직접적으로 제거하는 용도로 사용된다고 보아도 좋을 것이다.

### 2) 주문의 발음에 대한 고찰

현재 한역되어 있는 현장본을 중심으로 한자 발음이 있고, 산스크리트어 발음이 있으며, 또한 그 산스크리트어 발음을 한자로 표현한 당범번대자음 반야바라밀다심경(唐梵飜對字音 般若波羅蜜多心經) 중 범본반야바라밀다심경(梵本般若波羅蜜多心經)과 방산 운거사에서 발견된 석경본이 있다.

앞서도 보았듯이 주문은 산스크리트어 발음대로 정확하게 발음하는 것이 효력이 있다고 하였으니, 이 반야심경의 가장 정수일지도 모르는 주문을 정확하게 발음하는 것이 극도로 중요할 것이다.

따라서 한자 발음을 검토하고, 산스크리트어 발음, 음역본의 발음들을 모두 살펴본 후에 발음을 해보도록 하자. 한편 한역본의 발음이라 하더라도 지금 사용되는 한자의 발음으로 소리 내어서는 안 되며 당시의 한자 발음을 검토해야 하는데, 이는 현실적으로 불가능하다. 따라서 당대의 한자 발음과 음역본을 비교하면서 산스크리트어 발음을 붙이기로 한다.

먼저 산스크리트어 문법에 따른 발음을 살펴보기로 한다.

원문은 〈gate gate pāragate pārasaṃgate bodhi svāhā〉이다. 이것을 정확하게 발음하기 위해서는 산스크리트어대로 발음하면 되지만, 그 뜻까지 정확히 안다면 발음을 자신 있게 할 수 있을 것이다. 그래서 문법적인 분석까지 해야 할 것이다. 그런데 이 구절은 문법적으로 깔끔하게 정리되지 않는다. 실제로 학자들마다 별개의 해석들을 하는 것으로 보면 많은 주장과 이론들이 있는 것이다. 일단 무엇이 문제인지 알기 위해서 문법적 이론들을 보기로 하자. 이 구절에 대해서 여러 가지 번역이 있지만, 가장 일리 있다고 보이는 번역을 보자. gate는 gatā의 여성형 단수호격이다(그래서 '가는 것이여~'라고 번역할 수 있다). 완전한 지혜를 여성적 원리로 간주하여 부른다고 보인다. 보리(bodhi)도 호격이다(그래서 '깨달음이여~'라고 할 수 있다). 스바하(svāhā)는 소원 성취를 빌어 주문의 마지막에 놓는 비밀스러운 말(秘語)이다. 가테(gate)를 여격이라 보면(가는 것을 위하여) '갔을 때, 갔을 때, 피안에 갔을 때, 피안에 완전히 갔을 때 깨달음이 있다. 스바하'라고 번역한다.

여성단수호격으로 보면 '가는 것이여, 가는 것이여', 여격으로 보면 '갔을 때, 갔을 때', 뮐러는 '닿았네(landed)', 콘체는 '갔네(gone)'로 번역하였다.

이러한 문법적 다양성에도 불구하고, 산스크리트어 발음으로 읽으면

《가테 가테 바라가테 바라상가테 보디스바하》이다.

산스크리트어에서 우리 예상과 달리 실전적으로 g의 발음은 '끄', p는 '쁘', t는 '뜨'를 사용하므로 위의 발음을 정밀하게 한글로 표시하면,

**까떼 가떼 빠라가떼 빠라상가떼 보디스바하**

보디스바하의 경우에 스바하는 스를 아주 짧게 발음해야 한다. 그래서 바하라고

발음하면서 앞에 시옷이 잠깐 오는 느낌이 들도록 한다. 즉 '스바하'라는 느낌이 들도록 발음한다.

※ 여담 : 레드파인은 재미있는 이론을 제시한다. 즉 관자재보살이 이 주문을 아는 이유는, 그가 마야부인, 석가의 모친이며, 그래서 반야바라밀다의 현현이며, 석가모니 붓다의 어머니의 화신이기 때문이다(앞에서도 언급했지만, 붓다는 모친을 위해 도솔천에서 33일간 불법에 관한 특강을 하였다). 티베트의 금강승불교는 관자재보살을 '주문의 부여자'로 보고 있다.

### 🎤 이제 한자 발음을 보도록 하자.

기본적으로 제시된 한자는 揭諦 揭諦 婆羅揭諦 婆羅僧揭諦 菩提 娑婆訶이다.

위 제시된 한자를 한글로 읽을 때는 조계종 표준의례에 의하면 《아제아제 바라아제 바라승아제 모지사바하》라고 읽는다.

揭諦를 보면, 산스크리트 말 가테 gate를 음역하여 우리는 전통적으로 〈아제〉라고 하여 왔다. 그러나 揭諦의 한자음 발음은 '게체'이다.

바라아제의 한자인 '波羅揭諦'는 pāragate를 음역한 것인데, 우리는 전통적으로 '바라아제'라고 하여 왔다. 그런데 波羅揭諦의 한자음 발음은 '파라게체'다.

바라승아제의 한자인 波羅僧揭諦는 parasamgate를 음역한 것인데, 우리는 전통적으로 '바라승아제'로 발음하여 왔다. 그런데 한문의 발음은 '파라승게체'이다.

모지사바하에서 모지는 한자 菩提로서 보디(bodhi)를 음역한 것이다. 그런데 모지라고 읽는 菩提의 한문 발음은 '보제'다. 우리는 보통 '보제'로도 혹은 '모지'로도 읽지 않고 한문 菩提를 '보리'라고 읽어왔다. 그런데 반야심경에서만 '모지'로 읽는다.

사바하라고 읽는 娑婆訶는 산스크리트어 스바하(svāhā)의 음역이다. 그런데 한문의 우리말 발음은 '사파가'이다. 그 뜻은 어떤 고조된 감정의 상태에서 자연히 나오는 소리로서, 아이고머니, 아! 오!, 신이시여! 등의 소원성취를 기원하는 비어(秘語)다.

이들의 한자 발음을 엮어보자.

"게체 게체 파라게체 파라승게체 보제사파가" (한자의 한국어 발음)

"제-디 제-디 폴뤄제-디 폴뤄성제-디 부티 쉬포허"(중국어 발음)
**"가떼 가떼 빠라가떼 빠라상가떼 보디스바하"**(산스크리트어 발음)
"아제아제 바라아제 바라승아제 모지사바하"(조계종 표준의례 발음)

위를 보면 우리가 지향해야 할 발음은 산스크리트어 발음인데, 조계종 표준의례의 발음이나 한자의 중국어 발음보다는 한자의 한국어 발음이 더 산스크리트어 발음에 가깝다고 느껴진다. 이는 소리글자인 산스크리트어와 한글의 유사성에 기인한다.

이 한역본 반야심경의 주문에서 조계종 표준의례의 발음은 산스크리트어와 전혀 닮지 않았다. 왜 이런 일이 생긴 것인지는 다시 뒤에서 보도록 하자.

### 3) 주문(呪文)

아제아제바라아제 바라승아제 모지사바하

위는 주문의 한자를 조계종단의 표준의례에 따라 한글로 표기한 것이다. 그러나 주문은 원음이 중요하므로, 한자로 저렇게 읽는 것은 아무 효력이 없을 것이다.
그래서 산스크리트어 발음대로 읽을 경우
**가떼 가떼 빠라가떼 빠라승가떼 보디스바하**
라고 하였다. 아래는 중국어 발음을 표시하였다.

揭帝 揭帝 波羅揭帝 波羅僧揭帝 菩提 僧莎訶
jiēdì jiēdì póluójiēdì póluósēngjiēdì pútí suōpóhē
〈제-디 제-디 폴뤄제-디 폴뤄성제-디 부티 쉬포허〉(중국어 발음)
gate gate pāragate pārasaṃgate bodhi svāhā.
〈가떼 가떼 빠라가떼 빠라상가떼 보디 스바하〉(산스크리트 발음)

그런데 현장의 반야심경은 cbeta에 등록된 원문으로 마지막 주문이 '揭帝 揭帝 般羅揭帝 般羅僧揭帝 菩提 僧莎訶'이다. 여기에 한글로 '아제 아제' 부분이 다르고, '바라아제'에서도 기존에 알고 있는 한자와 다른 것을 사용하고 있다. 일반적으로 우리는 '아제' 부분에 竭帝를 사용하고, 바라아제 부분에서 波羅竭帝를 사용한다.

조계종에서는 揭諦揭諦 波羅揭諦 波羅僧揭諦 菩提娑婆訶를 표준 반야심경으로 발표했다.

우리가 그 차이점을 나타내기 위해 또 비교해 볼 수는 있지만, 요는 산스크리트어 발음과 유사한 한자를 사용하기 위한 일환으로 그 당대의 발음에 어울리는 한자를 사용한 것이기 때문에 그 차이를 밝히는 것은 의미가 없고, 오히려 그렇기 때문에 산스크리트어 발음을 정확히 구현하는 것이 의미가 있다. 특히 산스크리트어는 태동 이후부터 구어(口語)로 사용되지 않았기 때문에 발음의 변화가 거의 없으며, 그 발음을 표현하는 한자, 한글, 영어, 티베트어, 일본어의 각 그 국가에 있어서 시대의 변천에 따른 구어(口語) 사용에 따른 변화로 반야심경의 주문을 다르게 표현하는 것이라 이해하면 될 것이다. 즉 산스크리트어 발음을 기준으로 각 국가의 표시 글자가 변화되었다면, 그 국가의 그 당시 발음을 복구하는데 산스크리트어가 기준이 될 것이다.

한자를 한글로 표시하여 독송하는 "아제아제 바라아제~~"의 반야심경 주문은 한자 발음과 산스크리트어 발음 두 가지 모두와 다르다는 것을 알 수 있다. 특히 주문의 마지막 '보디 스바하'는 중국어 발음으로도 '부티 쉬포허'이고, '보디'는 전통적으로 '보리'라고 읽었는데, 조계종단의 표준 한글 반야심경은 '모지'라고 읽는다. 왜 그런지 알 수 없지만, 한 가지 추정 가능한 것은 다음을 보면 납득이 갈 수도 있다.

즉 당범번대자음반야바라밀다심경에서 표현된 산스크리트어 발음을 한자로 표현한 것은 다음과 같다.

誐諦 誐諦 播囉誐諦 播囉僧誐諦 冒地(引) 娑嚩賀

여기서 뒷부분의 冒地를 모지로 읽은 것으로 보인다. 그렇다면 한국에서는 왜 보리를 모디로 표현한 것을 정통경전으로 본 것일까? 사실 冒地라고 하지만, 뒤의 지(地)는 중국어 발음으로 '디'이다. 그래서 '모디'라고 읽는 것이 맞을 것이다. 그렇게 읽으면 '보디'라는 것과 많이 유사하지 않겠는가.

이런 모든 논의에도 불구하고 우리는 산스크리트어 발음으로 이 주문을 읽고 반야심경을 끝내도록 하자.

## 가떼 가떼 빠라가떼 빠라상가떼 보디 스바하

이를 3번 반복한다.

### 🔎 역본 비교

⟨ gate gate pāragate pārasaṃgate bodhi svāhā. ⟩
iti prajñāpāramitā-hṛdayam samāptam.

| 번역자 | 내용 | 비고 |
|---|---|---|
| 구마라집 | 竭帝 竭帝 波羅竭帝 波羅僧竭帝 菩提 僧莎呵 | 아제 |
| 현장 | 揭帝 揭帝 般羅揭帝 般羅僧揭帝 菩提 僧莎訶 | 아제 |
| 반야 | 櫱諦 櫱諦 波羅櫱諦 波羅僧櫱諦 菩提 娑(蘇紇反)婆訶 | 얼제 |
| 법월 | 揭諦 揭諦 波羅揭諦 波羅僧揭諦 菩提 莎婆訶 | 게제 |
| 지혜륜 | 「唵{(引)誐帝 誐帝 播(引)囉誐帝 播(引)囉散誐帝 冒(引)地娑縛(二合) 賀(引) | |
| 법성 | 「崾帝 崾帝 波囉崾帝 波囉僧崾帝 菩提 莎訶 | 아제 |
| 시호 | 「怛[寧*也](切身)他(引)(一句) 唵{(引)誐帝(引) 誐帝(引引)(二) 播(引)囉誐帝(引)(三)播(引)囉僧誐帝(引)(四) [日/月]提 莎(引)賀(引)(五) | |

⟨ 산스크리트어 gate에 대해서, '가신, 간, 가신 분' 등 여러 의견이 있으며, 한역의 경우 뜻을 번역하지 않았다. 이 주문(呪文)은 번역하지 않는 것이 통례이므로, 대강의 뜻은 가신 분이여, 가신 분이여, 저 멀리 가신 분이여, 저 멀리 완전히 가신 분이여, 깨달음 만세 ⟩

⟨ iti-라고, prajñāpāramitā-hṛdayam-반야심경, samāptam-완성되다 ⟩

지혜륜과 시호의 번역을 보면 전통적인 한자 표현이 아니다. 이는 산스크리트어 원문을 한자로 표시하려는 노력의 일환이다. 이런 종류의 역본을 음역(音譯)이라 한다. 산스크리트어로 발음되는 소리를 한자로 표현한 것이다. 그래서 이 주문(呪文) 이전의 반야심경 부분은 산스크리트어의 뜻을 따라 번역한 것을 읽어도 뜻이 같기 때문에 문제가 없다. 그런데 이 주문(呪文) 부분은 소리가 중요하므로 한자로 유사한 음을 기재한 번역본보다 음역본이 음송(吟誦)하는데 많은 참고가 될 것이다. 왜냐하면 음역본은 반야심경 앞부분도 음역하였기 때문에 그 음역된 부분까지 산스크리트어와 대조하면서 주문 부분의 정확한 발음을 나타낼 수 있기 때문이다.

지혜륜과 시호의 번역본에 나오는 괄호 안의 인(引)과 이합(二合)이라는 표시 등은 원 글이 산스크리트어로서 산스크리트어의 문법 규칙을 표시하는 말이다. '이합'은 산스크리트어 자음 결합을 말하고, '인'은 장모음임을 표시하는 것이다. 따라서 이를 기초로 지혜륜과 시호가 살았을 당시의 중국인이 발음하는 산스크리트어 발음을 도출해 낼 수 있다. 다만 이는 중국어 발음의 역사적 변천을 위해서 필요한 작업이므로, 여기 반야심경 주문(呪文)의 발음 복원을 위해서는 필요치 않다. 구체적인 발음 사례는 참고 삼아 부록에 수록하기로 한다.

반야심경의 음역본 중 과거까지의 유력한 경전은 당범번대자음 반야바라밀다심경(唐梵翻對字音 般若波羅蜜多心經) 중 범본반야바라밀다심경(梵本般若波羅蜜多心經)으로 대정신수대장경에 수록되어 있다. 그러나 과거에는 이 음역본의 존재조차 알려지지 않았다가 돈황(敦煌) 사본이 발견된 후에서야 그 실체가 세상에 알려지게 되었다. 그리고 근래에 들어 발견된 북경 근처 방산에 있는 운거사의 석경이 유력한 대조군이 되었다.

중국 북경에서 동남쪽으로 70킬로미터 떨어진 태행산 줄기인 방산 골짜기에 위치한 운거사(雲居寺)는 7세기경 수나라 때 세워졌는데, 14,728개의 돌에 경전이 새겨져 있어 이를 방산석경이라 부르는데, 여기에서 발견된 반야심경 석경본은 1957년 발견되었다. 이 경전은 우리가 알고 있는 산스크리트어 발음과 유사한 면이 많다.

즉 반야바라밀이라는 쁘라즈냐바라미타를 돈황본에서는 바라아냐바라미타(鉢囉誐攘播囉弭哆)라고 표현하였는데, 석경본은 바라지냐바라미타(鉢囉枳孃播囉弭跢)라고 표현한다. '일체'라는 뜻의 사르바(sarva)를 돈황본은 살바(薩嚩), 석경본은 사루마(薩囉嚩)로 표현하니 이는 석경본이 거란족(우랄알타이어 계통)이 받아들인 산스크리트 발음이고, 현재 대한민국의 발음과 비슷할 가능성이 높아서 이 석경본을 첨가해서 넣도록 한다. 따라서 돈황의 당범번대자음반야바라밀다경을 기초로, 밑줄 친 글씨는 필자가 석경본을 참고로 하여 현장본에 비슷하게 유추한 것이다.

그런데 당범번대자음 반야바라밀다심경은 콘체가 수집한 정통적인 산스크리트어본이 아니라, 일본의 법륭사본을 한자 발음으로 엮은 것임을 알아두어야 한다.

방산 운거사라는 사찰 지하에서 발견된 거란대장경(契丹藏)에 수록된 불공(不空) 번역의 석경본은 차후 연구가 더 필요할 것이다.

한편 진언과 다라니에 대한 번역 원칙으로는 현장의 원리를 참고하자. 즉 다음의 다섯 경우에는 번역하지 않는 원리다.

① 비밀고불번(秘密故不翻). 다라니, 진언 등은 비밀스런 의미가 함축되어 있는 경우
② 함다고불번(含多故不翻). 한 단어가 여러 뜻을 가지고 있는 경우
③ 차방무고불번(此方無故不翻). 중국에는 없는 인도 고유의 개념어 같은 경우
④ 순고고불번(順故故不翻). 오랜 옛날부터 써오던 경우
⑤ 존중고불번(尊重故不翻). 함축적 의미가 크기에 번역어보다 원어가 그 전달이 뛰어날 경우 등이다.

이런 맥락에서 반야심경의 주문은 '비밀스런 의미', '여러 함축적 의미', '인도어 발음', '천 년 이상에 걸쳐 외워져 왔고', '원 발음이 전달성이 뛰어남'의 의미에서 번역하지 않고 그냥 구술하는 것이 좋을 것 같다.

한편 14대 달라이 라마는 만트라를 수행의 가르침과 영적인 성취의 단계를 측정하는 수단으로 본다.

산스크리트 만트라는 우리가 쉽게 받아들일 수 있는 수십 가지의 의미를 가진다. 각 번역은 사실일 것이다. 그러나 누구라도 완전한 의미를 표현하는 것은 힘들 것이다. 그것이 주문의 놀라운 점이다. 그것은 당신의 가슴, 마음, 영혼에 간직될 때까지 단순한 단어나 소리에 불과하다. 반복이나 흡수에 의해서 그 의미가 드러난다.

이런 맥락에서 달라이 라마는 단순히 번역한다.

"가시오, 가시오, 넘어서 가시오, 완전히 넘어 가시오, 그리고 깨달음에서 당신을 찾으시오."

혹은

> 가네, 가네, 넘어서 가네, 완전히 넘어서 가네.
> 갔다, 갔다, 넘어서 갔다, 완전히 넘어서 갔다.
> 가버림, 가버림, 넘어 가버림, 완전한 넘어 가버림.
> 감이여, 감이여, 넘어 감이여, 완전히 넘어 감이여

〈이렇게 적어보면 뜻이 다른 듯하지만 결국 같은 말이다〉

당범번대자음반야바라밀다심경은 다음의 주소에서 찾아볼 수 있다.
http://tripitaka.cbeta.org/T08n0256_001
이 범어반야바라밀다심경에서 표현된 산스크리트어 발음의 한자 표현은 다음과 같다.

誐諦 誐諦 播囉誐諦 播囉僧誐諦 冒地(引) 娑嚩賀

마지막의 모지스바하의 한자가 '보리'가 아님을 유의하자. 결국 한글대장경 표시는 이에 따른 것으로 보인다. 그런데 冒地를 모지라고 표기하지만, 중국 발음으로는 '모디'다. 이는 산스크리트어 bodhi와도 같은 발음이므로 한글 반야심경도 '모디스바하'로 바꾸어야 한다.

iti prajñāpāramitā – hṛdayaṃ samāptam
라고 반야바라밀다의 핵심이 완성되었다.

# 06 정리 및 결론

　반야심경이 공(空)의 원리를 나타내는 것이라는 점을 여실히 알게 되었다. 그런데 이 책의 앞부분에 공(空)의 원리는 다른 이론을 비판하기 위한 것이지 생활의 원리로 삼아서는 안 될 것이라는 점을 밝힌 바 있다. 그런 것을 알면서도 반야심경을 분석하는 중에 모든 것이 공(空)이라는 관념을 은연중에 가지게 된 것도 사실이다. 반야심경의 모든 구절을 살펴본 후인 지금에 와서 다시 공(空)이라는 것이 분석의 도구에 불과하다는 점을 되새겨야 될 때다.
　눈과 귀와 코와 혀와 몸과 뜻이라는 안이비설신의(眼耳鼻舌身意)의 감관(感官)이 형체와 소리와 향기와 맛과 촉감과 뜻의 대상이라는 색성향미촉법(色聲香味觸法)을 받아들인 것을 믿지 말고, 또 그로 인해 형성되는 무더기들인 오온(五蘊) 역시 결국은 의혹의 덩어리라는 것이 붓다가 깨달은 후부터 열반에 이르기까지 꾸준히 설법하였다.
　가장 흔하게 '새끼줄과 뱀'의 예를 들면서, 물질을 받아들이는 눈, 그 정보를 이용하는 시각(視覺)의 착각을 많이 들고 있다. 그래서 우리 눈으로 보는 것이 전부가 아니므로, 그 실상을 파악하는 것이 중요하다는 것이다.
　이는 들리는 것과 실상이 다를 수 있음도 당연하며, 이 원리가 모든 감각기관에 적용되므로 우리가 미망(迷妄) 속에서 살고 있을 가능성이 아주 높다는 결론을 내려준다.
　그러나 이는 인간을 감각기관들로 분해했을 때의 문제라는 점을 간과하는 경향이 있다. 즉 5감(五感)이라고 표현되는 감각들은 어느 하나의 감각으로만 사물을 판단하여 결론을 내리지는 않는다. 즉 어두운 밤에 뱀을 보더라도 그것이 소리를 내지 않거나 다른 때의 경험에 비추어 뱀이 아닐 가능성이 있다는 판단을 내릴 수 있는 것이다. 즉 다른 감각기관들이 판단할 당시에 주로 사용되는 시각으로 받아들인 정보를 보충하여 올바른 판단을 내릴 수 있게 해주는 경우도 많다. 어쩌면 모든 것을 분해해 본다는 것은 분석의 폐해라고 할 수 있는 것이다.

이렇게 하나의 대상을 분석하여 그 의미와 성질을 알아내기 위해서 그 대상을 더 작은 부분들로 분해하여 보는 것을 환원주의(還元主義)라고 한다. 이러한 경향에 대해서 현대과학과 철학에서는 벌써 몇 십 년 전부터 환원주의(還元主義, reductionalism)의 실패를 말하면서 신과학운동이 일어났었다. 이 신과학 운동으로는 전체론(holism), 창발주의(emergentism), 시스템적인 사고(systems thinking), 복잡성 이론(complexity theory) 등이 제시되었다. 그러나 신과학운동도 이제는 시들해졌는데, 그 이유는 부분들만을 연구하는 것이 문제가 있다고 하여 전체적인 시각으로만 탐구하였지만, 그것은 또 대상의 면면을 살피지 못하는 한계를 드러낸 것이다. 결국 부분들의 연구를 산술합산하면서도, 새롭게 발생하는 전체적인 모습을 고찰하는 방법론이 필요하다는 것을 알게 된 것이다. 즉 부분들의 합산과 전체적인 고찰을 총합하여 종합적인 모습을 그려내는 것이야말로 하나의 문제나 물질, 혹은 현상의 본 모습을 파악할 수 있게 해주는 것이다.

현실에서 발생하는 사실을 한번 보자. 우리들은 누군가가 하나를 분석하기 위해서 부분들을 분해하고, 그것들을 합치는 과정을 읽으면서 지켜보지만, 분해된 부분들을 어느새 개인적으로 머릿속에서 합치는 것이다. 또 하나의 대상을 전체적인 모습으로만 파악하는 글을 읽고 시각적으로 본다고 하더라도, 그것을 보는 사이에 어느새 그 대상의 부분적인 모습들을 분해해서 파악하고 있는 것을 알 수 있다. 물론 어느 정도 사고훈련이 된 사람들의 경우를 말하는 것이지만, 많은 사람들이 자신을 관찰한다면 그러한 사고과정을 깨닫게 될 것이다.

왜 그런지에 대해서 아무도 말한 바가 없다. 아니 위의 사고방식에 관해서 왜 그런지 질문을 한 사람도 없다. 즉 하나를 가르치는 사람은 자신의 이론을 특별히 알려주고 배우는 사람이 그것을 흡수하도록 바라겠지만, 그 배우는 사람은 순간순간의 판단으로 자신에게 맞는 사실을 흡수하여 마치 그 사람이 알고 있었던 것과 같은 결과가 된다. 그리고 가르치는 내용이 자신과 맞지 않으면 그냥 이론으로 치부하면서 이론으로만 존재하도록 두는 것이다.

　그래서 예전부터 이런 말이 있는 것이다.

《알 수는 있지만 말로 표현할 수 없다. 말로 표현하여도 전달할 수 없다. 전달하여도 이해할 수 없다.》

　이는 보통 깨달음을 말로 표현할 수 없다는 것을 말하는 것이지만, 사실은 우리의 일상생활에서 통상적으로 일어나는 일이다.

　간단한 예를 들어보면, 용수(龍樹)의 중론(Madhyamaka Kārikā)에서 제3장 관육정품은 '눈이 무엇을 본다'는 것에 대한 반박이다. 즉 눈은 저 자신을 보지 못하는데, 다른 것을 본다는 것은 잘못된 것이라는 것이다. 그러나 굳이 이를 반박할 필요는 없지만, 눈이 무엇을 보며 눈 자신을 보지 못하는 것이 속성이라는 것을 우리는 이미 알고 있으므로, 이런 논의가 필요할 것인가? 또 '비는 내리지 않는다'는 이유로서, 비는 내리는 속성이 있으니, 내리는 비가 내린다고 하는 말은 중복이기 때문에, 비가 내린다는 말은 잘못된 것이라는 것이다. 하늘에서 구름이 포화 상태가 되어 내리는 물방울을 비라고 알고 있는 우리는 '하늘에서 비가 온다'고 표현할 것을 위에서 내려오므로 '내린다'고 표현하는 것이므로, 전혀 부당하지 않은 것이다. 용수의 분석 자체가 말에 구애받고 있기 때문에, 진정한 사물에 들어가기 위해서는(금강경) 이런 말에 구애받을 필요가 없는 것이다.

　깨달음이라는 것은 어떤 형태나 소리, 향기를 가진 것일 수 있을까? 그렇지는 않을 것 같다. 여태까지의 설명이나 거론되는 형태들을 보면 정신적인 인식이나 사고방식의 일종일 가능성이 많다. 그런데 보통 불교에서 예를 들 때, 사과의 맛을 언어로 전달하지 못하는 것과 같다는 말을 하고 있다. 사과의 진실한 맛에 그래도 가까이 갈 수 있는 말은 '시다, 달다, 새콤하다' 등의 단어와 그 '시고 단' 맛의 정도가 비율적으로 어떻다는 정도를 표현한 말일 것이다. 물론 여기서 사과의 육질이나 껍질의 촉감은 제외하자. 졸저 '금강경'에서도 언급했지만, 이러한 사과의 맛에 대한 말을 듣고 어떤 맛일지 일부라도 추측할 수 있으려면 과일이라는 것을 먼저 먹어보아야 한다고 하였다. 그래서 사과가 과일의 일종이라는 것을 안 연후에는, '신맛'이나 '단맛'이 단순히 언어적으로 '시고, 단' 것이 아님을 실감하게 되고 배나 감의 맛에서 느꼈던 '달고 신' 맛을 증폭하거나 감소시켜 유추하게 된다.

이와 마찬가지로 깨달음을 추구하는 사람들이 잘못된 깨달음의 길로 갔더라도 깨달음을 전달하는 붓다의 표현으로 깨달음 자체는 전달받지 못하지만 그 깨달음의 분위기나 무엇일 것 같다는 것은 유추하게 된다.

이 모든 것들은 어떻게 이루어지고 무슨 생각이 밑에 깔려 있는 것인가? 미리 말해 두자면 이것은 패턴의 유사성이라고 하는 새로운 사고방식이 필요하다.

기본불교에서 말하는 오온(五蘊)은 색수상행식(色受想行識)의 다섯 가지로 이루어졌고, 그렇게 중생의 개별자를 오온으로 분해하여 보면 자아(自我)라고 할 만한 것이 없음을 확인한다. 또 이 오온의 초기 버전인 4념처(四念處)를 보면 신수심법(身受心法)의 네 가지를 관찰하는 수행법이 있는데, 이때 몸과 느낌과 마음, 그리고 법은 무엇인가? 인간을 몸과 정신으로 분리하고, 정신을 다시 분류할 때 항상 수(受), 즉 느낌이 제일 먼저 거론된다. 베다나(Vedanā)라고 부르는 이것은 단순히 좋거나 싫거나 그렇지 않은 것 세 가지를 말한다. 즉 단순히 느낌이라 번역하지만, 기분이라고 번역한다면 무엇을 말하는지 더 확실히 알 수 있다. 기분이라는 것이 정신의 제일 요소로 분류된다는 것은 의식작용이 발생하기 전의 정신 상태를 의미한다. 즉 느낌이나 기분은 의식을 가지는 생명체의 기본 요소인 셈이다. 기분이 좋고 싫다는 것은 판단 이전의 문제이기 때문에 어떤 대상을 보고 좋고 싫다는 느낌을 가진다는 것은 선험적인 것이다. 물론 여기서 선험적이라는 표현은 본인이 의식하지 못했던 경험이 있고, 그럴 경우에 사용하는 단어다. 어떻게 대상을 마주치면서 어떤 느낌이 바로 떠오를까?

우리가 어떤 대상을 보고, 과거 어딘가에서 보았다는 느낌이 드는 현상을 데자뷔(Déjà Vu)라고 한다. 어딘가에서 보았다고 하여 기시감(旣視感)이라고도 한다. 처음 보는데도 어딘가에서 보았다는 느낌은 무엇일까? 왜 그런 현상이 생기는가? 두뇌의 정보의 한계로 잊혀졌던 것으로 보기도 하고, 또 다른 이론으로는 어떤 고차원적인 세계에서 보여주는 것이라고도 말한다.

이런 경우를 이해하기 위해서 패턴이라는 것을 생각하면 거의 모순이 없다. 즉 극미의 세계나 극대의 세계를 볼 때 전혀 일치할 것이 없는 것 같지만, 그들의 패턴은 상당히 유사하다. 만델브로의 프랙탈 구조가 극미세계에서 극대세계까지 모두 통용된다. 또한 소라의 나선형 구조와 나선은하의 모습을 보면서 세상의 기본 질서는 패턴에 의한 것이라는 생각이 든다. 이는 우리 정신 속의 사고의 패턴, 대상을 예상하는 경우에 가지고 있는 패턴들과 외부세계의 패턴이 유사하기 때문이다. 그래서 어딘가에서 보았다는 느낌조차도 우리의 생각의 패턴과 유사하기 때문에 그런 생각이 든다고 정리된다면 세상의 질서의 일부를 파악한 것이 될 것이다.

한편 가장 과학적이라고 볼 수 있는 물리학자들의 주장들 중에는 우리가 납득하기 어려운 주장도 있다. 그 예를 들어보면,

**※ 숨겨진 질서(데이비드 봄, 본문에서 설명)**
4차원의 세계가 투사된 것이 지금의 세계라는 설(브라이언 그린의 책 중에서 인용),
평행우주론(미치오 가쿠),
중력파만이 이 세계와 저 세계를 오갈 수 있다는 주장(리사 렌들),
또 홀로그램 다중우주(아르헨티나의 후안 말다세나)
마지막의 홀로그램 다중우주는 우주에서 일어나는 모든 일은 우리를 둘러싼 우주 전체의 경계면의 물리법칙과 그곳에서 진행되는 온갖 물리적 과정들이 투영된 것이라고 주장한다. 테슬라의 사장이 지구상에서 일어나는 일들이 홀로그램의 평면적 측면인 것 같다는 말로 유명해졌는데, 즉 현재 지구에서 일어나는 모든 일은 우주의 저 바깥 경계면에서 일어나는 것이 지구에 투영되는 홀로그램에 불과하다는 것이다.

이렇게 본다면 위 이론 중의 어느 하나라도 사실의 일부를 구성한다면 우리는 숨겨진 질서를 찾아내어 여실지견할 수 있는 또 하나의 가능성을 가지는 것이다. 그래서 문물의 발달에 따른 제반지식의 섭취에 소홀함이 없어야 할 것이다.

그리고 불교에서 전통적으로 좋은 생각이라고 보고 있는 해체해서 보기를 살펴보자.

오온은 〈몸〉과 〈느낌, 인식, 의지, 생각〉이며, 4념처는 〈몸〉과 〈느낌, 마음, 심리현상들〉이다. 즉 유정물을 둘로 구분하면 연기법의 명색(名色)인 몸과 정신이며, 넷으로 구분하면 4념처, 다섯으로 구분하면 오온이다. 이때 정신을 구성하는 처음은

항상 '느낌'이다. 이러한 느낌은 어디서 오는 것인가? 즉 과거에 경험하였던 것에 기반을 둔다고 말하여진다. 또한 시각적인 대상을 보고받는 기분을 느낌이라고 말한다. 그러나 과거에 들었던 소리도 여기 오온에서 말하는 느낌을 가리킬 수 있다. 이는 맛이나 냄새, 촉각도 마찬가지다.

하나를 분석할 때, 가장 쉬운 것은 그것을 분해해서 부품들의 성질을 알아보는 것이다. 다만 어떻게 분해하여 그것을 알아낼까 하는 것은 또 하나의 과제다.

자동차를 예로 들어보자. 자동차를 차체, 바퀴, 엔진, 연료주입구, 오디오, 에어컨 등으로 구분해 볼 수 있지만, 그것으로 과연 자동차라는 개념을 정확하게, 아니 유사하게라도 잡을 수 있을까?

동력전달장치들, 브레이크장치들, 핸들 등의 운전 장치, 차체 등 승객 보호를 위한 물리적 장치, 에어컨 오디오 등 승객편의장치 등으로 구분해서 보는 것이 자동차의 개념을 정립하는 데 좋을 것이다.

분류학이나 범주학의 횡포라는 것은 우리를 오도하기에 딱 알맞다.

중생을 오온으로 구분하는 것 또한 기능에 의한 구분으로 중생의 본질을 파악하기 위해 유용한 방법이다. 생각해 보라. 두뇌부분과 심장부분, 소화기부분, 움직이는 부분으로 구분한다면 그것이 자동차의 분석과 다를 바가 있을 것인가.

하나를 분해하여 분석할 때 의미 단위로 분해해야 한다.

물질을 분해하여 그 물질의 성질을 알고자 한다면, 최소한 그 의미 단위인 화합물 단위로 분해하여 보고, 그 화합물이 어떤 성질을 가졌는지 보려면 분자 단위까지 분해해 보는 것이 바른 방법이다. 이를 원자 단위까지 분해한다면 그 본질을 잃게 될 것이다.

그런데 물질에서 중력파나 전자기파의 전도 속도나 본질을 알기 위해서는 원자 단위, 중성자 단위, 소립자 단위, 쿼크 단위까지 분해해 보는 것이 필요하다.

이는 영어의 경우를 보면 될 것이다.

'나는 사과 하나를 먹는다'는 뜻의 I eat an apple의 문장을 보자.

이것이 무슨 뜻인지 모르는 영어에 문외한인 아프리카인이 중학교 1학년 때 영어를 배우면서 하나씩 알아가는 과정을 생각하자.

결국에는 I가 무엇이며, eat가 무엇이며 an과 apple의 뜻을 알게 될 것이다. 그래서 문법은 몰라도 '나'와 '먹다'와 '사과'가 나열되면 순서가 거꾸로 되어도 '사과를 먹는다'는 뜻이 머리에 형성될 것이다. 그런데 사과가 무엇인지 알기 위해서 다시 'a', 'pp', 'l', 'e'를 분석한다는 것은 그 문장의 뜻을 왜곡하게 될 것이며, 진정한 뜻과는 동떨어진 의미를 가질 가능성이 많다. 즉 어떤 대상을 자세히 알기 위해서는 '의미 단위'로 분해하여 분석하는 것이 중요한 것이다. 과도한 분해는 의미를 왜곡시키거나 동떨어진 개념을 생기게 한다.

물론 어느 정도까지 분해하여 파악하는 것이 정확한 본질을 드러내게 할 것인지는 분석하는 자의 지성과 경험에 좌우된다.

이런 기본 지식을 가지고, 인간 혹은 중생이란 무엇인지에 접근하기 위해서 개별적인 중생을 오온으로 나누어보는 것이 정확할지 보도록 한다. 만약 생물학 공부를 위해서라면 소화기관, 호흡기관, 운동기관 등으로 분해하여 보는 것이 좋을 것이지만, 그런 기관들은 인간뿐 아니라 모든 동물들이 가지고 있으니, 인간을 분석할 때는 인간의 특징인 생각하는 능력에 초점을 맞추기로 한다. 이에 따르면 육체는 다섯 가지 중 처음으로 언급되면서 한 번만 분해된다. 그리고 정신 작용을 네 가지로 분해한 것이다. 이렇게 본다면 정신 작용을 너무 과도하게 분해하지 않으면서도 정신이 발현되는 특질에 따라 분류해 보는 것이다.

전일적 사고는 복잡계(complex systems)에 있어 연구를 위한 접근법이다. 이는 순전한 분석적 사고(환원주의라고도 불린다)와 대조된다.

두 가지 접근법의 예를 들면, 먼저 전체에서 부분으로 – 이는 생태 시스템을 볼 때 유용하다. 즉 전체 시스템에서 사용되는 기능들 위주로 부분을 분석하므로 관계없는 부분들을 배제하는 효율성이 있다.

그다음 부분에서 전체로 본다는 관점은, 모든 부분들이 전체를 구성하므로 하나의 부분도 소홀히 할 수 없다는 사고방식이 근저에 깔려 있다. 이는 창발적 요소가 없는 시스템의 분석에는 유용하지만 이런 요소가 많은 유기체 관련 분석에는 심각한 약점을 드러낸다.

그런데 전일적 사고에 대해서는 유사과학이라는 비판이 있으며, 과학적으로 보이는 언어를 사용하지만 과학적 방법을 따르지 않는다는 비판을 하는데, 주로 대체요법, 자연요법의 예를 든다. 그러나 이는 창발 현상에 대한 깊은 숙고가 없는 비판론일 뿐이다.

철학적으로 유용하고 지지되고 있는 것은 창발론(emergentism)이다. 더 작고 간단한 부분들이 상호 작용을 통하여 큰 실체가 발생하는 현상이다. 창발(創發)이란 '없는 것에서 생긴다'는 뜻을 가진 말로 이에는 강한 창발과 약한 창발이 있다. 강한 창발 작용은 상위 단계에서 발생한 것에 대해서 하위 단계의 구성성분으로 분해될 수 없다. 물이 그러한 예다. 그러므로 전체는 부분의 합 이상이다. 산소와 수소의 구성 원자의 부분을 아무리 연구하여도 물과 같은 성질을 예견할 수 없다. 어떤 시스템의 시뮬레이션도 그 자체가 구성성분으로 환원하는 것을 구성하기 때문에 전체를 분석하기 힘들다.

반야심경의 전체 흐름을 보면, 우리의 몸과 모든 사물, 생각들을 합치면 공이라는 창발 현상이 생길 수 있다는 생각이 든다. 이는 비록 부분들을 분해하여 이치를 파악하려 하지만, 그런 분해된 모습의 전체적인 양상은 총괄하여 공으로 포섭되는 것이라고 보이는 것이다. 이는 기존의 공의 모습과는 완전히 다른 상태이지만, 당대에 진리를 취득하기 위해서 반드시 거쳐야 될 사고방식이라고 본다.

### ※ 공의 개념

결론적으로 붓다의 가르침을 따르는 것이 절대 어려운 것이 아니다. 붓다의 가르침의 핵심을 보자. 인생은 고(苦)고, 그러한 고(苦)를 해결할 방법이 있으며(4성제), 그 해결 방법은 8정도를 닦는 것이다.

8정도는 어려운가? 정견, 정사유, 정어, 정업, 정명, 정정진, 정념, 정정으로 여덟 가지나 되기 때문에 초심자로서는 입문하여 완성될 때까지의 과정이 험난하고 장구할 것으로 보기 쉽다. 그러나 하나씩 간단히 보면, 정견은 원인과 결과를 바로 보는 것을 말하므로, 보통 연기법을 아는 것을 말한다. 정사유는 악의가 없으며, 남에게 해를 끼치지 않으려는 것을 말하며, 정어는 거짓말이나 욕설을 하지 않는 것, 정업은 살생, 도둑질을 하지 않는 것 등이다. 모두 어릴 때 배운 것이거나, 법으로 금지된 행위를 하지 않으면 되는 것이다. 또 정명은 올바른 직업으로서 무기 거래나 마약 거래를 하지 않는 것이기 때문에 보통 사람이 어기기도 힘들다. 정정진은 이러한 8정도를 방해하는 생각이나 행위를 일어나지 않도록 하며, 8정도에 유익한 선법(善法)을 실행하고 증장(增長)하는 것이다. 정념은 몸과 느낌과 마음과 현상(身受心法)을 관찰하여 그 무상(無常)성을 아는 것이므로, 평소에 일정 시간 몸과 마음에 대해 주시하는 수련을 하면 된다. 정념은 마음을 집중하는 것이다.

이런 수행으로 우리는 괴로움의 소멸을 완수할 수 있다고 하였으므로 우리는 그냥 8정도를 수행하면 되는 것이다. 그 뒤에 이것들이 공(空)이라거나 다른 세계가 있다는 논의는 그들만의 리그(league)라고 보면 될 것이다.

다만 개인적으로 위의 8정도 외에 세계와 인간에 대한 기본적인 이해를 위한 공부도 필요할 것이라고 본다. 이렇게 과학과 문명이 발전한 지금에 와서 그러한 공부 없이 세계와 인간에 대한 정확한 사실을 여실지견(如實知見)할 수 없기 때문이다.

무에서 유가 생길 수 없기 때문에, 원래부터 있었다는 것을 강조하는 불생불멸(不生不滅)이나 무생무멸(無生無滅)은 무언가 대단한 이치를 포함한 것으로 보이고, 또 없는 것에서 무엇이 생겨날 수 없고, 있는 것이 없어질 수 없다는 말 그 자체로는 맞는 것으로 보인다. 그러나 벌써 수십 년 전부터 없는 것에서 무언가 생겼다가 다시 없는 것으로 돌아가는 쌍생성(pair production)과 쌍소멸 이론이 주장되었고, 극단적으로 우리의 현재와 우주조차 쌍생성에 의해 발생했으므로(이때를 빅뱅 순간으로 보기도 한다), 어느 순간 쌍소멸로 사라짐을 예정하고 있다. 이렇게 본다면, 단순 논리로 세계를 파악하는 것은 한계가 있다. 또 빛이 입자이면서 파동이라는 것이 100년도 넘는 시절에 발견되었지만, 아직도 그러한 사실이 우리에게 체득되지 않는 점을 본다면 상식과 현실의 차이를 논리만으로 메운다는 것은 지난한 일이다.

결국 반야심경에서 제시하는 무(無)의 사상과 그를 둘러싼 공(空)의 사상, 이를 아우르는 반야바라밀다라는 주문(呪文)들이 우리에게 저 밑에 깔린 깊은 침묵의 실체를 체득하게 해줄 것이다.

### ※ 틱낫한 스님의 마지막 해설

문제는 "공 속에는 색수상행식이 없다"는 글귀에 있다. 얼마나 우스운가? 이미 공은 색이요, 색은 공이라고 선언되었다. 그런데 이제 그 반대를 말하고 있다. 즉 오직 공(空)만이 있고, 몸은 없다고 말하는 것이다. 경전에서 색즉시공이라는 이 구절은 많은 해로운 오해를 야기한다. 이 구절은 존재라는 범부로부터 모든 현상을 제거해

버리고, 그것들을 비존재(비색수상행식)의 범주에 놓게 된다. 그러나 모든 현상의 진정한 본질은 존재도 아니고 비존재도 아니며, 생도 아니고 사도 아니다. 존재라는 관점은 하나의 극단적인 관점이며, 비존재라는 관점은 또 다른 극단적인 관점이다. 초보 수도사의 코가 멍이 든 것은 이러한 능숙하지 못함으로 인해서이다.

단지 말할 수 있을 뿐이다. "하얀 구름이 지나가고, 동굴 입구로 숨으면 수많은 새들이 자신들의 집에 갈 길을 잃어버린다."

반야심경은 설일체유부가 무아와 법공의 관점을 포기하도록 도와주기 위해 계획되었다. 반야바라밀다의 깊은 가르침은 자아의 공이며, 다르마의 공이지, 자아와 다르마의 비존재가 아니다. 붓다는 카탸야나경에서 세계의 대부분의 사람들이 존재와 비존재의 관점에 잡혀 있다고 가르쳤다. 그래서 공 속에 형체가 없다는 문장은 명백하게 비존재의 관점을 말한다. 그것이 이 문장이 궁극적 진리와 상응하지 않는 이유다.

자아의 공은 단지 자아의 비어 있음이지 자아의 비존재가 아니다. 풍선이 내부가 비어 있다고 풍선이 존재하지 않는 것이 아니다. 똑같은 것이 다르마의 공에도 적용된다. 모든 현상의 공을 의미하는 것이지, 현상의 부존재를 의미하는 것이 아니다. 마치 꽃의 요소가 아닌 것으로 만들어진 꽃과 같은 것이다. 꽃은 별개의 존재로서는 비어 있지만, 꽃이 없다는 것을 말하는 것은 아니다.

## 07 후기

 반야심경은 붓다가 설하신 당시의 원음을 정리하여, 그것을 부정하는 논법을 사용하는 대승불교의 저작이다. 우리는 반야심경의 내용 그대로보다는 반야심경이 추출해 낸 기본불교의 핵심들에 관심이 많다. 그 내용들이 오온(五蘊)의 원리, 12처, 18계, 연기법, 고집멸도의 사성제 등이다. 이것만 살펴보아도 불교의 핵심에 접근한 것이다. 이런 기본 골격을 갖춘 후에는 불교의 다른 분야를 공부하고 접근하는 것은 문제가 없다. 그런 의미에서 불교에 접하려고 하는 자에게는 가장 중요한 경전이 될 것이다. 니까야나 아함경이 붓다의 원음이기는 하지만, 그것을 체계적으로 접근하고 일독하는데 상당한 시간이 소요되기 때문에, 이 한 권으로 기본 공부를 마치는 것도 의미가 있다.

 이 책을 준비하면서 심각한 과제를 가지게 되었다. 1년 이상 투병생활을 하였는데, 이 과정에서 생과 사의 문제를 리얼하게 실감하였다.

 인생은 고(苦)라는 것에 대해서 생로병사를 겪는 인생의 단면으로 고찰해 보면, 예전의 삶은 병(病)이라는 것이 늙음을 촉진하고, 죽음을 앞당기는 역할을 했기 때문에, 일찍 죽을 수밖에 없는 운명이었다고 보인다. '제인 에어'나 '폭풍의 언덕'의 저자들인 브론테 자매들(에밀리, 샬럿, 앤)이 30, 39, 29에 죽었고, 서울대의대 황상익 교수의 추정에 의하면 조선시대 평균수명이 35세라는 것으로 보아서, 질병이 죽음의 제1원인이었다고 보인다. 그러한 질병은 지금 쉽게 치료된다. 즉 생로병사 중의 병(病)을 상당 부분 치료함으로써 인생이 고(苦)라는 명제를 가능케 했던 근거도 줄어들게 되었다. 그런데도 현대인은 더 불안하고 불만에 가득한 생활을 하는 것으로 보인다. 객관적으로 보면 현대인의 생활은 과거에 비해 현격히 좋아진 것이 사실임에도 불구하고, 심리적으로 더 쫓기면서 살고 있다.

이는 주위 사람들의 생활도 같이 향상되었기 때문에, 남들과 비교하는 마음이 생겼기 때문일 것이라는 것이 하나의 원인이고, 또 철학자들이 말하듯이 사물로부터의 소외라는 현상 때문이라는 것도 가능한 이유 중의 하나이다.

그런데 불교는 이러한 비교하는 상대적인 삶을 버리고, 절대적인 삶을 살기를 권한다. 절대적인 기준으로 보면, 병의 감소로 인생의 괴로움이 상당히 감소되었을 것으로 보이고, 또 수명의 연장으로 자아실현의 기회도 많아졌고, 그만큼 수행기간도 길어진 것이므로 해탈의 길로 다가서는 확률도 더 높아진 것이다.

각설하고, 본인이 병을 겪음으로 인하여 '인생의 괴로움'을 깊게 사색해 본 결과, 예전에는 확실히 죽음에 이르렀을 병이 치료되는 과정은 새로운 깨달음의 경험을 주었다. 이것이야말로 말로 표현할 수 없는 것이지만, 이때 필요했던 것은 생각의 전환이었다. 즉 생각을 전도하여 헛된 망상을 떠나게 되어 능히 일체의 고를 제거한다는 반야심경의 글귀가 그렇게 마음에 와 닿을 수가 없었다. 물론 본문에 나오는 화살경의 내용 또한 많은 도움이 된 것이 사실이다.

어렸을 때부터 동경하고 있던 반야심경을 지금에서야 불교 원리를 찾아내고 이를 분해하고 이해하면서 책을 발간하게 되는 것이 감개무량하다. 이런 과정이 다른 분들로 하여금 수행의 완성을 조금 더 짧게 하는 것에 사용된다면 소기의 목적은 달성한 것이다.

소호리 동백원에서

# 08
# 부록

## 가. 콘체의 산스크리트어본

prajñāpāramita-hṛdayam sūtra
oṃ namo bhagavatyai ārya prajñāpāramitāyai!

ārya-avalokiteśvaro bodhisattvo gambhīrāṃ prajñāpāramitā caryāṃ caramāṇo vyavalokayati sma :
panca-skandhās tāṃś ca svābhava śūnyān paśyati sma.

iha śāriputra : rūpaṃ śūnyatā śūnyataiva rūpaṃ; rūpān na pṛthak śūnyatā śunyatāyā na pṛthag rūpaṃ; yad rūpaṃ sā śūnyatā; ya śūnyatā tad rūpaṃ. evam eva vedanā saṃjñā saṃskāra vijñānaṃ.

iha śāriputra : sarva-dharmāḥ śūnyatā-lakṣaṇā, anutpannā aniruddhā, amalā avimalā, anūnā aparipūrṇāḥ.

tasmāc chāriputra śūnyatayāṃ na rūpaṃ na vedanā na saṃjñā na saṃskārāḥ na vijñānam.
na cakṣuḥ-śrotra-ghrāna-jihvā-kāya-manāṃsi.
na rūpa-śabda-gandha-rasa-spraṣṭavaya-dharmāh.

Na cakṣūr−dhātur. yāvan na manovijñāna−dhātuḥ. na−avidyā na−avidyā−kṣayo. yāvan na jarā−maraṇam na jarā−maraṇa−kṣayo. na duḥkha−samudaya−nirodha−margā. Na jñānam, na prāptir na−aprāptiḥ.

tasmāc chāriputra aprāptitvād bodhisattvasya prajñāpāramitām āśritya viharatyacittāvaraṇaḥ. cittāvaraṇa−nāstitvād atrastro viparyāsa−atikrānto niṣṭhā−nirvāṇa−prāptaḥ.

tryadhva−vyavasthitāḥ sarva−buddhāḥ prajñāpāramitām āśrityā−anuttaraṃ samyaksambodhim abhisambuddhāḥ.

tasmāj jñātavyam : prajñāpāramitā mahā−mantro mahā−vidyā mantro 'nuttara−mantro samasama−mantraḥ, sarva duḥkha praśamanaḥ, sa−tyam amithyatāt. prajñāpāramitāyām ukto mantraḥ.

tadyathā : gate gate pāragate pārasaṃgate bodhi svāhā.
iti prajñāpāramitā−hṛdayam samāptam.

## 나. 당범번대자음반야바라밀다심경+운거사석경본

〈이 음역본은 돈황에서 발견된 것으로서, 대정신수대장경 T256에 기재되어 있다. 이를 기초로 한자를 한글 발음으로 표기하되, 산스크리트 발음과 동떨어진 것은 중국어 발음으로 교체하고, 돈황본에 누락되거나 불분명한 것은 석경본을 대차하여 만들었다.

중국 태행산 중기인 방산 골짜기에 위치한 운거사(雲居寺)는 7세기경 수나라 때 세워졌는데, 14,728개의 돌에 여러 경전들이 새겨져 있어 방산석경이라 부르는데,

여기에서 반야심경 석경본이 1957년에 발견되었다. 이 경전은 우리가 알고 있는 산스크리트어 발음에 유사한 면이 많다.

즉 반야바라밀이라는 프라즈냐바라미타를 돈황본에서는 바라아냐바라미타(鉢囉誐攘播囉弭哆)라고 표현하였는데, 석경본은 바라지냐바라미타(鉢囉枳孃播囉弭跢)라고 표현한다. '일체'라는 뜻의 사르바(sarva)를 돈황본은 살바(薩嚩), 석경본은 사루마(薩囉嚩)로 표현하니 이는 석경본이 거란족이 받아들인 산스크리트 발음이고, 현재 대한민국의 발음 규칙과 비슷할 가능성이 높아서 이 석경본을 첨가해서 넣도록 한다. 따라서 돈황의 당범번대자음반야바라밀다경을 기초로, 밑줄 친 글씨로 된 것은 필자가 석경본을 참고로 하여 현장본에 비슷하게 유추한 것이다.

그런데 당범번대자음반야바라밀다심경은 콘체가 수집한 정통적인 산스크리트어 본이 아니라, 일본의 법륭사본을 한자 발음으로 엮은 것임을 알아두어야 한다.

鉢囉枳攘播囉弭哆 – 紇哩那野〈啝㗚乃野〉 – 素怛囕

발라아양파라미차 – 흘리나야 – 소달람

prajñāpāramitā – hṛdaya – sūtram//


阿哩也嚩嚕枳帝濕嚩路 冒地薩怛舞

아리야바로지제습박로 모지사다무

āryāvalokiteśvaro bodhisattvo


儼鼻囕 鉢囉枳孃播囉弭哆 – 左哩焰 左囉麼喃ˇ弭也 嚩路迦野底 娑麼

엄비람 발라지양파라미차 – 좌리염 좌라마녀미야박로가야디 사마

gaṃbhīrāṃ prajñāpāramitā – caryāṃ caramāṇo vyavalokayati sma


畔左 塞建擔娑ˇ怛室ˇ左 娑嚩婆嚩 – 舜你焰 跛失也底 娑麼

반좌 새건담사 ˇ 달실 ˇ 좌 사박파박 – 순니염 파실야저 사마

pañca skandhāsˇtāṃśˇca svabhāva – śūnyān paśyati sma

伊賀 捨哩補怛囉 嚕畔 戍你焰 戍你也帶嚩 嚕畔
이하 사리보달라 로반 수이염 수이야대박 로반
iha śāriputra rūpaṃ śūnyaṃ śūnyataiva rūpaṃ

嚕播 曩 畢哩他 戍儞也哆 戍儞也哆野 曩 畢哩他 嚕畔
로파 낭 필리타 수이야차 수이야차야 낭 비률타벽 로반
rūpān na pṛtha śūnyatā śūnyatāyā na pṛthag rūpam

夜怒 嚕畔 娑 舜你也哆 夜 戍儞也哆 娑 嚕畔
야노 루반 사 수니야타 야 수이야타 사 루반
yad rūpaṃ sā śūnyatā, yā śūnyatā sa rūpam

瑿嚩弭嚩 尾那曩－散枳孃－散娑迦囉－尾枳孃曩顙
이바미바 웨나나－산지나－산사가나－웨지냥낭
evameva vedanā – saṃjñā – saṃskāra – vijñānam

伊賀 捨哩補怛囉 薩囉嚩－達囉磨 戍你也哆－落訖叉拏
이하 사리보트라 사르바 다라마 수니야타 락글차나
iha śāriputra sarva – dharmāḥ śūnyatā – lakṣaṇā

阿怒哆播曩 阿寧嚕駄 阿摩攞阿尾麼攞 阿怒曩 阿播哩補攞拏
아노다파나 아니노다 아마나아미다마나 아노나 아파리보나나
anutpannā aniruddhā amalāvimalā anūnā aparipūrṇāḥ

怛娑每^捨哩補怛囉 戍你也哆焰 曩 嚕畔
따사매 사리보달라 수니야차염 나 로반
tasmāc^chāriputra śūnyatāyāṃ na rūpam/

曩 尾那曩 曩 散枳孃 曩 散娑迦囉 曩 尾枳孃曩顙
나 웨나나 나 산지나 나 산사가라 나 웨지냥낭
na vedanā na saṃjñā na saṃskārā na vijñānam/

曩 斫乞芻－秫嚕怛囉－迦囉拏－嚩賀嚩－迦野－麼曩勦
나 작걸추 수로다나 가라나 이하박 가야 마낭차오
na cakṣuḥ – śrotra – ghrāṇa – jihvā – kāya – manāṃsi/

曩 嚕畔 濕嚩－巘馱－囉娑－娑播囉瑟吒尾也－達囉麼
나 로반 습부 얀타 라사 사파라슬타미야 달라마
na rūpaṃ śabda – gandha – rasa – spraṣṭavya – dharmāḥ/

曩 作屈芻－馱都哩ˇ也嚩 曩 麼怒尾枳孃曩 馱都
나 작걸추 도우두리야부 나 마노미지아남 도우두
na cakṣur – dhāturˇyāvan na manovijñānaṃ dhātuḥ/

曩 尾儞也 曩^尾儞也 曩 尾儞也－乞叉喻 曩^尾儞也－乞叉喻
나 미이야 나^미이야 나 미이야－기차유 나^미이야－기차유(乞은 기)
na vidyā nāvidyā na vidyā – kṣayo nāvidyā – kṣayo

野嚩 囉 曩 惹囉－麼囉喃 曩 惹囉－麼囉拏－乞叉藥
야박 라 낭 야라－마라남 나 야라－마라나－기차야오
yāvan na jarā – maraṇaṃ na jarā – maraṇa – kṣayo

曩 耨佉－三母那野－寧嚕駄－摩誐
낭 누가－삼모나야－녕로타－마－아(駄은 태, 타)
na duḥkha – samudaya – nirodha – mārgā

曩 枳攘喃 曩 鉢囉比底 曩^鼻娑麼野 哆娑每那*^鉢囉比底 怛嚩
낭 지양남 낭 발라비저 낭^비사마야 차사매나*^발라비부달 박
na jñānaṃ na prāptir nābhisamayaḥ(/) tasmād^aprāptitvād

冒地娑怛嚩喃 鉢囉枳孃播囉弭哆 麼^室哩底也
모디사다박남 바라지냥파라미차 마^쉬리디야
bodhisattvānāṃ prajñā－pāramitām^āśritya

尾賀囉底也^只跢(唧哆阿)嚩囉拏
웨하라디야^지다(치차에)박라나
viharaty^acittāvaraṇaḥ/

唧哆阿嚩囉拏－曩悉底怛嚩那^ 阿怛囉薩哆
지다아바라나－나시디다부나^아다뤄사도
cittāvaraṇa－nāsititvād^atrasto

尾播哩也娑^底伽蘭哆 寧瑟吒－你哩嚩拏
미파리야사^디가란도 닝스짜－니리부나
viparyāsātikrāntaḥ niṣṭhā－nirvāṇam/

底哩也駄嚩－尾也嚩悉體跢 薩囉嚩－沒駄
디리야타부－웨야부시티다 사루박－몰타
tryadhva－vyavasthitāḥ sarva－buddhāḥ

鉢囉枳攘播囉弭哆麼^室哩底也阿耨哆囉 三藐三沒地 麼^鼻沒駄哆
바라지냥파라미차마^실리디야아뇩다라 삼먁삼모디 마^비삼몰타차
prajñāpāramitām^āśrityānuttarāṃ samyaksambodhim^abhisamb
uddhāḥ/

怛薩麼 枳孃怛尾焔 鉢囉枳孃播囉弭跢－麼賀滿怛嚕
타사마 지냐다미염 바라지냐바나미타－마하만다로
tasmāj jñātavyaṃ prajñāpāramitā－mahāmantro

麼賀－尾你也－滿怛囉˘阿耨哆囉－滿怛囉˘阿三麼三麼－滿怛囉
마하－웨니야－만다라˘아누차라－만다라˘아사마사마－만다라
mahā－vidyā－mantraḥ˘anuttara－mantraḥ˘asamasama－mantraḥ

薩囉嚩－耨佉－鉢囉舍麼曩 娑底也麼^弭贊哩也怛嚩
사루마－누가－발라사마낭 사디야마^미찬리야다부
sarva－duḥkha－praśamanaḥ satyam^amithyatvāt

鉢囉枳攘播囉弭哆目^訖姤 滿怛囉 怛儞 也他
바라지냐파라미차목^흘구 만달라 달이 야타
prajñāpāramitām^ukto mantraḥ/ tad yathā

誐諦 誐諦 播囉誐諦 播囉僧誐諦 冒地 娑嚩賀
아체 아체 파라아체 파라승아체 모디 사박하
gate gate pāragate pārasaṃgate bodhi svāhā/

## 경전색인

본문에 나타난 경전의 표기는 아래 경전의 앞 글자 하나를 한글로 표기한 것이다. 그리고 그 한글 뒤의 숫자는 경전의 표준 순서에 따른 것이다. 예를 들어 상윳따 니까야 12.2는 상 12.2로 표현한다. 그 뒤에 본문 페이지를 표시하였다.

### 디가 니까야(Dīgha Nikāya)

| | |
|---|---|
| 디 14 Mahāpadāna Sutta | 279 |
| 디 22 Mahāsamaya Sutta | 323 |
| 디 28 Sampasādanīya Sutta | 279 |

### 맛지마 니까야(Majjhima Nikāya)

| | |
|---|---|
| 맛 9 Sammādiṭṭhāna Sutta | 326 |
| 맛 10 Satipaṭṭhāna Sutta | 340 |
| 맛 28 Mahāhatthipadopama Sutta | 307 |
| 맛 35 Cūlasaccaka Sutta | 129 |
| 맛 73 Mahāvacchagotta Sutta | 337 |
| 맛 75 Māgandiya Sutta | 378 |
| 맛 97 Dhānañjāni Sutta | 316 |
| 맛 141 Saccavibhanga Sutta | 358 |

### 법구경(Dhammapada)

| | |
|---|---|
| 법 127 Papavagga | 295 |
| 법 190~192 Buddhavagga | 307 |
| 법 243 Malavagga | 267 |
| 법 277~279 Piyavagga | 211 |

### 상윳따 니까야(Saṃyutta Nikāya)

| | |
|---|---|
| 상 12.2 연기의 분석경 | 178 |
| 상 12.12의 2 몰리야파구나경 | 177 |
| 상 12.19 현명한 자와 어리석은 자의 경 | 276 |
| 상 12.24 43 44 45 | 300 |
| 상 12.38 의도경 | 276 |
| 상 12.58 명과 색경 | 277 |
| 상 12.59 식경 | 277, 301 |
| 상 12.64 탐욕있음경 | 177, 277 |
| 상 12.65 도시에 대한 경 | 300, 301 |
| 상 12.67 갈대다발경 | 278 |
| 상 22.01 나꿀라삐따경 | 177, 179, 181 |
| 상 22.03 할리디까니경 | 183 |
| 상 22.07 집착으로 초조함의 경 | 177 |
| 상 22.09 삼세의 무상경 | 180 |
| 상 22.10 삼세의 괴로움경 | 180 |
| 상 22.15 무상이 무엇인지의 경 | 177 |
| 상 22.22 짐경 | 110 |
| 상 22.26 즐거움경 | 177 |
| 상 22.33 너의 것이 아님경 | 179, 183 |
| 상 22.34 너의 것이 아님경② | 179 |
| 상 22.38 의지경 | 178 |
| 상 22.45 무상의 경 | 184 |
| 상 22.47 사물을 관찰하는 경 | 179, 184 |
| 상 22.48 무더기경 | 185 |
| 상 22.53 구속경 | 278 |
| 상 22.55 감흥의 말씀경 | 186 |
| 상 22.57 일곱가지경 | 187 |
| 상 22.59 무아의 특징경 | 104, 129, 180, 188 |
| 상 22.62 언어의 경로에 관한 경 | 189 |
| 상 22.79 마구 먹어치움경 | 74, 76, 78, 82, 177, 189, 275 |
| 상 22.81 빠릴레야경 | 179, 330 |
| 상 22.82 만월야경 | 101, 179 |
| 상 22.85 야마까경 | 177 |
| 상 22.86 아누라다경 | 327 |
| 상 22.87 와깔리경 | 150 |
| 상 22.88 앗사지경 | 319 |
| 상 22.89 께마까경 | 319 |
| 상 22.90 찬나경 | 329 |
| 상 22.91 §3, 꽃경 | 239 |
| 상 22.95 페나(거품덩어리)경 | 172, 181 |
| 상 22.99 가죽끈경 | 179 |
| 상 22.117 구속경 | 179 |
| 상 22.137~145 | 179 |
| 상 35.01 감각기관의 무상경 | 244 |
| 상 35.04 외부의 무상경 | 170, 249 |

| | | | |
|---|---|---|---|
| 상 35.07 삼세의 감각기관의 무상경 | 244 | 잡 34경 오비구경 | 104, 106, 188 |
| 상 35.13 깨닫기 전 경 | 245 | 잡 42경 칠처경 | 187 |
| 상 35.17 없음을 가정하는 경 | 245 | 잡 45경 각경 | 184 |
| 상 35.21 고(苦)의 발생경 | 245 | 잡 46경 삼세음세식경 | 74, 79, 81, 189, 275 |
| 상 35.23 일체경 | 273 | 잡 55경 음경 | 185 |
| 상 35.26 완전한 이해의 경 | 246 | 잡 57경 질누진경 | 330 |
| 상 35.28 불타오름경 | 238, 273, 292 | 잡 58경 음근경 | 101, 294 |
| 상 35.63 미가잘라경 | 237 | 잡 63경 분별경 | 184 |
| 상 35.82 세상경 | 239 | 잡 64경 우다나경 | 186 |
| 상 35.85 공한 세상경 | 169 | 잡 73경 중담경 | 110 |
| 상 35.107 세상경 | 240 | 잡 84경 청정경 | 184 |
| 상 35.116 §12, 세상의 끝경 | 239 | 잡 103경 차마경 | 316 |
| 상 35.204, 206 과거와 현재의 무상경 | 228 | 잡 106경 아누라도경 | 327 |
| 상 36.22 백팔주제경 | 76 | 잡 107경 장자경 | 181 |
| 상 38.01 열반에 대한 질문경 | 385 | 잡 192경 불이욕경 | 246 |
| 상 45.8 분석경 | 326, 333, 335 | 잡 195경 무상경 | 171, 249 |
| 상 45.165 ⓓ 괴로움경 | 316 | 잡 232경 공경 | 170 |
| 상 56.11 전법륜경 | 177, 323 | 잡 262경 천타경 | 329 |
| | | 잡 265경 포말경 | 181 |
| **숫타니파타**(Sutta Nipata) | | 잡 269경 기림경 | 183 |
| 숫 355 방기사경 | 282 | 잡 298경 법설의설경 | 258, 266, 267, 271, 274, 283, 284, 287, 291, 294, 296, 298 |
| 숫 646 바아셋타경 | 283 | | |
| 숫 666 코오카알리야경 | 295 | 잡 299경 연기법경 | 403 |
| 숫 725 두가지 관찰경 | 308 | 잡 335경 제일의공경 | 101, 173 |
| 숫 804 늙음경 | 315 | 잡 470경 전경 | 317 |
| 숫 844 마아간디야경 | 183 | 잡 490경 염부차경 | 385 |
| 숫 909 마하비유하경 | 283 | 잡 551경 하리경 | 183 |
| | | 잡 961경 유아경 | 107 |
| **잡아함경**(雜阿含經) | | | |
| 잡 9경 염리경 | 106, 203 | **중아함경**(中阿含經) | |
| 잡 33경 비아경 | 98, 103, 104 | 중 30경 상적유경 | 403 |